殷周金文集成

修訂增補本

第六册

中國社會科學院考古研究所編

中華書局

本册目録

器號	器名	字數	拓片頁碼	説明頁碼
〇八二九	戈且戊爵	三	四五七三	五二七〇
〇八三〇	叔且戊爵	三	四五七三	五二七〇
〇八三一	𠭰戊觥爵	三	四五七四	五二七〇
〇八三二	𠭰戊觥爵	三	四五七四	五二七〇
〇八三三	[illegible]且己爵	三	四五七四	五二七〇
〇八三四	[illegible]且己爵	三	四五七四	五二七〇
〇八三五	戈且己爵	三	四五七五	五二七〇
〇八三六	叔且己爵	三	四五七五	五二七〇
〇八三七	冀且己爵	三	四五七五	五二七〇
〇八三八	[illegible]且己爵	三	四五七五	五二七一
〇八三九	[illegible]且己爵	三	四五七六	五二七一
〇八四〇	[illegible]且己爵	三	四五七六	五二七一
〇八四一	[illegible]且庚爵	三	四五七七	五二七一
〇八四二	[illegible]且庚爵	三	四五七七	五二七一
〇八四三	子且辛爵	三	四五七七	五二七一
〇八四四	[illegible]且辛爵	三	四五七八	五二七一
〇八四五	齊且辛爵	三	四五七八	五二七一
〇八四六	茀且辛爵	三	四五七八	五二七一
〇八四七	茀且辛爵	三	四五七八	五二七一
〇八四八	[illegible]且辛爵	三	四五七九	五二七一
〇八四九	戈且辛爵	三	四五七九	五二七一
〇八五〇	木且辛爵	三	四五八〇	五二七一

器號	器名	字數	拓片頁碼	説明頁碼
〇八五一	[illegible]且辛爵	三	四五八〇	五二七一
〇八五二	[illegible]且辛爵	三	四五八〇	五二七一
〇八五三	[illegible]且辛爵	三	四五八一	五二七一
〇八五四	日且壬爵	三	四五八一	五二七二
〇八五五	叔且壬爵	三	四五八一	五二七二
〇八五六	山且壬爵	三	四五八二	五二七二
〇八五七	[illegible]且壬爵	三	四五八二	五二七二
〇八五八	[illegible]且癸爵	三	四五八二	五二七二
〇八五九	[illegible]且癸爵	三	四五八二	五二七二
〇八六〇	[illegible]且癸爵	三	四五八三	五二七二
〇八六一	[illegible]且癸角	三	四五八三	五二七二
〇八六二	[illegible]且癸角	三	四五八三	五二七二
〇八六三	鳥且癸爵	三	四五八四	五二七二
〇八六四	[illegible]且癸爵	三	四五八四	五二七二
〇八六五	[illegible]且癸爵	三	四五八四	五二七二
〇八六六	[illegible]且癸爵	三	四五八四	五二七二
〇八六七	口且癸爵	三	四五八五	五二七二
〇八六八	田父甲爵	三	四五八五	五二七二
〇八六九	串父甲爵	三	四五八五	五二七二
〇八七〇	[illegible]父甲爵	三	四五八五	五二七二
〇八七一	車父甲爵	三	四五八六	五二七三
〇八七二	陸父甲爵	三	四五八六	五二七三

器號	器名	字數	拓片頁碼	說明頁碼
〇八三七三	萬父甲爵	三	四五八六	五二七三
〇八三七四	啟父甲爵	三	四五八七	五二七三
〇八三七五	啟父甲爵	三	四五八七	五二七三
〇八三七六	天父乙爵	三	四五八七	五二七三
〇八三七七	[illegible]父乙爵	三	四五八七	五二七三
〇八三七八	[illegible]父乙爵	三	四五八八	五二七三
〇八三七九	冀父乙角	三	四五八八	五二七三
〇八三八〇	冀父乙角	三	四五八九	五二七三
〇八三八一	冀父乙角	三	四五八九	五二七三
〇八三八二	冀父乙角	三	四五八九	五二七三
〇八三八三	子父乙爵	三	四五九〇	五二七三
〇八三八四	[illegible]父乙爵	三	四五九〇	五二七三
〇八三八五	[illegible]父乙爵	三	四五九一	五二七三
〇八三八六	[illegible]父乙爵	三	四五九一	五二七三
〇八三八七	[illegible]父乙爵	三	四五九二	五二七三
〇八三八八	[illegible]父乙爵	三	四五九二	五二七四
〇八三八九	[illegible]父乙爵	三	四五九三	五二七四
〇八三九〇	[illegible]父乙爵	三	四五九三	五二七四
〇八三九一	[illegible]父乙爵	三	四五九三	五二七四
〇八三九二	[illegible]父乙爵	三	四五九四	五二七四
〇八三九三	[illegible]父乙爵	三	四五九四	五二七四
〇八三九四	臤父乙爵	三	四五九四	五二七四

器號	器名	字數	拓片頁碼	說明頁碼
〇八三九五	黿父乙爵	三	四五九四	五二七四
〇八三九六	黿父乙爵	三	四五九五	五二七四
〇八三九七	[illegible]父乙爵	三	四五九五	五二七四
〇八三九八	[illegible]父乙爵	三	四五九六	五二七四
〇八三九九	興父乙爵	三	四五九六	五二七四
〇八四〇〇	魚父乙爵	三	四五九六	五二七四
〇八四〇一	魚父乙爵	三	四五九六	五二七四
〇八四〇二	魚父乙爵	三	四五九七	五二七四
〇八四〇三	魚父乙爵	三	四五九七	五二七四
〇八四〇四	亞父乙爵	三	四五九七	五二七四
〇八四〇五	亞父乙爵	三	四五九七	五二七五
〇八四〇六	亞父乙爵	三	四五九八	五二七五
〇八四〇七	戈父乙爵	三	四五九八	五二七五
〇八四〇八	戈父乙爵	三	四五九八	五二七五
〇八四〇九	戈父乙爵	三	四五九九	五二七五
〇八四一〇	戈父乙爵	三	四五九九	五二七五
〇八四一一	戈父乙爵	三	四五九九	五二七五
〇八四一二	[illegible]父乙爵	三	四五九九	五二七五
〇八四一三	[illegible]父乙爵	三	四六〇〇	五二七五
〇八四一四	中父乙爵	三	四六〇〇	五二七五
〇八四一五	酉父乙爵	三	四六〇〇	五二七五
〇八四一六	弜父乙爵	三	四六〇一	五二七五

器號	器名	字數	拓片頁碼	說明頁碼
〇八四一七	[illegible]父乙爵	三	四六〇一	五二七五
〇八四一八	[illegible]父乙爵	三	四六〇一	五二七五
〇八四一九	[illegible]父乙爵	三	四六〇一	五二七五
〇八四二〇	鼎父乙爵	三	四六〇二	五二七六
〇八四二一	[illegible]父乙爵	三	四六〇二	五二七六
〇八四二二	[illegible]父乙爵	三	四六〇二	五二七六
〇八四二三	[illegible]父乙爵	三	四六〇二	五二七六
〇八四二四	爵父乙爵	三	四六〇二	五二七六
〇八四二五	[illegible]父乙爵	三	四六〇三	五二七六
〇八四二六	[illegible]父乙爵	三	四六〇三	五二七六
〇八四二七	[illegible]父乙爵	三	四六〇三	五二七六
〇八四二八	[illegible]父乙爵	三	四六〇四	五二七六
〇八四二九	耒父乙爵	三	四六〇四	五二七六
〇八四三〇	舟父乙爵	三	四六〇四	五二七六
〇八四三一	作父乙爵	三	四六〇四	五二七六
〇八四三二	作父乙爵	三	四六〇四	五二七六
〇八四三三	□父乙爵	三	四六〇五	五二七六
〇八四三四	□父乙爵	三	四六〇五	五二七六
〇八四三五	□父乙爵	三	四六〇五	五二七六
〇八四三六	冉父丙爵	三	四六〇六	五二七六
〇八四三七	魚父丙爵	三	四六〇六	五二七六
〇八四三八	重父丙爵	三	四六〇六	五二七七

器號	器名	字數	拓片頁碼	說明頁碼
〇八四三九	鼎父丙爵	三	四六〇七	五二七七
〇八四四〇	北父丙爵	三	四六〇七	五二七七
〇八四四一	子父丁爵	三	四六〇七	五二七七
〇八四四二	子父丁爵	三	四六〇八	五二七七
〇八四四三	孔父丁爵	三	四六〇八	五二七七
〇八四四四	[illegible]父丁爵	三	四六〇九	五二七七
〇八四四五	[illegible]父丁爵	三	四六〇九	五二七七
〇八四四六	[illegible]父丁爵	三	四六〇九	五二七七
〇八四四七	[illegible]父丁爵	三	四六〇九	五二七七
〇八四四八	[illegible]父丁爵	三	四六一〇	五二七七
〇八四四九	[illegible]父丁爵	三	四六一〇	五二七七
〇八四五〇	旅父丁爵	三	四六一〇	五二七七
〇八四五一	豕父丁爵	三	四六一一	五二七七
〇八四五二	鄉父丁爵	三	四六一一	五二七八
〇八四五三	史父丁爵	三	四六一一	五二七八
〇八四五四	守父丁爵	三	四六一一	五二七八
〇八四五五	[illegible]父丁爵	三	四六一二	五二七八
〇八四五六	[illegible]父丁爵	三	四六一二	五二七八
〇八四五七	[illegible]父丁爵	三	四六一三	五二七八
〇八四五八	[illegible]父丁爵	三	四六一三	五二七八
〇八四五九	龜父丁爵	三	四六一三	五二七八
〇八四六〇	魚父丁爵	三	四六一三	五二七八

器號	器名	字數	拓片頁碼	說明頁碼
〇八四六一	魚父丁爵	三	四六一四	五二七八
〇八四六二	赤父丁爵	三	四六一四	五二七八
〇八四六三	[illegible]父丁爵	三	四六一四	五二七八
〇八四六四	刿父丁爵	三	四六一五	五二七八
〇八四六五	戔父丁爵	三	四六一五	五二七八
〇八四六六	叙父丁爵	三	四六一六	五二七八
〇八四六七	戈父丁爵	三	四六一六	五二七八
〇八四六八	戈父丁爵	三	四六一七	五二七八
〇八四六九	戈父丁爵	三	四六一七	五二七八
〇八四七〇	戈父丁爵	三	四六一八	五二七八
〇八四七一	[illegible]父丁爵	三	四六一八	五二七九
〇八四七二	[illegible]父丁爵	三	四六一八	五二七九
〇八四七三	丂父丁爵	三	四六一八	五二七九
〇八四七四	皿父丁爵	三	四六一九	五二七九
〇八四七五	皿父丁爵	三	四六一九	五二七九
〇八四七六	禾父丁爵	三	四六一九	五二七九
〇八四七七	木父丁爵	三	四六二〇	五二七九
〇八四七八	茀父丁爵	三	四六二〇	五二七九
〇八四七九	[illegible]父丁爵	三	四六二〇	五二七九
〇八四八〇	[illegible]父丁爵	三	四六二一	五二七九
〇八四八一	[illegible]父丁爵	三	四六二一	五二七九
〇八四八二	[illegible]父丁爵	三	四六二一	五二七九

器號	器名	字數	拓片頁碼	說明頁碼
〇八四八三	[illegible]父丁爵	三	四六二二	五二七九
〇八四八四	[illegible]父丁爵	三	四六二二	五二七九
〇八四八五	[illegible]父丁爵	三	四六二三	五二七九
〇八四八六	[illegible]父丁爵	三	四六二三	五二八〇
〇八四八七	[illegible]父丁爵	三	四六二三	五二八〇
〇八四八八	[illegible]父丁爵	三	四六二四	五二八〇
〇八四八九	[illegible]父丁爵	三	四六二四	五二八〇
〇八四九〇	[illegible]父丁爵	三	四六二四	五二八〇
〇八四九一	[illegible]父丁爵	三	四六二五	五二八〇
〇八四九二	[illegible]父丁爵	三	四六二五	五二八〇
〇八四九三	[illegible]父丁爵	三	四六二五	五二八〇
〇八四九四	[illegible]父丁爵	三	四六二六	五二八〇
〇八四九五	[illegible]父丁爵	三	四六二六	五二八〇
〇八四九六	[illegible]父丁爵	三	四六二六	五二八〇
〇八四九七	糸父丁爵	三	四六二六	五二八〇
〇八四九八	[illegible]父丁爵	三	四六二七	五二八〇
〇八四九九	[illegible]父丁爵	三	四六二七	五二八〇
〇八五〇〇	[illegible]父丁爵	三	四六二七	五二八〇
〇八五〇一	[illegible]父丁爵	三	四六二八	五二八〇
〇八五〇二	[illegible]父丁爵	三	四六二八	五二八一
〇八五〇三	[illegible]父丁爵	三	四六二九	五二八一
〇八五〇四	[illegible]父丁爵	三	四六二九	五二八一

器號	器名	字數	拓片頁碼	說明頁碼
〇八五〇五	爻父丁爵	三	四六三〇	五二八一
〇八五〇六	車父丁爵	三	四六三〇	五二八一
〇八五〇七	[illegible]父丁爵	三	四六三〇	五二八一
〇八五〇八	[illegible]父丁爵	三	四六三一	五二八一
〇八五〇九	父丁彝爵	三	四六三一	五二八一
〇八五一〇	口父丁爵	三	四六三一	五二八一
〇八五一一	口父丁爵	三	四六三二	五二八一
〇八五一二	作父丁爵	三	四六三二	五二八一
〇八五一三	子父戊爵	三	四六三二	五二八一
〇八五一四	子父戊爵	三	四六三三	五二八一
〇八五一五	子父戊爵	三	四六三三	五二八一
〇八五一六	子父戊爵	三	四六三三	五二八一
〇八五一七	[illegible]父戊角	三	四六三四	五二八一
〇八五一八	奄父戊角	三	四六三四	五二八二
〇八五一九	[illegible]父戊角	三	四六三四	五二八二
〇八五二〇	屰父戊爵	三	四六三五	五二八二
〇八五二一	[illegible]父戊爵	三	四六三五	五二八二
〇八五二二	[illegible]父戊爵	三	四六三五	五二八二
〇八五二三	[illegible]父戊爵	三	四六三六	五二八二
〇八五二四	[illegible]父戊爵	三	四六三六	五二八二
〇八五二五	[illegible]父戊爵	三	四六三七	五二八二
〇八五二六	[illegible]父戊爵	三	四六三七	五二八二

器號	器名	字數	拓片頁碼	說明頁碼
〇八五二七	[illegible]父戊爵	三	四六三八	五二八二
〇八五二八	責父戊爵	三	四六三八	五二八二
〇八五二九	[illegible]父戊爵	三	四六三八	五二八二
〇八五三〇	父戊口爵	三	四六三九	五二八三
〇八五三一	[illegible]父戊角	三	四六三九	五二八三
〇八五三二	[illegible]父戊爵	三	四六三九	五二八三
〇八五三三	[illegible]父戊爵	三	四六三九	五二八三
〇八五三四	爻父戊爵	三	四六四〇	五二八三
〇八五三五	[illegible]父戊爵	三	四六四〇	五二八三
〇八五三六	子父己爵	三	四六四〇	五二八三
〇八五三七	[illegible]父己爵	三	四六四〇	五二八三
〇八五三八	[illegible]父己爵	三	四六四一	五二八三
〇八五三九	[illegible]父己爵	三	四六四一	五二八三
〇八五四〇	[illegible]父己爵	三	四六四二	五二八三
〇八五四一	[illegible]父己爵	三	四六四二	五二八三
〇八五四二	[illegible]父己爵	三	四六四三	五二八三
〇八五四三	[illegible]父己爵	三	四六四三	五二八三
〇八五四四	[illegible]父己爵	三	四六四三	五二八三
〇八五四五	若父己爵	三	四六四四	五二八三
〇八五四六	[illegible]父己爵	三	四六四四	五二八四
〇八五四七	[illegible]父己爵	三	四六四四	五二八四
〇八五四八	[illegible]父己爵	三	四六四五	五二八四

器號	器名	字數	拓片頁碼	說明頁碼
〇八四九	啟父己爵	三	四六四五	五二八四
〇八五〇	[illegible]父己爵	三	四六四五	五二八四
〇八五一	[illegible]父己爵	三	四六四六	五二八四
〇八五二	舌父己爵	三	四六四六	五二八四
〇八五三	舌父己爵	三	四六四六	五二八四
〇八五四	[illegible]父己爵	三	四六四七	五二八四
〇八五五	戈父己爵	三	四六四七	五二八四
〇八五六	戈父己爵	三	四六四七	五二八四
〇八五七	戈父己爵	三	四六四八	五二八四
〇八五八	戈父己爵	三	四六四八	五二八四
〇八五九	戈父己爵	三	四六四八	五二八四
〇八六〇	戈父己爵	三	四六四九	五二八四
〇八六一	叙父己爵	三	四六四九	五二八四
〇八六二	舟父己爵	三	四六四九	五二八四
〇八六三	刹父己爵	三	四六四九	五二八四
〇八六四	萬父己爵	三	四六五〇	五二八五
〇八六五	萬父己爵	三	四六五〇	五二八五
〇八六六	鼎父己爵	三	四六五〇	五二八五
〇八六七	[illegible]父己爵	三	四六五一	五二八五
〇八六八	[illegible]父己爵	三	四六五一	五二八五
〇八六九	[illegible]父己爵	三	四六五二	五二八五
〇八七〇	[illegible]父己爵	三	四六五二	五二八五

器號	器名	字數	拓片頁碼	說明頁碼
〇八七一	[illegible]父己爵	三	四六五二	五二八五
〇八七二	[illegible]父己爵	三	四六五二	五二八五
〇八七三	[illegible]父己爵	三	四六五三	五二八五
〇八七四	[illegible]父己爵	三	四六五三	五二八五
〇八七五	[illegible]父己爵	三	四六五四	五二八五
〇八七六	[illegible]父己爵	三	四六五四	五二八五
〇八七七	[illegible]父己爵	三	四六五四	五二八五
〇八七八	[illegible]父己爵	三	四六五五	五二八六
〇八七九	[illegible]父己爵	三	四六五五	五二八六
〇八八〇	[illegible]父己爵	三	四六五五	五二八六
〇八八一	[illegible]父己爵	三	四六五六	五二八六
〇八八二	[illegible]父己爵	三	四六五六	五二八六
〇八八三	父己册角	三	四六五六	五二八六
〇八八四	子父庚爵	三	四六五七	五二八六
〇八八五	[illegible]父庚爵	三	四六五七	五二八六
〇八八六	[illegible]父庚爵	三	四六五七	五二八六
〇八八七	[illegible]父庚爵	三	四六五八	五二八六
〇八八八	[illegible]父庚爵	三	四六五八	五二八六
〇八八九	[illegible]父庚爵	三	四六五八	五二八六
〇八九〇	乙父庚爵	三	四六五九	五二八六
〇八九一	[illegible]父庚爵	三	四六五九	五二八六
〇八九二	[illegible]父庚爵	三	四六五九	五二八七

器號	器名	字數	拓片頁碼	説明頁碼
〇八五九三	子父辛爵	三	四六六〇	五二八七
〇八五九四	子父辛爵	三	四六六〇	五二八七
〇八五九五	子父辛爵	三	四六六〇	五二八七
〇八五九六	子父辛爵	三	四六六一	五二八七
〇八五九七	囝父辛爵	三	四六六一	五二八七
〇八五九八	大父辛爵	三	四六六一	五二八七
〇八五九九	屰父辛爵	三	四六六二	五二八七
〇八六〇〇	[illegible]父辛爵	三	四六六二	五二八七
〇八六〇一	[illegible]父辛爵	三	四六六二	五二八七
〇八六〇二	[illegible]父辛爵	三	四六六三	五二八七
〇八六〇三	[illegible]父辛爵	三	四六六三	五二八七
〇八六〇四	[illegible]父辛爵	三	四六六三	五二八七
〇八六〇五	[illegible]父辛爵	三	四六六三	五二八七
〇八六〇六	矢父辛爵	三	四六六四	五二八七
〇八六〇七	[illegible]父辛爵	三	四六六四	五二八八
〇八六〇八	[illegible]父辛角	三	四六六四	五二八八
〇八六〇九	書父辛爵	三	四六六五	五二八八
〇八六一〇	書父辛爵	三	四六六五	五二八八
〇八六一一	書父辛爵	三	四六六六	五二八八
〇八六一二	書父辛爵	三	四六六六	五二八八
〇八六一三	臤父辛爵	三	四六六七	五二八八
〇八六一四	及父辛爵	三	四六六七	五二八八

器號	器名	字數	拓片頁碼	説明頁碼
〇八六一五	史父辛爵	三	四六六七	五二八八
〇八六一六	興父辛爵	三	四六六八	五二八八
〇八六一七	獸父辛爵	三	四六六八	五二八八
〇八六一八	黽父辛爵	三	四六六八	五二八八
〇八六一九	萬父辛爵	三	四六六九	五二八八
〇八六二〇	㬎父辛爵	三	四六六九	五二八八
〇八六二一	赤父辛爵	三	四六六九	五二八八
〇八六二二	朁父辛爵	三	四六七〇	五二八九
〇八六二三	酉父辛爵	三	四六七〇	五二八九
〇八六二四	[illegible]父辛爵	三	四六七一	五二八九
〇八六二五	皿父辛爵	三	四六七一	五二八九
〇八六二六	[illegible]父辛爵	三	四六七一	五二八九
〇八六二七	畐父辛爵	三	四六七二	五二八九
〇八六二八	畐父辛爵	三	四六七二	五二八九
〇八六二九	[illegible]父辛爵	三	四六七二	五二八九
〇八六三〇	中父辛爵	三	四六七三	五二八九
〇八六三一	亞父辛爵	三	四六七三	五二八九
〇八六三二	亞父辛爵	三	四六七四	五二八九
〇八六三三	木父辛爵	三	四六七四	五二八九
〇八六三四	[illegible]父辛爵	三	四六七四	五二八九
〇八六三五	[illegible]父辛爵	三	四六七五	五二八九
〇八六三六	[illegible]父辛爵	三	四六七五	五二九〇

器號	器名	字數	拓片頁碼	說明頁碼
〇八三七	梡父辛爵	三	四六七六	五二九〇
〇八三八	鼎父辛爵	三	四六七六	五二九〇
〇八三九	鼎父辛爵	三	四六七七	五二九〇
〇八四〇	鼎父辛爵	三	四六七七	五二九〇
〇八四一	冊父辛爵	三	四六七八	五二九〇
〇八四二	[illegible]父辛爵	三	四六七八	五二九〇
〇八四三	[illegible]父辛爵	三	四六七八	五二九〇
〇八四四	[illegible]父辛爵	三	四六七九	五二九〇
〇八四五	[illegible]父辛爵	三	四六七九	五二九〇
〇八四六	[illegible]父辛爵	三	四六七九	五二九〇
〇八四七	[illegible]父辛爵	三	四六七九	五二九〇
〇八四八	[illegible]父辛爵	三	四六八〇	五二九〇
〇八四九	[illegible]父辛爵	三	四六八〇	五二九〇
〇八五〇	[illegible]父辛爵	三	四六八〇	五二九〇
〇八五一	[illegible]父辛爵	三	四六八一	五二九〇
〇八五二	[illegible]父辛爵	三	四六八一	五二九一
〇八五三	[illegible]父辛爵	三	四六八一	五二九一
〇八五四	[illegible]父辛爵	三	四六八二	五二九一
〇八五五	[illegible]父辛爵	三	四六八二	五二九一
〇八五六	戈父辛爵	三	四六八二	五二九一
〇八五七	戈父辛爵	三	四六八三	五二九一
〇八五八	永父辛爵	三	四六八三	五二九一

器號	器名	字數	拓片頁碼	說明頁碼
〇八五九	作父辛爵	三	四六八四	五二九一
〇八六〇	作父辛爵	三	四六八四	五二九一
〇八六一	□父辛爵	三	四六八四	五二九一
〇八六二	子父壬爵	三	四六八四	五二九一
〇八六三	木父壬爵	三	四六八五	五二九一
〇八六四	[illegible]父壬爵	三	四六八五	五二九一
〇八六五	[illegible]父壬爵	三	四六八五	五二九一
〇八六六	子父癸爵	三	四六八六	五二九一
〇八六七	子父癸爵	三	四六八六	五二九一
〇八六八	天父癸爵	三	四六八六	五二九一
〇八六九	[illegible]父癸爵	三	四六八七	五二九二
〇八七〇	[illegible]父癸爵	三	四六八七	五二九二
〇八七一	[illegible]父癸爵	三	四六八八	五二九二
〇八七二	[illegible]父癸爵	三	四六八八	五二九二
〇八七三	[illegible]父癸爵	三	四六八八	五二九二
〇八七四	[illegible]父癸爵	三	四六八九	五二九二
〇八七五	[illegible]父癸爵	三	四六八九	五二九二
〇八七六	[illegible]父癸爵	三	四六八九	五二九二
〇八七七	[illegible]父癸爵	三	四六九〇	五二九二
〇八七八	[illegible]父癸爵	三	四六九〇	五二九二
〇八七九	[illegible]父癸爵	三	四六九〇	五二九二
〇八八〇	[illegible]父癸爵	三	四六九〇	五二九二

器號	器名	字數	拓片頁碼	説明頁碼
〇八六八一	[illegible]父癸爵	三	四六九一	五二九二
〇八六八二	旅父癸爵	三	四六九一	五二九二
〇八六八三	旅父癸爵	三	四六九一	五二九二
〇八六八四	母父癸爵	三	四六九二	五二九二
〇八六八五	[illegible]父癸爵	三	四六九二	五二九二
〇八六八六	욽父癸爵	三	四六九二	五二九三
〇八六八七	욽父癸爵	三	四六九三	五二九三
〇八六八八	耒父癸爵	三	四六九三	五二九三
〇八六八九	耒父癸爵	三	四六九四	五二九三
〇八六九〇	徙父癸爵	三	四六九四	五二九三
〇八六九一	[illegible]父癸爵	三	四六九五	五二九三
〇八六九二	獸父癸爵	三	四六九五	五二九三
〇八六九三	奄父癸爵	三	四六九六	五二九三
〇八六九四	鳥父癸爵	三	四六九六	五二九三
〇八六九五	鳥父癸爵	三	四六九六	五二九三
〇八六九六	集父癸爵	三	四六九六	五二九三
〇八六九七	隻父癸爵	三	四六九七	五二九三
〇八六九八	雔父癸爵	三	四六九七	五二九四
〇八六九九	戈父癸爵	三	四六九七	五二九四
〇八七〇〇	戈父癸爵	三	四六九八	五二九四
〇八七〇一	矢父癸爵	三	四六九八	五二九四
〇八七〇二	矢父癸爵	三	四六九八	五二九四

器號	器名	字數	拓片頁碼	説明頁碼
〇八七〇三	弓父癸爵	三	四六九九	五二九四
〇八七〇四	[illegible]父癸爵	三	四六九九	五二九四
〇八七〇五	[illegible]父癸爵	三	四六九九	五二九四
〇八七〇六	[illegible]父癸爵	三	四六九九	五二九四
〇八七〇七	[illegible]父癸爵	三	四七〇〇	五二九四
〇八七〇八	[illegible]父癸爵	三	四七〇〇	五二九四
〇八七〇九	[illegible]父癸爵	三	四七〇〇	五二九四
〇八七一〇	[illegible]父癸爵	三	四七〇一	五二九四
〇八七一一	木父癸爵	三	四七〇一	五二九四
〇八七一二	[illegible]父癸爵	三	四七〇一	五二九四
〇八七一三	[illegible]父癸爵	三	四七〇二	五二九四
〇八七一四	[illegible]父癸爵	三	四七〇二	五二九四
〇八七一五	[illegible]父癸爵	三	四七〇二	五二九五
〇八七一六	弜父癸爵	三	四七〇三	五二九五
〇八七一七	[illegible]父癸爵	三	四七〇三	五二九五
〇八七一八	[illegible]父癸爵	三	四七〇三	五二九五
〇八七一九	[illegible]父癸爵	三	四七〇三	五二九五
〇八七二〇	[illegible]父癸爵	三	四七〇四	五二九五
〇八七二一	[illegible]父癸爵	三	四七〇四	五二九五
〇八七二二	[illegible]父癸爵	三	四七〇四	五二九五
〇八七二三	[illegible]父癸爵	三	四七〇五	五二九五
〇八七二四	[illegible]父癸爵	三	四七〇五	五二九五

器號	器名	字數	拓片頁碼	說明頁碼
〇八七二五	[illegible]父癸爵	三	四七〇五	五二九五
〇八七二六	[illegible]父癸爵	三	四七〇五	五二九五
〇八七二七	[illegible]父癸爵	三	四七〇六	五二九五
〇八七二八	[illegible]父癸爵	三	四七〇六	五二九五
〇八七二九	[illegible]父癸爵	三	四七〇六	五二九五
〇八七三〇	父癸□爵	三	四七〇六	五二九六
〇八七三一	[illegible]父□爵	三	四七〇七	五二九六
〇八七三二	□父□爵	三	四七〇七	五二九六
〇八七三三	[illegible]父□爵	三	四七〇七	五二九六
〇八七三四	戈母乙爵	三	四七〇八	五二九六
〇八七三五	[illegible]匕乙爵	三	四七〇八	五二九六
〇八七三六	並匕乙爵	三	四七〇八	五二九六
〇八七三七	匕丙[illegible]爵	三	四七〇九	五二九六
〇八七三八	[illegible]母己爵	三	四七〇九	五二九六
〇八七三九	[illegible]匕己爵	三	四七〇九	五二九六
〇八七四〇	黿母庚爵	三	四七〇九	五二九六
〇八七四一	㸚匕辛爵	三	四七一〇	五二九六
〇八七四二	[illegible]兄癸爵	三	四七一〇	五二九六
〇八七四三	司𡋞母爵	三	四七一〇	五二九六
〇八七四四	司𡋞母爵	三	四七一〇	五二九六
〇八七四五	司𡋞母爵	三	四七一一	五二九六
〇八七四六	司𡋞母爵	三	四七一一	五二九六

器號	器名	字數	拓片頁碼	說明頁碼
〇八七四七	司𡋞母爵	三	四七一一	五二九七
〇八七四八	司𡋞母爵	三	四七一一	五二九七
〇八七四九	司𡋞母爵	三	四七一二	五二九七
〇八七五〇	司𡋞母爵	三	四七一二	五二九七
〇八七五一	司𡋞母爵	三	四七一二	五二九七
〇八七五二	□[illegible]妥爵	三	四七一二	五二九七
〇八七五三	齊婛□爵	三	四七一三	五二九七
〇八七五四	齊婛□爵	三	四七一三	五二九七
〇八七五五	[illegible]爵	三	四七一三	五二九七
〇八七五六	子[illegible]女爵	三	四七一三	五二九七
〇八七五七	子[illegible]女爵	三	四七一四	五二九七
〇八七五八	子[illegible]女爵	三	四七一四	五二九七
〇八七五九	子[illegible]女爵	三	四七一四	五二九七
〇八七六〇	子[illegible]單爵	三	四七一四	五二九七
〇八七六一	子[illegible]爵	三	四七一五	五二九七
〇八七六二	[illegible]子[illegible]爵	三	四七一五	五二九七
〇八七六三	子[illegible]萬爵	三	四七一五	五二九八
〇八七六四	子[illegible]萬爵	三	四七一六	五二九八
〇八七六五	子[illegible]鄉爵	三	四七一六	五二九八
〇八七六六	子[illegible]丩爵	三	四七一六	五二九八
〇八七六七	子亯京爵	三	四七一七	五二九八
〇八七六八	子口[illegible]爵	三	四七一七	五二九八

器號	器名	字數	拓片頁碼	說明頁碼
〇八七六九	[illegible][illegible]保爵	三	四七一七	五二九八
〇八七七〇	[illegible][illegible]保爵	三	四七一七	五二九八
〇八七七一	㠱亞[illegible]爵	三	四七一八	五二九八
〇八七七二	㠱亞[illegible]爵	三	四七一八	五二九八
〇八七七三	㠱亞[illegible]爵	三	四七一八	五二九八
〇八七七四	㠱亞[illegible]爵	三	四七一八	五二九八
〇八七七五	亞父[illegible]爵	三	四七一九	五二九八
〇八七七六	亞父[illegible]爵	三	四七一九	五二九八
〇八七七七	亞[illegible][illegible]爵	三	四七一九	五二九八
〇八七七八	亞女[illegible]爵	三	四七一九	五二九八
〇八七七九	亞乙[illegible]爵	三	四七二〇	五二九八
〇八七八〇	亞冊舟爵	三	四七二〇	五二九九
〇八七八一	亞[illegible][illegible]爵	三	四七二〇	五二九九
〇八七八二	亞[illegible]舟爵	三	四七二一	五二九九
〇八七八三	亞[illegible][illegible]爵	三	四七二一	五二九九
〇八七八四	亞[illegible][illegible]爵	三	四七二一	五二九九
〇八七八五	亞[illegible][illegible]爵	三	四七二二	五二九九
〇八七八六	亞[illegible][illegible]爵	三	四七二二	五二九九
〇八七八七	[illegible]亞[illegible]爵	三	四七二二	五二九九
〇八七八八	[illegible]亞[illegible]爵	三	四七二三	五二九九
〇八七八九	[illegible]乙爵	三	四七二三	五二九九
〇八七九〇	[illegible]丁[illegible]爵	三	四七二三	五二九九

器號	器名	字數	拓片頁碼	說明頁碼
〇八七九一	冊丁酉爵	三	四七二三	五二九九
〇八七九二	[illegible]工丁爵	三	四七二三	五二九九
〇八七九三	丁[illegible][illegible]爵	三	四七二四	五二九九
〇八七九四	丁[illegible][illegible]爵	三	四七二四	五二九九
〇八七九五	何[illegible]戊爵	三	四七二四	五二九九
〇八七九六	羊己[illegible]爵	三	四七二五	五三〇〇
〇八七九七	辛鄉宁爵	三	四七二五	五三〇〇
〇八七九八	辛秉[illegible]爵	三	四七二五	五三〇〇
〇八七九九	[illegible][illegible]辛爵	三	四七二六	五三〇〇
〇八八〇〇	日辛共爵	三	四七二六	五三〇〇
〇八八〇一	[illegible]末[illegible]爵	三	四七二七	五三〇〇
〇八八〇二	[illegible]人貝爵	三	四七二七	五三〇〇
〇八八〇三	[illegible][illegible][illegible]爵	三	四七二七	五三〇〇
〇八八〇四	羊貝車爵	三	四七二七	五三〇〇
〇八八〇五	[illegible][illegible][illegible]爵	三	四七二八	五三〇〇
〇八八〇六	北單戈爵	三	四七二八	五三〇〇
〇八八〇七	北單戈爵	三	四七二八	五三〇〇
〇八八〇八	西單[illegible]爵	三	四七二九	五三〇〇
〇八八〇九	戈[illegible]玆爵	三	四七二九	五三〇〇
〇八八一〇	[illegible]且[illegible]爵	三	四七二九	五三〇〇
〇八八一一	[illegible]且[illegible]爵	三	四七三〇	五三〇〇
〇八八一二	[illegible]且[illegible]爵	三	四七三〇	五三〇〇

器號	器名	字數	拓片頁碼	說明頁碼
〇八一三	[illegible]夫[illegible]爵	三	四七三〇	五三〇一
〇八一四	[illegible][illegible]爵	三	四七三一	五三〇一
〇八一五	[illegible]◇[illegible]爵	三	四七三一	五三〇一
〇八一六	長隹壺爵	三	四七三一	五三〇一
〇八一七	長隹壺爵	三	四七三一	五三〇一
〇八一八	員作旅爵	三	四七三二	五三〇一
〇八一九	員作旅爵	三	四七三二	五三〇一
〇八二〇	孟作旅爵	三	四七三二	五三〇一
〇八二一	弓[illegible]羊爵	三	四七三二	五三〇一
〇八二二	爵寶彝爵	三	四七三三	五三〇一
〇八二三	爵寶彝爵	三	四七三三	五三〇一
〇八二四	仲作公爵	三	四七三四	五三〇一
〇八二五	作乙公爵	三	四七三四	五三〇一
〇八二六	[illegible]子寶爵	三	四七三五	五三〇一
〇八二七	[illegible]子寶爵	三	四七三五	五三〇一
〇八二八	則作寶爵	三	四七三六	五三〇一
〇八二九	右作彝爵	三	四七三六	五三〇二
〇八三〇	[illegible]作彝爵	三	四七三六	五三〇二
〇八三一	[illegible]作彝爵	三	四七三七	五三〇二
〇八三二	[illegible]作車爵	三	四七三七	五三〇二
〇八三三	作從彝爵	三	四七三七	五三〇二
〇八三四	唐子且乙爵	四	四七三八	五三〇二

器號	器名	字數	拓片頁碼	說明頁碼
〇八三五	唐子且乙爵	四	四七三八	五三〇二
〇八三六	唐子且乙爵	四	四七三八	五三〇二
〇八三七	[illegible]且乙角	四	四七三九	五三〇二
〇八三八	[illegible]作且丁爵	四	四七三九	五三〇二
〇八三九	[illegible]旅且丁爵	四	四七四〇	五三〇二
〇八四〇	爵[illegible]且丁爵	四	四七四〇	五三〇二
〇八四一	[illegible]◇且戊爵	四	四七四一	五三〇二
〇八四二	[illegible][illegible]且己爵	四	四七四一	五三〇二
〇八四三	弓[illegible]且己爵	四	四七四二	五三〇二
〇八四四	亞[illegible]且己爵	四	四七四二	五三〇三
〇八四五	[illegible][illegible]且辛爵	四	四七四二	五三〇三
〇八四六	[illegible]作且辛爵	四	四七四三	五三〇三
〇八四七	且辛父己爵	四	四七四三	五三〇三
〇八四八	□竹且癸爵	四	四七四三	五三〇三
〇八四九	[illegible][illegible]父甲爵	四	四七四四	五三〇三
〇八五〇	亞獸父甲爵	四	四七四四	五三〇三
〇八五一	[illegible]册父甲爵	四	四七四五	五三〇三
〇八五二	亞[illegible]父乙爵	四	四七四五	五三〇三
〇八五三	亞[illegible]父乙爵	四	四七四六	五三〇三
〇八五四	亞[illegible]父乙爵	四	四七四六	五三〇三
〇八五五	亞[illegible]父乙爵	四	四七四七	五三〇三
〇八五六	亞[illegible]父乙角	四	四七四七	五三〇三

器號	器名	字數	拓片頁碼	說明頁碼
〇八五七	[illegible]父乙爻角	四	四七四八	五三〇三
〇八五八	亞聿父乙爵	四	四七四八	五三〇三
〇八五九	亞戈父乙爵	四	四七四八	五三〇四
〇八六〇	亞口父乙爵	四	四七四九	五三〇四
〇八六一	子刀父乙爵	四	四七四九	五三〇四
〇八六二	乎子父乙爵	四	四七四九	五三〇四
〇八六三	乎子父乙爵	四	四七四九	五三〇四
〇八六四	大𣝈父乙爵	四	四七五〇	五三〇四
〇八六五	庚豕父乙爵	四	四七五〇	五三〇四
〇八六六	獸[illegible]父乙爵	四	四七五〇	五三〇四
〇八六七	[illegible]獸父乙爵	四	四七五〇	五三〇四
〇八六八	[illegible]萬父乙爵	四	四七五一	五三〇四
〇八六九	[illegible]父乙爵	四	四七五一	五三〇四
〇八七〇	[illegible]父父乙爵	四	四七五一	五三〇四
〇八七一	秉[illegible]父乙爵	四	四七五二	五三〇四
〇八七二	[illegible]倗父乙爵	四	四七五二	五三〇四
〇八七三	[illegible]父乙爵	四	四七五二	五三〇四
〇八七四	陸册父乙角	四	四七五三	五三〇四
〇八七五	庚[illegible]父乙爵	四	四七五三	五三〇四
〇八七六	[illegible]作父乙爵	四	四七五四	五三〇五
〇八七七	愯作父乙爵	四	四七五四	五三〇五
〇八七八	[illegible]作父乙爵	四	四七五四	五三〇五
〇八七九	□作父乙爵	四	四七五五	五三〇五
〇八八〇	鄉作父乙爵	四	四七五五	五三〇五
〇八八一	作父乙彝爵	四	四七五五	五三〇五
〇八八二	亞䖒父丙角	四	四七五六	五三〇五
〇八八三	[illegible]册父丙爵	四	四七五七	五三〇五
〇八八四	西單父丙爵	四	四七五七	五三〇五
〇八八五	[illegible]作父丙爵	四	四七五七	五三〇五
〇八八六	[illegible]作父丙爵	四	四七五七	五三〇五
〇八八七	亞屰父丁爵	四	四七五八	五三〇五
〇八八八	亞魚父丁爵	四	四七五八	五三〇六
〇八八九	亞魚父丁爵	四	四七五八	五三〇六
〇八九〇	亞[illegible]父丁爵	四	四七五八	五三〇六
〇八九一	亞弜父丁角	四	四七五九	五三〇六
〇八九二	亞弜父丁角	四	四七五九	五三〇六
〇八九三	亞旋父丁角蓋	四	四七五九	五三〇六
〇八九四	亞獏父丁角	四	四七六〇	五三〇六
〇八九五	亞獏父丁爵	四	四七六〇	五三〇六
〇八九六	[illegible]父丁爵	四	四七六〇	五三〇六
〇八九七	[illegible]旅父丁爵	四	四七六一	五三〇六
〇八九八	己並父丁爵	四	四七六一	五三〇六
〇八九九	己並父丁爵	四	四七六二	五三〇六
〇九〇〇	己並父丁爵	四	四七六二	五三〇六

器號	器名	字數	拓片頁碼	說明頁碼
〇八九〇一	戈[illegible]父丁爵	四	四七六二	五三〇六
〇八九〇二	尹舟父丁爵	四	四七六三	五三〇六
〇八九〇三	田告父丁爵	四	四七六三	五三〇七
〇八九〇四	射獸父丁爵	四	四七六三	五三〇七
〇八九〇五	赤[illegible]父丁爵	四	四七六四	五三〇七
〇八九〇六	[illegible][illegible]父丁爵	四	四七六四	五三〇七
〇八九〇七	嶲册父丁爵	四	四七六五	五三〇七
〇八九〇八	[illegible]册父丁爵	四	四七六五	五三〇七
〇八九〇九	囷册父丁爵	四	四七六五	五三〇七
〇八九一〇	壬册父丁爵	四	四七六五	五三〇七
〇八九一一	壬册父丁爵	四	四七六六	五三〇七
〇八九一二	册劦父丁爵	四	四七六六	五三〇七
〇八九一三	□册父丁爵	四	四七六六	五三〇七
〇八九一四	宁戈父丁爵	四	四七六七	五三〇七
〇八九一五	[illegible]庚父丁爵	四	四七六七	五三〇七
〇八九一六	瘨作父丁爵	四	四七六七	五三〇七
〇八九一七	瘨作父丁爵	四	四七六七	五三〇七
〇八九一八	[illegible]矢父戊爵	四	四七六八	五三〇八
〇八九一九	[illegible]矢父戊爵	四	四七六八	五三〇八
〇八九二〇	[illegible]矢父戊爵	四	四七六八	五三〇八
〇八九二一	車犬父戊爵	四	四七六九	五三〇八
〇八九二二	車犬父戊爵	四	四七六九	五三〇八

器號	器名	字數	拓片頁碼	說明頁碼
〇八九二三	[illegible]作父戊角	四	四七六九	五三〇八
〇八九二四	加作父戊爵	四	四七七〇	五三〇八
〇八九二五	加作父戊爵	四	四七七〇	五三〇八
〇八九二六	亞[illegible]父己爵	四	四七七〇	五三〇八
〇八九二七	亞[illegible]父己爵	四	四七七〇	五三〇八
〇八九二八	亞若父己爵	四	四七七一	五三〇八
〇八九二九	[illegible]葡父己爵	四	四七七一	五三〇八
〇八九三〇	[illegible][illegible]父己爵	四	四七七二	五三〇八
〇八九三一	[illegible]旅父己爵	四	四七七二	五三〇八
〇八九三二	[illegible]旅父己爵	四	四七七三	五三〇八
〇八九三三	尹舟父己爵	四	四七七三	五三〇八
〇八九三四	北[illegible]父己爵	四	四七七三	五三〇九
〇八九三五	守册父己爵	四	四七七四	五三〇九
〇八九三六	守册父己爵	四	四七七四	五三〇九
〇八九三七	[illegible]單父己爵	四	四七七四	五三〇九
〇八九三八	[illegible]倗父己爵	四	四七七四	五三〇九
〇八九三九	弓[illegible]父庚爵	四	四七七五	五三〇九
〇八九四〇	[illegible]□父庚爵	四	四七七五	五三〇九
〇八九四一	亞[illegible]父辛爵	四	四七七六	五三〇九
〇八九四二	亞[illegible]父辛爵	四	四七七六	五三〇九
〇八九四三	亞[illegible]父辛爵	四	四七七六	五三〇九
〇八九四四	大[illegible]父辛爵	四	四七七七	五三〇九

器號	器名	字數	拓片頁碼	說明頁碼
〇八九四五	[illegible]丂父辛爵	四	四七七七	五三〇九
〇八九四六	子[illegible]父辛爵	四	四七七八	五三〇九
〇八九四七	[illegible]册父辛爵	四	四七七八	五三〇九
〇八九四八	[illegible]册父辛爵	四	四七七八	五三〇九
〇八九四九	龟[illegible]父辛爵	四	四七七九	五三〇九
〇八九五〇	龟[illegible]父辛爵	四	四七七九	五三〇九
〇八九五一	[illegible]興父辛爵	四	四七八〇	五三〇九
〇八九五二	虘作父辛爵	四	四七八〇	五三一〇
〇八九五三	亞獸父壬爵	四	四七八一	五三一〇
〇八九五四	刀子父壬爵	四	四七八一	五三一〇
〇八九五五	亞[illegible]父癸爵	四	四七八二	五三一〇
〇八九五六	大[illegible]父癸爵	四	四七八二	五三一〇
〇八九五七	何[illegible]父癸爵	四	四七八三	五三一〇
〇八九五八	何[illegible]父癸爵	四	四七八三	五三一〇
〇八九五九	何[illegible]父癸爵	四	四七八三	五三一〇
〇八九六〇	禾子父癸爵	四	四七八四	五三一〇
〇八九六一	[illegible]子父癸爵	四	四七八四	五三一〇
〇八九六二	北酉父癸爵	四	四七八四	五三一〇
〇八九六三	鄉宁父癸爵	四	四七八五	五三一〇
〇八九六四	屰目父癸爵	四	四七八五	五三一〇
〇八九六五	屰目父癸爵	四	四七八五	五三一〇
〇八九六六	屰目父癸爵	四	四七八五	五三一〇

器號	器名	字數	拓片頁碼	說明頁碼
〇八九六七	尹舟父癸爵	四	四七八六	五三一〇
〇八九六八	[illegible]父癸爵	四	四七八六	五三一一
〇八九六九	[illegible]旅父癸爵	四	四七八六	五三一一
〇八九七〇	[illegible]父癸爵	四	四七八六	五三一一
〇八九七一	[illegible]父癸爵	四	四七八七	五三一一
〇八九七二	庚[illegible]父癸爵	四	四七八七	五三一一
〇八九七三	[illegible]倗父癸爵	四	四七八七	五三一一
〇八九七四	□册父癸爵	四	四七八八	五三一一
〇八九七五	□册父癸爵	四	四七八八	五三一一
〇八九七六	伯作父癸爵	四	四七八九	五三一一
〇八九七七	[illegible]逐母丙爵	四	四七八九	五三一一
〇八九七八	舌作妣丁爵	四	四七九〇	五三一一
〇八九七九	舌作妣丁爵	四	四七九〇	五三一一
〇八九八〇	[illegible]作[illegible]女角	四	四七九〇	五三一一
〇八九八一	亞□兄丁爵	四	四七九一	五三一一
〇八九八二	聑[illegible]婦[illegible]爵	四	四七九一	五三一一
〇八九八三	聑[illegible]婦[illegible]爵	四	四七九一	五三一一
〇八九八四	聑[illegible]婦[illegible]爵	四	四七九一	五三一一
〇八九八五	[illegible]作寶爵	四	四七九二	五三一二
〇八九八六	[illegible]馬作彝爵	四	四七九三	五三一二
〇八九八七	子[illegible]乙酉爵	四	四七九三	五三一二
〇八九八八	[illegible]作[illegible]子爵	四	四七九三	五三一二

器號	器名	字數	拓片頁碼	説明頁碼
〇八八八九	戈器作乂爵	四	四七九四	五三一二
〇八八九〇	戈器作乂爵	四	四七九四	五三一二
〇八八九一	過伯作彝爵	四	四七九五	五三一二
〇八八九二	[illegible]且乙爵	四	四七九五	五三一二
〇八八九三	[illegible]且丁父乙爵	五	四七九六	五三一二
〇八八九四	臣辰[illegible]父乙爵	五	四七九六	五三一二
〇八八九五	臣辰[illegible]父乙爵	五	四七九七	五三一二
〇八八九六	臣辰[illegible]父乙爵	五	四七九七	五三一三
〇八八九七	臣辰[illegible]父乙爵	五	四七九七	五三一三
〇八八九八	臣父乙爵	五	四七九八	五三一三
〇八八九九	臣父乙爵	五	四七九八	五三一三
〇九〇〇〇	亞矣父乙爵	五	四七九九	五三一三
〇九〇〇一	亞矣父乙爵	五	四七九九	五三一三
〇九〇〇二	亞矣父乙爵	五	四七九九	五三一三
〇九〇〇三	執父乙爵	五	四八〇〇	五三一三
〇九〇〇四	作父乙爵	五	四八〇〇	五三一三
〇九〇〇五	弓[illegible]羊父丁爵	五	四八〇一	五三一三
〇九〇〇六	羊[illegible]獸父丁爵	五	四八〇一	五三一三
〇九〇〇七	亞父丁爵	五	四八〇二	五三一三
〇九〇〇八	亞共父丁角	五	四八〇二	五三一三
〇九〇〇九	𢦏父丁爵	五	四八〇三	五三一四
〇九〇一〇	亞向父戊爵	五	四八〇三	五三一四

器號	器名	字數	拓片頁碼	説明頁碼
〇九〇一一	亞[illegible]父戊爵	五	四八〇三	五三一四
〇九〇一二	舟父戊爵	五	四八〇四	五三一四
〇九〇一三	舟父戊爵	五	四八〇四	五三一四
〇九〇一四	啓宁父戊爵	五	四八〇五	五三一四
〇九〇一五	亞[illegible]父己爵	五	四八〇五	五三一四
〇九〇一六	亞[illegible]父辛爵	五	四八〇五	五三一四
〇九〇一七	守宮父辛爵	五	四八〇六	五三一四
〇九〇一八	守宮父辛爵	五	四八〇六	五三一四
〇九〇一九	弓[illegible]羊父辛爵	五	四八〇七	五三一四
〇九〇二〇	婦父辛爵	五	四八〇七	五三一四
〇九〇二一	作父辛爵	五	四八〇七	五三一四
〇九〇二二	子工父癸爵	五	四八〇八	五三一四
〇九〇二三	[illegible]父癸爵	五	四八〇八	五三一五
〇九〇二四	戱父癸爵	五	四八〇八	五三一五
〇九〇二五	□父癸爵	五	四八〇九	五三一五
〇九〇二六	□父癸爵	五	四八〇九	五三一五
〇九〇二七	妊爵	五	四八一〇	五三一五
〇九〇二八	妊爵	五	四八一〇	五三一五
〇九〇二九	黽婦爵	五	四八一〇	五三一五
〇九〇三〇	黽婦爵	五	四八一〇	五三一五
〇九〇三一	立爵	五	四八一一	五三一五
〇九〇三二	[illegible]爵	五	四八一一	五三一五

器號	器名	字數	拓片頁碼	說明頁碼
〇九〇三三	剛爵	五	四八一一	五三一五
〇九〇三四	癸旻爵	五	四八一二	五三一五
〇九〇三五	伯[illegible]爵	五	四八一二	五三一五
〇九〇三六	伯[illegible]爵	五	四八一二	五三一六
〇九〇三七	叔[illegible]爵	五	四八一三	五三一六
〇九〇三八	[illegible]隻爵	五	四八一三	五三一六
〇九〇三九	口昔爵	五	四八一三	五三一六
〇九〇四〇	[illegible]父爵	五	四八一四	五三一六
〇九〇四一	史舀爵	五	四八一四	五三一六
〇九〇四二	作丮彝爵	五	四八一四	五三一六
〇九〇四三	剅且乙爵	六	四八一五	五三一六
〇九〇四四	剅且乙爵	六	四八一五	五三一六
〇九〇四五	[illegible]且丁爵	六	四八一六	五三一六
〇九〇四六	遽且辛爵	六	四八一六	五三一六
〇九〇四七	[illegible]庚且辛爵	六	四八一七	五三一六
〇九〇四八	雁事父乙爵	六	四八一七	五三一六
〇九〇四九	子册父乙爵	六	四八一七	五三一六
〇九〇五〇	貝隹易父乙爵	六	四八一八	五三一七
〇九〇五一	貝隹易父乙爵	六	四八一八	五三一七
〇九〇五二	作甫丁爵	六	四八一九	五三一七
〇九〇五三	獸父戊爵	六	四八一九	五三一七
〇九〇五四	獸父戊爵	六	四八一九	五三一七

器號	器名	字數	拓片頁碼	說明頁碼
〇九〇五五	糸子刀父己爵	六	四八二〇	五三一七
〇九〇五六	[illegible]父庚爵	六	四八二〇	五三一七
〇九〇五七	[illegible]父庚爵	六	四八二〇	五三一七
〇九〇五八	[illegible]徑父庚爵	六	四八二一	五三一七
〇九〇五九	[illegible]父庚爵	六	四八二一	五三一七
〇九〇六〇	木羊册父辛爵	六	四八二二	五三一七
〇九〇六一	[illegible]父辛爵	六	四八二二	五三一七
〇九〇六二	徹父癸爵	六	四八二二	五三一七
〇九〇六三	史[illegible]角	六	四八二三	五三一七
〇九〇六四	册弜且乙角	七	四八二三	五三一八
〇九〇六五	效且戊爵	七	四八二四	五三一八
〇九〇六六	[illegible]且己爵	七	四八二四	五三一八
〇九〇六七	牆父乙爵	七	四八二四	五三一八
〇九〇六八	牆父乙爵	七	四八二四	五三一八
〇九〇六九	作父乙爵	七	四八二五	五三一八
〇九〇七〇	瘨父丁爵	七	四八二五	五三一八
〇九〇七一	小車父丁爵	七	四八二五	五三一八
〇九〇七二	[illegible]册父丁爵	七	四八二六	五三一八
〇九〇七三	[illegible]作父己爵	七	四八二六	五三一八
〇九〇七四	[illegible]衎天父庚爵	七	四八二六	五三一八
〇九〇七五	亞異矣母癸爵	七	四八二七	五三一八
〇九〇七六	攸作上父爵	七	四八二七	五三一八

器號	器名	字數	拓片頁碼	說明頁碼
〇九七七	作乂父爵	七	四八二七	五三一八
〇九七八	[illegible]父丁角	八	四八二七	五三一九
〇九七九	達父己爵	八	四八二八	五三一九
〇九八〇	豐父辛爵	八	四八二八	五三一九
〇九八一	豐父辛爵	八	四八二九	五三一九
〇九八二	豐父辛爵	八	四八二九	五三一九
〇九八三	[illegible]大父辛爵	八	四八二九	五三一九
〇九八四	友敉父癸爵	八	四八三〇	五三一九
〇九八五	友敉父癸爵	八	四八三〇	五三一九
〇九八六	美爵	八	四八三一	五三一九
〇九八七	美爵	八	四八三一	五三一九
〇九八八	子𧖴父乙爵	九	四八三二	五三一九
〇九八九	穌父辛爵	九	四八三三	五三一九
〇九九〇	者姛爵	九	四八三三	五三一九
〇九九一	索諆爵	九	四八三四	五三二〇
〇九九二	婦闟爵	九	四八三四	五三二〇
〇九九三	婦闟爵	九	四八三五	五三二〇
〇九九四	𡍲父甲爵	一〇	四八三五	五三二〇
〇九九五	呂仲僕爵	一〇	四八三六	五三二〇
〇九九六	魯侯爵	一〇	四八三六	五三二〇
〇九九七	盟□綸𡨦爵	一一	四八三六	五三二〇
〇九九八	姛[illegible]爵	一二	四八三六	五三二〇

器號	器名	字數	拓片頁碼	說明頁碼
〇九九九	征作父辛角	一三	四八三七	五三二〇
一〇〇〇	𣪘作父癸角	一三	四八三七	五三二一
一〇〇一	寎魚爵	一四	四八三八	五三二一
一〇〇二	[illegible]亞作父癸角	一六	四八三八	五三二一
一〇〇三	御正良爵	二〇	四八三九	五三二一
一〇〇四	盂爵	二一	四八三九	五三二一
一〇〇五	宰椃角	三一	四八四〇	五三二一
一〇〇六	[illegible]斝	一	四八四一	五三二一
一〇〇七	[illegible]斝	一	四八四一	五三二一
一〇〇八	[illegible]斝	一	四八四一	五三二一
一〇〇九	[illegible]斝	一	四八四一	五三二二
一〇一〇	[illegible]斝	一	四八四二	五三二二
一〇一一	[illegible]斝	一	四八四二	五三二二
一〇一二	[illegible]斝	一	四八四二	五三二二
一〇一三	奚斝	一	四八四二	五三二二
一〇一四	匿斝	一	四八四三	五三二二
一〇一五	匿斝	一	四八四三	五三二二
一〇一六	何斝	一	四八四三	五三二二
一〇一七	何斝	一	四八四三	五三二二
一〇一八	[illegible]斝	一	四八四四	五三二二
一〇一九	並斝	一	四八四四	五三二二
一〇二〇	北斝	一	四八四五	五三二二

器號	器名	字數	拓片頁碼	說明頁碼
〇九一二一	[illegible]斝	一	四八四五	五三二二
〇九一二二	臣斝	一	四八四五	五三二二
〇九一二三	叟斝	一	四八四五	五三二二
〇九一二四	聿斝	一	四八四六	五三二二
〇九一二五	史斝	一	四八四六	五三二三
〇九一二六	[illegible]斝	一	四八四六	五三二三
〇九一二七	其斝	一	四八四七	五三二三
〇九一二八	興斝	一	四八四七	五三二三
〇九一二九	興斝	一	四八四七	五三二三
〇九一三〇	[illegible]斝	一	四八四八	五三二三
〇九一三一	[illegible]斝	一	四八四八	五三二三
〇九一三二	[illegible]斝	一	四八四八	五三二三
〇九一三三	徙斝	一	四八四八	五三二三
〇九一三四	奄斝	一	四八四九	五三二三
〇九一三五	鳥斝	一	四八四九	五三二三
〇九一三六	雋斝	一	四八四九	五三二三
〇九一三七	[illegible]斝	一	四八四九	五三二三
〇九一三八	[illegible]斝	一	四八五〇	五三二三
〇九一三九	[illegible]斝	一	四八五〇	五三二三
〇九一四〇	戈斝	一	四八五〇	五三二三
〇九一四一	[illegible]斝	一	四八五〇	五三二四
〇九一四二	[illegible]斝	一	四八五一	五三二四

器號	器名	字數	拓片頁碼	說明頁碼
〇九一四三	亞斝	一	四八五一	五三二四
〇九一四四	[illegible]斝	一	四八五一	五三二四
〇九一四五	[illegible]斝	一	四八五二	五三二四
〇九一四六	[illegible]斝	一	四八五二	五三二四
〇九一四七	册方斝	一	四八五二	五三二四
〇九一四八	[illegible]斝	一	四八五三	五三二四
〇九一四九	[illegible]斝	一	四八五三	五三二四
〇九一五〇	串斝	一	四八五三	五三二四
〇九一五一	[illegible]斝	一	四八五三	五三二四
〇九一五二	戊斝	一	四八五四	五三二四
〇九一五三	戊斝	一	四八五四	五三二四
〇九一五四	癸斝	一	四八五四	五三二四
〇九一五五	[illegible]斝	一	四八五四	五三二四
〇九一五六	亞矣斝	二	四八五五	五三二四
〇九一五七	亞矣斝	二	四八五五	五三二五
〇九一五八	亞矣斝	二	四八五五	五三二五
〇九一五九	亞䤈斝	二	四八五六	五三二五
〇九一六〇	亞酉斝	二	四八五六	五三二五
〇九一六一	亞殸斝	二	四八五六	五三二五
〇九一六二	亞[illegible]斝	二	四八五七	五三二五
〇九一六三	亞其斝	二	四八五七	五三二五
〇九一六四	亞獏斝	二	四八五七	五三二五

器號	器名	字數	拓片頁碼	說明頁碼
○九一六五	且戊斝	二	四八五八	五三二五
○九一六六	且己斝	二	四八五八	五三二五
○九一六七	父乙斝	二	四八五八	五三二五
○九一六八	父己斝	二	四八五八	五三二五
○九一六九	父庚斝	二	四八五九	五三二五
○九一七○	父辛斝	二	四八五九	五三二五
○九一七一	父癸斝	二	四八五九	五三二五
○九一七二	子蝠斝	二	四八六○	五三二五
○九一七三	子□斝	二	四八六○	五三二五
○九一七四	子漁斝	二	四八六○	五三二六
○九一七五	□□斝	二	四八六一	五三二六
○九一七六	□叡斝	二	四八六一	五三二六
○九一七七	女亞斝	二	四八六一	五三二六
○九一七八	婦好斝	二	四八六一	五三二六
○九一七九	婦好斝	二	四八六二	五三二六
○九一八○	婦好斝	二	四八六二	五三二六
○九一八一	婦好斝	二	四八六二	五三二六
○九一八二	酋乙斝	二	四八六三	五三二六
○九一八三	酋乙斝	二	四八六三	五三二六
○九一八四	酋乙斝	二	四八六三	五三二六
○九一八五	□乙斝	二	四八六四	五三二六
○九一八六	乙魚斝	二	四八六四	五三二六

器號	器名	字數	拓片頁碼	說明頁碼
○九一八七	庚戈斝	二	四八六四	五三二七
○九一八八	辛□斝	二	四八六五	五三二七
○九一八九	□□斝	二	四八六五	五三二七
○九一九○	□田斝	二	四八六五	五三二七
○九一九一	□□斝	二	四八六六	五三二七
○九一九二	隹□斝	二	四八六六	五三二七
○九一九三	□龜斝	二	四八六七	五三二七
○九一九四	□□斝	二	四八六七	五三二七
○九一九五	鄉宁斝	二	四八六七	五三二七
○九一九六	買車斝	二	四八六七	五三二七
○九一九七	車□斝	二	四八六八	五三二七
○九一九八	□册斝	二	四八六八	五三二七
○九一九九	□册斝	二	四八六八	五三二七
○九二○○	西單斝	二	四八六八	五三二七
○九二○一	□且丁斝	三	四八六九	五三二七
○九二○二	□且丁斝	三	四八六九	五三二八
○九二○三	□且己斝	三	四八六九	五三二八
○九二○四	豢父甲斝	三	四八六九	五三二八
○九二○五	田父甲斝	三	四八七○	五三二八
○九二○六	□父乙斝	三	四八七○	五三二八
○九二○七	□父乙斝	三	四八七○	五三二八
○九二○八	□父乙斝	三	四八七一	五三二八

器號	器名	字數	拓片頁碼	説明頁碼
〇九二〇九	奄父乙斝	三	四八七一	五三二八
〇九二一〇	山父乙斝	三	四八七二	五三二八
〇九二一一	作父乙斝	三	四八七二	五三二八
〇九二一二	單父丁斝	三	四八七二	五三二八
〇九二一三	聿父戊斝	三	四八七二	五三二八
〇九二一四	保父己斝	三	四八七三	五三二八
〇九二一五	[illegible]父己斝	三	四八七三	五三二八
〇九二一六	[illegible]父辛斝	三	四八七三	五三二八
〇九二一七	[illegible]父辛斝	三	四八七三	五三二九
〇九二一八	丵父辛斝	三	四八七四	五三二九
〇九二一九	[illegible]父癸斝	三	四八七四	五三二九
〇九二二〇	[illegible]父癸斝	三	四八七四	五三二九
〇九二二一	[illegible]父口斝	三	四八七五	五三二九
〇九二二二	司[illegible]母斝	三	四八七五	五三二九
〇九二二三	司[illegible]母斝	三	四八七五	五三二九
〇九二二四	子束泉斝	三	四八七五	五三二九
〇九二二五	亞豈銜斝	三	四八七六	五三二九
〇九二二六	詎[illegible]斝	三	四八七六	五三二九
〇九二二七	匕田丫斝	三	四八七六	五三二九
〇九二二八	亞弜父丁斝	四	四八七六	五三二九
〇九二二九	矢宁父丁斝	四	四八七七	五三二九
〇九二三〇	西單父丁斝	四	四八七七	五三二九

器號	器名	字數	拓片頁碼	説明頁碼
〇九二三一	[illegible]作父戊斝	四	四八七七	五三三〇
〇九二三二	山[illegible]父辛斝	四	四八七七	五三三〇
〇九二三三	何父癸斝	四	四八七八	五三三〇
〇九二三四	亞[illegible]馬豙斝	四	四八七八	五三三〇
〇九二三五	[illegible]作彝斝	四	四八七八	五三三〇
〇九二三六	聳作尊彝斝	四	四八七八	五三三〇
〇九二三七	光作從彝斝	四	四八七九	五三三〇
〇九二三八	辛亞鳥[illegible]斝	五	四八七九	五三三〇
〇九二三九	冓斝	五	四八七九	五三三〇
〇九二四〇	[illegible]父丁斝	六	四八八〇	五三三〇
〇九二四一	劦闢父丁斝	六	四八八〇	五三三〇
〇九二四二	宁狽父丁斝	六	四八八〇	五三三〇
〇九二四三	黽作婦姑斝	六	四八八〇	五三三〇
〇九二四四	口作康公斝	七	四八八一	五三三〇
〇九二四五	亞[illegible]矦母癸斝	七	四八八二	五三三〇
〇九二四六	婦[illegible]日癸斝	一〇	四八八二	五三三〇
〇九二四七	婦[illegible]日癸斝	一〇	四八八二	五三三一
〇九二四八	折斝	一〇	四八八三	五三三一
〇九二四九	小臣邑斝	二六	四八八四	五三三一
〇九二五〇	[illegible]觚	一	四八八五	五三三一
〇九二五一	婦觚	一	四八八五	五三三一
〇九二五二	[illegible]觚	一	四八八五	五三三一

器號	器名	字數	拓片頁碼	說明頁碼
〇九二五三	亞若觥蓋	二	四八八五	五三一
〇九二五四	[illegible]觥	二	四八八六	五三一
〇九二五五	[illegible]觥	二	四八八六	五三一
〇九二五六	[illegible]貯觥	二	四八八六	五三一
〇九二五七	告田觥	二	四八八六	五三一
〇九二五八	宁矢觥	二	四八八七	五三一
〇九二五九	[illegible]旅觥	二	四八八七	五三一
〇九二六〇	婦好觥	二	四八八七	五三二
〇九二六一	婦好觥	二	四八八七	五三二
〇九二六二	[illegible]觥	二	四八八八	五三二
〇九二六三	[illegible]己觥	二	四八八八	五三二
〇九二六四	庚[illegible]觥蓋	二	四八八九	五三二
〇九二六五	癸萬觥	二	四八八九	五三二
〇九二六六	羊父甲觥	三	四八八九	五三二
〇九二六七	黿父乙觥	三	四八九〇	五三二
〇九二六八	[illegible]父乙觥	三	四八九〇	五三二
〇九二六九	冀父乙觥	三	四八九一	五三二
〇九二七〇	冀父乙觥	三	四八九一	五三二
〇九二七一	山父乙觥	三	四八九一	五三二
〇九二七二	豙父乙觥	三	四八九一	五三二
〇九二七三	光父乙觥	三	四八九一	五三二
〇九二七四	父丁障觥	三	四八九二	五三二

器號	器名	字數	拓片頁碼	說明頁碼
〇九二七五	天父丁觥	三	四八九二	五三二
〇九二七六	竟父戊觥	三	四八九二	五三二
〇九二七七	[illegible]父庚觥	三	四八九二	五三三
〇九二七八	戎父辛觥	三	四八九三	五三三
〇九二七九	黿父癸觥	三	四八九三	五三三
〇九二八〇	司母辛觥	三	四八九三	五三三
〇九二八一	司母辛觥	三	四八九四	五三三
〇九二八二	王子耶觥	三	四八九四	五三三
〇九二八三	冊劦[illegible]觥	三	四八九四	五三三
〇九二八四	冀文父丁觥	四	四八九五	五三三
〇九二八五	爵丂父癸觥	四	四八九五	五三三
〇九二八六	殷作寶彝觥	四	四八九五	五三三
〇九二八七	王之女叙觥	四	四八九六	五三三
〇九二八八	責弘觥	五	四八九六	五三三
〇九二八九	疐父丁觥	六	四八九七	五三四
〇九二九〇	[illegible]父辛觥	六	四八九七	五三四
〇九二九一	作母戊觥蓋	六	四八九七	五三四
〇九二九二	匽父辛觥	八	四八九八	五三四
〇九二九三	旓觥	八	四八九八	五三四
〇九二九四	者女觥	九	四八九九	五三四
〇九二九五	者女觥	九	四九〇〇	五三四
〇九二九六	逬父乙觥	一〇	四九〇一	五三四

器號	器名	字數	拓片頁碼	說明頁碼
〇九二九七	守宮觥	一〇	四九〇二	五三三四
〇九二九八	仲子觥	一二	四九〇二	五三三四
〇九二九九	般觥	一四	四九〇三	五三三四
〇九三〇〇	犾駿觥蓋	一六	四九〇三	五三三五
〇九三〇一	文嫊己觥	一八	四九〇三	五三三五
〇九三〇二	文考日己觥	一八	四九〇四	五三三五
〇九三〇三	作册折觥	四二	四九〇五	五三三五
〇九三〇四	冀盉	一	四九〇六	五三三五
〇九三〇五	[illegible]盉	一	四九〇六	五三三五
〇九三〇六	[illegible]盉	一	四九〇七	五三三五
〇九三〇七	[illegible]盉	一	四九〇七	五三三五
〇九三〇八	[illegible]盉	一	四九〇七	五三三五
〇九三〇九	[illegible]盉	一	四九〇七	五三三五
〇九三一〇	黿盉	一	四九〇八	五三三五
〇九三一一	魚盉	一	四九〇八	五三三五
〇九三一二	[illegible]盉	一	四九〇九	五三三五
〇九三一三	[illegible]盉	一	四九〇九	五三三六
〇九三一四	[illegible]盉	一	四九〇九	五三三六
〇九三一五	左盉	一	四九一〇	五三三六
〇九三一六	中盉	一	四九一〇	五三三六
〇九三一七	右盉	一	四九一〇	五三三六
〇九三一八	甲盉	一	四九一一	五三三六

器號	器名	字數	拓片頁碼	說明頁碼
〇九三一九	[illegible]盉	一	四九一一	五三三六
〇九三二〇	[illegible]盉	一	四九一一	五三三六
〇九三二一	[illegible]盉	一	四九一二	五三三六
〇九三二二	[illegible]盉	一	四九一二	五三三六
〇九三二三	亞醜盉	二	四九一二	五三三六
〇九三二四	亞醜盉	二	四九一二	五三三六
〇九三二五	亞獸盉	二	四九一二	五三三六
〇九三二六	亞旹盉	二	四九一三	五三三六
〇九三二七	冀戲盉	二	四九一三	五三三六
〇九三二八	[illegible]單盉	二	四九一三	五三三七
〇九三二九	[illegible]乙盉	二	四九一四	五三三七
〇九三三〇	[illegible][illegible]盉	二	四九一四	五三三七
〇九三三一	魚從盉	二	四九一四	五三三七
〇九三三二	子蝠盉	二	四九一四	五三三七
〇九三三三	婦好盉	二	四九一五	五三三七
〇九三三四	婦好盉	二	四九一五	五三三七
〇九三三五	婦好盉	二	四九一五	五三三七
〇九三三六	作且辛盉	三	四九一六	五三三七
〇九三三七	子且辛盉	三	四九一六	五三三七
〇九三三八	子父乙盉	三	四九一六	五三三七
〇九三三九	子父乙盉	三	四九一七	五三三七
〇九三四〇	子父乙盉	三	四九一七	五三三七

器號	器名	字數	拓片頁碼	說明頁碼
〇九三四一	子父乙盉	三	四九一八	五三三七
〇九三四二	黿父乙盉	三	四九一八	五三三八
〇九三四三	[illegible]父乙盉	三	四九一九	五三三八
〇九三四四	[illegible]父乙盉	三	四九二〇	五三三八
〇九三四五	[illegible]父乙盉	三	四九二〇	五三三八
〇九三四六	[illegible]父乙盉	三	四九二一	五三三八
〇九三四七	父乙[illegible]盉	三	四九二一	五三三八
〇九三四八	父乙飤盉	三	四九二二	五三三八
〇九三四九	子父丁盉	三	四九二二	五三三八
〇九三五〇	[illegible]父丁盉	三	四九二二	五三三八
〇九三五一	[illegible]父丁盉	三	四九二三	五三三八
〇九三五二	[illegible]父丁盉	三	四九二三	五三三八
〇九三五三	[illegible]父丁盉	三	四九二三	五三三八
〇九三五四	黿父戊盉	三	四九二四	五三三八
〇九三五五	戈父戊盉	三	四九二四	五三三九
〇九三五六	[illegible]父戊盉	三	四九二四	五三三九
〇九三五七	[illegible]父戊盉	三	四九二五	五三三九
〇九三五八	[illegible]父己盉	三	四九二五	五三三九
〇九三五九	黿父癸盉	三	四九二五	五三三九
〇九三六〇	[illegible]父癸盉	三	四九二五	五三三九
〇九三六一	史父癸盉	三	四九二六	五三三九
〇九三六二	爵父癸盉	三	四九二六	五三三九

器號	器名	字數	拓片頁碼	說明頁碼
〇九三六三	[illegible]父癸盉	三	四九二七	五三三九
〇九三六四	[illegible]父癸盉	三	四九二七	五三三九
〇九三六五	[illegible]父癸盉	三	四九二七	五三三九
〇九三六六	亞醜母盉	三	四九二八	五三三九
〇九三六七	員作盉	三	四九二八	五三三九
〇九三六八	[illegible]作彝盉	三	四九二九	五三三九
〇九三六九	伯彭作盉	三	四九二九	五三三九
〇九三七〇	葡[illegible]父乙盉	四	四九二九	五三四〇
〇九三七一	亞[illegible]父乙盉	四	四九三〇	五三四〇
〇九三七二	[illegible]父乙盉	四	四九三〇	五三四〇
〇九三七三	亞醜父丁盉	四	四九三〇	五三四〇
〇九三七四	亞獏父丁盉	四	四九三一	五三四〇
〇九三七五	亞得父丁盉	四	四九三一	五三四〇
〇九三七六	戈寧父丁盉	四	四九三二	五三四〇
〇九三七七	[illegible]册父丁盉	四	四九三二	五三四〇
〇九三七八	亞[illegible]父己盉	四	四九三三	五三四〇
〇九三七九	亞[illegible]父辛盉	四	四九三三	五三四〇
〇九三八〇	臣辰[illegible]册盉	四	四九三三	五三四〇
〇九三八一	戈器作[illegible]盉	四	四九三四	五三四〇
〇九三八二	[illegible]作宗彝盉	四	四九三四	五三四〇
〇九三八三	[illegible]作從彝盉	四	四九三四	五三四〇
〇九三八四	作[illegible]從彝盉	四	四九三五	五三四一

器號	器名	字數	拓片頁碼	說明頁碼
〇九三八五	此作寶彝盉	四	四九三六	五三四一
〇九三八六	[illegible]般盉	四	四九三六	五三四一
〇九三八七	子◆父甲盉	五	四九三七	五三四一
〇九三八八	宁未父乙盉	五	四九三七	五三四一
〇九三八九	北單戈父丁盉	五	四九三八	五三四一
〇九三九〇	[illegible]子父戊盉	五	四九三八	五三四一
〇九三九一	[illegible]子父戊盉	五	四九三八	五三四一
〇九三九二	臣辰父癸盉	五	四九三九	五三四一
〇九三九三	作公丹鎣	五	四九三九	五三四一
〇九三九四	亞夫盉	五	四九三九	五三四一
〇九三九五	[illegible]父盉	五	四九四〇	五三四一
〇九三九六	單光盉	五	四九四〇	五三四一
〇九三九七	公盉	五	四九四一	五三四二
〇九三九八	伯矩盉	五	四九四一	五三四二
〇九三九九	伯春盉	五	四九四一	五三四二
〇九四〇〇	伯定盉	五	四九四二	五三四二
〇九四〇一	師轉鎣	五	四九四二	五三四二
〇九四〇二	鄉父乙盉	六	四九四三	五三四二
〇九四〇三	亞鳥父丁盉	六	四九四三	五三四二
〇九四〇四	戈[illegible]父丁盉	六	四九四四	五三四二
〇九四〇五	中父丁盉	六	四九四四	五三四二
〇九四〇六	僕父己盉	六	四九四五	五三四二

器號	器名	字數	拓片頁碼	說明頁碼
〇九四〇七	吴盉	六	四九四五	五三四二
〇九四〇八	魯侯盉蓋	六	四九四五	五三四三
〇九四〇九	[illegible]伯鎣	六	四九四六	五三四三
〇九四一〇	仲自父盉	六	四九四六	五三四三
〇九四一一	[illegible]王盉	六	四九四七	五三四三
〇九四一二	伯矩盉蓋	六	四九四七	五三四三
〇九四一三	伯[illegible]盉	六	四九四七	五三四三
〇九四一四	[illegible]伯盉	六	四九四八	五三四三
〇九四一五	亞[illegible]盉	七	四九四八	五三四三
〇九四一六	[illegible]父盉	七	四九四八	五三四三
〇九四一七	伯[illegible]盉	七	四九四九	五三四三
〇九四一八	伯[illegible]盉蓋	七	四九四九	五三四三
〇九四一九	季嬴霝德盉	七	四九四九	五三四三
〇九四二〇	鑄客盉	七	四九五〇	五三四三
〇九四二一	[illegible]父乙盉	八	四九五一	五三四三
〇九四二二	[illegible]父乙盉	八	四九五一	五三四四
〇九四二三	口作父戊盉	八	四九五二	五三四四
〇九四二四	[illegible]遙盉	八	四九五二	五三四四
〇九四二五	伯百父鎣	八	四九五二	五三四四
〇九四二六	楚叔之孫途盉	八	四九五三	五三四四
〇九四二七	伯[illegible]盉	九	四九五三	五三四四
〇九四二八	[illegible]盉	九	四九五四	五三四四

器號	器名	字數	拓片頁碼	説明頁碼
〇九四二九	[illegible]父盨	九	四九五四	五三四四
〇九四三〇	伯害盨	一〇	四九五五	五三四四
〇九四三一	甲盨	一一	四九五五	五三四四
〇九四三二	鈃子盨	一二	四九五六	五三四四
〇九四三三	遣盨	一二	四九五六	五三四四
〇九四三四	[illegible]君盨	一二	四九五六	五三四四
〇九四三五	伯衛父盨	一三	四九五七	五三四五
〇九四三六	才盨	一四	四九五七	五三四五
〇九四三七	伯庸父盨	一四	四九五八	五三四五
〇九四三八	王盨	一四	四九五八	五三四五
〇九四三九	亞㠱侯父乙盨	一五	四九五九	五三四五
〇九四四〇	伯角父盨	一五	四九六〇	五三四五
〇九四四一	白王盨	一五	四九六〇	五三四五
〇九四四二	龕盨	一六	四九六〇	五三四五
〇九四四三	季良父盨	一六	四九六一	五三四五
〇九四四四	季老或盨	一六	四九六一	五三四五
〇九四四五	黃子盨	一六	四九六二	五三四五
〇九四四六	嘉仲盨	一七	四九六二	五三四五
〇九四四七	王仲皇父盨	一七	四九六三	五三四五
〇九四四八	十一年盨	一九	四九六四	五三四六
〇九四四九	卅五年盨	二〇	四九六五	五三四六
〇九四五〇	十二年盨	二一	四九六六	五三四六

器號	器名	字數	拓片頁碼	説明頁碼
〇九四五一	麥盉	三〇	四九六七	五三四六
〇九四五二	長陵盉	四一	四九六八	五三四六
〇九四五三	義盉蓋	四九	四九七〇	五三四六
〇九四五四	士上盉	五四	四九七一	五三四六
〇九四五五	長田盉	五四	四九七二	五三四六
〇九四五六	裘衛盉	一一八	四九七三	五三四六
〇九四五七	[illegible]壺	二	四九七四	五三四七
〇九四五八	先壺	二	四九七四	五三四七
〇九四五九	叜壺	二	四九七四	五三四七
〇九四六〇	叜壺	二	四九七四	五三四七
〇九四六一	耳壺	二	四九七五	五三四七
〇九四六二	[illegible]壺	二	四九七五	五三四七
〇九四六三	[illegible]壺	二	四九七五	五三四七
〇九四六四	[illegible]壺	二	四九七五	五三四七
〇九四六五	興壺	二	四九七六	五三四七
〇九四六六	興壺	一	四九七六	五三四七
〇九四六七	[illegible]壺	一	四九七六	五三四七
〇九四六八	[illegible]壺	一	四九七六	五三四七
〇九四六九	秝壺	一	四九七七	五三四七
〇九四七〇	秝壺	一	四九七七	五三四七
〇九四七一	[illegible]壺	一	四九七七	五三四七
〇九四七二	戈壺	一	四九七七	五三四七

器號	器名	字數	拓片頁碼	說明頁碼
〇九四七三	弓壺	一	四九七八	五三四七
〇九四七四	□壺	一	四九七八	五三四七
〇九四七五	爻壺	一	四九七八	五三四八
〇九四七六	褱壺	一	四九七八	五三四八
〇九四七七	媵方壺	一	四九七九	五三四八
〇九四七八	亞□壺	二	四九七九	五三四八
〇九四七九	亞弜壺	二	四九七九	五三四八
〇九四八〇	□旅壺	二	四九八〇	五三四八
〇九四八一	鄉宁壺	二	四九八〇	五三四八
〇九四八二	鄉宁壺	二	四九八〇	五三四八
〇九四八三	宁□壺	二	四九八〇	五三四八
〇九四八四	丁□壺	二	四九八一	五三四八
〇九四八五	子龍壺	二	四九八一	五三四八
〇九四八六	婦好壺	二	四九八一	五三四八
〇九四八七	婦好壺	二	四九八一	五三四八
〇九四八八	心守壺	二	四九八二	五三四八
〇九四八九	天□壺	二	四九八二	五三四八
〇九四九〇	史放壺	二	四九八二	五三四八
〇九四九一	盟商壺	二	四九八二	五三四九
〇九四九二	叔姜壺	二	四九八三	五三四九
〇九四九三	父己壺	二	四九八三	五三四九
〇九四九四	之壺	二	四九八三	五三四九

器號	器名	字數	拓片頁碼	說明頁碼
〇九四九五	李瘬壺	二	四九八三	五三四九
〇九四九六	公□方壺	二	四九八四	五三四九
〇九四九七	□□壺	二	四九八四	五三四九
〇九四九八	五斗方壺	二	四九八四	五三四九
〇九四九九	左冶壺蓋	二	四九八四	五三四九
〇九五〇〇	子父乙壺	三	四九八五	五三四九
〇九五〇一	□父乙壺	三	四九八五	五三四九
〇九五〇二	史父丁壺蓋	三	四九八五	五三四九
〇九五〇三	赫父丁壺	三	四九八五	五三四九
〇九五〇四	酉父己壺	三	四九八六	五三四九
〇九五〇五	□父辛壺	三	四九八六	五三四九
〇九五〇六	魚父癸壺	三	四九八六	五三四九
〇九五〇七	冀兄辛壺	三	四九八六	五三五〇
〇九五〇八	北單戈壺	三	四九八七	五三五〇
〇九五〇九	婦好正壺	三	四九八七	五三五〇
〇九五一〇	司□母方壺	三	四九八八	五三五〇
〇九五一一	司□母方壺	三	四九八八	五三五〇
〇九五一二	叔作寶壺	三	四九八八	五三五〇
〇九五一三	公鑄壺	三	四九八九	五三五〇
〇九五一四	公子褱壺	三	四九八九	五三五〇
〇九五一五	下官壺	三	四九八九	五三五〇
〇九五一六	□游子壺	三	四九八九	五三五〇

器號	器名	字數	拓片頁碼	說明頁碼
○九五一七	上白羽壺	三	四九九〇	五三五〇
○九五一八	才作壺	三	四九九〇	五三五〇
○九五一九	作旅壺	三	四九九〇	五三五〇
○九五二〇	作旅彝壺	三	四九九一	五三五〇
○九五二一	作從彝壺	三	四九九一	五三五〇
○九五二二	宁戈父乙壺蓋	四	四九九一	五三五一
○九五二三	宁戈父乙壺蓋	四	四九九一	五三五一
○九五二四	[illegible][illegible]父丁壺	四	四九九二	五三五一
○九五二五	辰作父己壺	四	四九九二	五三五一
○九五二六	臣辰[illegible]册壺	四	四九九二	五三五一
○九五二七	考母壺	四	四九九三	五三五一
○九五二八	伯作寶壺	四	四九九三	五三五一
○九五二九	伯作寶壺	四	四九九四	五三五一
○九五三〇	吏从作壺	四	四九九四	五三五一
○九五三一	[illegible]作寶彝壺	四	四九九四	五三五一
○九五三二	[illegible]作寶彝壺	四	四九九五	五三五一
○九五三三	夾作彝壺	四	四九九五	五三五一
○九五三四	員作旅壺	四	四九九六	五三五一
○九五三五	皆作隮壺	四	四九九六	五三五一
○九五三六	[illegible]作寶壺	四	四九九七	五三五二
○九五三七	趙君壺	四	四九九七	五三五二
○九五三八	左旃子壺	四	四九九七	五三五二

器號	器名	字數	拓片頁碼	說明頁碼
○九五三九	左旃子壺	四	四九九八	五三五二
○九五四〇	己旃子壺	四	四九九八	五三五二
○九五四一	己旃子壺	四	四九九九	五三五二
○九五四二	[illegible]君壺	四	四九九九	五三五二
○九五四三	徝宮右自壺	四	四九九九	五三五二
○九五四四	亞[illegible]壺	五	四九九九	五三五二
○九五四五	亞□壺	五	五〇〇〇	五三五二
○九五四六	册劦[illegible]父丁壺	五	五〇〇〇	五三五二
○九五四七	工册天父己壺	五	五〇〇〇	五三五二
○九五四八	作父己壺	五	五〇〇〇	五三五二
○九五四九	[illegible]册父庚壺	五	五〇〇一	五三五二
○九五五〇	[illegible]壺	五	五〇〇一	五三五二
○九五五一	王七祀壺蓋	五	五〇〇一	五三五二
○九五五二	天姬壺	五	五〇〇二	五三五三
○九五五三	[illegible]侯壺	五	五〇〇二	五三五三
○九五五四	[illegible]伯壺蓋	五	五〇〇二	五三五三
○九五五五	[illegible]嬀壺	五	五〇〇三	五三五三
○九五五六	嫿妊壺	五	五〇〇三	五三五三
○九五五七	[illegible]姬壺	五	五〇〇三	五三五三
○九五五八	猚子[illegible]壺	五	五〇〇四	五三五三
○九五五九	子[illegible][illegible]子壺	五	五〇〇四	五三五三
○九五六〇	子[illegible][illegible]子壺	五	五〇〇五	五三五三

器號	器名	字數	拓片頁碼	說明頁碼
〇九五六一	左使車工壺	五	五〇〇五	五三三
〇九五六二	左使車工壺	五	五〇〇五	五三三
〇九五六三	右冶尹壺	五	五〇〇六	五三三
〇九五六四	恒作且辛壺	六	五〇〇六	五三三
〇九五六五	亞文父乙壺	六	五〇〇六	五三三
〇九五六六	[illegible]父乙壺	六	五〇〇七	五三四
〇九五六七	伯矩壺	六	五〇〇七	五三四
〇九五六八	伯矩壺	六	五〇〇七	五三四
〇九五六九	伯侄方壺	六	五〇〇八	五三四
〇九五七〇	伯濼父壺	六	五〇〇八	五三四
〇九五七一	孟截父壺	六	五〇〇八	五三四
〇九五七二	鬺仲多壺	六	五〇〇九	五三四
〇九五七三	蔡侯方壺	六	五〇〇九	五三四
〇九五七四	蔡侯方壺	六	五〇〇九	五三四
〇九五七五	鄭右□方壺	六	五〇一〇	五三四
〇九五七六	[illegible]作父己壺	七	五〇一〇	五三四
〇九五七七	叡作父辛壺	七	五〇一〇	五三四
〇九五七八	□父壺	七	五〇一一	五三五
〇九五七九	魯侯壺	七	五〇一一	五三五
〇九五八〇	鑄大□壺	七	五〇一一	五三五
〇九五八一	曾侯乙壺	七	五〇一二	五三五
〇九五八二	曾侯乙壺	七	五〇一二	五三五

器號	器名	字數	拓片頁碼	說明頁碼
〇九五八三	韓氏私官方壺	七	五〇一三	五三五
〇九五八四	鬼作父丙壺	八	五〇一四	五三五
〇九五八五	内伯壺	八	五〇一四	五三五
〇九五八六	[illegible]侯壺	八	五〇一五	五三五
〇九五八七	[illegible]侯壺	八	五〇一五	五三五
〇九五八八	右走馬嘉壺	八	五〇一六	五三五
〇九五八九	[illegible]客之官壺	八	五〇一七	五三五
〇九五九〇	徝宮左自方壺	八	五〇一八	五三五
〇九五九一	徝宮左自方壺	八	五〇一八	五三五
〇九五九二	奪作父丁壺	九	五〇一九	五三五
〇九五九三	奪作父丁壺	九	五〇一九	五三六
〇九五九四	婦𡚸進壺	九	五〇二〇	五三六
〇九五九五	婦𡚸進壺	九	五〇二〇	五三六
〇九五九六	内公壺	九	五〇二一	五三六
〇九五九七	内公壺	九	五〇二一	五三六
〇九五九八	内公壺	九	五〇二二	五三六
〇九五九九	伯魚父壺	九	五〇二二	五三六
〇九六〇〇	伯魯父壺	九	五〇二三	五三六
〇九六〇一	賓車父壺	九	五〇二三	五三六
〇九六〇二	賓車父壺	九	五〇二四	五三六
〇九六〇三	子叔壺	九	五〇二四	五三六
〇九六〇四	子叔壺	九	五〇二五	五三六

器號	器名	字數	拓片頁碼	說明頁碼
〇九六〇五	雍工壺	九	五〇二五	五三五六
〇九六〇六	繖宻君扁壺	九	五〇二六	五三五七
〇九六〇七	永用析涅壺	九	五〇二六	五三五七
〇九六〇八	伯山父壺蓋	一〇	五〇二六	五三五七
〇九六〇九	成伯邦父壺	一〇	五〇二六	五三五七
〇九六一〇	吕季姜壺	一一	五〇二七	五三五七
〇九六一一	吕季姜壺	一一	五〇二七	五三五七
〇九六一二	大作父乙壺	一一	五〇二八	五三五七
〇九六一三	伯多壺	一一	五〇二八	五三五七
〇九六一四	孟上父壺	一一	五〇二八	五三五七
〇九六一五	宬伯㝅生壺	一一	五〇二九	五三五七
〇九六一六	春成侯壺	一一	五〇二九	五三五七
〇九六一七	重金扁壺	一一	五〇二九	五三五七
〇九六一八(甲)	𩰫壺	一二	五〇三〇	五三五七
〇九六一八(乙)	𩰫壺	一二	五〇三一	五三五七
〇九六一九	伯庶父壺	一二	五〇三二	五三五八
〇九六二〇	伯濼父壺蓋	一二	五〇三二	五三五八
〇九六二一	成周邦父壺	一二	五〇三三	五三五八
〇九六二二	鄧孟壺蓋	一二	五〇三三	五三五八
〇九六二三	王伯姜壺	一二	五〇三三	五三五八
〇九六二四	王伯姜壺	一二	五〇三三	五三五八
〇九六二五	遙叔壺	一二	五〇三四	五三五八

器號	器名	字數	拓片頁碼	說明頁碼
〇九六二六	遙叔壺	一二	五〇三四	五三五八
〇九六二七	□侯壺	一二	五〇三五	五三五八
〇九六二八	曾仲斿父方壺	一二	五〇三六	五三五八
〇九六二九	曾仲斿父方壺	一二	五〇三七	五三五八
〇九六三〇	吕王壺	一三	五〇三八	五三五八
〇九六三一	鄭楙叔賓父壺	一三	五〇三八	五三五九
〇九六三二	己侯壺	一三	五〇三九	五三五九
〇九六三三	嗽侯壺	一三	五〇三九	五三五九
〇九六三四	嗽侯壺	一三	五〇四〇	五三五九
〇九六三五	眉䵼壺	一三	五〇四一	五三五九
〇九六三六	黄君孟壺	一三	五〇四一	五三五九
〇九六三七	樊夫人龍嬴壺	一三	五〇四二	五三五九
〇九六三八	華母壺	一三	五〇四二	五三五九
〇九六三九	邛君婦龢壺	一三	五〇四三	五三五九
〇九六四〇	東周左自壺	一三	五〇四四	五三五九
〇九六四一	𩰬寇良父壺	一四	五〇四四	五三五九
〇九六四二	仲南父壺	一四	五〇四五	五三五九
〇九六四三	仲南父壺	一四	五〇四五	五三六〇
〇九六四四	内大子白壺蓋	一四	五〇四六	五三六〇
〇九六四五	内大子白壺	一四	五〇四七	五三六〇
〇九六四六	保侃母壺	一四	五〇四八	五三六〇
〇九六四七	徝宫左自方壺	一四	五〇四九	五三六〇

器號	器名	字數	拓片頁碼	說明頁碼
〇九六四八	四升釣客方壺	一四	五〇五〇	五三六〇
〇九六四九	四升釣客方壺	一四	五〇五〇	五三六〇
〇九六五〇	四升釣客方壺	一四	五〇五一	五三六〇
〇九六五一	矩叔壺	一五	五〇五一	五三六〇
〇九六五二	矩叔壺	一五	五〇五一	五三六〇
〇九六五三	史僕壺	一五	五〇五二	五三六〇
〇九六五四	史僕壺蓋	一五	五〇五二	五三六〇
〇九六五五	虢季氏子組壺	一五	五〇五三	五三六〇
〇九六五六	伯公父壺蓋	一五	五〇五三	五三六一
〇九六五七	侯母壺	一五	五〇五四	五三六一
〇九六五八	鄭季壺	一五	五〇五五	五三六一
〇九六五九	齊良壺	一五	五〇五五	五三六一
〇九六六〇	徒宮左自方壺	一五	五〇五六	五三六一
〇九六六一	大師小子師望壺	一六	五〇五七	五三六一
〇九六六二	交君子叕壺	一六	五〇五七	五三六一
〇九六六三	黃子壺	一六	五〇五八	五三六一
〇九六六四	黃子壺	一六	五〇五八	五三六一
〇九六六五	十四年方壺	一六	五〇五九	五三六一
〇九六六六	十四年方壺	一六	五〇六〇	五三六一
〇九六六七	中伯壺蓋	一七	五〇六一	五三六一
〇九六六八	中伯壺	一七	五〇六一	五三六二
〇九六六九	楸氏車父壺	一七	五〇六二	五三六二

器號	器名	字數	拓片頁碼	說明頁碼
〇九六七〇	番壺	一七	五〇六二	五三六二
〇九六七一	兮熬壺	一七	五〇六三	五三六二
〇九六七二	仲自父壺	一七	五〇六三	五三六二
〇九六七三	寺工師初壺	一七	五〇六四	五三六二
〇九六七四	十年右使壺	一八	五〇六五	五三六二
〇九六七五	十三年壺	一八	五〇六五	五三六二
〇九六七六	殷句壺	一九	五〇六六	五三六二
〇九六七七	黽壺蓋	一九	五〇六七	五三六二
〇九六七八	趙孟庎壺	一九	五〇六八	五三六二
〇九六七九	趙孟庎壺	一九	五〇六九	五三六二
〇九六八〇	匽君壺	一九	五〇七〇	五三六二
〇九六八一	復公仲壺	一九	五〇七〇	五三六三
〇九六八二	𡰥氏扁壺	一九	五〇七一	五三六三
〇九六八三	十年扁壺	一九	五〇七二	五三六三
〇九六八四	十一年壺	一九	五〇七二	五三六三
〇九六八五	十二年扁壺	一九	五〇七三	五三六三
〇九六八六	十三年壺	一九	五〇七三	五三六三
〇九六八七	杞伯每𠤎壺蓋	一九	五〇七四	五三六三
〇九六八八	杞伯每𠤎壺	二〇	五〇七五	五三六三
〇九六八九	吕行壺	二一	五〇七五	五三六三
〇九六九〇	周㚅壺	二一	五〇七六	五三六三
〇九六九一	周㚅壺	二一	五〇七七	五三六三

器號	器名	字數	拓片頁碼	説明頁碼
〇九六九二	三年壺	二一	五〇七八	五三六四
〇九六九三	十三年壺	二一	五〇七八	五三六四
〇九六九四	虞嗣寇壺	二二	五〇七九	五三六四
〇九六九五	虞嗣寇壺	二二	五〇八〇	五三六四
〇九六九六	虞侯政壺	二二	五〇八一	五三六四
〇九六九七	楙車父壺	二五	五〇八一	五三六四
〇九六九八	宗婦鄁嫛壺	二五	五〇八二	五三六四
〇九六九九	宗婦鄁嫛壺	二五	五〇八三	五三六四
〇九七〇〇	塦喜壺	二五	五〇八四	五三六四
〇九七〇一	蔡公子壺	二七	五〇八五	五三六四
〇九七〇二	夨伯壺蓋	二八	五〇八五	五三六四
〇九七〇三	陳璋方壺	二九	五〇八六	五三六四
〇九七〇四	㠱公壺	二九	五〇八八	五三六五
〇九七〇五	番匊生壺	三〇	五〇八九	五三六五
〇九七〇六	孫叔師父壺	三〇	五〇九〇	五三六五
〇九七〇七	安邑下官壺	三三	五〇九一	五三六五
〇九七〇八	冶仲考父壺	三五	五〇九二	五三六五
〇九七〇九	公子土折壺	三七	五〇九三	五三六五
〇九七一〇	曾姬無卹壺	三九	五〇九五	五三六五
〇九七一一	曾姬無卹壺	三九	五〇九六	五三六五
〇九七一二	曾伯陭壺	三九	五〇九七	五三六五
〇九七一三	殳季良父壺	四〇	五一〇〇	五三六五

器號	器名	字數	拓片頁碼	説明頁碼
〇九七一四	史懋壺	四一	五一〇〇	五三六六
〇九七一五	杕氏壺	四一	五一〇一	五三六六
〇九七一六	洍其壺	四三	五一〇三	五三六六
〇九七一七	洍其壺	四三	五一〇五	五三六六
〇九七一八	䣁吏[illegible]壺	四四	五一〇七	五三六六
〇九七一九	令狐君嗣子壺	四六	五一〇八	五三六六
〇九七二〇	令狐君嗣子壺	四六	五一〇九	五三六六
〇九七二一	幾父壺	五五	五一一〇	五三六六
〇九七二二	幾父壺	五五	五一一一	五三六六
〇九七二三	十三年痶壺	五六	五一一二	五三六六
〇九七二四	十三年痶壺	五六	五一一三	五三六七
〇九七二五	伯克壺	五六	五一一四	五三六七
〇九七二六	三年痶壺	六〇	五一一五	五三六七
〇九七二七	三年痶壺	六〇	五一一六	五三六七
〇九七二八	曶壺蓋	一〇〇	五一一七	五三六七
〇九七二九	洹子孟姜壺	一三五	五一一八	五三六七
〇九七三〇	洹子孟姜壺	一四三	五一二〇	五三六七
〇九七三一	頌壺	一四九	五一二二	五三六七
〇九七三二	頌壺蓋	一五〇	五一二五	五三六八
〇九七三三	庚壺	一七三	五一二八	五三六八
〇九七三四	好盗壺	一九九	五一三二	五三六八
〇九七三五	中山王嚳方壺	四四七	五一三八	五三六八

器號	器名	字數	拓片頁碼	說明頁碼
〇九七三六	並罍	一	五一四六	五三六八
〇九七三七	糞罍	一	五一四六	五三六八
〇九七三八	母罍	一	五一四六	五三六八
〇九七三九	何罍	一	五一四六	五三六八
〇九七四〇	史方罍	一	五一四七	五三六八
〇九七四一	[illegible]鐖	一	五一四七	五三六八
〇九七四二	得罍	一	五一四七	五三六八
〇九七四三	𢍜罍	一	五一四八	五三六九
〇九七四四	[illegible]罍	一	五一四八	五三六九
〇九七四五	[illegible]罍	一	五一四八	五三六九
〇九七四六	𠱩罍	一	五一四八	五三六九 四
〇九七四七	䳄罍	一	五一四九	五三六九
〇九七四八	[illegible]罍	一	五一四九	五三六九
〇九七四九	[illegible]罍	一	五一五〇	五三六九
〇九七五〇	貯罍	一	五一五〇	五三六九
〇九七五一	[illegible]罍	一	五一五〇	五三六九
〇九七五二	戈罍	一	五一五〇	五三六九
〇九七五三	戈罍	一	五一五一	五三六九
〇九七五四	戈罍	一	五一五一	五三六九
〇九七五五	戈罍	一	五一五一	五三六九
〇九七五六	[illegible]罍	一	五一五一	五三六九
〇九七五七	[illegible]罍	一	五一五二	五三六九

器號	器名	字數	拓片頁碼	說明頁碼
〇九七五八	耒罍	一	五一五二	五三六九
〇九七五九	周罍	一	五一五二	五三六九
〇九七六〇	[illegible]罍	一	五一五二	五三六九
〇九七六一	亞矣罍	二	五一五三	五三六九
〇九七六二	亞矣罍	二	五一五三	五三七〇
〇九七六三	亞醜罍	二	五一五三	五三七〇
〇九七六四	亞醜罍	二	五一五三	五三七〇
〇九七六五	亞醜罍	二	五一五四	五三七〇
〇九七六六	亞醜罍	二	五一五四	五三七〇
〇九七六七	亞醜罍	二	五一五五	五三七〇
〇九七六八	亞旁罍	二	五一五五	五三七〇
〇九七六九	亞止罍	二	五一五五	五三七〇
〇九七七〇	糞獻罍	二	五一五六	五三七〇
〇九七七一	登屰罍	二	五一五六	五三七〇
〇九七七二	戠又罍	二	五一五六	五三七〇
〇九七七三	責甲罍	二	五一五六	五三七〇
〇九七七四	[illegible]方罍	二	五一五七	五三七〇
〇九七七五	[illegible]得罍	二	五一五七	五三七〇
〇九七七六	車[illegible]罍	二	五一五七	五三七一
〇九七七七	田告罍	二	五一五七	五三七一
〇九七七八	父癸罍	二	五一五八	五三七一
〇九七七九	癸丁罍	二	五一五八	五三七一

器號	器名	字數	拓片頁碼	説明頁碼
〇九七八〇	母鼓罍	二	五一五八	五三七一
〇九七八一	婦好方罍	二	五一五九	五三七一
〇九七八二	婦好方罍	二	五一五九	五三七一
〇九七八三	户姦罍	二	五一六〇	五三七一
〇九七八四	子[illegible]罍	二	五一六〇	五三七一
〇九七八五	田父甲罍	三	五一六〇	五三七一
〇九七八六	[illegible]父乙罍	三	五一六〇	五三七一
〇九七八七	[illegible]父丁罍	三	五一六一	五三七一
〇九七八八	[illegible]父己罍	三	五一六一	五三七一
〇九七八九	[illegible]父己罍	三	五一六一	五三七二
〇九七九〇	[illegible][illegible]又罍	三	五一六一	五三七二
〇九七九一	魚罍	三	五一六二	五三七二
〇九七九二	𨟭見册罍	三	五一六二	五三七二
〇九七九三	亞𡫵[illegible][illegible]罍	四	五一六二	五三七二
〇九七九四	亞吴玄婦罍	四	五一六三	五三七二
〇九七九五	[illegible]倗父乙方罍	四	五一六四	五三七二
〇九七九六	豢馬父乙罍	四	五一六四	五三七二
〇九七九七	豢馬父丁罍	四	五一六五	五三七二
〇九七九八	子天父丁罍	四	五一六五	五三七二
〇九七九九	川子父丁罍	四	五一六五	五三七二
〇九八〇〇	何[illegible]父癸罍	四	五一六六	五三七二
〇九八〇一	考母作[illegible]罍	四	五一六六	五三七二

器號	器名	字數	拓片頁碼	説明頁碼
〇九八〇二	竟作彝罍	四	五一六六	五三七二
〇九八〇三	作員從彝罍	四	五一六七	五三七三
〇九八〇四	作員從彝罍	四	五一六七	五三七三
〇九八〇五	作且戊罍	五	五一六八	五三七三
〇九八〇六	𦯢且辛罍	五	五一六八	五三七三
〇九八〇七	𢦏父丁罍	五	五一六八	五三七三
〇九八〇八	朋父庚罍	五	五一六八	五三七三
〇九八〇九	大史罍	五	五一六九	五三七三
〇九八一〇	[illegible]父丁罍	六	五一六九	五三七三
〇九八一一	[illegible]父丁罍	六	五一六九	五三七三
〇九八一二	[illegible]父己罍	六	五一七〇	五三七三
〇九八一三	伯罍	六	五一七〇	五三七三
〇九八一四	冉父丁罍	七	五一七〇	五三七三
〇九八一五	中父乙罍	八	五一七一	五三七三
〇九八一六	陵父日乙罍	九	五一七一	五三七三
〇九八一七	趞父戊罍	九	五一七一	五三七三
〇九八一八	者姛罍	九	五一七二	五三七三
〇九八一九	者姛罍	九	五一七二	五三七四
〇九八二〇	婦闆罍蓋	一〇	五一七三	五三七四
〇九八二一	王罍	一一	五一七三	五三七四
〇九八二二	蘇罍	一三	五一七三	五三七四
〇九八二三	乃孫罍	一七	五一七三	五三七四

器號	器名	字數	拓片頁碼	說明頁碼
〇九八二四	洀御事罍	一七	五一七四	五三七四
〇九八二五	洀御事罍	一七	五一七四	五三七四
〇九八二六	對罍	二三	五一七五	五三七四
〇九八二七	季姛[illegible]罍	二四	五一七五	五三七四
〇九八二八	[illegible]方彝	一	五一七六	五三七四
〇九八二九	[illegible]方彝	一	五一七六	五三七四
〇九八三〇	並方彝	一	五一七六	五三七四
〇九八三一	又方彝	一	五一七六	五三七四
〇九八三二	聿方彝	一	五一七七	五三七五
〇九八三三	史方彝	一	五一七七	五三七五
〇九八三四	目方彝	一	五一七七	五三七五
〇九八三五	耳方彝	一	五一七七	五三七五
〇九八三六	鳶方彝	一	五一七八	五三七五
〇九八三七	鼎方彝	一	五一七八	五三七五
〇九八三八	車方彝	一	五一七八	五三七五
〇九八三九	㓞方彝	一	五一七九	五三七五
〇九八四〇	戈方彝	一	五一七九	五三七五
〇九八四一	戈方彝	一	五一七九	五三七五
〇九八四二	叔方彝	一	五一八〇	五三七五
〇九八四三	[illegible]方彝	一	五一八〇	五三七五
〇九八四四	[illegible]方彝	一	五一八〇	五三七五
〇九八四五	亞吳方彝	二	五一八一	五三七五

器號	器名	字數	拓片頁碼	說明頁碼
〇九八四六	亞舟方彝	二	五一八一	五三七五
〇九八四七	亞啟方彝	二	五一八一	五三七六
〇九八四八	亞醜方彝	二	五一八二	五三七六
〇九八四九	亞醜方彝	二	五一八二	五三七六
〇九八五〇	亞醜方彝	二	五一八二	五三七六
〇九八五一	亞獸方彝	二	五一八三	五三七六
〇九八五二	亞羲方彝	二	五一八三	五三七六
〇九八五三	亞又方彝	二	五一八三	五三七六
〇九八五四	亞屰方彝	二	五一八三	五三七六
〇九八五五	[illegible]方彝	二	五一八三	五三七六
〇九八五六	鄉宁方彝	二	五一八四	五三七六
〇九八五七	鄉宁方彝	二	五一八四	五三七六
〇九八五八	鄉宁方彝	二	五一八四	五三七六
〇九八五九	[illegible]辰方彝	二	五一八五	五三七六
〇九八六〇	角丁方彝	二	五一八五	五三七六
〇九八六一	婦好方彝	二	五一八五	五三七六
〇九八六二	婦好方彝	二	五一八六	五三七七
〇九八六三	婦好方彝	二	五一八六	五三七七
〇九八六四	婦好方彝	二	五一八六	五三七七
〇九八六五	子蝠方彝	二	五一八七	五三七七
〇九八六六	[illegible]父乙方彝	三	五一八七	五三七七
〇九八六七	[illegible]父庚方彝	三	五一八八	五三七七

器號	器名	字數	拓片頁碼	說明頁碼
〇九八六八	北單戈方彝	三	五一八八	五三七七
〇九八六九	[illegible][illegible][illegible]方彝	三	五一八八	五三七七
〇九八七〇	子廠圖方彝	三	五一八八	五三七七
〇九八七一	聑[illegible]父乙方彝	四	五一八九	五三七七
〇九八七二	豙馬父丁方彝	四	五一八九	五三七七
〇九八七三	母[illegible][illegible]帚方彝	四	五一九〇	五三七七
〇九八七四	[illegible]癸乙[illegible]方彝	四	五一九〇	五三七七
〇九八七五	[illegible]叔方彝	五	五一九一	五三七七
〇九八七六	伯豐方彝	五	五一九一	五三七七
〇九八七七	冊䀠且癸方彝	六	五一九二	五三七八
〇九八七八	[illegible]宔父戊方彝	六	五一九二	五三七八
〇九八七九	[illegible]宔父戊方彝	六	五一九三	五三七八
〇九八八〇	[illegible]子方彝	六	五一九三	五三七八
〇九八八一	[illegible]子方彝	六	五一九四	五三七八
〇九八八二	仲追父方彝	六	五一九四	五三七八
〇九八八三	[illegible][illegible]方彝蓋	八	五一九四	五三七八
〇九八八四	[illegible]父辛方彝	八	五一九五	五三七八
〇九八八五	[illegible]父辛方彝	八	五一九五	五三七八
〇九八八六	亞若癸方彝	一〇	五一九六	五三七八
〇九八八七	亞若癸方彝	一〇	五一九六	五三七八
〇九八八八	叔䑭方彝	一二	五一九七	五三七八
〇九八八九	[illegible]啟方彝	一二	五一九七	五三七八

器號	器名	字數	拓片頁碼	說明頁碼
〇九八九〇	逆父癸方彝蓋	一七	五一九七	五三七九
〇九八九一	文考日己方彝	一八	五一九八	五三七九
〇九八九二	[illegible]方彝	三一	五一九九	五三七九
〇九八九三	井侯方彝	三五	五二〇〇	五三七九
〇九八九四	戍鈴方彝	三七	五二〇一	五三七九
〇九八九五	折方彝	四二	五二〇二	五三七九
〇九八九六	齊生魯方彝蓋	四六	五二〇三	五三七九
〇九八九七	師遽方彝	六六	五二〇四	五三七九
〇九八九八	吳方彝蓋	一〇一	五二〇六	五三七九
〇九八九九	盠方彝	一〇六	五二〇八	五三七九
〇九九〇〇	盠方彝	一〇六	五二一〇	五三八〇
〇九九〇一	矢令方彝	一八五	五二一二	五三八〇
〇九九〇二	子勺	一	五二一六	五三八〇
〇九九〇三	[illegible]勺	一	五二一六	五三八〇
〇九九〇四	又勺	一	五二一七	五三八〇
〇九九〇五	鳶勺	一	五二一七	五三八〇
〇九九〇六	[illegible]勺	一	五二一七	五三八〇
〇九九〇七	[illegible]勺	一	五二一七	五三八〇
〇九九〇八	[illegible]勺	一	五二一八	五三八〇
〇九九〇九	[illegible]勺	一	五二一八	五三八〇
〇九九一〇	亞𢍏勺	二	五二一八	五三八〇
〇九九一一	亞舟勺	二	五二一八	五三八〇

器號	器名	字數	拓片頁碼	説明頁碼
〇九一二	亞其勺	二	五二一八	五三八〇
〇九一三	聑日勺	二	五二一九	五三八一
〇九一四	𢍰子勺	二	五二一九	五三八一
〇九一五	責弘勺	二	五二一九	五三八一
〇九一六	婦好勺	二	五二一九	五三八一
〇九一七	婦好勺	二	五二二〇	五三八一
〇九一八	婦好勺	二	五二二〇	五三八一
〇九一九	婦好勺	二	五二二〇	五三八一
〇九二〇	婦好勺	二	五二二一	五三八一
〇九二一	婦好勺	二	五二二一	五三八一
〇九二二	婦好勺	二	五二二一	五三八一
〇九二三	婦好勺	二	五二二一	五三八一
〇九二四	左使車勺	五	五二二二	五三八一
〇九二五	左使車勺	五	五二二二	五三八一
〇九二六	左使車勺	五	五二二二	五三八一
〇九二七	曾侯乙勺	七	五二二三	五三八一
〇九二八	曾侯乙勺	七	五二二三	五三八二
〇九二九	曾侯乙勺	七	五二二三	五三八二
〇九三〇	曾侯乙勺	七	五二二三	五三八二
〇九三一	秦苛膳勺	七	五二二四	五三八二
〇九三二	秦苛膳勺	七	五二二四	五三八二
〇九三三	十三年勺	八	五二二四	五三八二

器號	器名	字數	拓片頁碼	説明頁碼
〇九三四	十三年勺	八	五二二四	五三八二
〇九三五	伯公父勺	一四	五二二五	五三八二
〇九三六	伯公父勺	一四	五二二五	五三八二
〇九三七	甘斿子栝	二	五二二六	五三八二
〇九三八	沃都栝	二	五二二七	五三八二
〇九三九	脩武府栝	三	五二二七	五三八二
〇九四〇	冢十六栝	四	五二二七	五三八三
〇九四一	[illegible]瓿	一	五二二八	五三八三
〇九四二	[illegible]瓿	一	五二二八	五三八三
〇九四三	医瓿	一	五二二八	五三八三
〇九四四	車瓿	一	五二二九	五三八三
〇九四五	[illegible]瓿	一	五二二九	五三八三
〇九四六	戈瓿	一	五二二九	五三八三
〇九四七	[illegible]瓿	一	五二二九	五三八三
〇九四八	亞矣瓿	二	五二三〇	五三八三
〇九四九	[illegible]興瓿	二	五二三〇	五三八三
〇九五〇	戈[illegible]瓿	二	五二三〇	五三八三
〇九五一	[illegible]龜瓿	二	五二三〇	五三八三
〇九五二	婦好瓿	二	五二三一	五三八三
〇九五三	婦好瓿	二	五二三一	五三八三
〇九五四	癸[illegible]瓿	二	五二三一	五三八三
〇九五五	戣又瓿	二	五二三一	五三八四

器號	器名	字數	拓片頁碼	説明頁碼
〇九九五六	亞[illegible]瓿	三	五二三二	五三八四
〇九九五七	[illegible]父戊瓿	三	五二三二	五三八四
〇九九五八	亞車邑瓿	三	五二三二	五三八四
〇九九五九	亞鳥[illegible]鑐	三	五二三三	五三八四
〇九九六〇	䢼伯鑐	三	五二三三	五三八四
〇九九六一	曾伯文鑐	一二	五二三四	五三八四
〇九九六二	善夫吉父鑐	一三	五二三五	五三八四
〇九九六三	黄君孟鑐	一三	五二三六	五三八四
〇九九六四	仲義父鑐	一四	五二三七	五三八四
〇九九六五	仲義父鑐	一四	五二三八	五三八四
〇九九六六	黄子鑐	一五	五二三九	五三八四
〇九九六七	伯夒父鑐	一六	五二四〇	五三八五
〇九九六八	伯夒父鑐	一六	五二四一	五三八五
〇九九六九	䢼鑐	一六	五二四一	五三八五
〇九九七〇	䢼鑐	一六	五二四二	五三八五
〇九九七一	番伯鑐	一八	五二四三	五三八五
〇九九七二	[illegible]鑐	一九	五二四四	五三八五
〇九九七三	鄭義伯鑐	三三	五二四四	五三八五
〇九九七四	伯亞臣鑐	三四	五二四六	五三八五
〇九九七五	墬璋鑐	四〇	五二四七	五三八五
〇九九七六	蔡侯瓶	五	五二四九	五三八五
〇九九七七	土匀瓶	六	五二四九	五三八五

器號	器名	字數	拓片頁碼	説明頁碼
〇九九七八	魏公瓶	八	五二四九	五三八五
〇九九七九	鄦公孫痯父瓶	二〇	五二五〇	五三八五
〇九九八〇	孟轂瓶	二〇	五二五〇	五三八五
〇九九八一	樂大嗣徒瓶	二〇	五二五一	五三八六
〇九九八二	喪史賓瓶	二四	五二五一	五三八六
〇九九八三	共罐	一	五二五二	五三八六
〇九九八四	亞矣罐	二	五二五二	五三八六
〇九九八五	婦好罐	二	五二五二	五三八六
〇九九八六	仲作旅罐蓋	四	五二五二	五三八六
〇九九八七	黄子罐	一四	五二五二	五三八六
〇九九八八	倗缶	四	五二五三	五三八六
〇九九八九	楚高缶	五	五二五三	五三八六
〇九九九〇	楚高缶	五	五二五四	五三八六
〇九九九一	蔡侯朱缶	五	五二五四	五三八六
〇九九九二	蔡侯[illegible]缶	六	五二五五	五三八七
〇九九九三	蔡侯[illegible]缶	六	五二五六	五三八七
〇九九九四	蔡侯[illegible]缶	六	五二五七	五三八七
〇九九九五	郙子賓缶	六	五二五七	五三八七
〇九九九六	曾子缶	六	五二五八	五三八七
〇九九九七	廿七年鉶	六	五二五八	五三八七
〇九九九八	曾侯乙缶	七	五二五九	五三八七
〇九九九九	曾侯乙缶	七	五二五九	五三八七

器號	器名	字數	拓片頁碼	說明頁碼
一〇〇〇〇	曾侯乙冰缶	七	五二六〇	五三八七
一〇〇〇一	蔡公子缶	八	五二六一	五三八七
一〇〇〇二	鑄客缶	九	五二六一	五三八七
一〇〇〇三	鑄客缶	九	五二六二	五三八七
一〇〇〇四	蔡侯[illegible]缶	一〇	五二六三	五三八七
一〇〇〇五	孟縢姬缶	二三	五二六三	五三八八
一〇〇〇六	邳伯缶	二七	五二六四	五三八八
一〇〇〇七	邳伯缶	二七	五二六五	五三八八
一〇〇〇八	欒書缶	四〇	五二六六	五三八八

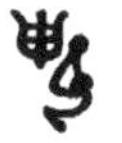且乙爵

卷祖乙

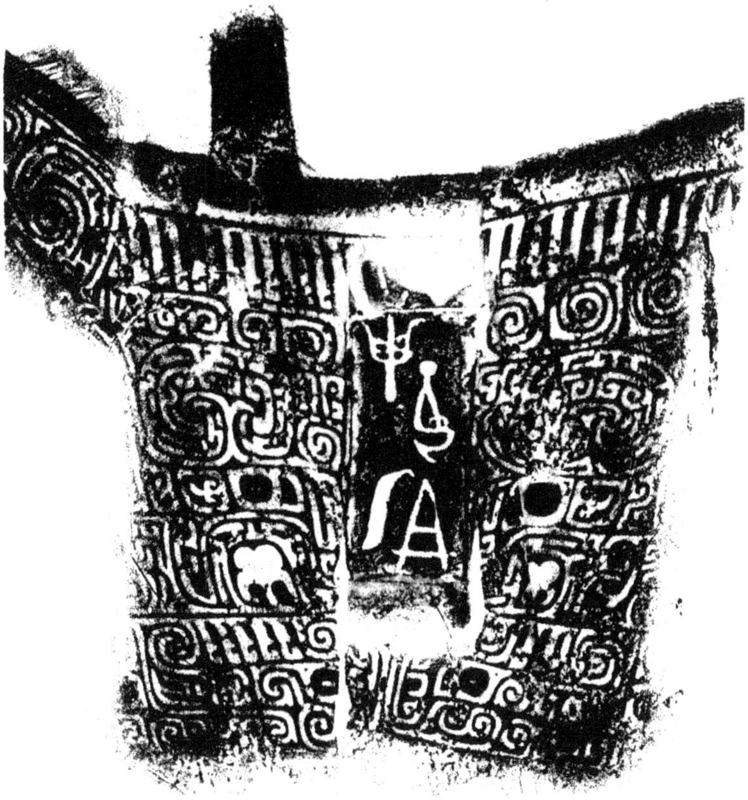

08311

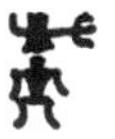且乙爵

兕（誓）祖乙

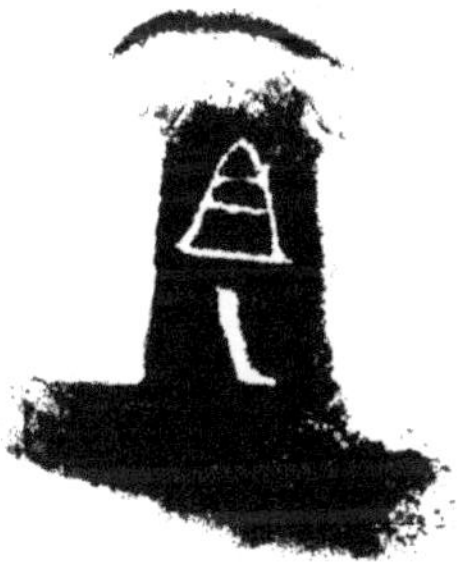

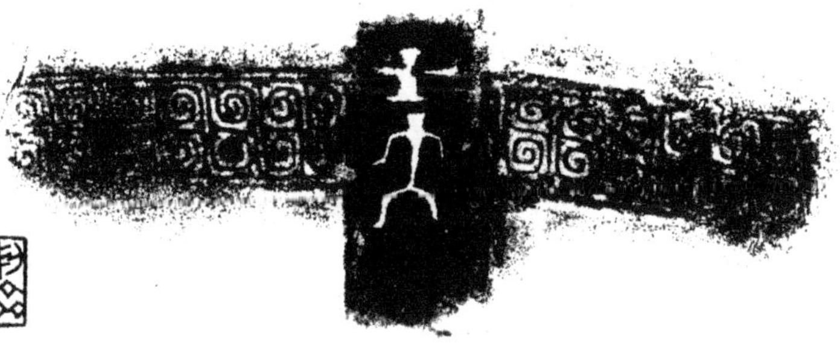

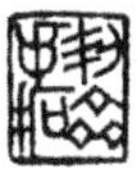

08312

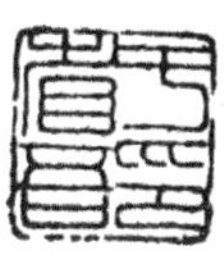

且乙爵

08313

冉祖乙

且乙爵

08314

冉祖乙

冢且乙爵

08315

冢祖乙

亢祖乙

08316

亢且乙爵

亢祖乙

08317

□且乙爵

ㄱ祖乙

08318

H且丙爵

同祖丙

08319

亢且丙爵

亢
祖丙

08320

冉且丙爵

冉
祖丙

08321

車且丁爵

車
祖丁

08322

亞且丁爵

亞祖丁

08323

山且丁爵

山祖丁

08324

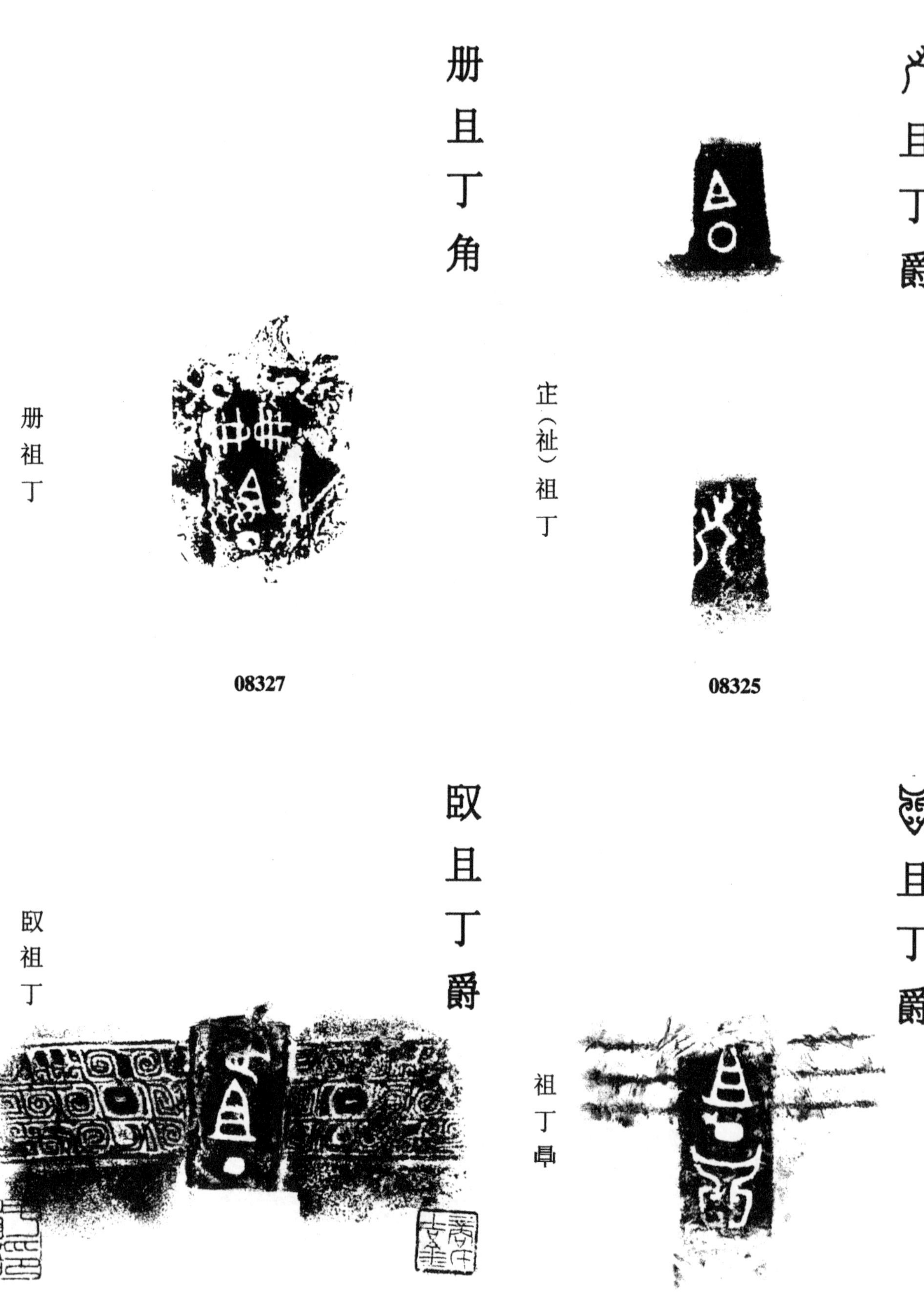

且丁爵

[宀止]（祉）祖丁

08325

册且丁角

册祖丁

08327

且丁爵

祖丁𠂤

08326

臤且丁爵

臤祖丁

08328

戈且戊爵

戈祖戊

08329

叙且戊爵

叙(矪)祖戊

08330

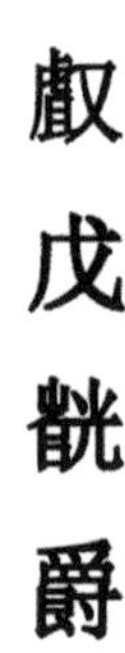

叡戊甝爵

叡戊甝

08331

丫且己爵

襄祖己

08333

叡戊甝爵

叡戊甝

08332

丫且己爵

襄祖己

08334

戈且己爵

戈祖己

08335

㠱且己角

㠱祖己

08337

⿰矢又且己爵

⿰矢又（⿰矢刂）祖己

08336

𠘧且己爵

𠘧祖己

08338

䏼且己爵

䏼
祖
己

08339

䏼且己爵

䏼
祖
己

08340

[illegible]且庚爵

[illegible]祖庚

08341

冉且庚角

冉祖庚

08342

子且辛爵

子祖辛

08343

□且辛爵

妕（戎）祖辛

08344

齊且辛爵

齊祖辛

08345

弗且辛爵

祖辛彿

08346

弗且辛爵

祖辛彿

08347

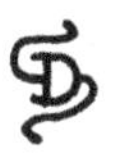且辛爵

句祖辛

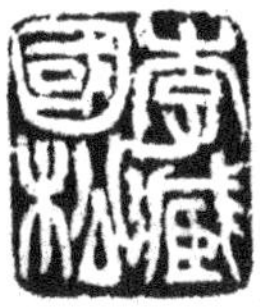

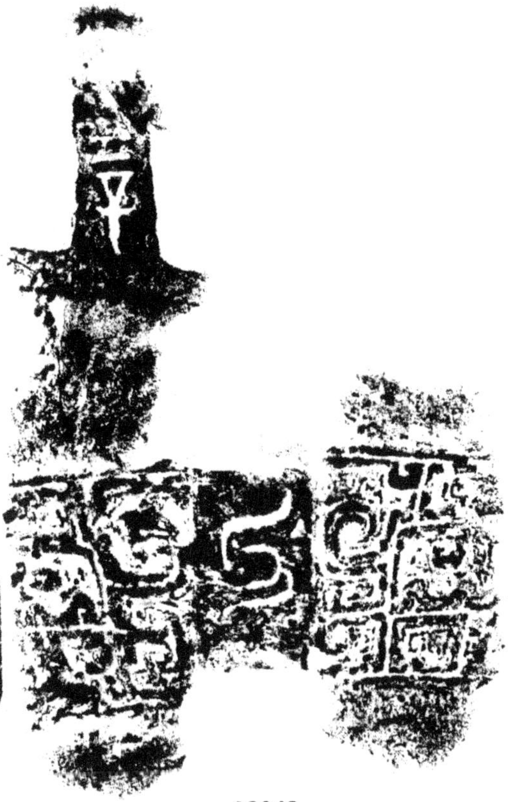

08348

戈且辛爵

戈祖辛

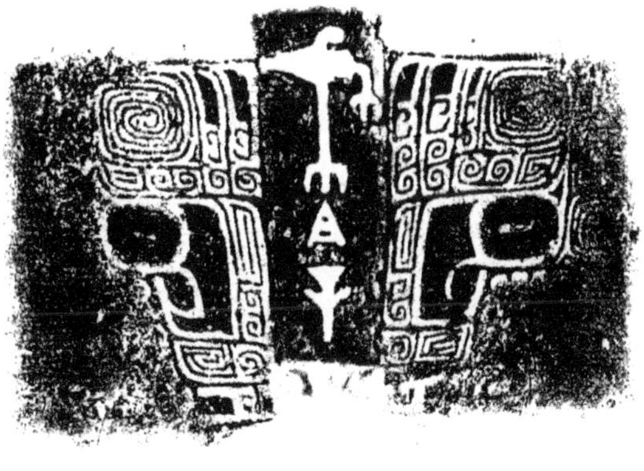

08349

木且辛爵

木祖辛

08350

□且辛爵

□祖辛

08352

□且辛爵

皀(𣪕)祖辛

08351

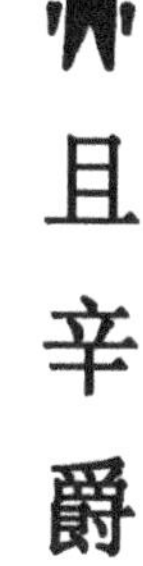

𠕐祖辛

08353

叙（矧）祖壬

08355

日且壬爵

日祖壬

08354

山且壬爵

山祖壬

08356

且壬爵

⿰目鬲祖辛

08357

且癸爵

先（暨）祖癸

08358

且癸爵

先（暨）祖癸

08359

[illegible]且癸爵

[illegible]（伎）祖癸

08360

[illegible]且癸角

[illegible]（[illegible]）祖癸

08361

[illegible]且癸角

[illegible]（[illegible]）祖癸

08362

鳥且癸爵

鳥祖癸

08363

[illegible]且癸爵

[illegible]祖癸

08364

[illegible]且癸爵

[illegible]祖癸

08365

[illegible]且癸爵

[illegible]祖癸

08366

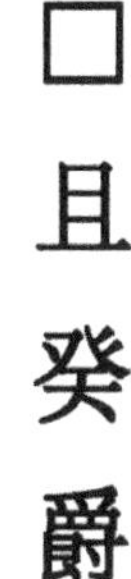
□且癸爵

羊祖癸

08367

田父甲爵

田父甲

08368

串父甲爵

串父甲

08369

車父甲爵

串父甲

08370

車父甲爵

車父甲

08371

陸父甲角

陸父甲

08372

萬父甲爵

萬父甲

08373

啟父甲爵

父甲[illegible]

08374

天父乙爵

天父乙

08376

啟父甲爵

父甲[illegible]

08375

[illegible]父乙爵

[illegible]（戎）父乙

08377

令父乙爵

令父乙

08378

冀父乙角

冀父乙

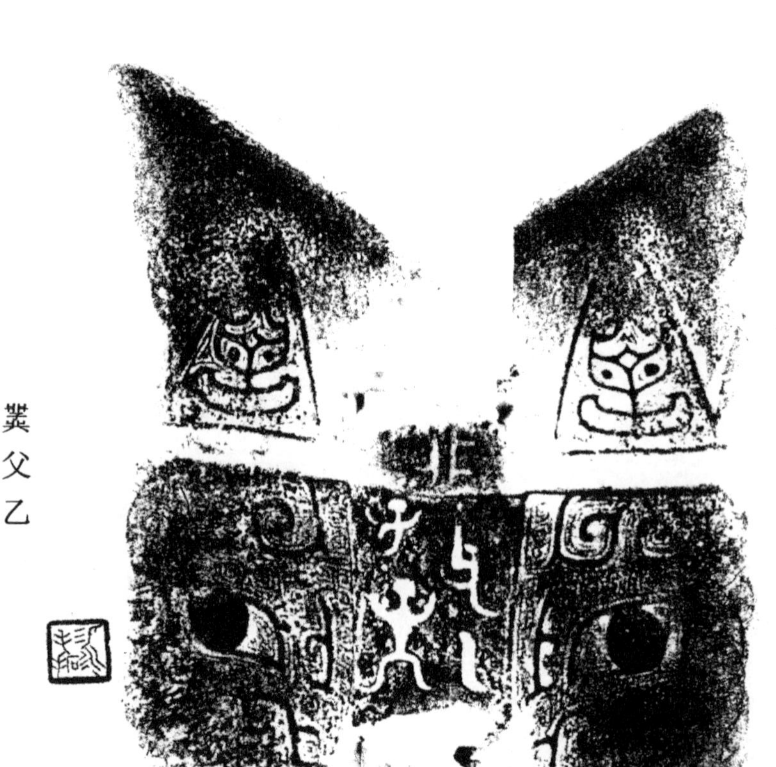

08379

冀父乙角

冀父乙

08380

冀父乙角

父乙冀

08381

冀父乙角

父乙冀

08382

子父乙角

子父乙

08383

□父乙爵

侁父乙

08384

[oracle-bone/bronze glyph]父乙爵

父乙侁

08385

[oracle-bone/bronze glyph]父乙爵

侁父乙

08386

父乙爵

父乙侁

08387

父乙爵

父乙侁

08388

兇父乙爵

兇（晢）父乙

08389

[illegible]父乙爵

[illegible]父乙

08391

舀父乙爵

舀父乙

08390

□父乙爵

□父乙

08392

孓父乙爵

孓父乙

08393

臤父乙爵

臤父乙

08394

奄父乙爵

奄父乙

08395

黿父乙角

黿父乙

08396

虓父乙爵

虒父乙

08397

□父乙爵

08398

□父乙

雋父乙爵

08399

雋父乙

魚父乙爵

08400

魚父乙

魚父乙爵

08401

魚父乙

魚父乙爵

魚父乙

08402

亞父乙爵

亞父乙

08404

魚父乙爵

魚父乙

08403

亞父乙爵

亞父乙

08405

亞父乙爵

亞父乙

08406

戈父乙爵

戈父乙

08407

戈父乙爵

父乙戈

08408

戈父乙爵

戈父乙

08409

戈父乙爵

戈父乙

08410

戈父乙爵

戈父乙

08411

⿸广寿父乙爵

⿸广寿父乙

08412

父乙爵

雋父乙

08413

中父乙爵

中父乙

08414

酉父乙爵

酉父乙

08415

弜父乙爵

弜父乙

08416

亢父乙爵

亢父乙

08417

⿱冖見父乙爵

⿱冖見父乙

08418

鼎父乙爵

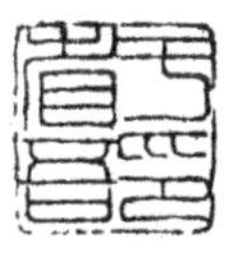

鼎父乙

08419

鼎父乙爵

08420

鼎父乙

鼏父乙爵

08421

父乙鼏

丩冊父乙爵

08423

丩冊父乙

鼏父乙爵

08422

父乙鼏

爵父乙爵

08424

東父乙

冉父乙爵

冉父乙

08425

冉父乙爵

冉父乙

08426

冉父乙爵

冉父乙

08427

冉父乙爵

冉父乙

08428

舟父乙爵

舟父乙

08430

耒父乙爵

耒父乙

08429

作父乙爵

乍(作)父乙

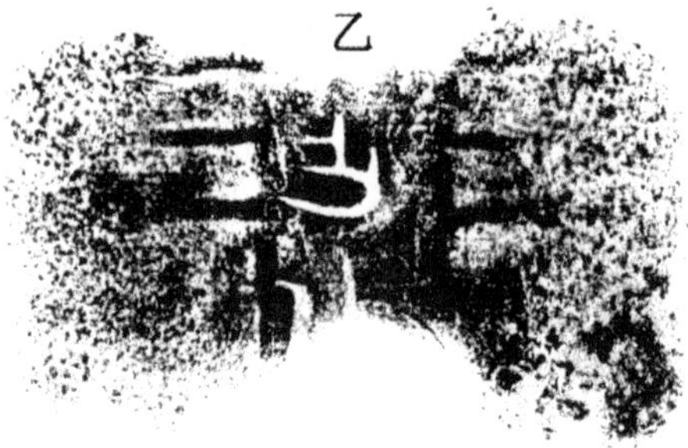

08431

作父乙爵

乍(作)父乙

08432

□父乙爵

□父乙

08433

□父乙爵

⿸广考父乙

08434

□父乙爵

父乙□

08435

畀父丙爵

畀父丙

08436

魚父丙爵

魚父丙

08437

重父丙爵

重父丙

08438

鼎父丙爵

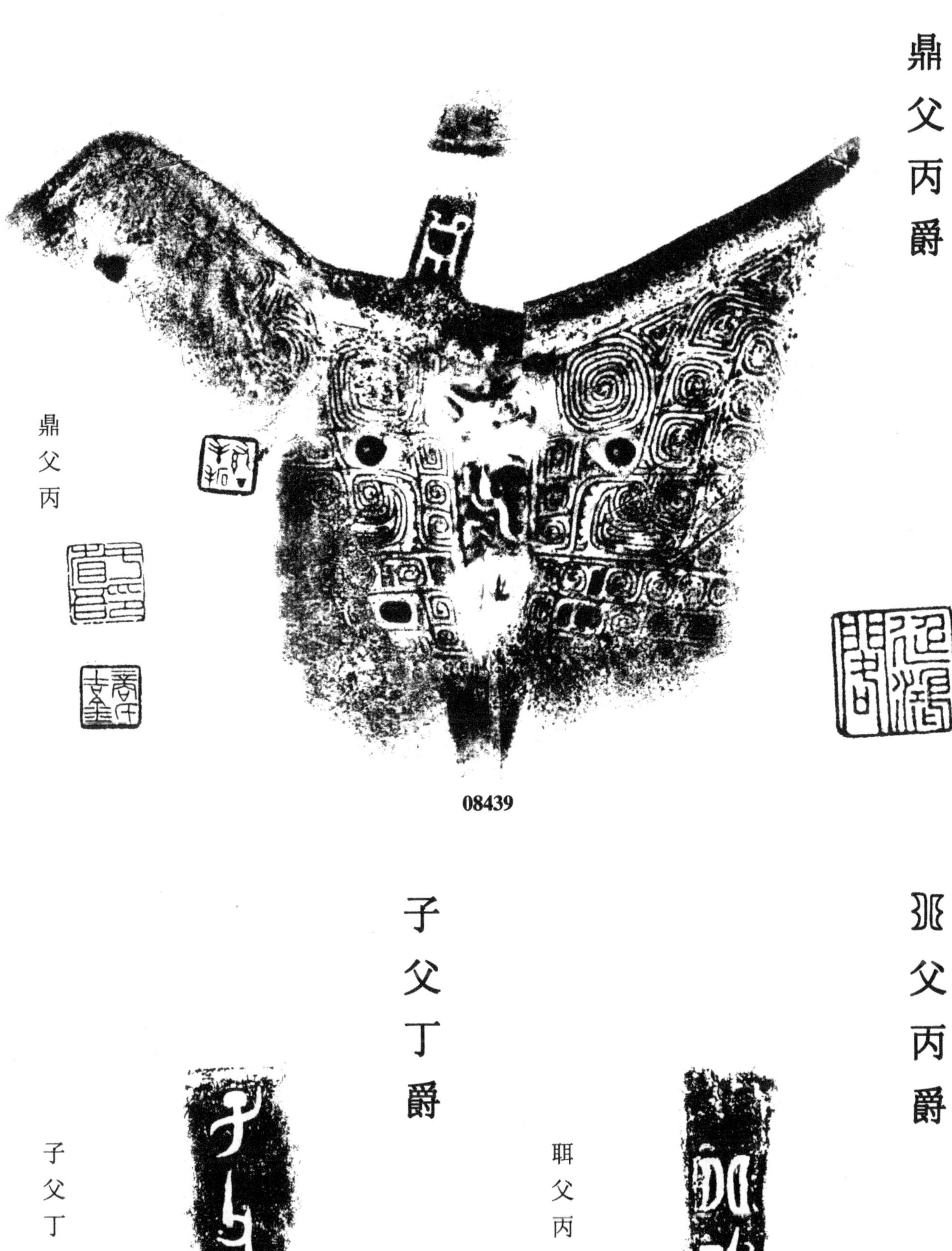

鼎父丙

08439

聑父丙爵

聑父丙

08440

子父丁爵

子父丁

08441

子父丁爵

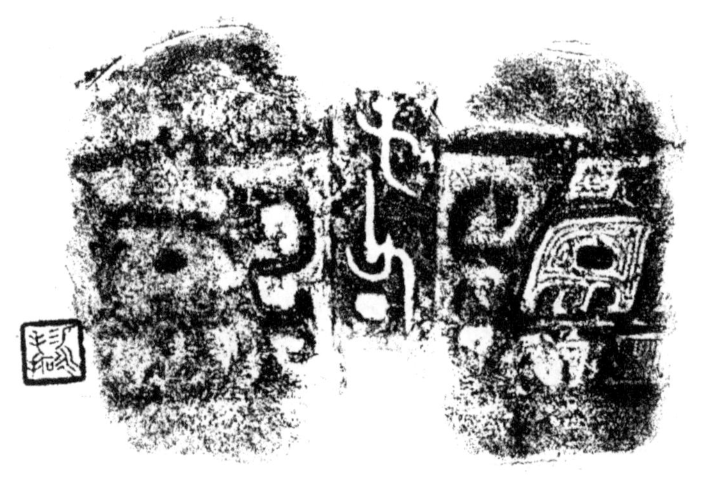

子父丁

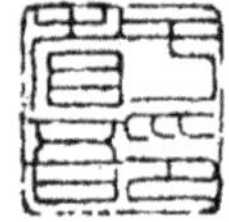

08442

孓父丁爵

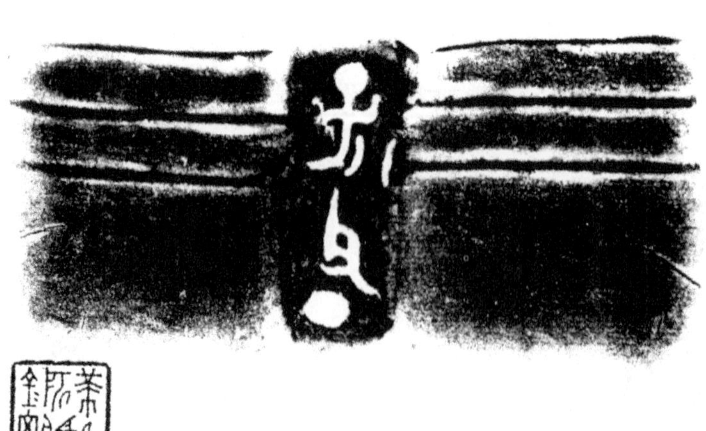

孓(保)父丁

08443

共父丁

08444

父丁爵

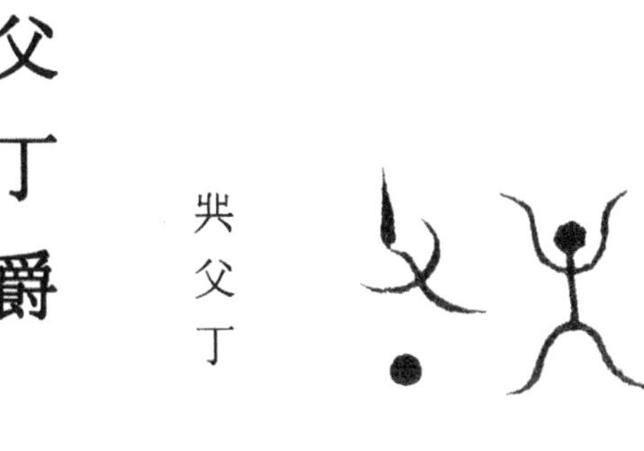

共父丁

08445

父丁爵

父丁

08446

父丁爵

欠父丁

08447

[illegible]父丁爵

卩父丁

08448

[illegible]父丁爵

氏父丁

08449

旅父丁爵

父丁幸旅

08450

豕父丁爵

父丁豕（䝘）

08451

史父丁爵

史父丁

08453

鄉父丁爵

（卯）父丁

08452

守父丁爵

父丁

08454

父丁爵

父丁

08455

父丁爵

（擠）父丁

08456

孛（揨）父丁

08457

龜父丁爵

龜父丁

08459

韋父丁爵

08458

韋（衛）父丁

魚父丁爵

08460

魚父丁

魚父丁爵

魚父丁

08461

尗父丁爵

弔父丁

08462

□父丁爵

蚰父丁

08463

刿父丁爵

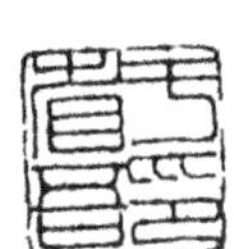

08464

戔父丁爵

08465

𥎦父丁爵

𥎦（矤）父丁

08466

戈父丁爵

戈父丁

08467

戈父丁爵

戈父丁

08468

戈父丁爵

戈父丁

08469

戈父丁

08470

□父丁爵

朿（刺）父丁

08471

□父丁爵

□（宔）父丁

08472

□父丁爵

丏父丁

08473

皿父丁爵

皿父丁

08474

皿父丁爵

皿父丁

08475

禾父丁爵

禾父丁

08476

木父丁爵

木父丁

08477

弗父丁爵

弗父丁

08478

[illegible]父丁爵

[illegible]父丁

08479

冉父丁爵

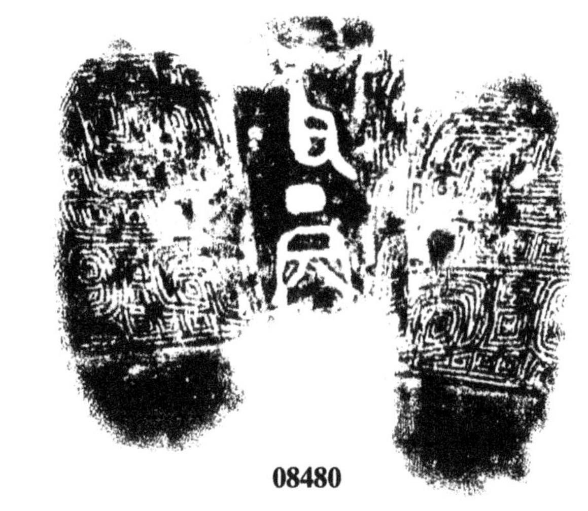

父丁冉

08480

冉父丁爵

冉父丁

08481

冉父丁爵

冉父丁

08482

冉父丁爵

冉父丁

08483

冉父丁爵

冉父丁

08484

冉父丁爵

冉父丁

08485

冉父丁爵

冉父丁

08486

冉父丁爵

冉父丁

08487

□父丁爵

□父丁

08488

□父丁爵

□父丁

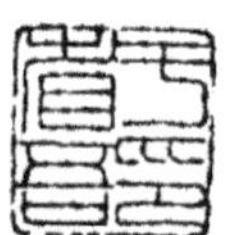

08489

□父丁爵

□父丁

08490

亢父丁爵

亢父丁

08491

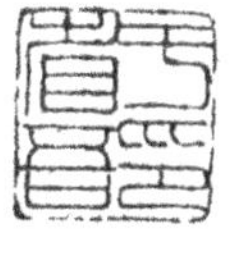

亢父丁爵

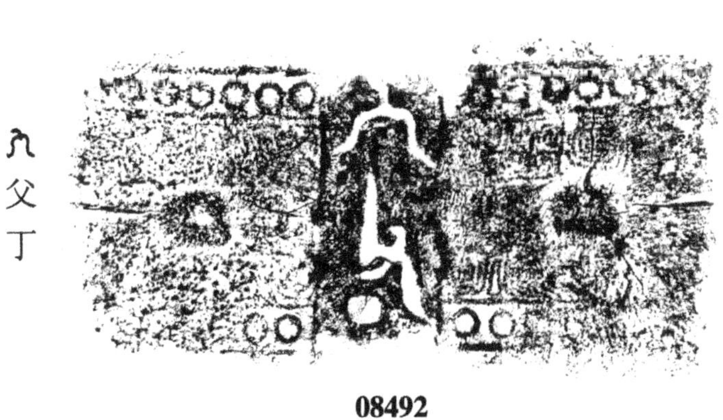

亢父丁

08492

亢父丁爵

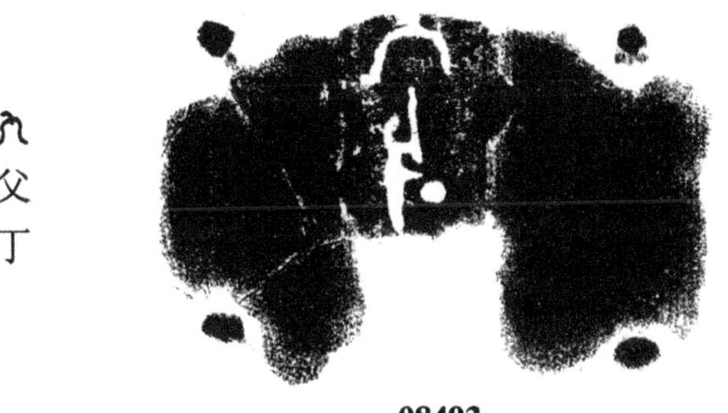

亢父丁

08493

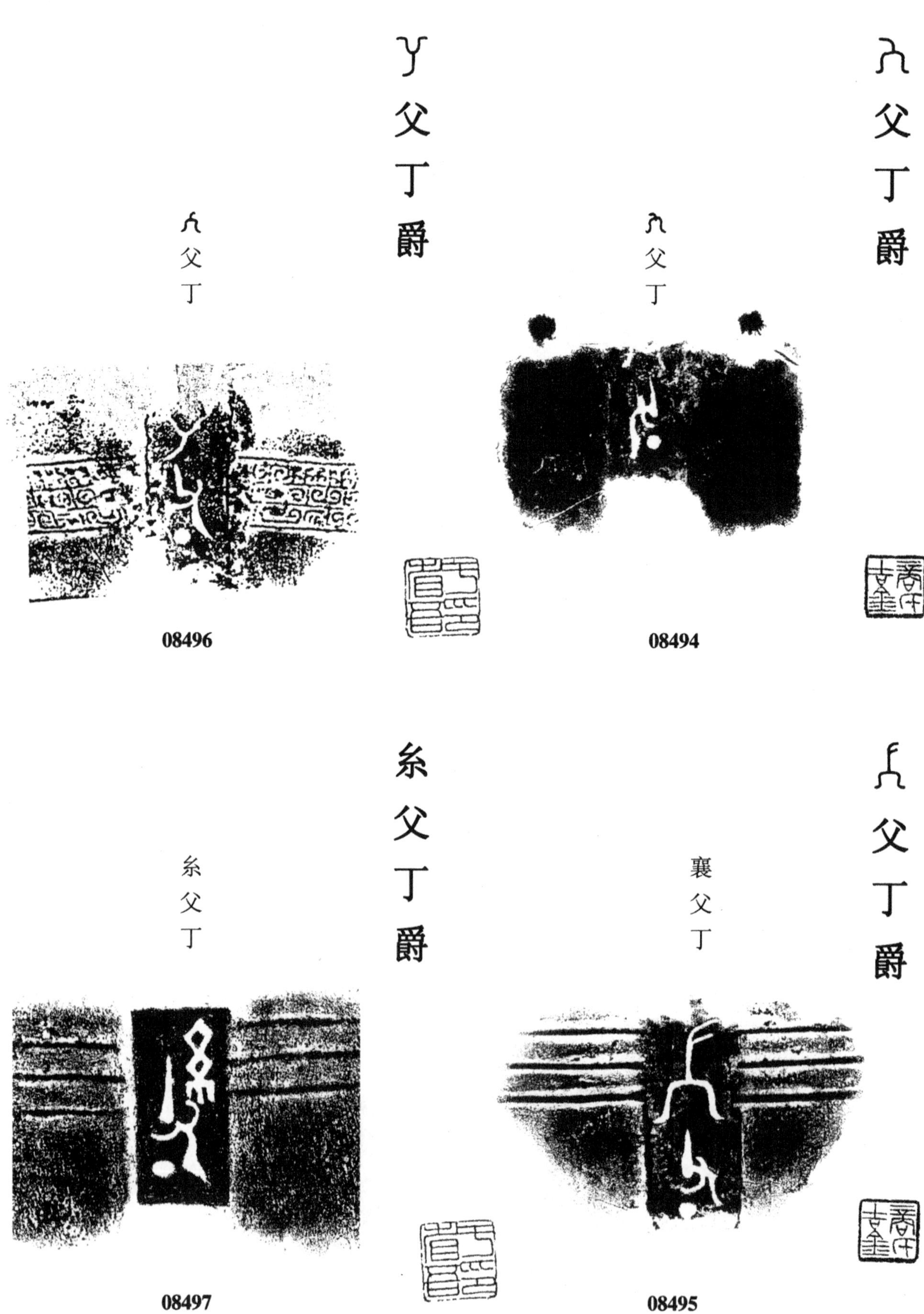

𠃬父丁爵

𠃬父丁

08494

𠃬父丁爵

𠃬父丁

08496

𠃬父丁爵

襄父丁

08495

糸父丁爵

糸父丁

08497

𠂤父丁爵

𠂤（師）父丁

08498

宰父丁爵

宰（寘、潔）父丁

08499

[illegible]父丁爵

[illegible]父丁

08500

曲父丁爵

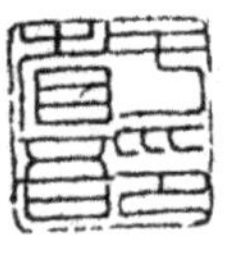

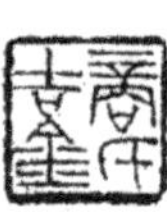

曲父丁

08501

匚父丁爵

匚（報）父丁

08502

鈴父丁爵

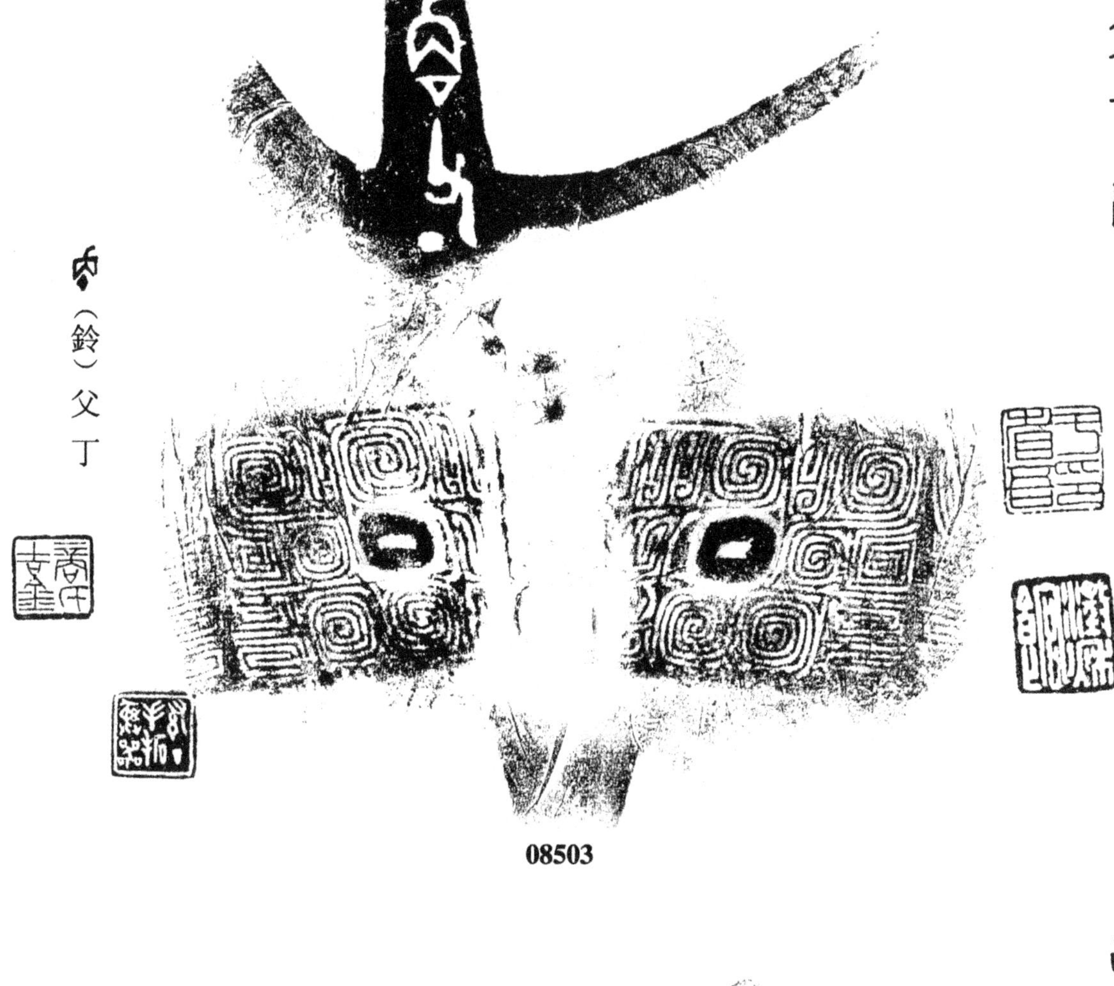

鈴（鈴）父丁

08503

𠂤父丁爵

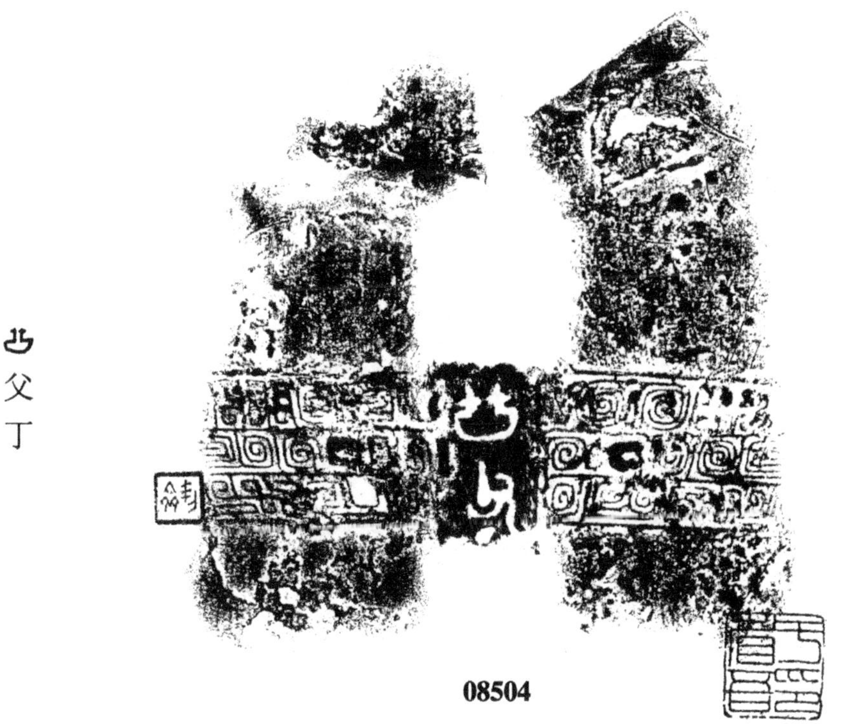

𠂤父丁

08504

爻父丁爵

車父丁爵

爻父丁

08505

車父丁

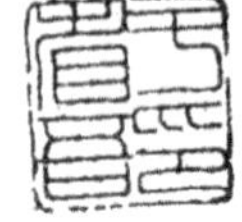

08506

⿱亼文父丁爵

文父丁

08507

父丁爵

⿱𦥑⿴囗㐅（召）父丁

08508

父丁彝爵

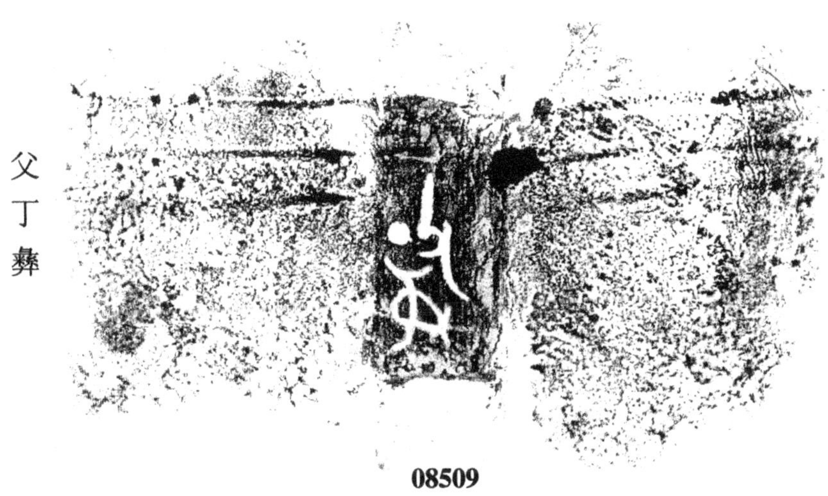

父丁彝

08509

□父丁爵

□父丁

08510

□父丁爵

08511

□父丁

作父丁爵

08512

乍（作）父丁

子父戊爵

08513

子父戊

子父戊爵

子父戊

08514

子父戊爵

子父戊

08516

子父戊爵

子父戊

08515

兾父戊角

父戊兾

08517

⿱大黽父戊角

⿱大黽父戊

08518

□父戊角

□（兀）父戊

08519

屰父戊爵

屰父戊

08520

父戊爵

徭父戊

08521

告父戊爵

告父戊

08522

叙父戊爵

叙（刭）父戊

08523

叙父戊爵

叙（刭）父戊

08524

□父戊爵

□（庚）父戊

08525

□父戊爵

父戊

08526

□父戊爵

□父戊

08527

責父戊爵

責（贐）父戊

08528

□父戊爵

父戊□

08529

父戊口爵

父戊口

08530

□父戊角

丩毌父戊

08531

冉父戊爵

冉父戊

08532

冉父戊爵

冉父戊

08533

㸚父戊爵

㸚父戊

08534

才父戊爵

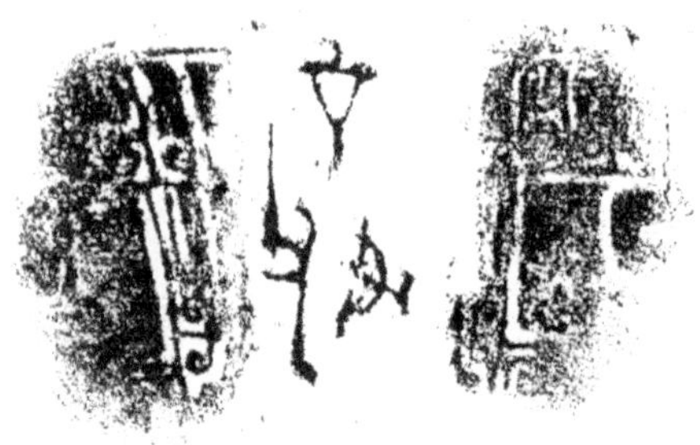

才父戊

08535

子父己爵

父己子

08536

𡗜父己爵

𡗜父己

08537

切父己爵

切父己

08538

冀父己爵

父己冀

08539

兾父己爵

兾父己

08540

旂父己爵

旂父己

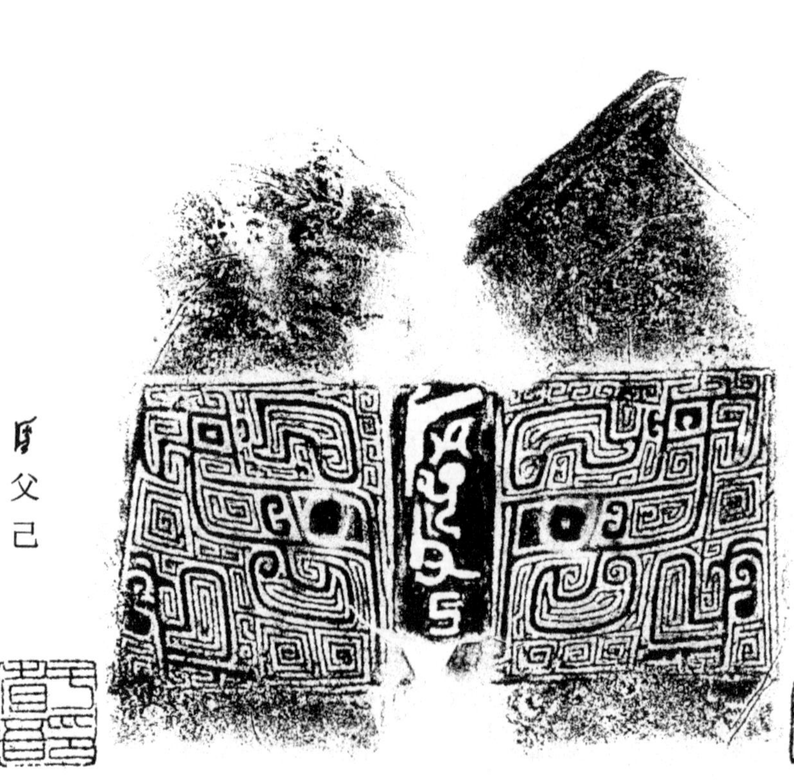

08541

□父己爵

⿰耒卩父己

08543

□父己爵

□父己

08542

□父己爵

卩父己

08544

若父己爵

匕父己爵

丫父己爵

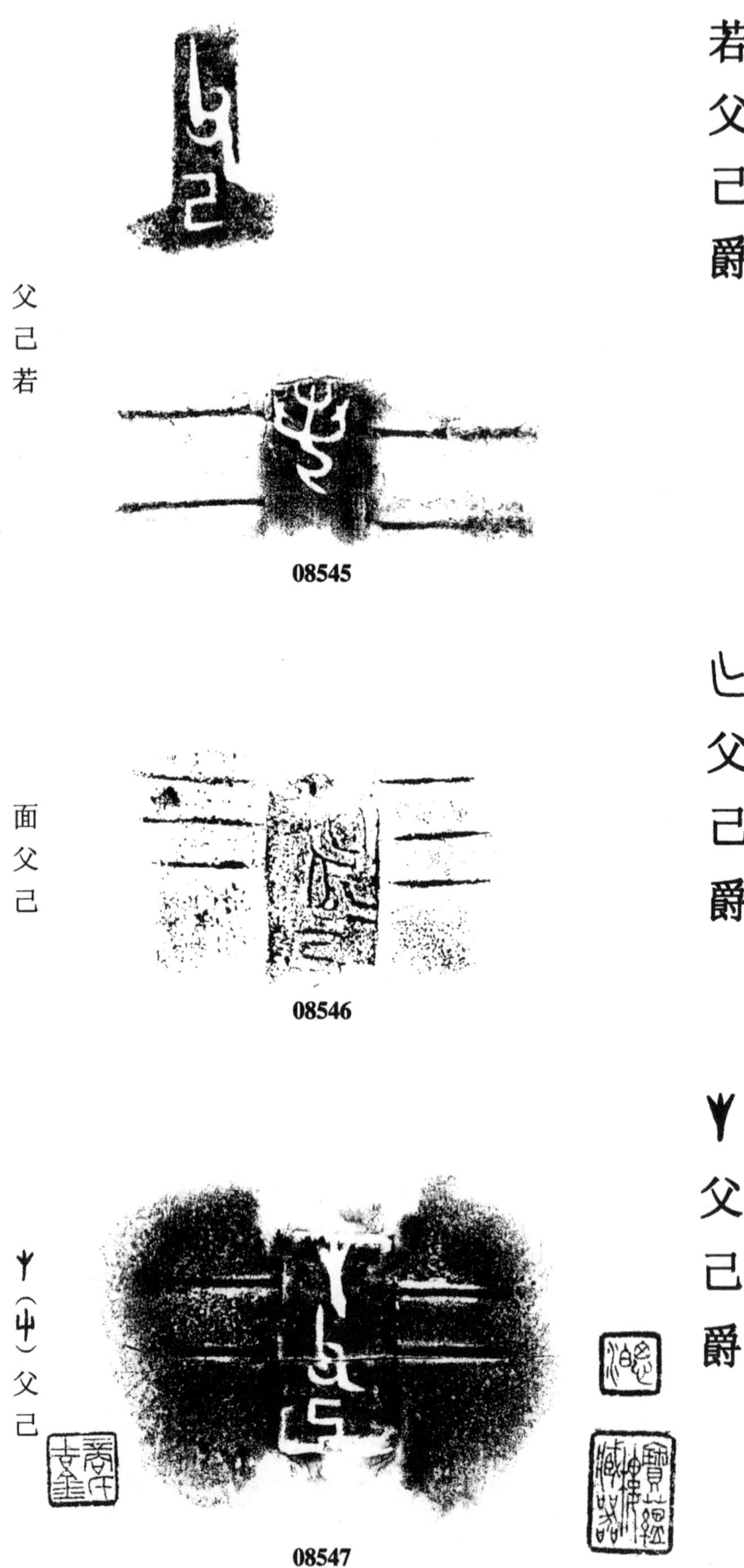

父己若

08545

面父己

08546

丫（屮）父己

08547

□父己爵

面父己

08548

啟父己爵

啟父己

08549

□父己爵

□父己

08550

㞢父己爵

㞢父己

08551

舌父己爵

舌父己

08552

舌父己爵

舌父己

08553

□父己爵

心父己

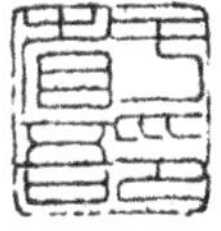

08554

戈父己爵

戈父己

08555

戈父己爵

戈父己

08556

戈父己爵

戈父己

08557

戈父己爵

戈父己

08558

戈父己爵

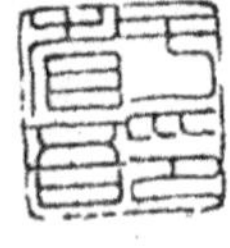

戈父己

08559

戈父己爵

戈父己

08560

舟父己爵

舟父己

08562

叙父己爵

叙（矧）父己

08561

剢父己爵

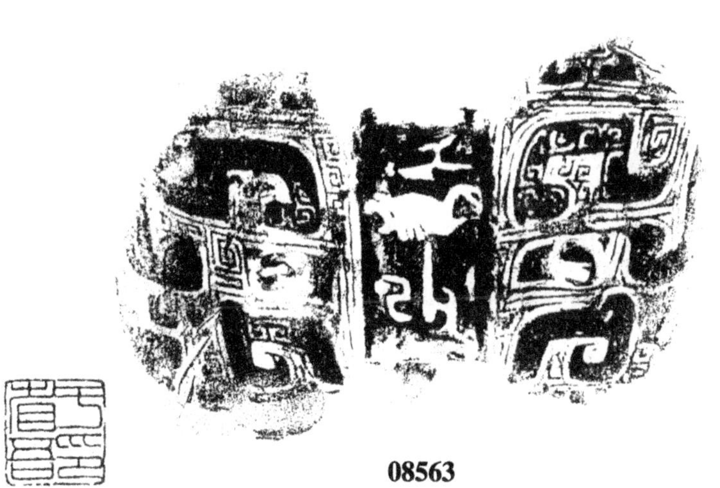

剢（⿰豕刂）父己

08563

萬父己爵

萬父己

08564

鼎父己爵

鼎父己

08566

萬父己爵

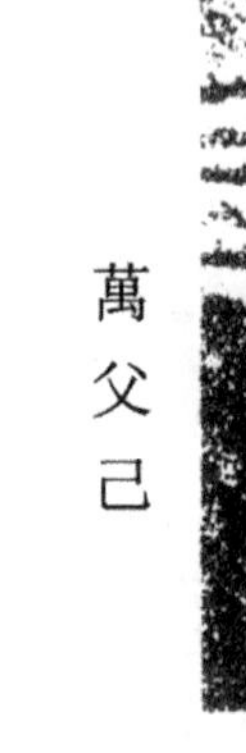

萬父己

08565

𤇈父己爵

獻父己

08567

冉父己爵

冉父己

08568

冉父己爵

冉父己

08569

冉父己爵

冉父己

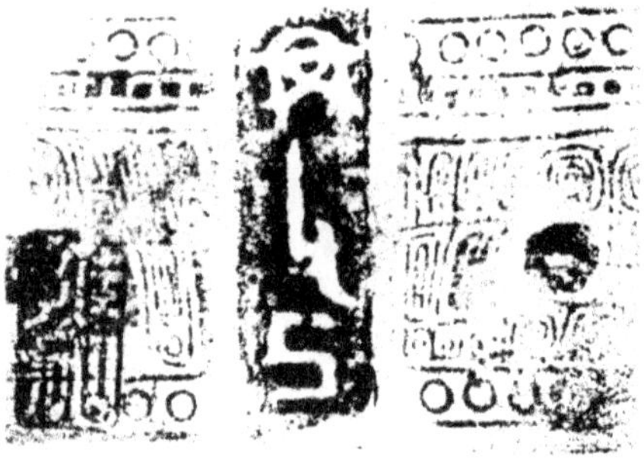

08570

冉父己爵

冉父己

08571

丙父己爵

丙父己

08572

丙父己爵

丙父己

08573

丙父己爵

丙父己

08574

□父己

08575

㚇父己爵

㚇父己

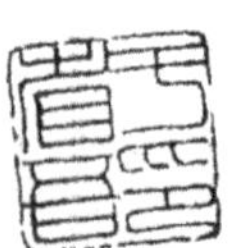

08576

覃父己爵

覃父己

08577

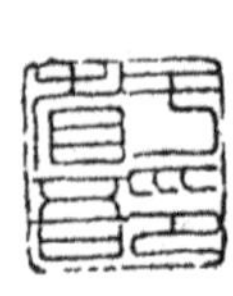

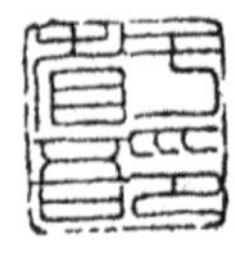

凵父己爵

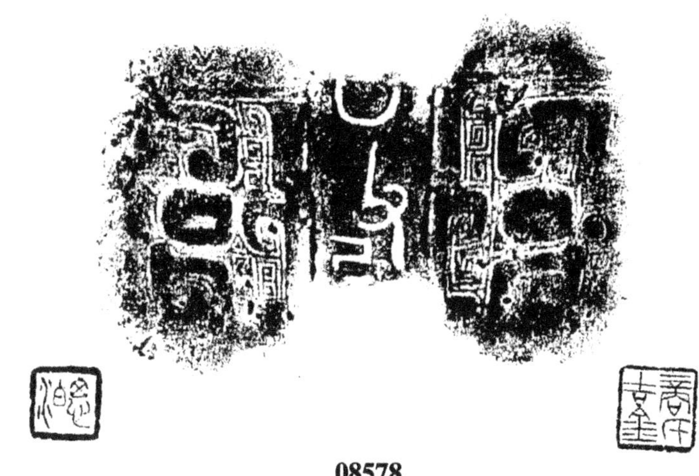

凵(坎)父己

08578

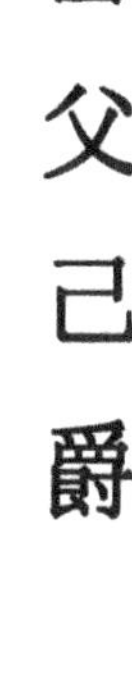

父己

08579

父己爵

父己

08580

父己爵

幸父己

08581

父己爵

幸父己

08582

父己册角

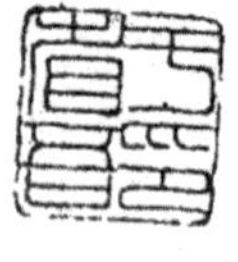

父己册

08583

子父庚爵

子父庚

08584

⿰大戉父庚爵

⿰大戉父庚

08585

⿰大戉父庚爵

⿰大戉父庚

08586

奚父庚爵

奚父庚

08587

黿父庚角

父庚黿

08589

黿父庚爵

父庚黿

08588

乙父庚爵

乙父庚

08590

𠘧父庚爵

𠘧父庚

08591

嶪父庚爵

嶪父□

08592

子父辛爵

子父辛

08593

子父辛爵

子父辛

08595

子父辛爵

子父辛

08594

子父辛爵

子父辛

08596

团父辛爵

团父辛

08597

大父辛爵

大父辛

08598

屰父辛爵

屰父辛

08599

光父辛爵

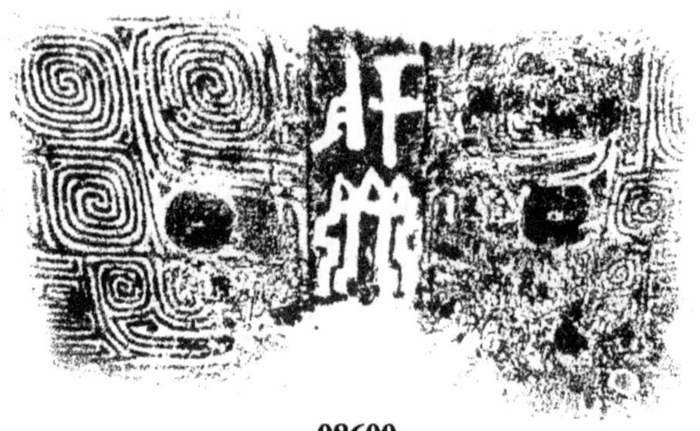

父辛光

08600

妕父辛爵

父辛妕(戎)

08601

父辛爵

娀（戎）父辛

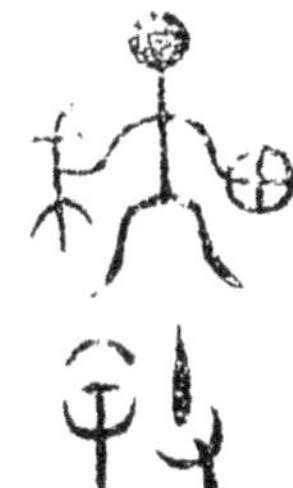

08602

父辛爵

⿻戈大（戒）父辛

08603

父辛爵

倗父辛

08604

父辛爵

尧（[illegible]）父辛

08605

矢父辛爵

矢父辛

08606

㠱父辛角

㠱父辛

08608

㠱父辛爵

㠱父辛

08607

賮父辛爵

父辛賮（贐）

08609

賮父辛爵

父辛賮（贐）

08610

責父辛爵

責(賿)父辛

08611

責父辛爵

責(賿)父辛

08612

𠬝父辛爵

𠬝
父
辛

08613

㘰父辛爵

翌
父
辛

08614

史父辛爵

史
父
辛

08615

興父辛爵

08616

興父辛

獸父辛爵

08617

豖父辛

黽父辛爵

08618

黽父辛

萬父辛爵

□萬父辛

08619

𩰫父辛爵

𩰫父辛

08620

朿父辛爵

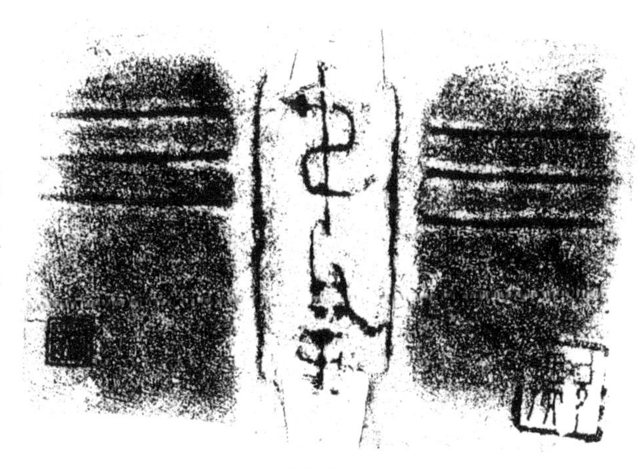

朿父辛

08621

朁父辛爵

父辛朁

08622

酉父辛爵

酉父辛

08623

父辛爵

父辛

08624

皿父辛爵

皿父辛

08625

父辛爵

父辛

08626

畐父辛爵

畐父辛

08627

畐父辛爵

畐父辛

08628

章父辛爵

父辛畗

08629

中父辛爵

父辛中

08630

亞父辛爵

亞父辛

08631

亞父辛爵

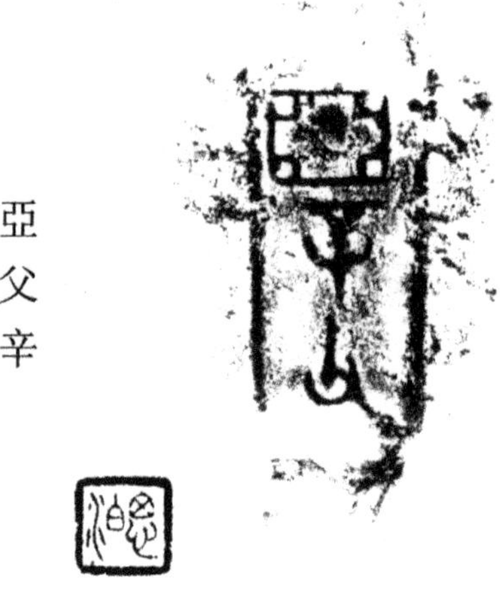

08632

朩父辛爵

08634

木父辛爵

08633

□父辛爵

父辛枲(櫐)

08635

□父辛爵

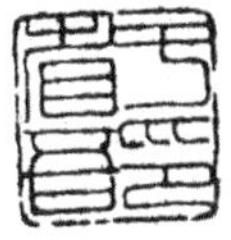

橐父辛

08636

虒父辛爵

08637

鼎父辛爵

08638

鼎父辛爵

鼎父辛

08639

鼎父辛爵

鼎父辛

08640

册父辛爵

册父辛

08641

囧父辛爵

父辛畀

08642

父辛爵

襄父辛

08643

冉父辛爵

08644

冉父辛

冉父辛爵

08645

冉父辛

冉父辛爵

08646

冉父辛

冉父辛爵

08647

冉父辛

冉父辛爵

冉父辛

08648

丙父辛爵

丙父辛

08649

丙父辛爵

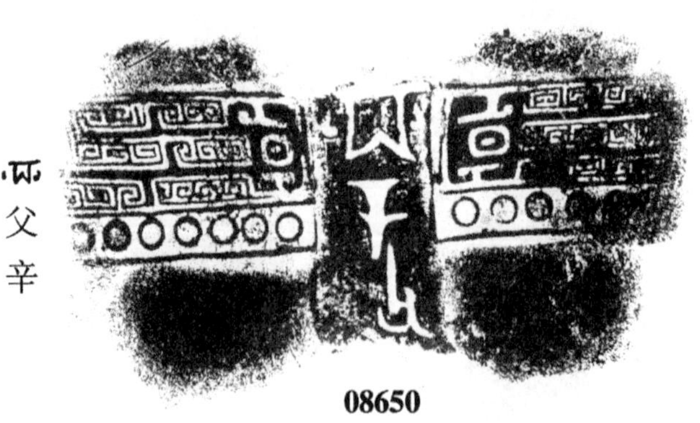

丙父辛

08650

丙父辛

08651

丙父辛爵

丙父辛

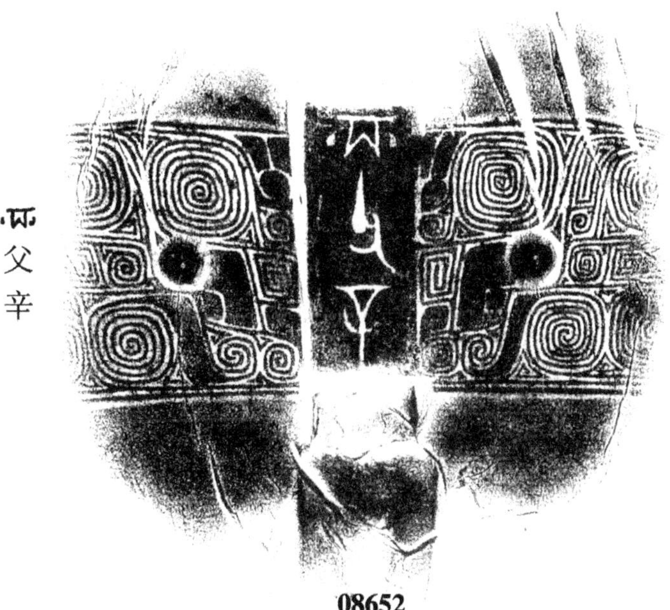

08652

丙父辛爵

丙父辛

08653

凡父辛爵

凡父辛

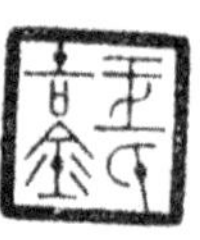

08654

戈父辛爵

戈父辛

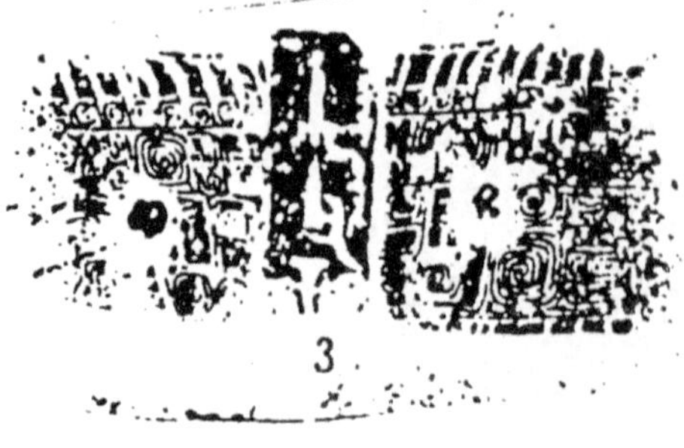

08656

凡父辛爵

凡父辛

08655

戈父辛爵

戈父辛

08657

永父辛爵

父辛永

08658

作父辛爵

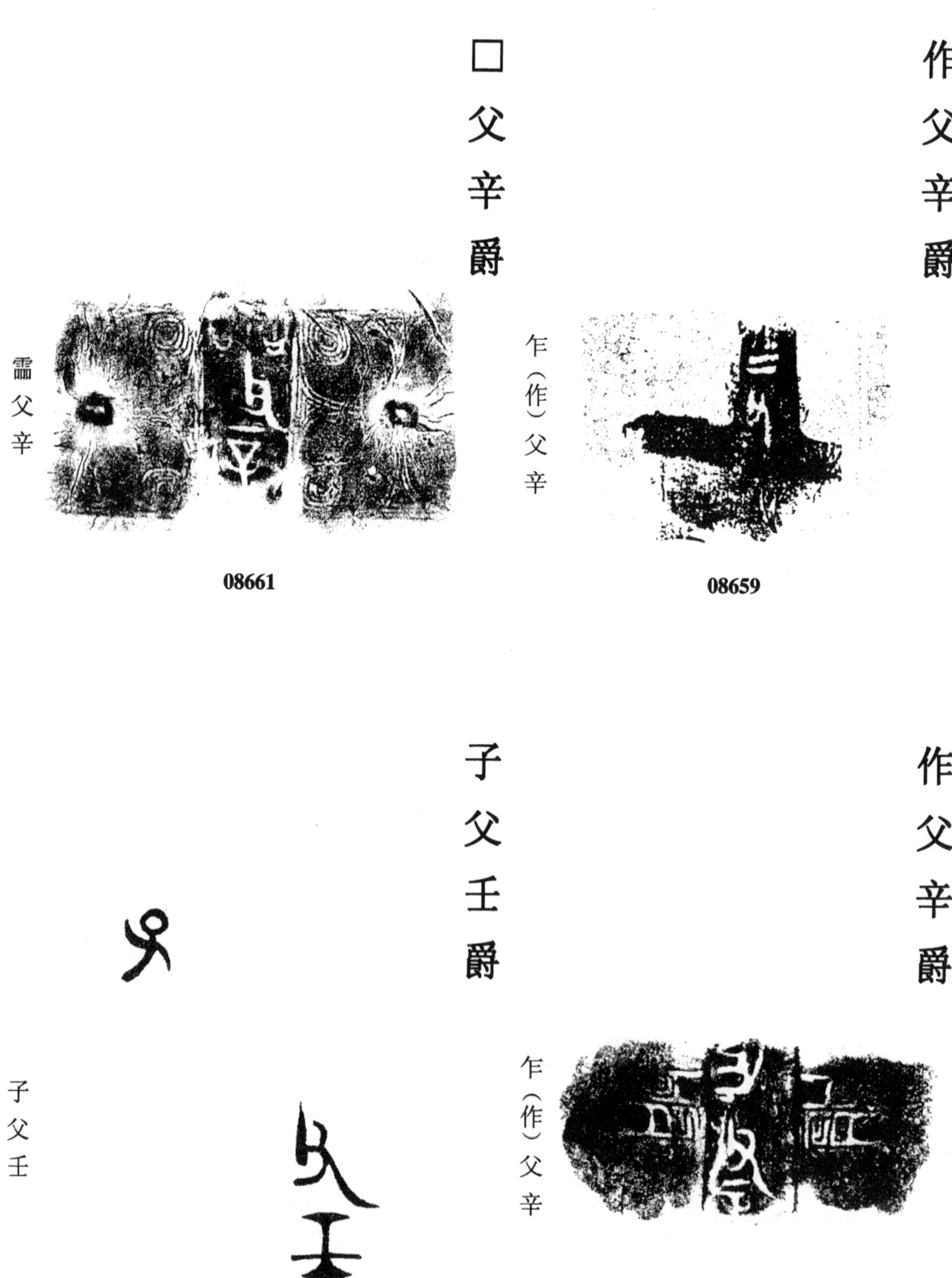

乍（作）父辛

08659

□父辛爵

霝父辛

08661

作父辛爵

乍（作）父辛

08660

子父壬爵

子父壬

08662

木父壬爵

木父壬

08663

冉父壬爵

冉父壬

08664

糸父壬爵

父壬糸

08665

子父癸爵

子癸父

08666

子父癸爵

子癸父

08667

天父癸爵

（掌）父癸

08668

父癸爵

共父癸

08669

父癸爵

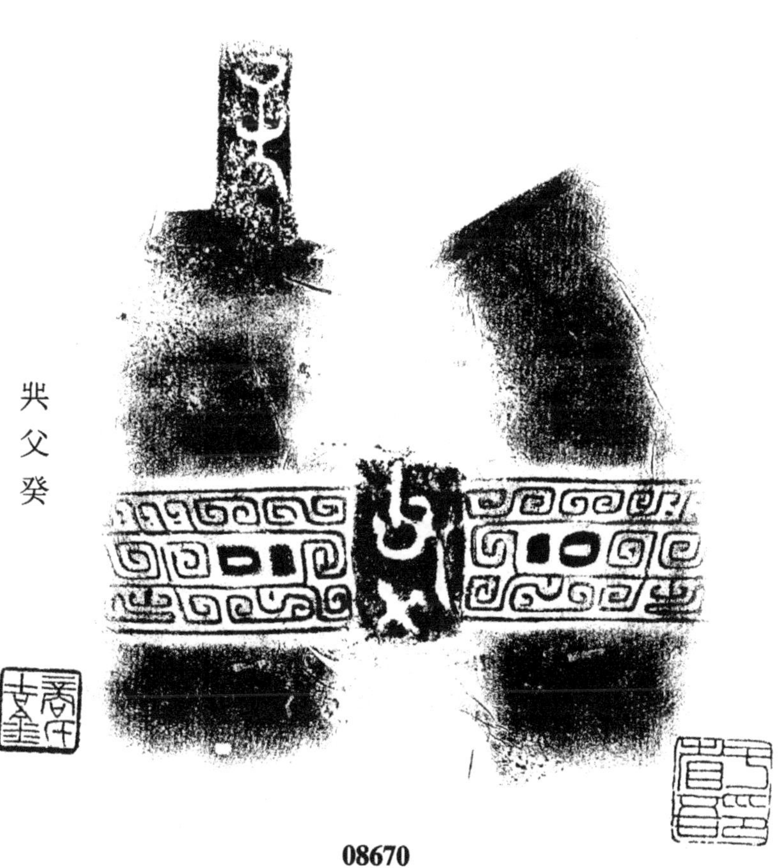

共父癸

08670

父癸爵

侁父癸

08671

父癸爵

元父癸

08672

菐父癸爵

菐父癸

08673

冀父癸爵

冀父癸

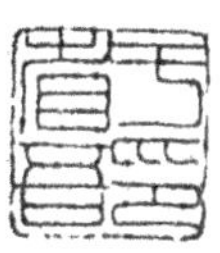

08674

冀父癸爵

冀父癸

08675

爯父癸爵

爯父癸

08676

父癸爵

趣（趨）父癸

08677

父癸爵

（傒）父癸

08679

父癸爵

妭（戒）父癸

08678

父癸爵

兂（誓）父癸

08680

□父癸爵

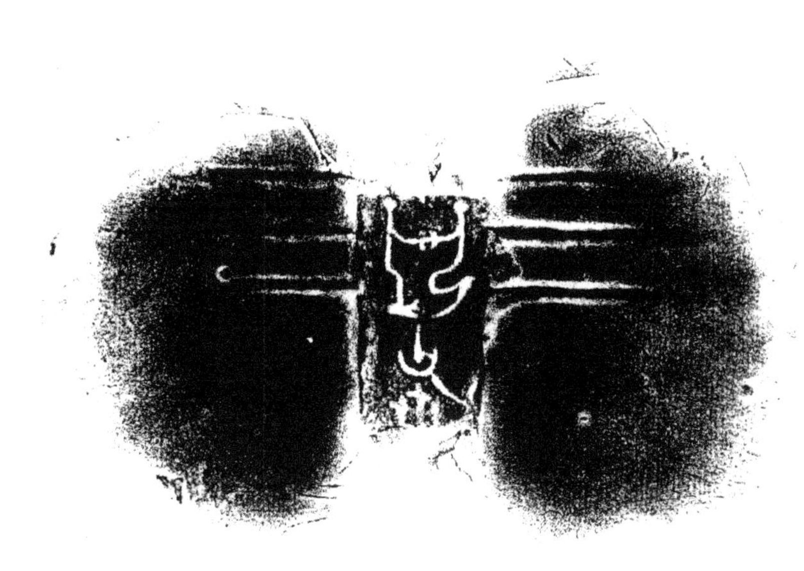

敉（扶）父癸

08681

旅父癸爵

旅父癸

08682

旅父癸爵

旅父癸

08683

母父癸爵

母父癸

08684

叔父癸爵

叔（别）父癸

08686

盥父癸爵

盥父癸

08685

叔父癸爵

叔（剢）父癸

08687

耒父癸爵

耒父癸

08688

耒父癸爵

耒父癸

08689

徙父癸爵

徙父癸

08690

木父癸爵

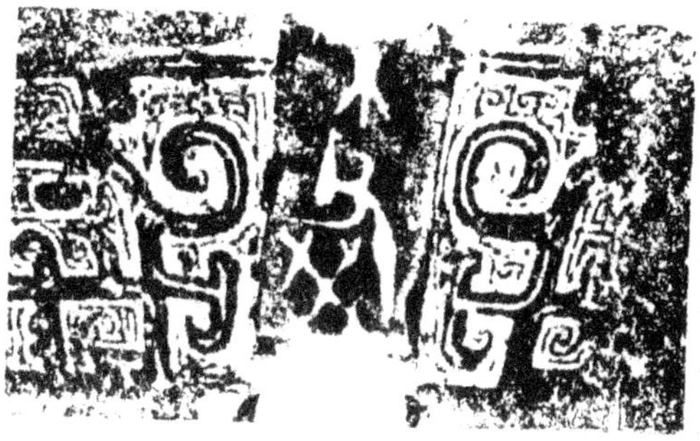

木父癸

08691

獸父癸爵

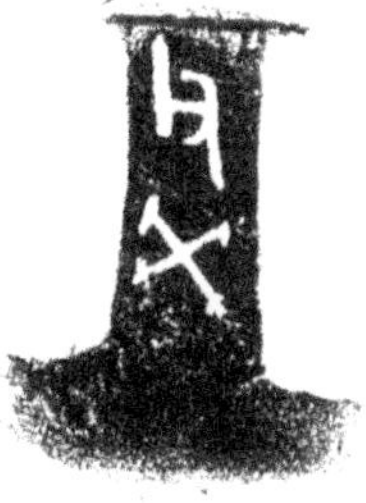

父癸獸

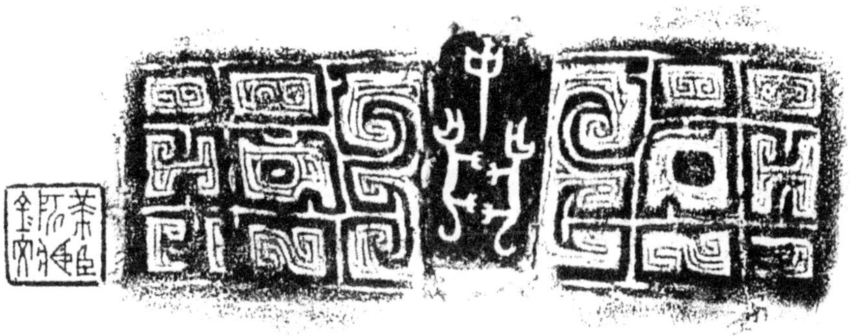

08692

黿父癸爵

黿父癸

08693

鳥父癸爵

鳥父癸

08694

鳥父癸爵

鳥父癸

08695

集父癸爵

集父癸

08696

隻父癸爵

獲父癸

08697

雔父癸爵

雔父癸

08698

戈父癸爵

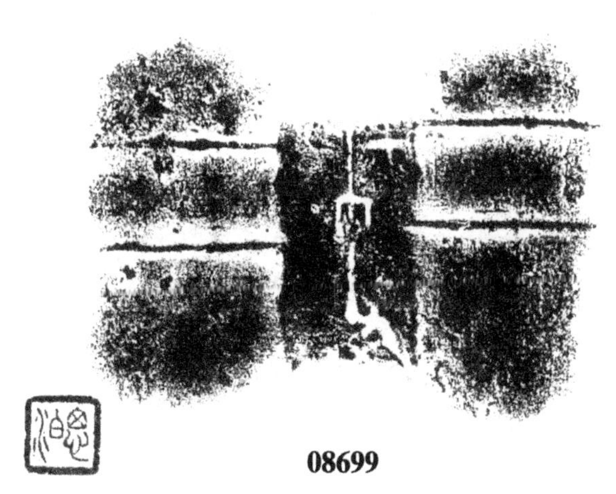

戈父癸

08699

戈父癸爵

戈父癸

08700

矢父癸爵

矢父癸

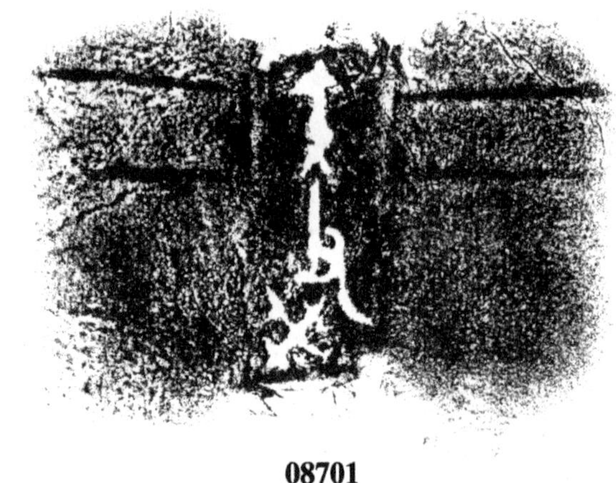

08701

矢父癸爵

矢父癸

08702

弓父癸爵

弓父癸

08703

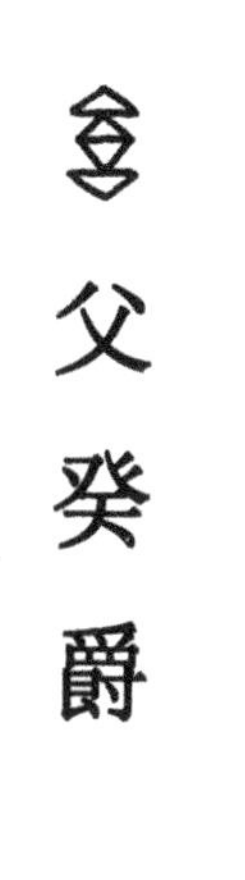

父癸爵

幸父癸

08705

□父癸爵

□父癸

08704

□父癸爵

幸父癸

08706

□父癸爵

□父癸

08707

土父癸爵

土父癸

08708

享父癸爵

享父癸

08709

丰父癸爵

08710

丰父癸

木父癸爵

08711

木父癸

冋父癸爵

08712

父癸冋

父癸爵

08713

父癸

父癸爵

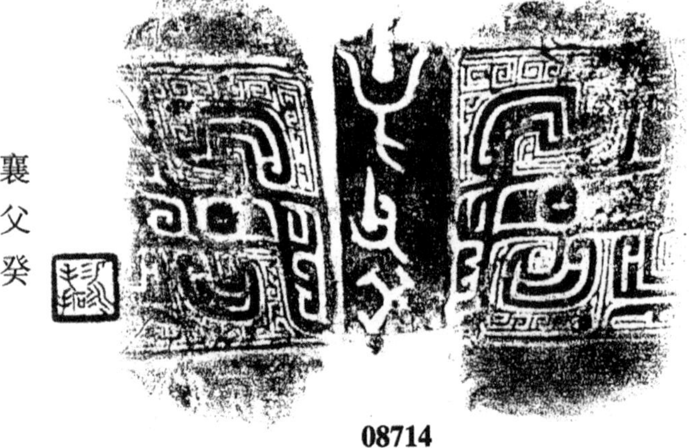

08714

襄父癸

乚父癸爵

08715

乚父癸

弜父癸爵

08716

弜父癸

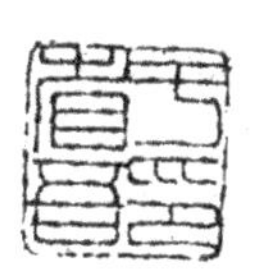

08717

父癸

父癸爵

08718

（鈴）父癸

08719

玄父癸

皿父癸爵

皿父癸

08720

皿父癸爵

皿父癸

08721

冝父癸爵

冝父癸

08722

冉父癸爵

冉父癸

08723

冉父癸爵

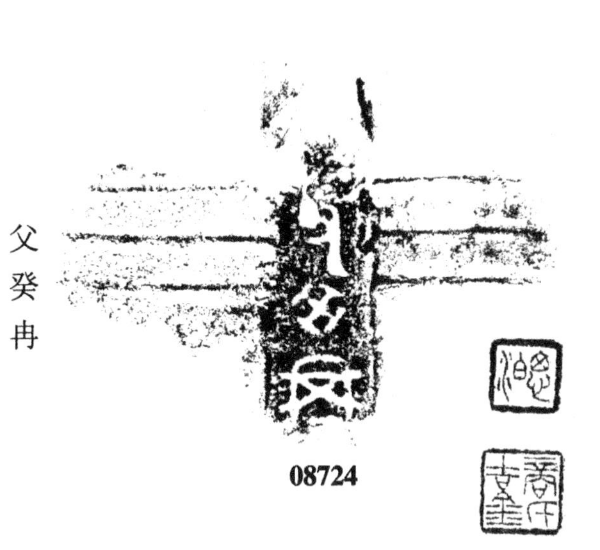
父癸冉

08724

冉父癸爵

冉父癸

08725

冉父癸爵

冉父癸

08726

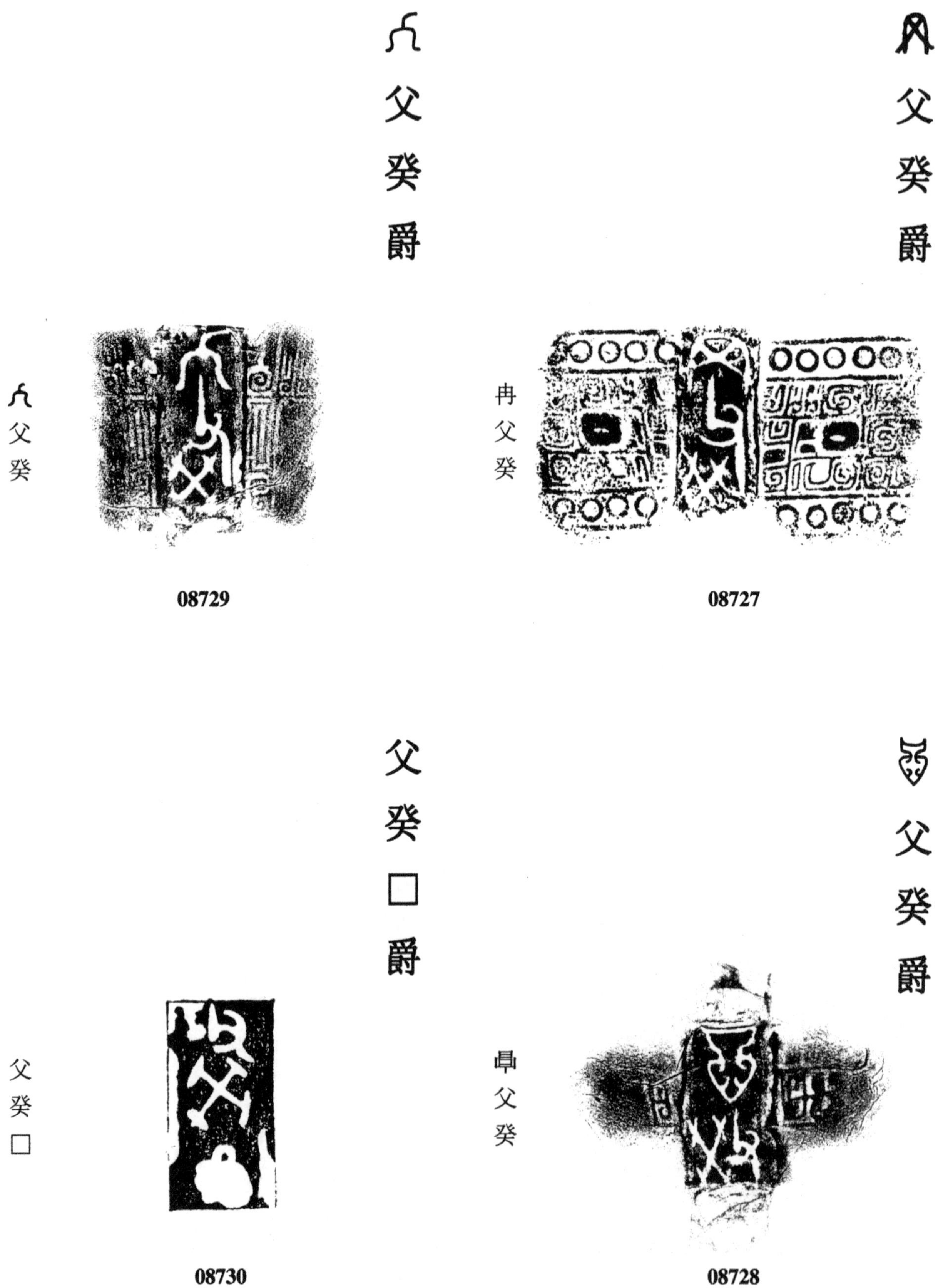

爵
父
癸
爵
冉
父
癸
08727
爵
父
癸
爵
父
癸
08729
爵
父
癸
爵
卑
父
癸
08728
父
癸
□
爵
父
癸
□
08730

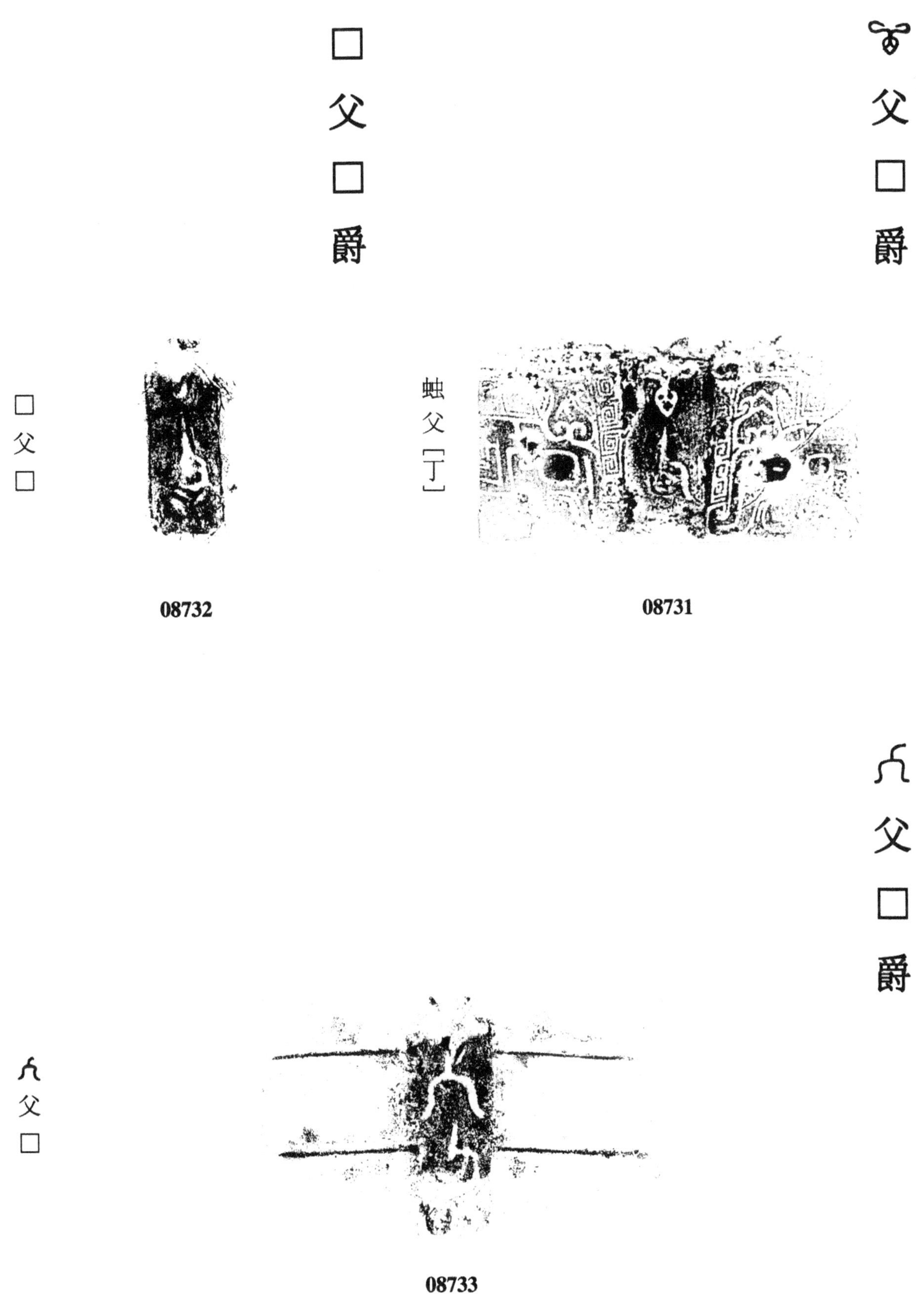
父□爵
□父□爵
蚰父[丁]
□父□
08731
08732
父□爵
父□
08733

戈母乙爵

戈母乙

08734

並匕乙爵

竝妣乙

08736

[索刂]匕乙爵

[索刂]妣乙

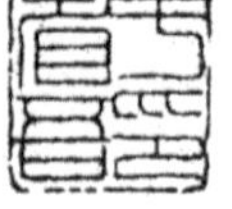

08735

匕丙丨爵

妣丙丨

08737

𢍰匕己爵

𢍰妣己

08739

丙母己爵

丙母己

08738

黿母庚爵

母庚黿

08740

爻匕辛爵

爻妣辛

08741

𢉼兄癸爵

𢉼兄癸

08742

司𡠟母爵

司𡠟

08743

司𡠟母爵

司𡠟

08744

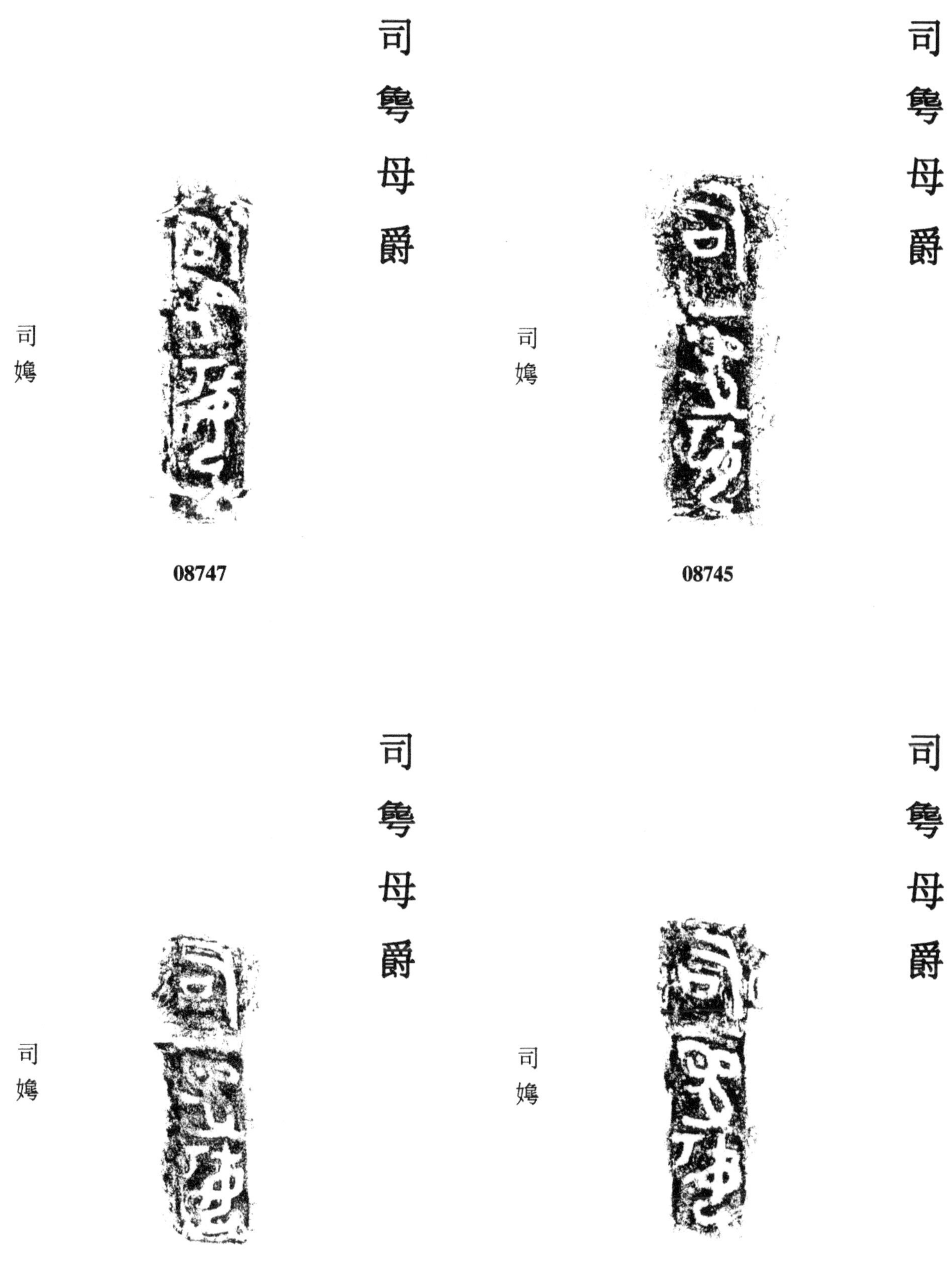

司粤母爵

司㛮

08745

司粤母爵

司㛮

08747

司粤母爵

司㛮

08746

司粤母爵

司㛮

08748

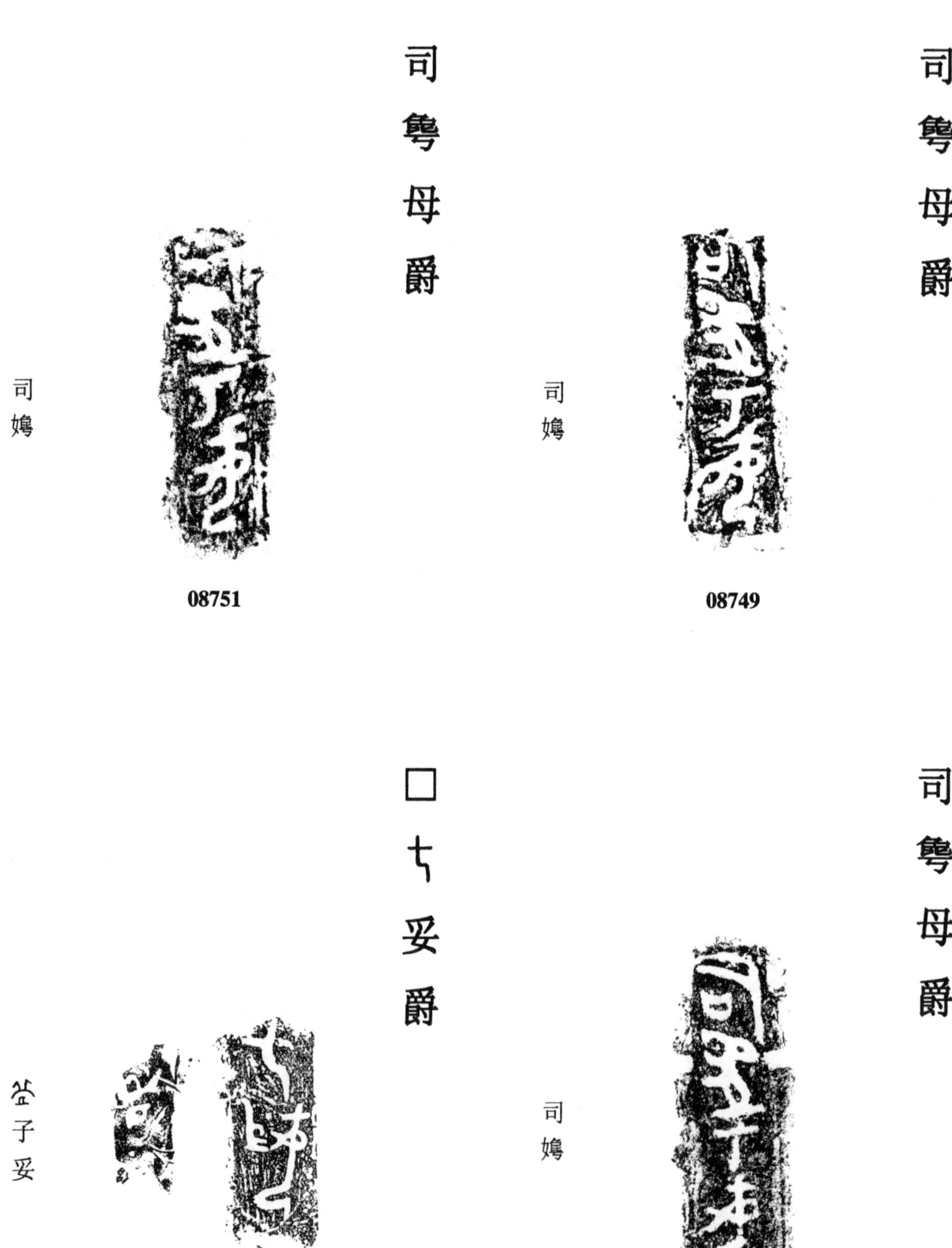

08749

司粤母爵

司娉

08751

司粤母爵

司娉

08750

司粤母爵

司娉

08752

□匕妥爵

㠯子妥

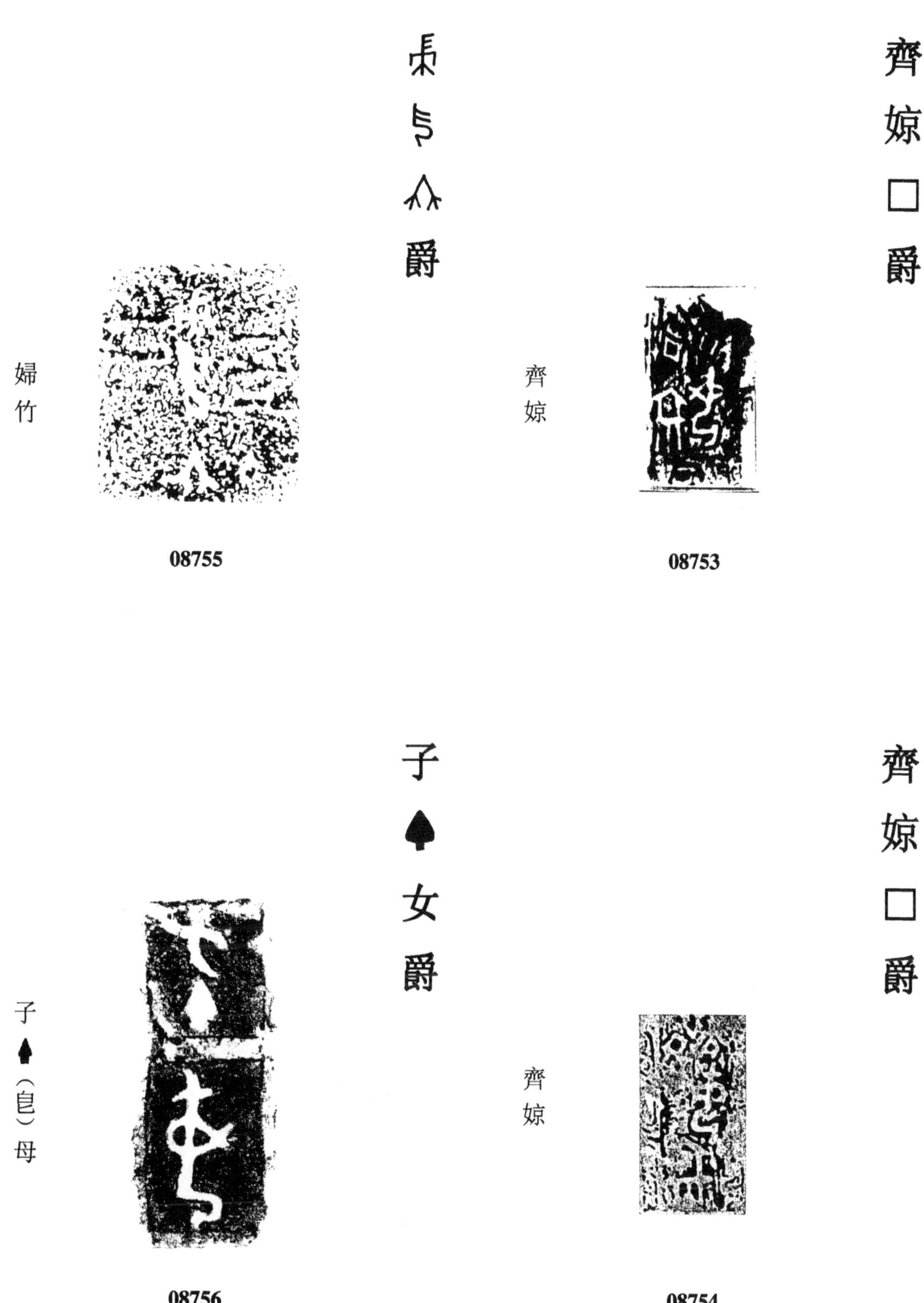

齊婛□爵

齊婛

08753

（archaic characters）爵

婦竹

08755

齊婛□爵

齊婛

08754

子♠女爵

子♠（㠯）母

08756

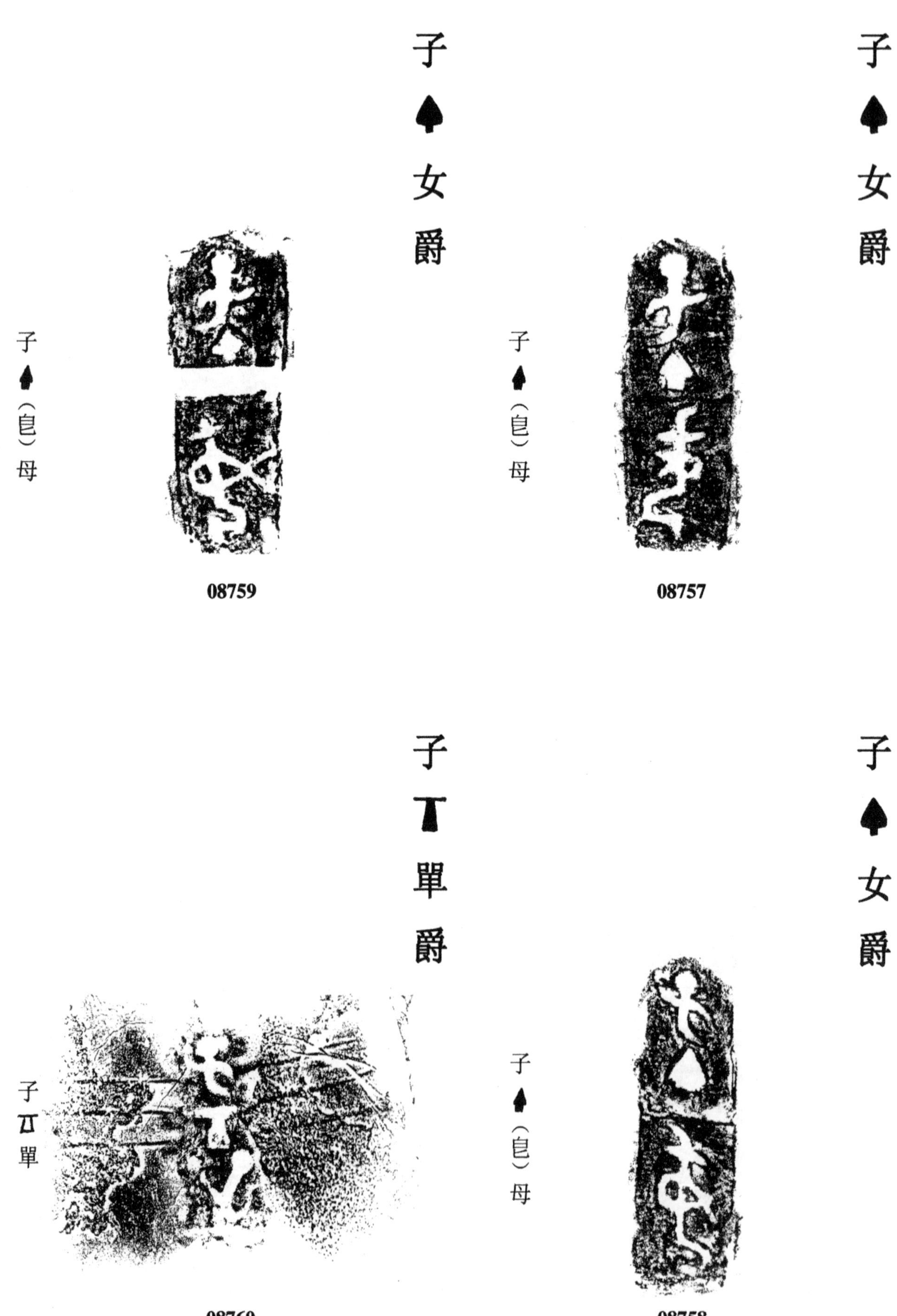

子□女爵

子□(𠂤)母

08757

子□女爵

子□(𠂤)母

08758

子□女爵

子□(𠂤)母

08759

子□單爵

子□單

08760

子工單爵

08761

子工單

眉子工爵

08762

目（眉）子工

子工萬爵

08763

子工萬

子丁萬爵

子工萬

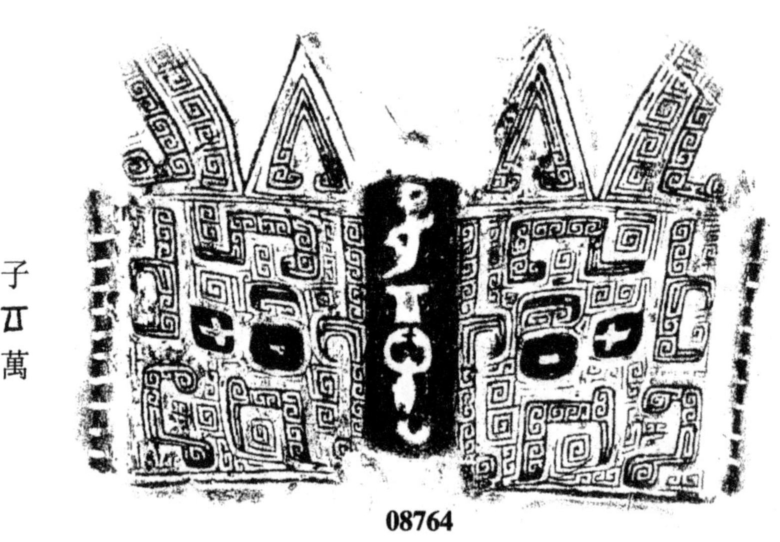

08764

子丁鄉爵

子工鄉(卯)

08765

子乙卩爵

子乙爰

08766

子亯京爵

子豪（就）

08767

[illegible][illegible]保爵

[illegible][illegible]保

08769

子口[illegible]爵

子丁[illegible]

08768

[illegible][illegible]保爵

[illegible][illegible]保

08770

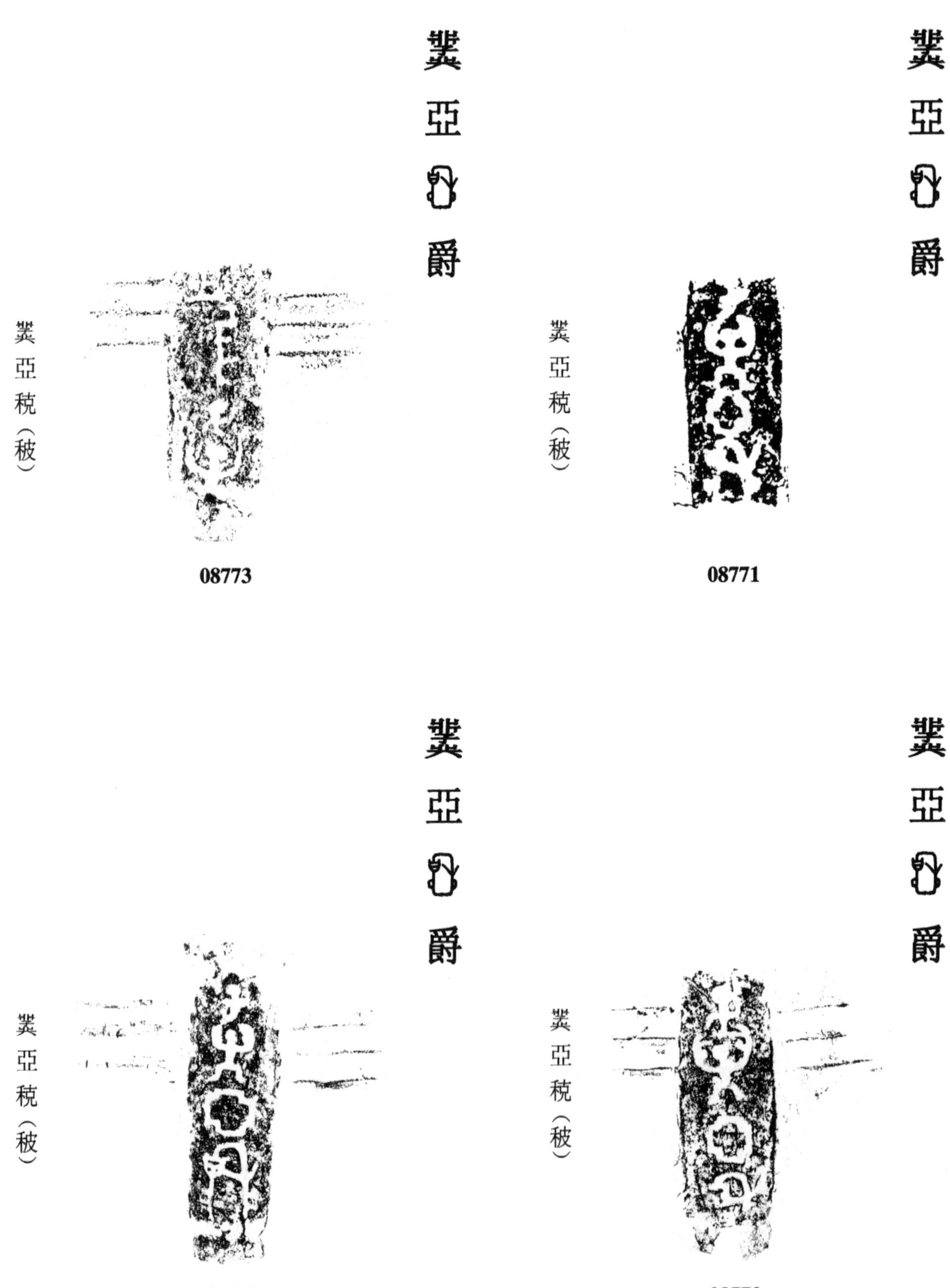

08771

6 亞 𩰫 爵

08772

6 亞 𩰫 爵

08773

6 亞 𩰫 爵

08774

6 亞 𩰫 爵

亞父舀爵

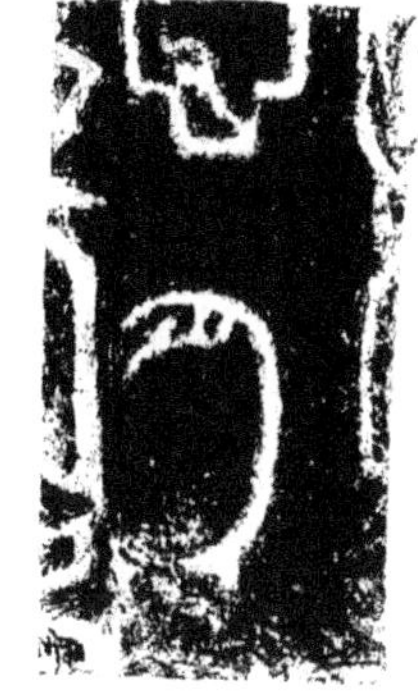

亞父舀

08775

亞寞芾爵

亞寞芾

08777

亞父畀爵

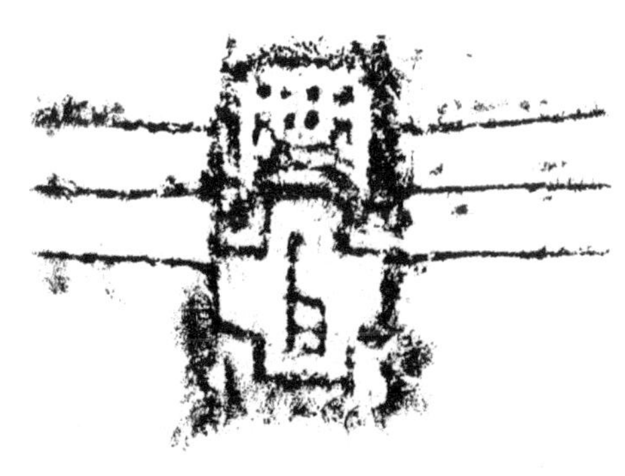

畀亞父

08776

亞女方爵

亞母方

08778

亞乙𦏲爵

亞乙羌

08779

亞册舟爵

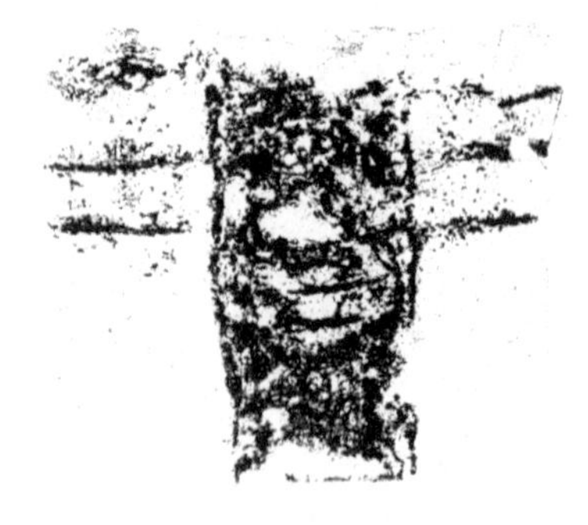

亞册舟

08780

亞𡗕𨐊爵

亞夭（走）㱿（𨐊）

08781

亞龜舟爵

08782

亞龜舟

亞昰衍爵

08783

亞昰（逭、趄）衍（延）

亞昰衍爵

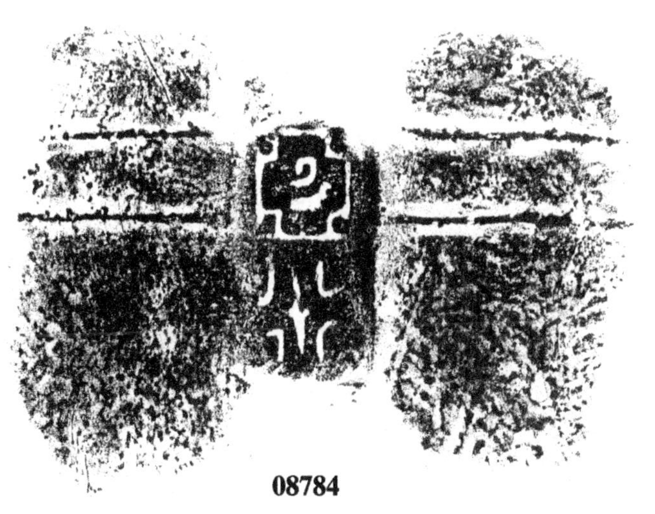

08784

亞昰（逭、趄）衍（延）

亞干示爵

亞干示

08785

亞□□爵

亞□（䟗）□

08786

[女丮]亞中爵

戈丮甲宁

08787

告亞□爵

08788

告亞□（韋）

□□乙爵

08789

蚰羊乙

册丁酉爵

08791

册丁卓

□丁乚爵

08790

脊丁乚

嗣工丁爵

08792

𤔲（嗣）工（空）丁

丁冉侁爵

丁冉侁

08793

丁冉侁爵

丁冉侁

08794

何禽戊爵

何禽戊

08795

羊己妊爵

羊己妊（娗）

08796

辛鄉宁爵

辛鄉寧

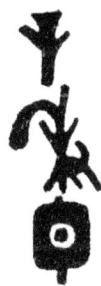

08797

辛秉毌爵

辛秉毌

08798

乘□辛爵

08799

日辛共爵

日辛共

08800

宁未口爵

宁未口

08801

宗□妣爵

宗□妣

08803

□人貝爵

卷㒩(仃)

08802

羊貝車爵

羊貝(貳)車

08804

爵

蚰崠耒

08805

北單戈爵

（戜、或）北單

08807

北單戈爵

北單戈

08806

西單𠤳爵

西單𠤳

08808

戈𣥠𢆶爵

戈涉𢆶（系）

08809

矢且𠤳爵

矢祖

08810

[glyph]且[glyph]爵

矢祖[glyph]

08811

[glyph]且[glyph]爵

矢祖[glyph]

08812

冈夫[glyph]爵

冉夫麋

08813

✦□葡爵

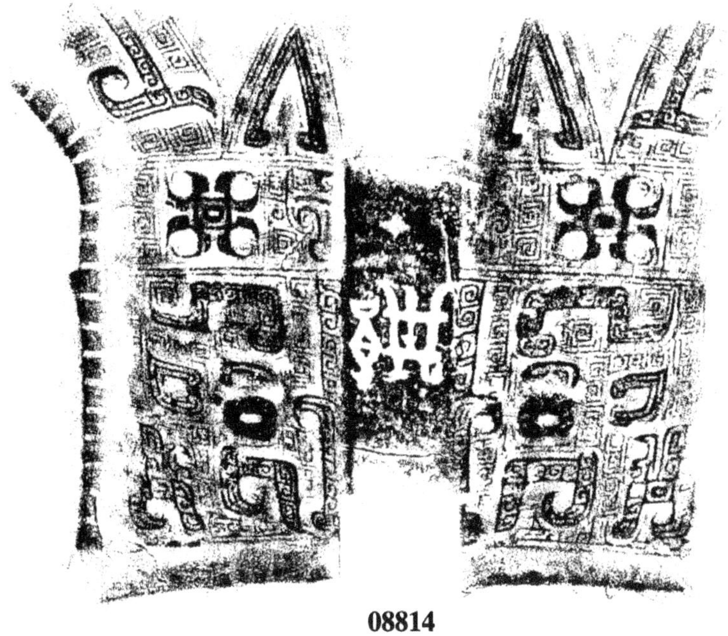

✧啐葥

08814

□✧□爵

目✧民

08815

長隹壺爵

長隹壺

08816

長隹壺爵

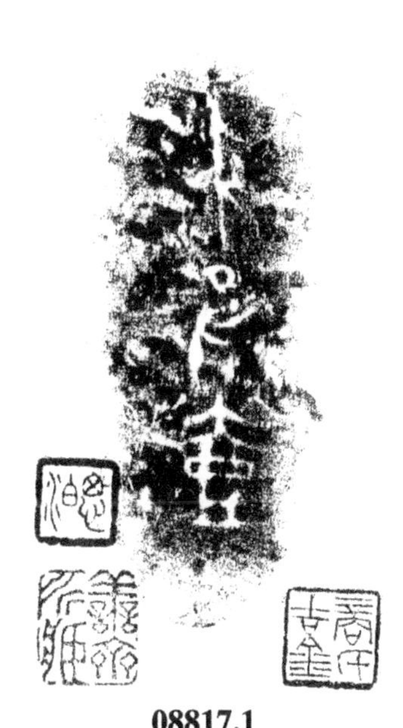

長隹壺

08817.1

長隹壺

08817.2

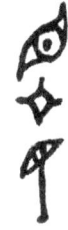

員作旅爵

員乍(作)旅

08818

員作旅爵

員乍(作)旅

08819

盂作旅爵

盂乍(作)旅

08820

弓亯羊爵

弓𦎫

08821

爵寶彝爵

爵寶彝

08822

爵寶彝爵

爵寶彝

08823

仲作公爵

仲乍（作）公

08824

作乙公爵

乍（作）乙公

08825

䵼子寶爵

䵼（蔣）子寶

08826

䵼子寶爵

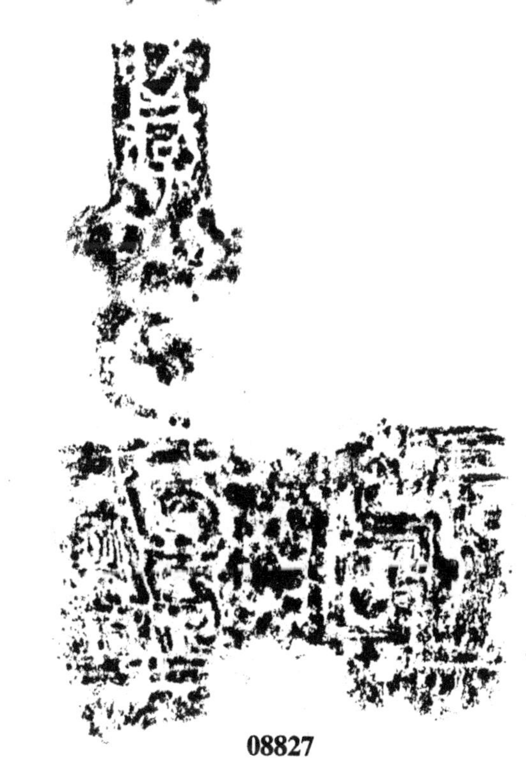

䵼（蔣）子寶

08827

則作寶爵

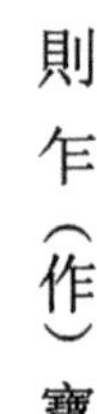

則乍(作)寶

08828

右作彝爵

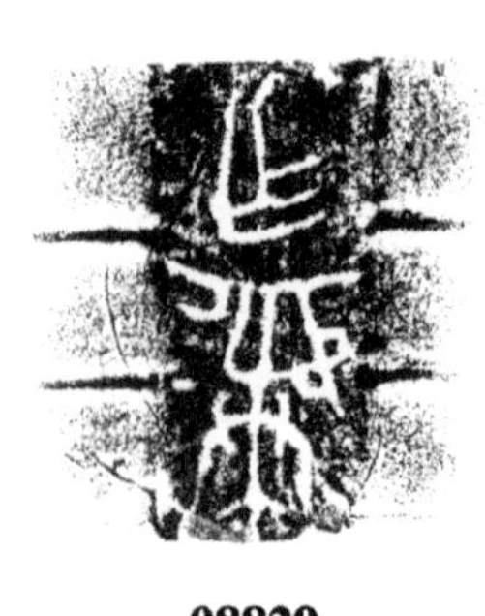

右乍(作)彝

08829

訒作彝爵

訒(詔、叨)乍(作)彝

08830

作彝爵

侁乍(作)彝

08831

夨作車爵

蔡乍(作)旅

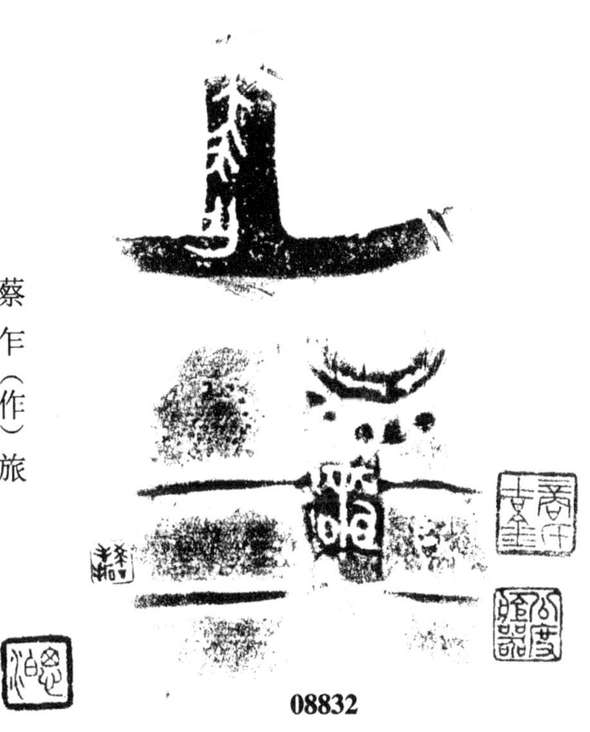

08832

作從彝爵

乍(作)從彝

08833

唐子且乙爵

唐子祖乙

08834

唐子且乙爵

唐子祖乙

08835

唐子且乙爵

唐子祖乙

08836

且乙角

丁祖乙

08837

作且丁爵

乍(作)祖丁

08838

旅且丁爵

祖丁幸旅

08839

爵 且丁爵

爵耳倗祖丁

08840

采◇且戊爵

祖戊◇采

08841

毌侢且己爵

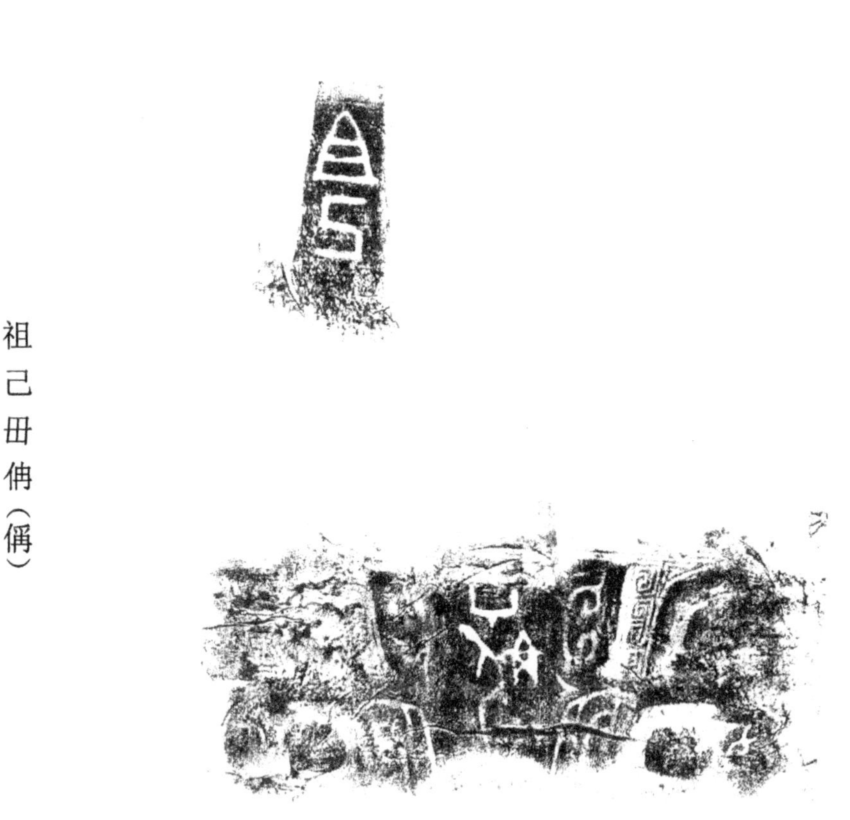

祖己毌侢(偁)

08842

弓𧗟且己爵

弓𧗟（衛）祖己

08843

亞𣎵且己爵

亞𣎵（巢）祖己

08844

𠔾𠦪且辛爵

𠔾（冰攴）𠦪冊祖辛

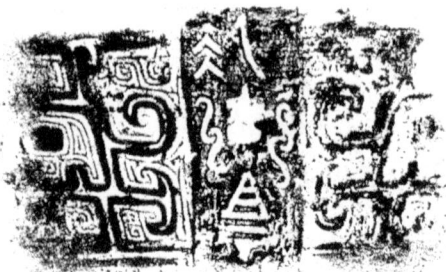

08845

叀作且辛爵

叀（叀）乍（作）祖辛

08846

□竹且癸角

劦册竹祖癸

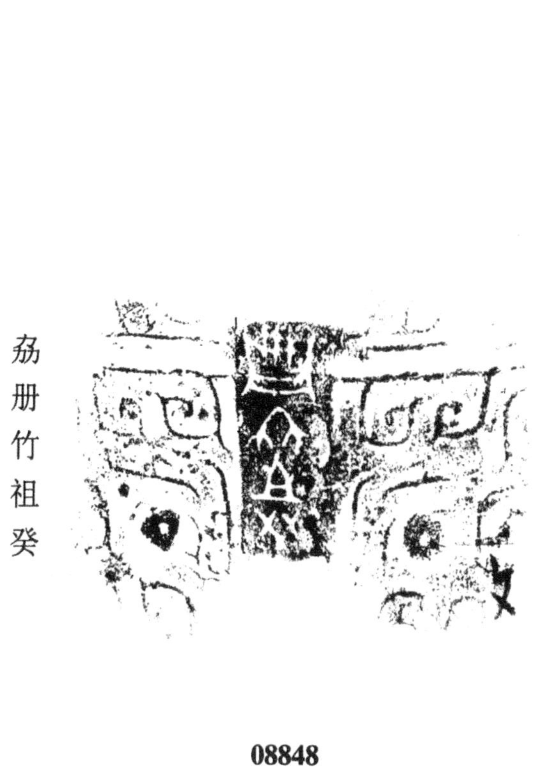

08848

且辛父己爵

父己、祖辛

08847

倗父甲爵

毌倗（偁）父甲

08849

亞獸父甲爵

亞豕父甲

08850

册父甲爵

父甲卩册

08851

亞父乙爵

亞僕父乙

08852

亞□父乙爵

亞⿰月兕（犀）父乙

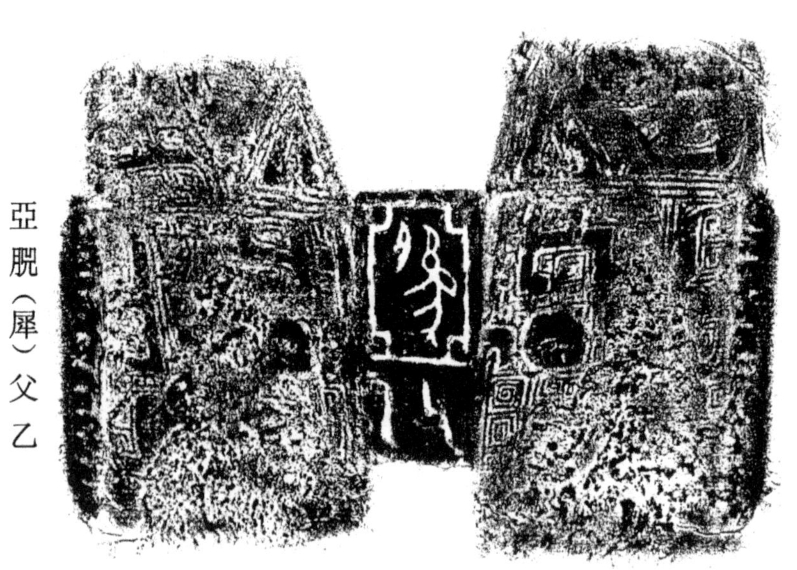

08853

亞□父乙爵

亞盤父乙

08854

亞敢父乙爵

（敢）亞父乙

08855

亞敢父乙角

（敢）亞父乙

08856.2

（敢）亞父乙

08856.1

（敢）父乙爻

08857

亞聿父乙爵

亞聿父乙

08858

亞戈父乙爵

亞戈父乙

08859

亞□父乙爵

子刀父乙爵

亞勺父乙

08860

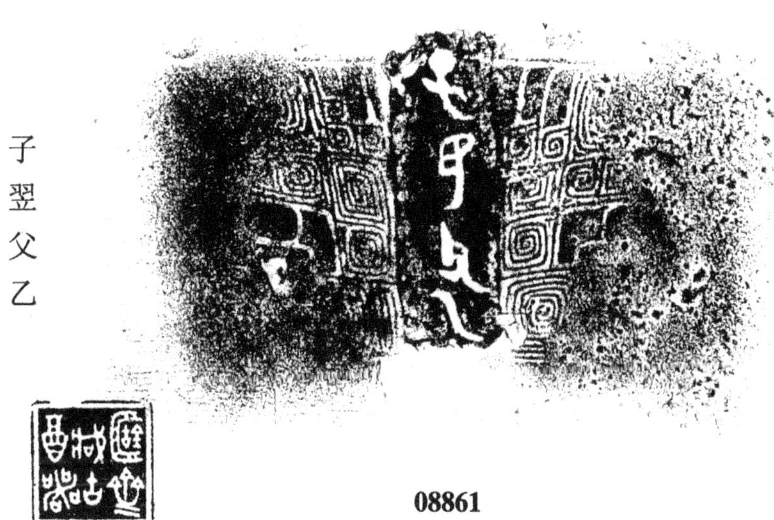

子翌父乙

08861

乎子父乙爵

乎子父乙

08862

乎子父乙爵

乎子父乙

08863

大棘父乙爵

08864

大棘（曹）父乙

庚豖父乙爵

08865

膚獿父乙

獸▲父乙爵

08866

犬山父乙

宁獸父乙爵

08867

[木卤]犬父乙

萬父乙爵

萬父乙

08868

父乙爵

辰侁父乙

08869

父父乙爵

攼父乙

08870

秉毌父乙爵

秉毌父乙

08871

毌侢父乙爵

毌侢（偁）父乙

08872

冉吺父乙爵

冉吺（扣）父乙

08873

陸册父乙角

父乙陸册

08874

𢉩中父乙爵

𢉩册父乙

08875

旗作父乙爵

慺作父乙爵

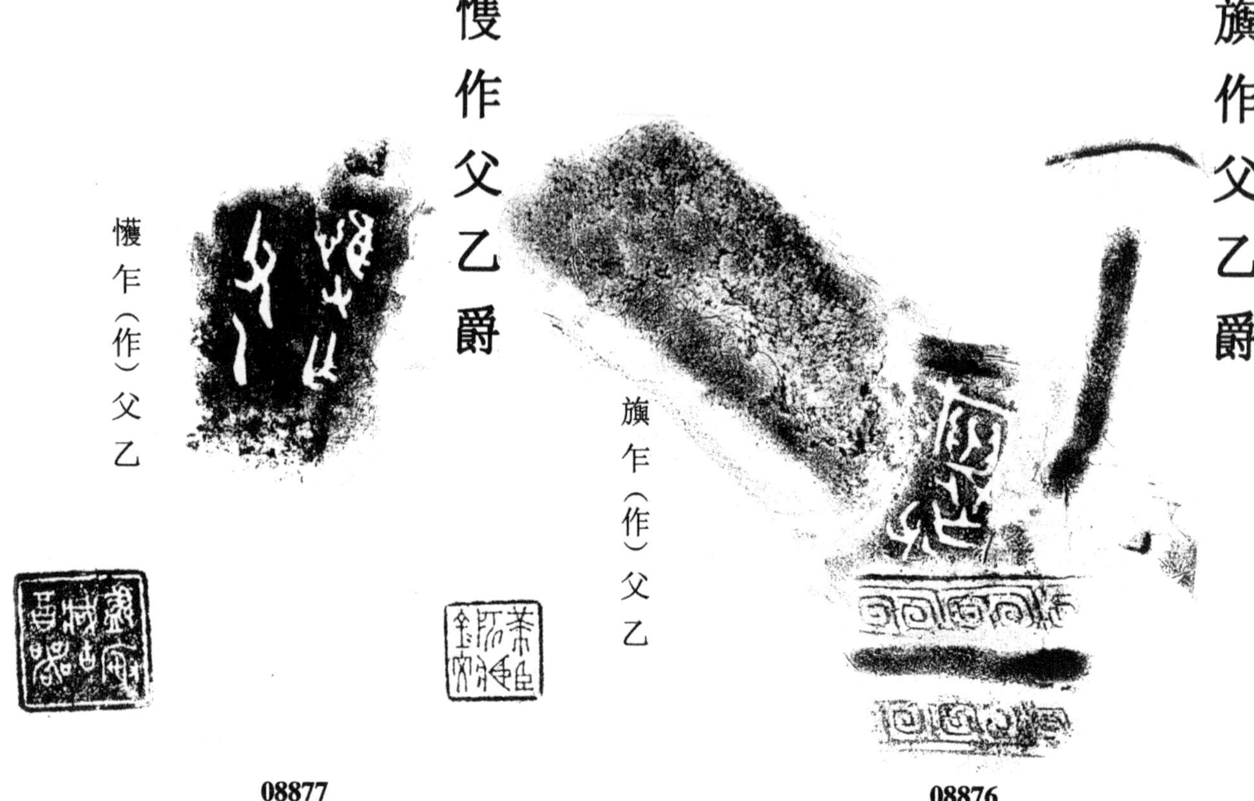

慺乍(作)父乙

08877

旗乍(作)父乙

08876

□作父乙爵

馬乍(作)父乙

08878

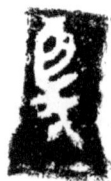

□作父乙爵

作父乙彝爵

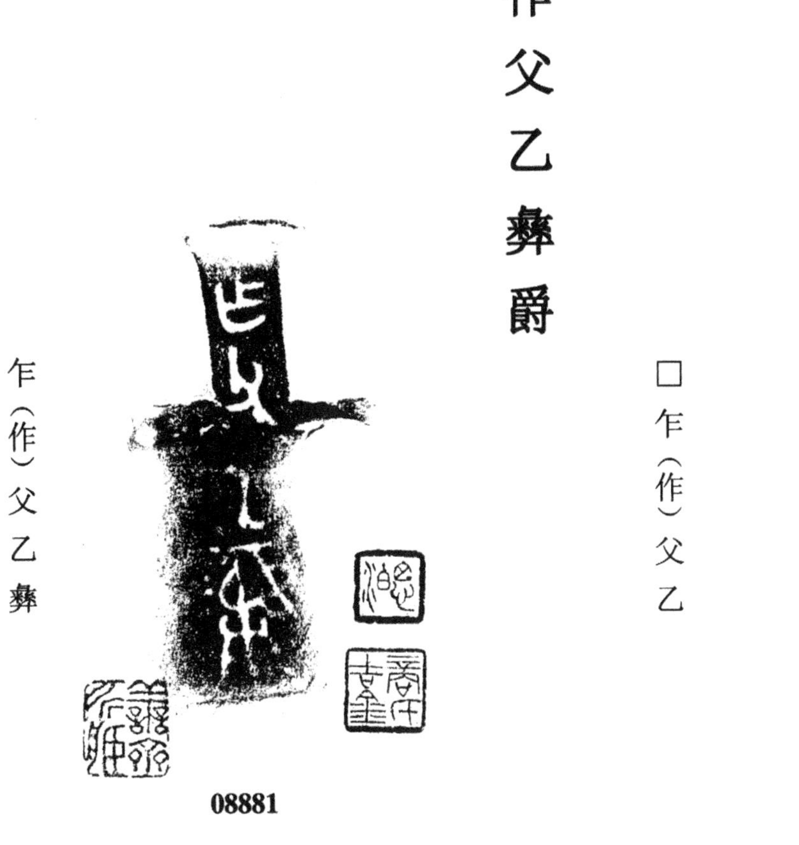

□乍(作)父乙

08879

乍(作)父乙彝

08881

鄉作父乙爵

卿乍(作)父乙

08880

亞䣄父丙角

亞䣄父丙

08882.1

亞䣄父丙

08882.2

⿸广寿冊父丙爵

08883

父丙⿸广寿冊

西單父丙爵

08884

西單父丙

⿰⿱臣臣由作父丙爵

08885

⿰⿱臣臣曾乍(作)父丙

⿰⿱臣臣由作父丙爵

08886

⿰⿱臣臣曾乍(作)父丙

亞屰父丁爵

父丁亞屰

08887

亞魚父丁爵

亞魚父丁

08889

亞魚父丁爵

亞魚父丁

08888

亞覃父丁爵

亞覃父丁

08890

亞弜父丁爵

亞弜父丁

08891

亞弜父丁爵

亞弜父丁

08892

亞旐父丁角蓋

父丁亞旐(杠)

08893

亞獏父丁角

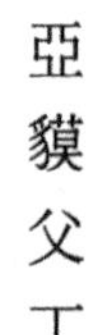

亞獏父丁

08894

亞獏父丁爵

亞獏父丁

08895

[illegible][illegible]父丁爵

父丁羊建

08896

8旅父丁爵

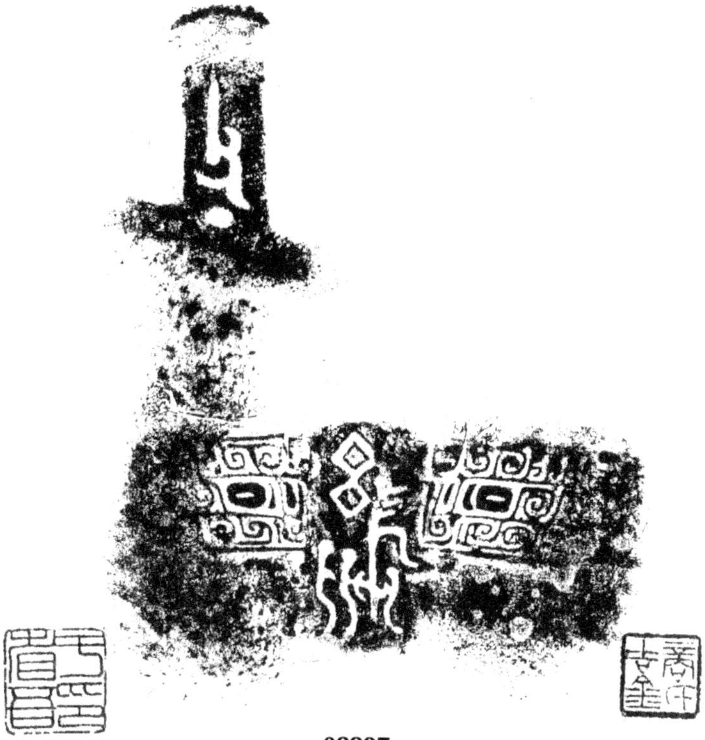

父丁幸旅

08897

己並父丁爵

己竝父丁

08898

己並父丁爵

己竝父丁

08899

己並父丁爵

己竝父丁

08900

戈丮父丁爵

埶（藝）戈父丁

08901

尹舟父丁爵

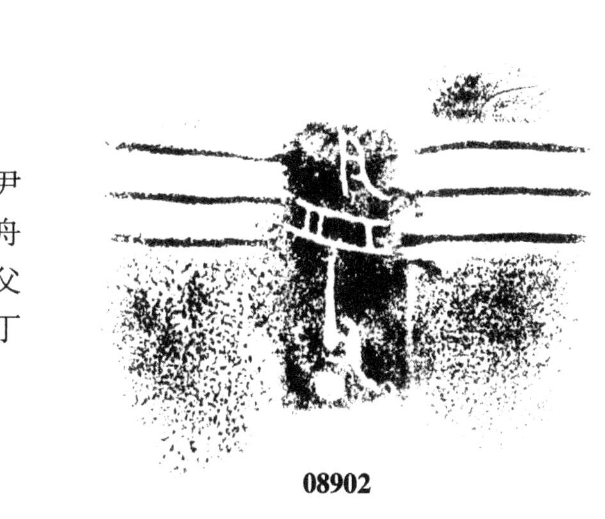

尹舟父丁

08902

田告父丁爵

田告父丁

08903

射獸父丁爵

麝父丁

08904

尗[illegible]父丁爵

弔父丁[illegible]

08905

[illegible]㠯父丁爵

父丁[illegible]回

08906

⿸广寿册父丁爵

⿸广寿册父丁

08907

困册父丁爵

父丁困册

08909

秉册父丁爵

秉册父丁

08908

壬册父丁爵

壬册父丁

08910

壬册父丁爵

壬册父丁

08911

册劦父丁角

劦册父丁

08912

□册父丁爵

□册父丁

08913

宁戈父丁爵

父丁宁戈

08914

瘨作父丁爵

瘨乍（作）父丁

08916

叀庚父丁爵

叀庚父丁

08915

瘨作父丁爵

瘨乍（作）父丁

08917

矢父戊爵

（叕）矢
父戊

08918

矢父戊爵

（叕）矢
父戊

08919

矢父戊爵

（叕）矢
父戊

08920

車犬父戊爵

父戊車豕

08921

車犬父戊爵

父戊車豕

08922

[illegible]作父戊角

丩冊乍(作)父戊

08923

加作父戊爵

加乍(作)父戊

08924

亞址父己爵

亞址父己

08926

加作父戊爵

加乍(作)父戊

08925

亞吕父己角

亞古父己

08927

亞若父己爵

父己亞若

08928

□葡父己爵

□(挽)父己葡

08929

𧗝卣父己爵

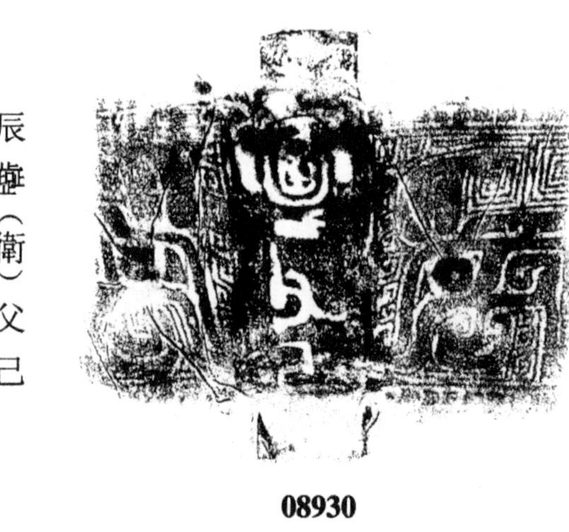

辰𧗝（衛）父己

08930

𠦪旅父己爵

幸旅父己

08931

幸旅父己爵

幸旅父己

08932

北单父己爵

北单父己

08934

尹舟父己爵

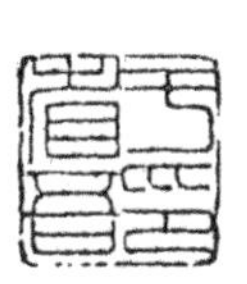

尹舟父己

08933

守册父己爵

册父己

08935

中單父己爵

單册父己

08937

守册父己爵

册父己

08936

中倗父己爵

父己册倗（偁）

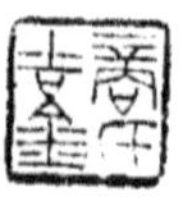

08938

弓𧊒父庚爵

父庚弓𧊒（衛）

08939

亚□父庚爵

𡕝𧊒（衺）父庚

08940

亞伐父辛爵

亞伐父辛

08941

亞伐父辛爵

亞伐父辛

08942

亞皋父辛爵

亞皋父辛

08943

大丂父辛爵

大丏父辛

08944

□丂父辛爵

父辛兕(䜭)丏

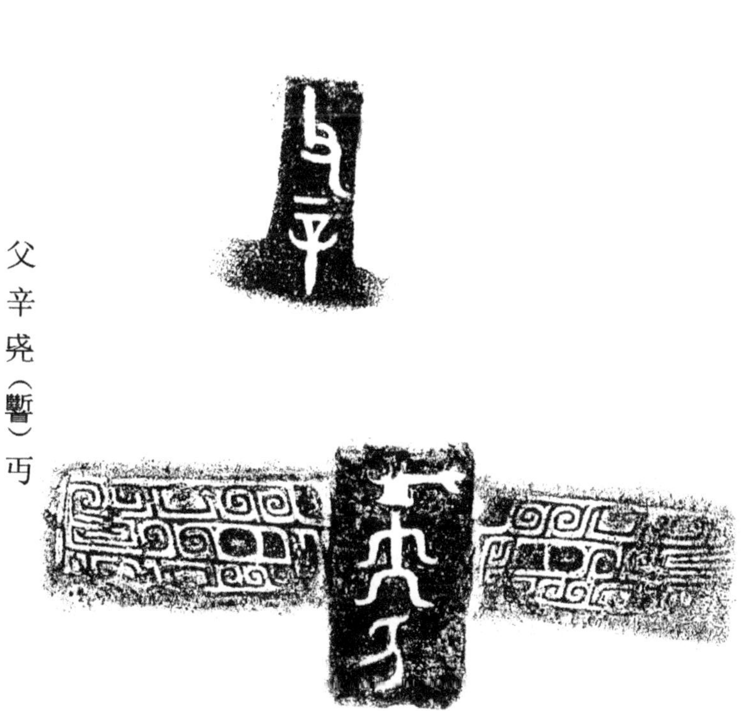

08945

子麈父辛爵

子麈父辛

08946

侁册父辛爵

父辛侁册

08947

侁册父辛爵

父辛侁册

08948

卮□父辛爵

父辛卮重

08949

卮□父辛爵

父辛卮重

08950

𠬪興父辛爵

𠬪興父辛

08951

虘作父辛爵

虘乍（作）父辛

08952

亞獸父壬爵

父壬亞鹿

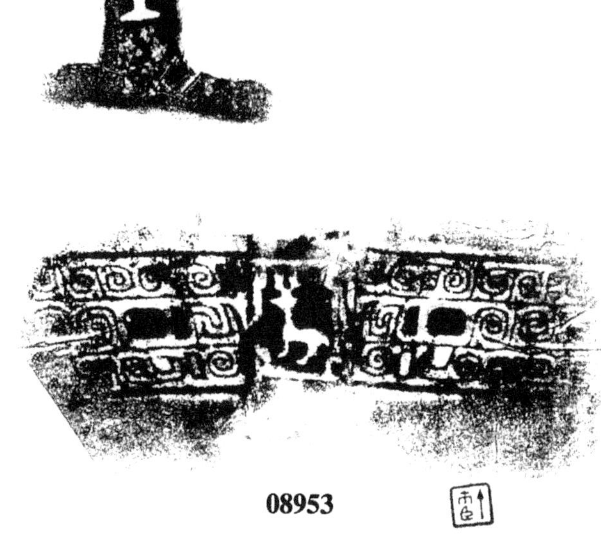

08953

刀子父壬爵

子翌父壬

08954

亞□父癸爵

父癸亞□（注）

08955

大棘父癸爵

大棘父癸

08956

何龠父癸爵

何父癸⿱穴番

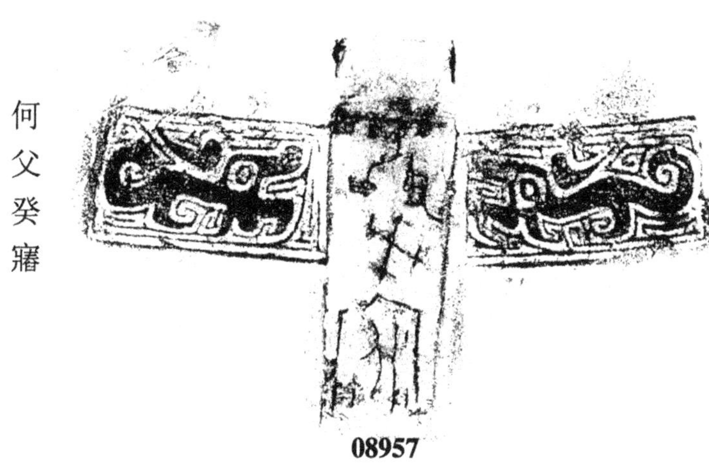

08957

何龠父癸爵

何父癸⿱穴番

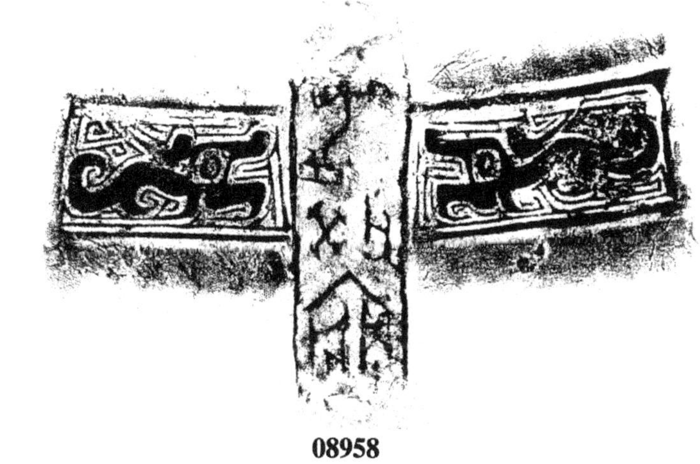

08958

何龠父癸爵

何父癸⿱穴番

08959

禾子父癸爵

08960

禾子父癸

□子父癸爵

08961

□子父癸

北酉父癸爵

08962

北□父癸

鄉宁父癸爵

父癸鄉宁

08963

屰目父癸爵

屰目父癸

08965

屰目父癸爵

屰目父癸

08964

屰目父癸爵

屰目父癸

08966

尹舟父癸爵

父癸
舟尹

08967

旅父癸爵

父癸
幸旅

08969

𦘔雋父癸爵

父癸
𦘔(畫)雋

08968

父癸爵

父癸幸[木鹵]

08970

盧夷父癸爵

盧（艫）夷父癸

08971

庚壴父癸爵

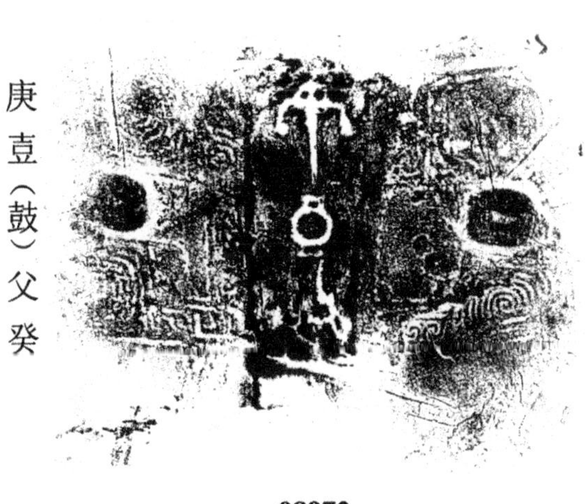

庚壴（鼓）父癸

08972

毌佣父癸爵

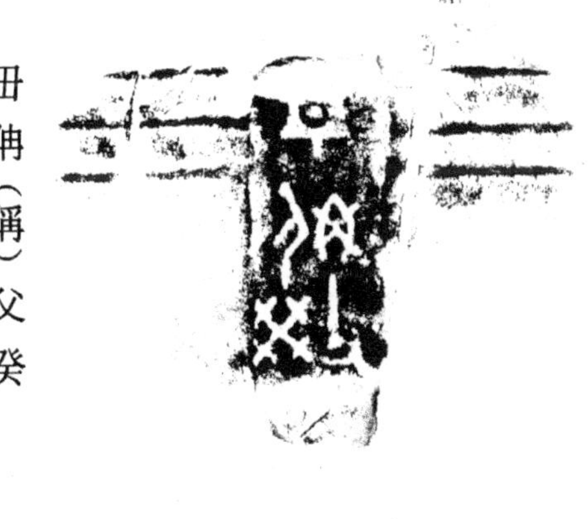

毌佣（倗）父癸

08973

□册父癸爵

口册父癸

08974

□册父癸爵

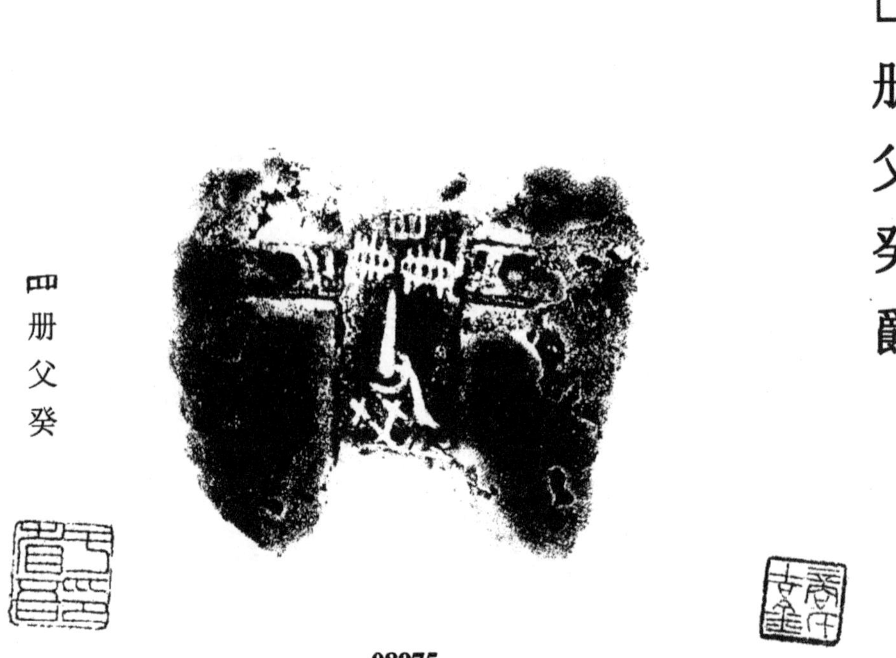

口册父癸

08975

伯作父癸爵

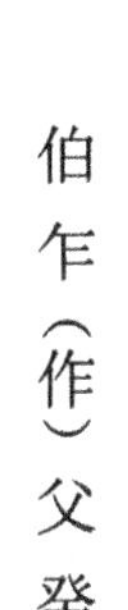

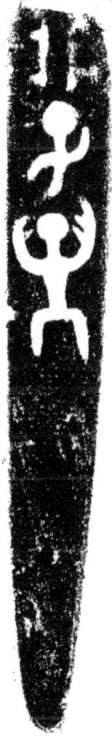

伯乍(作)父癸

08976

㠱遂母丙爵

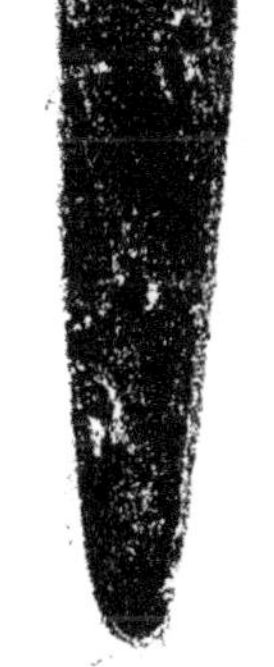

母丙遂㠱

08977

舌作妣丁爵

舌乍(作)妣丁

08978

作香女角

享乍(作)映母

08980

舌作妣丁爵

舌乍(作)妣丁

08979

亞口兄丁爵

亞魚兄丁

08981

聑髭婦娕爵

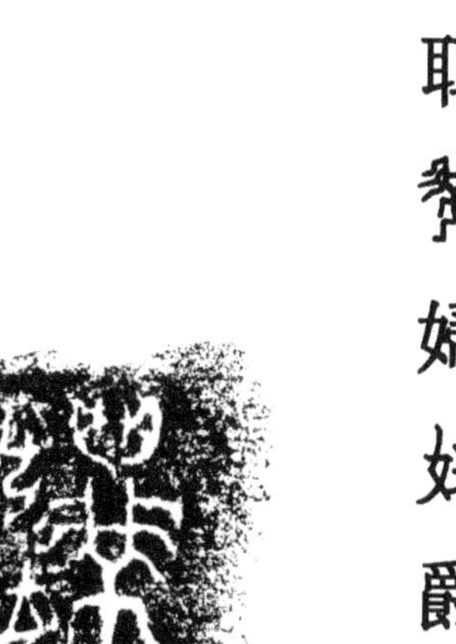

聑髭
婦娕

08983

聑髭婦娕爵

聑髭
婦娕

08982

聑髭婦娕角

聑髭
婦娕

08984.1

聑髭
婦娕

08984.2

08985

逨馬作彝爵

走（趣）馬乍（作）彝

08986

[illegible]作[illegible]子爵

[illegible]乍（作）[illegible]子

08988

子[illegible]乙酉爵

子[illegible]乙辛（酉）

08987

戈罟作乂爵

戈罟乍（作）厥

08989

戈罟作乂爵

戈罟乍（作）厥

08990

過伯作彝爵

過伯乍（作）彝

08991

冂且乙爵

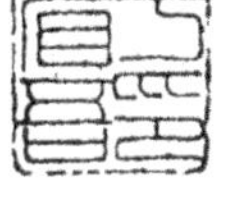

冂（冂、良）乍（作）祖乙彝

08992

冈且丁父乙爵

冈祖丁、父乙

08993

臣辰先父乙爵

父乙臣辰侁

08994

臣辰侁父乙爵

08995

父乙臣辰侁

臣辰侁父乙爵

08996

父乙臣辰侁

臣辰侁父乙爵

父乙臣辰侁

08997

臣父乙爵

臣乍(作)父乙寶

08998

臣父乙爵

臣乍(作)父乙寶

08999

亞吴父乙爵

疑亞乍(作)父乙

09000

亞吴父乙爵

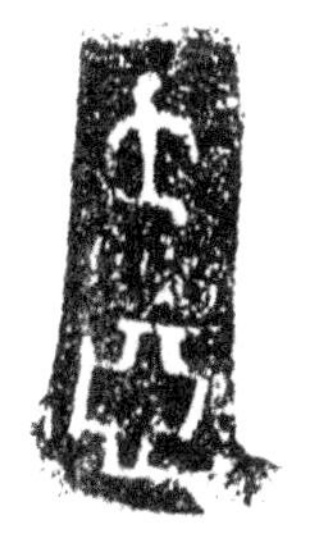

大亞乍(作)父乙

09002

亞吴父乙爵

疑亞乍(作)父乙

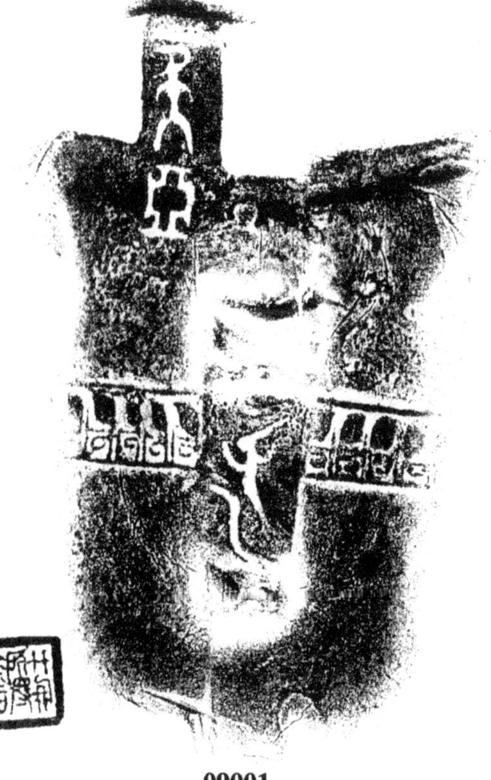

09001

執父乙爵

執乍（作）父乙冉

09003

作父乙爵

乍（作）父乙尊彝

09004

弓□羊父丁爵

父丁弓𦎧

09005

羊□獸父丁爵

羊侁獸父丁

09006

亞父丁爵

ㄖ(尹)木亞父丁

09007

亞共父丁角

亞弁叙(掾)父丁

09008.2

亞弁叙(掾)父丁

09008.1

戈父丁爵

09009

戈乍(作)父丁寶

亞向父戊爵

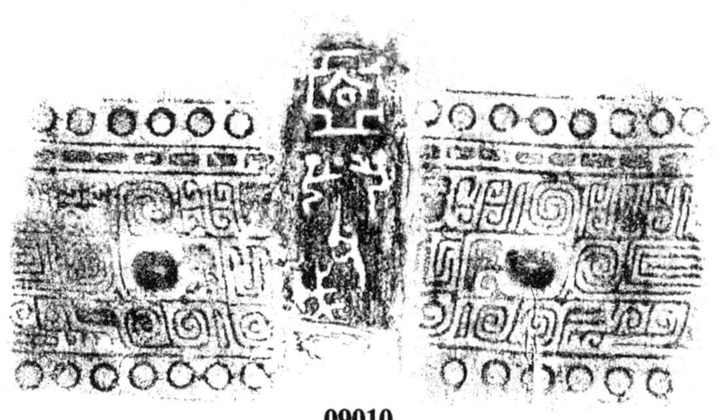

09010

亞向□(丸)父戊

亞啇父戊爵

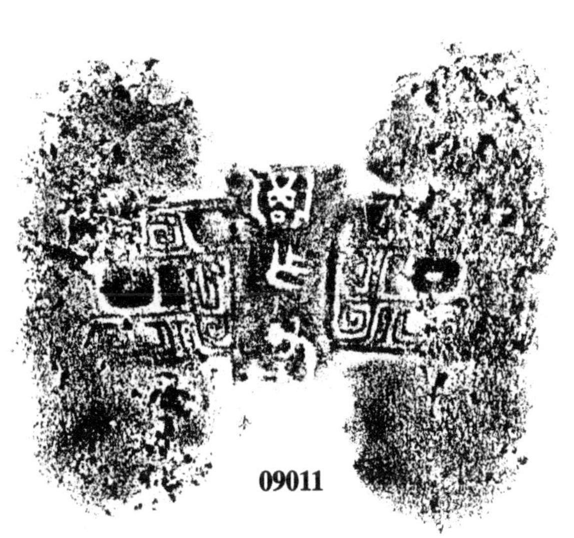

09011

亞商乍(作)父戊

舟父戊爵

09012

乍（作）尊，父戊，舟

舟父戊爵

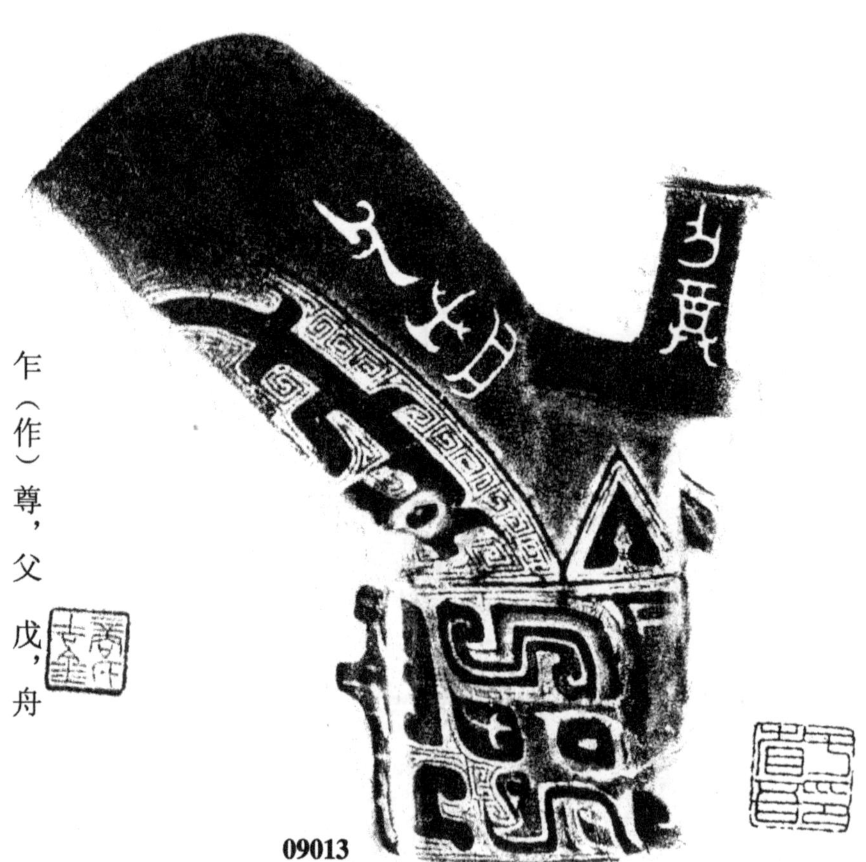

09013

乍（作）尊，父戊，舟

啓宁父戊爵

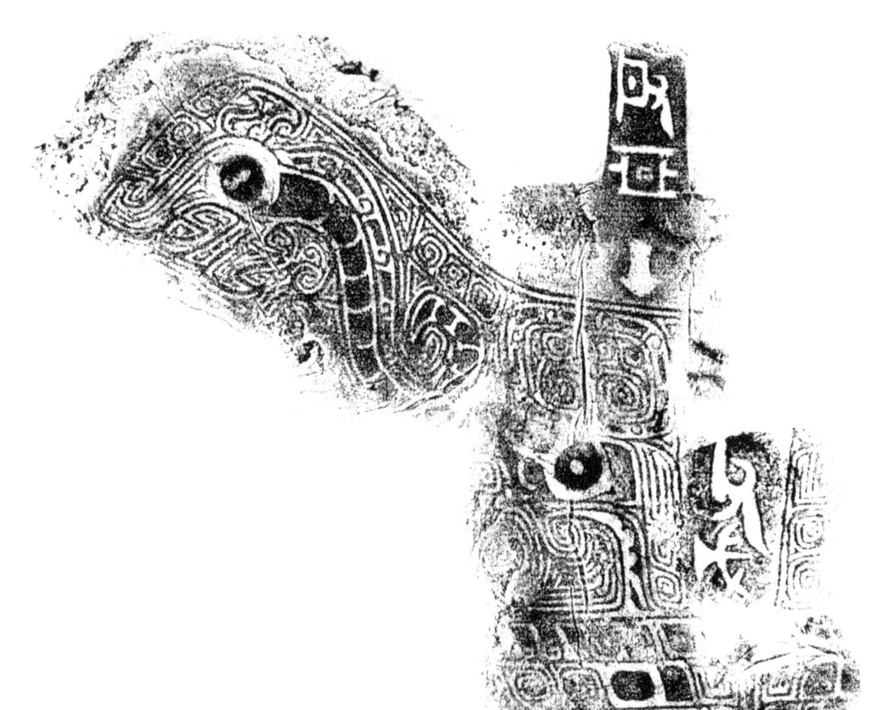

攸宁享父戊

09014

亞圣父己爵

亞帝己父ㄱ

09015

亞天父辛爵

父辛亞天

09016

守宮父辛爵

守宮乍(作)父辛

09017

守宮父辛爵

守宮乍(作)父辛

09018

弓𠦪羊父辛爵

父辛弓𦎫

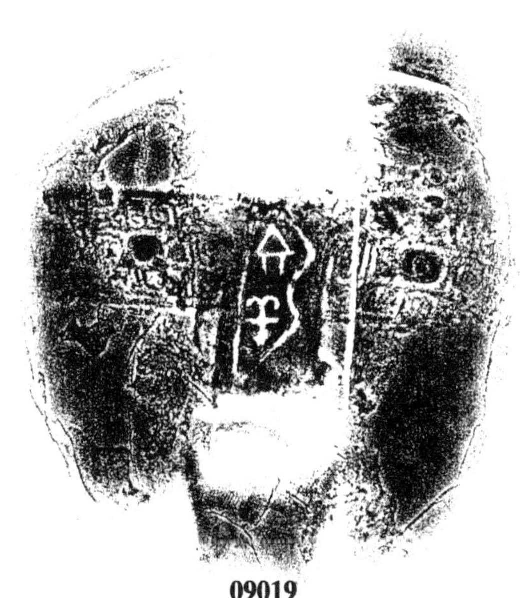

09019

歸父辛爵

歸乍（作）父辛彝

09020

作父辛爵

家父乍（作）辛

09021

子工父癸爵

子工木父癸

09022

䖒父癸爵

䖒（摅）乍（作）妣癸虷（蛋）

09024

𦘠父癸爵

𦘠（婢）乍（作）父癸

09023

□父癸爵

亞丁父癸尊彝

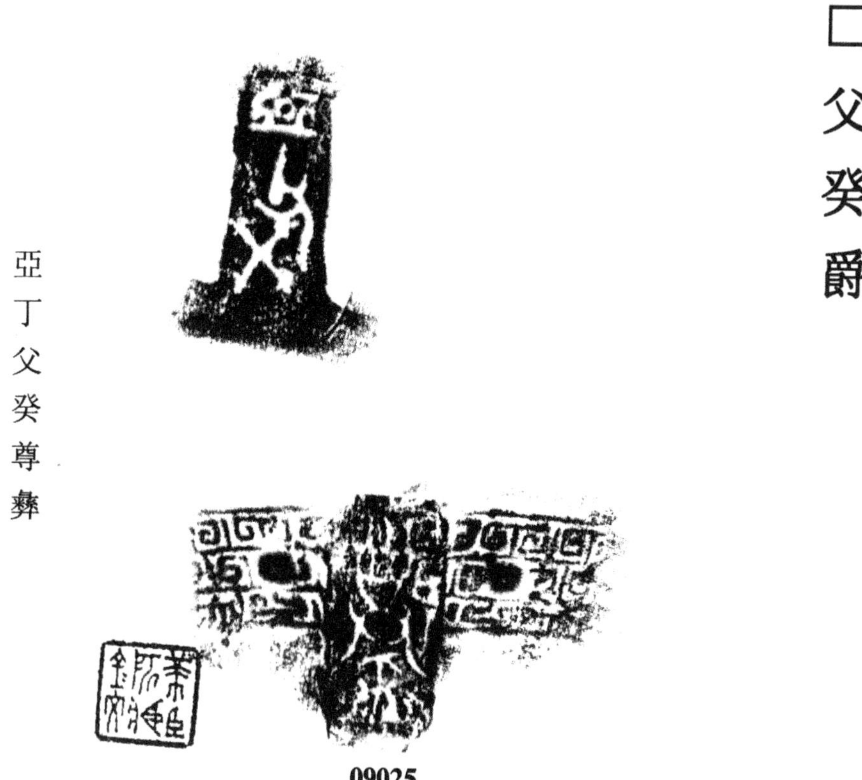

09025

□父癸爵

（⿰豸正）父癸尊彝

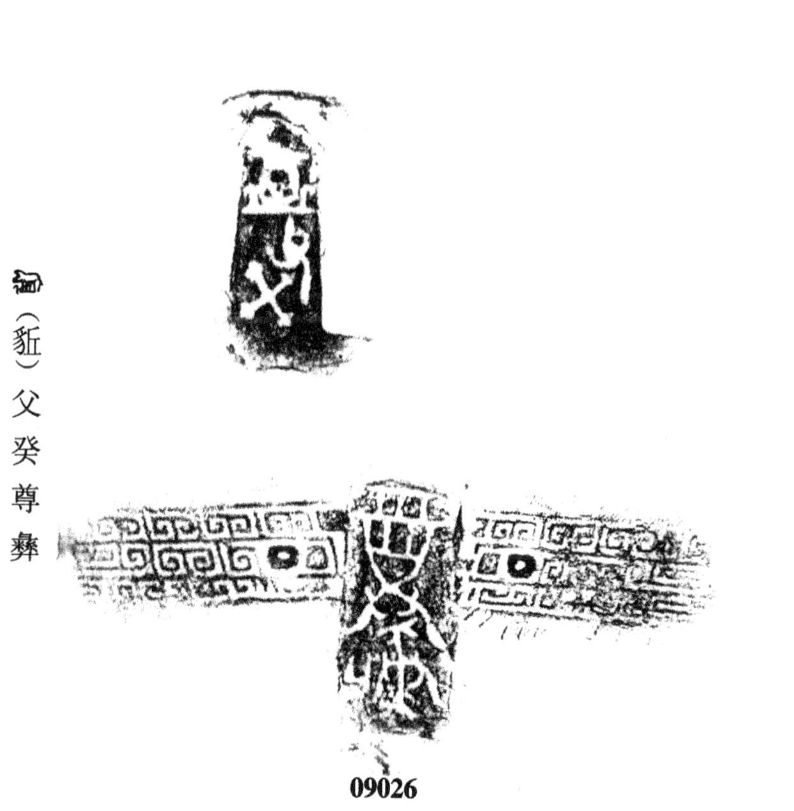

09026

妊爵

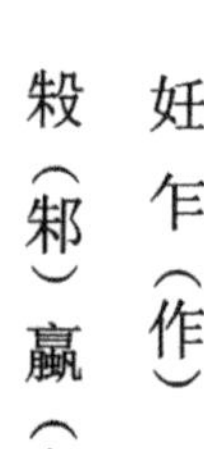

妊乍（作）糓（邾）嬴（嬴）彝

09027

妊爵

妊乍（作）糓（邾）嬴（嬴）彝

09028

亀婦爵

麇婦辟彝，䇹

09029

亀婦爵

麇婦辟彝，䇹

09030

立爵

立乍(作)寶

尊彝

09031

聞爵

聞乍(作)寶

尊彝

09032

剛爵

剛乍(作)寶

尊彝

09033

癸罗爵

癸旻乍（作）考戊

09034

伯旨爵

伯旨乍（作）寶彝

09035

伯限爵

伯限乍（作）寶彝

09036

叔[illegible]爵

叔牙乍(作)尊彝

09037

[illegible]隻爵

[illegible]日獲乍(作)寶旅彝

09038

□苜爵

尹公乍(作)旅彝

09039

⿱白尾父爵

伯尾父乍(作)寶彝

09040

史⿱罒日爵

史⿱刀田乍(作)寶彝

09041

作⿰孔乚隮彝角

乍(作)⿰孔乚尊彝，奄

09042.1

奄

09042.2

剅且乙爵

剅乍(作)祖乙寶彝

09043

剅且乙爵

剅乍(作)祖乙寶彝

09044

且丁爵

嬴乍（作）祖丁寶彝

09045

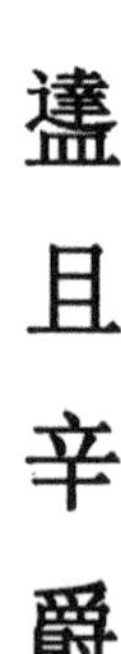

遣且辛爵

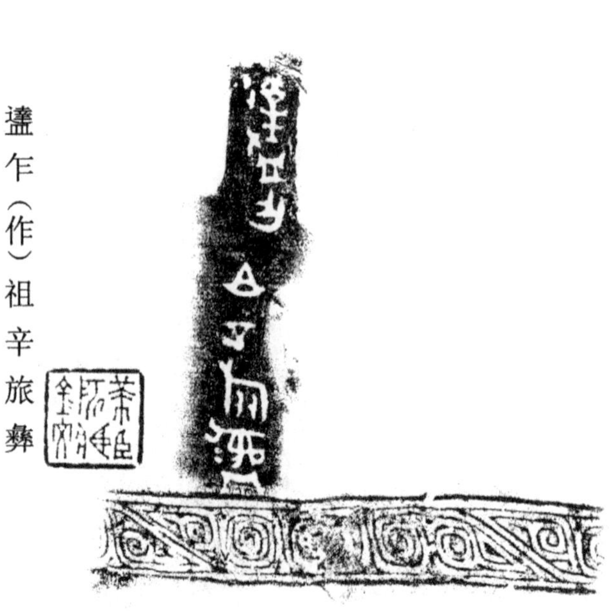

遣乍（作）祖辛旅彝

09046

□庚且辛爵

襄庚乍(作)祖辛彝

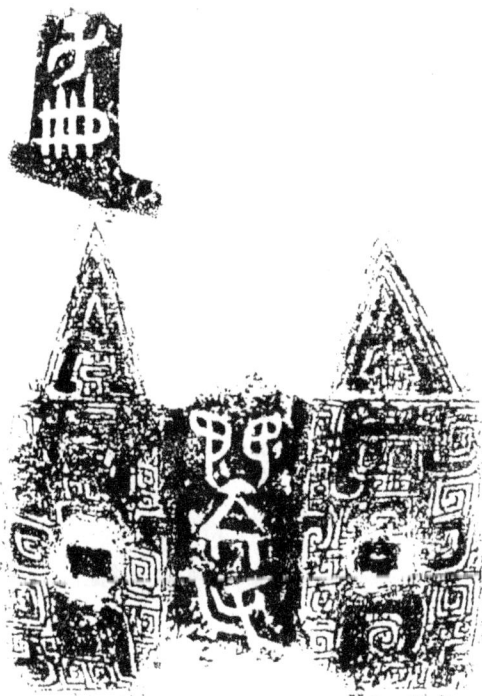

09047

雁事父乙爵

膺(應)史乍(作)父乙寶

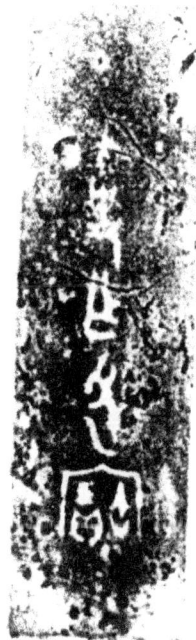

09048

子册父乙爵

子册翌□父乙

09049

貝隹易父乙爵

09050.1

貝唯賜，

黿父乙

09050.2

貝隹易父乙爵

09051.1

貝唯賜，

黿父乙

09051.2

作甫丁爵

乍（作）甫（父）丁
寶尊彝

09052

獸父戊爵

獸乍（作）
父戊寶

09054

獸父戊爵

獸乍（作）父
戊寶彝

09053

糸子刀父己爵

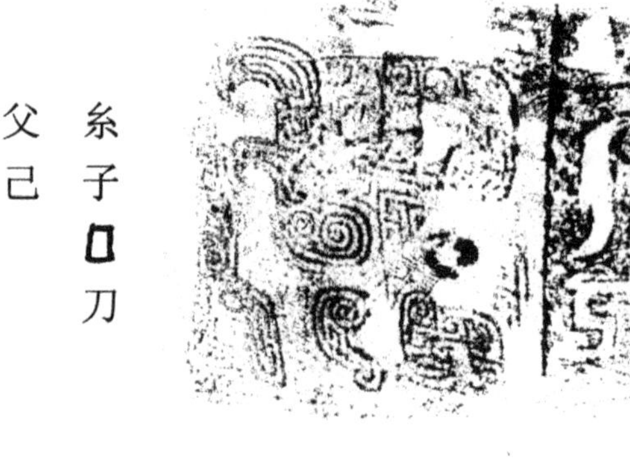

糸子□刀
父己

09055

柬父庚爵

父庚宗尊
柬以

09056

柬父庚爵

父庚宗尊
柬以

09057

埶徲父庚爵

埶（藝）遅父庚寶彝

09058

𤞷父庚爵

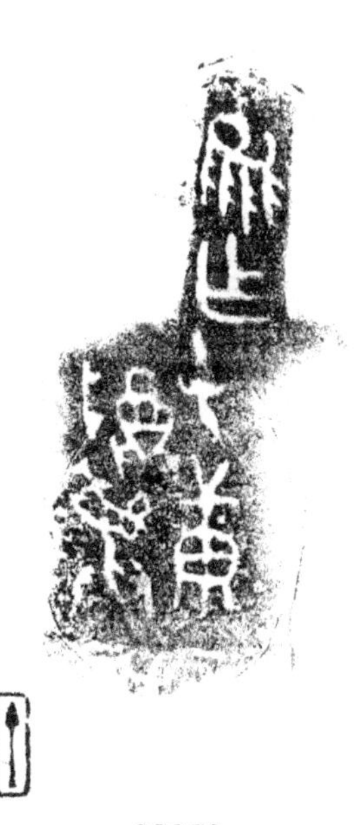

𤞷（狟）乍（作）父庚
尊彝

09059

木羊册父辛爵

乍（作）父辛，木羊册

09060

𠂔𠂔父辛爵

𠂔（淄）公乍（作）父戊，羊

09061

𢿌父癸爵

嫞乍（作）父癸尊彝

09062

史逨角

史逨乍（作）寶尊彝

09063.1

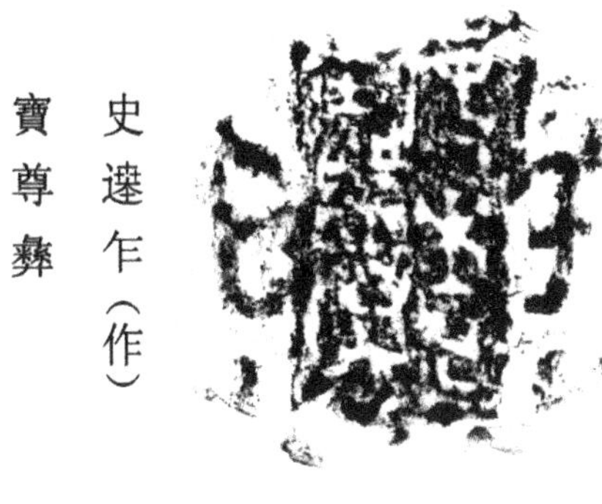

史逨乍（作）寶尊彝

09063.2

册弜且乙角

弜册，乍（作）祖乙，亞戈

09064.1

亞戈

09064.2

效且戊爵

效乍（作）祖戊
寶尊彝

09065

牆父乙爵

牆乍（作）父乙
寶尊彝

09067

⿱⿰氵殳皿且己爵

[glyph]（⿰口⿱⿰氵欠皿）乍（作）祖己
旅寶彝

09066

牆父乙爵

牆乍（作）父乙
寶尊彝

09068

作父乙爵

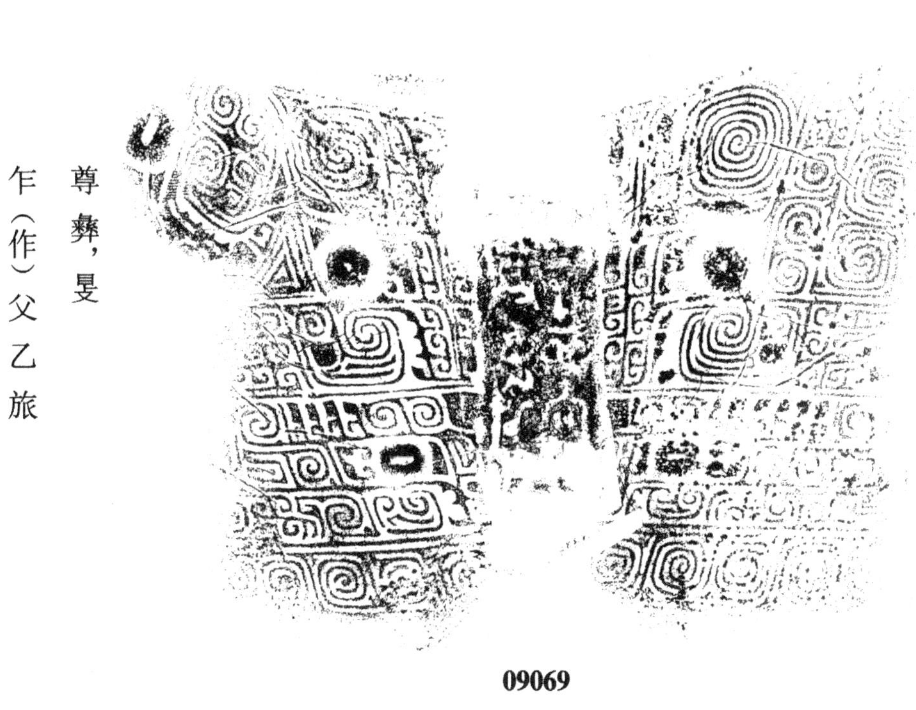

尊彝，旻

乍（作）父乙旅

09069

瘨父丁爵

乍（作）尊彝

瘨乍（作）父丁，

09070

小車父丁爵

小車乍（作）父丁寶彝

09071

[illegible]册父丁爵

乍（作）父丁尊彝，[illegible]（衛）册

09072

[illegible]作父己爵

[illegible]（眣）乍（作）父己尊彝，聑日

09073

[illegible]衎天父庚爵

耳衡父庚酉侁

09074

亞曩吳母癸爵

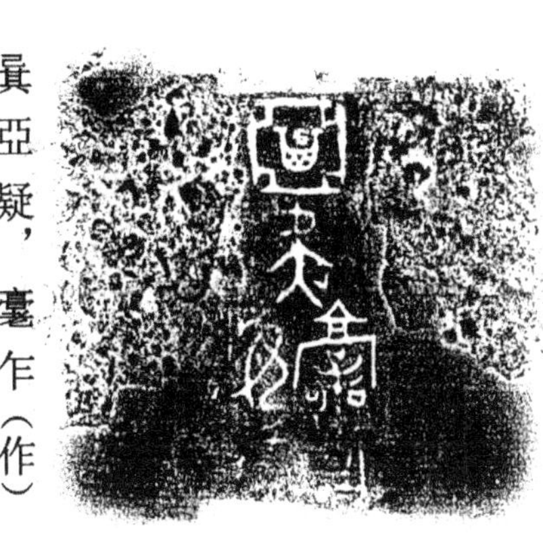

曩亞疑，𡧊乍（作）母癸

09075

作乆父爵

□乍（作）厥父寶尊彝

09077

攸作上父爵

攸乍（作）上父寶尊彝

09076

𥃝父丁角

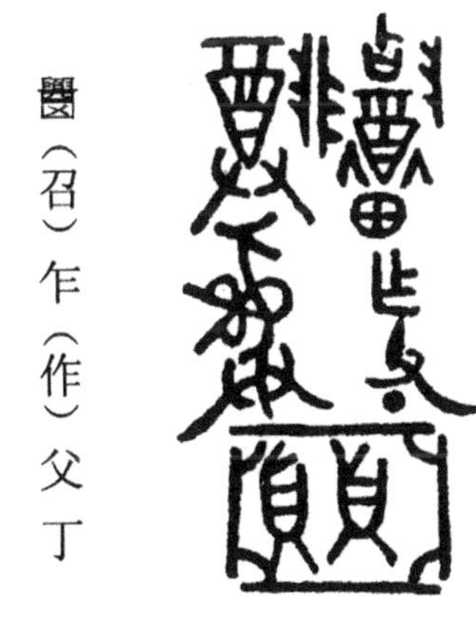

𥃝（召）乍（作）父丁尊彝，亞頙

09078

達父己爵

牛册，達乍（作）父己尊彝

09079

豐父辛爵

豐乍（作）父辛寶，木羊册

09080

豐父辛爵

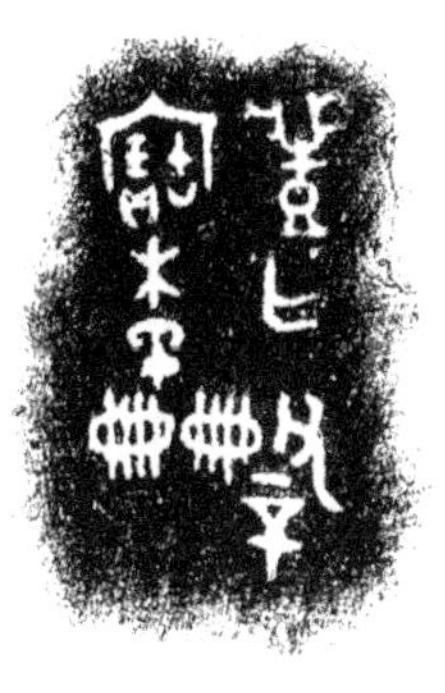

豐乍（作）父辛寶，木羊册

09081

豐父辛爵

豐乍（作）父辛寶，木羊册

09082

𦳊大父辛爵

𦳊大乍（作）父辛寶尊彝

09083

友敎父癸爵

友(右)敎父癸

仙姒

09084

友敎父癸爵

又(右)敎父癸

父仙、姒

09085

美爵

美乍（作）厥祖
可公尊彝

09086

美爵

美乍（作）厥祖
可公尊彝

09087

子蔱父乙爵

子𨑻在𠭯，乍(作)文父乙彝

09088.1

子𨑻在𠭯，乍(作)文父乙彝

09088.2

穌父辛爵

穌乍（作）召

伯父辛

寶尊彝

09089

者姛爵

亞𩰫，者（諸）姛以大

子尊彝

09090

索諆爵

索諆乍（作）有羔日辛𪔋彝

09091

婦闟爵

婦闟乍（作）文姑日癸尊彝，𦤎

09092.2

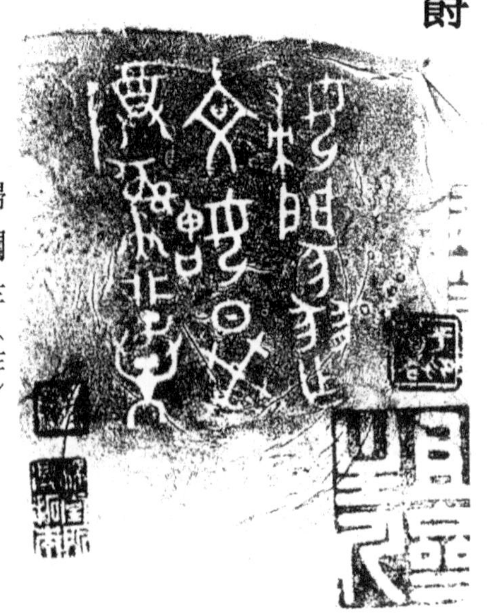

婦闟乍（作）文姑日癸尊彝，𦤎

09092.1

婦闆爵

婦闆乍（作）
文姑日癸
尊彝，㠱

09093.1

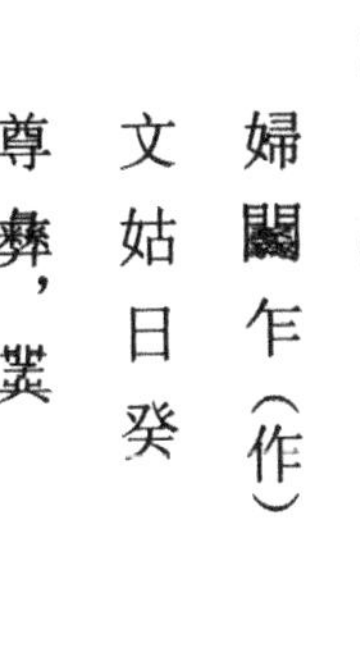

婦闆乍（作）
文姑日癸
尊彝，㠱

09093.2

望父甲爵

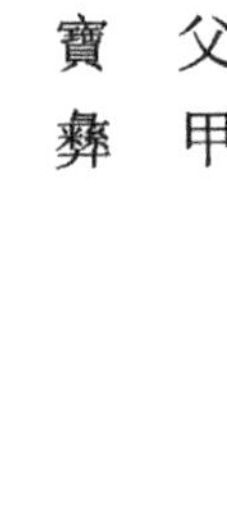

公賜望貝，用乍（作）
父甲
寶彝

09094.1

09094.2

呂仲僕爵

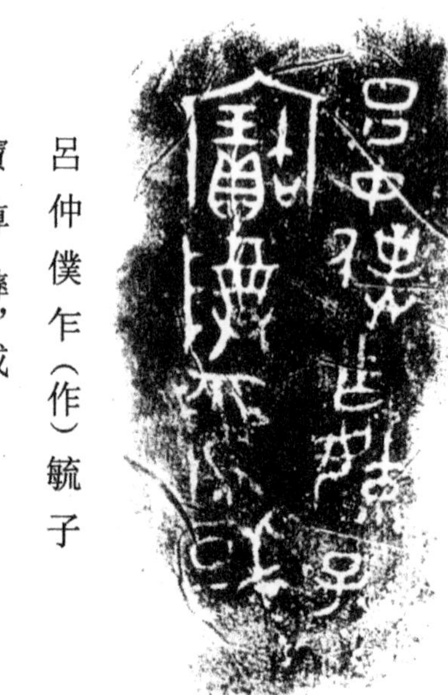

呂仲僕乍(作)毓子
寶尊彝，或

09095

盟□龠叀爵

舟龠(角)煇乍(作)厥
祖乙寶宗彝

09097

魯侯爵

魯侯乍(作)爵，鬯
用尊臬(縮)盟

09096

婤ㄋ爵

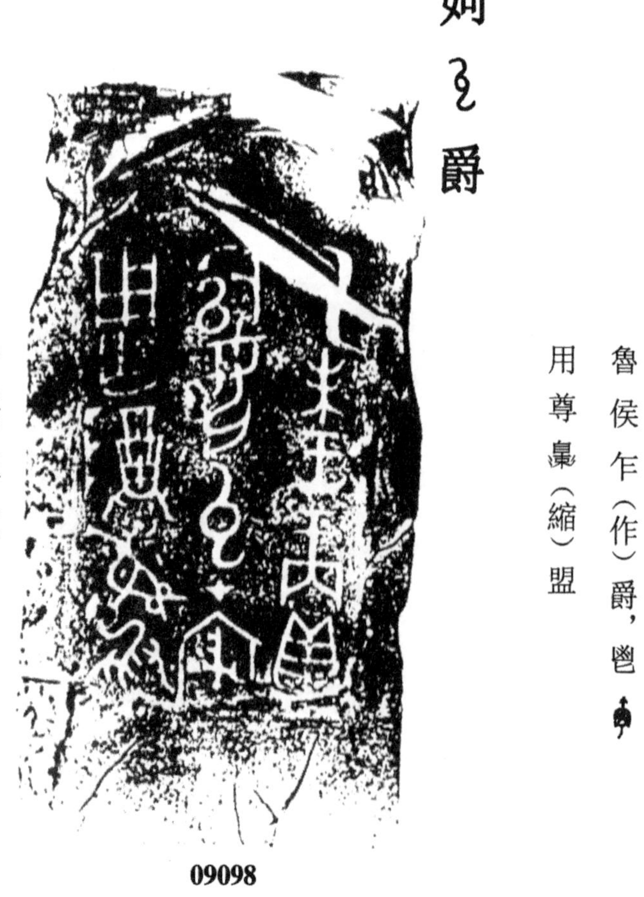

乙未，王賞
婤瓦在寢，
用乍(作)尊彝

09098

征作父辛角

丁未，兓商（賞）征貝，用乍（作）父辛彝，亞疑

09099

𣪘作父癸角

甲寅，子賜𣪘（𡎸）貝，用乍（作）父癸尊彝

09100

寑魚爵

辛卯，王賜寑魚貝，用乍（作）父丁彝，亞魚

09101

葡亞作父癸角

丙申，王賜葡亞䛒（唬）奚貝，在櫜，用乍（作）父癸彝

09102.1

丙申，王賜葡亞䛒（唬）奚貝，在櫜，用乍（作）父癸彝

09102.2

御正良爵

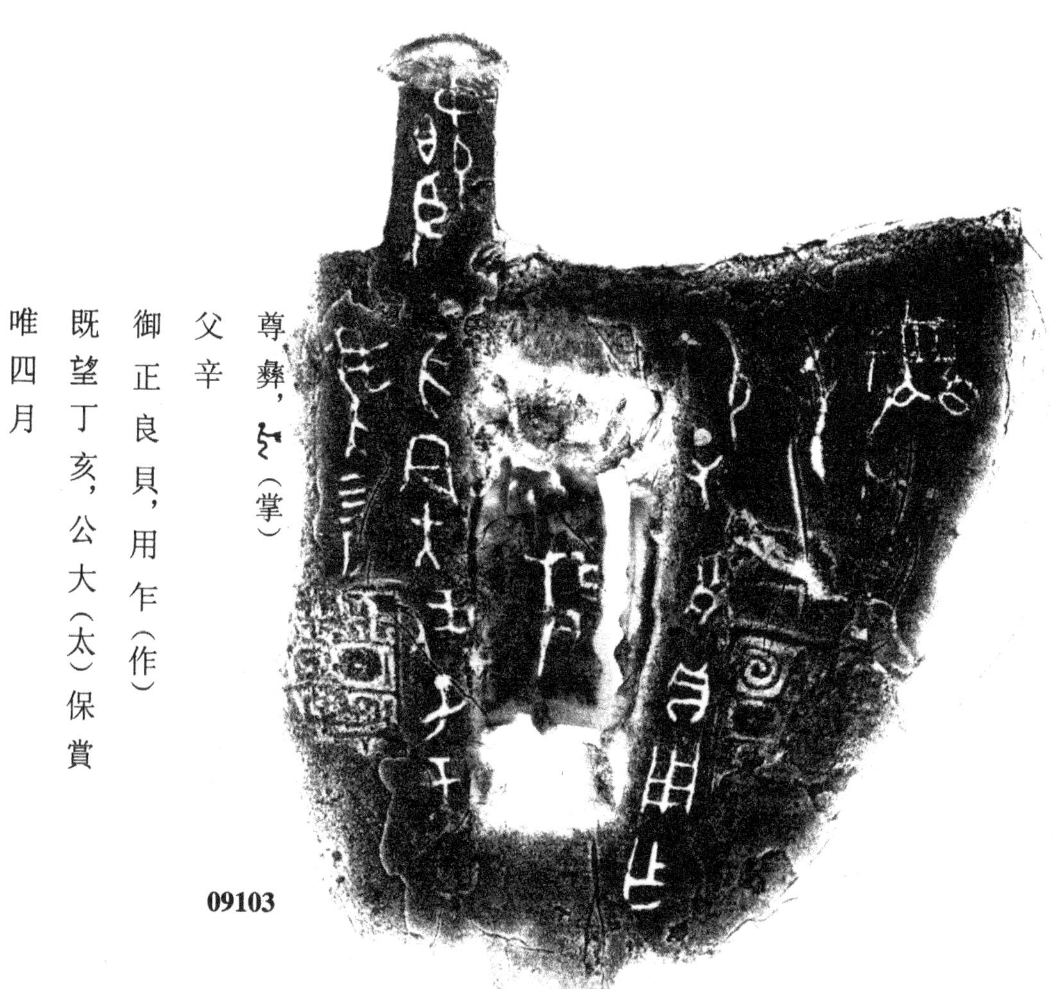

尊彝，□（掌）
父辛
御正良貝，用乍（作）
既望丁亥，公大（太）保賞
唯四月

09103

盂爵

唯王初奉（祓）于
成周，王令盂
寧登（鄧）伯，賓（儐）
貝，用乍（作）父寶尊彝

09104

宰椃角

庚申，王在𨶮（闌、管），王各，宰椃从，賜貝五朋，用乍（作）父丁尊彝，在六月，唯王廿祀，翌又五，𢻫（庚）册

09105.1

09105.2

斝

髭

09106

斝

齒

09107

斝

元

09108

斝

侁

09109

匕斝

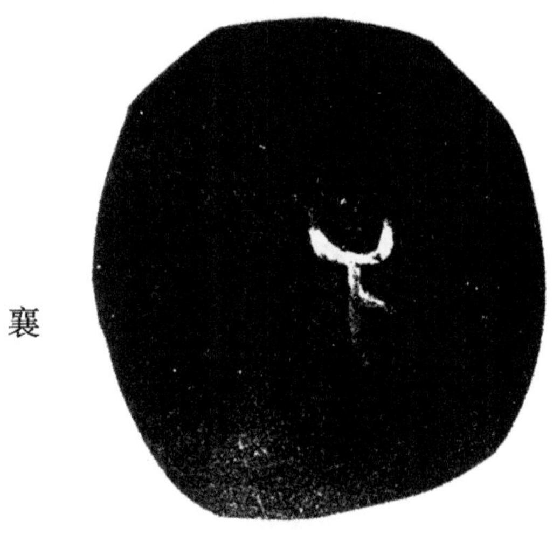

襄

09110

兒斝

兒

09111

丮斝

丮

09112

奚斝

奚

09113

匽斝

匽

09114

何斝

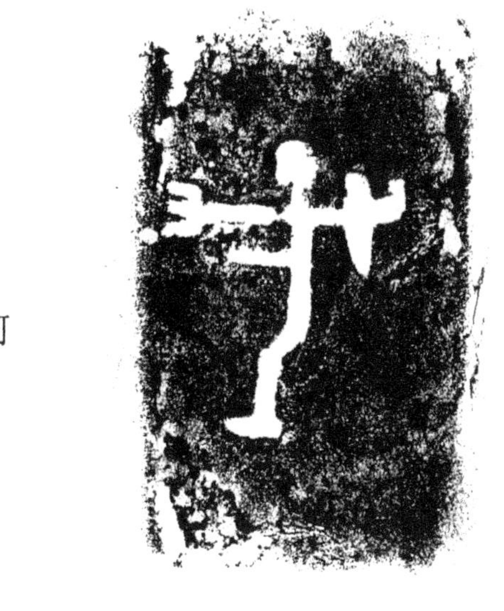

何

09116

匽斝

匽

09115

何斝

何

09117

斝

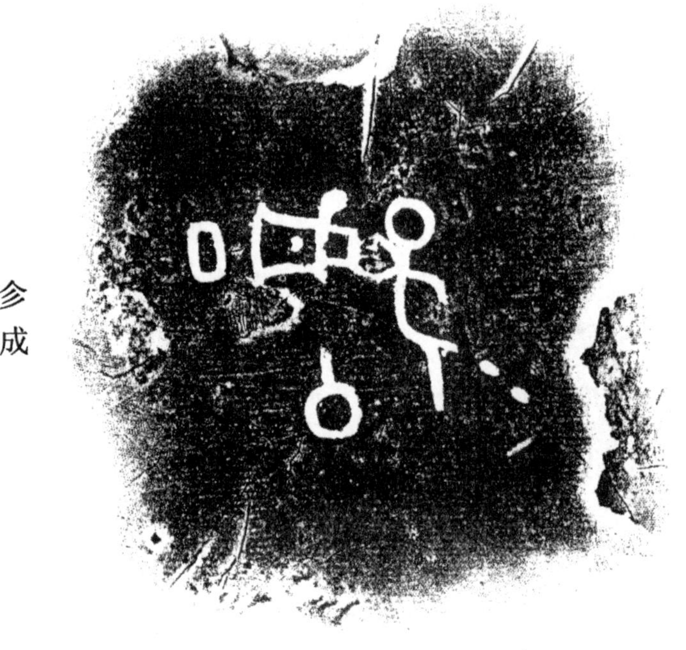

参成

09118

並斝

竝

09119

北斝

北

09120

臣斝

臣

09122

[illegible]斝

[illegible]

09121

[illegible]斝

曼

09123

聿斝

聿

09124

爰斝

爰

09126

史斝

史

09125

其斝

其

09127

興斝

興

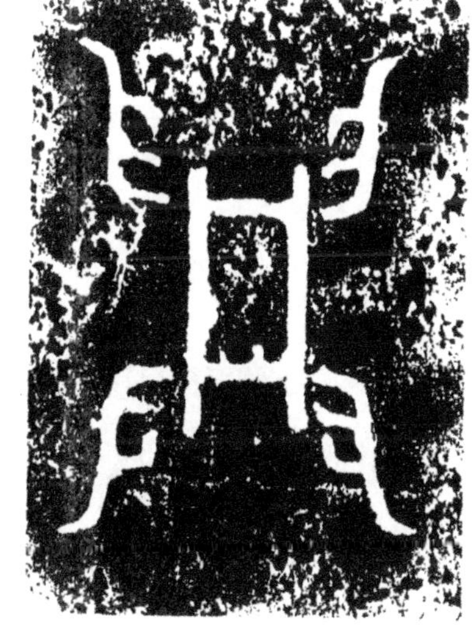

09129

興斝

興

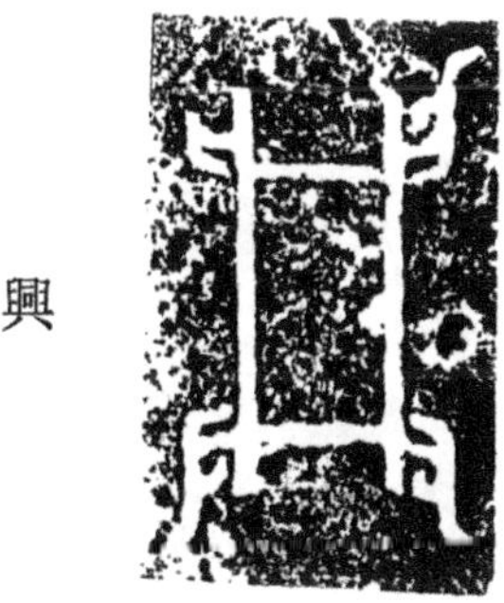

09128

斝

正

09130

⿱吅⿰止止斝

⿱吅⿰止止（圍）

09132

⿱口止斝

正

09131

徙斝

徙

09133

奄斝

奄

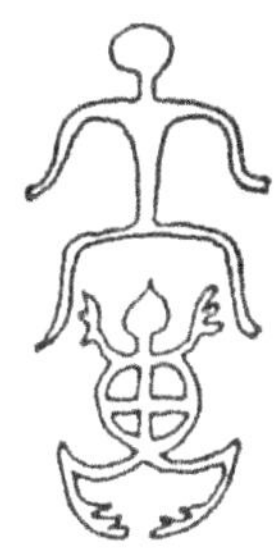

09134

雋斝

雋

09136

鳥斝

鳥

09135

[illegible]斝

[illegible]

09137

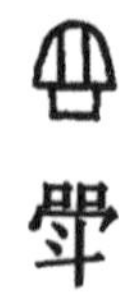

斝

09138

斝

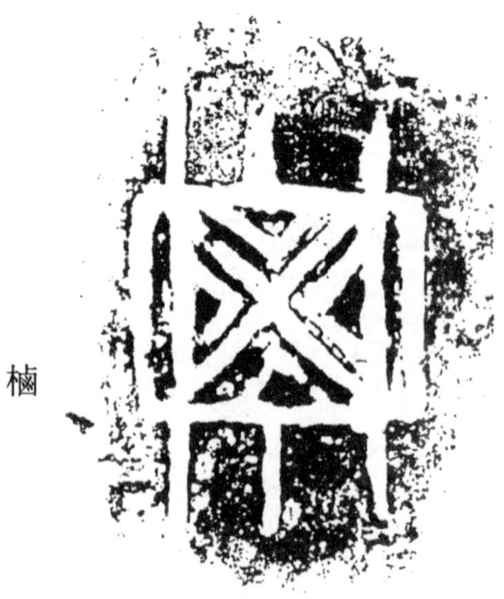

[illegible]

09139

戈斝

戈

09140

斝

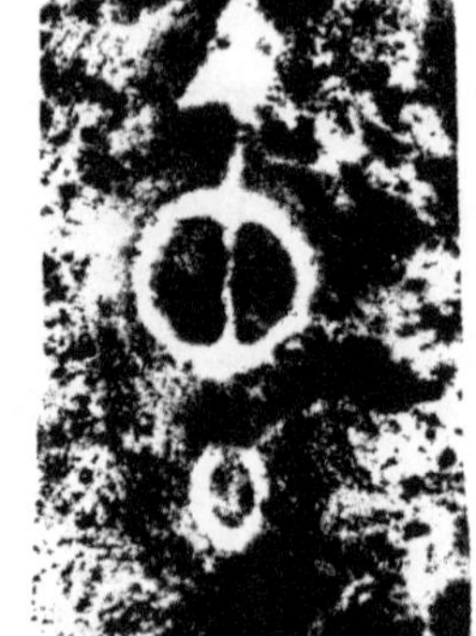

寅

09141

葡斝

葡

09142

□斝

亞斝

□（？）

09144

亞

09143

斝

09145

亯斝

亯

09146

冊方斝

冊

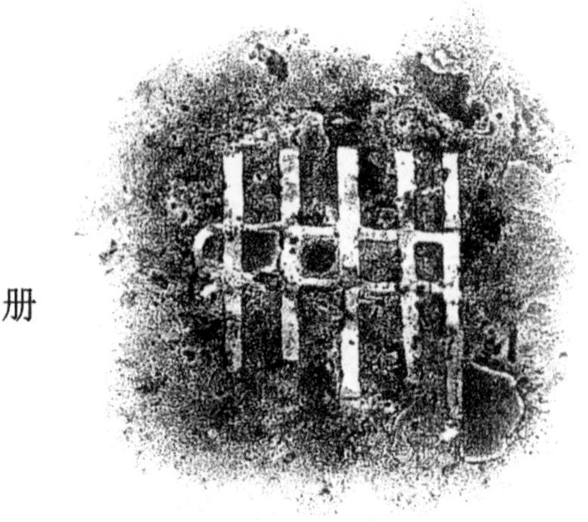

09147

⊗斝

串斝

◇斝

⺦斝

09150

09148

09151

09149

戊斝

戊

09152

戊斝

戊

09153

癸斝

癸

09154

冉斝

冉

09155

亞吴斝

亞疑

09156

亞吴斝

亞疑

09157

亞吴斝

亞疑

09158

亞醜斝

亞醜（召）

09159

亞酉斝

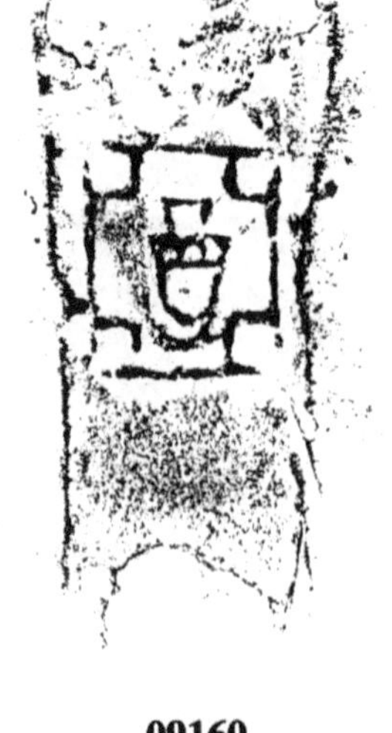

亞酉

09160

亞㱿斝

亞㱿

09161

亞□斝

亞舀

09162

亞獏斝

亞獏

09164

亞其斝

亞其（箕）

09163

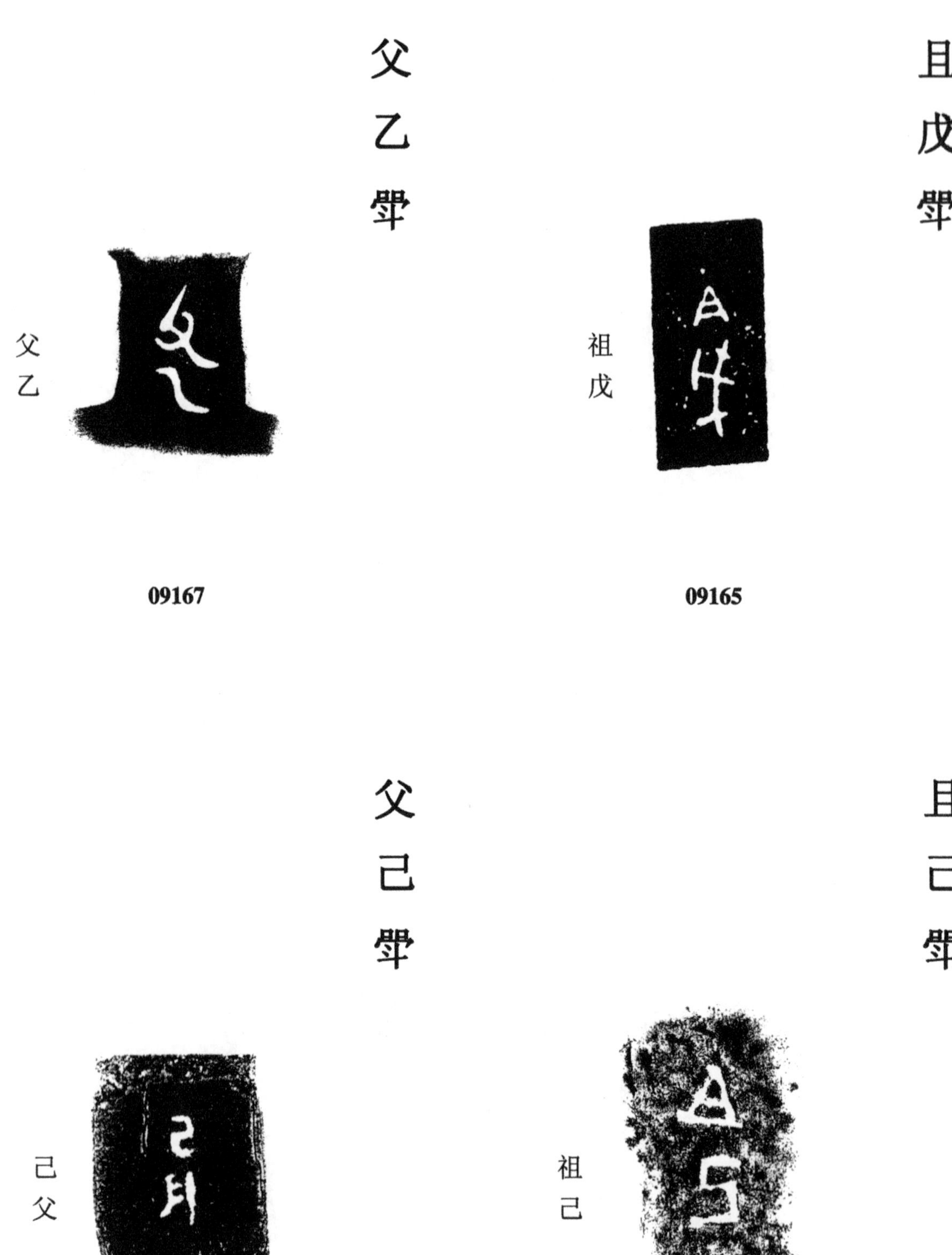

且戊斝

祖戊

09165

父乙斝

父乙

09167

且己斝

祖己

09166

父己斝

己父

09168

父庚斝

父庚

09169

父辛斝

父癸斝

父癸

09171

父辛

09170

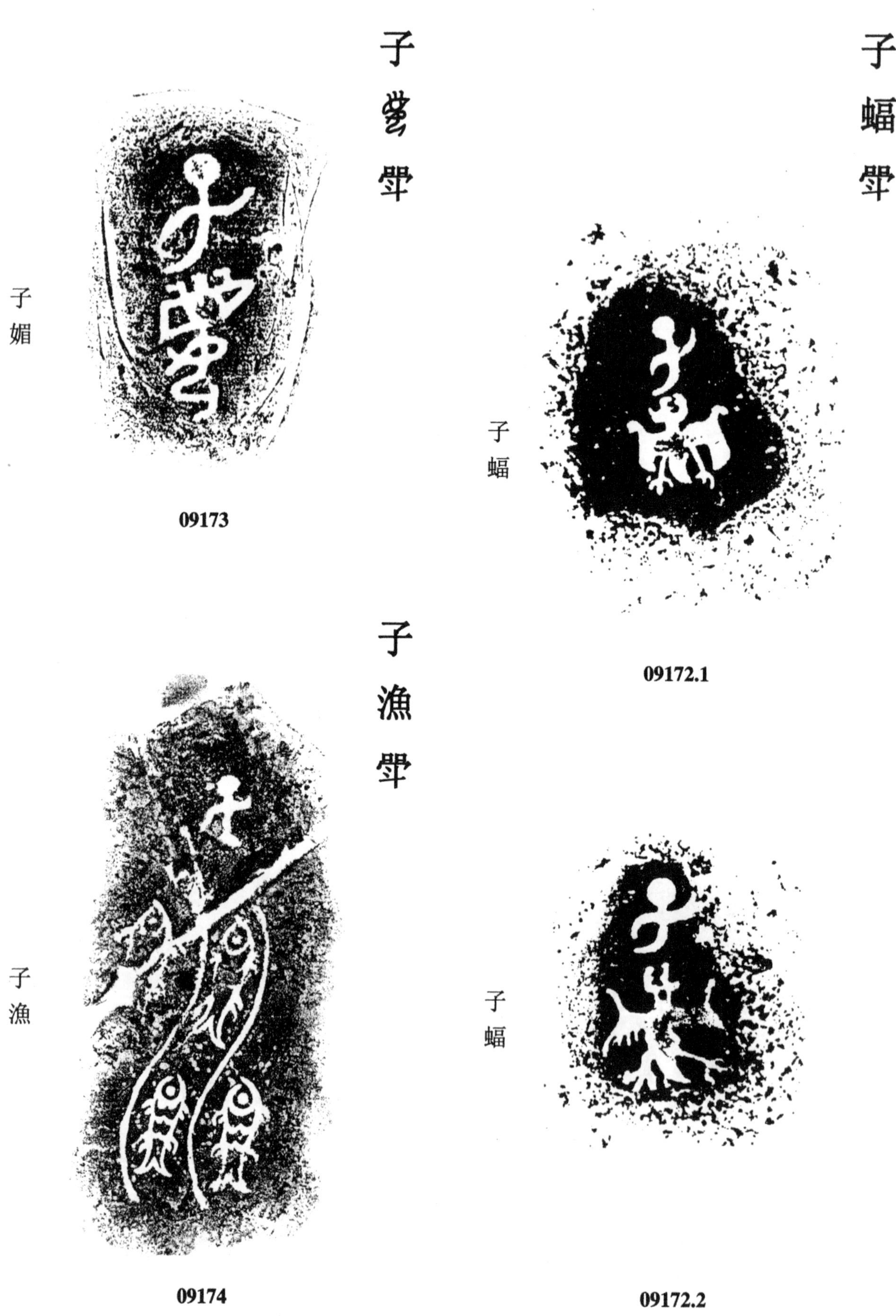

子蝠斝

子
蝠

09172.1

子
蝠

09172.2

子媚斝

子
媚

09173

子漁斝

子
漁

09174

冀几斝

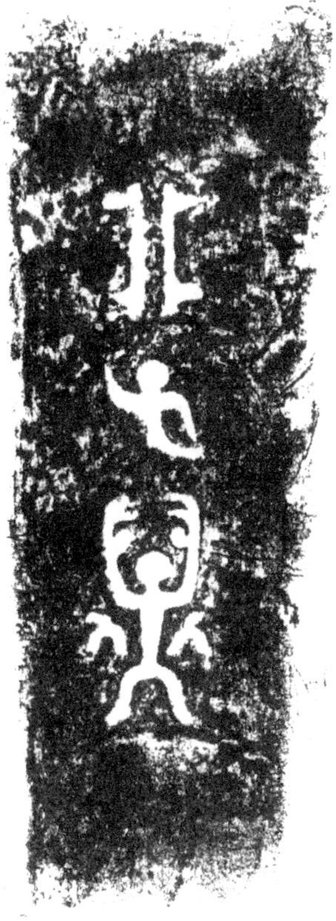

冀几（尺）

09175

女亞斝

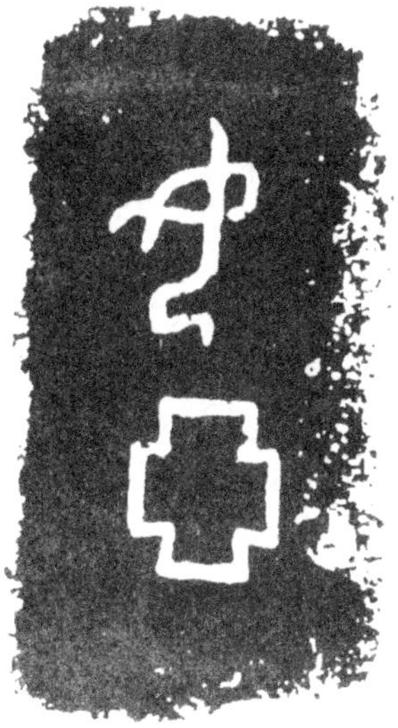

女（母）亞

09177

冀䖒斝

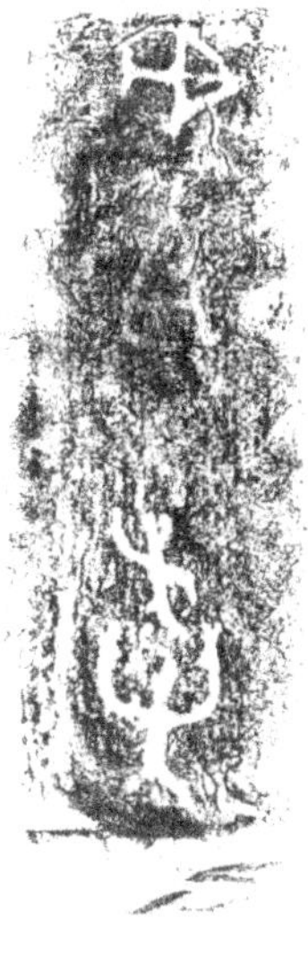

䖒（摣）冀

09176

婦好斝

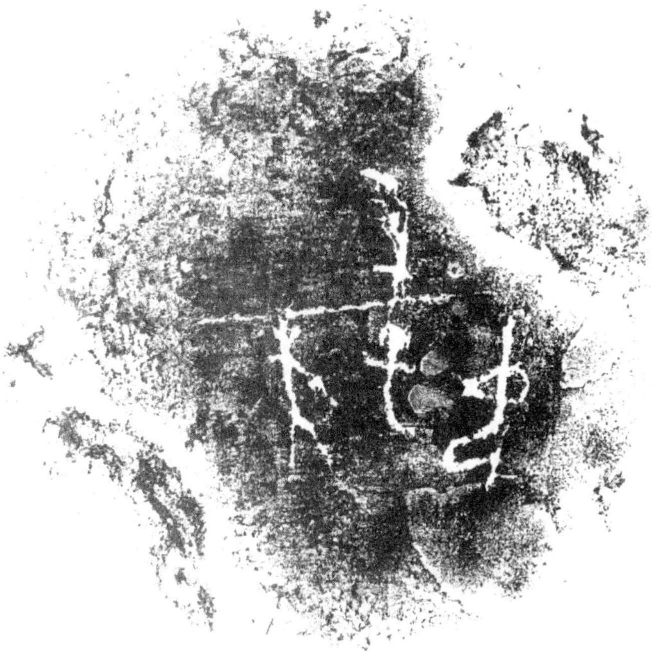

婦好

09178

婦好斝

婦好

09179

09181

婦好斝

09180

酉乙斝

酉

09182

酉乙斝

酉

09183

酉乙斝

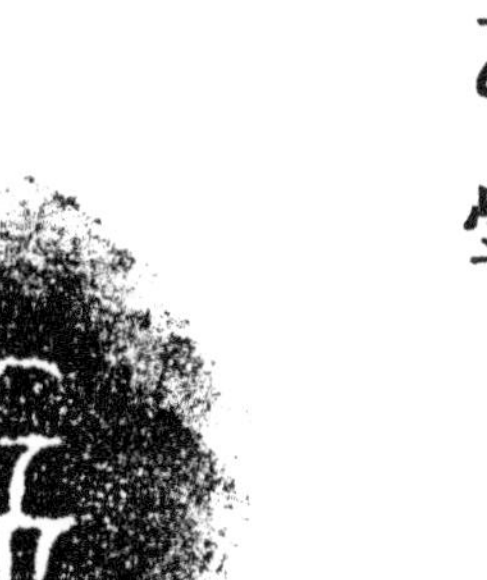

酉

09184.1

酉

09184.2

[illegible]乙

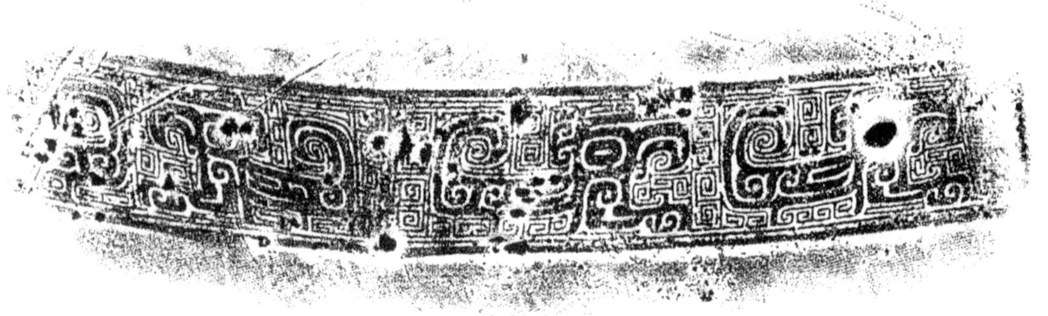

09185

乙魚斝

乙魚

09186

庚戈斝

庚戈

09187

辛冉斝

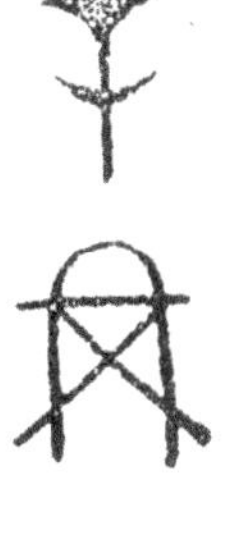

辛冉

09188

[archaic glyph][archaic glyph]斝

[archaic glyph]（冂丶）叀（柄）

09189

[archaic glyph]田斝

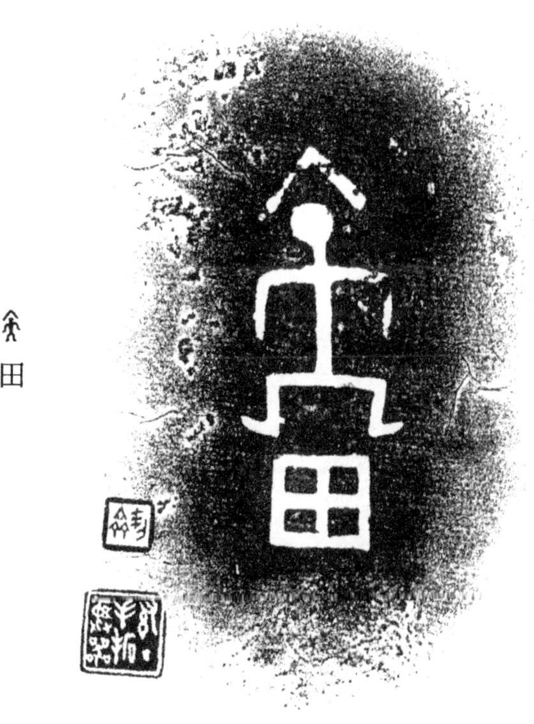

[archaic glyph]田

09190

目辛（掃）

09191

唯（掃）

09192

弔龜斝

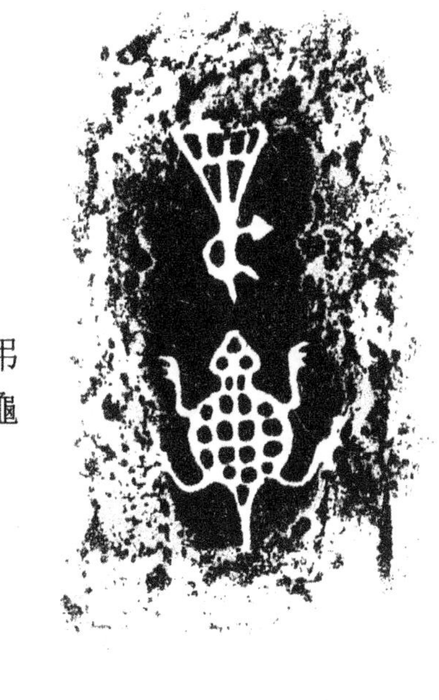

弔
龜

09193

鄉宁斝

鄉
宁

09195

丁冉侁斝

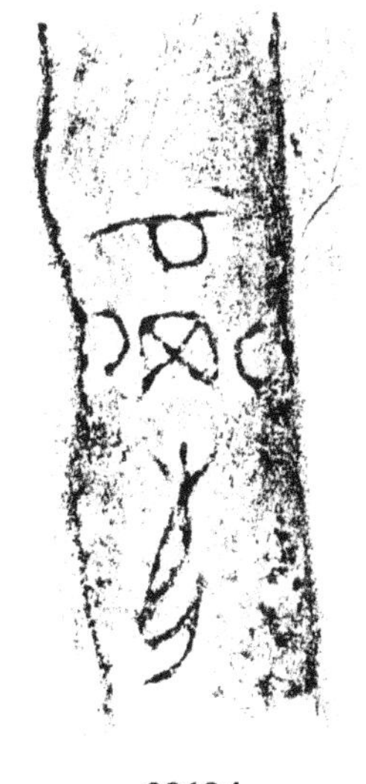

丁
冉
侁

09194

買車斝

買
車

09196

車□斝

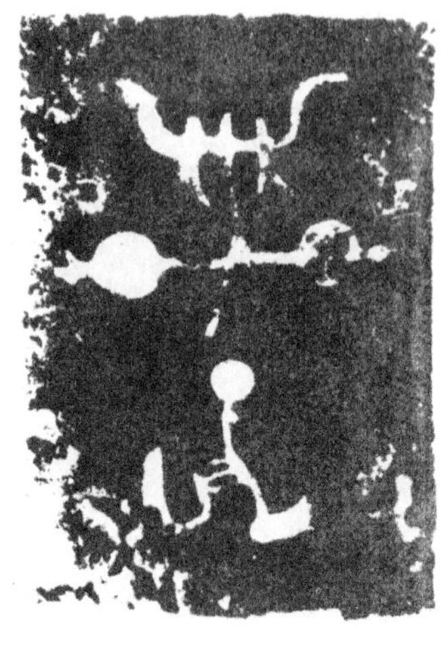

車⿰丬刂

09197

⿸广冓冊斝

⿸广冓（庚）冊

09198

⿱䀠豕冊斝

⿱䀠豕（貜）冊

09199

西單斝

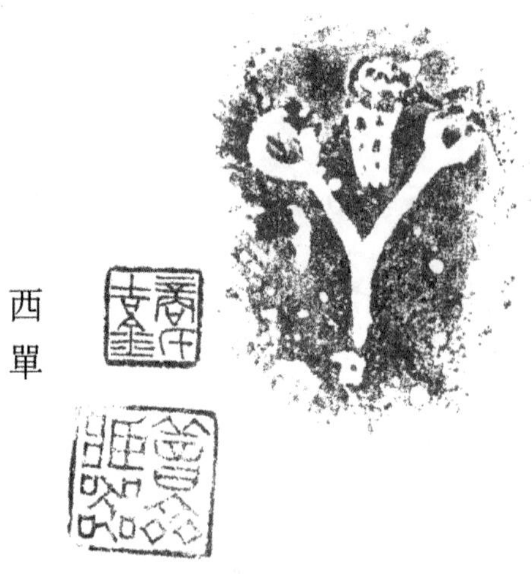

西單

09200

爻且丁斝

爻祖丁

09201

襄且己斝

襄祖己

09203

[鼎丮]且丁斝

鼎丮祖丁

09202

豖父甲斝

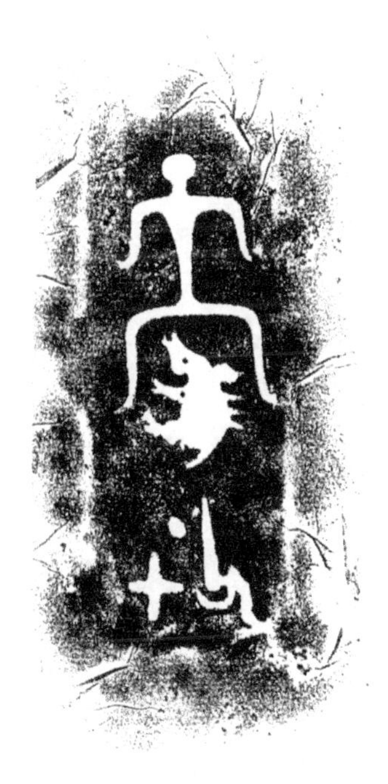

豖(猏)父甲

09204

田父甲斝

田父甲

09205.1

*父乙斝

*父乙

09206

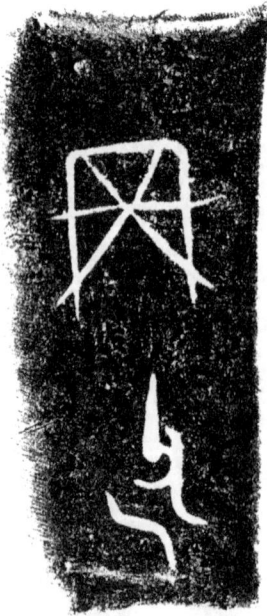

田父甲

09205.2

冉父乙斝

冉父乙

09207

冉父乙斝

冉父乙

09208

黿父乙斝

黿父乙

09209

山父乙斝

山父乙

09210

單父丁斝

單父丁

09212

作父乙斝

乍（作）父乙

09211

聿父戊斝

聿父戊

09213

保父己斝

保父己

09214

冉父辛斝

冉父辛

09216

冉父己斝

冉父己

09215

冉父辛斝

冉父辛

09217

輂父辛斝

輂（犇）父辛

09218

冀父癸斝

冀父癸

09219

畀父癸斝

畀父癸

09220

冎父□斝

冎父□

09221

司甹母斝

司娉

09223

司甹母斝

司娉

09222

子東泉斝

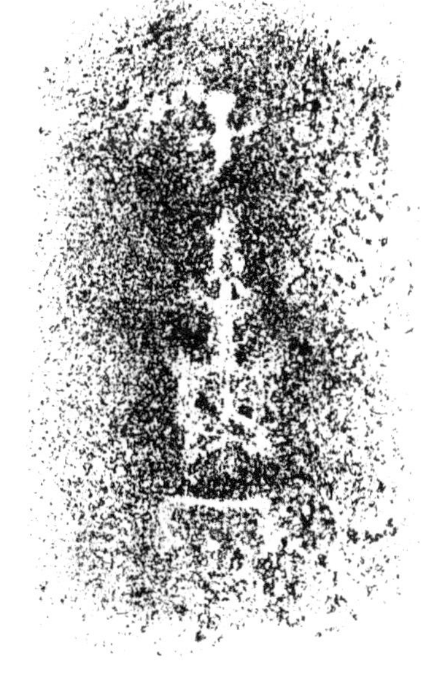

子東泉

09224

亞豈衎斝

亞豈（逗、趄）衎（延）

09225

⿰言臣　　斝

⿰臣言其雞

09226

匕田斝

妣田干

09227

亞弜父丁斝

亞弜父丁

09228

矢宁父丁斝

𥎦父丁

09229

作父戊斝

丩冊乍（作）父戊

09231

西單父丁斝

西單父丁

09230

山ㄩ父辛斝

山口父辛

09232

何父癸斝

何父癸⿸疒睪

09233

史䀠作彝斝

史(史)䀠乍(作)彝

09235

亞次馬豙斝

亞次馬豙(⿰豸肙)

09234

⿱癶廾作尊彝斝

登乍(作)尊彝

09236

光作從彝斝

光乍(作)從彝

09237

辛亞鳥□斝

辛亞離秆

09238

冓斝

冓乍(作)寶尊彝

09239

戈卬父丁斝

戈卬(邢、併)乍(作)父丁彝

09240

宁狽父丁斝

宁狽乍(作)父丁彝

09242

劦関父丁斝

劦闢乍(作)父丁彝

09241

黽作婦姑斝

乍(作)婦姑尊彝，黽

09243

□作康公斝

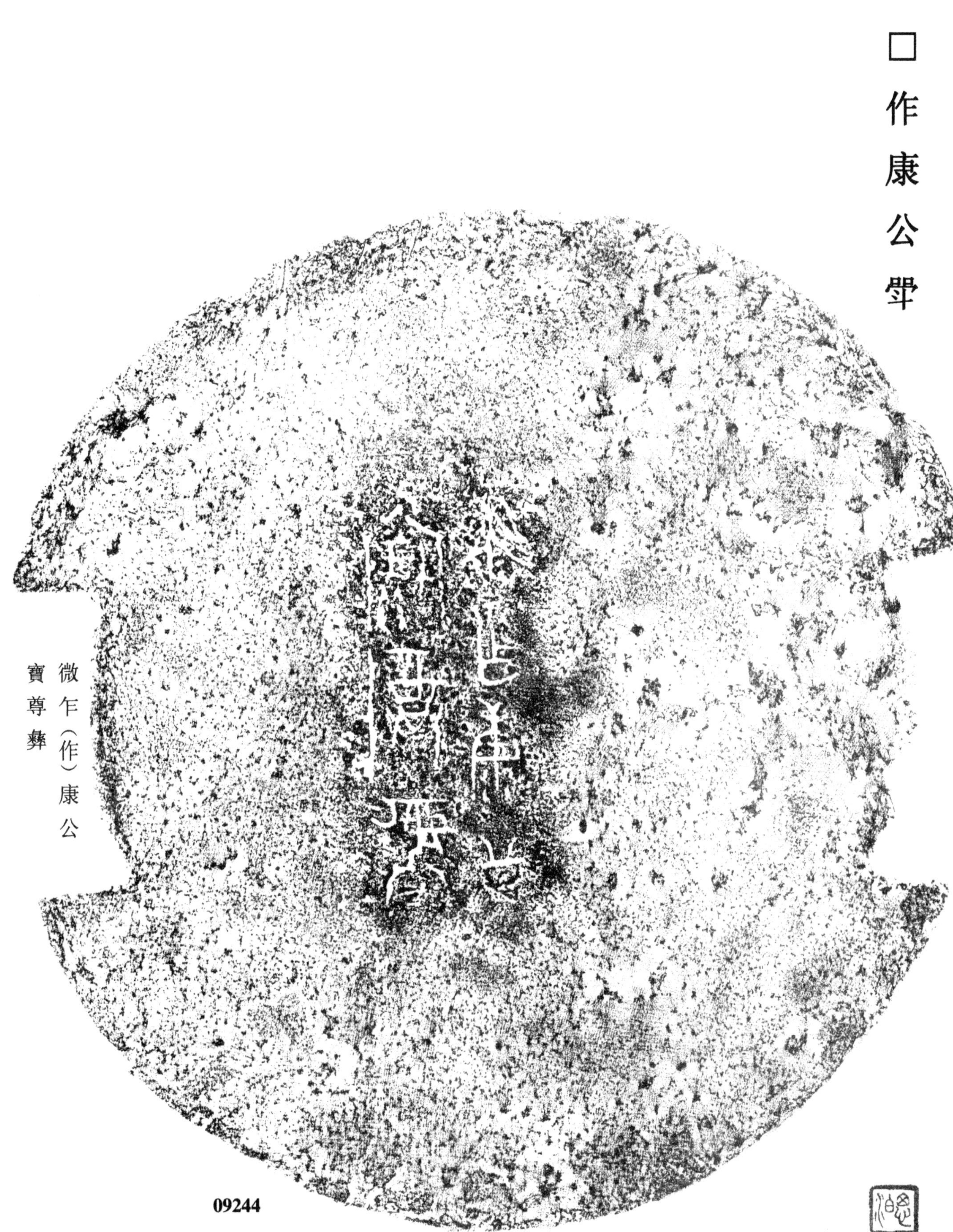

微乍（作）康公寶尊彝

09244

亞㠱吴母癸斝

㠱亞疑，亳乍（作）母癸

09245

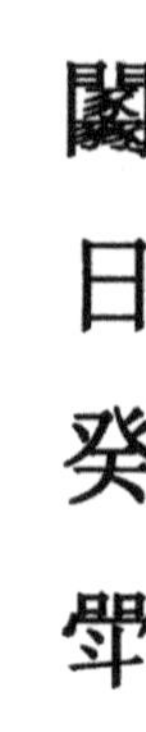

婦闟日癸斝

婦闟乍（作）文姑日癸尊彝，㠱

09246

婦闟日癸斝

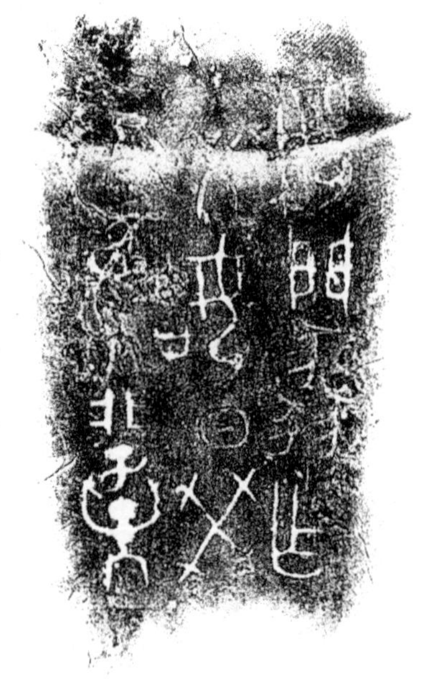

婦闟乍（作）文姑日癸尊彝，㠱

09247

折斝

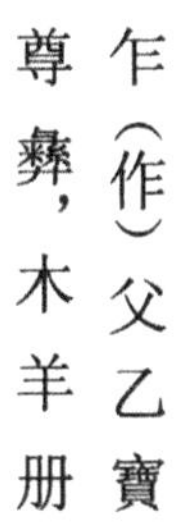

乍(作)父乙寶尊彝，木羊册

09248.1

乍(作)父乙寶尊彝，木羊册

09248.2

小臣邑斝

癸巳，王賜小臣邑貝十朋，用乍(作)母癸尊彝，唯王六祀，肜日，在四月，亞疑

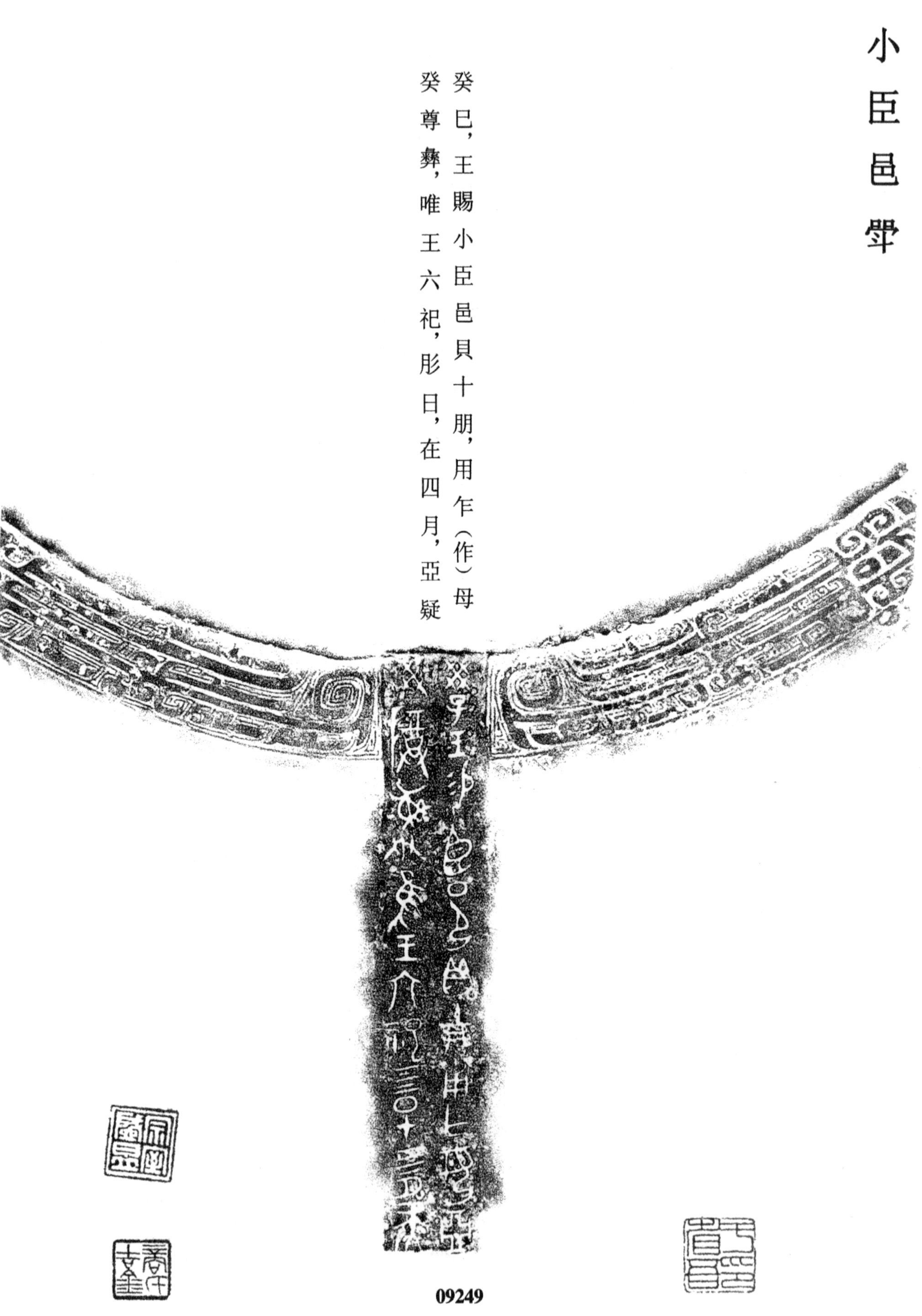

09249

觥

[illegible]

09250

婦觥

09251.1

婦

09251.2

觥

丏甫

09252.1

丏甫

09252.2

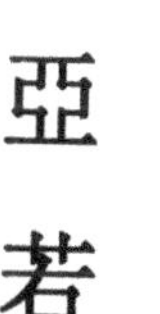

觥蓋

亞若

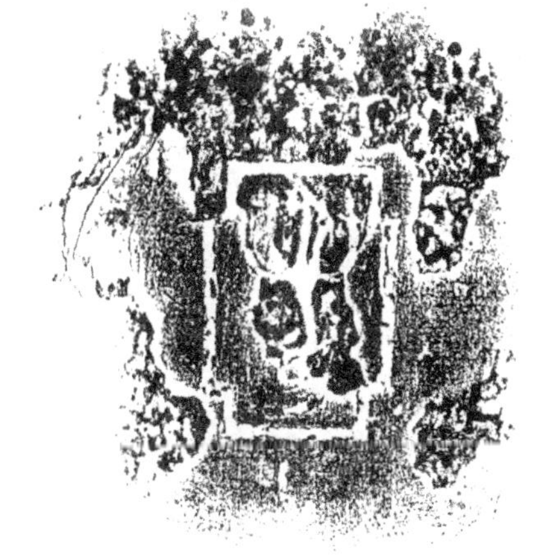

09253

雨觥

雨

09254

貯觥

[宀心]（[忄宁]）

09256

冉蛙觥

冉
蛙

09255

告田觥

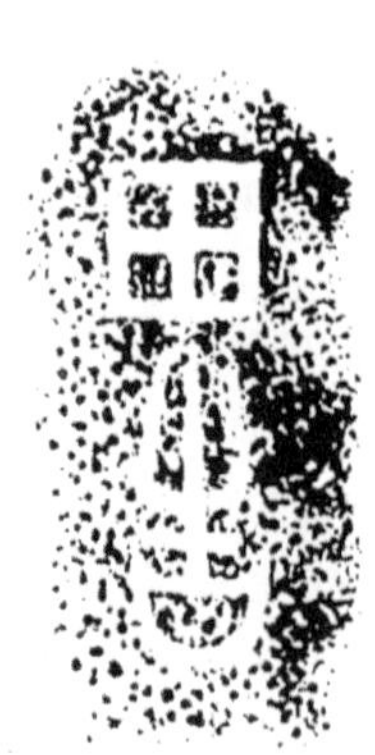

田告，
告田

09257.1 09257.2

宁矢觚

矢宁

09258

旅觚

09259.1

幸，幸旅

09259.2

婦好觚

婦好

09260

婦好觚

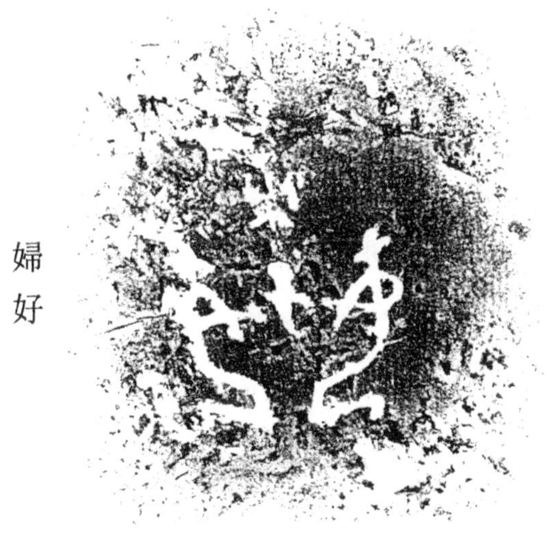

婦好

09261

觚

享

09262.1

享

09262.2

丙己觚

丙己

09263.1

丙己

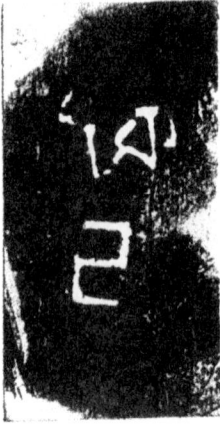

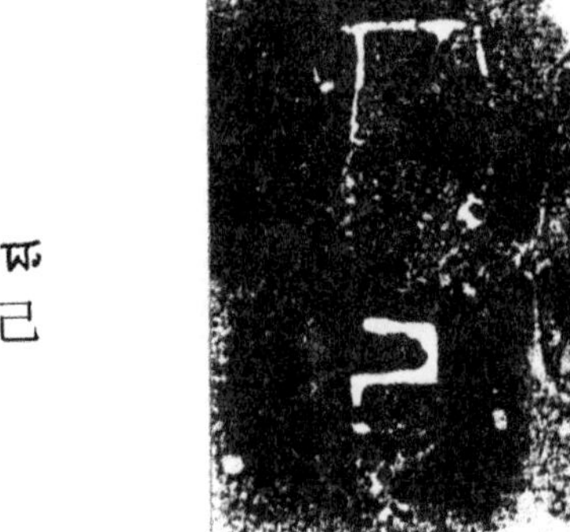

09263.2

庚[illegible]觚蓋

09264

癸萬觚

癸萬

09265

羊父甲觚

羊父甲

09266.1

09266.2

黿父乙觥

黿父乙

09267.1

𡗜父乙觥

𡗜父乙

09268.1

黿父乙

09267.2

𡗜父乙

09268.2

冀父乙觚

父乙冀

09269.1

父乙冀

09269.2

冀父乙觚

父乙冀

09270

山父乙觚

山父乙

09271

豖父乙觚

豖（豣）父乙

09272

光父乙觚

光父乙

09273

父丁𨻰觥

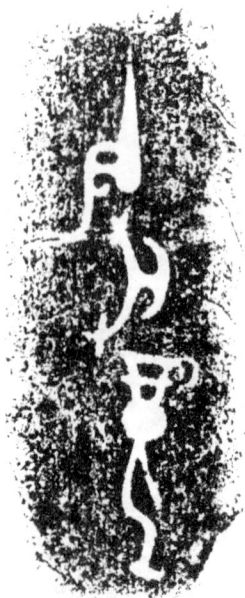

父丁尊

09274

天父丁觥

天父丁

09275

句父庚觥

句父庚

09277

竟父戊觥

父戊竟

09276.1

父戊竟

09276.2

戈父辛觥

戍父辛

09278

司母辛觥

司母辛

09280.1

龜父癸觥

龜父癸

09279

司母辛

09280.2

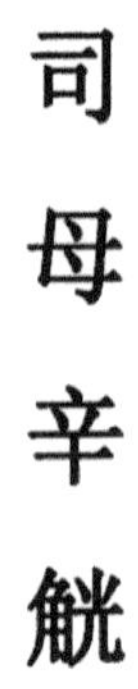

司母辛觥

司母辛

09281.1

司母辛

09281.2

王子耶觥

王子聽

09282

册劦冄觥

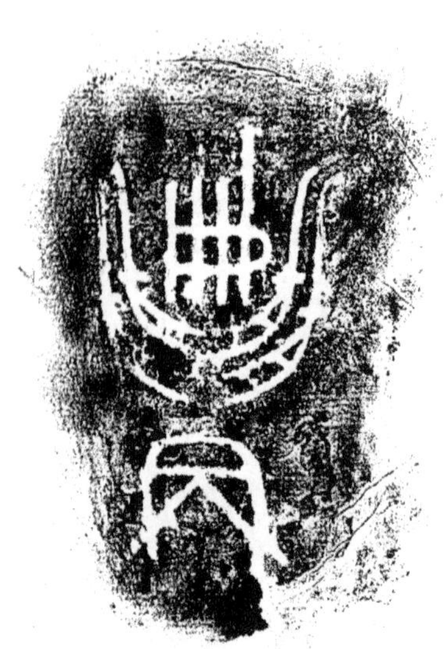

劦册冄

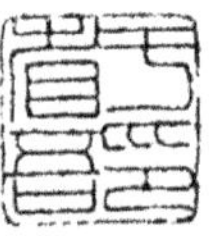

09283.1

劦册冄

09283.2

㠱文父丁觚

09284.1

09284.2

爵丏父癸觚

09285

㲋作寶彝觚

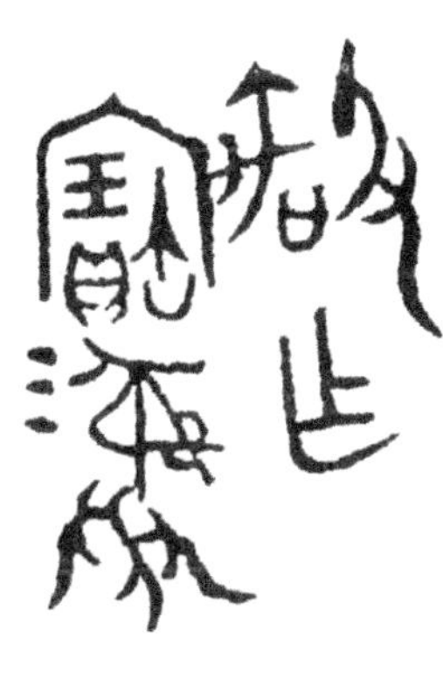

09286.1

09286.2

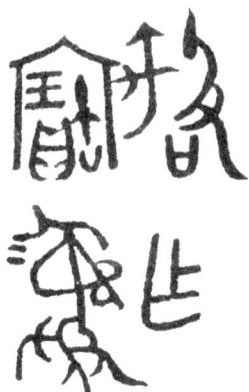

王之女叙觥

王㞢(䘡)母，叙

09287.1

王㞢(䘡)母，叙

09287.2

賁弘觥

賁(贐)引乍(作)尊彝

09288.1

賁(贐)引乍(作)尊彝

09288.2

亶父丁觥

亶乍(作)父丁寶彝

09289.1

亶乍(作)父丁寶彝

09289.2

父辛觥

冉父辛
寶尊彝

09290

作母戊觥蓋

乍(作)女(母)戊
寶尊彝

09291

匽父辛觥

匽（匽）乍（作）父辛

寶尊彝，幸

09292.1

匽（匽）乍（作）父辛

寶尊彝，幸

09292.2

旛觥

旛乍（作）父乙

寶尊彝，亞

09293. 1

旛乍（作）父乙

寶尊彝，亞

09293.2

者女觥

亞醜，者（諸）女（母）以大子尊彝

09294.1

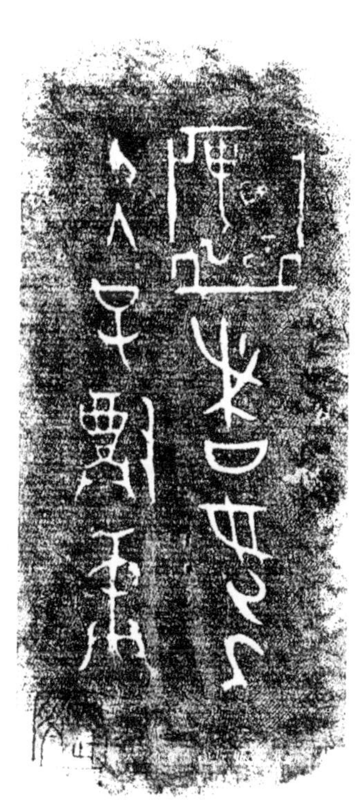

亞醜，者（諸）女（母）以大子尊彝

09294.2

者女觥

大子尊彝，
亞醜，者（諸）女（母）以

09295.1

亞醜，者（諸）姛以
大子尊彝

09295.2

戈宁册，遯（班）乍（作）父乙寶尊彝

09296.1

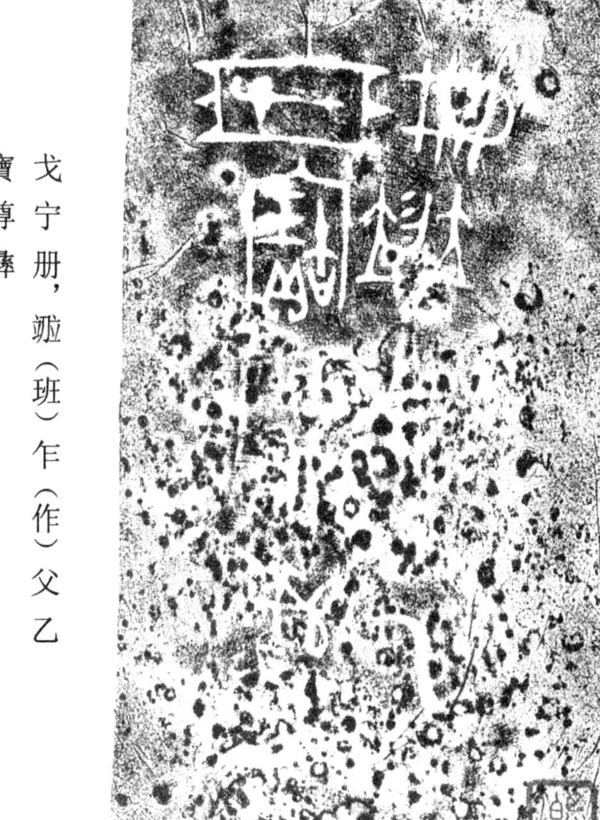

戈宁册，遯（班）乍（作）父乙寶尊彝

09296.2

守宫觥

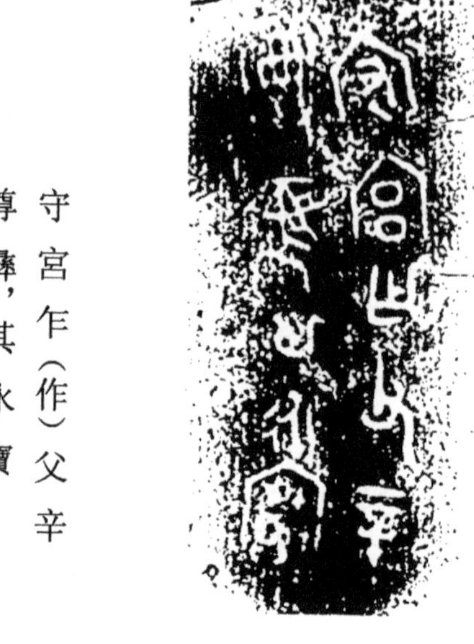

守宫乍（作）父辛尊彝，其永寶

09297.1

守宫乍（作）父辛尊彝，其永寶

09297.2

仲子觥

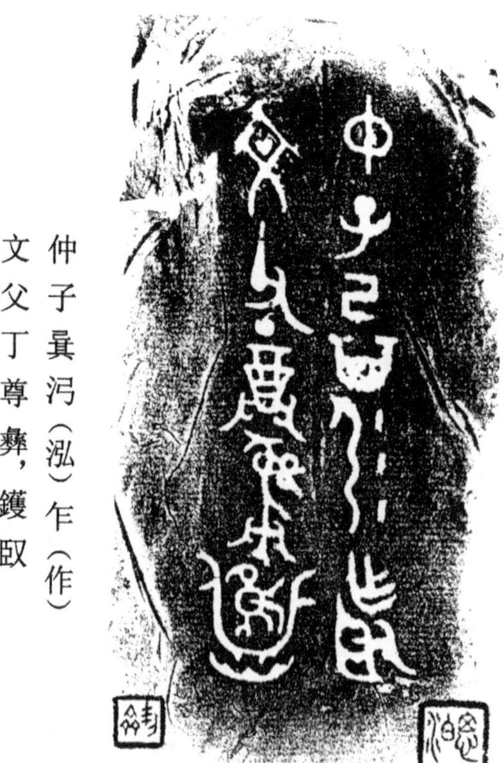

仲子曩汚（泓）乍（作）文父丁尊彝，鑊馭

09298.1

仲子曩汚（泓）乍（作）文父丁尊彝，鑊馭

09298.2

般觥

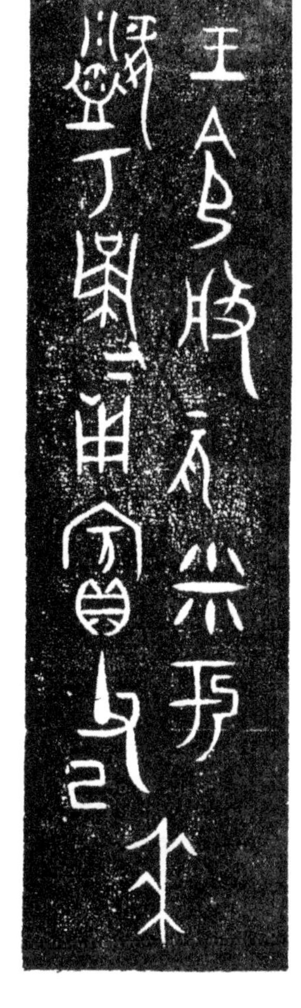

王令般兄（貺）米于

鈚（搵），丂鬲，鬲用賓父己，秝

09299

⿰土犬駿觥蓋

吳，㹠（獮）馭弟

史遡（饋）馬，弗

左，用乍（作）父

戊寶尊彝

09300

文嫊己觥

09301.1

菐丙寅，子賜囗貝，

用乍（作）文嫊己寶

彝，在十月又三，菐

09301.2

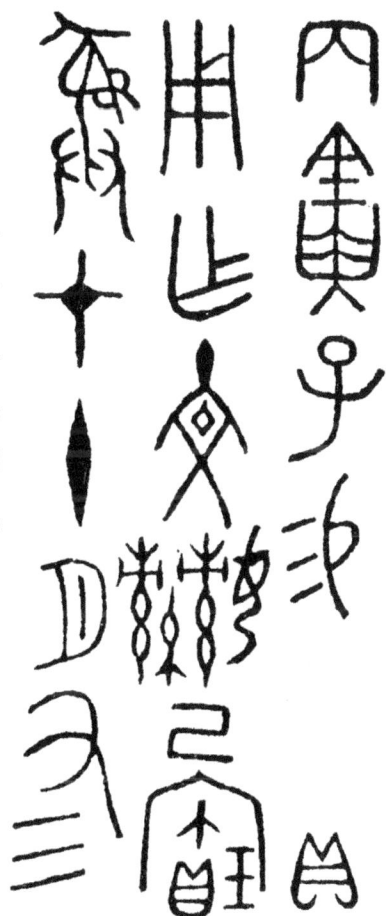

文考日己觥

乍(作)文考日己寶
尊宗彝，其子子孫孫
邁(萬)年，永寶用，天

09302.1

乍(作)文考日己寶
尊宗彝，其子子孫孫
邁(萬)年，永寶用，天

09302.2

作冊折觥

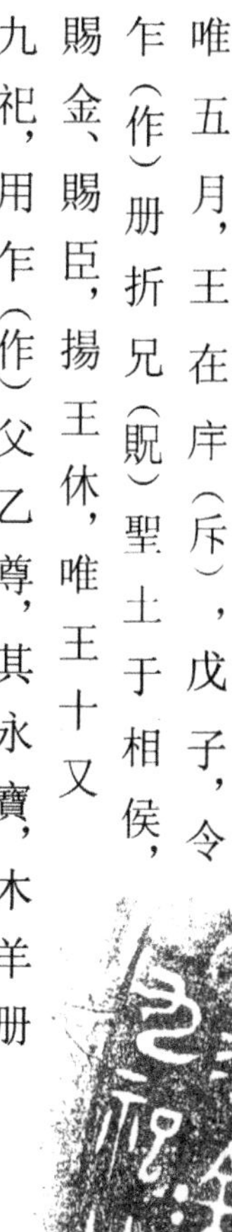

唯五月，王在庈（斥），戊子，令乍（作）冊折兄（貺）聖土于相侯，賜金、賜臣，揚王休，唯王十又九祀，用乍（作）父乙尊，其永寶，木羊冊

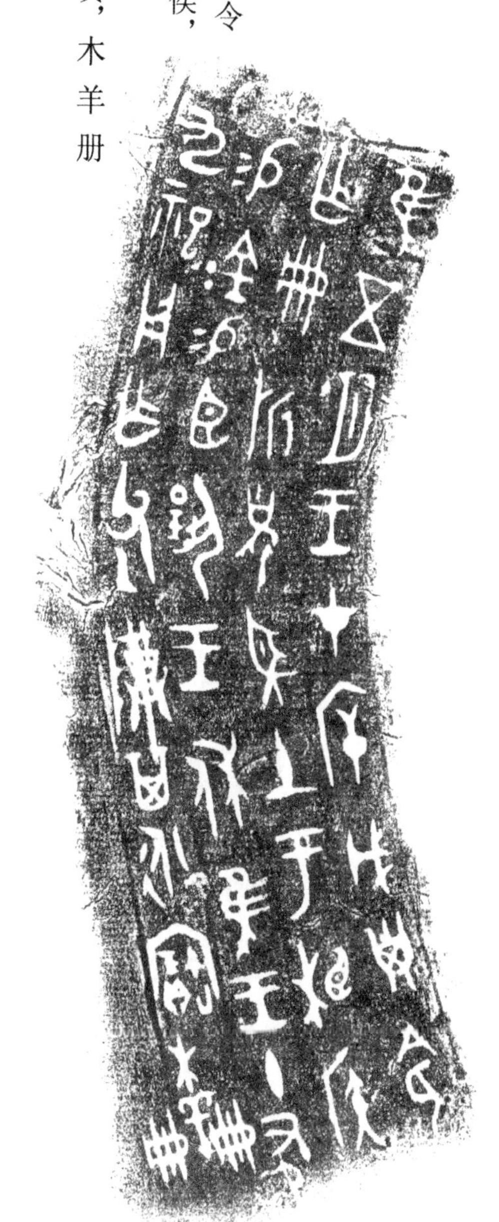

09303.1

唯五月，王在庈（斥），戊子，令乍（作）冊折兄（貺）聖土于相侯，賜金、賜臣，揚王休，唯王十又九祀，用乍（作）父乙尊，其永寶，木羊冊

09303.2

䇓盉

䇓

09304.1

䇓

09304.2

□盉

夅（䟫）

09305.1

夅（䟫）

09305.2

盉

侁

09306

盉

⿱宀巳（字）

09308

盉

⿰爿付（⿸疒付）

09307

盉

丏甫

09309

黿盉

魚盉

黿

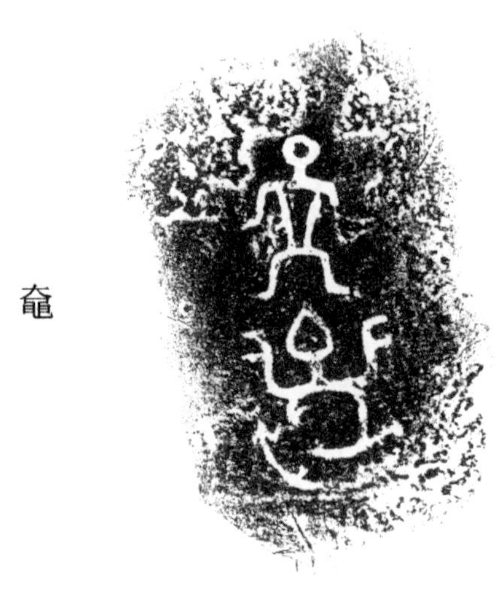

09310.1

魚

09311.1

黿

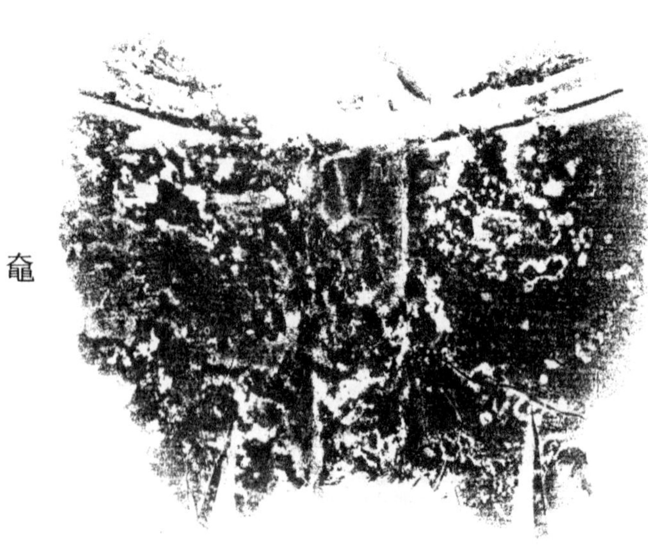

09310.2

魚

09311.2

盉

舀

09312.1

舀

09312.2

盉

矢

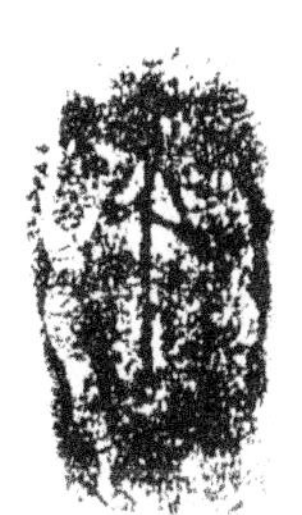

09313

盉

樐

09314.1

樐

09314.2

左盉

左

09315

右盉

又（右）

09317

中盉

中

09316

甲盉

甲

09318

盉

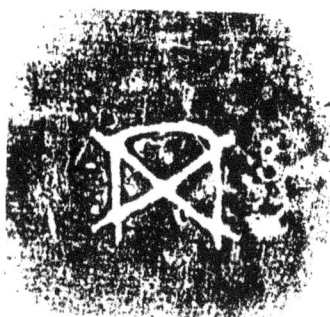

冉

09319

盉

冉

09320.1

冉

09320.2

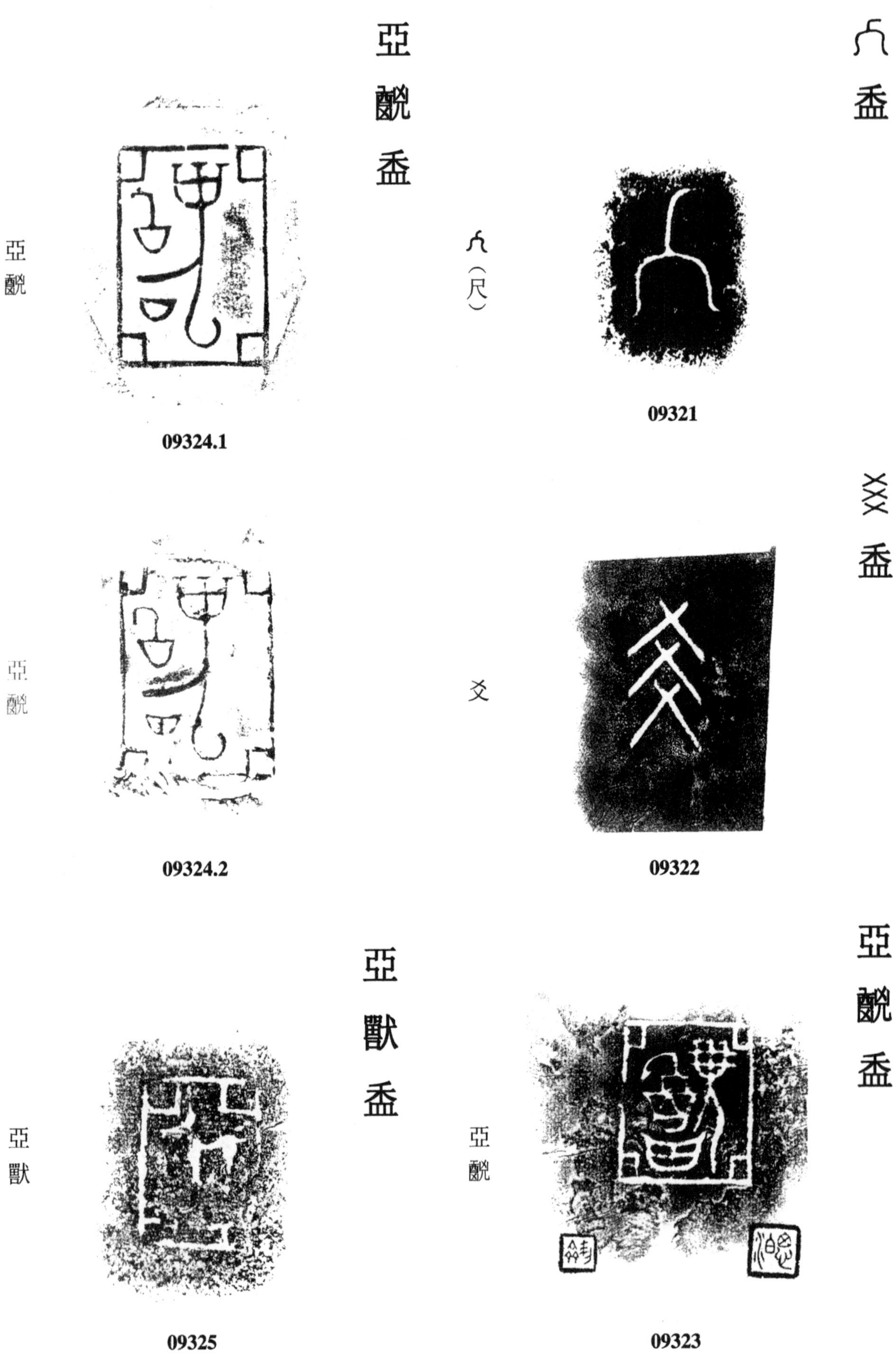

𠂆盉

𠂆（尺）

09321

爻盉

爻

09322

亞醜盉

亞醜

09323

亞醜盉

亞醜

09324.1

亞醜

09324.2

亞獸盉

亞獸

09325

亞豈盉

亞豈(逗、尌)

09326.1

亞豈(逗、尌)

09326.2

菐䖒盉

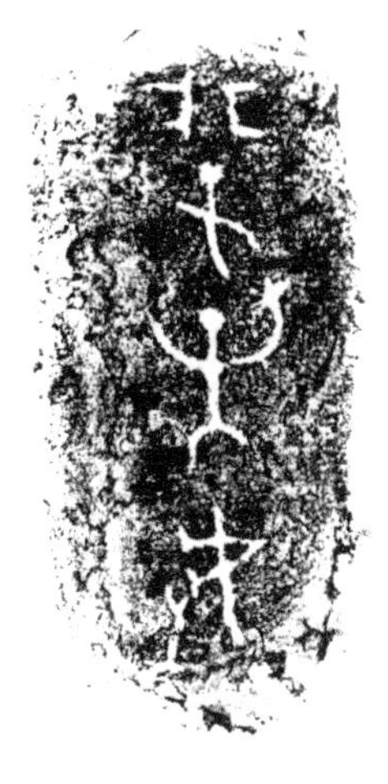

菐䖒

09327

單盉

09328

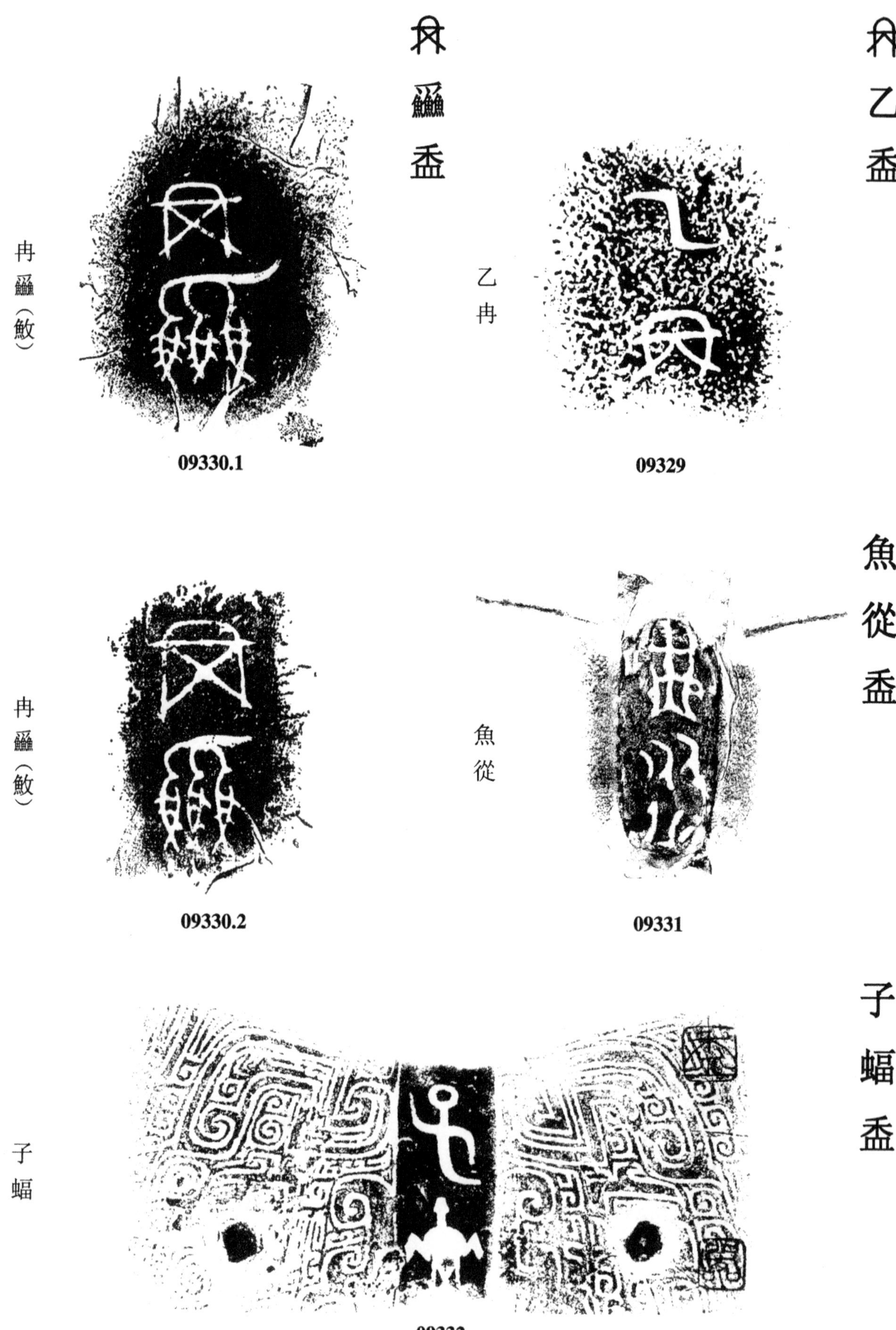

冉乙盉

乙冉

09329

冉鱻盉

冉鱻（鮻）

09330.1

冉鱻（鮻）

09330.2

魚從盉

魚從

09331

子蝠盉

子蝠

09332

婦好盉

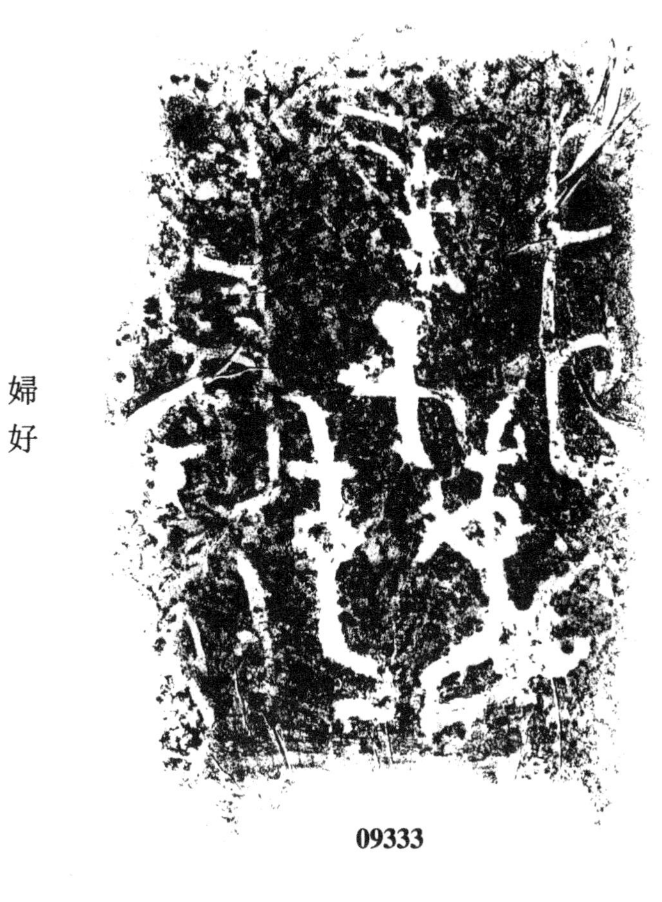

婦好

09333

婦好盉

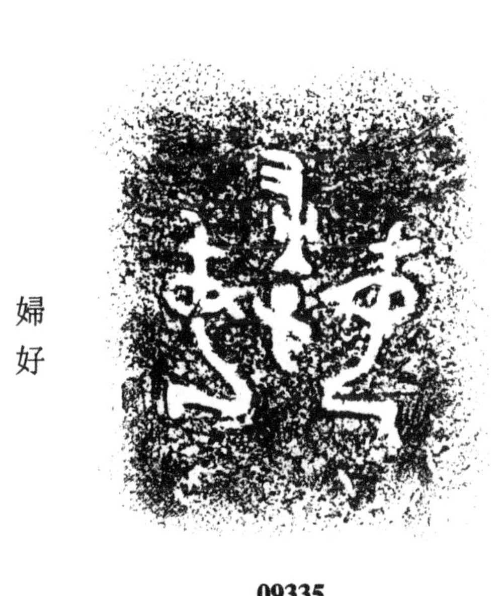

婦好

09335

婦好盉

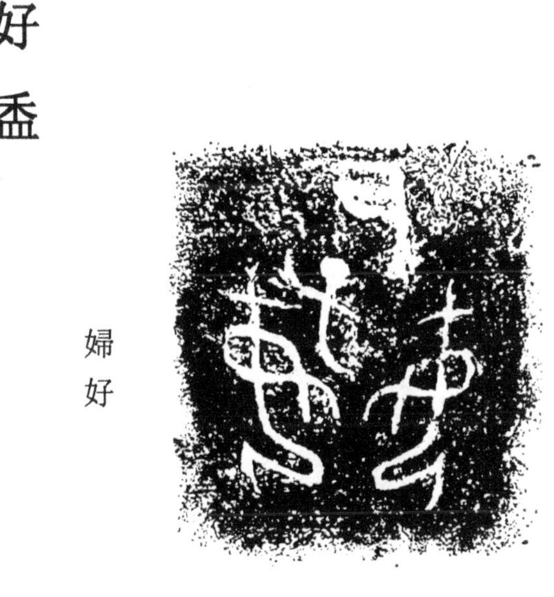

婦好

09334

作且辛盉

09336.1

乍(作)祖辛

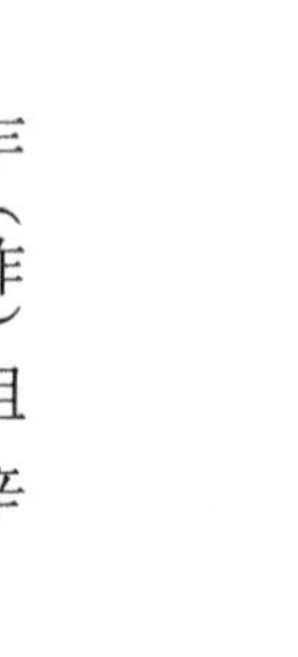

09336.2

乍(作)祖辛

子且辛盉

09337

子祖辛

子父乙盉

09338.1

子父乙

09338.2

子父乙

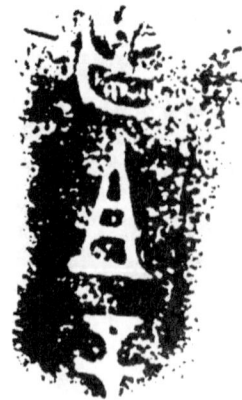

子父乙盉

子父乙

09339

子父乙盉

子父乙

09340.2

子父乙

09340.1

子父乙盉

子父乙

09341.1

黿父乙盉

黿父乙

09342.1

子父乙

09341.2

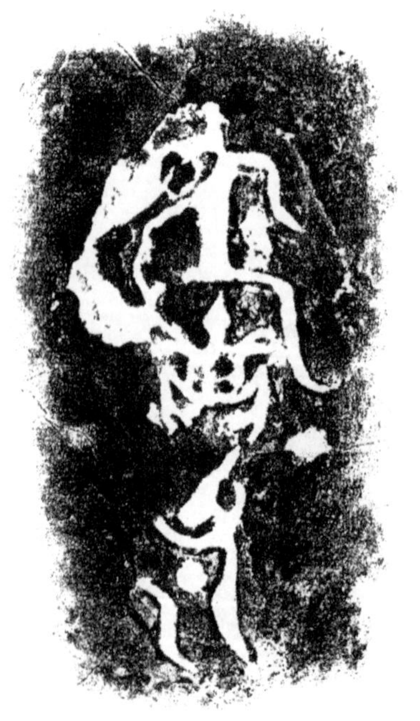

黿父乙

09342.2

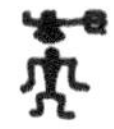父乙盉

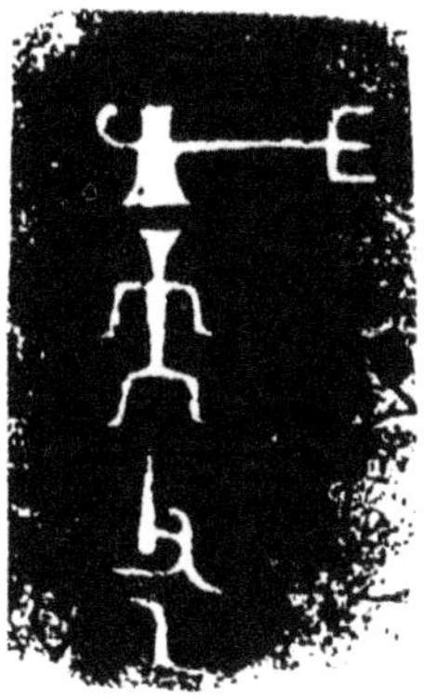

尧（暂）父乙

09343.1

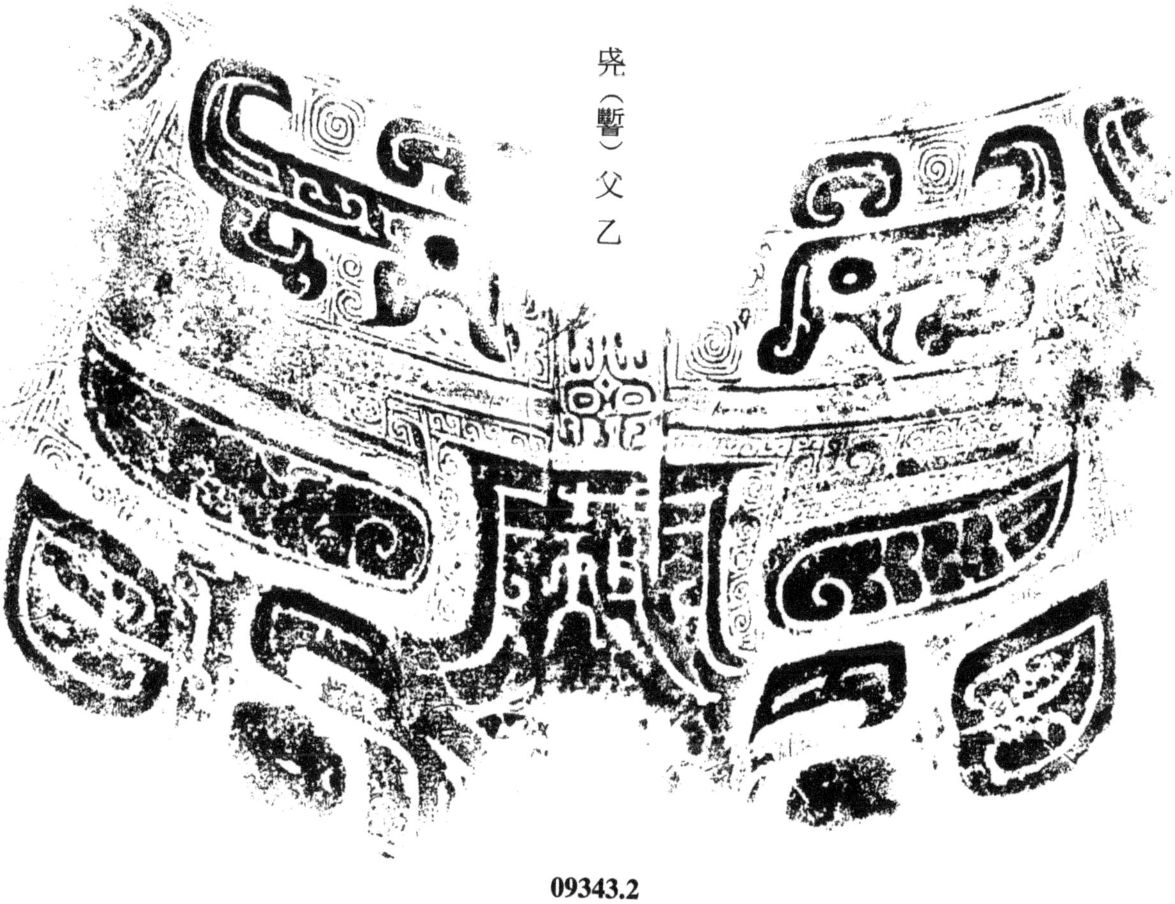

尧（暂）父乙

09343.2

畀父乙盉

乙父畀

09344.1

乙父畀

09344.2

丙父乙盉

丙父乙

09345.1

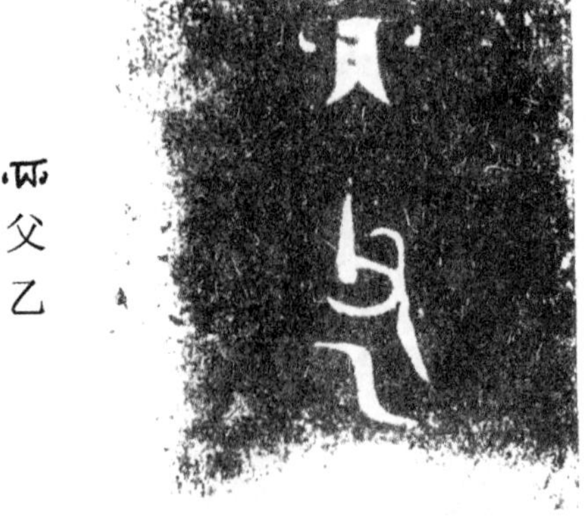

丙父乙

09345.2

父乙盉

丩冊父乙

09346.1

父乙盉

父乙

09347.1

丩冊父乙

09346.2

父乙

09347.2

父乙飤盉

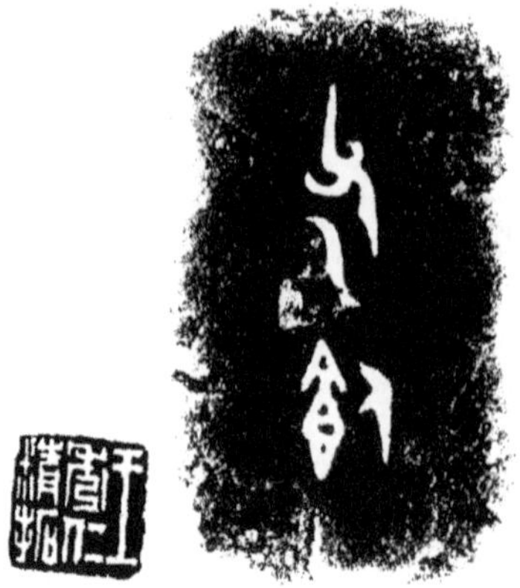

父乙飤

09348

子父丁盉

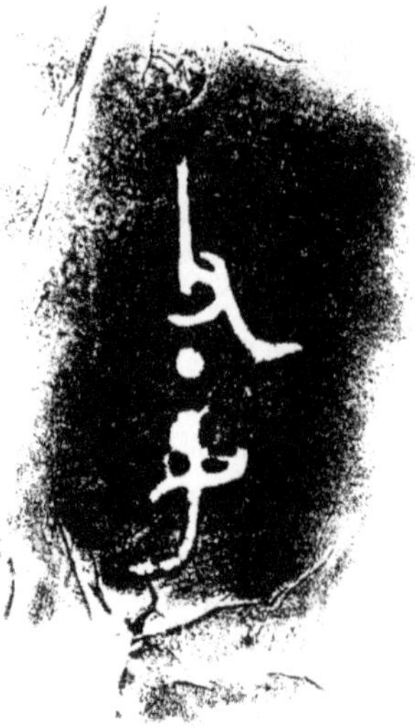

09349.1

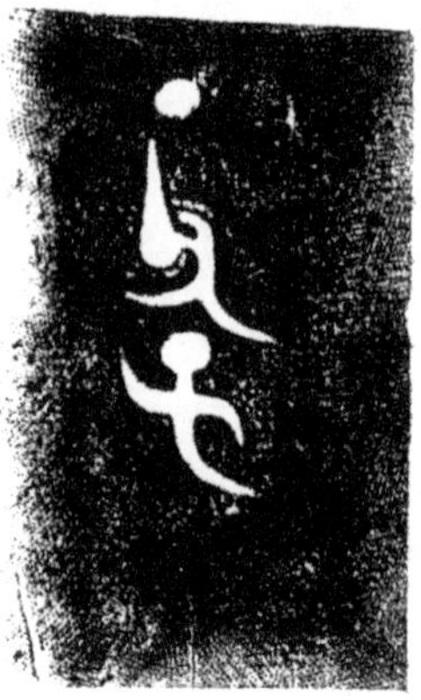

父丁子，
丁父子

09349.2

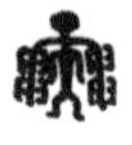父丁盉

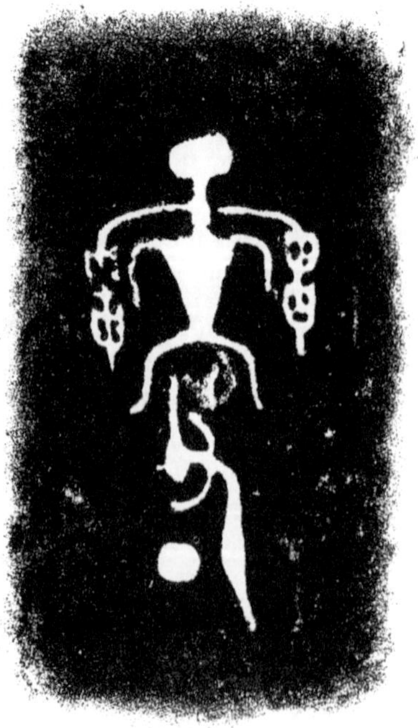

倗父丁

09350

[illegible]父丁盉

[illegible]父丁

09351.1

[illegible]父丁

09351.2

冉父丁盉

冉父丁

09352

𠂤父丁盉

𠂤（次）父丁，自（次）父丁

09353.1

09353.2

龕父戊盉

龕父戊

09354.1

龕父戊

09354.2

戈父戊盉

戈父戊

09355

酓父戊盉

酓父戊

09356

酓父戊盉

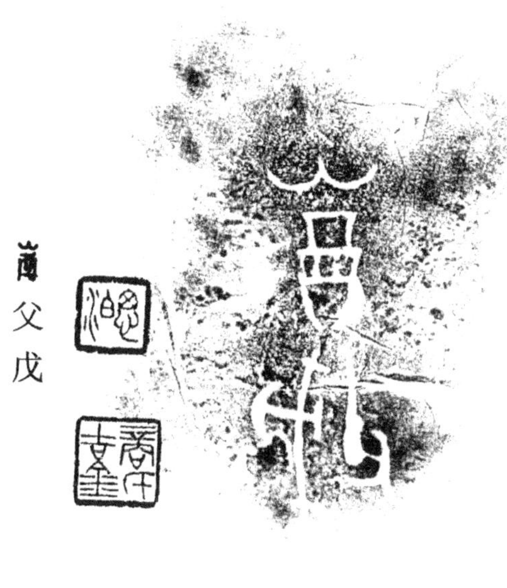

酓父戊

09357

⿱大龜父癸盉

⿱大龜父癸

09359

[illegible]父己盉

[illegible]父己

09358

⿰大弋父癸盉

⿰大弋（戒）父癸

09360

史父癸盉

史父癸

09361.1

史父癸

09361.2

爵父癸盉

爵父癸

09362.1

爵父癸

09362.2

父癸盉

父
癸

09363

父癸盉

句
父
癸

09364

父癸盉

冉
父
癸

09365.1

冉
父
癸

09365.2

亞䣆母盉

亞䣆母

09366.1

09366.2

員作盉

員乍（作）盉

09367.1

員乍（作）盉

09367.2

元作彝盉

元乍（作）彝

09368

葡参父乙盉

菁参父乙

09370.1

伯彭作盉

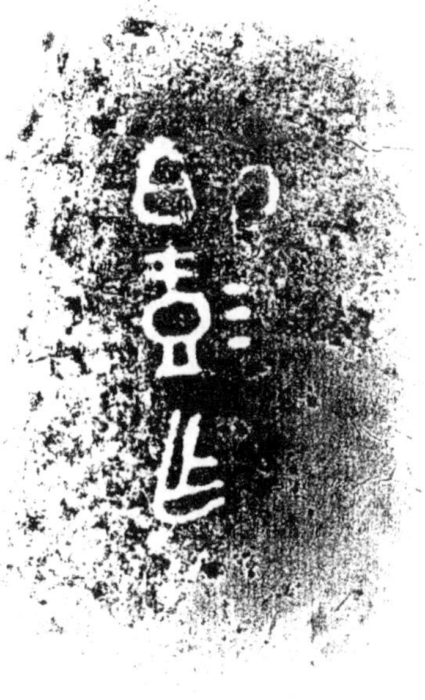

伯彭乍（作）

09369

菁参父乙

09370.2

亞𩰤父乙盉

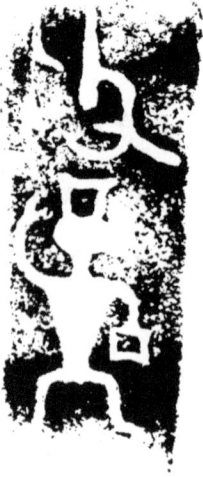

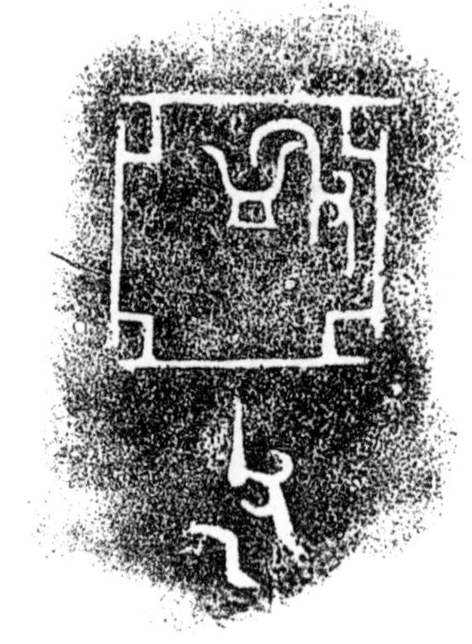

亞盉父乙

09371.1

𩰤父乙盉

七六七六七六，父乙吳

09372

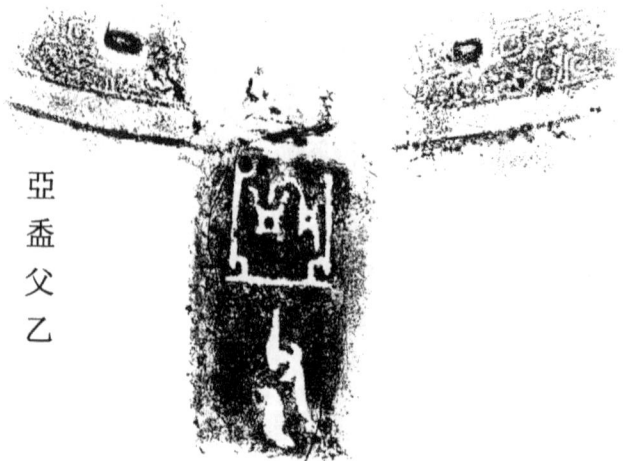

亞𩰤父乙

09371.2

亞䤣父丁盉

亞䤣父丁

09373

亞獏父丁盉

亞獏父丁

09374.1

亞獏父丁

09374.2

亞得父丁盉

亞得父丁

09375.1

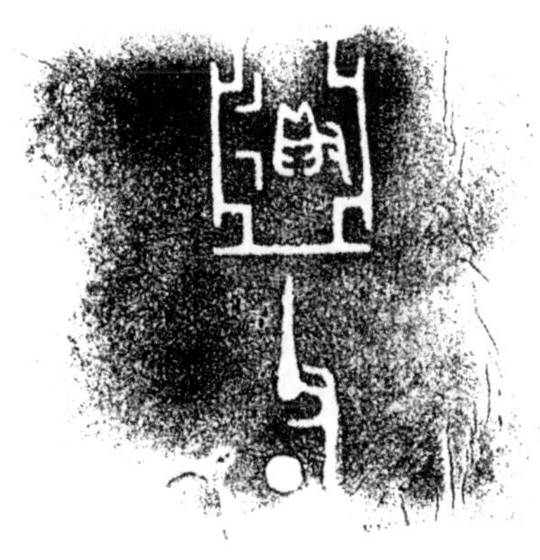

亞得父丁

09375.2

戈宁父丁盉

戈宁父丁

09376.1

戈宁父丁

09376.2

瞿册父丁盉

瞿（貜）册父丁

09377.1

瞿（貜）册父丁

09377.2

亞□父己盉

亞古父丁

09378.1

亞古父丁

09378.2

亞□父辛盉

亞孿（孽）父辛

09379

臣辰□册盉

臣辰先册

09380

戈器作乁盉

戈器乍（作）厥

09381.1

冉作宗彝盉

冉乍（作）宗彝

09382

戈器乍（作）厥

09381.2

屮作從彝盉

屮（屮）乍（作）從彝

09383

作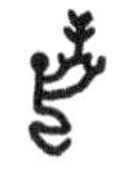從彝盉

乍（作）⿰丰丮（封）從彝

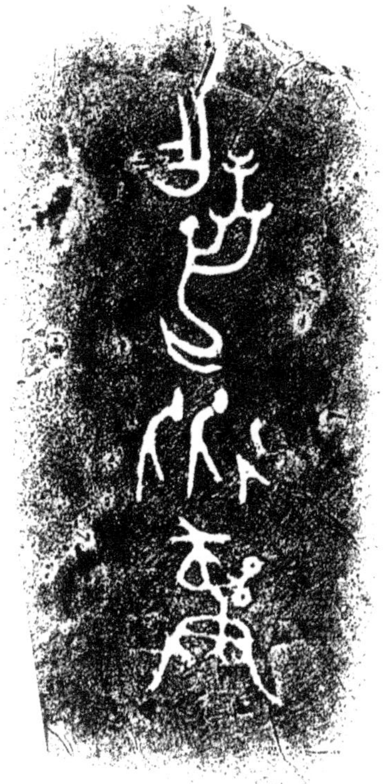

09384.1

乍（作）⿰丰丮（封）從彝

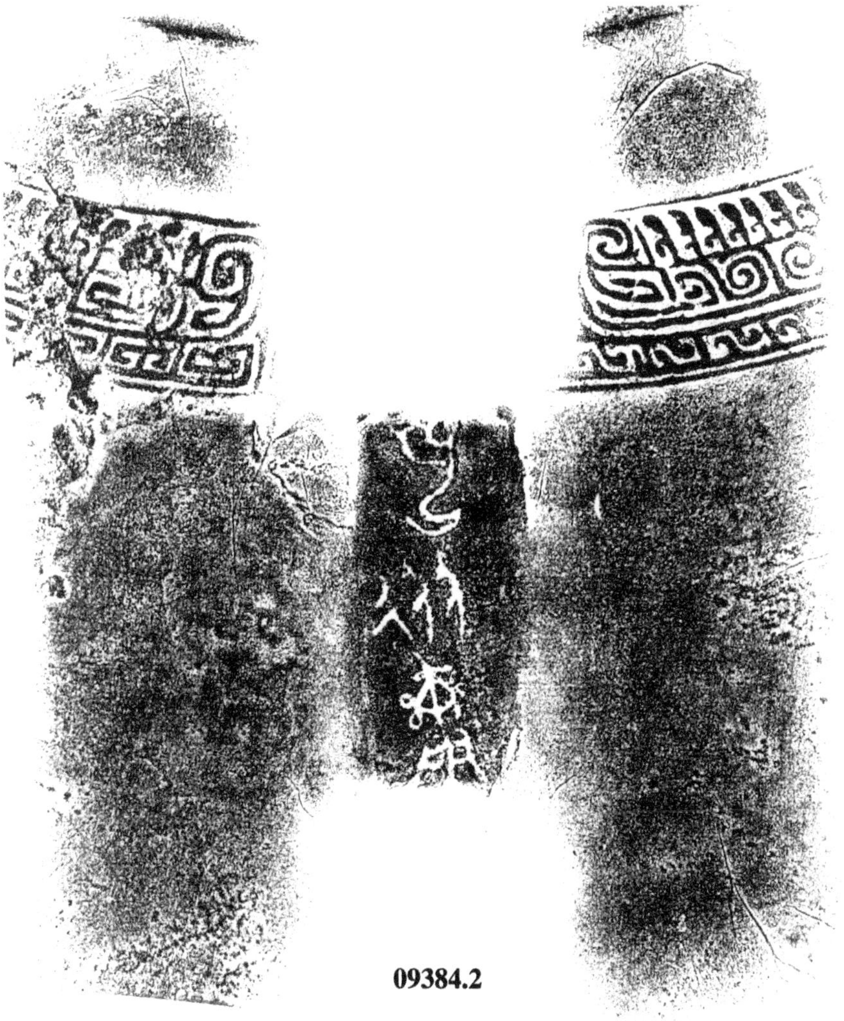

09384.2

此作寶彝盉

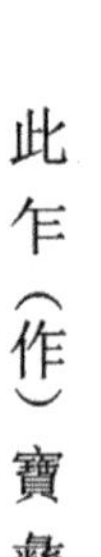

此乍（作）寶彝

09385.1

此乍（作）寶彝

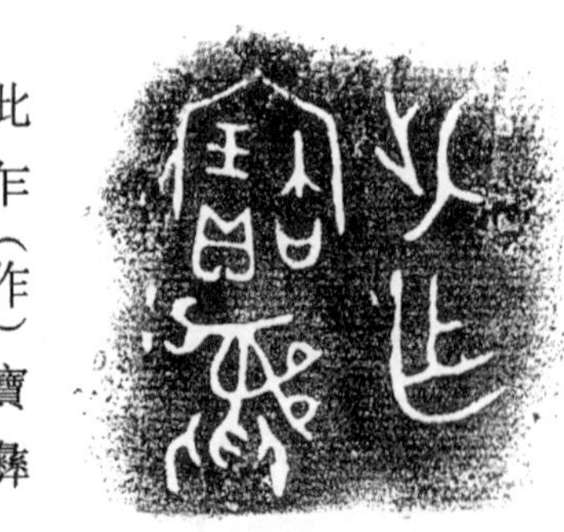

09385.2

敊昏般盉

敊昏（括）般盉

09386

子◆父甲盉

子◆父甲

09387.1

子◆父甲

09387.2

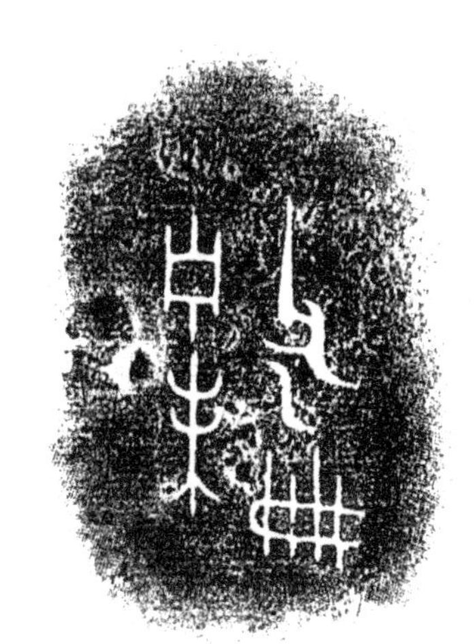

宁未父乙册

09388.1

宁未父乙册

09388.2

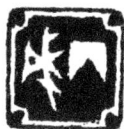

北單戈父丁盉

09389

戈北單父丁

營子父戊盉

09390.1

營子乍(作)父戊

09390.2

營子乍(作)父戊

營子父戊盉

09391.1

營子乍(作)父戊

09391.2

營子乍(作)父戊

臣辰父癸盉

父癸臣辰先

09392

亞夫盉

亞夫，乍(作)從彝

09394.1

作公丹鎣

乍(作)公丹熒(鎣)，冀

09393

亞夫，乍(作)從彝

09394.2

𨟭父盉

𨟭(𨟭)父乍(作)寶彝

09395.1

𨟭(𨟭)父乍(作)寶彝

09395.2

單光盉

單光乍(作)從彝用，單光從彝

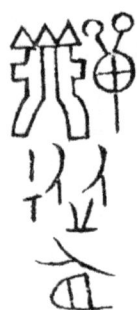

09396.1

09396.2

公盉

公乍（作）寶尊彝

09397

伯矩盉

伯矩乍（作）旅盉

09398

伯春盉

伯春乍（作）寶盉

09399

伯定盉

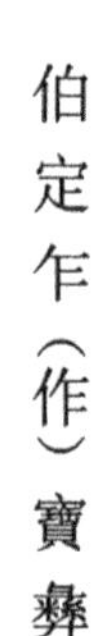

伯定乍(作)寶彝

09400.1

伯定乍(作)寶彝

09400.2

師轉鎣

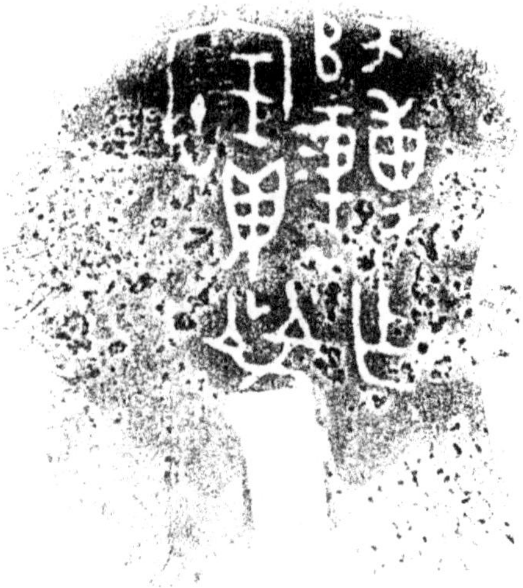

師轉乍(作)寶𤇾(鎣)

09401.1

師轉乍(作)寶𤇾(鎣)

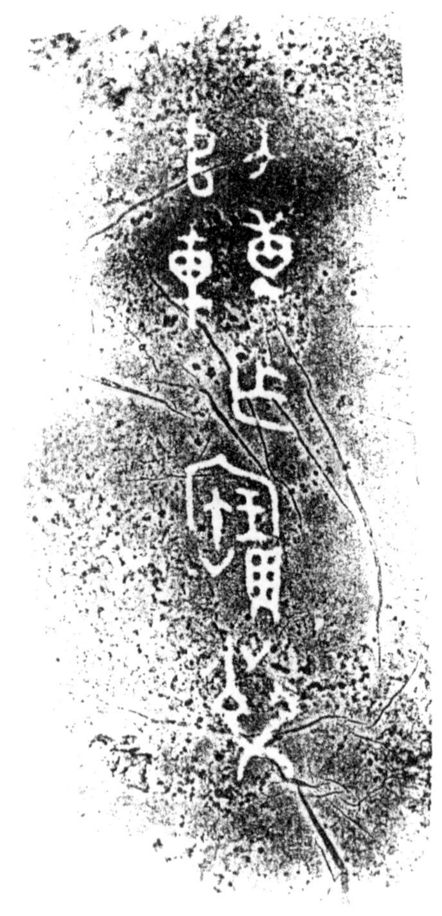

09401.2

鄉父乙盉

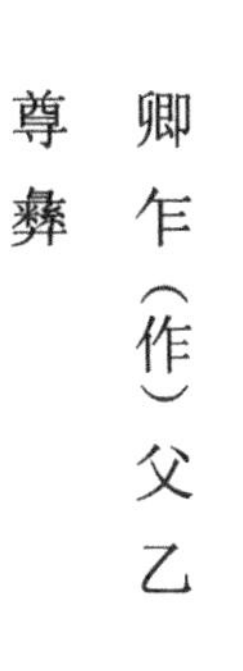

卿乍(作)父乙尊彝

09402

亞鳥父丁盉

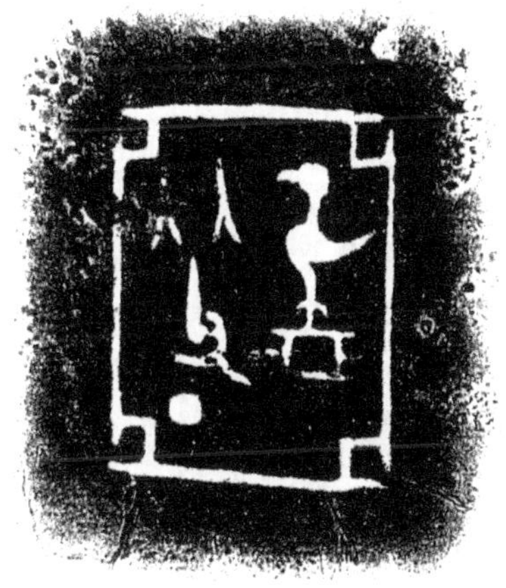

亞鳿从父丁

09403.1

亞鳿从父丁

09403.2

戈[衤+乃]父丁盉

戈巾(併)乍(作)父丁彝

09404.1

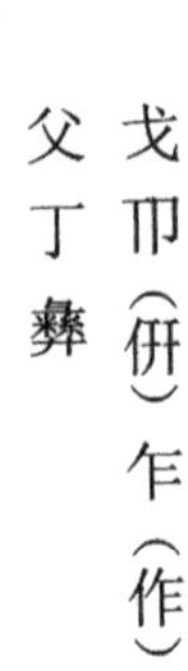

戈巾(併)乍(作)父丁彝

09404.2

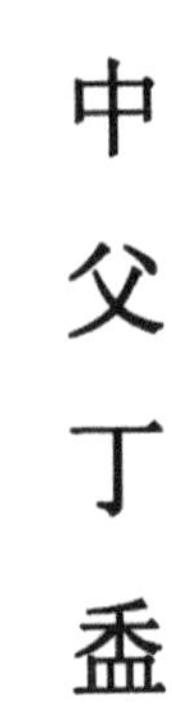

中父丁盉

中乍(作)父丁彝，成

09405.1

中乍(作)父丁彝，成

09405.2

僕父己盉

僕乍(作)父己,徙遽

09406

吳盉

吳乍(作)寶盉,亞御

09407

魯侯盉蓋

魯侯乍(作)姜享彝

09408

㴚伯鎣

㴚伯自乍(作)般(盤)鋈(鎣)

09409.1

㴚伯自乍(作)般(盤)鋈(鎣)

09409.2

仲𠂤父盨

仲𠂤(師)父乍(作)旅盨

09410

𢿌王盉

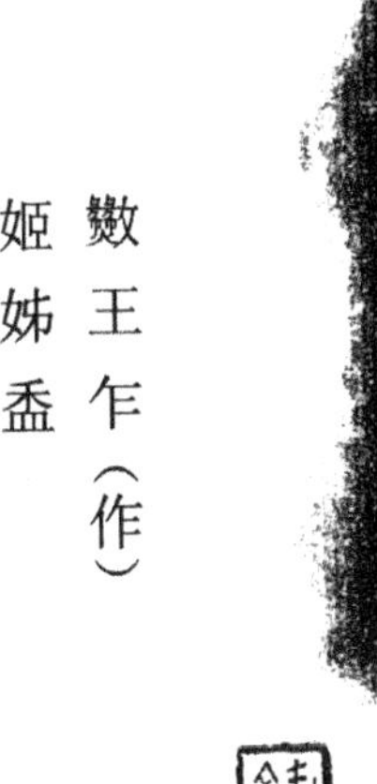

𢿌王乍（作）姬姊盉

09411

伯矩盉蓋

伯矩乍（作）寶尊彝

09412

伯寶盉

伯寶自乍（作）用盉

09413

隰伯盉

09414.1

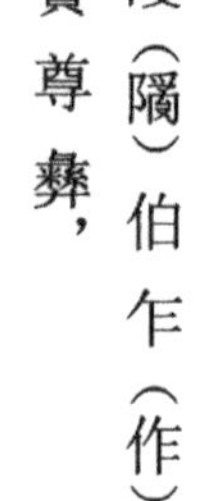

09414.2

隰（隔）伯乍（作）寶尊彝，隰（隔）伯乍（作）

亞𠷎盉

09415

亞啍，乍（作）仲子辛彝

𠫑父盉

09416

𠫑父乍（作）兹女（母）匋（寶）盉

伯⿰奚田盉

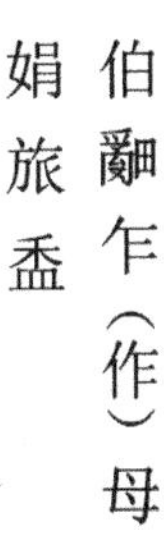

伯⿰爾田乍(作)母
娟旅盉

09417

伯⿰奚田盉蓋

伯⿰爾田乍(作)母
娟旅盉

09418

季嬴霝德盉

季嬴霝德
乍(作)寶盉

09419

鑄客盉

鑄客爲集𦡞爲之，鑄客爲集𦡴爲之

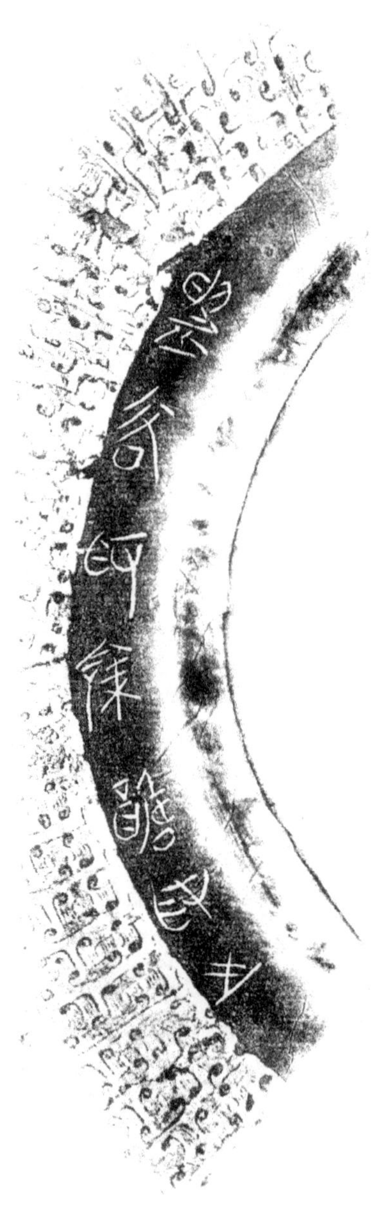

09420.2

09420.1

𣳾父乙盉

沃乍（作）父乙尊彝，䖒册

09421

𣳾父乙盉

沃乍（作）父乙尊彝，䖒册

09422.2

沃乍（作）父乙尊彝，䖒册

09422.1

朙遟盉

朙，遟乍（作）厥考寶尊彝

09424.1

朙，遟乍（作）厥考寶尊彝

09424.2

□作父戊盉

亞□□乍（作）父戊尊盉

09423

伯百父鎣

伯百父乍（作）孟姬朕（媵）鎣

09425

楚叔之孫途盉

楚叔之孫途爲之盉

09426

伯𠥼盉

09427.1

09427.2

伯回乍(作)西宮

伯寶尊彝，

回乍(作)西

[illegible]盉

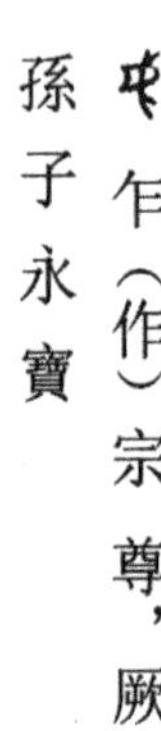
[illegible]乍(作)宗尊,厥
孫子永寶

09428

來父盉

來父乍(作)盉,
子子孫其永寶

09429.1

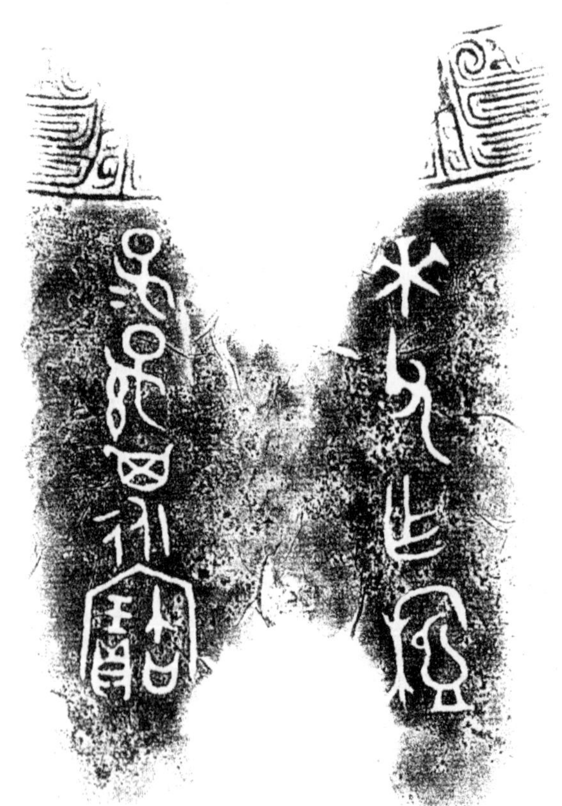

來父乍(作)盉,
子子孫其永寶

09429.2

伯害盉

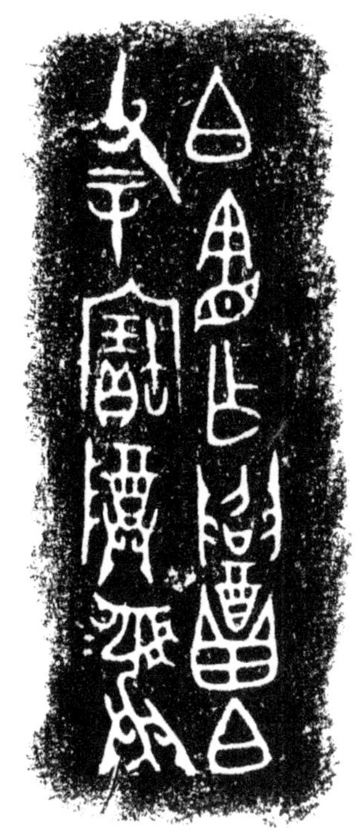

伯害（憲）乍（作）召伯父辛寶尊彝

09430.1

伯害（憲）乍（作）召伯父辛寶尊彝

09430.2

甲盉

柙乍（作）寶尊彝，其萬年用鄉（饗）賓

09431.1

柙乍（作）寶尊彝，其萬年用鄉（饗）賓

09431.2

飫子盃

年永寶用
乍（作）旅盃，萬
飾（饎）子于匹

09432

遣盃

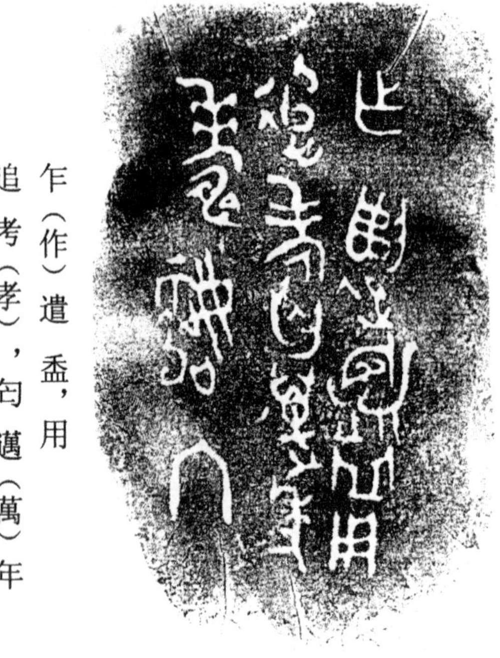

乍（作）遣盃，用
追考（孝），匄邁（萬）年
壽，孀（霝、靈）冬（終）

09433

君盃

圓（昆）君
婦媿霝
乍（作）燹（鍪），
其萬
年，子子
孫孫寶
用

09434

伯衛父盉

伯衛父乍(作)嬴䵼

彝，孫孫子子，邁(萬)年永寶

09435

才盉

堯(无)敢乍(作)姜盉，

用萬年用楚(胥)

保眔叔堯(无)

09436.1

堯(无)敢乍(作)姜

盉，用萬年用

楚(胥)保眔叔堯(无)

09436.2

伯庸父盉

伯墉父乍（作）寶盉，其萬年，子子孫孫永寶用

09437

王盉

王乍（作）豐妊單寶盉，其萬年永寶用

09438

亞曩侯父乙盉

曩侯亞疑，匽（燕）侯賜亞貝，
乍（作）父乙寶尊彝

09439.1

曩侯亞疑，匽（燕）侯賜亞貝，
乍（作）父乙寶尊彝

09439.2

伯角父盉

伯角父乍(作)寶盉，其萬年，子子孫孫，其永寶用

09440

白王盉

伯玉𣪘(榖)乍(作)寶盉，其萬年，子子孫孫，其永寶用

09441

𧑓盉

𧑓乍(作)王(皇)母媿氏頮(沫)盉，媿氏其眉壽，邁(萬)年用

09442

季良父盉

季良父乍(作)[⿰𢆶攴]始(姒)寶盉，其萬年，子子孫孫永寶用

09443

季老或盉

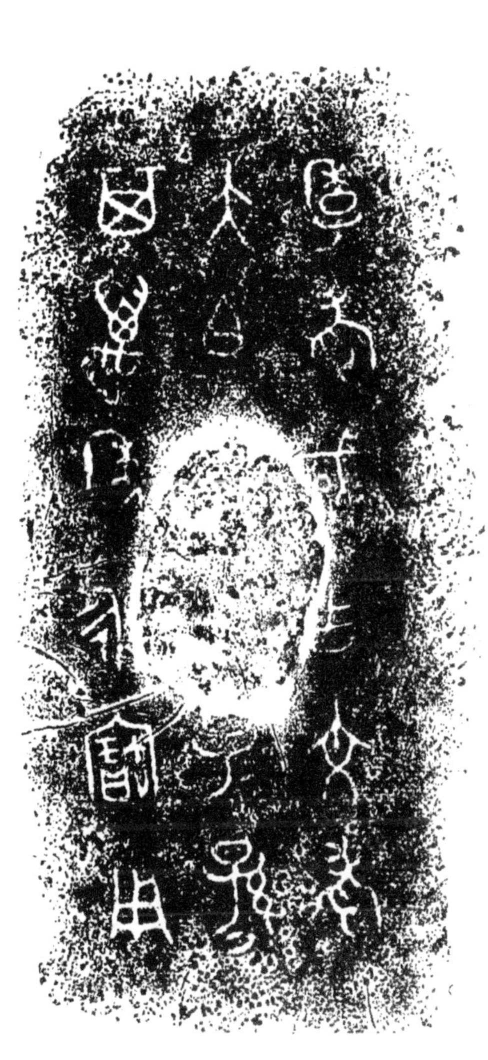

季老或乍(作)文考大伯寶尊彝，子子孫孫，其邁(萬)年永寶用

09444

黄子盉

黄子乍（作）黄甫（夫）人行器，則永祜（祜）寚（福），需（靈）冬（終）需（靈）後

09445

嘉仲盉

嘉（嘉）仲者比用其吉金，自乍（作）盉，子子孫孫，其永用之

09446

王仲皇父盉

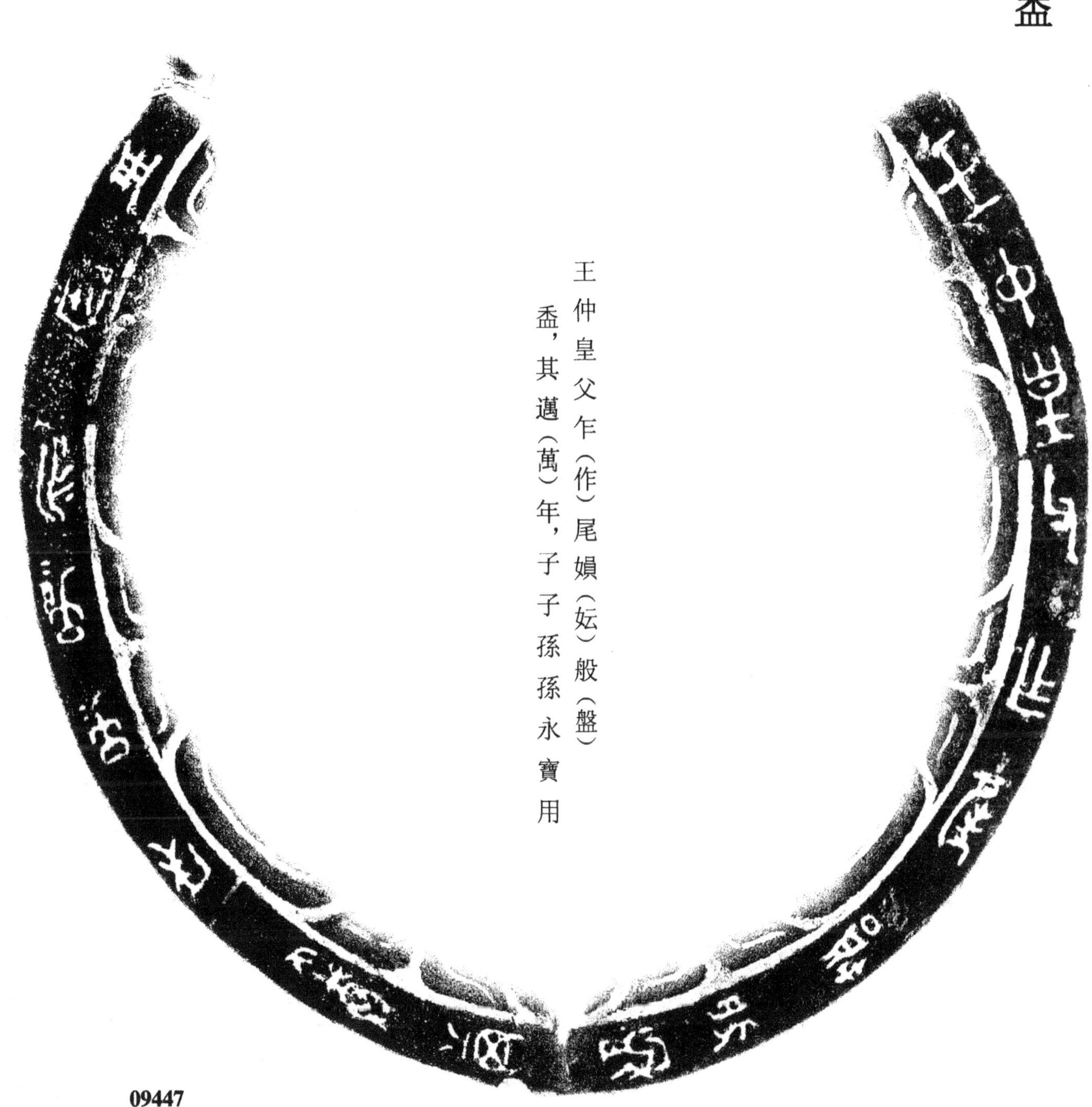

王仲皇父乍（作）尾媜（妘）般（盤）盉，其邁（萬）年，子子孫孫永寶用

09447

十一年盉

09448.1B

09448.1A

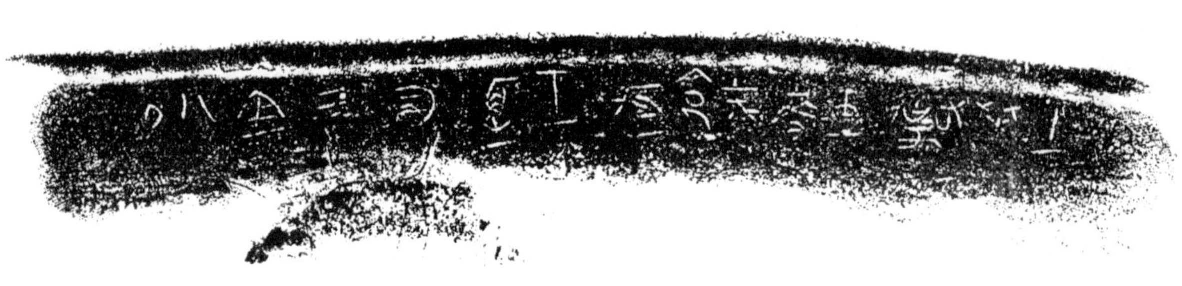

09448.2A

09448.2B

十一苿，右使車嗇夫宋、鄐（齊）瘥、工皐（觸），冢（重）三百八刀，右鑾者

卅五年盉

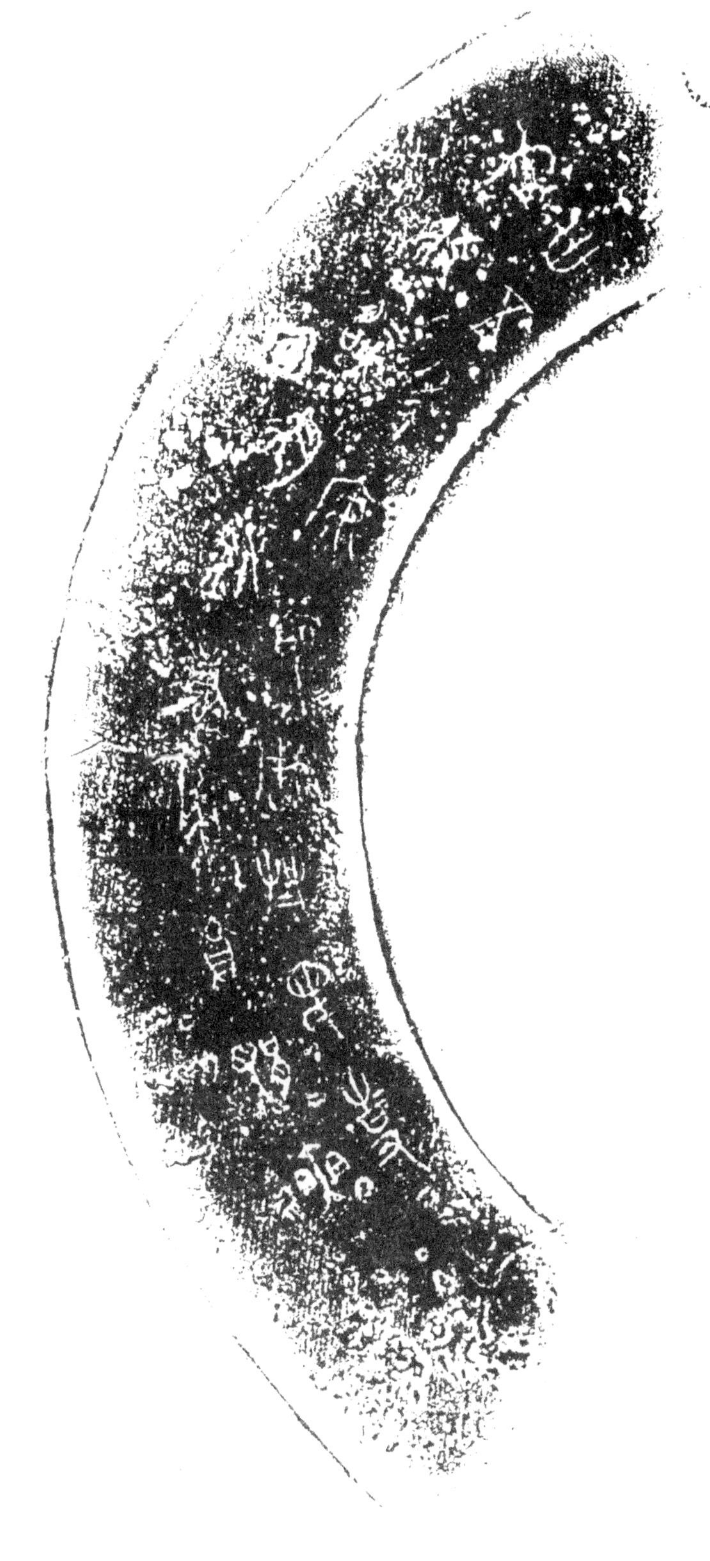

卅五年，虒令周収、視事乍（作）盉，㺃、冶期鑄，脣（容）半𪗞，顭𤆍（昊）

09449

十二年盉

左鑾者，十二苿，右使車嗇夫鄭（齊）虗、工[illegible]，冢（重）三百卌（四十）五刀，鈇

09450.1B

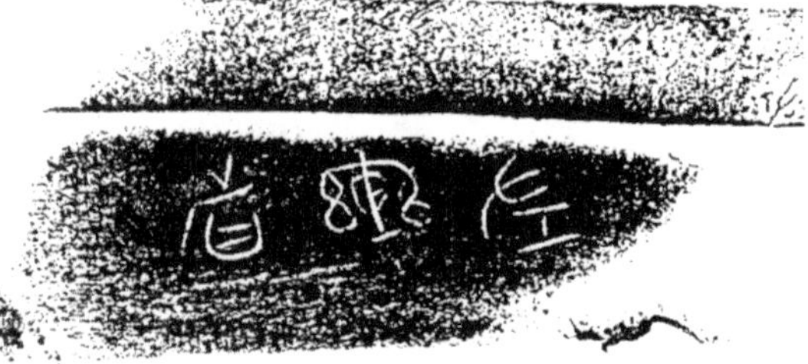

09450.1A

09450.2A

09450.2B

麥盉

井（邢）侯光厥事（吏）麥，隔（嗝、鬲）于麥宮，侯賜麥金，乍（作）盉，用從井（邢）侯征事，用旋走，夙夕隔（嗝、鬲）御事

09451

長陵盉

五，
長配，
銅婁（鏤）鋙（唇）鎵
足，晏（晏）纗（緇）又（有）
盍（蓋），聿（聯）絳（絞），一
斗二益（溢），

09452.1

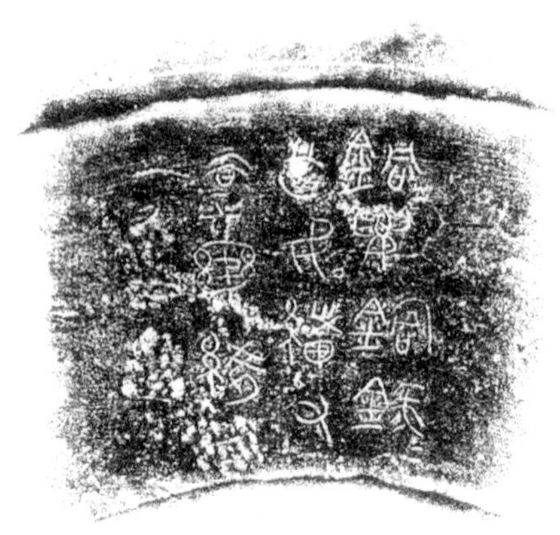

09452.3

09452.2

09452.4

少府，長陵
一斗一升，
受長[illegible][illegible]（抚、撫），銅婁（鏤）
鍲（唇）錄足，旻（晏）繡（緇）
又（有）盍（蓋），鞶緕

09452.5

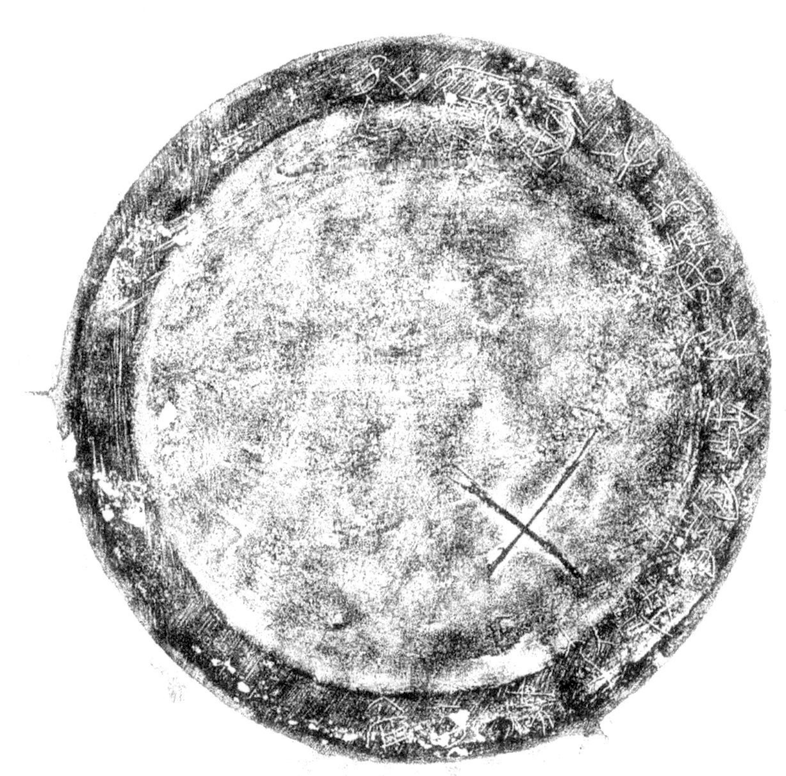

09452.6

義盉蓋

唯十又一月，既生霸甲申，
王在魯，卿（佮）即邦君、者（諸）侯、正、
有嗣大射，義蔑曆，眔于王，
逨（徠）義賜貝十朋，對揚王休，用
乍（作）寶尊盉，子子孫其永寶

09453

士上盉

唯王大龠（禴）于宗周，徃（誕）餗莽京年，在五月既望辛酉，王令士上眔史寅㲀（殷）于成周，𠤳（穀）百生（姓）豚，眔賞卣、鬯、貝，用乍（作）父癸寶尊彜，臣辰册㐺

09454.1

09454.2

長由盉

唯三月初吉丁亥，穆王
在下淢应（位），穆王鄉（饗）豊（醴），即
井伯、大（太）祝射，穆穆王蔑長
由以逨（徠）即井伯，井伯氏（是）彌（夤）不
姦，長由蔑曆，敢對揚天
子不（丕）杯（丕）休，用肇乍（作）尊彝

09455

裘衛盉

唯三年三月，既生霸壬寅，
王爯旂于豐，矩伯庶人取
堇（瑾）章（璋）于裘衛，才（裁）
　八十朋，厥貯（賈），
其舍（捨）田十田，矩或取赤
　虎（琥）兩、麀奉（韍）
兩、奉（賁）韐（韐、帢）一，才（裁）廿
　朋，其
舍（捨）田三田，裘衛迺彘（矢）告
　于
伯邑父，𤇾（榮）伯、定伯、琼伯、單
伯迺令參有𤔲：𤔲土（徒）微邑、𤔲
馬單旟、𤔲工（空）邑人服眔
受（授）田，燹（豳）趙、衛小子𢍰逆
者（諸）其鄉（饗），衛用乍（作）朕
　文考惠
孟寶般（盤），衛其萬年，永寶用

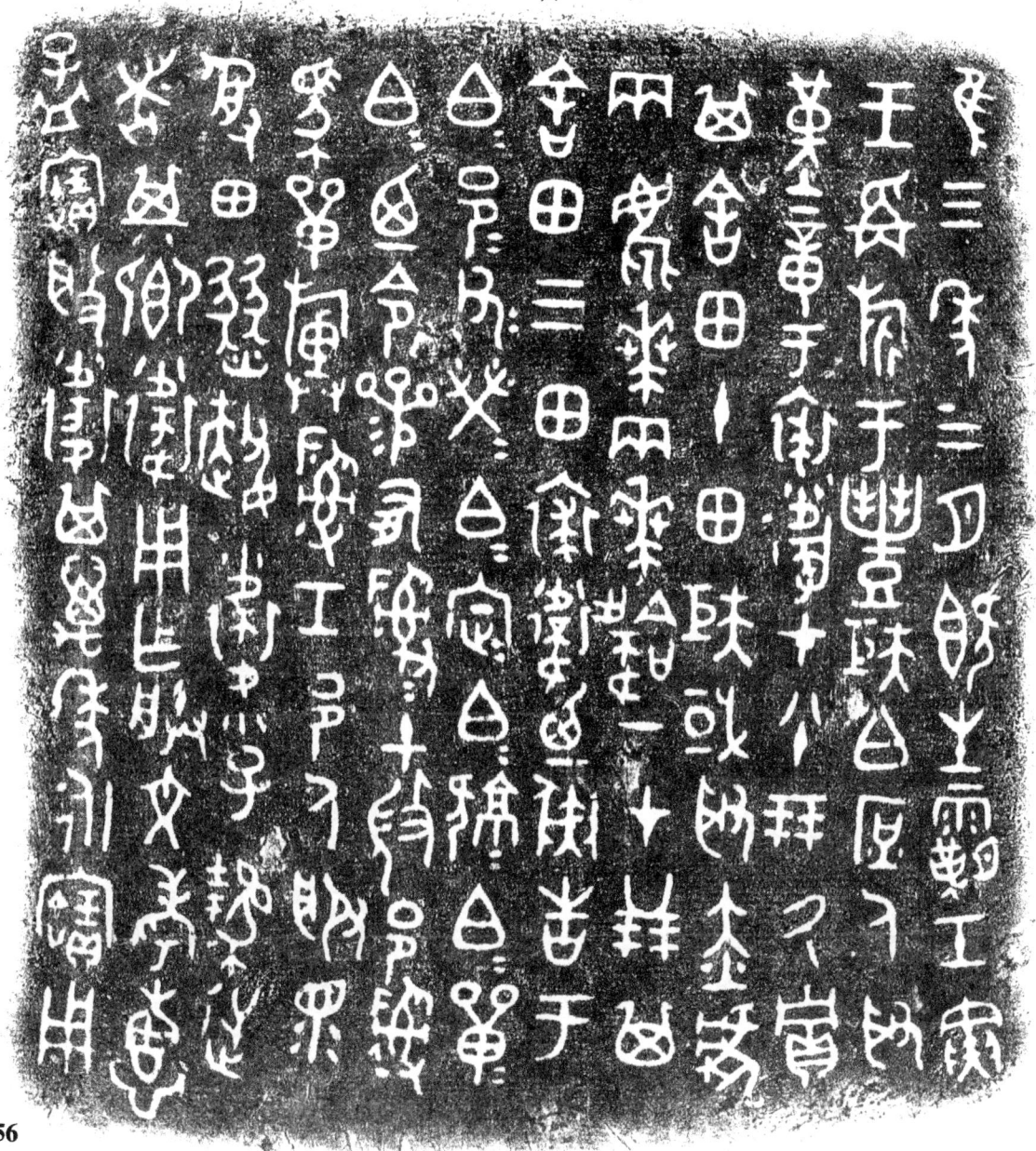

09456

壺

侁

09457

嬰壺

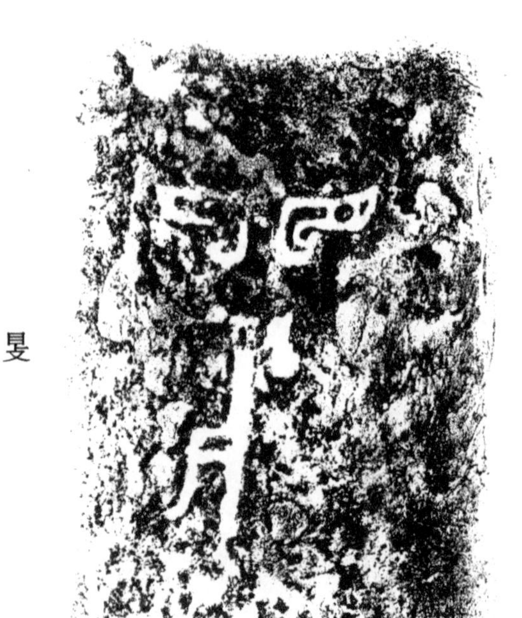

妟

09459

先壺

先

09458

嬰壺

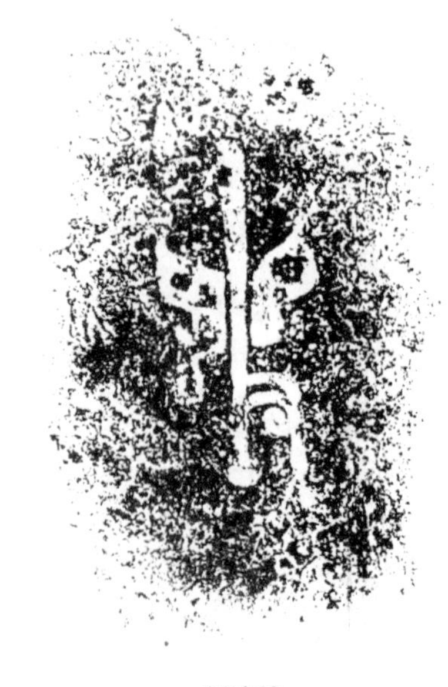

妟

09460

耳壺

耳

09461

□壺

□（圍）

09462

□壺

□（圍）

09463

□壺

弃（扶）

09464

興壺

興

09465

興壺

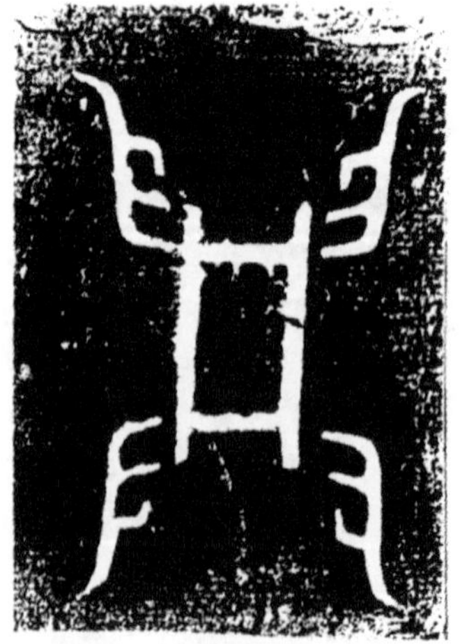

興

09466

□壺

（蟥）

09467

𣏟壺

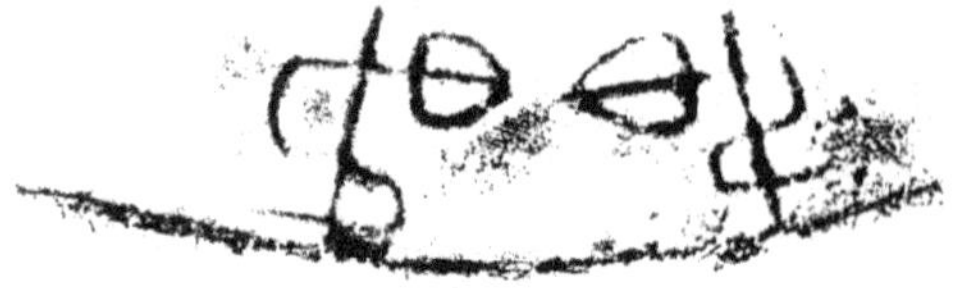

弔

09468

耒耒壺

劦

09469

冂亼壺

冂亼（鈴）

09471

耒耒壺

劦

09470

戈壺

戈

09472

弓壺

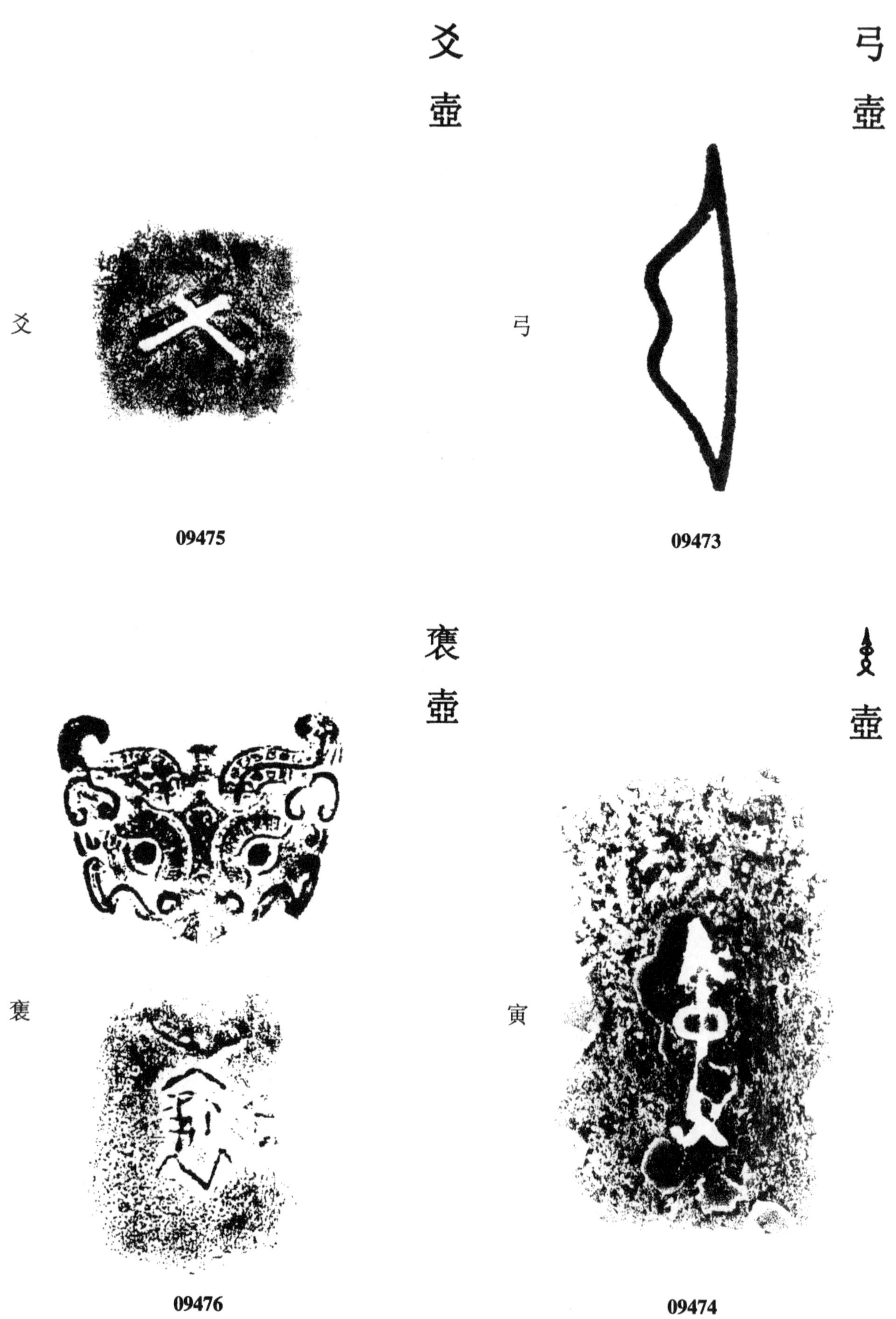

弓

09473

爻壺

爻

09475

壺

寅

09474

褱壺

褱

09476

滕方壺

滕

09477.1

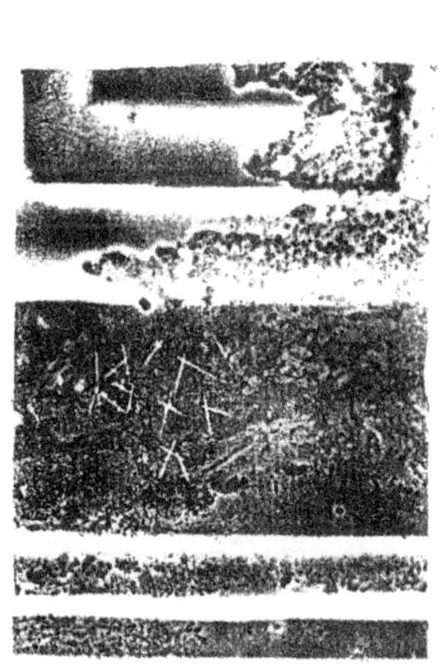

滕

09477.2

亞伽壺

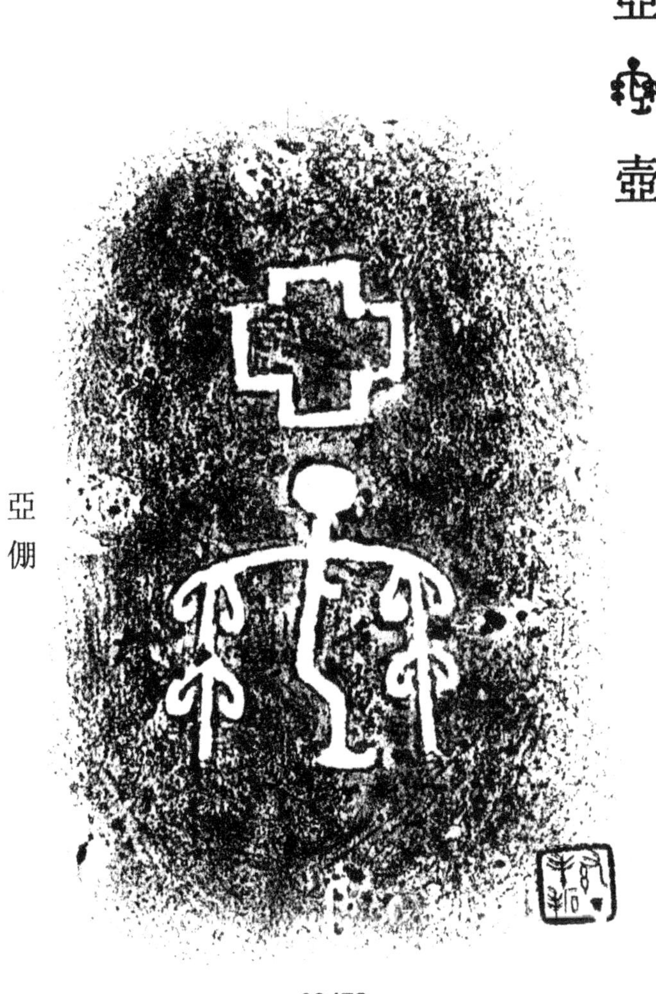

亞伽

09478

亞弜壺

亞弜

09479

旅壺

（皀、殷）旅

09480

鄉宁壺

鄉宁

09481

鄉宁壺

鄉宁

09482

宁[illegible]壺

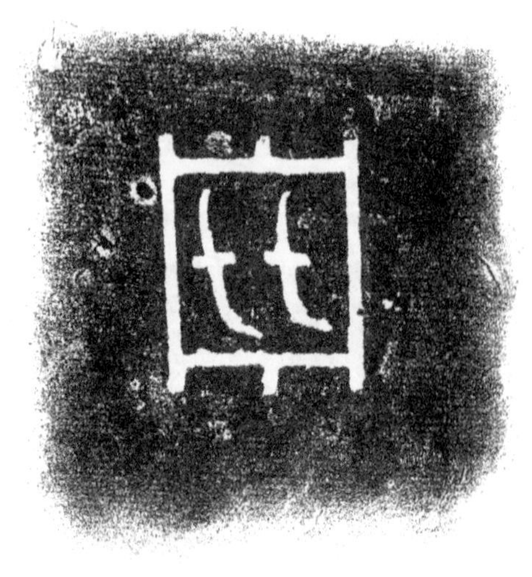

宁劦

09483

丁冉壺

丁冉

09484

子龍壺

子龍

09485

婦好壺

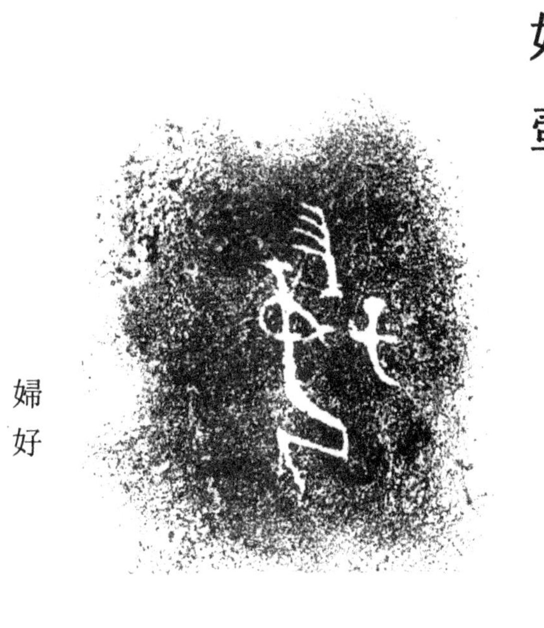

婦好

09486

婦好壺

婦好

09487

心守壺

心
守

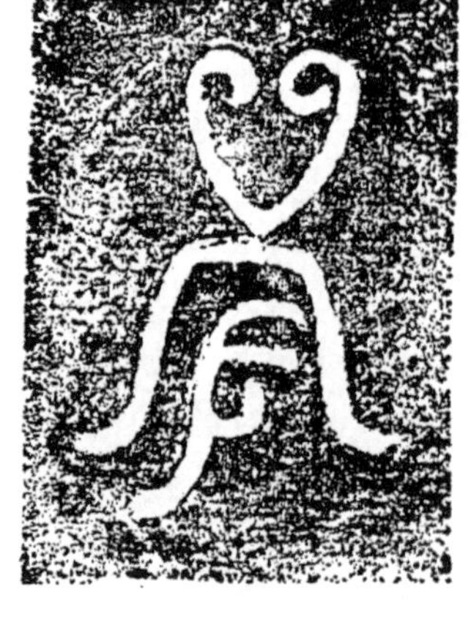

09488

天犬壺

天
犬

09489

史放壺

史
放

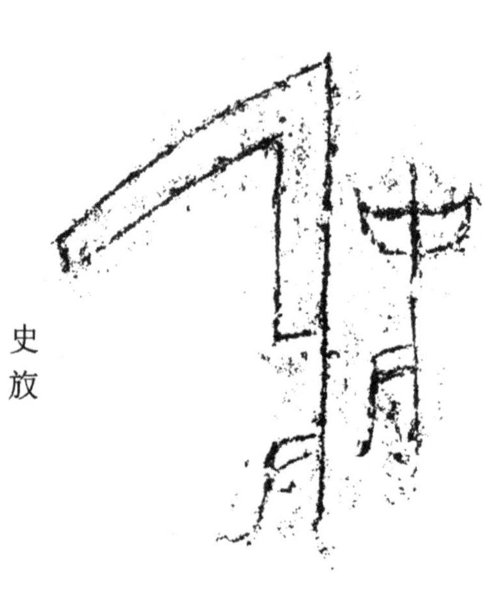

09490

盟商壺

盟
商

09491

叔姜壺

叔姜☐

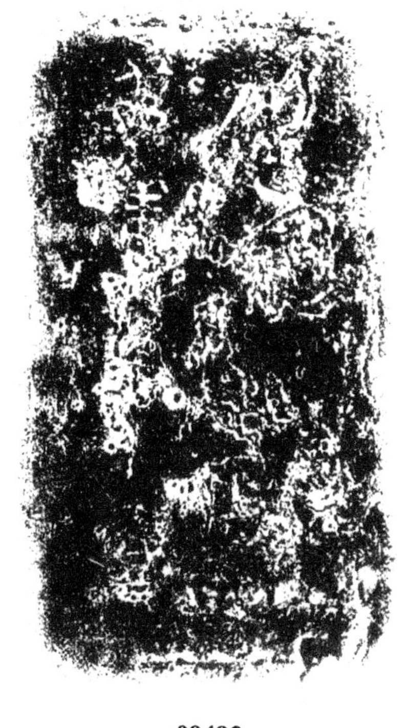
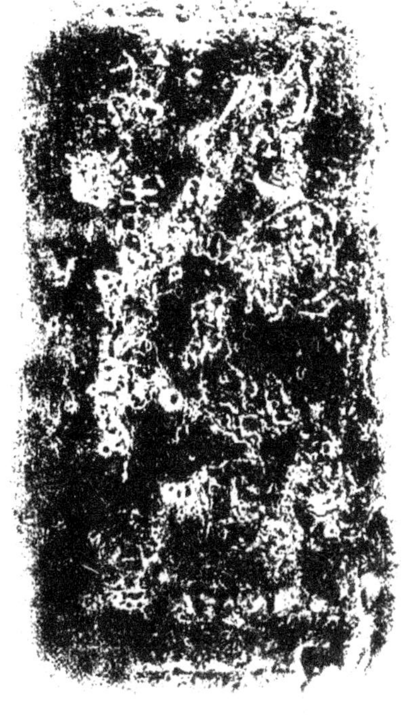

09492

父己壺

父己

09493

之壺

之壺

09494

李瘣壺

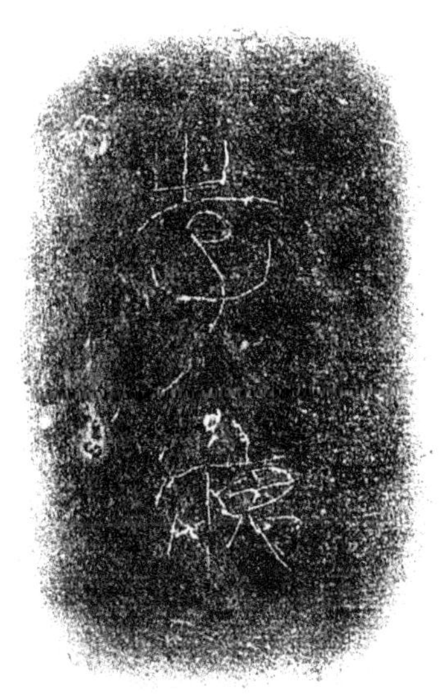

09495A

李瘣

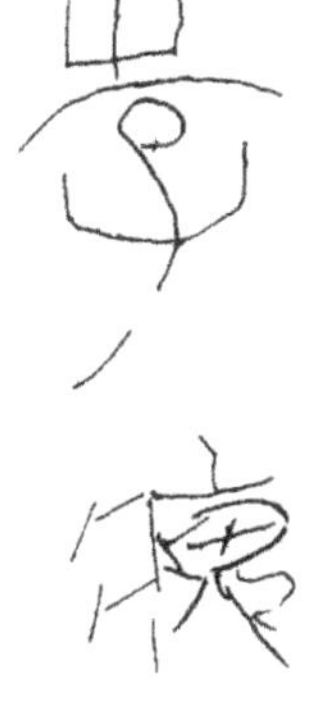

09495B

公夾方壺

公乘

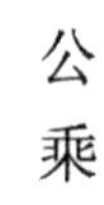

09496

五斗方壺

五斗

09498A

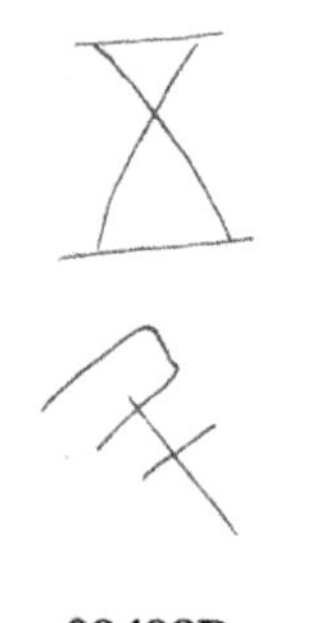

09498B

末昊壺

末昊

09497A

09497B

左冶壺蓋

左[尸+是](遈、遟)

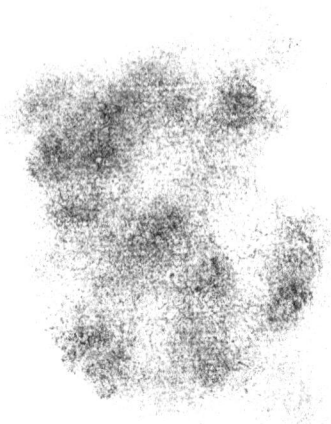

09499

子父乙壺

子父乙

09500

史父丁壺蓋

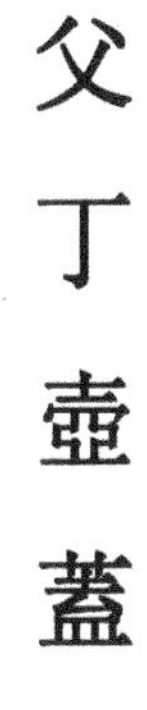

史父丁

09502

[illegible]父乙壺

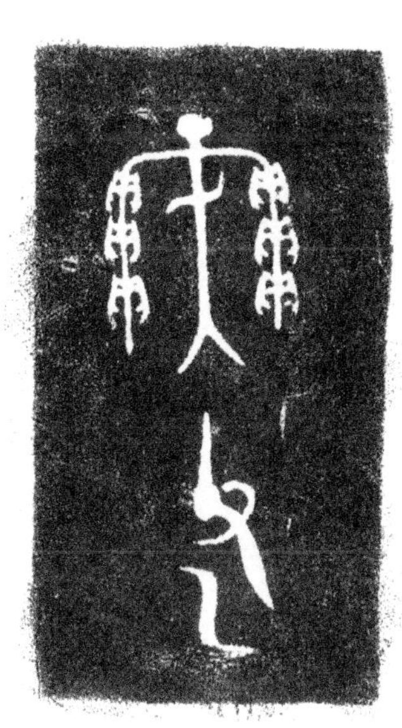

⿺走朋（⿺走崩）父乙

09501

𣏗父丁壺

弔父丁

09503

酉父己壺

酉父己

09504

魚父癸壺

魚父癸

09506

㓁父辛壺

㓁父辛

09505

㠱兄辛壺

㠱兄辛

09507.1

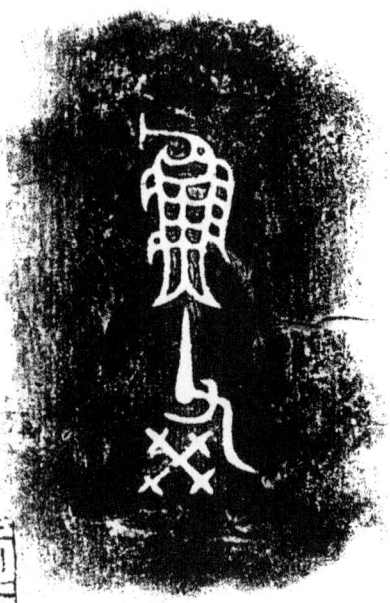

㠱兄辛

09507.2

北單戈壺

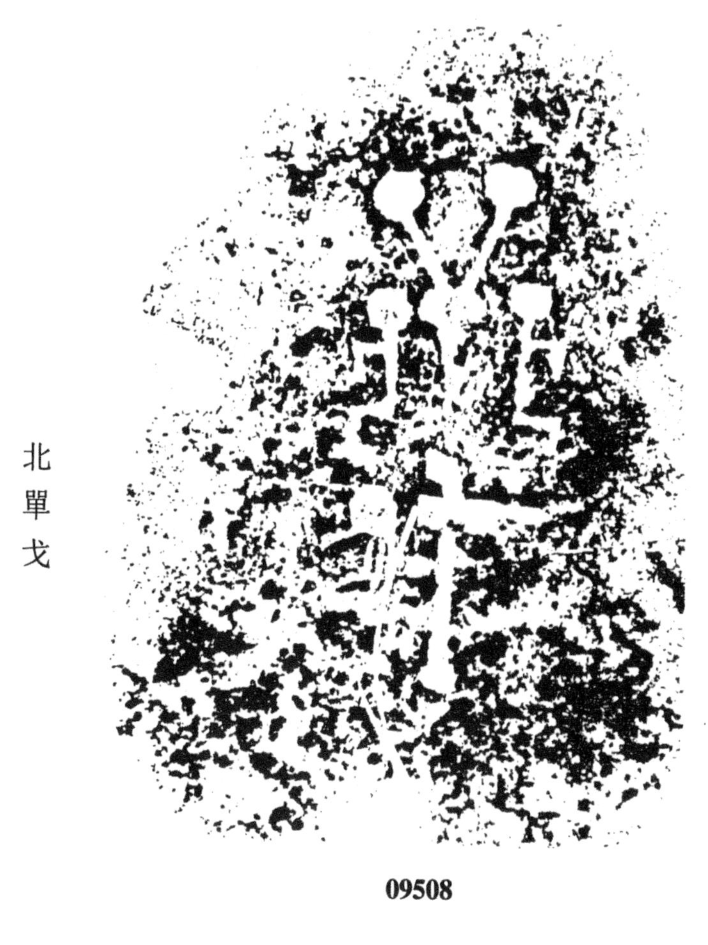

09508

婦好正壺

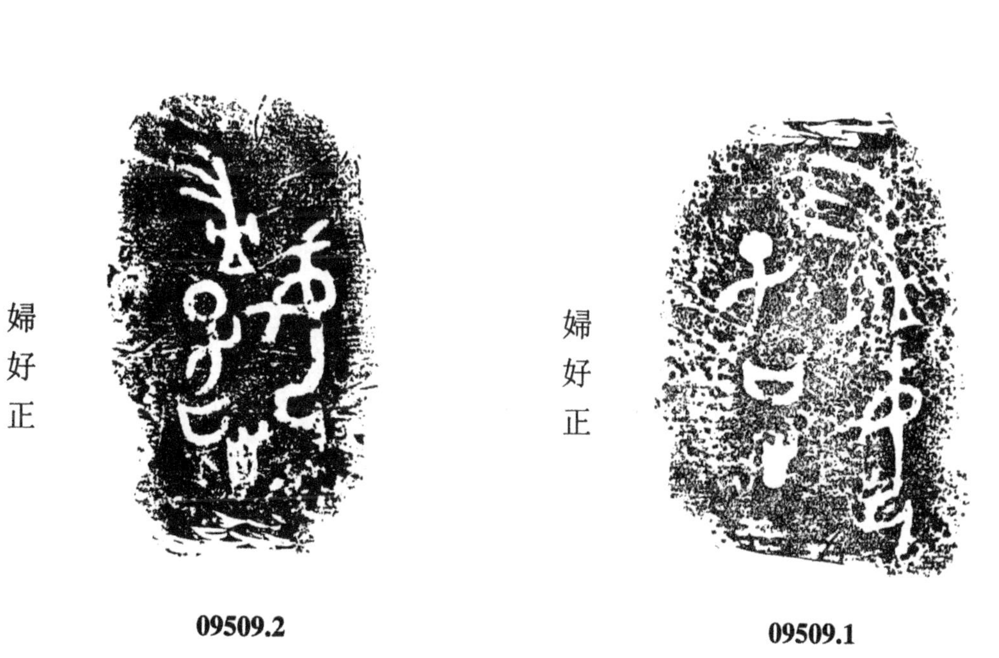

09509.2 09509.1

司粤母方壺

司
[女粤]

09510

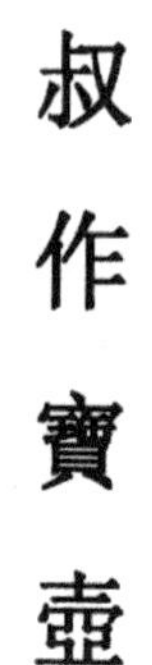

叔作寶壺

叔
乍（作）
寶

09512.1

司粤母方壺

司
[女粤]

09511

叔
乍（作）
寶

09512.2

公鑄壺

公鑄壺

09513

下官壺

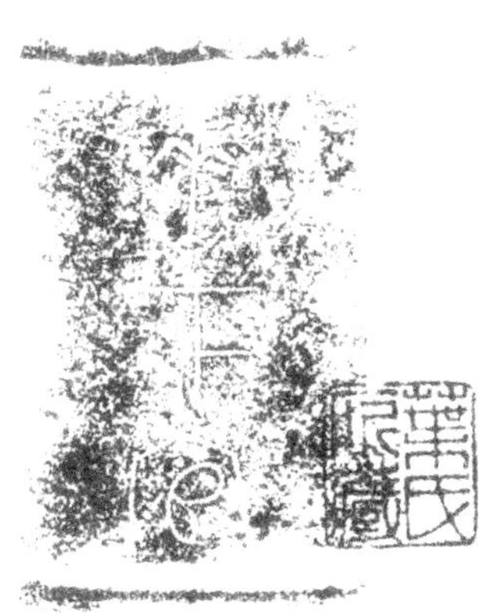

缶下官

09515

公子裛壺

公子裙（裛）獲

09514

嵜斿子壺

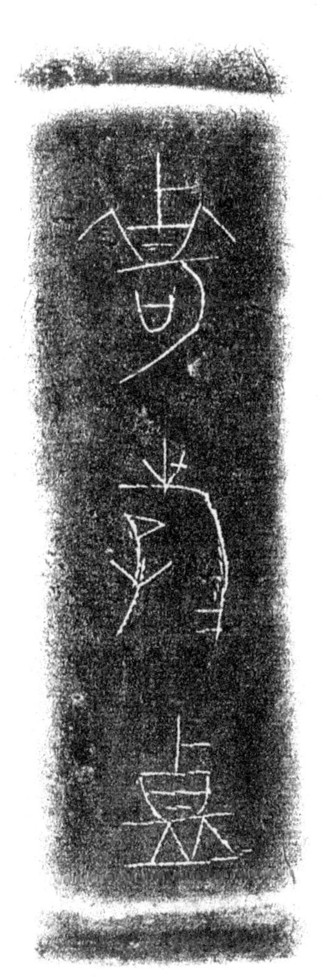

嗙孝子

09516

上白羽壺

上白羽

09517

才作壺

堯(无)乍(作)壺

09518.1

堯(无)乍(作)壺

09518.2

作旅壺

乍(作)旅壺

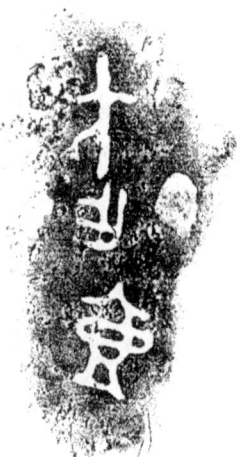

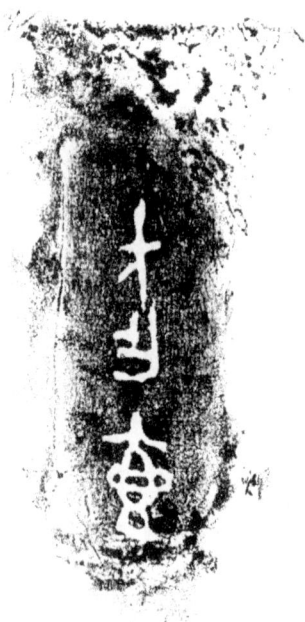

09519

作旅彝壺

乍(作)旅彝

09520

宁戈父乙壺蓋

宁戈父乙

09522

作從彝壺

乍(作)從彝

09521

宁戈父乙壺蓋

宁戈父乙

09523

□□父丁壺

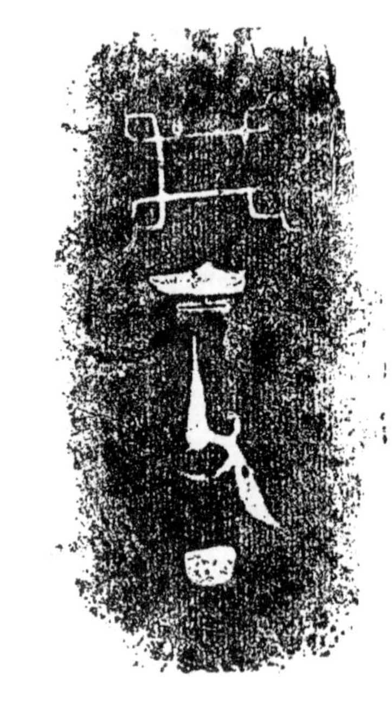

□(會)□父丁

09524

辰作父己壺

辰乍(作)父己

09525

臣辰□册壺

臣辰侁册

09526.1

臣辰侁册

09526.2

考母壺

09527.1

孝女（母）
乍（作）聅（聯）医，
孝母乍（作）聅（聯）医

09527.2

伯作寶壺

伯乍（作）寶壺

09528.1

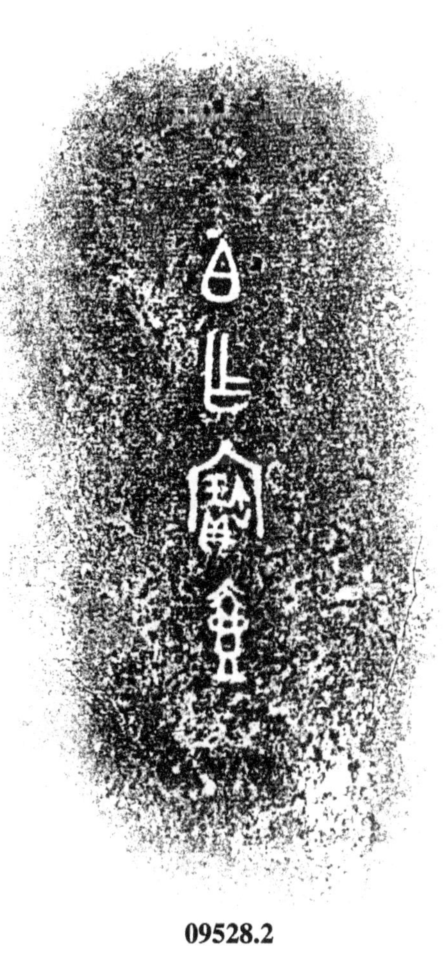

伯乍（作）寶壺

09528.2

伯作寶壺

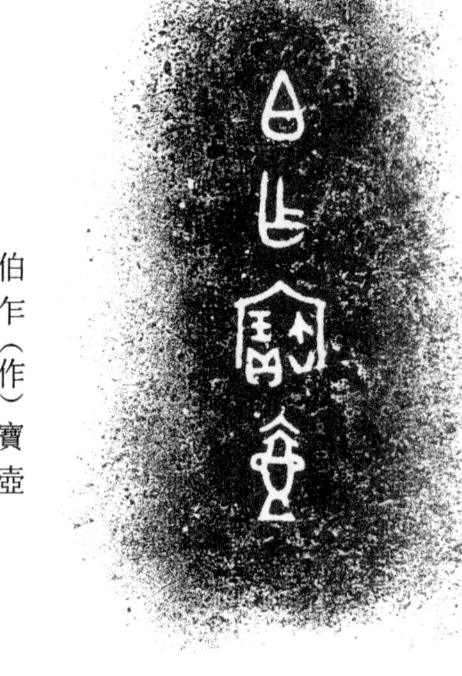

伯乍（作）寶壺

09529

吏从壺

事（史）从乍（作）壺

09530

⿱余㒳作寶彝壺

蜍乍（作）寶彝

09531.1

蜍乍（作）寶彝

09531.2

刅作寶彝壺

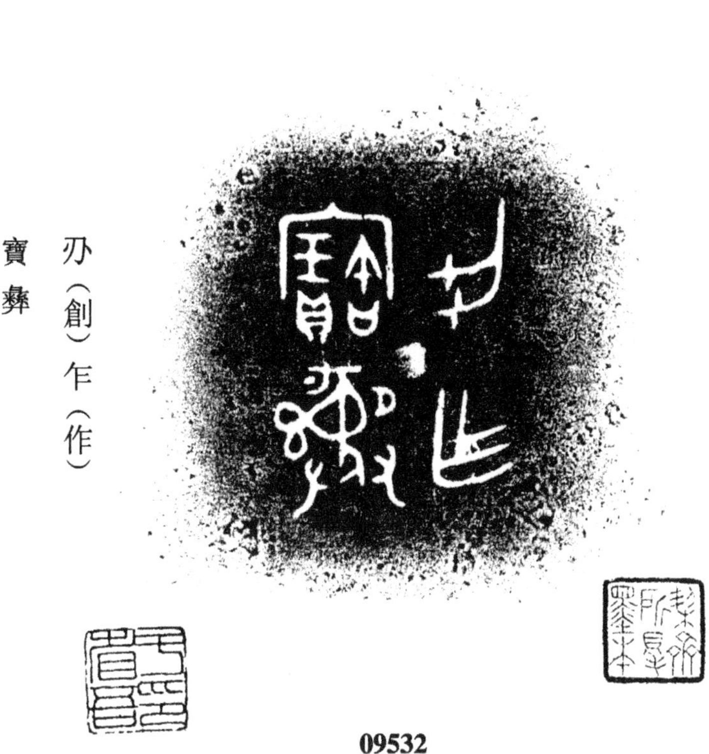

刅（創）乍（作）寶彝

09532

夾作彝壺

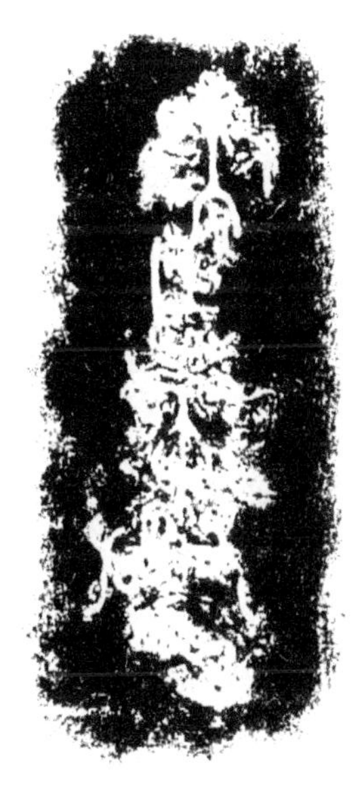

夾乍（作）彝，皀（次）

09533.1

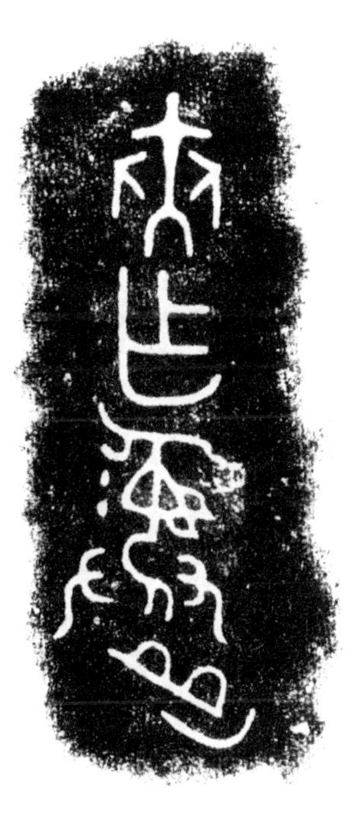

夾乍（作）彝，皀（次）

09533.2

員作旅壺

員乍(作)旅壺

09534.1

皆作隮壺

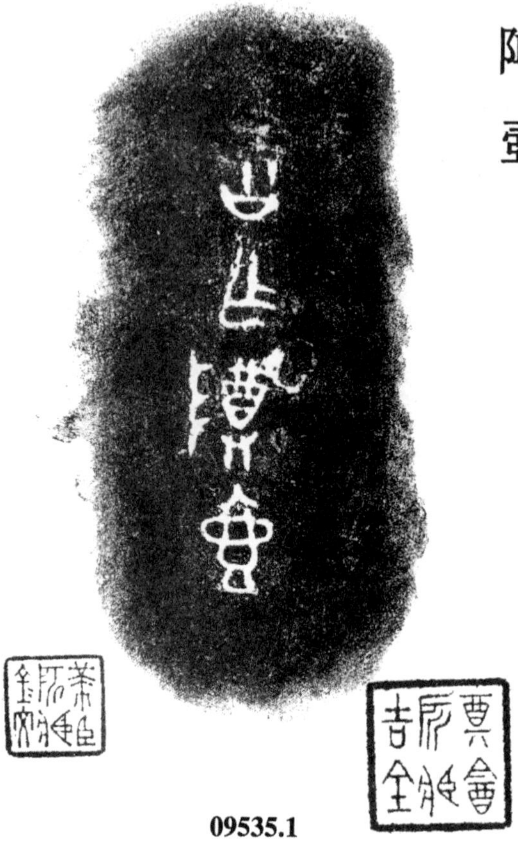

皆乍(作)尊壺

09535.1

員乍(作)旅壺

09534.2

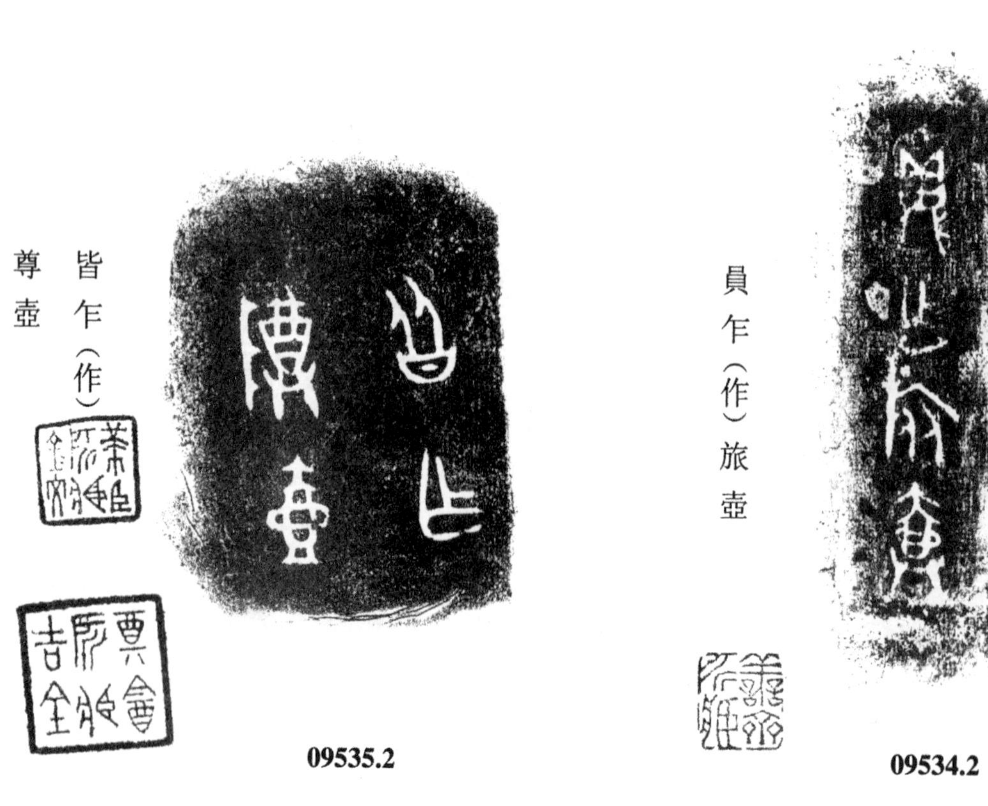

皆乍(作)尊壺

09535.2

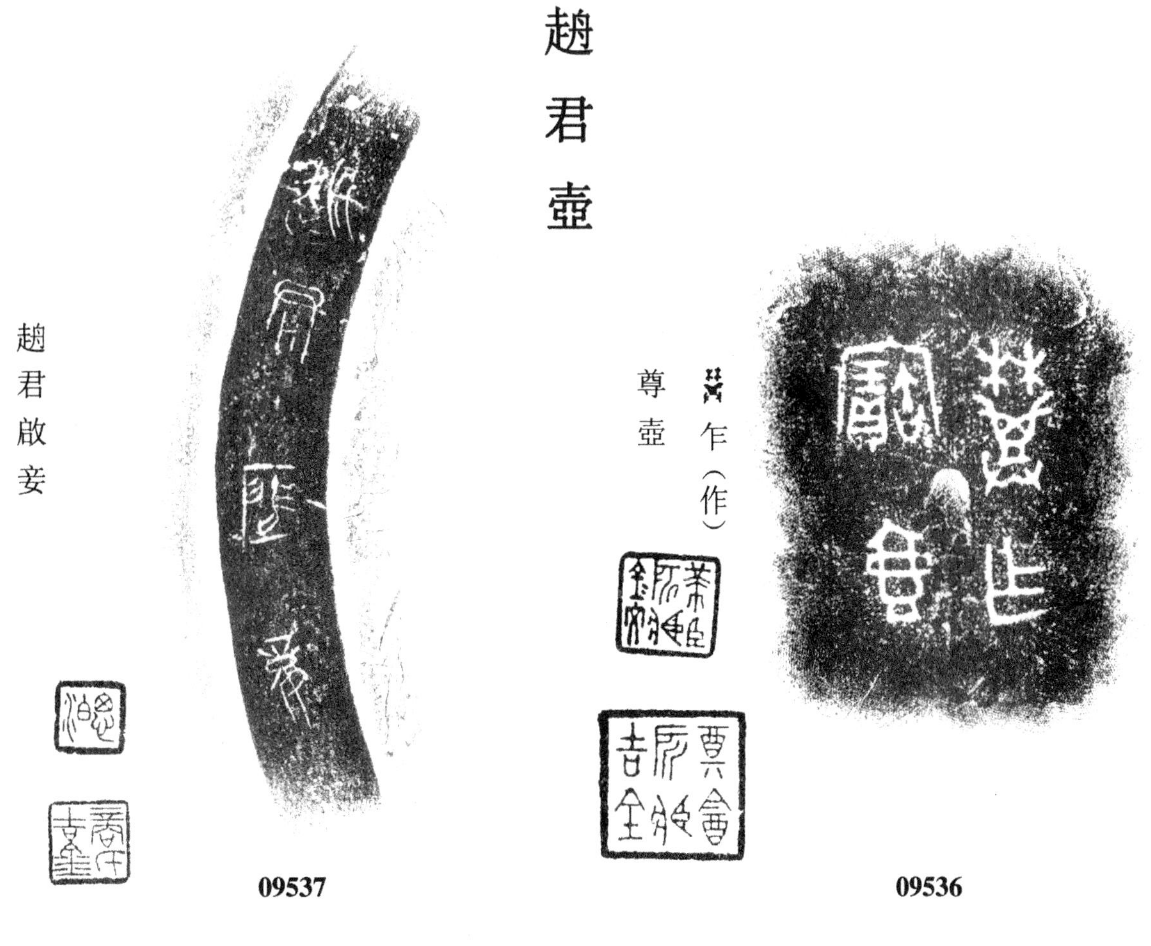

𦬆作寶壺

𦬆乍（作）尊壺

09536

趙君壺

趙君啟妾

09537

左斿子壺

09538A

左孝子之壺

09538B

左斿子壺

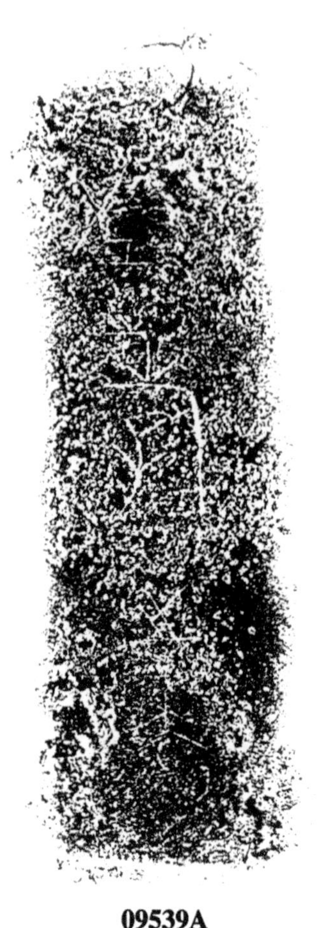

09539A

己斿子壺

09540A

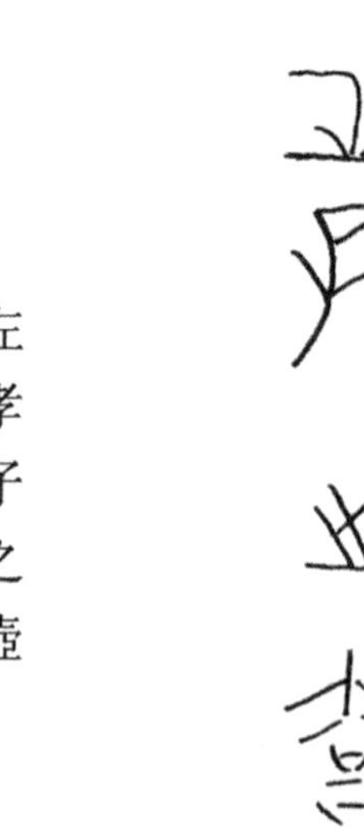

左孝子之壺

09539B

己孝子之壺五

09540B

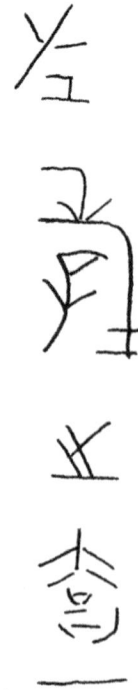

己斿子壺

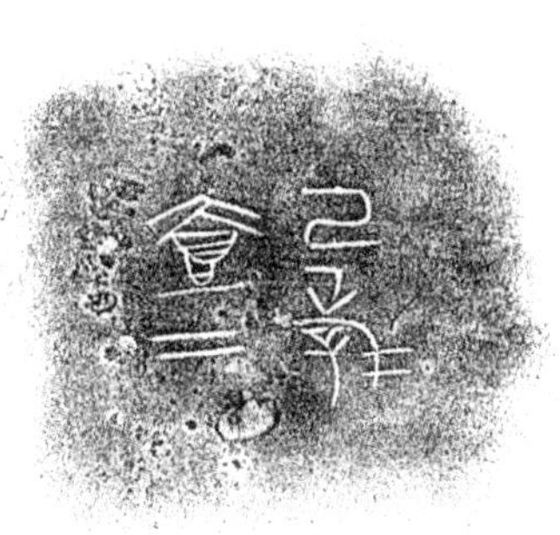

己孝子
之壺二

09541

徝宮右自壺

徝（廚）宮右官

09543

嵒君壺

呺君
之獲

09542

亞䋯壺

亞羌乍（作）犾（獮、禰）彝

09544

亞□壺

亞舀乍(作)旅彝

09545

工册天父己壺

工册天父己

09547

册劦竹父丁壺

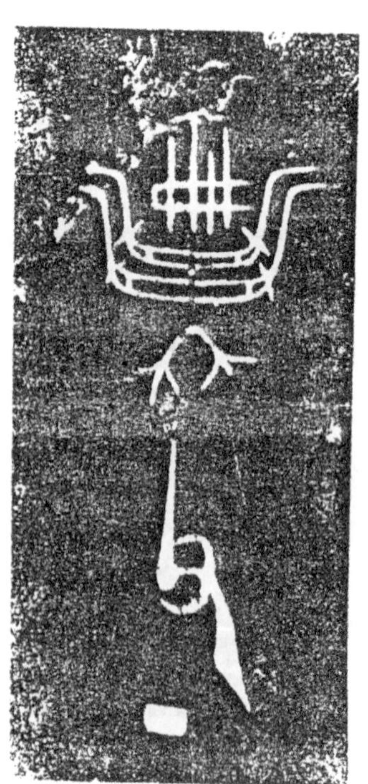

劦册竹父丁

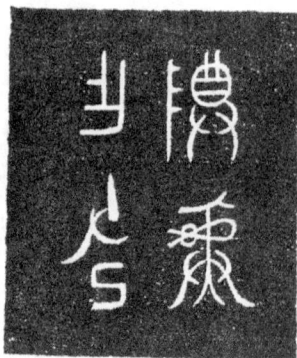

09546

作父己壺

尊彝
乍(作)父己

09548

膚冊父庚壺

膚冊
父庚㠯(退)

09549

王七祀壺蓋

王七祀，
王鑄

09551

[鼎卂]壺

[鼎卂]乍(作)尊
彝，□(我)

09550

天姬壺

天姬自乍（作）壺

09552

楷侯壺

楷侯乍（作）旅彝

09553

𠄞伯壺蓋

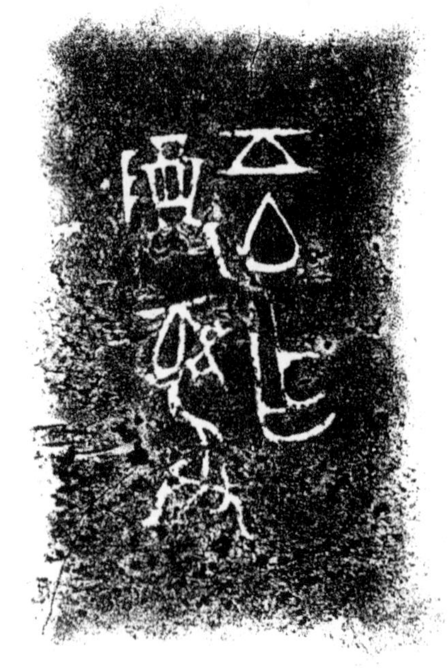

𠄞伯乍（作）尊彝

09554

⿰⿱畾夂刂媯壺

⿰⿱畾夂刂（⿰⿱畾田刂、嫘、姪）嬀乍（作）寶壺

09555

㪃姬壺

㪃姬乍（作）寶彝

09557

嫘妊壺

嫘（姪）妊乍（作）安壺

09556.1

嫘（姪）妊乍（作）安壺

09556.2

雅子嬰壺

猚（雅）子嬰尊壺

09558

子㛬𨑓子壺

子㛬𨑓子壺

09559

子㛪𨑨子壺

子㛪迺子壺

09560

左使車工壺

左使車工尼

09561A

09561B

左使車工壺

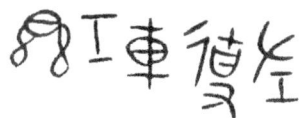

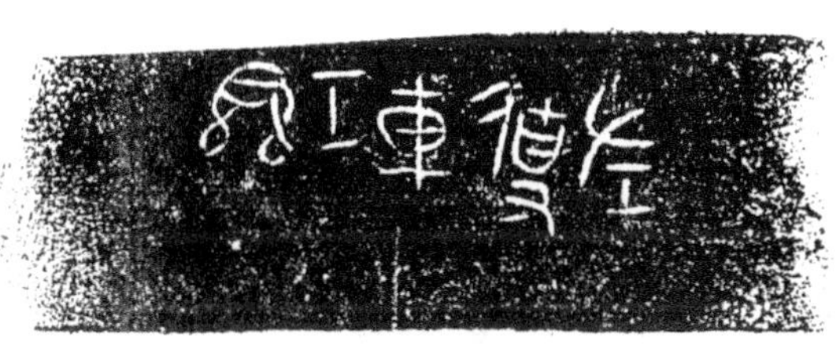

左使車工縣

09562A

09562B

右冶尹壺

09563.1

09563.2

09563.3

右屖(遅、遲)肙(尹)，西宫

恒作且辛壺

09564

恒乍(作)祖辛壺

亞文父乙壺

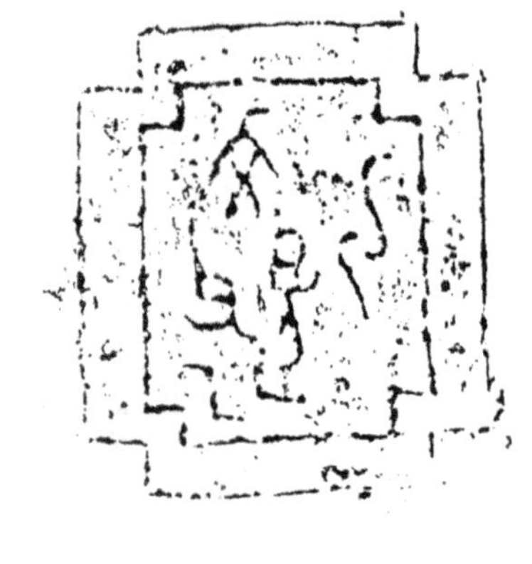

09565

亞矢望ㄐ父乙

[illegible]父乙壺

沃乍(作)父乙
尊彝，虢册

09566

伯矩壺

伯矩乍(作)寶
尊彝

09567.1

伯矩壺

伯矩乍(作)寶
尊彝

09568

伯矩乍(作)寶
尊彝

09567.2

伯侄方壺

伯致(致)乍(作)
寶尊彝

09569

孟截父壺

孟截父乍(作)鬱壺

09571

伯濼父壺

伯濼父
乍(作)旅壺

09570

鴋仲多壺

鴋（唐）仲多乍（作）醴壺

09572

蔡侯方壺

蔡侯𪒠（申）之淄（𨦫）壺

09573

蔡侯方壺

蔡侯𪒠（申）之淄（𨦫）壺

09574

鄭右□方壺

奠(鄭)右亶(廩)，盛季壺

09575.1

09575.2

作父己壺

□(䀠)尸乍(作)父己尊彝

09576

𠭯作父辛壺

𠭯乍(作)父辛彝，㿿册

09577

□父壺

□父乍（作）
父壬寶壺

09578

魯侯壺

魯侯乍（作）尹
叔姬壺

09579

鑄大□壺

鑄大𢼸
之笷一
壺

09580

曾侯乙壺

曾侯乙乍（作）時（持）用冬（終）

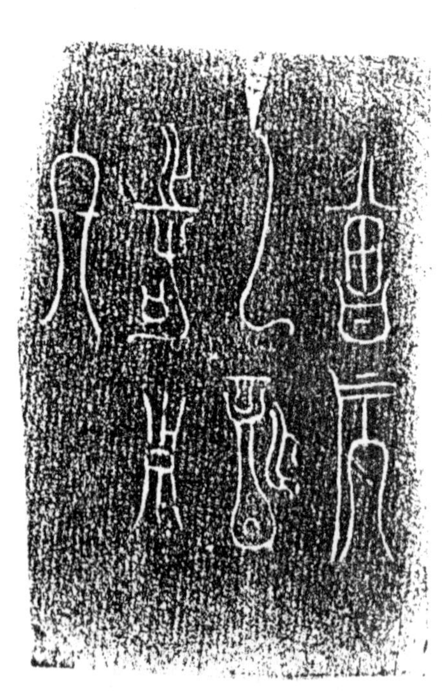

09581

曾侯乙壺

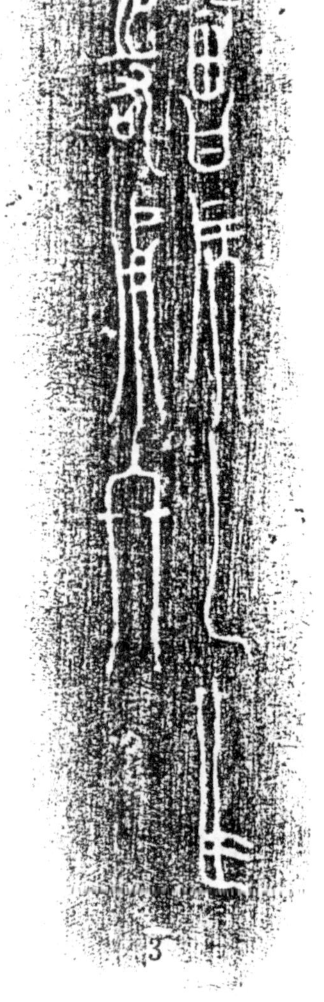

曾侯乙詐（作）時（持）甬（用）冬（終）

09582

韓氏私官方壺

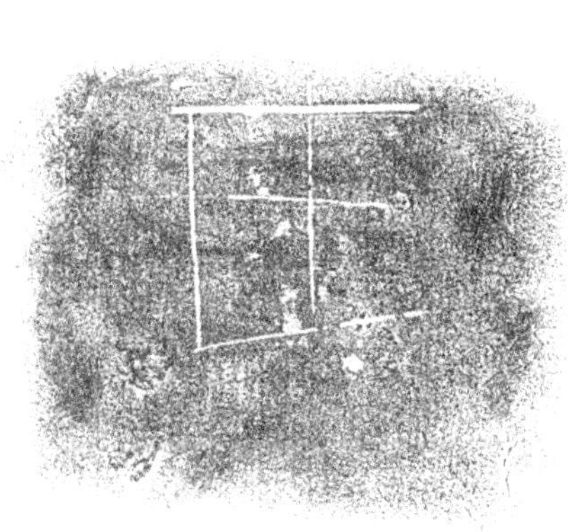

09583.2

09583.1A

見

厶（私）官，

韓氏

[illegible]，

丑，

田，

丌（其）

09583.3

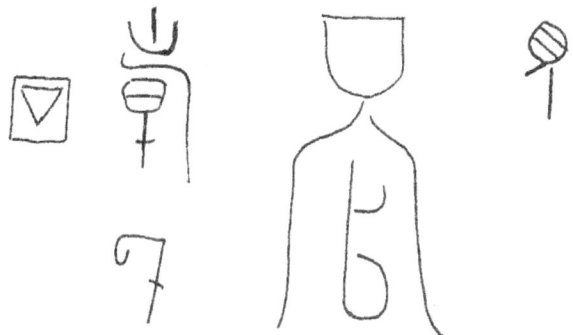

09583.4

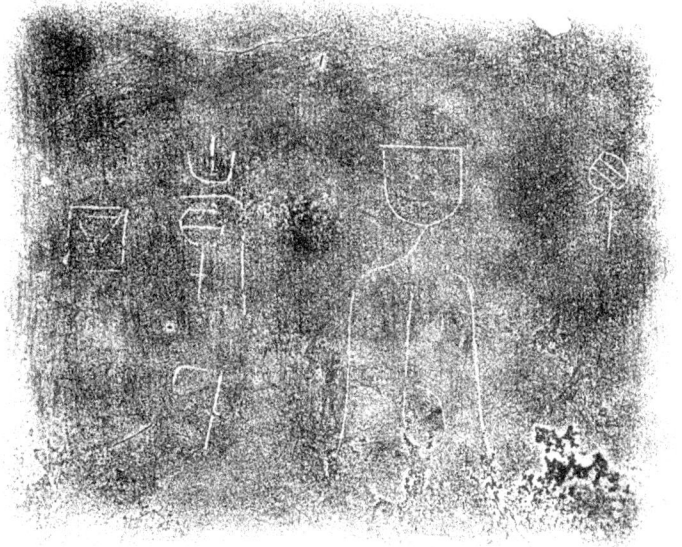

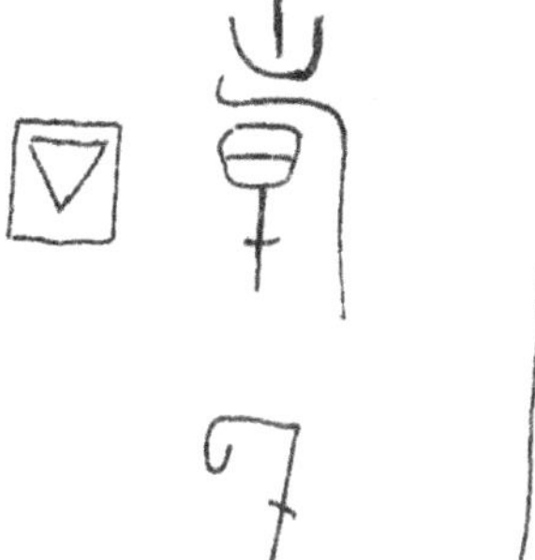

09583.1B

鬼作父丙壺

鬼乍(作)父丙寶壺，伊🀫

09584

內伯壺

內(芮)伯肇乍(作)釐公尊彝

09585.2

內(芮)伯肇乍(作)釐公尊彝

09585.1

梠侯壺

梠(柏)侯乍(作)旅壺，永寶用

09586.1

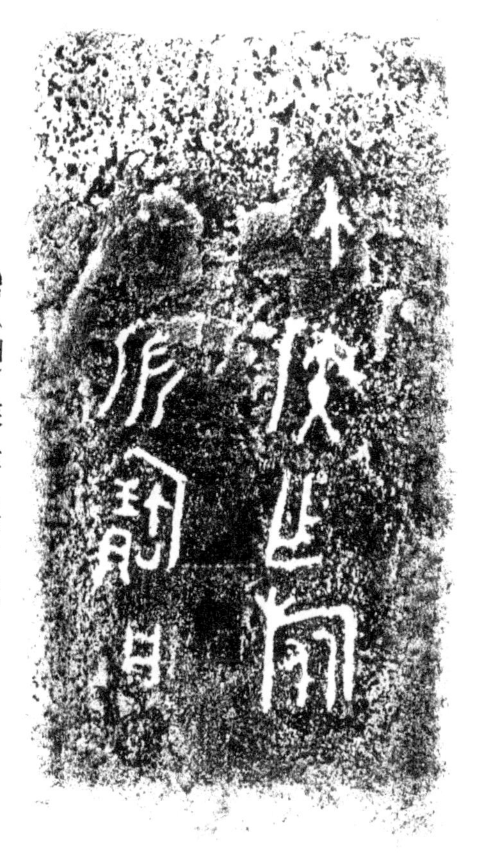

梠(柏)侯乍(作)旅壺，永寶用

09586.2

梠侯壺

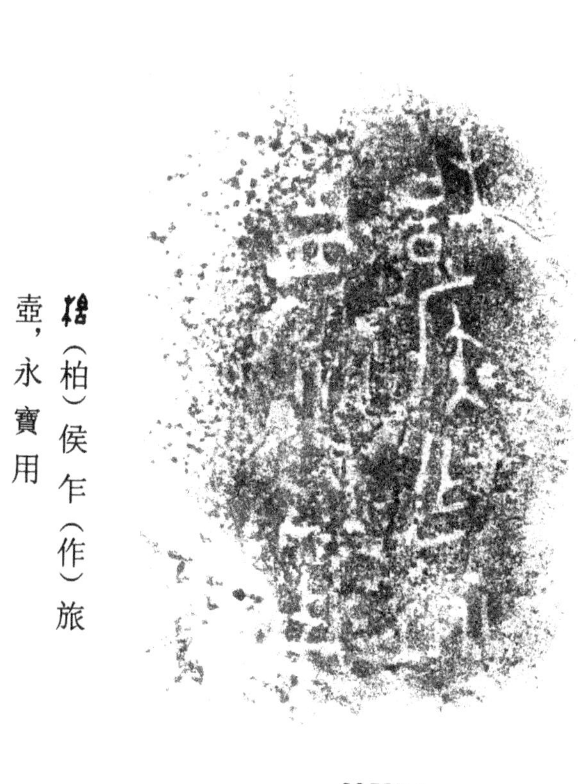

梠(柏)侯乍(作)旅壺，永寶用

09587.1

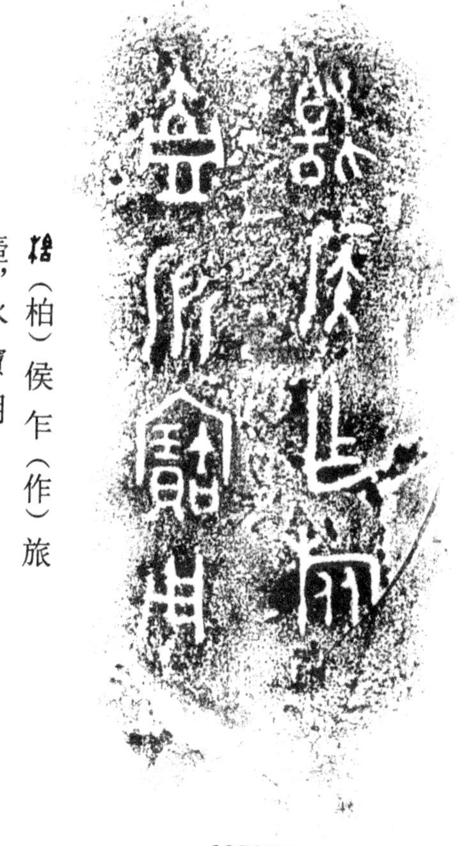

梠(柏)侯乍(作)旅壺，永寶用

09587.2

右走馬嘉壺

右走（趣）馬嘉
自乍（作）行壺

09588

冢客之官壺

冢客之官，苛□官

09589.1

09589.2

徝宮左自方壺

09590.1

左酒
五十三，
徝(廚)宮左官

09590.2

徝宮左自方壺

09591.1

左酒
卅四，
徝(廚)宮左官

09591.2

奪作父丁壺

09592

奪乍(作)父丁寶尊彝，允冊

奪作父丁壺

09593.1

奪乍(作)父丁寶尊彝，允冊

09593.2

奪乍(作)父丁寶尊彝，允冊

歸𡚸進壺

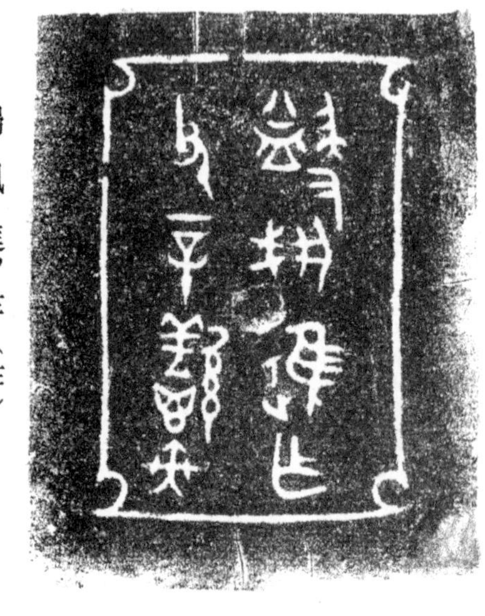

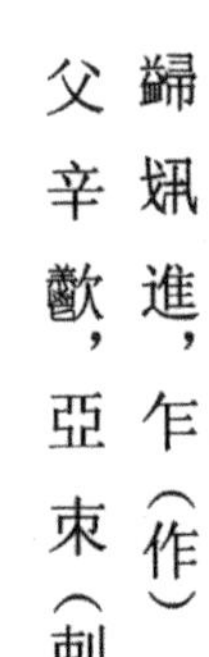

歸𡚸進，乍（作）
父辛歞，亞束（刺）

09594.1

歸𡚸進壺

歸𡚸乍（作）
父辛寶
尊彝，亞束（刺）

09595.1

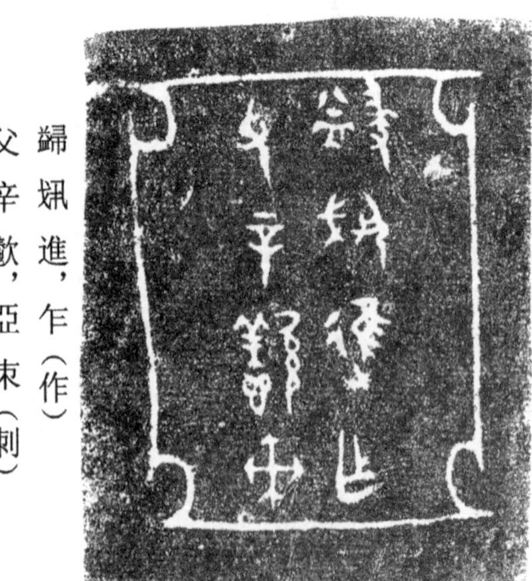

歸𡚸進，乍（作）
父辛歞，亞束（刺）

09594.2

歸𡚸乍（作）
父辛寶
尊彝，亞束（刺）

09595.2

内公壺

內（芮）公乍（作）鑄從壺，永寶用

09596

内公壺

內（芮）公乍（作）鑄從壺，永寶用

09597

內公壺

內（芮）公乍（作）鑄從壺，永寶用

09598

伯魚父壺

伯魚父乍（作）旅壺，永寶用

09599.1

伯魚父乍（作）旅壺，永寶用

09599.2

伯魯父壺

伯魚父乍(作)
旅壺，永寶用，

09600.1

伯魯父乍(作)
旅壺，永寶用

09600.2

頁車父壺

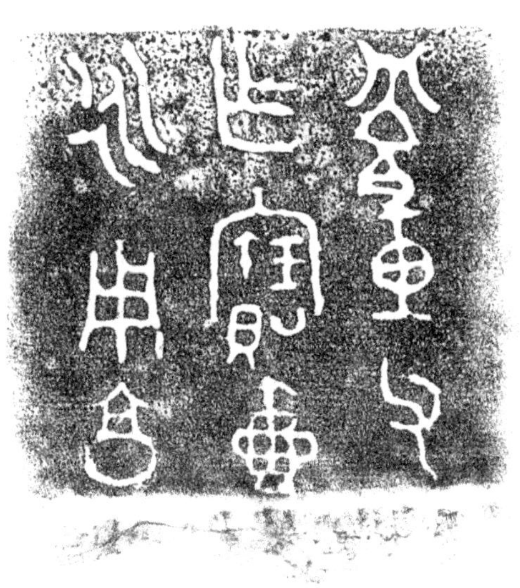

頁(亘)車父
乍(作)寶壺，
永用享

09601.1

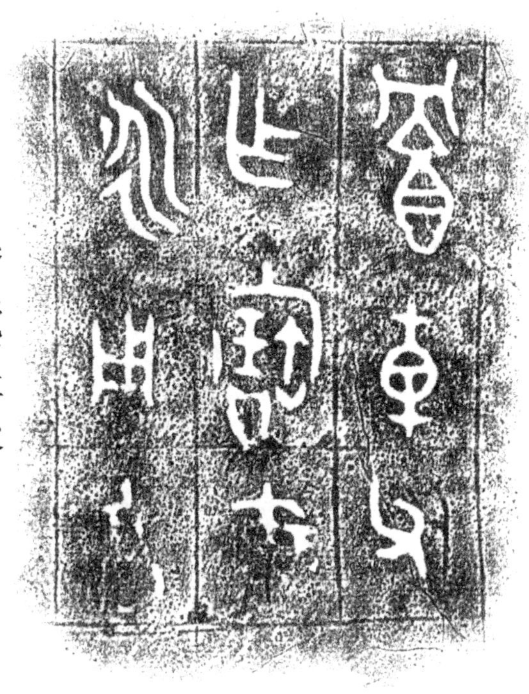

頁(亘)車父
乍(作)寶壺，
永用享

09601.2

⿱夂艮車父壺

子叔壺

⿱夂艮(⿱冖皀)車父
乍(作)寶壺，
永用享

09602.1

09603.1

子叔乍(作)
叔姜尊
壺，永用
子叔乍(作)
尊壺

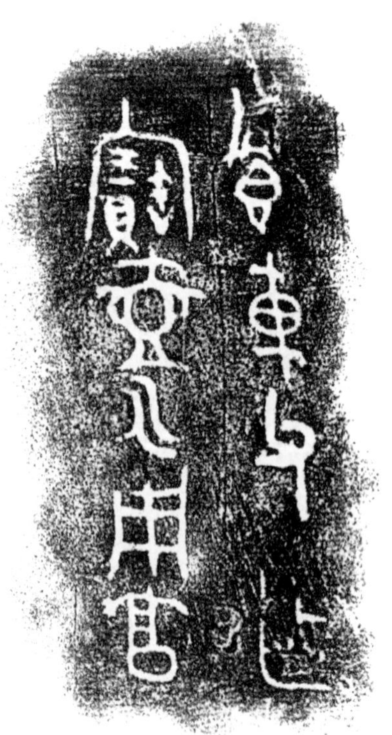

⿱夂艮(⿱冖皀)車父乍(作)
寶壺，永用享

09602.2

09603.2

子叔壺

子叔乍（作）叔姜尊壺，永用

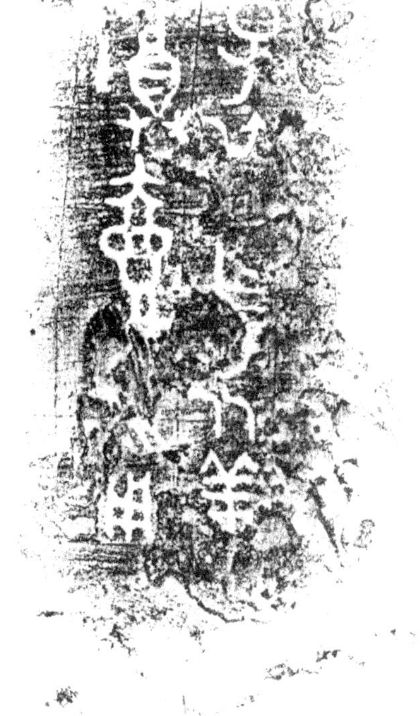

09604

雍工壺

09605.1A

雍工敃，三斗，北寖（浸），

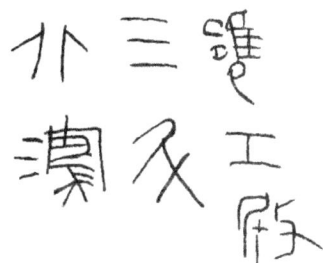

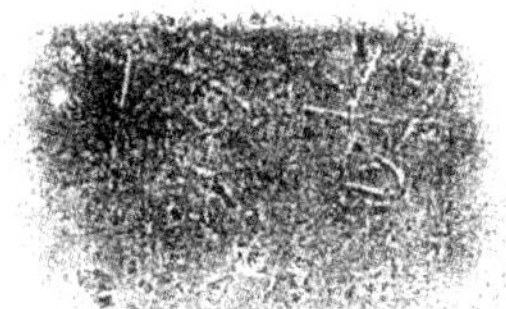

09605.2A

09605.1B

雍工敃，三斗，北寖（浸），莤（糟）府

09605.2B

繳窓君扁壺

繳（襄）安君其鉼（瓶），弍孛（穀、斛）酉，樂

09606.1

09606.2

09606.3

伯山父壺蓋

伯山父乍（作）尊墉（甗），厲（萬）年寶用

09608

永用析涅壺

永用，休涅，受六孛（穀、斛）四射

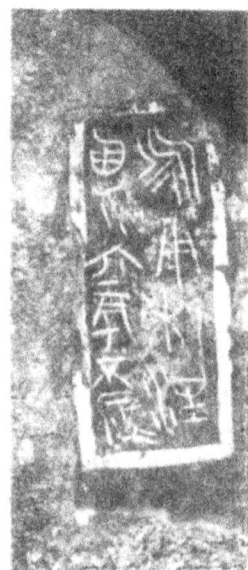

09607

成伯邦父壺

成伯邦父乍（作）叔姜萬人（年）壺

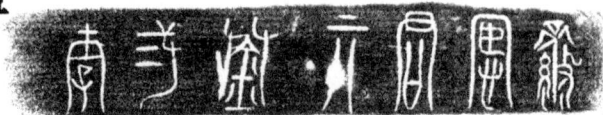

09609

呂季姜壺

呂季姜
乍（作）醴壺，
子子孫孫永
寶用

09610.1

呂季姜乍（作）
醴壺，子子
孫孫永寶用

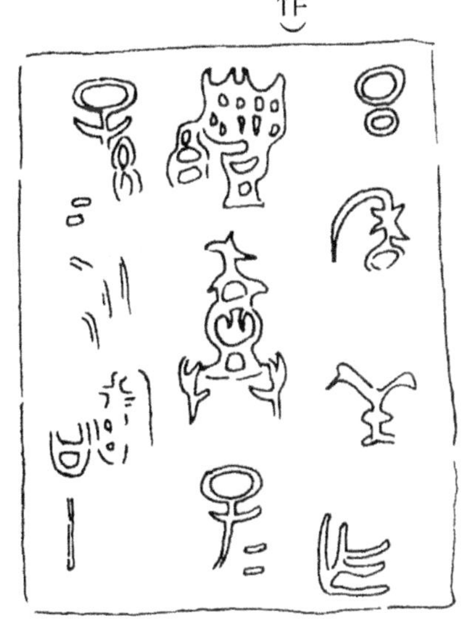

09610.2

呂季姜壺

呂季姜
乍（作）醴壺，
子子孫孫永
寶用

09611.1

呂季姜乍（作）
醴壺，子子
孫孫永寶用

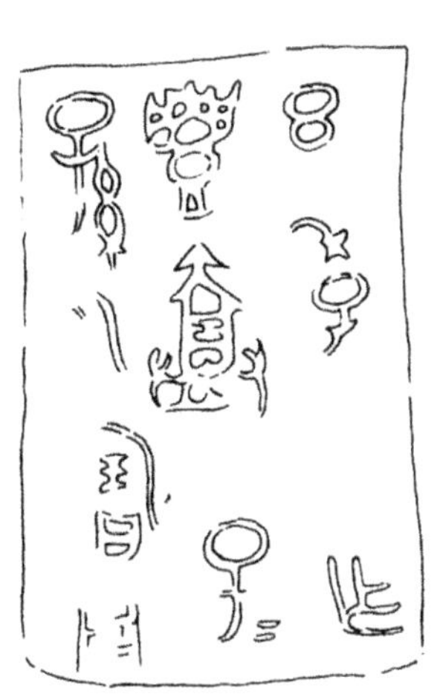

09611.2

大作父乙壺

大乍(作)父乙寶彝，其子子孫孫永寶

09612

孟上父壺

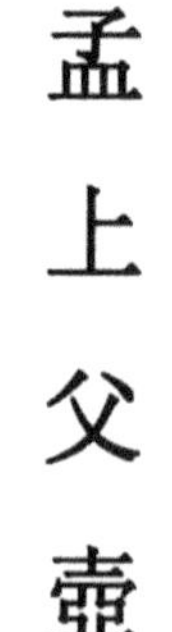

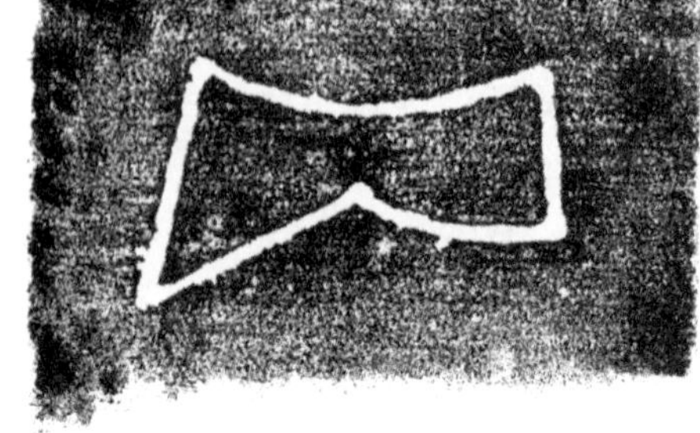

09614.1

伯多壺

子孫永用人非壺，今夆伯多

09613

丙，孟上父乍(作)尊壺，其永寶用

09614.2

宬伯㠱生壺

宬伯
㠱生（甥）
乍（作）旅
壺，其
永寶用

09615

春成侯壺

春成侯中
府，爲重（鍾），冢（重）
十八益（鎰）

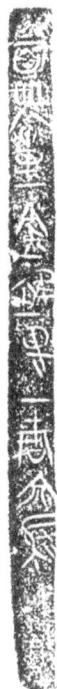

09616

重金扁壺

百卌（四十）八，重金鉀，受一壴（穀、斛）六尌

09617

尚壺

09618.1 甲

09618.2 甲

尚自乍（作）
旅壺，
其邁（萬）
年，子子
孫孫
永用，

尚自乍（作）旅
壺，其邁（萬）年，
子子孫孫永用

尚壺

09618.1 乙

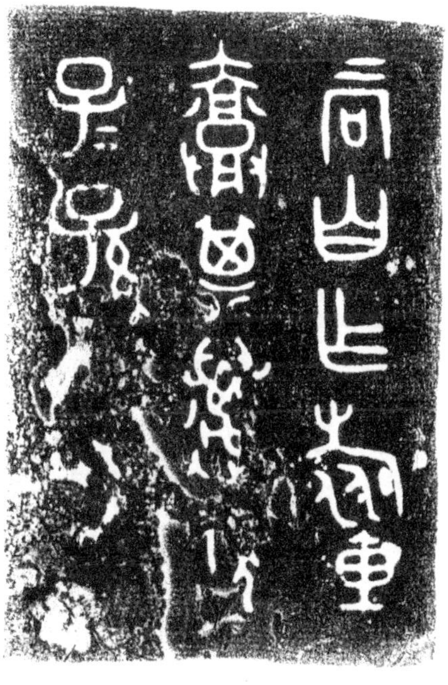

09618.2 乙

尚自乍（作）
旅壺，
其邁（萬）
年，子子
孫孫
永用，

尚自乍（作）旅
壺，其邁（萬）年，
子子孫孫永用

伯庶父壺

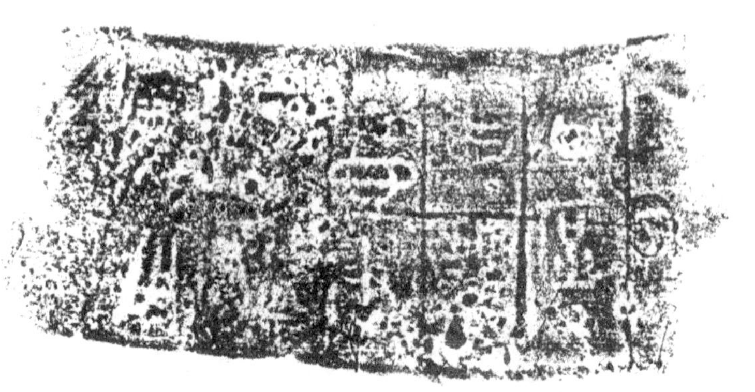

09619.1

伯庶父乍（作）醴壺，彶姜氏永寶用

09619.2

伯庶父乍（作）醴壺，彶姜氏永寶用

伯濼父壺蓋

09620

伯濼父乍（作）寶壺，其邁（萬）年永寶用

成周邦父壺

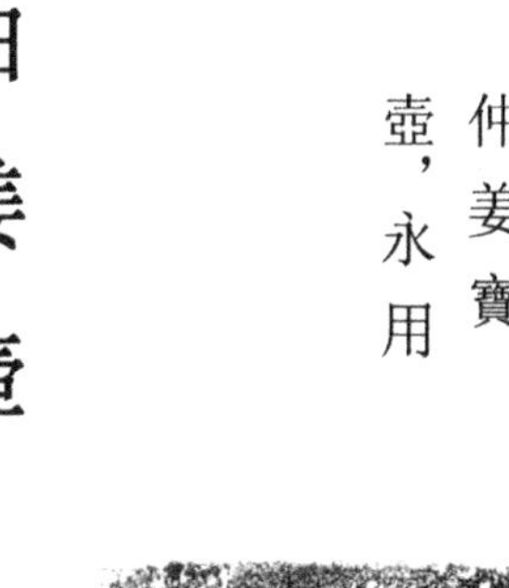

成周邦父乍（作）干仲姜寶壺，永用

09621

王伯姜壺

王伯姜乍（作）尊壺，其萬年永寶用

09623

鄧孟壺蓋

登（鄧）孟乍（作）監嫚尊壺，子子孫孫永寶用

09622

王伯姜壺

王伯姜乍（作）尊壺，其萬年永寶用

09624

盜叔壺

擇厥吉日丁，盜叔尊壺，永用之

09625

盜叔壺

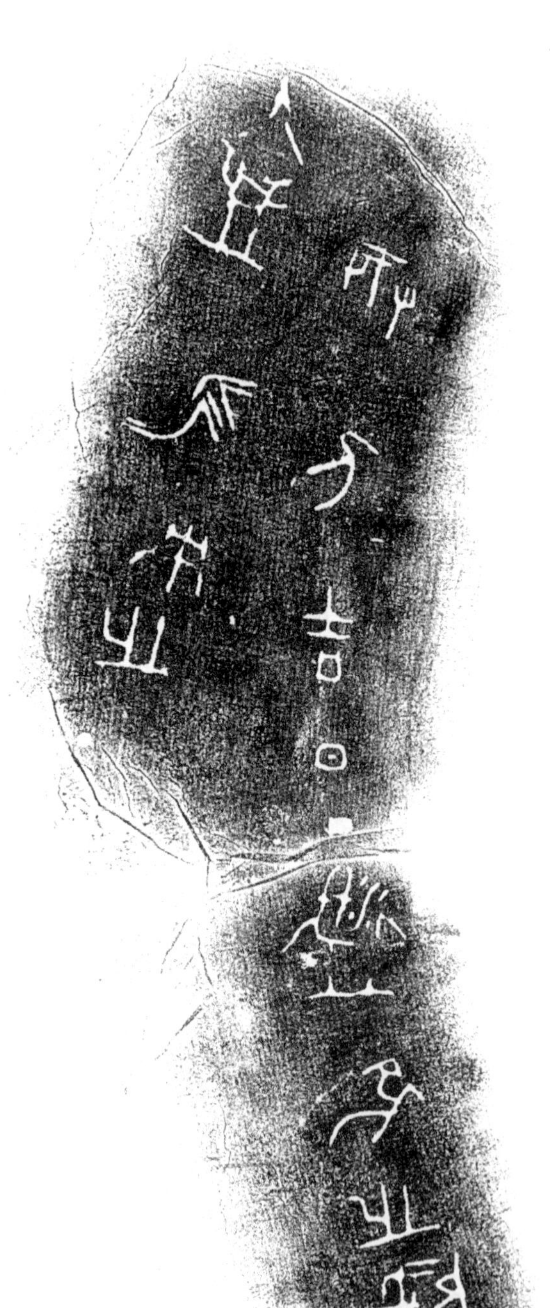

擇厥吉日丁，盜叔之尊壺，永用之

09626

□侯壺

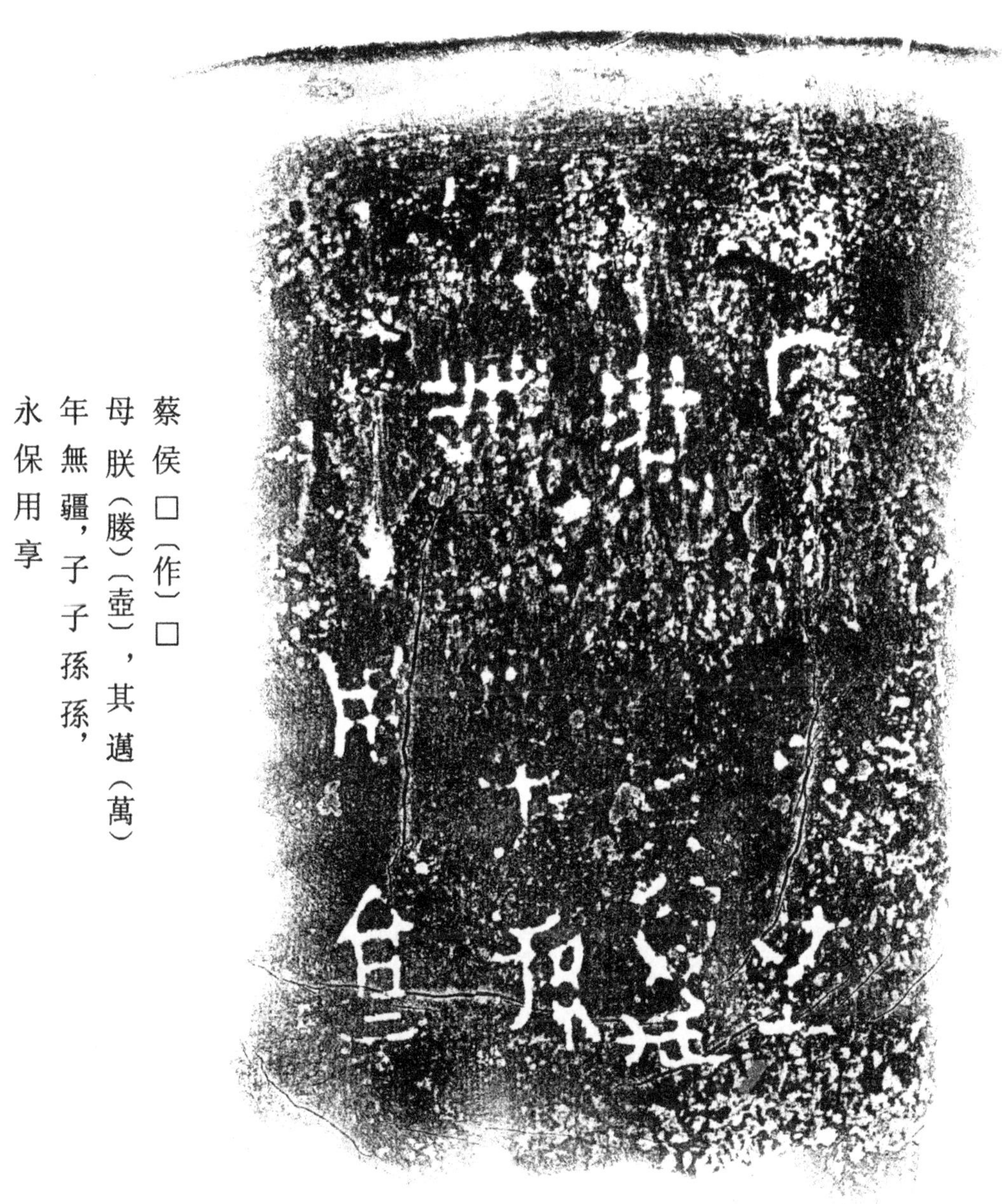

蔡侯□(作)□母朕(媵)(壺),其邁(萬)年無疆,子子孫孫,永保用享

09627

曾仲斿父方壺

曾仲斿(游)父用吉金，自乍(作)寶尊壺

09628.1

曾仲斿(游)父用吉金，自乍(作)寶尊壺

09628.2

曾仲斿父方壺

曾仲斿（游）父用吉金，自乍（作）寶尊壺

09629.1

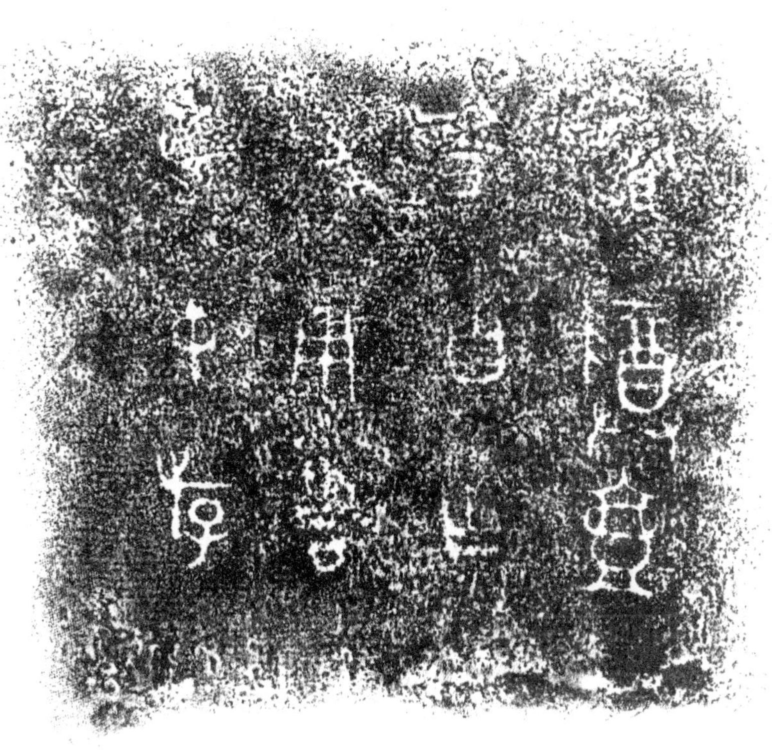

09629.2

曾仲斿（游）父用吉金，自乍（作）寶尊壺

吕王壺

吕王造乍(作)內(芮)姬尊壺，其永寶用享

09630

鄭楙叔賓父壺

奠(鄭)楙叔賓父乍(作)醴壺，子子孫孫永寶用

09631

己侯壺

己（紀）侯乍（作）鑄壺，事（使）小臣以汲，永寶用

09632

敶侯壺

敶（陳）侯乍（作）嬀櫓朕（媵）壺，其萬年永寶用

09633.2

敶（陳）侯乍（作）嬀櫓朕（媵）壺，其萬年永寶用

09633.1

敶侯壺

敶（陳）侯乍（作）嬀
櫓朕（媵）壺，其
萬年永寶用

09634.1

敶（陳）侯乍（作）嬀
櫓朕（媵）壺，其
萬年永寶用

09634.2

眉㸔壺

嵋㸔乍（作）寶壺，其萬年，子子孫孫永寶用

09635

黃君孟壺

黃君孟自乍（作）行器，子子孫孫，則永𡩜（祜）富（福）

09636

樊夫人龍嬴壺

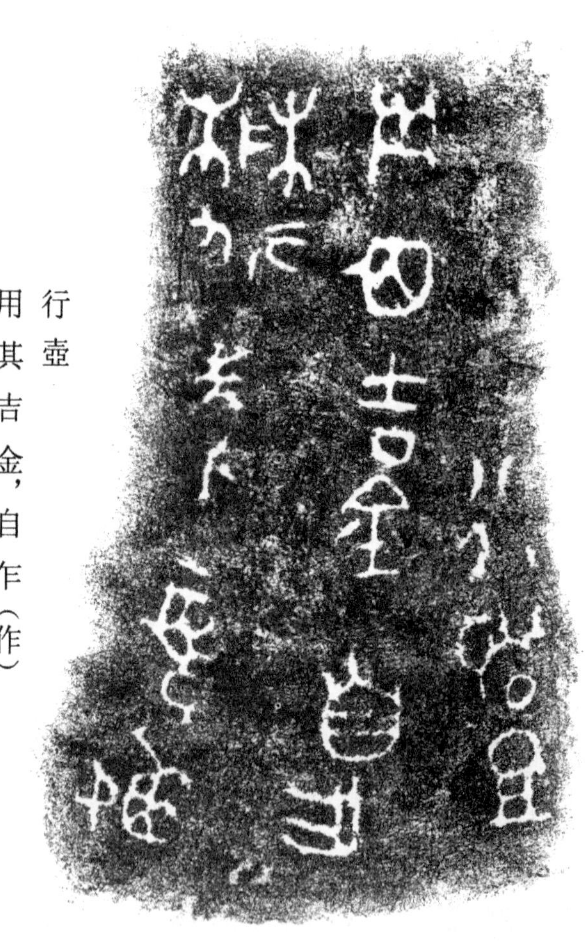

樊夫人龍嬴，
用其吉金，自乍（作）
行壺

09637

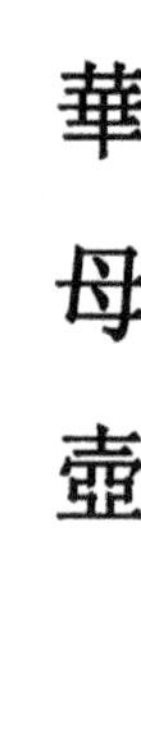

華母壺

唯正月初吉庚午，華母自乍（作）薦壺

09638

邛君婦龢壺

邛（江）君婦龢乍（作）其壺，子孫永寶用之

09639

東周左𠂤壺

廿九年十二月，爲東周左官酒（糟）壺

09640

𤔲寇良父壺

𤔲寇良父，乍（作）爲衛姬壺，子子孫永保用

09641

仲南父壺

仲南父乍(作)尊
壺，其萬年，子子
孫孫永寶用

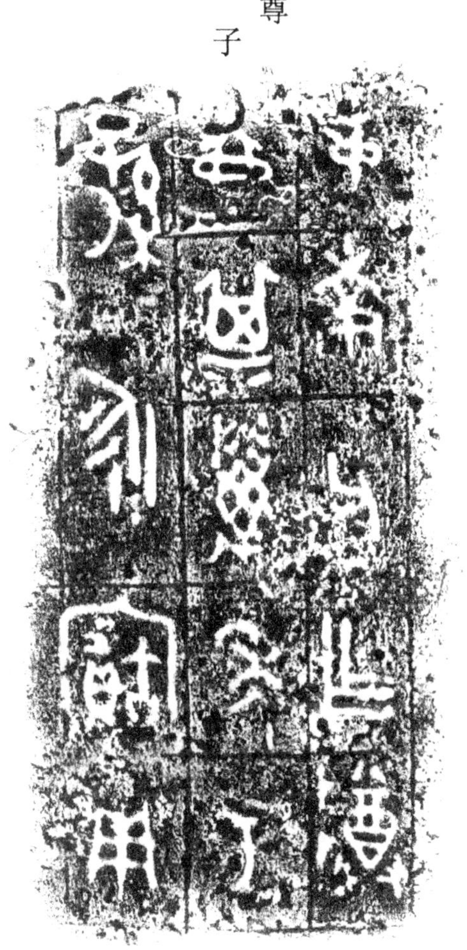

09642

仲南父壺

仲南父乍(作)尊
壺，其邁(萬)年，
子子孫孫永寶用

09643.1

孫孫永寶用
壺，其邁(萬)年，子子
仲南父乍(作)尊

09643.2

内大子白壺蓋

內（芮）大（太）子白，乍（作）

鑄寶壺，邁（萬）

子孫永用享

09644

内大子白壺

內（芮）大（太）子白，乍（作）
鑄寶壺，邁（萬）
子孫永用享

09645.1

內（芮）大（太）子
白，乍（作）鑄
寶壺，邁（萬）
子孫永用享

09645.2

保侃母壺

王姛賜保侃母貝，揚姛休，用乍（作）寶壺

09646.1

王姛賜保侃母貝，揚姛休，用乍（作）寶壺

09646.2

㠯宮左自方壺

㠯（廚）宮左官，
左酉（糟）七，
卅五再五寽（鋝）五冢（重）

09647.1

09647.3

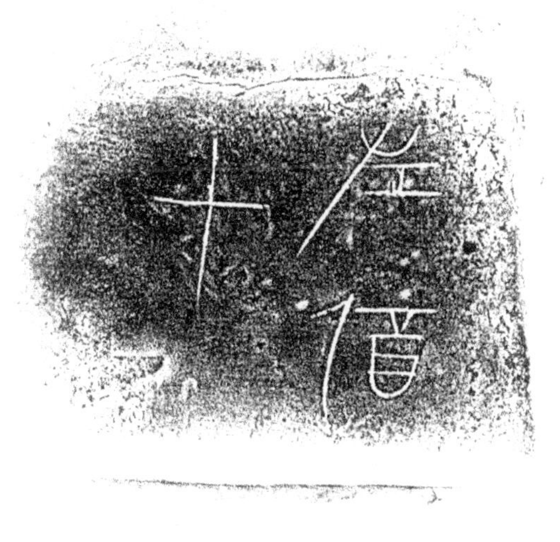

09647.2

四升飼客方壺

四斗飼客，四哥（鋝）十一冢（重）盞，右內酉（槽）七

09648

四升飼客方壺

左內酉（槽）廿八，四斗飼客，四哥（鋝）七冢（重）盞

09649.2

09649.1

四升飤客方壺

四斗飤客，
四寽（鋝）十三
冢（重），
□（賠）飤
右
內
□（糟）四

09650

矩叔壺

矩叔乍（作）仲姜
寶尊壺，其邁（萬）
年，子子孫孫永用

09651

矩叔壺

矩叔乍（作）仲姜
寶尊壺，其邁（萬）
年，子子孫孫永用

09652

史僕壺

史僕乍（作）尊壺，僕其萬年，子子孫孫，永寶用享

09653

史僕壺蓋

史僕乍（作）尊壺，僕其萬年，子子孫孫，永寶用享

09654

虢季氏子組壺

虢季氏
子𦃟(組)乍(作)
寶壺，子子
孫孫永寶，
其用享

09655

伯公父壺蓋

伯公父
乍(作)叔姬
醴壺，
萬年子子
孫孫永寶
用

09656

侯母壺

侯母乍(作)侯父戎壺,用征行,用求福無疆

09657.1

侯母乍(作)侯父戎壺,用征行,用求福無疆

09657.2

鄩季壺

鄩（鄩）季寬（魔）車自乍（作）行壺，子孫永寶用之

09658.1

齊良壺

齊皇乍（作）壺盂，其眉壽無期，子孫永保用

09659

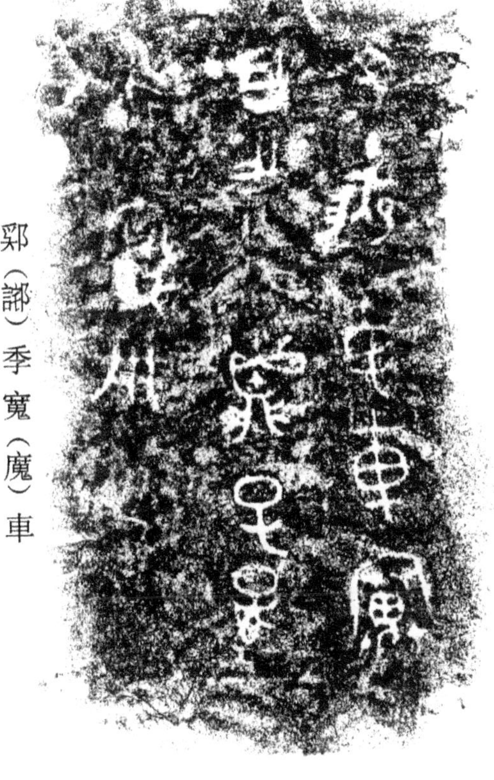

鄩（鄩）季寬（魔）車自乍（作）行壺，子孫永寶用之

09658.2

徝宮左自方壺

左迺（糟）卅，
徝（廚）宮左官，
十九爯四寽（鋝）廿九冢（重）□

09660.1

09660.2

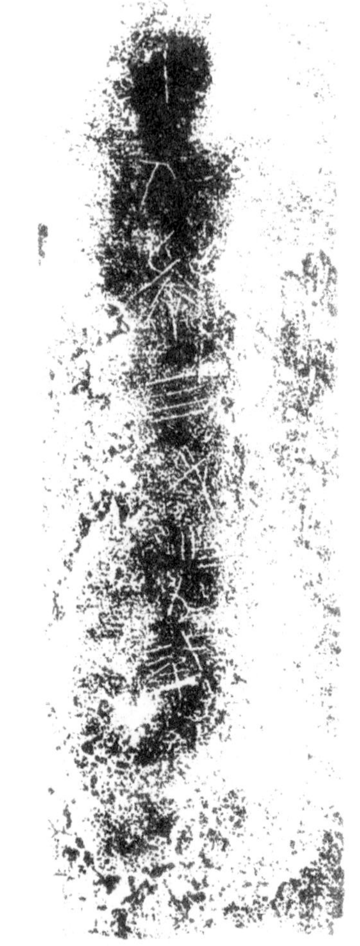

09660.3

大師小子師朢壺

大（太）師小子師朢乍（作）寶壺，其萬年，子子孫孫永寶用

09661

交君子㚤壺

交君子㚤肇乍（作）寶壺，其眉壽萬年，永寶用

09662

黄子壺

黄子乍(作)黄父(夫)人行器，則永祜寊(福)，霝(靈)冬(終)霝(靈)復(後)

09663

黄子壺

黄子乍(作)黄父(夫)人行器，則永祜寊(福)，霝(靈)冬(終)霝(靈)復(後)

09664

十四年方壺

09665.1A

十四茉，⿱八六（片）器嗇夫亮疸所勒（勒）輎（看）器乍（作）勒（勒）者

09665.1B

09665.2A

十四茉，⿱八六（片）器嗇夫亮疸所勒（勒）輎（看）器乍（作）勒（勒）者

09665.2B

十四年方壺

09666A

09666B

十四朱，八六（片）器嗇夫亮疸所䩞（勒）䩶（看）器乍（作）䩞（勒）者

中伯壺蓋

中伯乍(作)亲(辛)姬䜌(孌)人朕(媵)壺，其邁(萬)年，子子孫孫永寶用

09667

中伯壺

中伯乍(作)亲(辛)姬䜌(孌)人朕(媵)壺，其邁(萬)年，子子孫孫永寶用

09668

㪚氏車父壺

㪚(散)氏車父乍(作)醒姜尊壺，其萬年，子子孫孫永寶用

09669

番壺

□□生乍(作)懿伯寶壺，番其萬年，子子孫孫，永寶用享

09670

仲自父壺

仲自(師)父乍(作)卣
壺，仲自(師)父
其用沓(侑)，眔
以(台)倗友醮

09672

兮熬壺

兮熬乍(作)
尊壺，其
萬年，子子
孫孫，永用
享考(孝)于
大宗

09671.1

兮熬乍(作)尊
壺，其萬年，
子子孫孫，永用
享考(孝)于大宗

09671.2

寺工師初壺

09673.1A

二年，寺工
師初、丞拑、
稟（廩）人莽，
三斗，
北濅（浸、寑），
莤（糟）
府

09673.1B

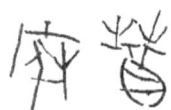

09673.2B

09673.2A

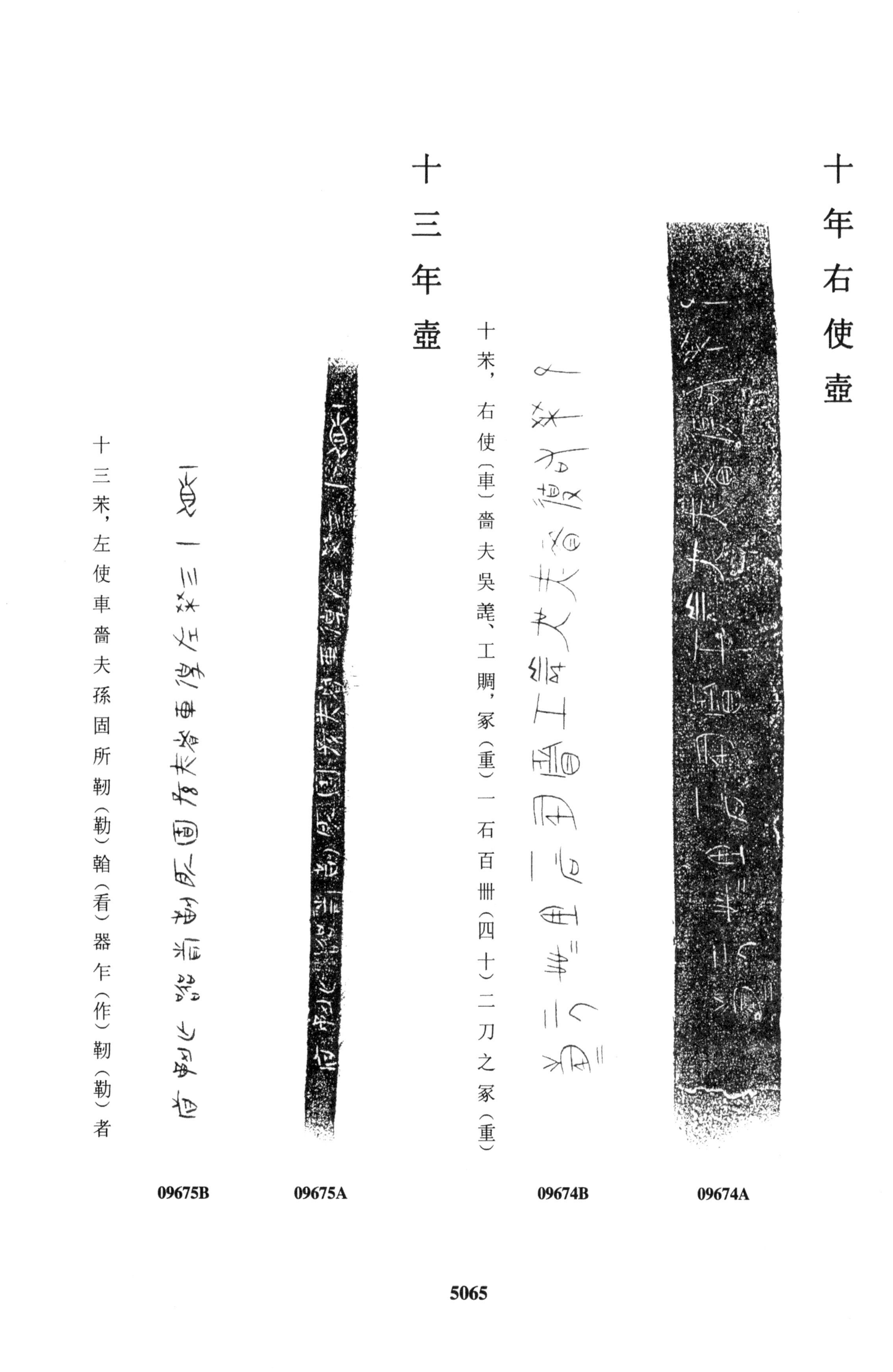

十年右使壺

09674A

十茉，右使（車）啬夫吳差、工䏧，冢（重）一石百卌（四十）二刀之冢（重）

09674B

十三年壺

09675A

十三茉，左使車啬夫孫固所勒（勒）翰（看）器乍（作）勒（勒）者

09675B

殷句壺

殷句乍（作）其寶壺，用興甫（夫）人，其萬年，子子孫孫，永寶用享

09676

黽壺蓋

□叔
▨奠
▨，黽以
▨其吉（金），
▨寶壺，
用暘（賜）眉壽，子子
孫孫，其永用之

09677.1

09677.2

趙孟庎壺

09678.2

09678.1

禺（遇）邗王于黄池，爲趙孟

庎（介），邗王之惕（賜）金，台（以）爲祠器

趙孟庎壺

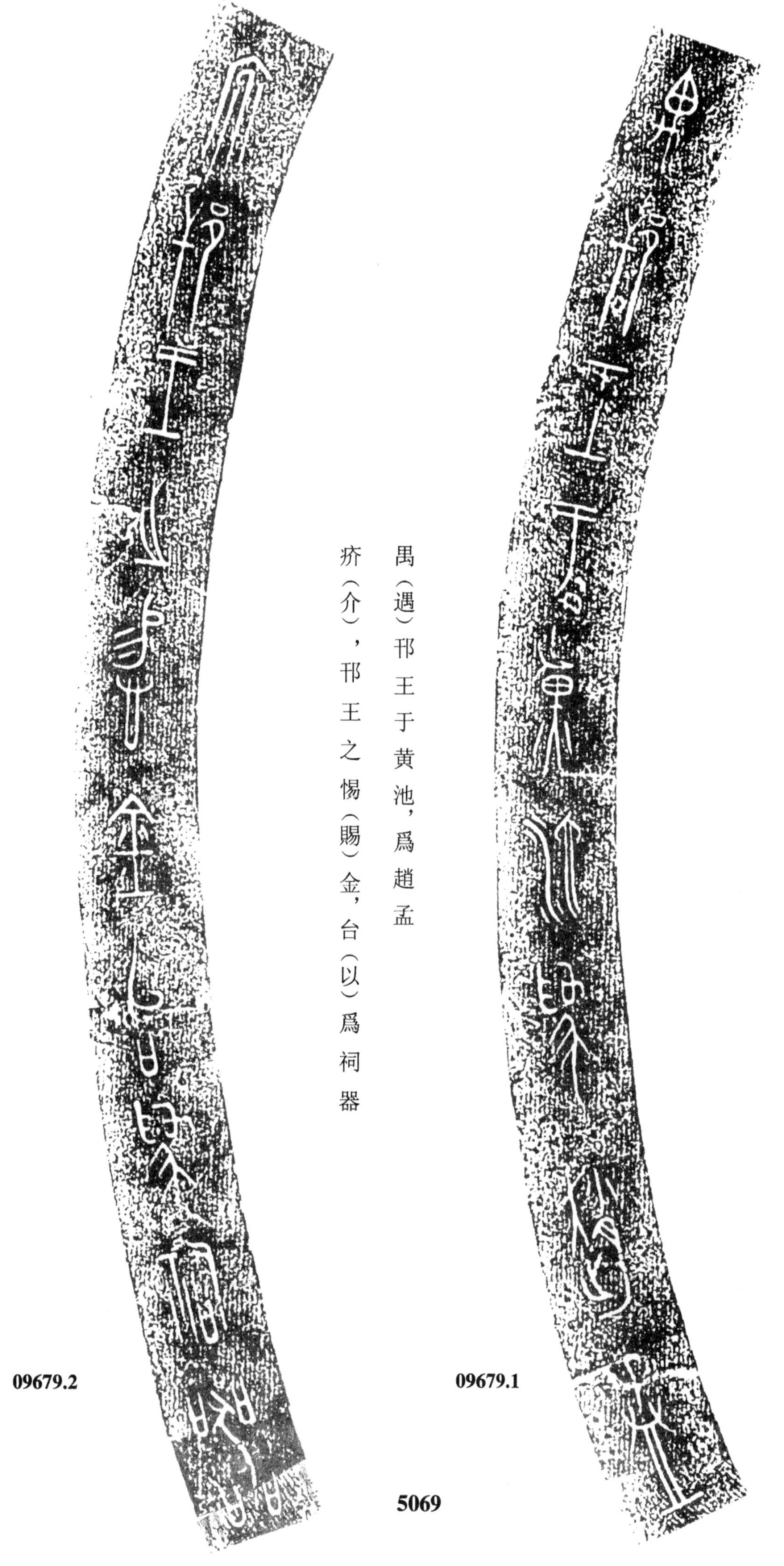

09679.2

09679.1

禺（遇）邗王于黄池，爲趙孟庎（介），邗王之惕（賜）金，台（以）爲祠器

匜君壺

匜(甗)君茲旟者，其成公鑄子孟妃朕(媵)盥壺，羕(永)保用之

09680

復公仲壺

孫，邁(萬)壽用之壺，其賜公子吉金，用乍(作)鄉(饗)復公仲擇其

09681

屌氏扁壺

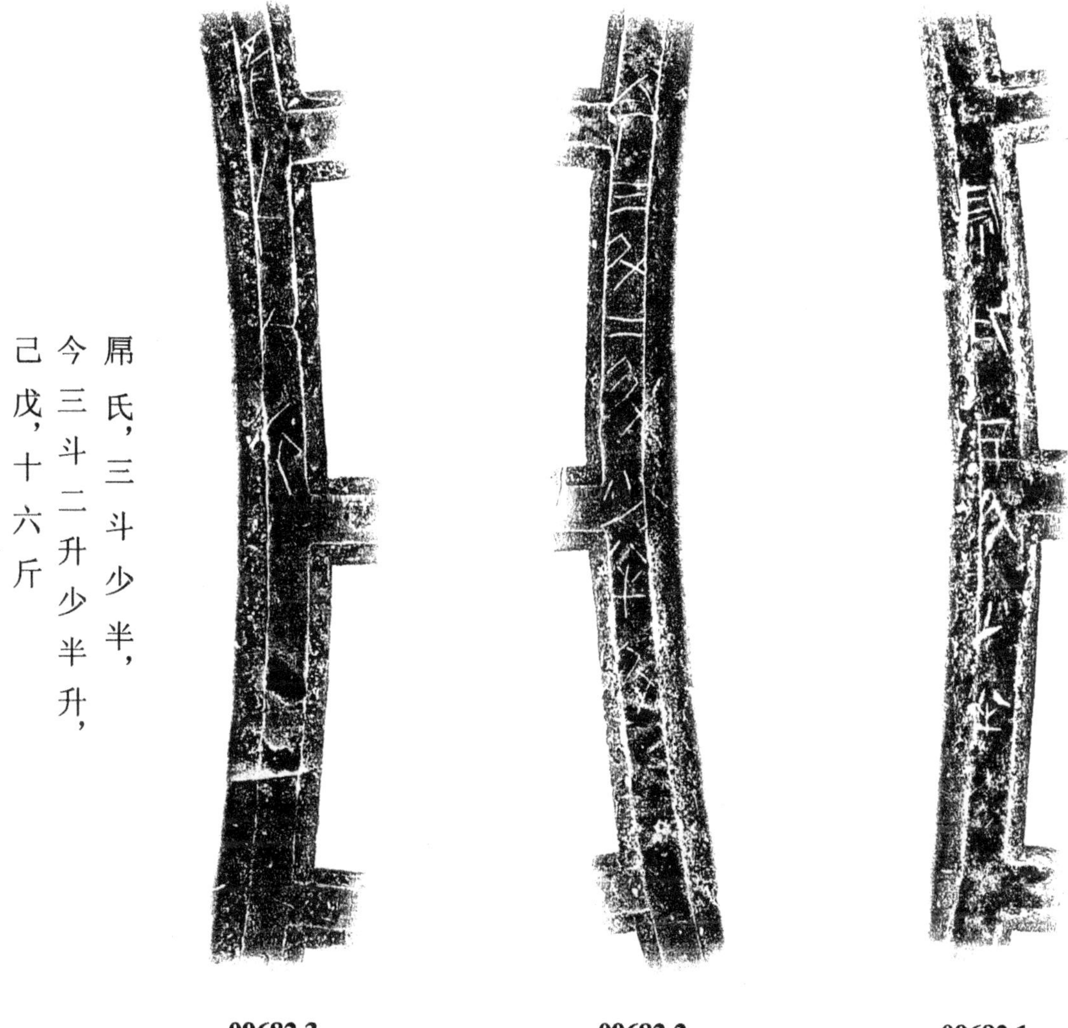

屌氏，三斗少半，今三斗二升少半升，己戊，十六斤

09682.3　09682.2　09682.1

十年扁壺

09683A

09683B

十茉，冶勻嗇夫敀重、工尼，冢（重）四百六刀冢（重），左轡者

十一年壺

09684A

09684B

十一茉，右使車嗇夫鄬（齊）痓、工角，冢（重）一石八十二刀之冢（重）

十二年扁壺

09685A

十二茉，左使車嗇夫孫固、工自（師）賃，冢（重）五百六十九刀，左轝者

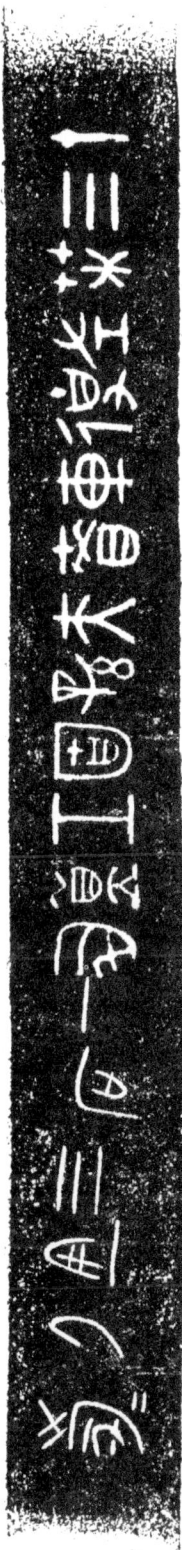

09685B

十三年壺

09686A

十三茉，左使車嗇夫孫固、工蕒（坿），冢（重）一石三百刀之冢（重）

09686B

杞伯每匕壺蓋

杞伯每刃乍（作）鼄（邾）嫊寶壺，邁（萬）年眉壽，子子孫孫，永寶用享

09687

杞伯每匕壺

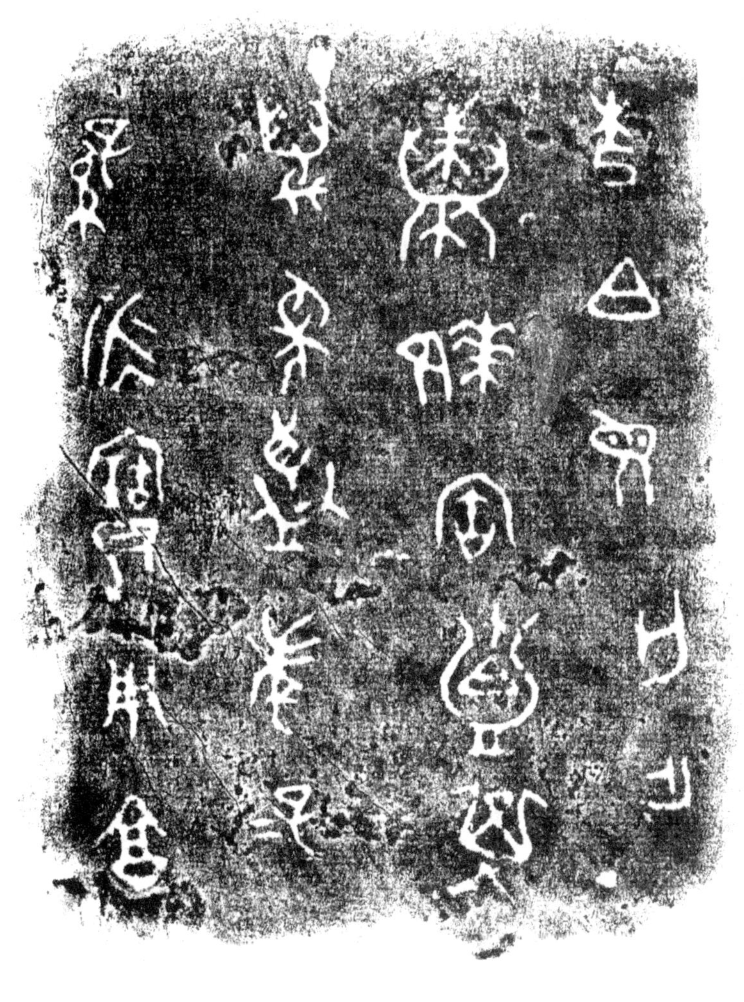

杞伯每刃乍（作）
鼄（邾）孃寍（寶）卣，其
萬年眉考（老），子子
孫永寶用享

09688

吕行壺

唯四月，伯懋父
北征，唯還，吕行
䖒（捷）寽（捋）兕（犀），用乍（作）
寶尊彝

09689

周𤔲壺

周𤔲乍（作）公己尊壺，其用享于宗，其子子孫孫邁（萬）年，永寶用，𠨘

09690.1

周𤔲乍（作）公己尊壺，其用享于宗，其子子孫孫邁（萬）年，永寶用，𠨘

09690.2

周㝬壺

周㝬乍（作）
公己尊
壺，其用享
于宗，其子子
孫孫邁（萬）年，
永寶用，

09691.1

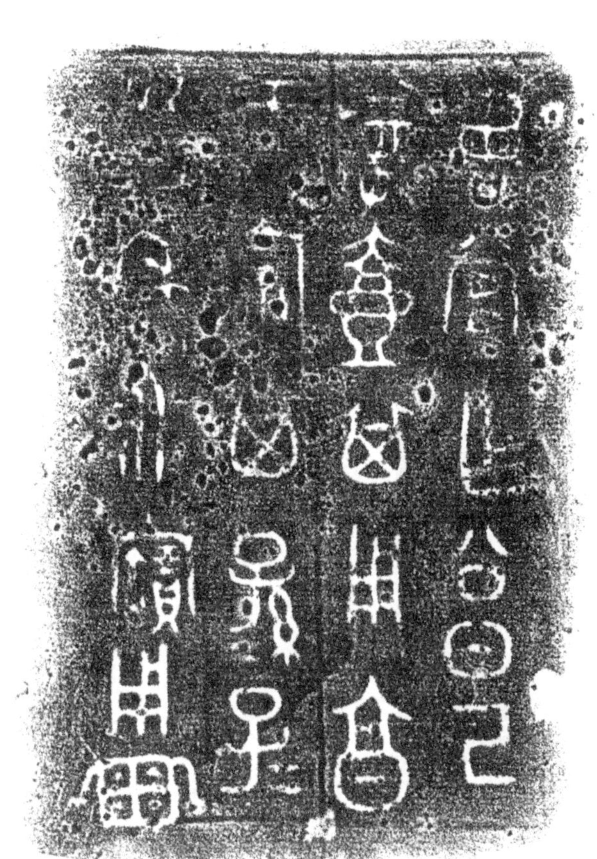

周
㝬乍（作）公己
尊壺，其用享
于宗，其子子孫孫
邁（萬）年，永寶用，

09691.2

三年壺

09692A

三茱，左使車嗇夫孫固、工上，冢（重）四百七十四刀之冢（重），左⿱䜌韋者

09692B

十三年壺

09693A

十三茱，左使車嗇夫孫固、工塤（坿），冢（重）一石三百卌九刀之冢（重）

09693B

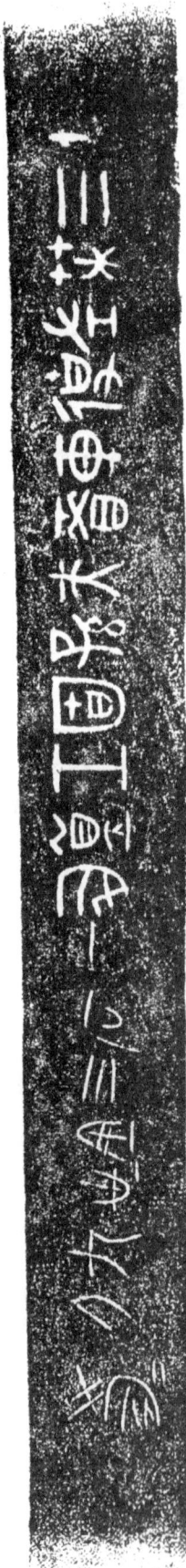

虞𤔲寇壺

用之永寶
子子孫孫，
眉壽，
用祈
用孝，
用享
寶壺，
吹乍（作）
寇伯
虞𤔲

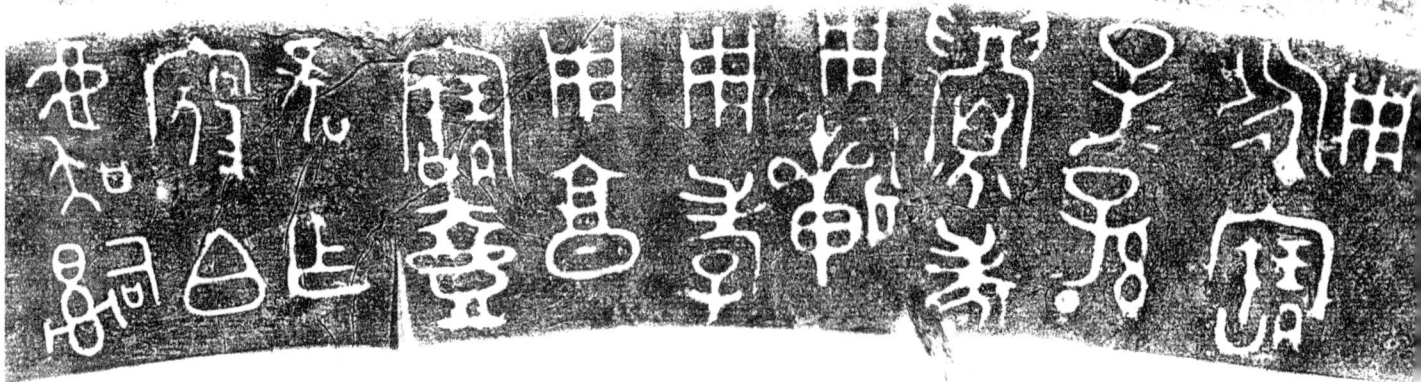

09694.1

永寶用之
眉壽，子子孫孫，
享用孝，用祈
吹乍（作）寶壺，用
虞𤔲寇伯

09694.2

虞嗣寇壺

用之
永寶
子子孫孫，
眉壽，
用祈
用孝，
用享
寶壺，
吹乍(作)
寇伯
虞嗣

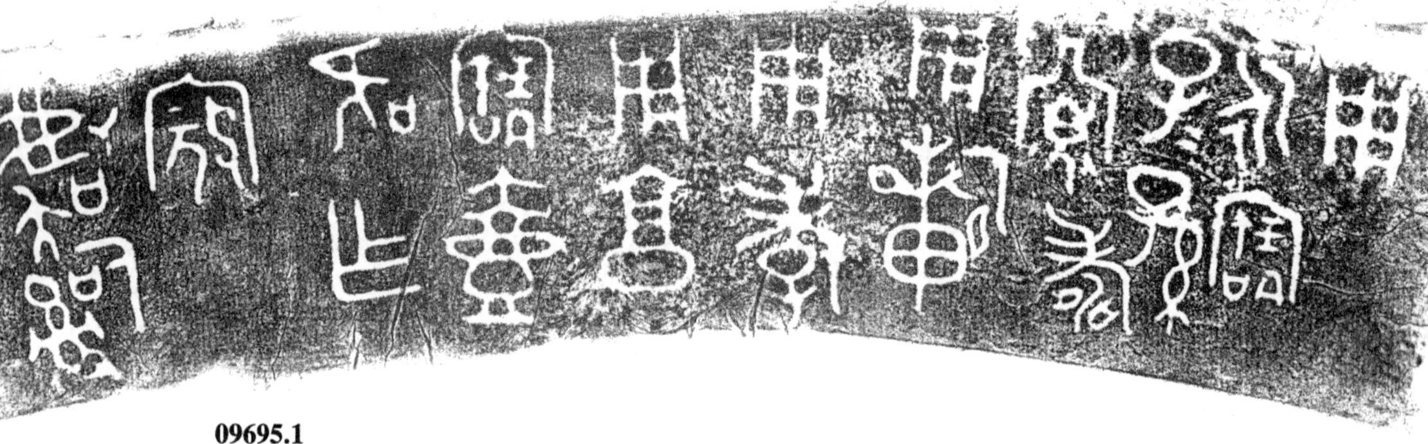

09695.1

永寶用之
眉壽，子子孫孫，
享用孝，用祈
吹乍(作)寶壺，用
虞嗣寇伯

09695.2

虡侯政壺

09696

唯王二月，初吉
壬戌，虡侯政
乍（作）寶壺，其邁（萬）
年，子子孫孫永寶用

㪔車父壺

09697

㪔（散）車父乍（作）皇
母醒姜
寶壺，用逆
姑氏，伯車
父其萬年，
子子孫孫永寶

宗婦鄁嬰壺

王子剌公之宗婦鄁(䣆)嬰，爲宗彝䵼彝，永寶用，以降大福，保辥(嬖)鄁(䣆)國

09698.1

王子剌公之宗婦鄁(䣆)嬰，爲宗彝䵼彝，永寶用，以降大福，保辥(嬖)鄁(䣆)國

09698.2

宗婦鄁䙆壺

王子剌公之宗

婦鄁（鄁）䙆，爲宗彝

䵼彝，永寶用，以

降大福，保辪（薛）鄁（鄁）國

09699.1

王子剌公之

宗婦鄁（鄁）䙆，爲

宗彝䵼彝，永

寶用，以降大

福，保辪（薛）鄁（鄁）國

09699.2

陳喜壺

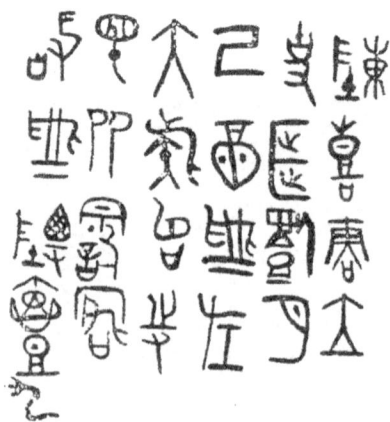

09700A

09700B

陳喜再立（涖）
事歲，飆月
己酉，爲左（佐）
大族，台（以）寺（持）
民䢼（選），宗詞客
敬爲陻（禋）壺九

蔡公子壺

唯正月初吉庚午，蔡公子□乍（作）尊壺，其眉壽無疆，子子孫孫，萬年永寶用享

09701

㚸伯壺蓋

09702

唯王正月，初吉庚寅，辛公再父宫，賜㚸（䝅、棄）伯矢束、素絲束，對揚王休，用乍（作）𩰫（𩰫）壺

陳璋方壺

09703.1A

唯王五年，奠(鄭)昜、陳得再立(涖)事

09703.1B

09703.2A

歲，孟冬，戊辰，大[illegible](將)鈛孔、

09703.2B

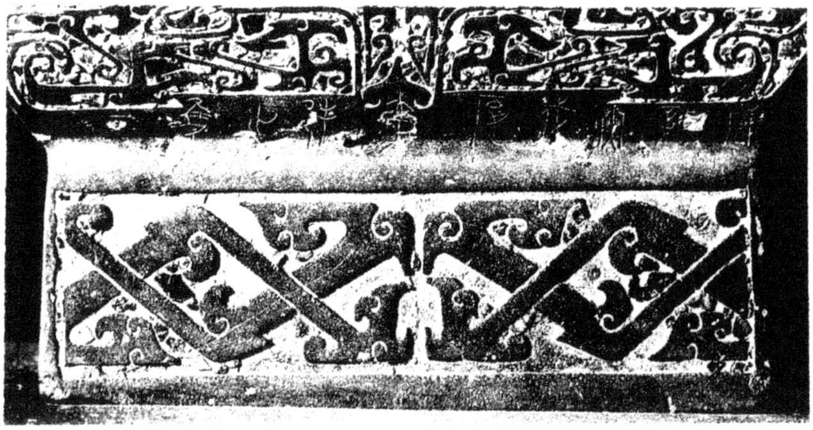

09703.3A

陳璋內(入)伐匽(燕)亳邦之獲

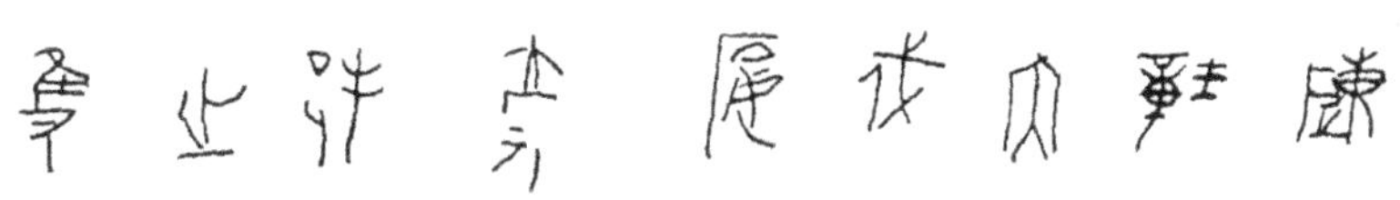

09703.3B

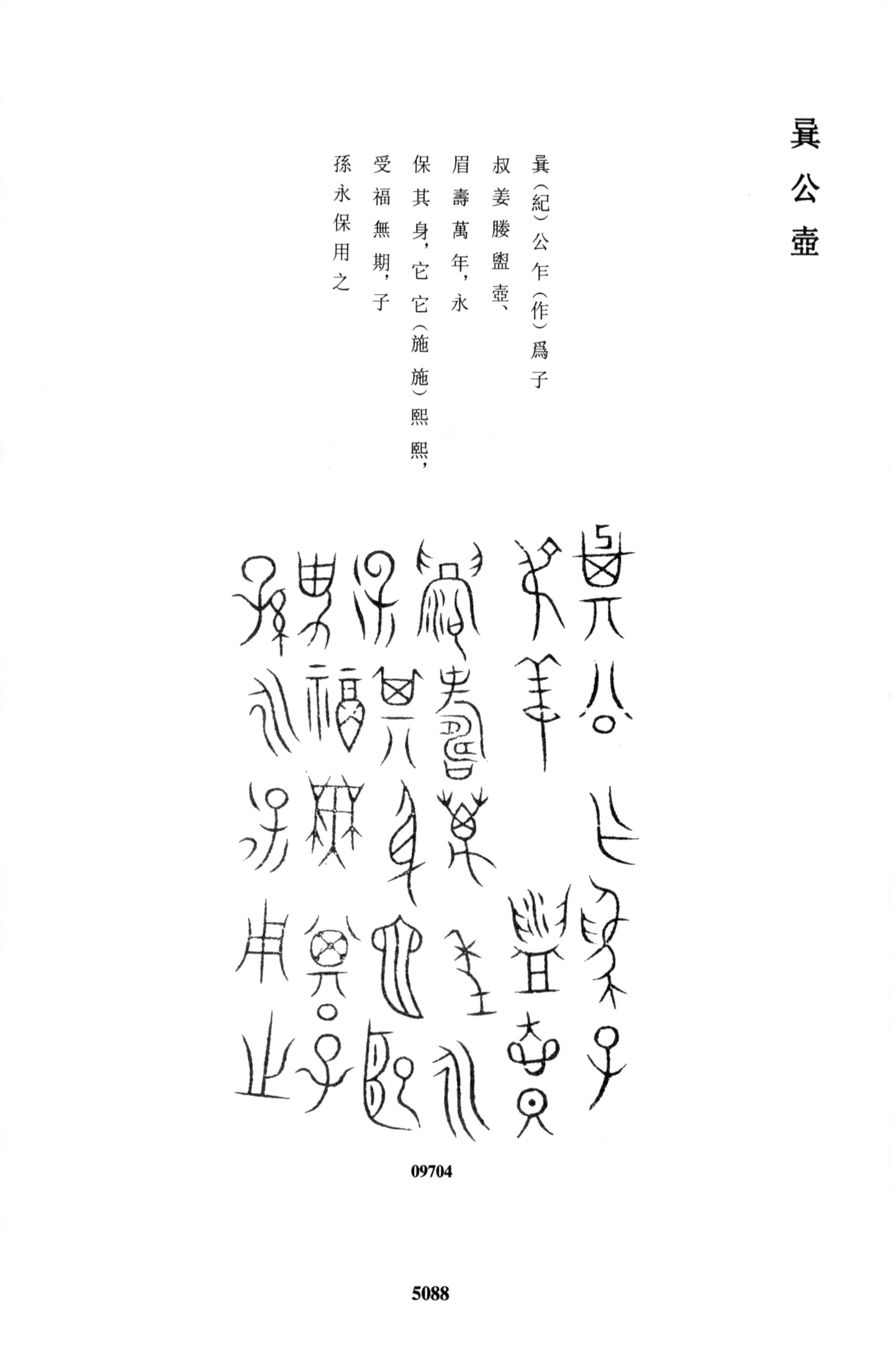

曩公壺

曩(紀)公乍(作)爲子叔姜媵盥壺,眉壽萬年,永保其身,它它(施施)熙熙,受福無期,子孫永保用之

09704

番匊生壺

唯廿又六年，十月初吉己卯，番匊（鞠）生（甥）鑄賸壺，用賸（媵）厥元子孟妃乖，子子孫孫永寶用。

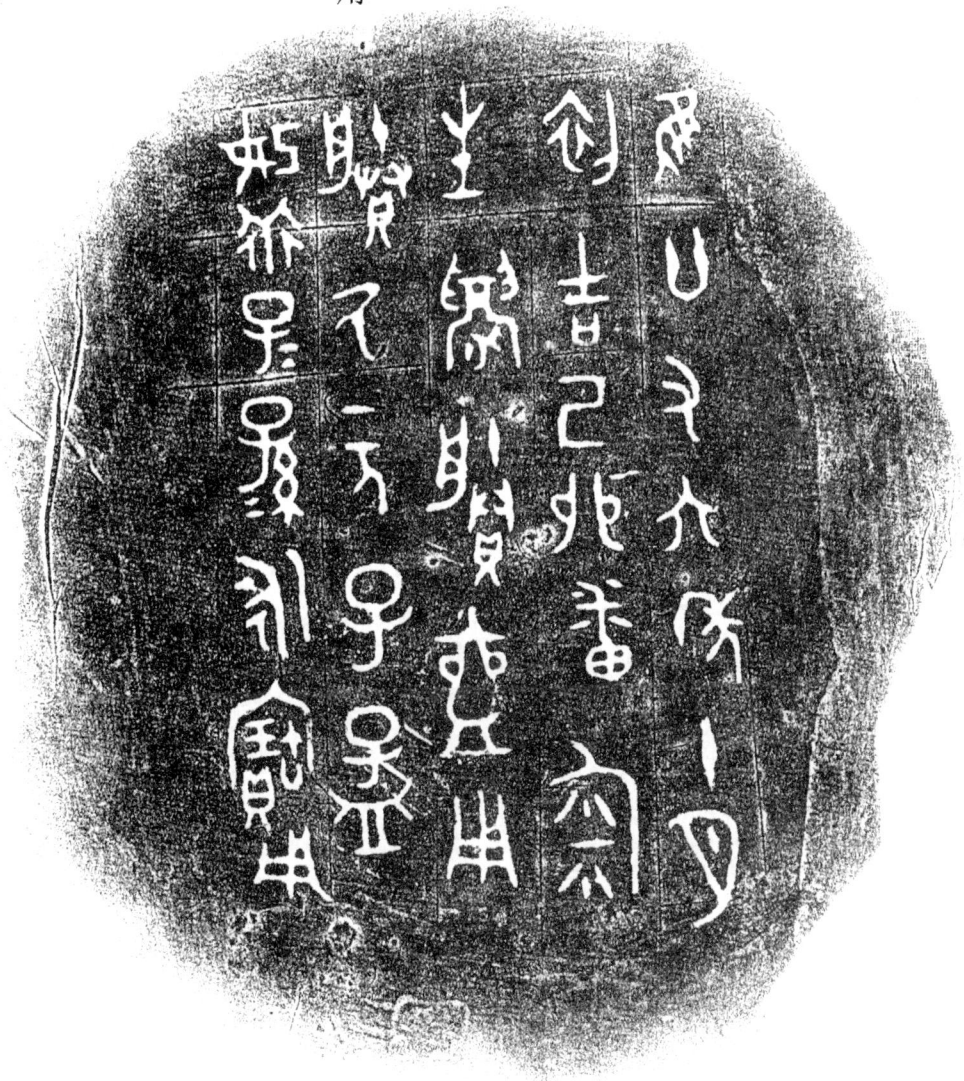

09705

孫叔師父壺

唯王正月，初吉甲戌，邛（江）立（大、太）宰孫叔師父乍（作）行具，眉壽萬年無疆，子子孫永寶用之

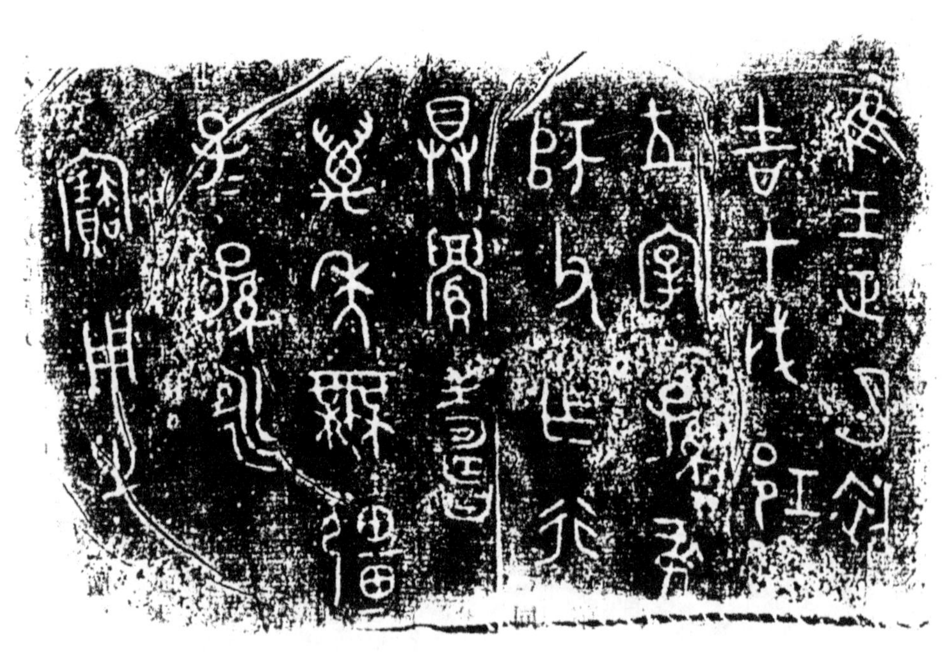

09706

安邑下官壺

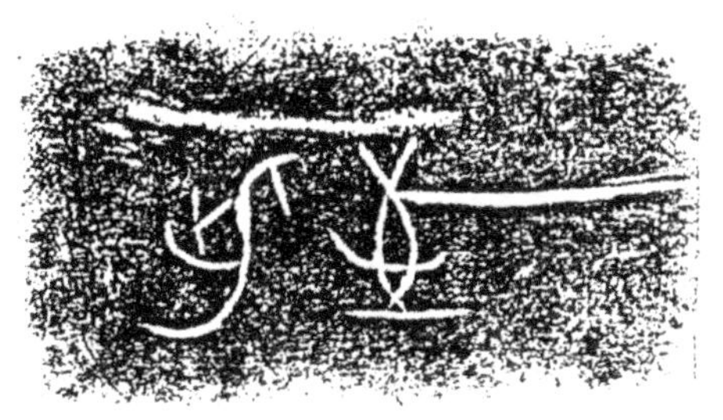

09707.1

至此，
十三斗一升，
安邑下官
重（鍾），
七年九月，府
嗇夫在、冶
事（吏）狄敀（挌）之，
大斛斗一益（溢）少
半益（溢）

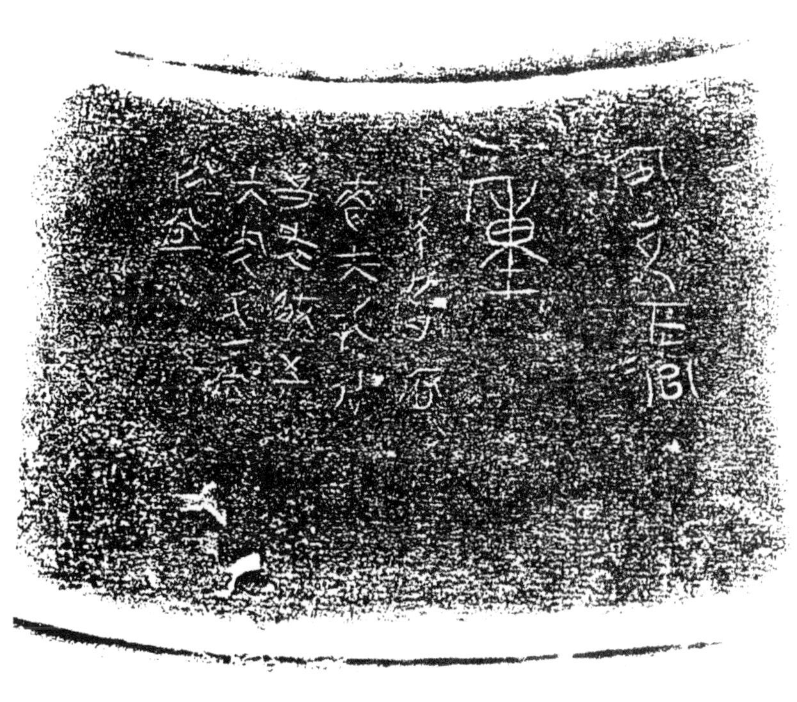

09707.3

09707.2

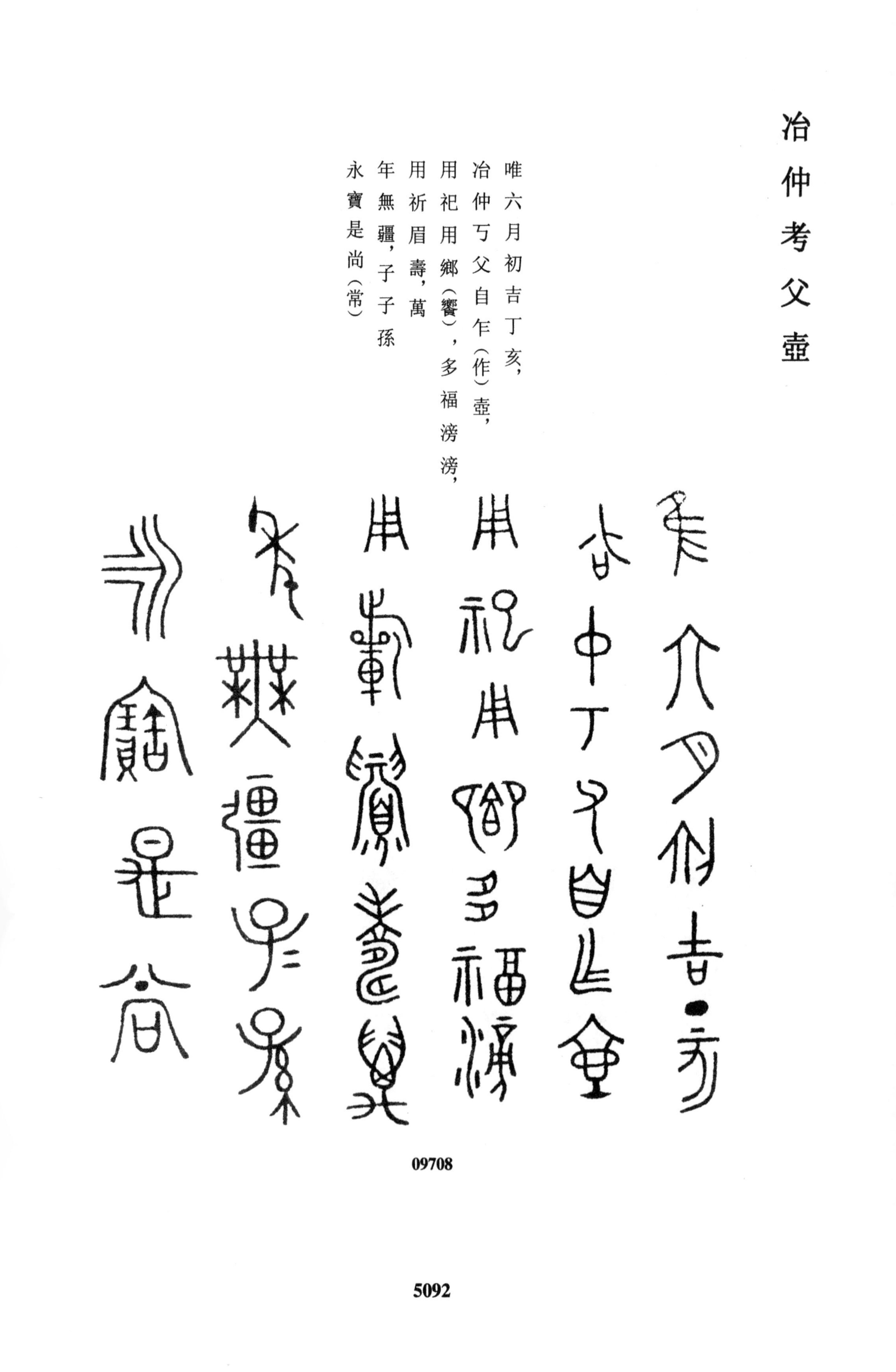

冶仲考父壺

唯六月初吉丁亥，冶仲丂父自乍（作）壺，用祀用鄉（饗），多福滂滂，用祈眉壽，萬年無疆，子子孫永寶是尚（常）

09708

公子土折壺

公孫寣（灶）立（涖）事歲，
飯者月，公子土
斧乍（作）子仲姜鑑
之般（盤）壺，用旂（祈）眉
壽、萬年，羕（永）保其
身，子子孫孫，羕（永）保用之

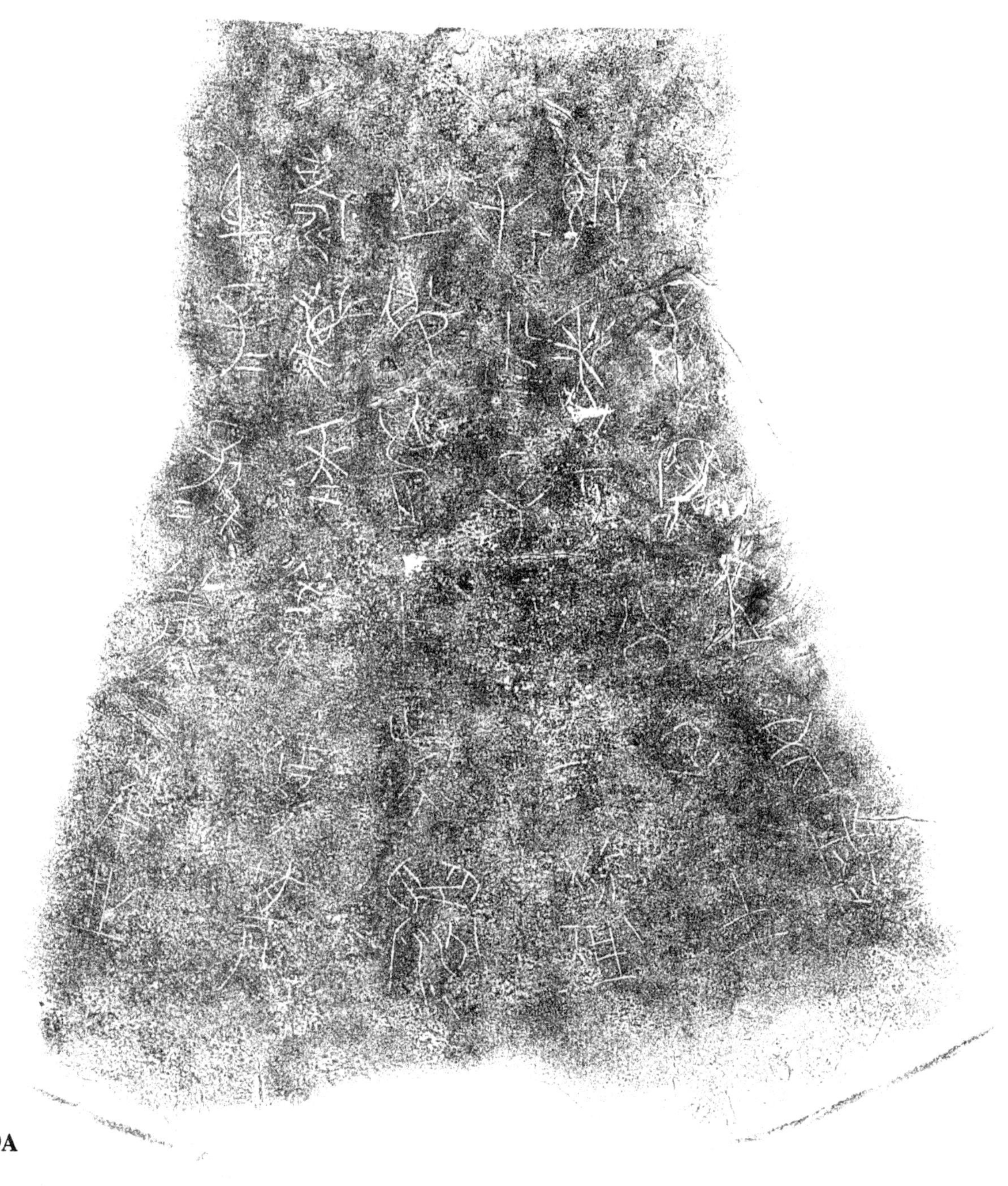

09709A

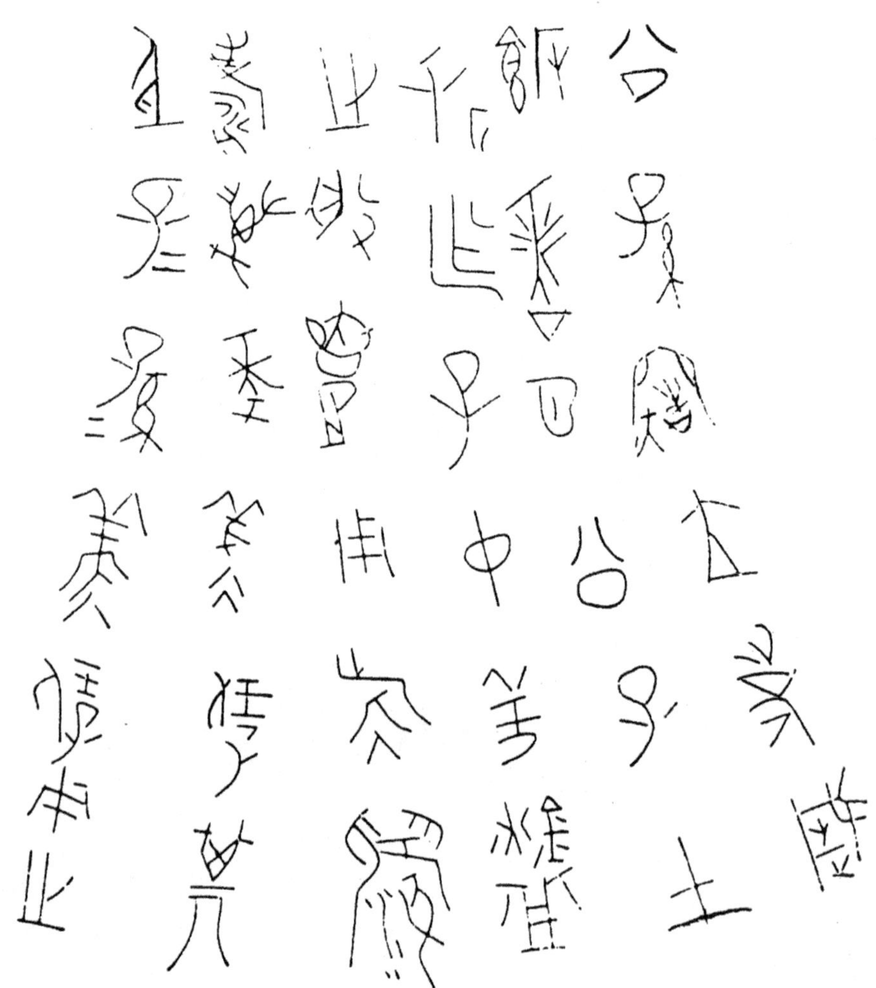

09709B

曾姬無卹壺

唯王廿又六年，聖趄（桓）之夫人曾姬無恤，虐安兹漾陵，蒿閑（間）之無駟（匹），甬（用）乍（作）宗彝尊壺，後嗣甬（用）之，職在王室

09710

曾姬無卹壺

唯王廿又六年，聖趄（桓）
之夫人曾姬無卹，虗
安玆漾陵，蒿閉（間）之無
駟（匹），甬（用）乍（作）宗彝尊壺，後
嗣甬（用）之，職在王室

09711

曾伯陭壺

唯曾伯陭迺用吉金鐈鋚，用自乍（作）醴壺，用鄉（饗）賓客，爲德無叚（瑕），用

09712.1

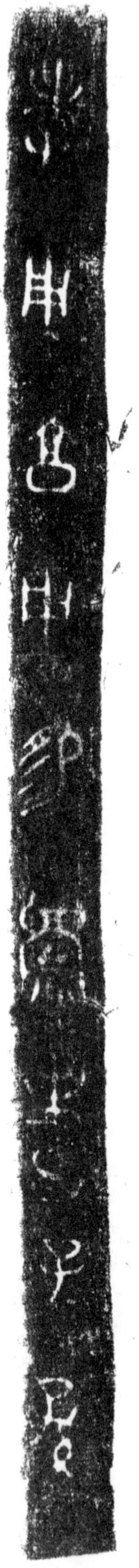

09712.2

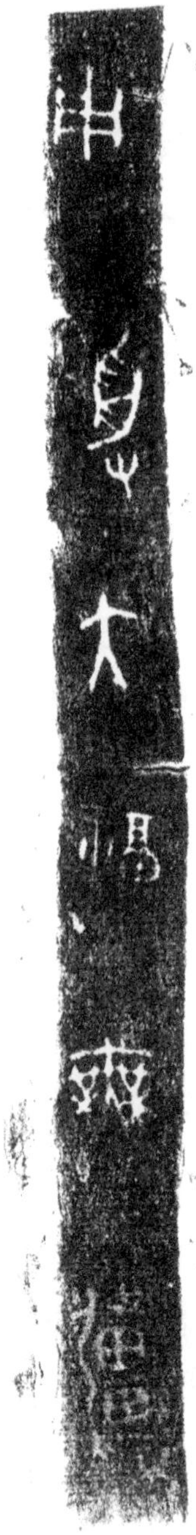

09712.3

孝用享，用賜（賜）眉壽，子子孫孫，
用受大福無疆

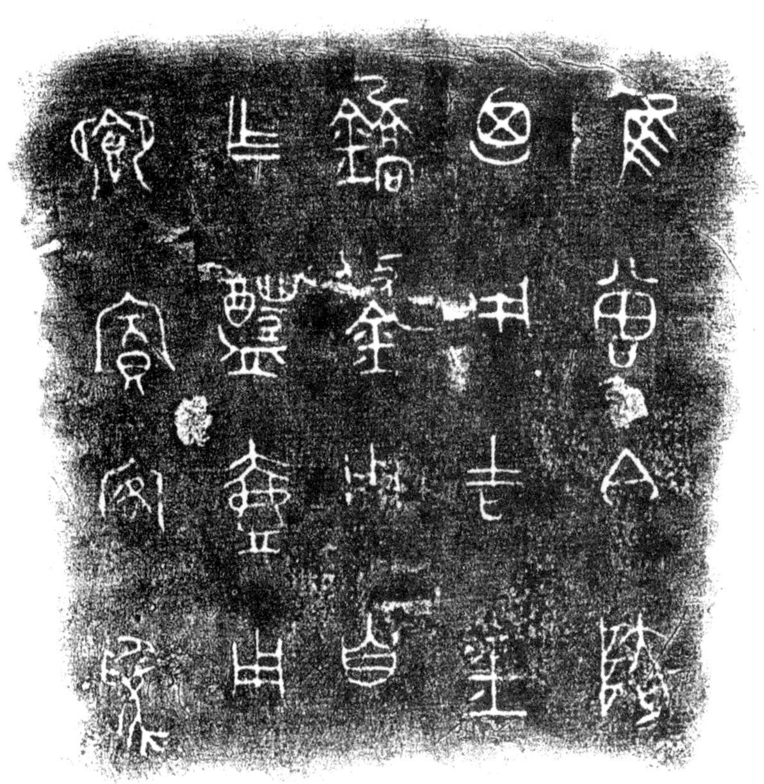

唯曾伯陭
廼用吉金
鐈鋚，用自
乍（作）醴壺，用
鄉（饗）賓客，爲

09712.4

德無叚（瑕），用
孝用享，用
腸（賜）眉壽，子子
孫孫，用受大
福無疆

09712.5

殳季良父壺

殳（弁）季良
父乍（作）[illegible]始（姒）
尊壺，用
盛旨酉（酒），
用享孝
于兄弟、
聞（婚）顜（媾）、者（諸）
老，用祈
匄眉壽，
其萬年，
霝（靈）冬（終）難
老，子子孫孫
是永寶

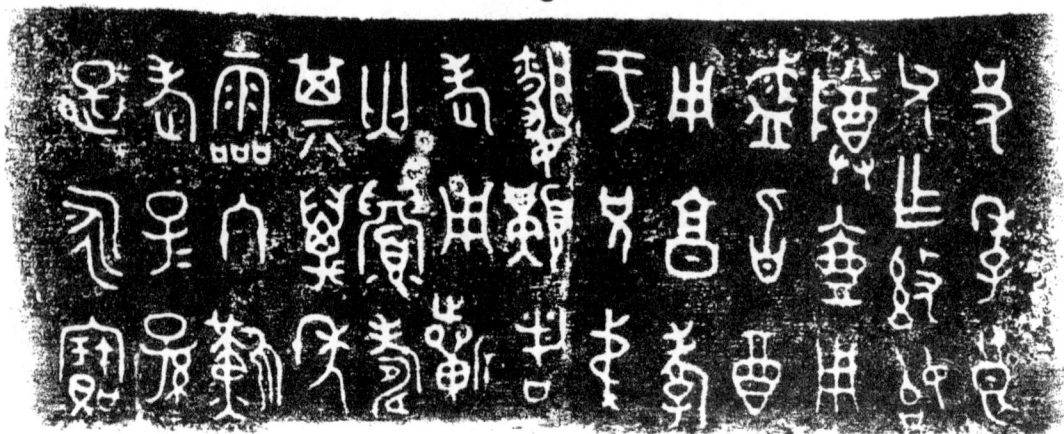

09713

史懋壺

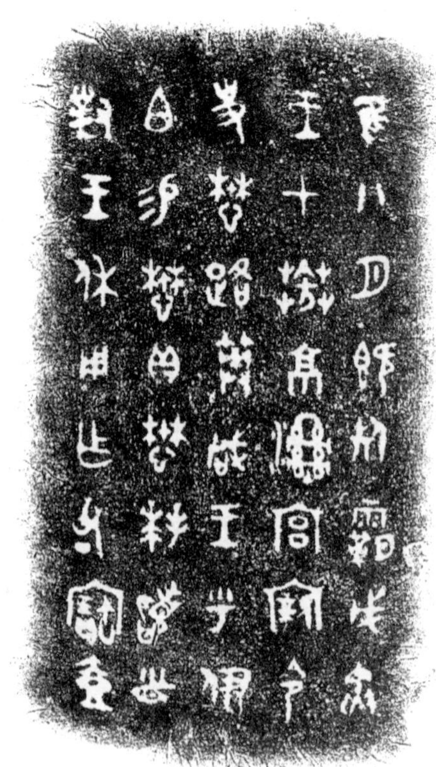

09714

唯八月既死霸戊寅，
王在葊京溼宮，窺（親）令
史懋路（露）筮，咸，王乎伊
伯賜懋貝，懋拜䭫首，
對王休，用乍（作）父丁寶壺

杕氏壺

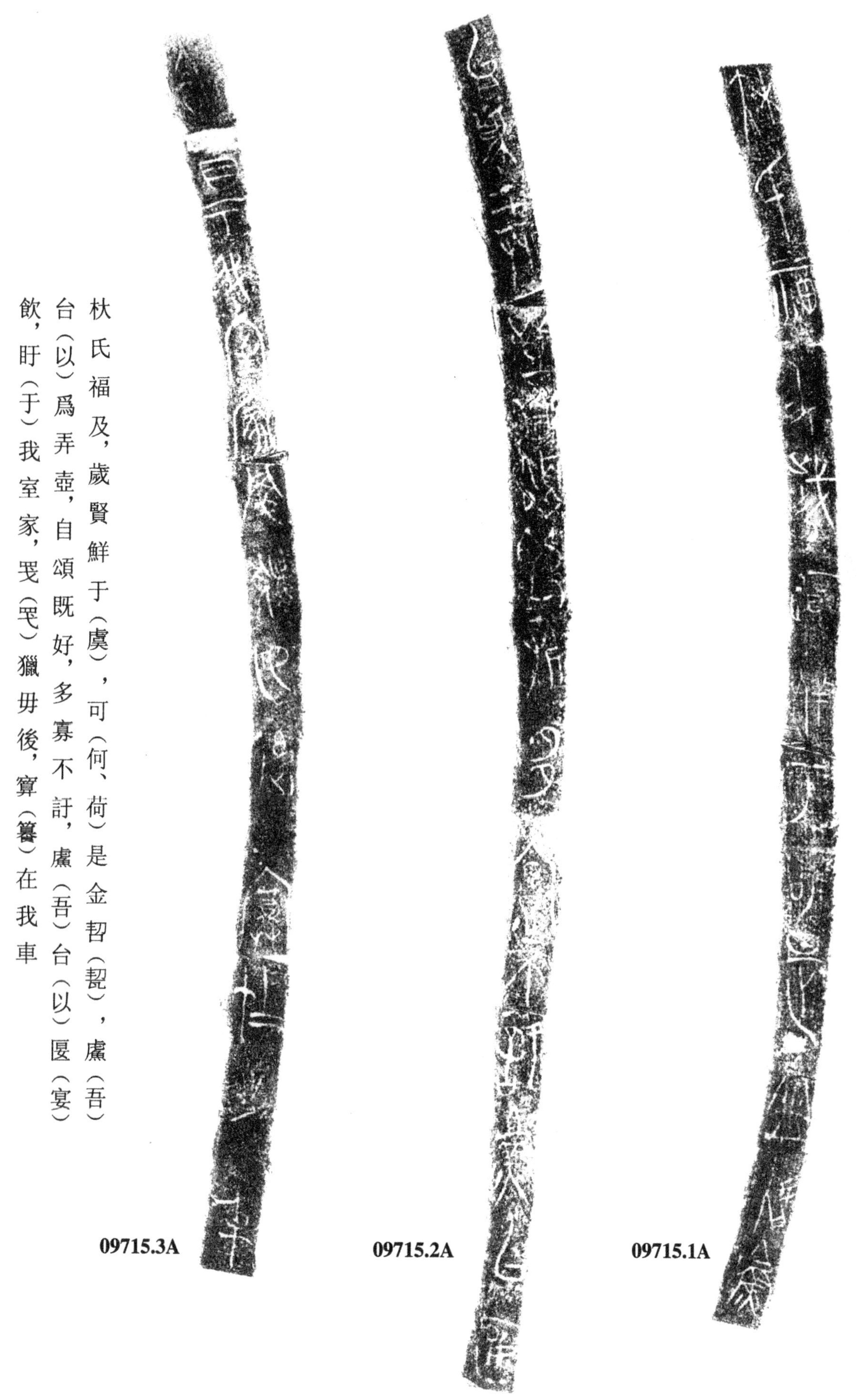

杕氏福及，歲賢鮮于（虞），可（何、荷）是金

09715.3A　09715.2A　09715.1A

杕氏福及，歲賢鮮于（虞），可（何、荷）是金𢧀（𢧀），盧（吾）台（以）爲弄壺，自頌既好，多寡不訏，盧（吾）台（以）匽（宴）飲，盱（于）我室家，罡（罝）獵毋後，簟（簋）在我車

枤氏福及，歲賢鮮于（虞），可（何、荷）是

金㧈（䛶），慮（吾）台（以）爲弄壺，自頌既好，

多寡不訏，慮（吾）台（以）匽（宴）飲，盱（于）我

室家，罳（罝）獵毋後，簟（纂）在我車

09715B

㳟其壶

09716.1

09716.2

唯五月初吉壬申，梁其乍（作）尊壶，用享考（孝）于皇祖考，用

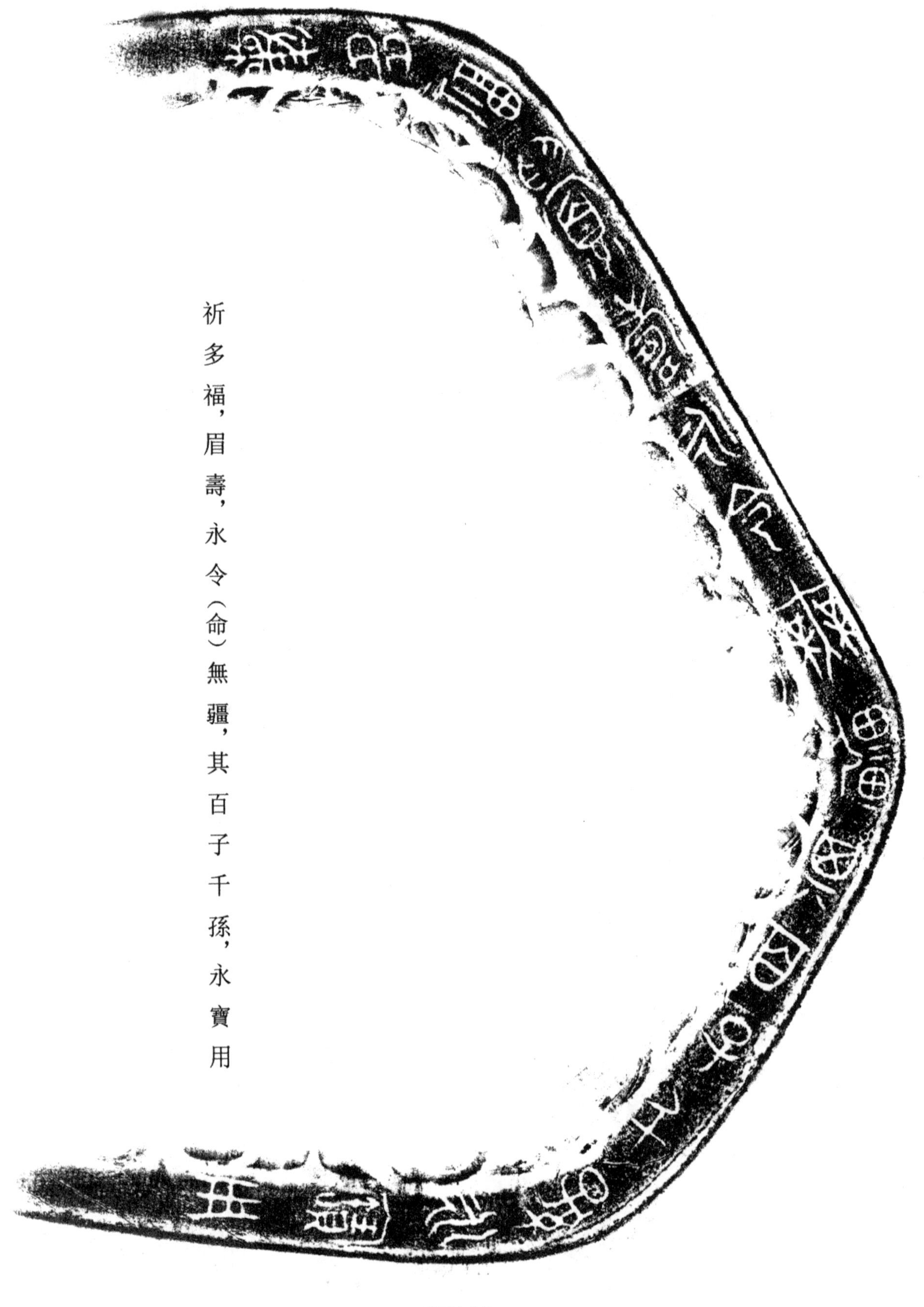

祈多福，眉壽，永令（命）無疆，其百子千孫，永寶用

09716.3

沕其壺

09717.1

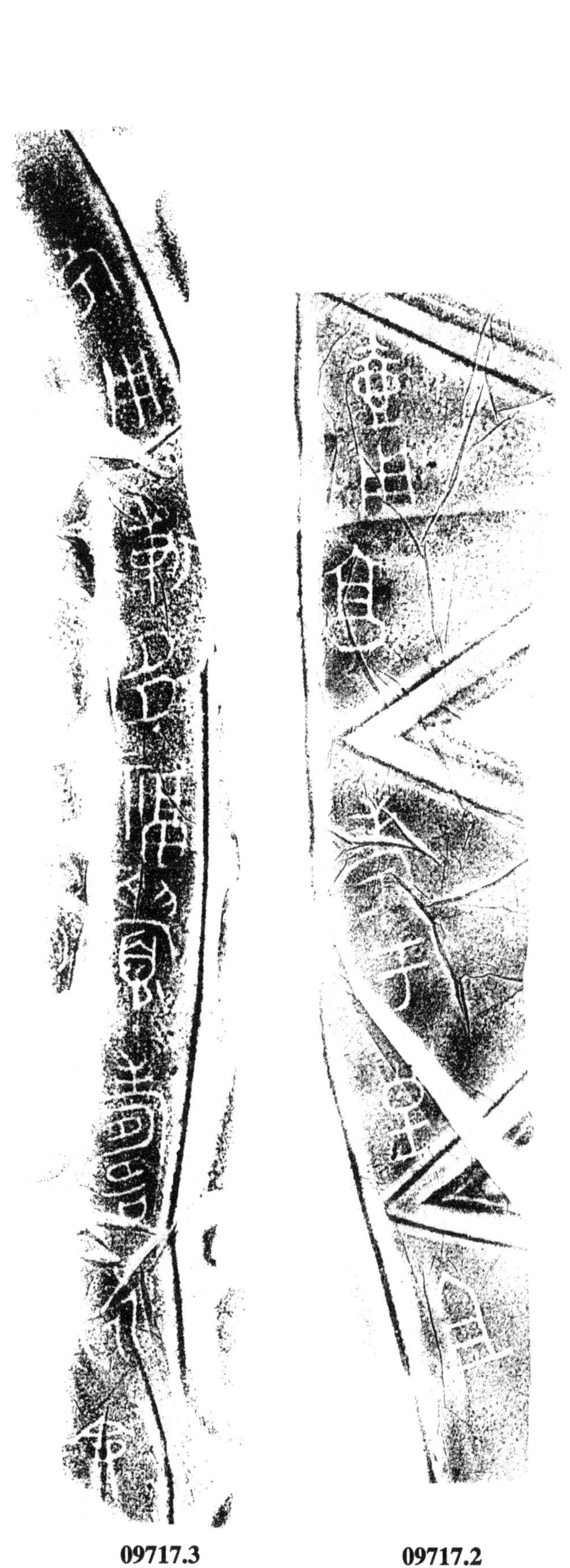

09717.2

09717.3

唯五月初吉壬申，梁其乍（作）尊壺，用享考（孝）于皇祖考，用祈多福、眉壽，永令（命）

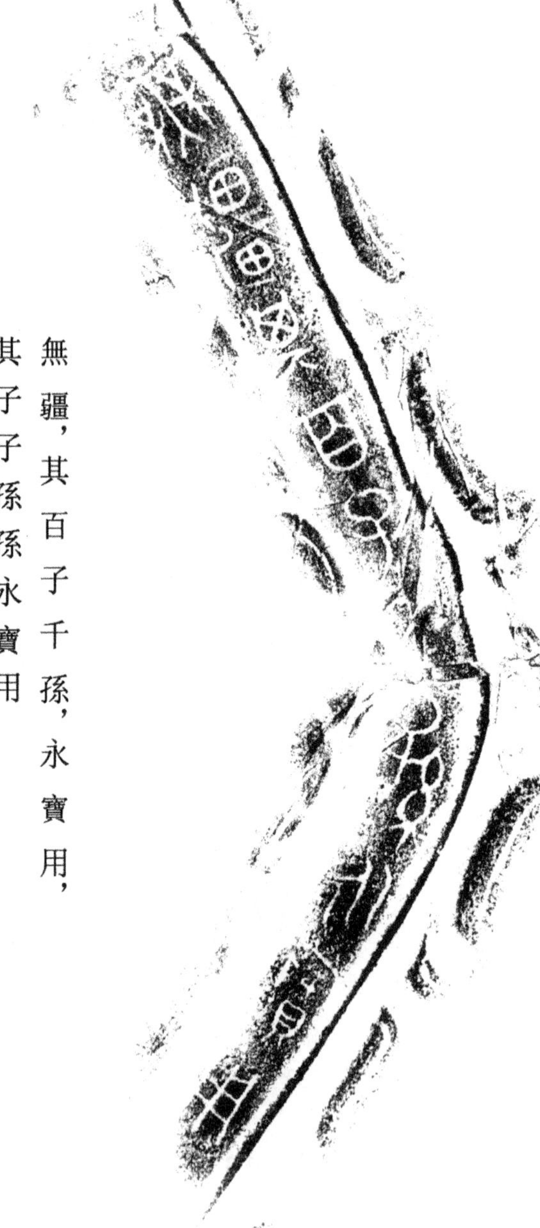

09717.4

無疆，其百子千孫，永寶用，
其子子孫孫永寶用

09717.5

𩰫史展壺

𩰫史展（殿）乍（作）
寶壺，用禋
祀于兹宗
室，用追畐（福）
彔（禄），于兹先
申（神）、皇祖，享
叔用賜眉
壽無疆，用
賜百畐（福），子子
孫孫，其邁（萬）年，
永寶用享

09718

令狐君嗣子壺

唯十
年四
月吉
日，命（令）
瓜（狐）君
嗣子，
乍（作）鑄
尊壺，
柬柬（簡簡）嘼嘼（優優），
康樂
我家，
屖屖康
盄，承
受屯（純）
德，旂（祈）
無疆，
至于萬
意（億）年，
子之
子，孫
之孫，
其永
用之

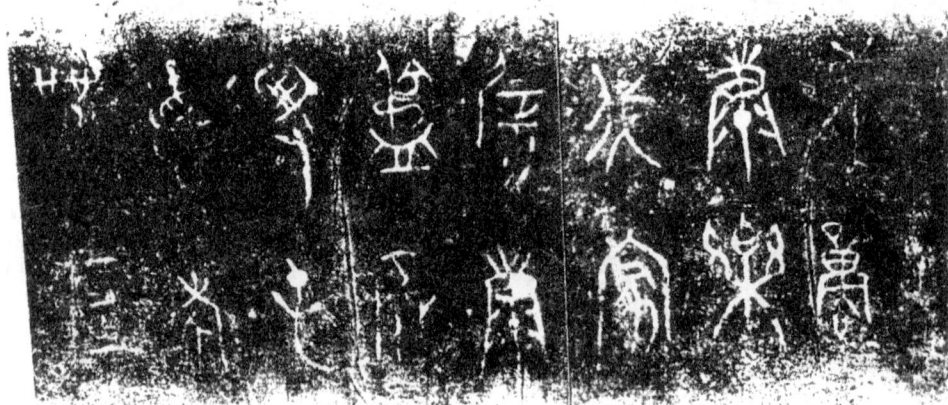

09719.1

09719.2

09719.3

令狐君嗣子壺

唯十年四月吉日，命（令）瓜（狐）君嗣子，乍（作）鑄尊壺，柬柬（簡簡）嘼嘼（優優），康樂我家，屖屖康盄，承受屯（純）德，旂（祈）無疆，至于萬意（億）年，子之子，孫之孫，其永用之

09720.1

09720.2

09720.3

幾父壺

唯五月初吉庚午，同仲宄西宮，賜幾父幵𠦪（韍）六、僕四家、金十鈞，幾父拜䭫首，對揚朕皇君休，用乍（作）朕剌（烈）考尊壺，幾父用追孝，其邁（萬）年，孫孫子子永寶用

09721

幾父壺

唯五月初吉庚午，同仲宄西宮，賜幾父犴𦍒（韍）六、僕四家、金十鈞，幾父拜𩒨首，對揚朕皇君休，用乍（作）朕剌（烈）考尊壺，幾父用追孝，其邁（萬）年，子子孫孫永寶用

09722

十三年瘨壺

唯十又三年，九月初吉戊寅，王在成周𤔲土（徒）淲宮，各大室，即立（位），𢓊父右（佑）瘨，王乎乍（作）册尹册賜瘨：畫靳、牙僰、赤舄，瘨拜䭫首，對揚王休，瘨其萬年永寶

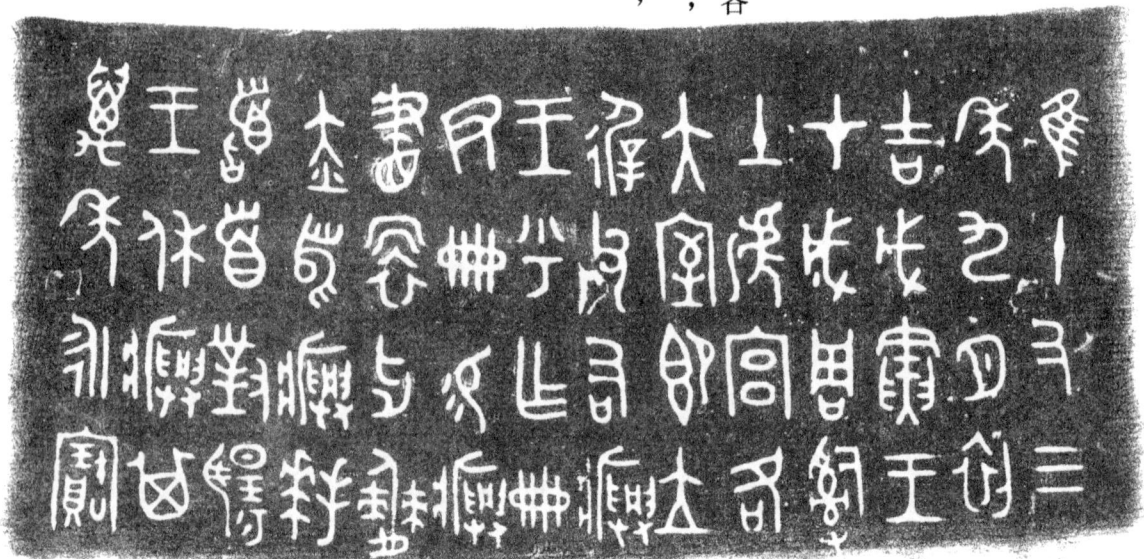

09723.1

唯十又三年，九月初吉戊寅，王在成周𤔲土（徒）淲宮，各大室，即立（位），𢓊父右（佑）瘨，王乎乍（作）册尹册賜瘨：畫靳、牙僰、赤舄，瘨拜䭫首，對揚王休，瘨其萬年永寶

09723.2

十三年𤼈壺

唯十又三年，九月初吉戊寅，王在成周𤔲土（徒）淲宮，各大室，即立（位），徲父右（佑）𤼈，王乎乍（作）册尹册賜𤼈：畫靳、牙僰、赤舄，𤼈拜䭫首，對揚王休，𤼈其萬年永寶

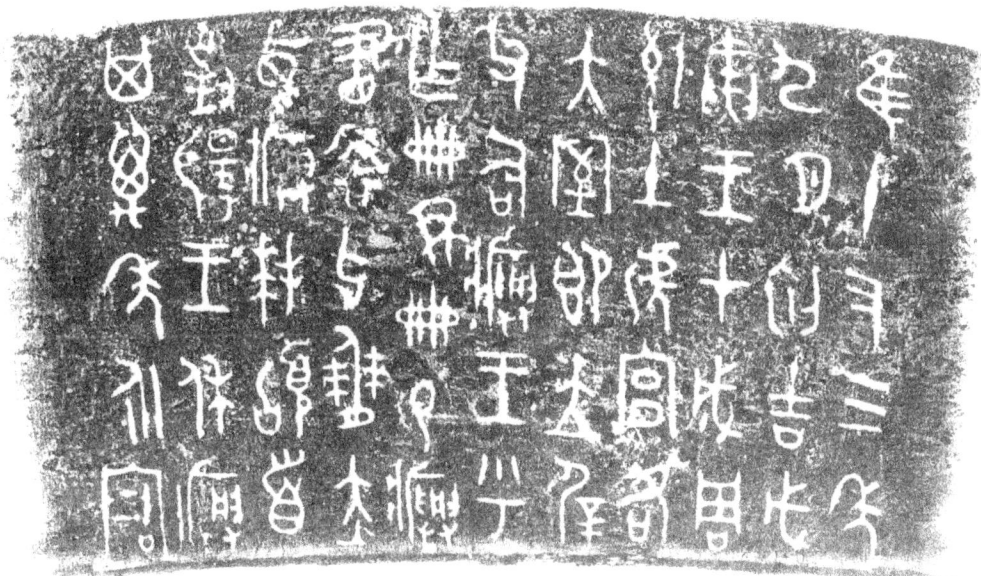

09724.1

唯十又三年，九月初吉戊寅，王在成周𤔲土（徒）淲宮，各大室，即立（位），徲父右（佑）𤼈，王乎乍（作）册尹册賜𤼈：畫靳、牙僰、赤舄，𤼈拜䭫首，對揚王休，𤼈其萬年永寶

09724.2

伯克壺

唯十又六年，
七月既生雨（霸）
乙未，伯大（太）師
賜伯克僕卅
夫，伯克對
揚天右（佑）王伯
友（賄），用乍（作）朕穆
考後仲尊墉（甗），
克用匄眉老
無疆，克克其
子子孫孫永寶用享

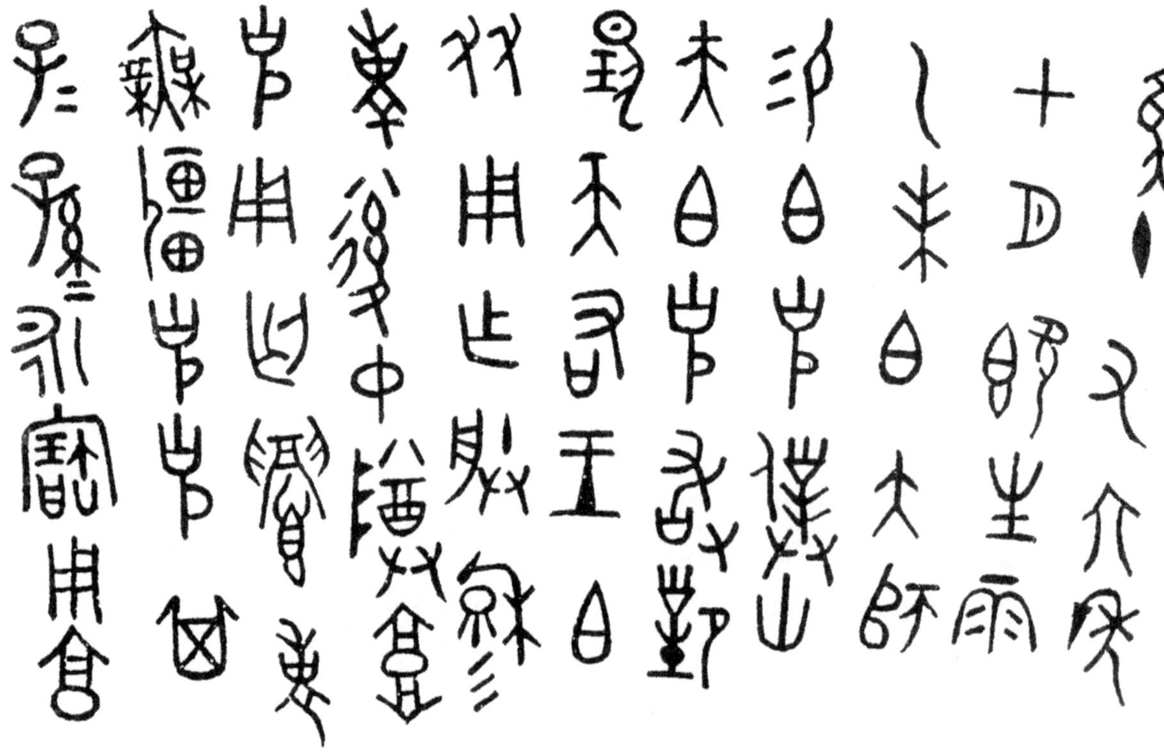

09725

三年瘨壺

唯三年九月
丁巳，王在奠（鄭），
鄉（饗）醴，王乎虢叔
召（詔）瘨，賜羔俎，
己丑，王在句
陵，鄉（饗）逆酉（酒），乎
師壽召（詔）瘨，賜
彘俎，拜䭫首，
敢對揚天子
休，用乍（作）皇祖、
文考尊壺，瘨
其萬年永寶

09726

三年𤼈壺

唯三年九月
丁巳，王在奠（鄭），
鄉（饗）醴，王乎虢叔
召（詔）𤼈，賜羔俎，
己丑，王在句
陵，鄉（饗）逆酉（酒），乎
師壽召（詔）𤼈，賜
彘俎，拜韻首，
敢對揚天子
休，用乍（作）皇祖、
文考尊壺，𤼈
其萬年永寶

09727

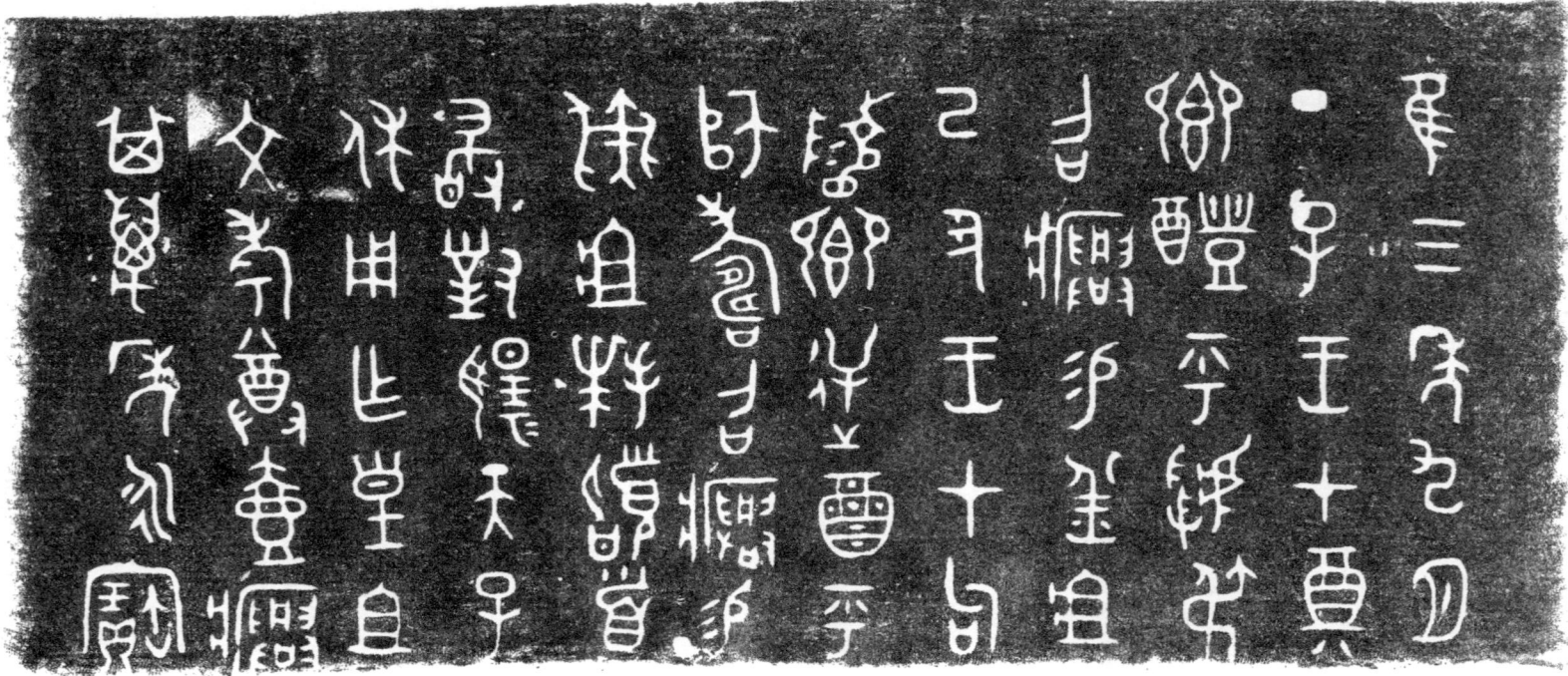

曶壺蓋

原高八厘米

唯正月初
吉丁亥，王
各于成宫，
井公內（入）右（佑）
曶，王乎尹
氏册令（命）曶，
曰：更乃祖
考，乍（作）冢𤔲
土（徒）于成周
八師賜女（汝）
秬鬯一卣、
玄衮衣、赤
巿、幽黄（衡）、赤
舄、攸（鋚）勒、䜌（鑾）
旂，用事，曶
拜手䭫首，
敢對揚天
子不（丕）顯魯
休令（命），用乍（作）
朕文考釐
公尊壺，曶
用匄萬年
眉壽，永令（命）
多福，子子孫孫，
其永寶用

09728

洹子孟姜壺

原高二三厘米

09729

09729 釋文

齊侯女雷希(聿)喪其毀(舅)，齊
侯命大(太)子乘遽來句宗
伯，聖(聽)命于天子，曰：期則
爾期，余不其事(使)女(汝)受束(刺)，
遄傳淄(祇)御，爾其遭(躋)
受御，齊侯拜嘉命，
于上天子用璧玉備(珮)，于大
無嗣折(誓)，于大嗣命用璧、
兩壺、八鼎，于南宮子用
璧二備(珮)、玉二嗣(笥)、鼓鐘(一肆)，齊侯既遭(躋)
洹子孟姜喪，其人民都
邑堇(謹)宴舞，用
從(縱)爾大樂，用鑄爾羞鈚(瓶)，
用御天子之事，洹子孟姜
喪其人民都邑堇(謹)宴舞
用從(縱)爾大樂，用鑄爾羞
鈚(瓶)，用御天子之事，洹子孟
姜用乞嘉命，用旂(祈)眉壽，
萬年無疆，用御爾事

洹子孟姜壺

原高二〇厘米

09730

09730 釋文

齊侯女雷𦣞（𦘦）喪其
毀（舅），齊侯命大（太）子乘
遽來句宗伯，聖（聽）命于
天子，曰：期則爾期，
余不其事（使）女（汝）受束（刺），
遄傳滋（祇）御，爾其遵（躋）
受御，齊侯拜嘉命，于
上天子用璧玉備（珽）、（玉）一嗣（笥），
于大無嗣折（誓）、于大
嗣命用璧、兩壺、八鼎，
于南宮子用璧
二備（珽）、玉二嗣（笥）、鼓鐘一肆（肆），
齊侯既遵（躋）洹子孟姜
喪，其人民都邑堇（謹）宴
舞，用從（縱）爾大樂，用鑄
爾羞鈚（瓶），用御天子之
事，洹子孟姜用乞嘉命，
用旂（祈）眉壽，邁（萬）年無疆，用
御爾事

09731.1

頌壺

原高九厘米

唯三年五
月，既死霸
甲戌，王在
周康卲（昭）宫，
旦，王各大
室，即立（位），宰
引右（佑）頌，入
門，立中廷，
尹氏受（授）王
令（命）書，王乎
史虢生（甥）册
令（命）頌，王曰：
頌，令女（汝）官
嗣成周貯（廛）
廿家，監嗣
新造，貯（廛）用
宫御，賜女（汝）
玄衣黹屯（純）、
赤巿、朱黄（衡）、
䜌（鑾）旂、攸（鋚）勒，用
事，頌拜䭫
首，受令（命）册
佩以出，反（返）
入（納）堇（瑾）章（璋），頌
敢對揚天
子不（丕）顯魯
休，用乍（作）朕
皇考龏叔、
皇母龏始（姒）
寶尊壺，用
追孝祈
匄康𧟹、屯（純）
右（祐）、通彔（禄）、永
令（命），頌其萬
年眉壽，畯
臣天子，霝（靈）冬（終），
子子孫孫寶用

09731.2

原高一七厘米

唯三年五月，既死
霸甲戌，王在周康
卲（昭）宮，旦，王各大室，即
立（位），宰引右（佑）頌，
入門，
立中廷，尹氏受（授）王
令（命）書，王乎史虢生（甥）
冊令（命）頌，王曰：頌，令
女（汝）官嗣成周貯（廛）廿家，
監嗣新造，貯（廛）用宮
御，賜女（汝）玄衣黹屯（純）、
赤巿、朱黄（衡）、䜌（鑾）
旂、攸（鋚）
勒，用事，頌拜䭫首，
受令（命）冊佩以出，反（返）
入（納）堇（瑾）章（璋），頌
敢對揚
天子不（丕）顯魯休，用
乍（作）朕皇考龏叔、皇
母龏始（姒）寶尊壺，用
追孝祈匄康𩵦、屯（純）
右（祐）、通彔（禄）、永
令（命），頌其
萬年眉壽，畯臣天
子，霝（靈）冬（終），子子
孫孫寶用

頌壺蓋

原高八厘米

唯三年五
月，既死霸
甲戌，王在
周康卲（昭）宮，
旦，王各大
室，即立（位），宰
引右（佑）頌，入
門，立中廷，
尹氏受（授）王
令（命）書，王乎
史虢生（甥）册
令（命）頌，王曰：
頌，令女（汝）官
嗣成周貯（廛）
廿家，監嗣
新造，貯（廛）用
宮御，賜女（汝）
玄衣黹屯（純）、
赤巿、朱黄（衡）、
䜌（鑾）旂、攸（鋚）勒，
用事，頌拜
䭫首，受令（命）
册佩以出，
反（返）入（納）堇（瑾）章（璋），
頌敢對揚
天子不（丕）顯
魯休，用乍（作）
朕皇考龔
叔、皇母龔
始（姒）寶尊壺，
用追孝祈
匄康𩛥、屯（純）
右（祐）、通彔（禄）、永
令（命），頌其萬
年眉壽，畯
臣天子，霝（靈）
冬（終），子子孫孫寶用

09732.1

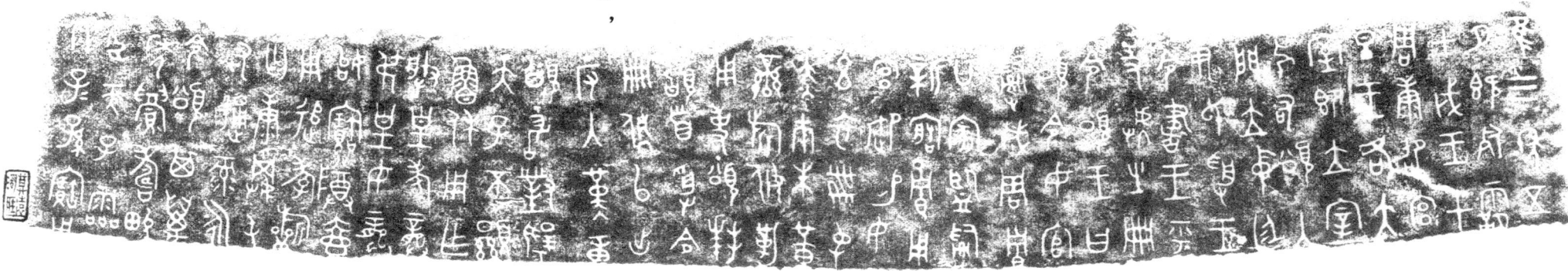

原高一八厘米

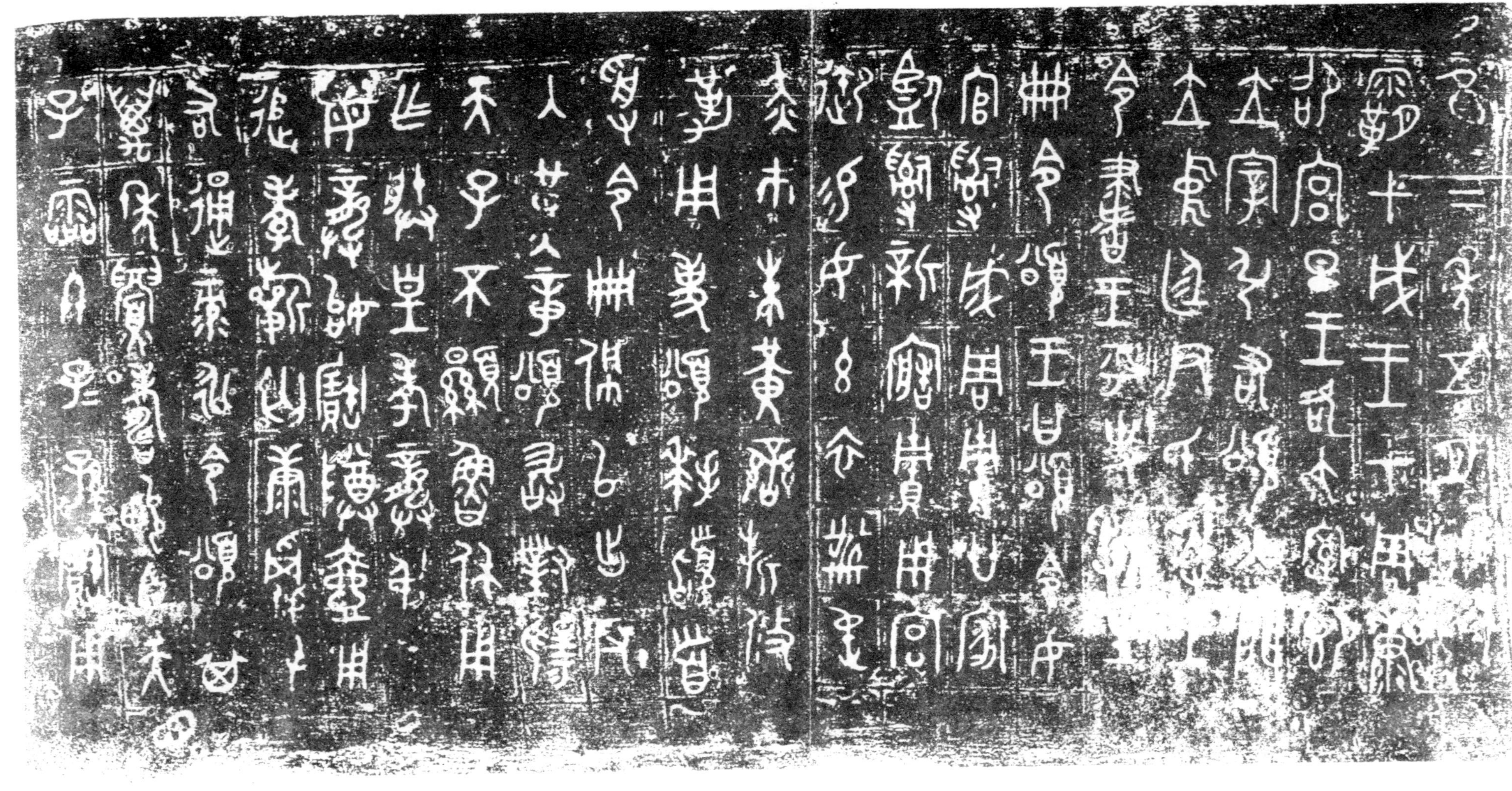

09732.2

09732.2 釋文

唯三年五月，既死
霸甲戌，王在周康
卲（昭）宮，旦，王各大室，即
立（位），宰引右（佑）頌，入門，
立中廷，尹氏受（授）王
令（命）書，王乎史虢生（甥）
册令（命）頌，王曰：頌，令女（汝）
官嗣成周貯（廛）廿家，
監嗣新造，貯（廛）用宮
御，賜女（汝）玄衣黹
屯（純）、赤巿、朱黃（衡）、䜌（鑾）旂、攸（鋚）
勒，用事，頌拜䭫首，
受令（命）册佩以出，反（返）
入（納）堇（瑾）章（璋），頌敢對揚
天子不（丕）顯魯休，用
乍（作）朕皇考龏叔、皇
母龏始（姒）寶尊壺，用
追孝祈匄康𧺝、屯（純）
右（祐）、通彔（禄）、永令（命），頌其
萬年眉壽，畯臣天
子，霝（靈）冬（終），子子孫孫寶用

庚壺

09733.1A

□□□□，□其士
□□□□戮（鬭）者，俘
亟（殛）伐𢓊□丘，殺其
乘舟入⿱竹⿰官阝（管）從洀（河），台（以）
⿱霝示（靈）公之壬（廷），庚率二百
邑，𤔲（嗣）衣、裘、車、馬，於
所，公曰：甬甬（庸庸），商（賞）之台（以）
⿰糹虎者獻于⿱霝示（靈）公之
子⿰糹虎（執）鼓，庚大門之，
壺，齊三軍圍鍪（萊），冄（崔）
其吉金，台（以）鑄其⿰氵朕（盥）
之子武叔曰庚，擇
亥，殷王之孫、右師
唯王正月，初吉丁

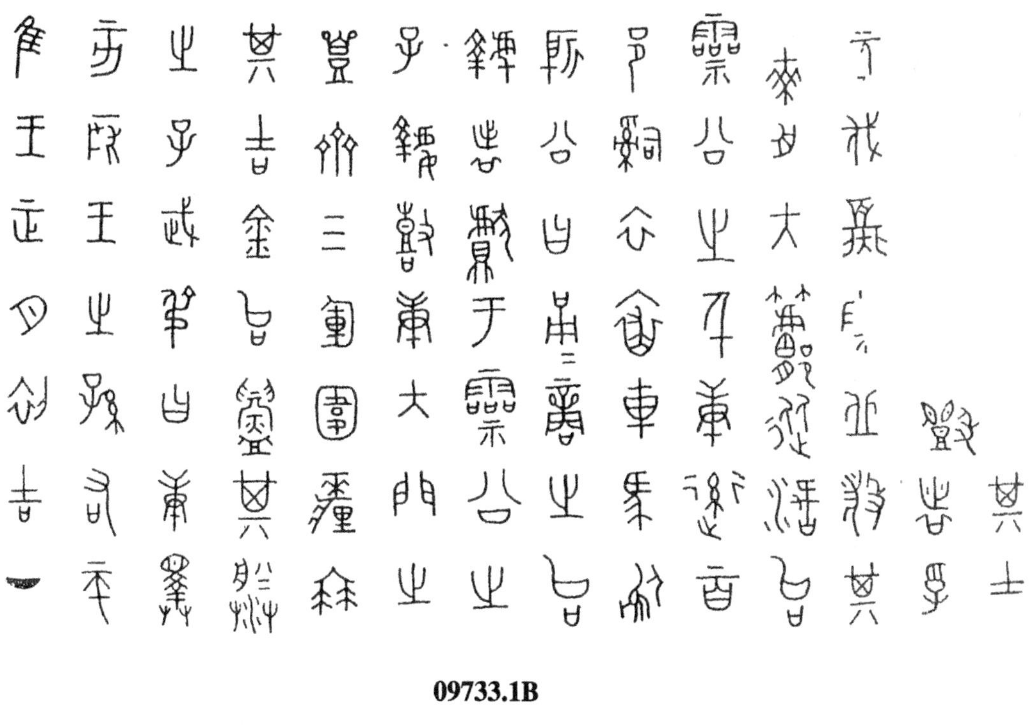

09733.1B

09733.2A

□□□□受（授）女（汝）

□，曰：不可多也，天

□曰𢦚余台（以）賜女（汝）

公之所，公曰：甬甬（庸庸），戒

虢（皋）車馬，獻之于𢦏（輜、莊）

□彘師，庚蔑（捷）其兵

□其王乘駐（牡），與台

綾滕相乘駐（牡），釗不

陸，𦋐（睪）其王駟，虢方

台（以）兵虢（皋）車馬，庚戍

于霝（靈）公之所，商（賞）之

丘，𤔲于梁，歸獻

女，□昀𣎆（矢）舟𢧵（𢧵）緐

09733.2B

𨟭盗壺

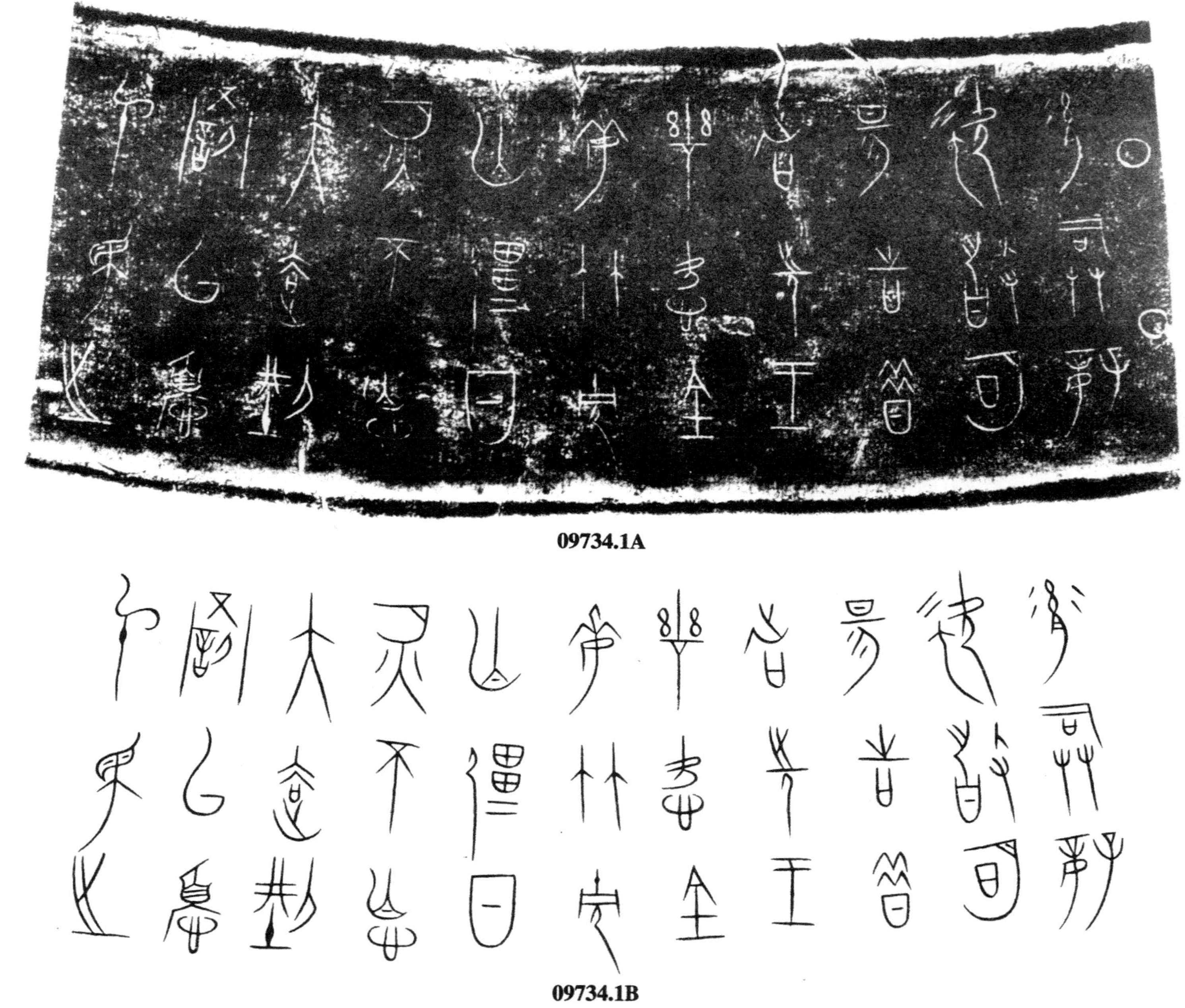

09734.1A

09734.1B

09734.2A

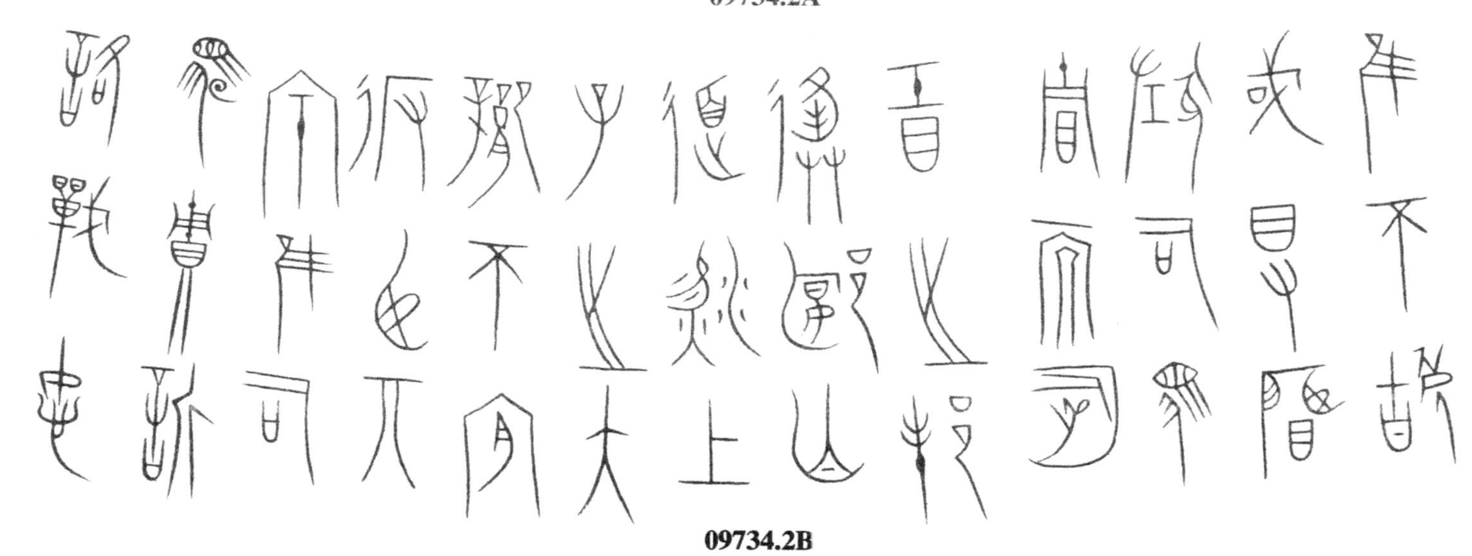

09734.2B

09734.3A

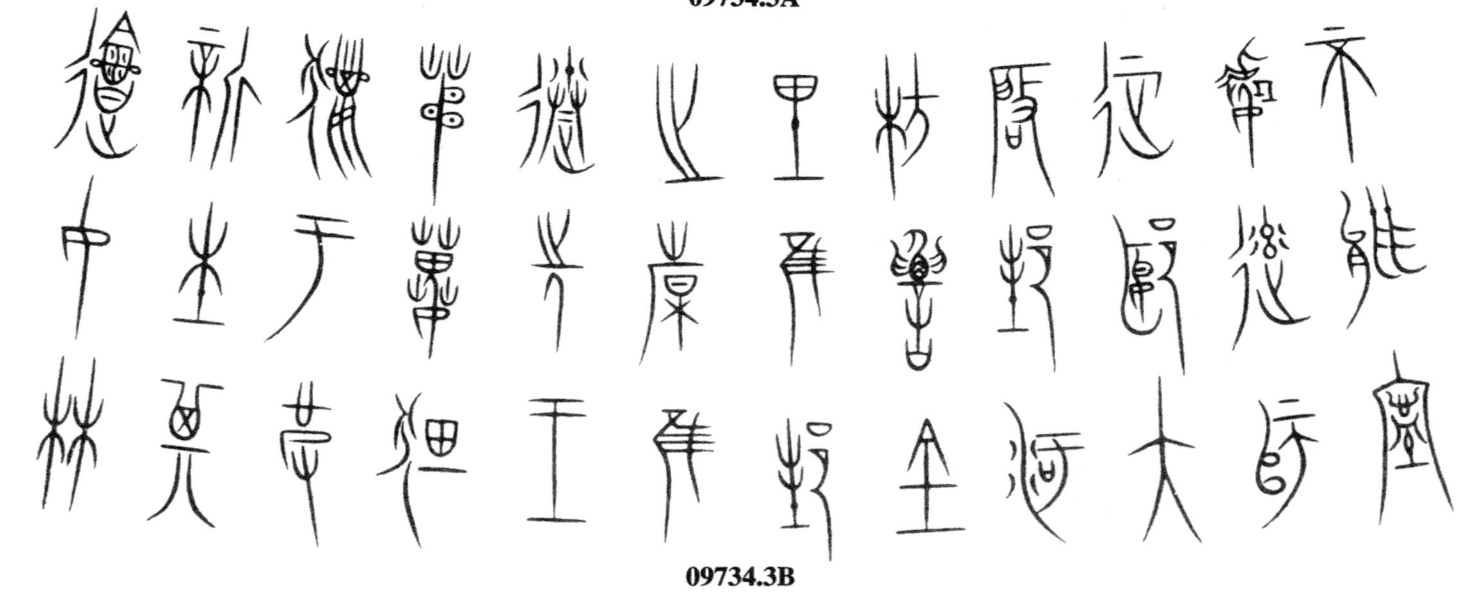

09734.3B

09734.4A

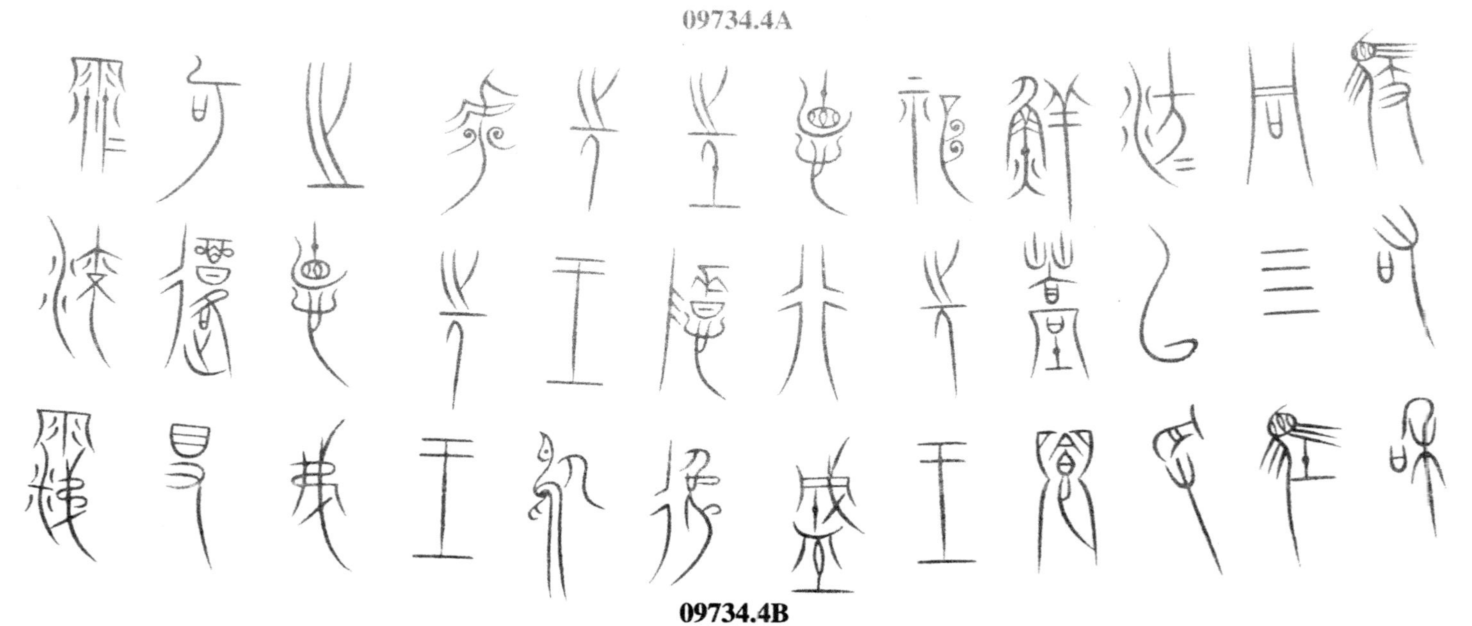

09734.4B

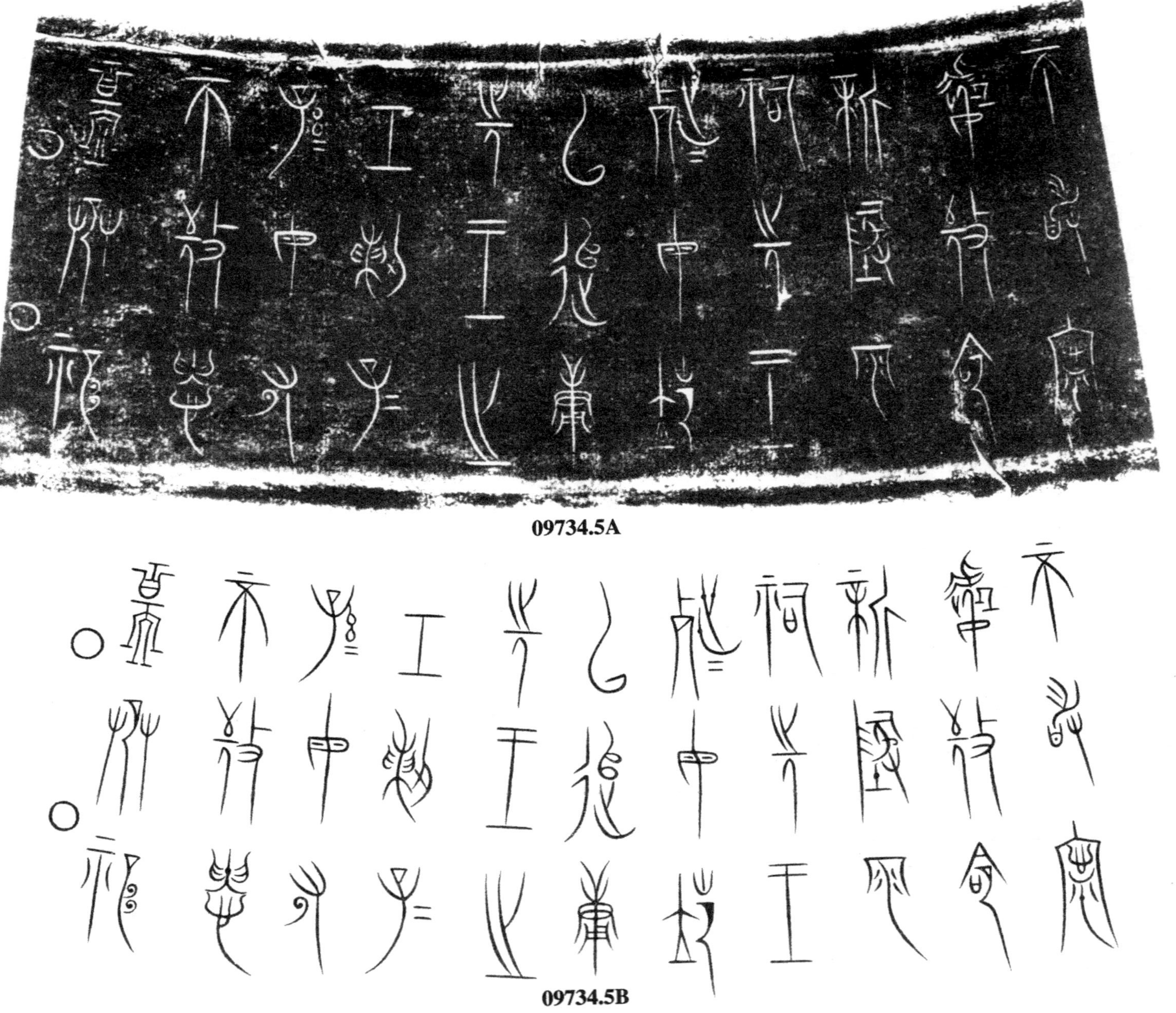

09734.5A

09734.5B

09734.1 釋文

胤嗣好
⿱次虫，敢明
昜（揚）告：昔
者先王，
㒸（慈）炁（悉、愛）百
每（民），竹（畜）胄
亡疆，日
夊（夜）不忘，
大𡘍（去）型（刑）
罰，以憂
厥民之

09734.2 釋文

隹（罹）不𥊼（辜），
或得贒（賢）
㹻（㣽、佐）司馬
賙（貯），而冢（重）
賃（任）之邦，
逢郾（燕）亡
道𤼈（煬）上，
子之大
辟（闢）不宜（義），
返臣丌（其）
宔（主），唯司
馬賙（貯）訢
諮戰（僤）怒（怒），

09734.3 釋文

不能寧
處，率師
征郾（燕），大
啟邦沔（污、宇），
枋（方）譽（數）百
里，唯邦
之𩊚（幹），唯
送（朕）先王
茅（苗）蒐狃（田）
獵，于皮（彼）
新土（𡍐），其
遀（會）女（如）林，

09734.4 釋文

馭右和
同，四駐（牡）
汸汸（滂滂），以取
鮮𦰤（藁），鄉（饗）
祀先王，
德行盛
𤯓（旺），隱逸（逸）
先王，於（烏）
虖（乎），先王
之德弗
可復得，
霖霖（潸潸）流霖（涕），

09734.5 釋文

不敢寧
處，敬明
新墜（地），雨（雩）
祠先王，
枻枻（世世）毋⿰止乏（乏），
以追庸（誦）
先王之
工（功）刺（烈），子子
孫孫，毋又（有）
不敬，寓
祗丞（烝）祀

中山王嚳方壺

原高三四厘米

09735.1A

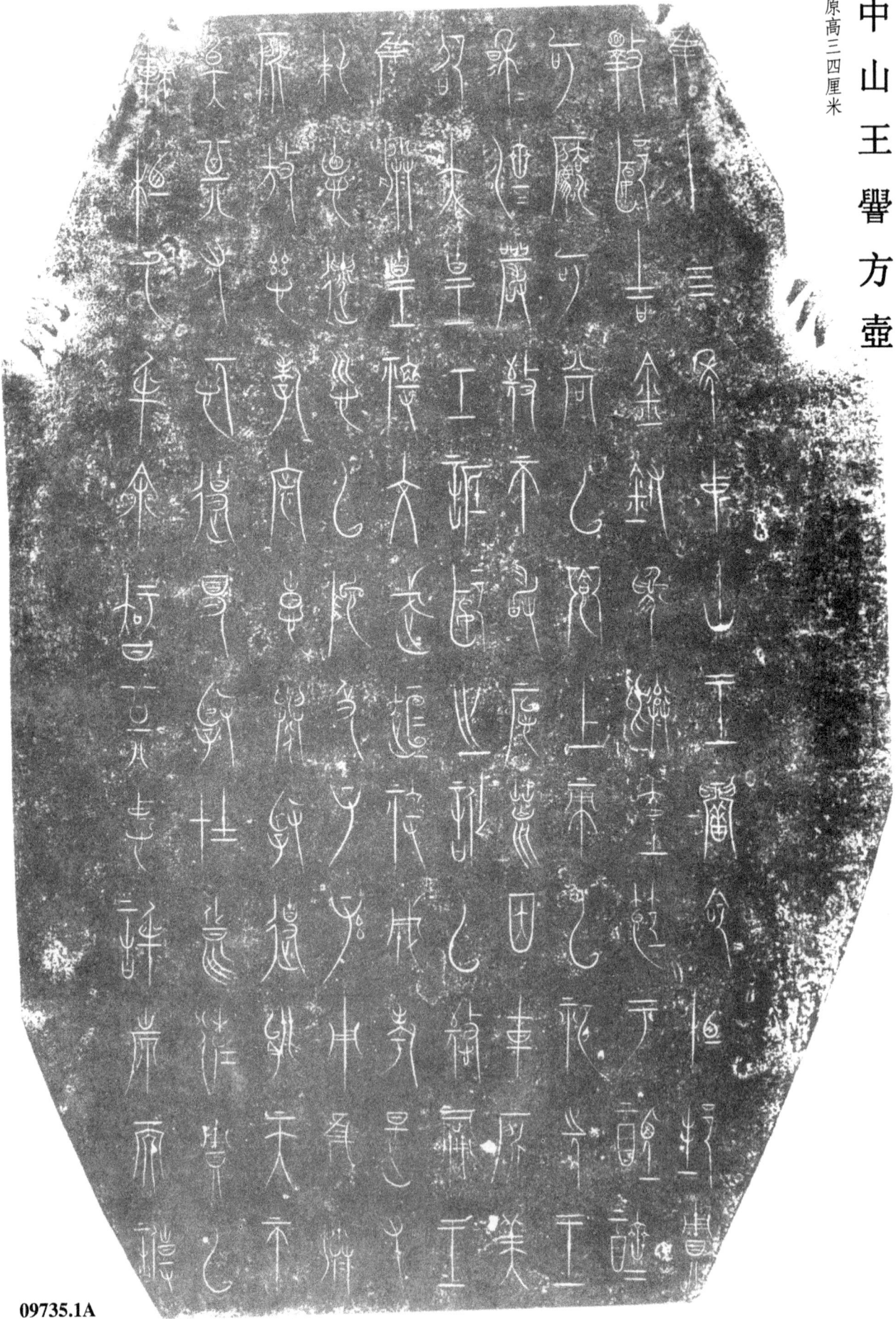

唯十四年，中山王嚳命相邦賙（貯）
擇郾（燕）吉金，鑄爲彝壺，節于䤈（禋）醊，
可灋（法）可尚（常），以鄉（饗、享）上帝，以祀先王，
穆穆濟濟，嚴敬不敢怠（怠）荒，因載所美，
卲犮（跋）皇工（功），詆（詆）郾（燕）之訛，以憼（儆）嗣王，
唯朕皇祖文、武，𧻚（桓）祖、成考，是又（有）
𥾁（純）德遺巡（訓），以阤（陁、施）及子孫，用唯朕
所放（倣），慈孝寰（宣）惠，舉（舉）孯（賢）使能，天不
臭（斁）其又（有）忨（願），使得孯（賢）在（士）良猛（佐）賙（貯），以
輔相厥身，余智（知）其忠謝（信）旃，而講（專）

09735.1B

原高三四厘米

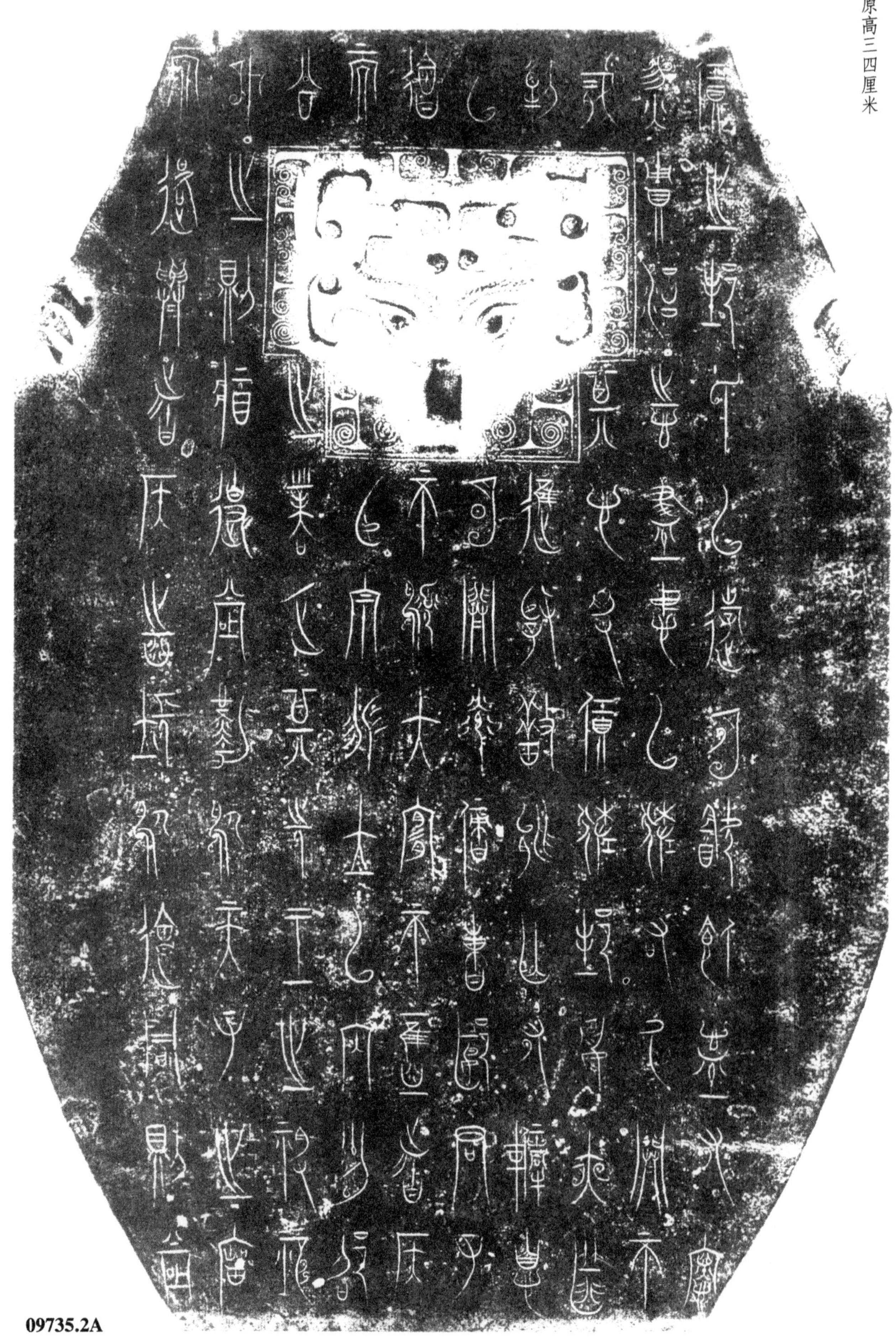

09735.2A

賃（任）之邦，氏（是）以遊夕（閔）飲飤，寍（寧）又（有）窓（懅）
惖（惕），賙（貯）渴（竭）志盡忠，以猚（佐）右（佑）厥闢（辟），不
貳（膩、貳）其心，受賃（任）猚（佐）邦，夙夜篚（匪）
解（懈），進孯（賢）散（措）能，亡又（有）轉（常）息，
以明闢（辟）光，僪（適）曹（遭）郾（燕）君子
徻（噲），不顧大宜（義），不舊（舊）者（諸）侯，
而臣宔（主）易立（位），以內絶邵（召）
公之業，乏其先王之祭祀，
外之則牆（將）使峃（上）勤於天子之廟，
而退與者（諸）侯齒張（長）於遑（會）同，則峃（上）

09735.2B

原高三四厘米

09735.3A

逆於天，下不巡（順）於人旃，寡人非
之，賙（貯）曰：爲人臣而返（反）臣其宔（主），不
祥莫大焉，牆（將）與盧（吾）君並立於殜（世），
齒張（長）於逾（會）同，則臣不忍見旃，賙（貯）
忎（願）從在（士）大夫，以請（靖）郾（燕）
疆，氏（是）以身蒙幸（睾）胄，以栽（誅）不巡（順），郾（燕）旃（故）君子徻（噲），新
君子之，不用豊（禮）宜（儀），不顧逆巡（順），旃（故）
邦亡身死，曾亡鼠（一）夫之救，述（遂）定
君臣之䏍（位），上下之體（體），休又（有）成工（功），
刱（創）辟封疆，天子不忘其又（有）勛，使

09735.3B

原高三四厘米

09735.4A

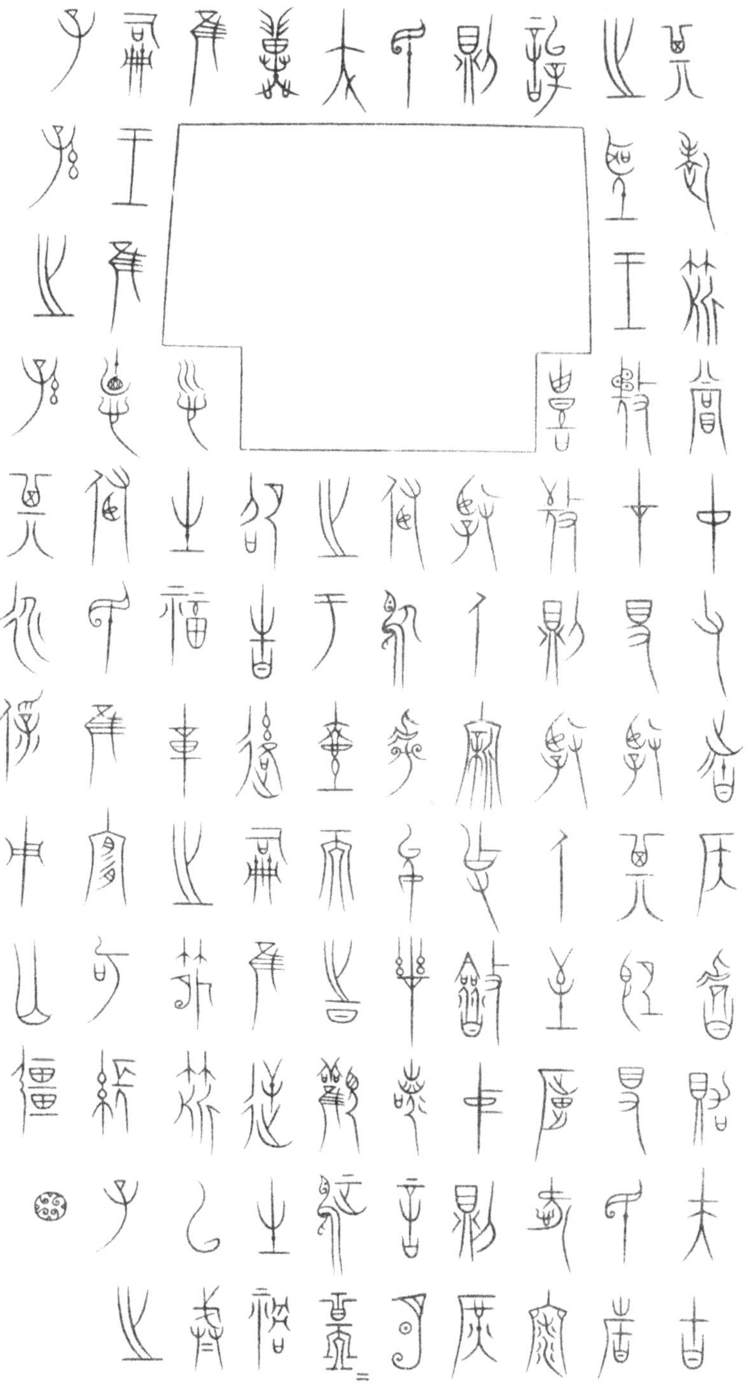

其老⿱竹斤（策）賞仲父，者（諸）侯皆賀，夫古之聖王，孜（務）在得孯（賢），其即得民，菇（故）⿰言辛（辭）豊（禮）敬，則孯（賢）人至，厪（陟）悉（愛）深，則孯（賢）人⿱宀新（親），攸（作）斂中，則庶民⿰亻⿱𠂉吕（附），於（烏）虖（乎），允𦍩（哉）若言，明犮（跋）之于壺而時觀焉，祗祗翼卲告後嗣，唯逆生禍，唯巡（順）生福，載之笲（簡）⿱竹斤（策），以戒（誡）嗣王，唯德⿰亻⿱𠂉吕（附）民，唯宜（義）可緩（長），子之子，孫之孫，其永保用亡疆

09735.4B

並罍

竝

09736

兾罍

兾

09737

每罍

妏

09738

何罍

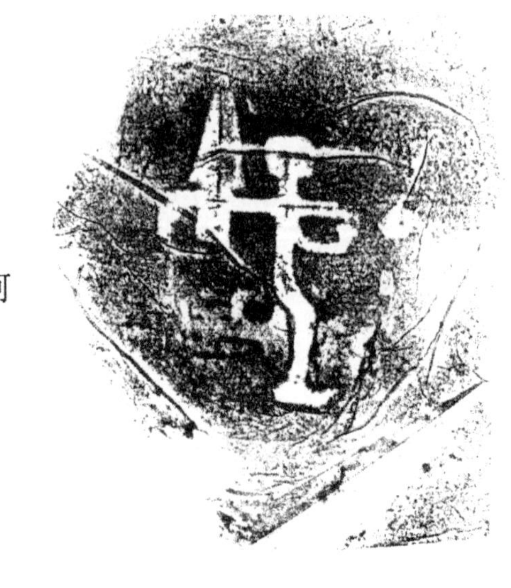

何

09739

史方罍

09740

[illegible]罍

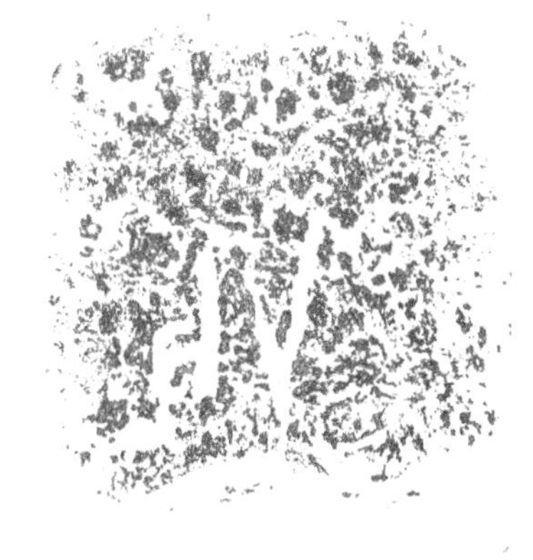

09741

得罍

09742.1

09742.2

罍

漁

09743

⿱爫鱻罍

⿱爫鱻（魰）

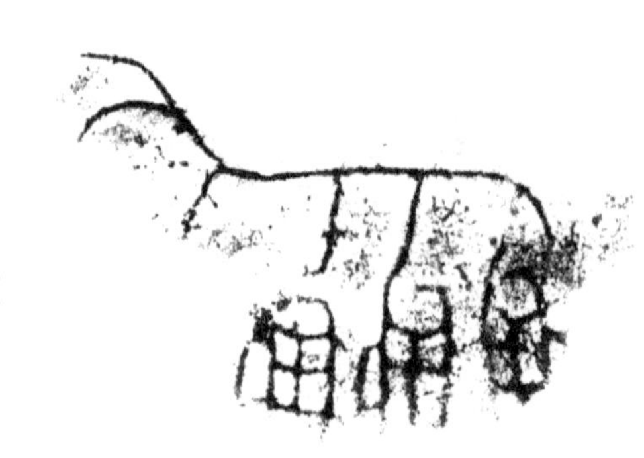

09744

罍

09745

⿴囗止止罍

⿴囗止止（圍）

09746

鳶罍

罍

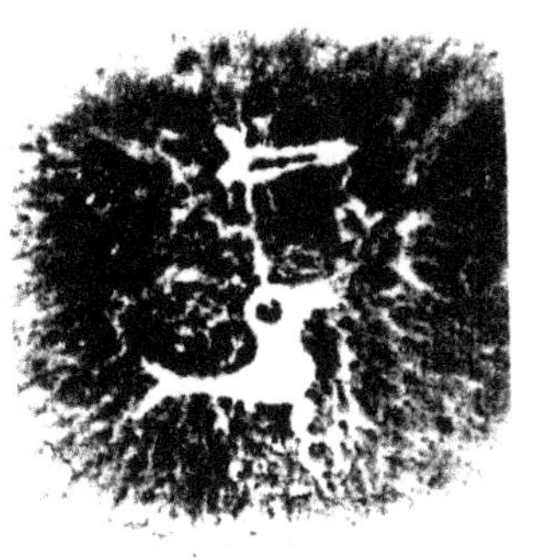

鳶

09747.1

㮯

09748.1

鳶

09747.2

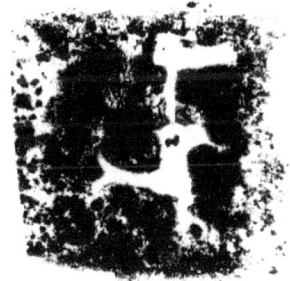

㮯

09748.2

罍

𦣻

09749

貯

罍

宓（㤖）

09750

罍

享

09751

戈

罍

戈

09752

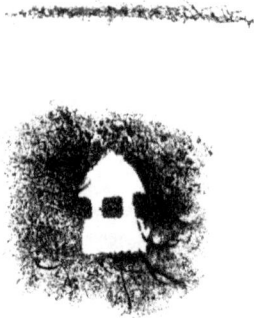

罍

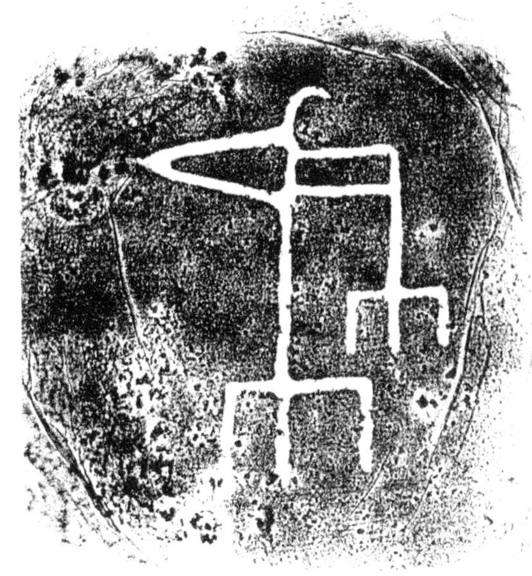
戈

09753

罍

戈

09754

戈罍

戈

09755.1

戈

09755.2

罍

冉

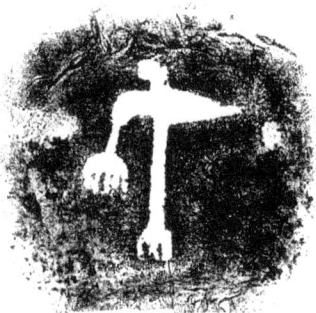

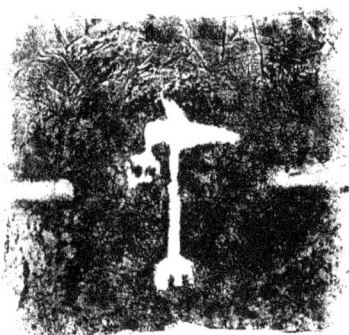

09756

𠚤罍

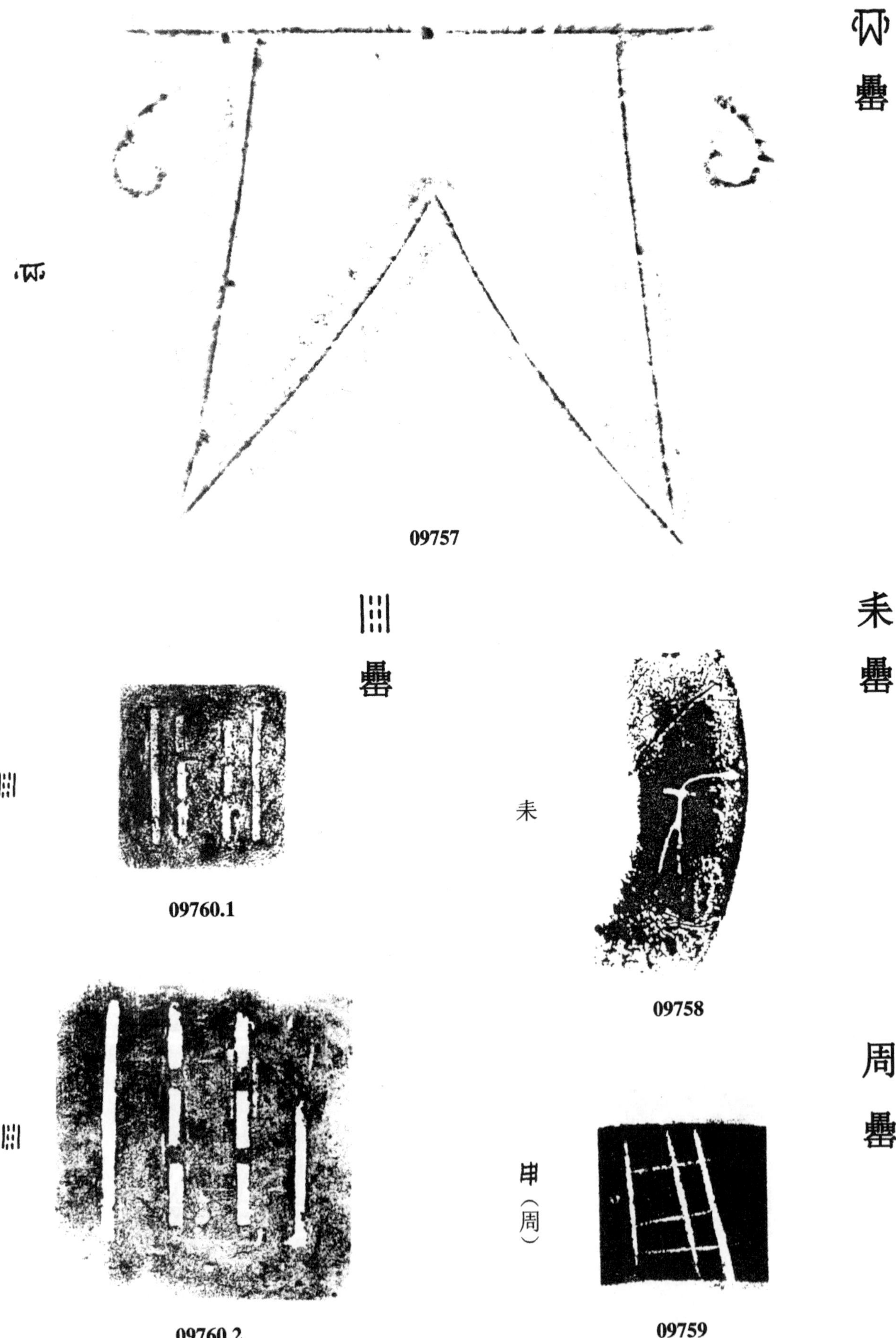

09757

𠕋罍

09760.1

09760.2

耒罍

09758

周罍

09759

亞矣罍

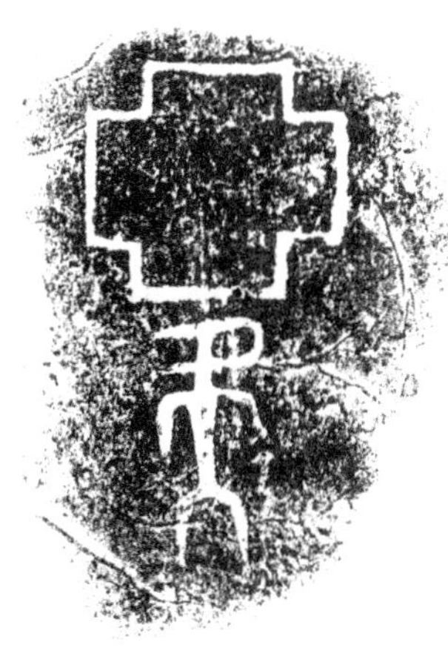

亞疑

09761

亞矣罍

亞疑

09762.1

亞疑

09762.2

亞醜罍

亞醜

09763

亞醜罍

亞醜

09764

亞䣄罍

亞䣄

09765.1

亞䣄

09765.2

亞䣄罍

亞䣄

09766.1

亞䣄

09766.2

亞䣵罍

亞䣵

09767.1

亞旁罍

亞旁

09768

亞䣵

09767.2

亞止罍

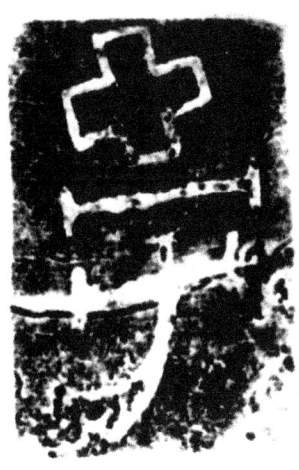

亞止（趾）

09769

冀𠭯罍

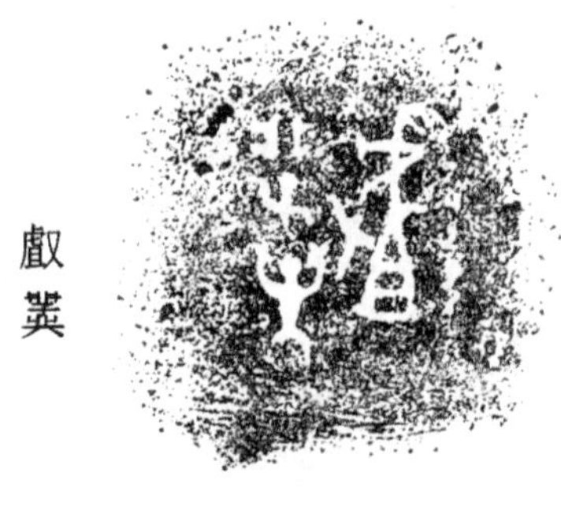

𠭯冀

09770

𢾊又罍

𢾊又（右）

09772

登𣥠罍

登𣥠

09771

𧶠甲罍

𧶠（𧹞）甲

09773

□工方罍

敎工

09774

□得罍

毌得

09775.1

毌得

09775.2

車罍

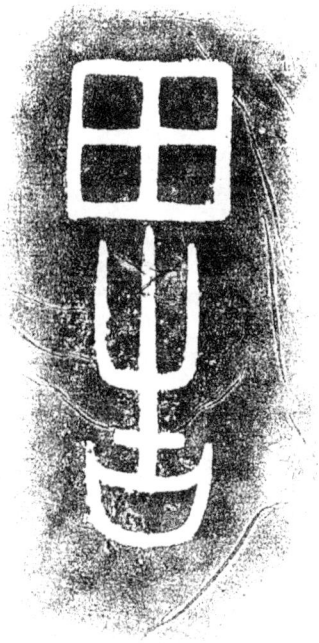

車□

09776

田告罍

田告

09777

父癸罍

父癸

09778

母鼓罍

母嫐

09780.1

癸丁罍

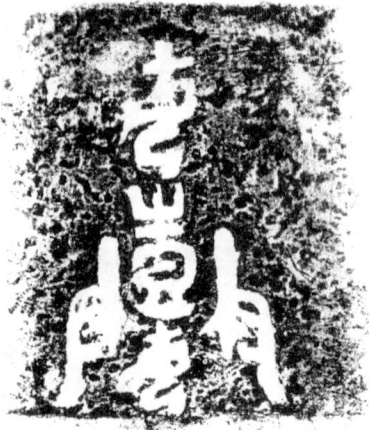

丁癸

09779

母嫐

09780.2

婦好方罍

婦好

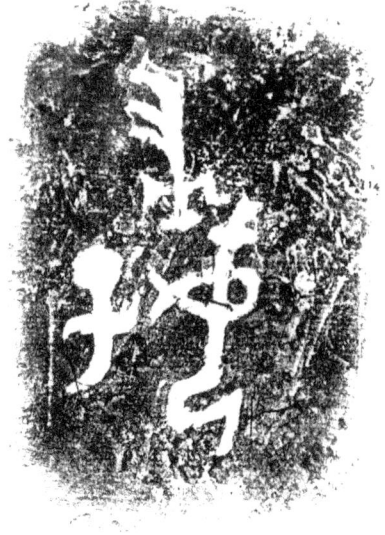

09781.1

婦好

09781.2

婦好方罍

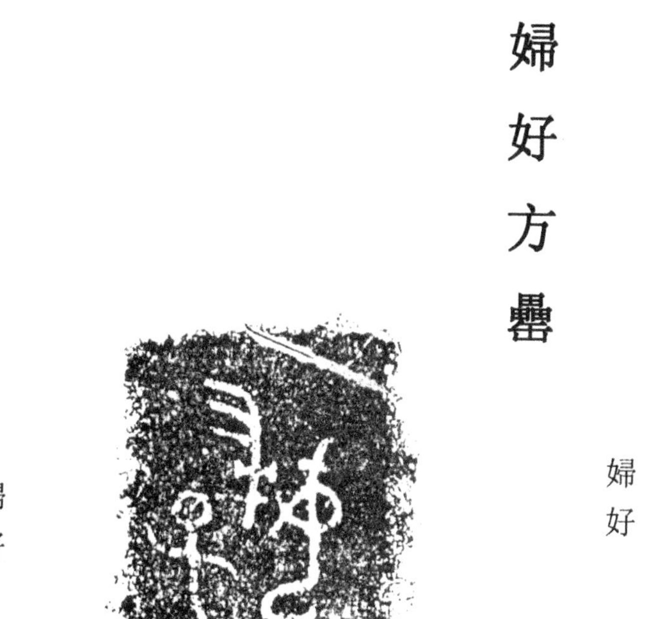

婦好

09782.1

婦好

09782.2

户𡚸罍

左𡚸

09783

田父甲罍

田父甲

09785.1

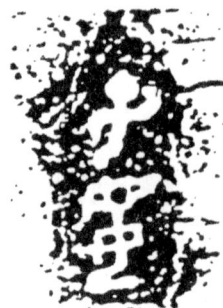

子媚罍

子媚

09784.1

田父甲

09785.2

子媚

09784.2

𠘧父乙罍

父乙𠘧

09786

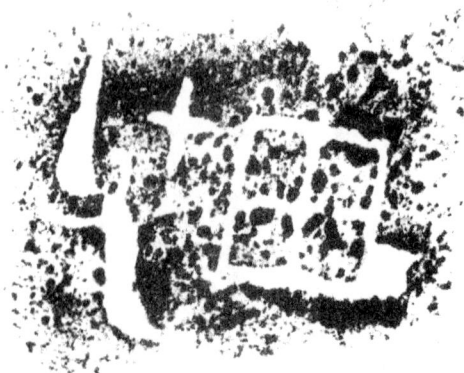

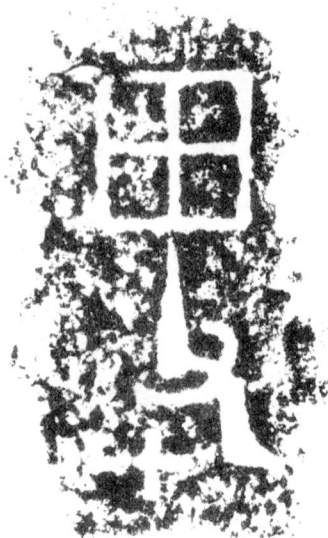

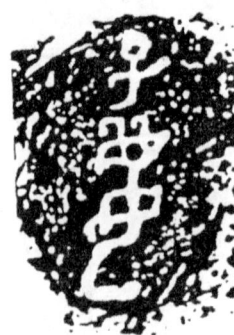

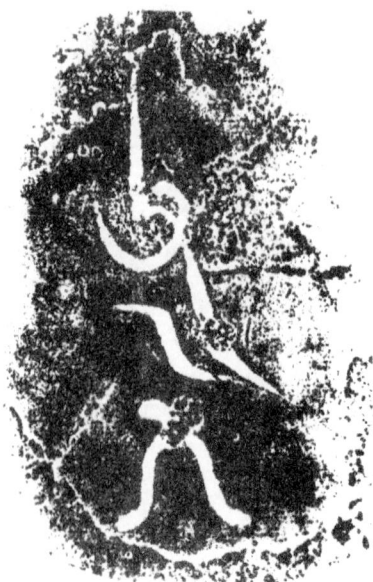

父丁罍

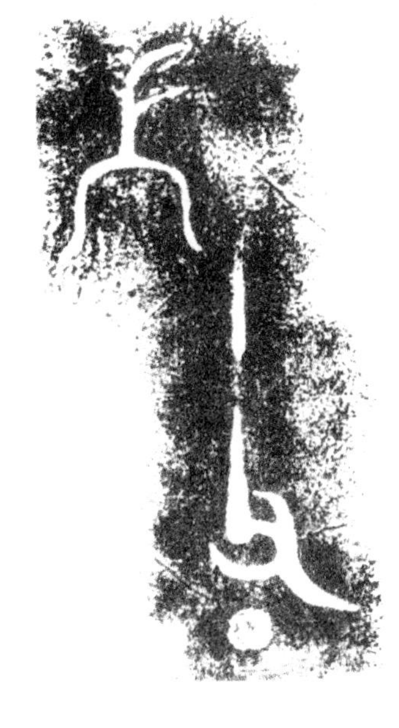

褱父丁

09787

冉父己罍

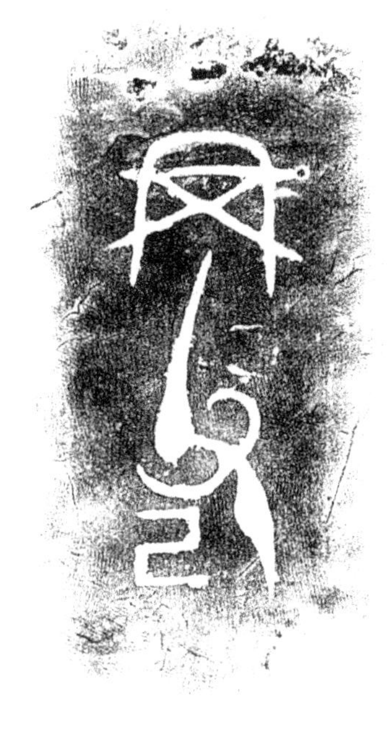

冉父己

09789

父己罍

（糈）父己

09788

⿷匚止又罍

XX（丽）⿷匚止（退）阜

09790

魚罍

〔父〕庚寶，魚

09791

⿱木齒見冊罍

木見齒冊

09792

亞㠱孤竹罍

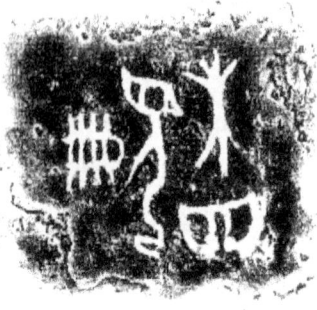

孤竹亞㠱

09793

亞吴玄婦罍

䲭（玄鳥）婦，亞疑

09794.1

09794.2

09794.3

毌倗父乙方罍

毌倗（偁）父乙

09795

豕馬父乙罍

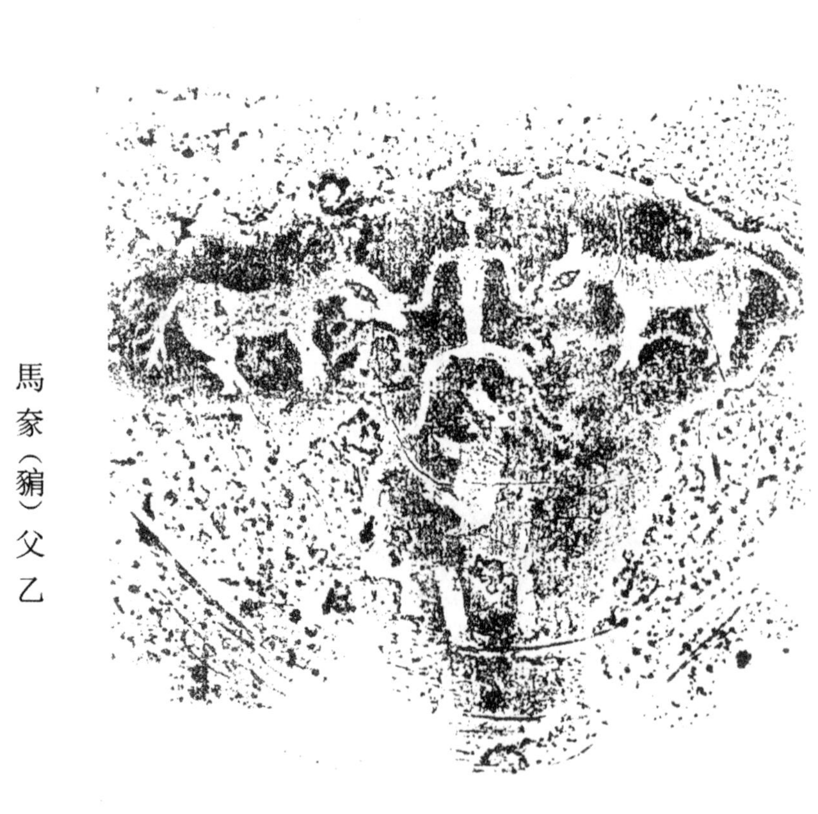

馬豕（豜）父乙

09796

⿱大豕馬父丁罍

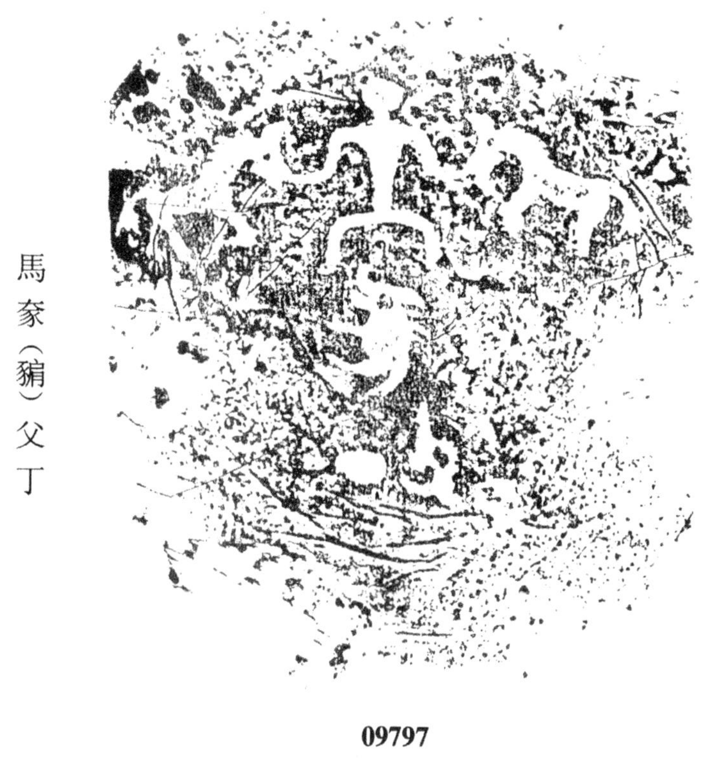

馬⿱大豕（⿰豸肙）父丁

09797

子天父丁罍

父丁子天

09798

川子父丁罍

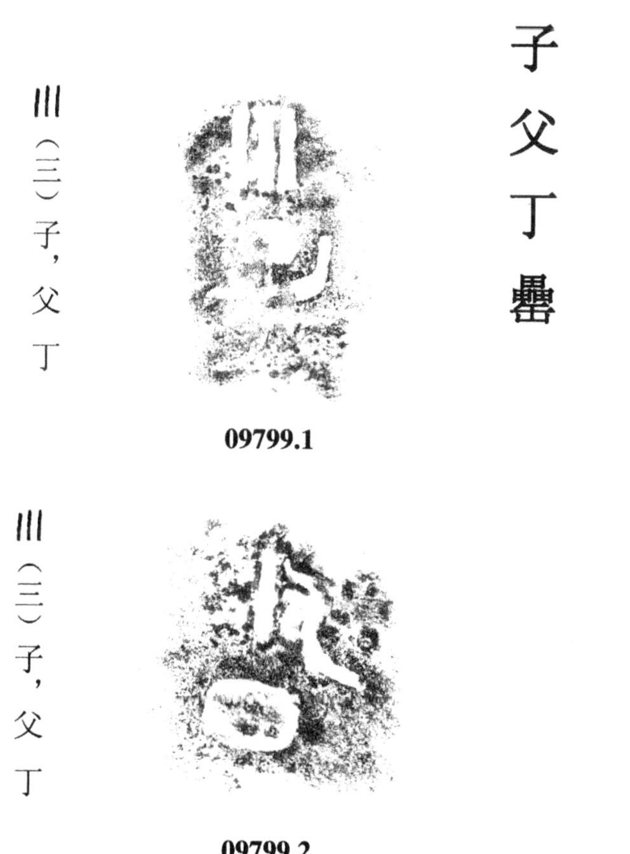

川（三）子，父丁

09799.1

川（三）子，父丁

09799.2

何𠨷父癸罍

何父癸𤔲

09800

考母作𠤷罍

考母

乍（作）聅（聯）𠤷

09801

竟作彝罍

竟乍（作）厥彝

09802

作員從彝罍

乍(作)員從彝

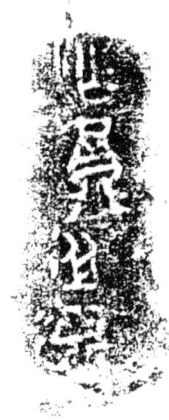

09803.1

作員從彝罍

乍(作)員從彝

09804.1

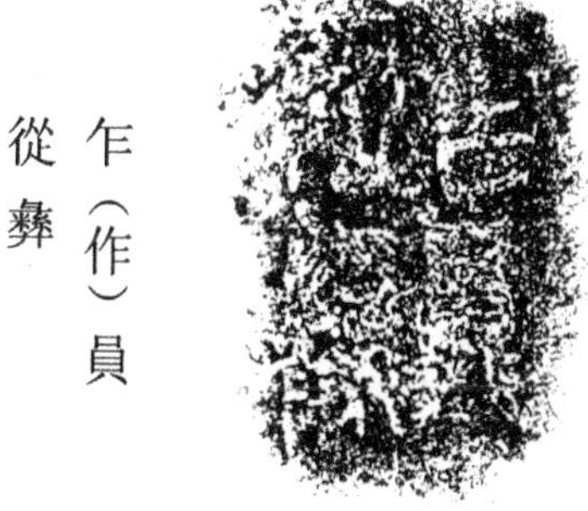

乍(作)員從彝

09803.2

乍(作)員從彝

09804.2

作且戊罍

乍（作）祖戊
尊彝

09805

敄父丁罍

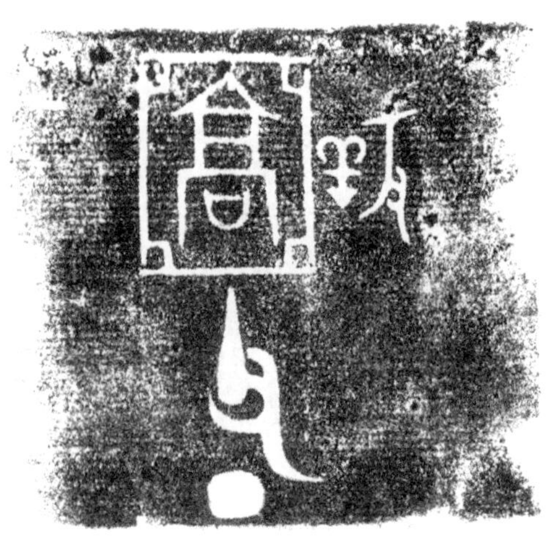

敄亞高父丁

09807

冀且辛罍

祖辛禹秔（秛）
冀

09806

朋父庚罍

朋五夆（降）父庚

09808

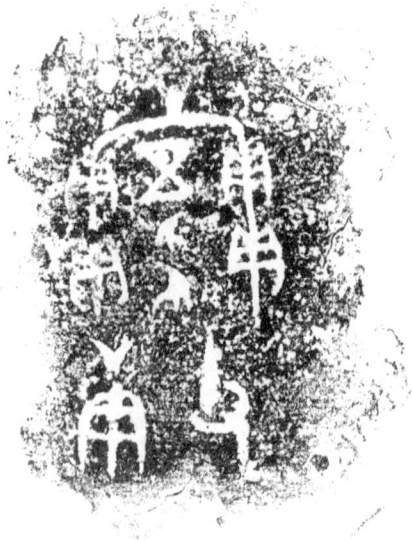

大史罍

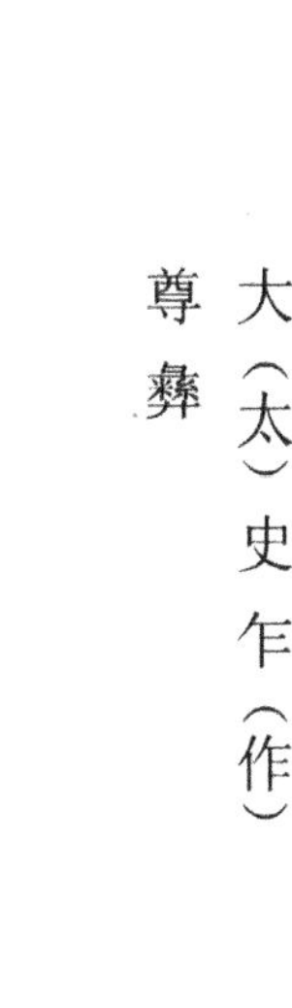

大（太）史乍（作）
尊彝

09809

冉父丁罍

冉乍（作）父丁
妻盟

09811.1

冉乍（作）父丁
妻盟

09811.2

孤竹父丁罍

父丁孤竹亞微

09810

皿父己罍

皿乍(作)父己
尊彝

09812

爯父丁罍

伯罍

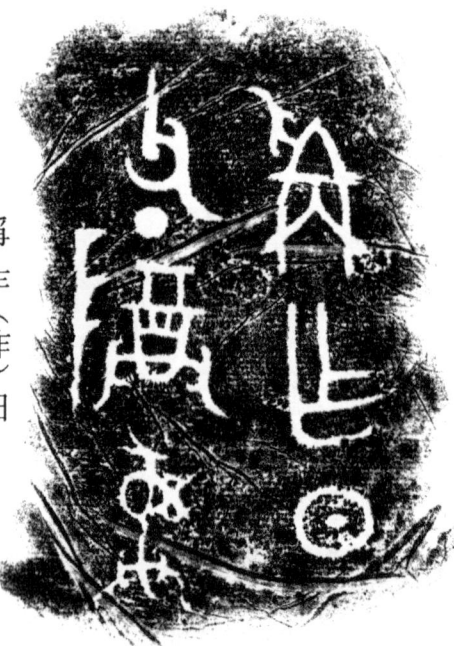

伯乍(作)厥寶
尊彝

09813

爯乍(作)日
父丁尊彝

09814

中父乙罍

乍(作)父乙寶彝尊雷(罍)，(韋卬)

09815.1

乍(作)父乙寶彝尊雷(罍)，(韋卬)

09815.2

陵父日乙罍

陵乍(作)父日乙寶雷(罍)，

09816

趞父戊罍

趞乍(作)文父戊尊彝，雔册

09817

者姛罍

者姛罍

亞醜，者（諸）姛以大子尊彝

09819

09818.1

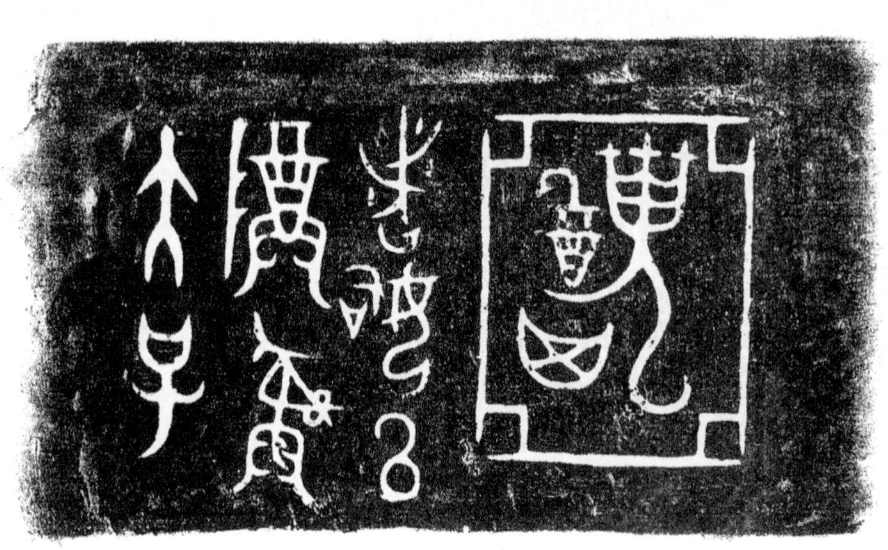

亞醜，者（諸）姛以大子尊彝，亞醜，者（諸）姛以尊彝大子

09818.2

婦闔罍蓋

婦闔乍(作)文姑日癸尊彝，冀

09820

蘇罍

蘇乍(作)祖己尊彝，其子子孫永寶，戈

09822

王罍

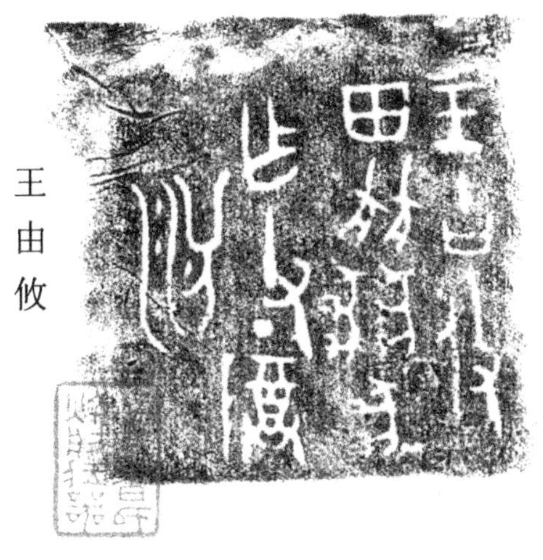

王由攸田劦，乍(作)父丁尊，瀼

09821

乃孫罍

乃孫𢦏乍(作)祖甲罍(罍)，其遹𣃦弗述(墜)，(賓)貝，其乍(作)彝

09823

洦御事罍

洦御事（史）乍（作）尊雷（罍），其萬年無彊，子子孫孫，永寶用享

09824

洦御事罍

洦御事（史）乍（作）尊雷（罍），其萬年無彊，子子孫孫永寶用享

09825

對罍

對乍(作)文考日癸寶尊雷(罍),子子孫孫,其邁(萬)年永寶,用匄眉壽,敬冬(終),冉

09826

季姛𠤳罍

季𡚁(姒)𠤳乍(作)寶罍(罍),其用萬人(年),享孝于厥多公,事萬人(年),子子孫孫寶用,䀠

09827

髫方彝

髫

09828

[illegible]方彝

[illegible]

09829

並方彝

竝

09830

又方彝

又（右）

09831

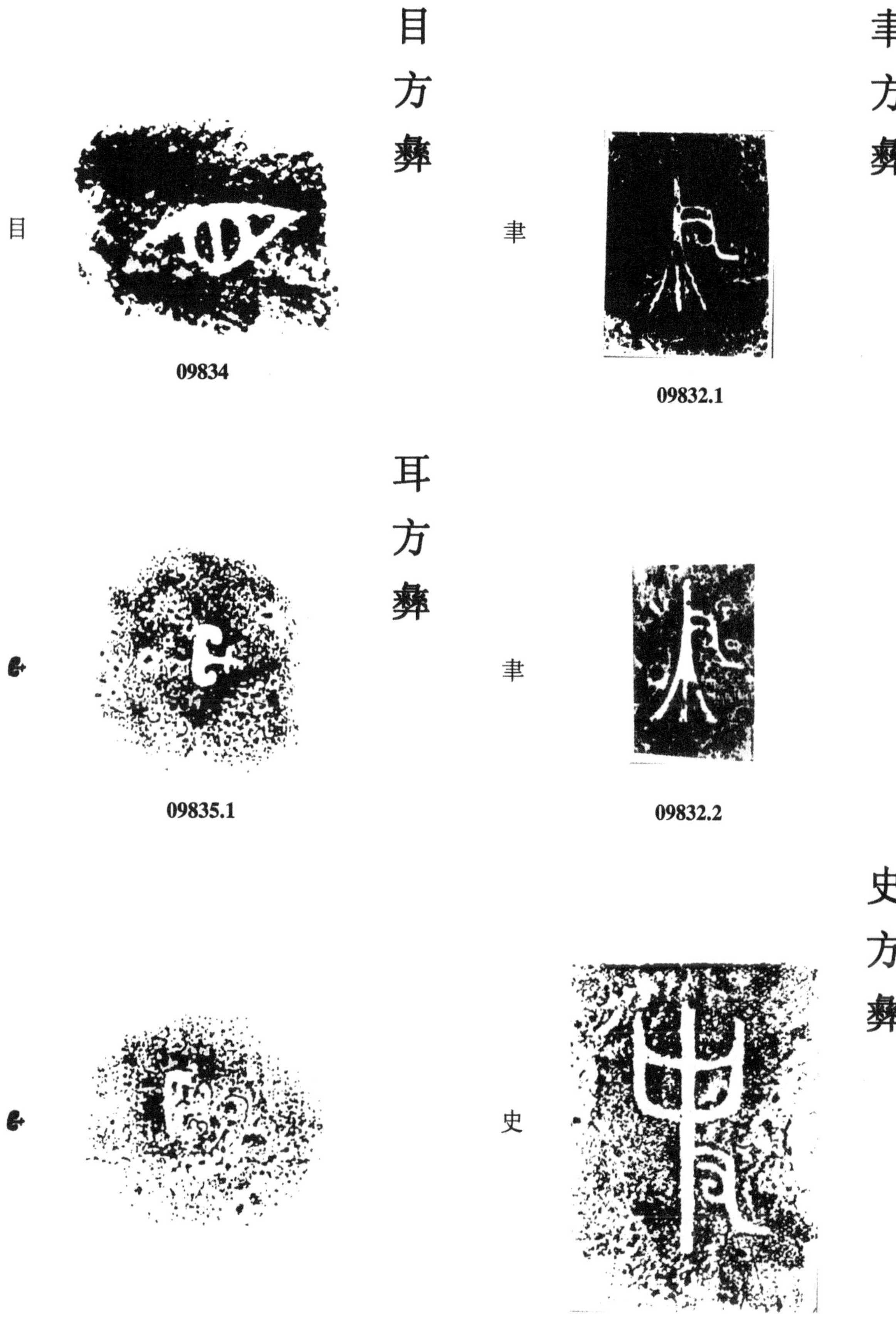

聿方彝

聿

09832.1

聿

09832.2

史方彝

史

09833

目方彝

目

09834

耳方彝

09835.1

09835.2

鷰方彝

鷰

09836

車方彝

車

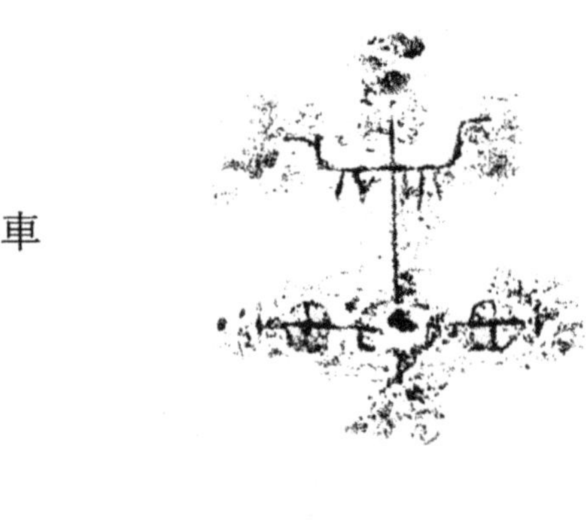

09838.1

鼎方彝

鼎

09837

車

09838.2

杒方彝

栩

09839

戈方彝

戈

09841.1

戈

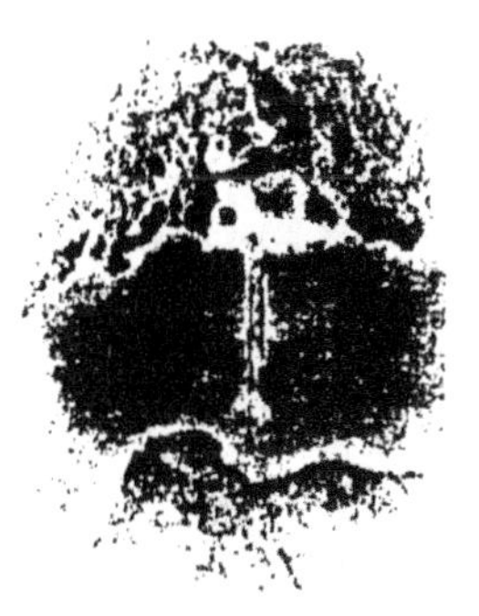

09841.2

戈方彝

戈

09840

叔方彝

弔

09842.1

弔

09842.2

[illegible]方彝

樐

09843

[illegible]方彝

丏甫

09844.1

丏甫

09844.2

亞吳方彝

亞疑

09845.1

亞疑

09845.2

亞舟方彝

亞舟

09846

亞啟方彝

亞攺

09847.1

亞攺

09847.2

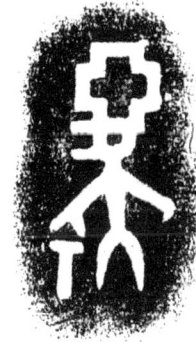

亞醜方彝

亞醜

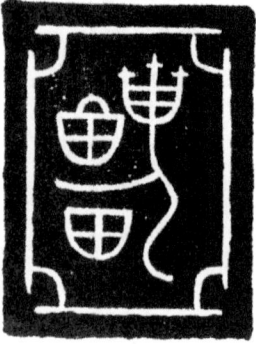

09848.1

亞醜

09848.2

亞醜方彝

亞醜

09849

亞醜方彝

亞醜

09850

亞獸方彝

09851.1

09851.2

亞皀

亞義方彝

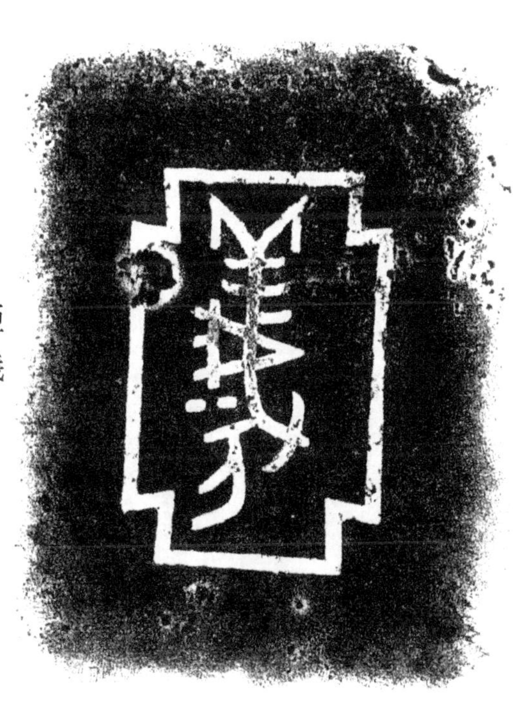

09852

亞義

亞又方彝

09853

亞又

亞屰方彝

09854

亞屰

冉蛙方彝

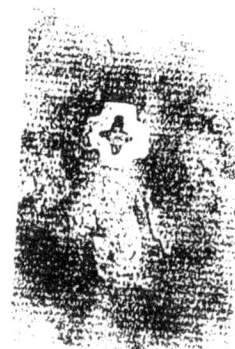

09855

冉蛙

鄉宁方彝

鄉宁

09856

鄉宁方彝

鄉宁

09857

鄉宁方彝

鄉宁

09858.1

鄉宁

09858.2

𢋆辰方彝

𢋆辰

09859.1

𢋆辰

09859.2

角丏方彝

角丏

09860

婦好方彝

婦好

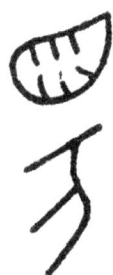

09861

婦好方彝

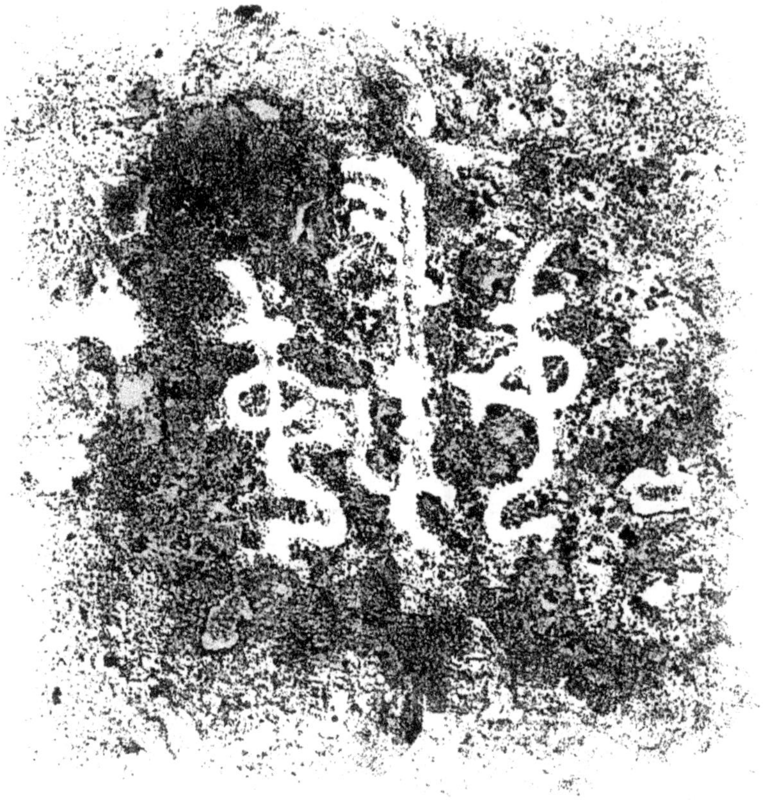

婦好

09862

婦好方彝

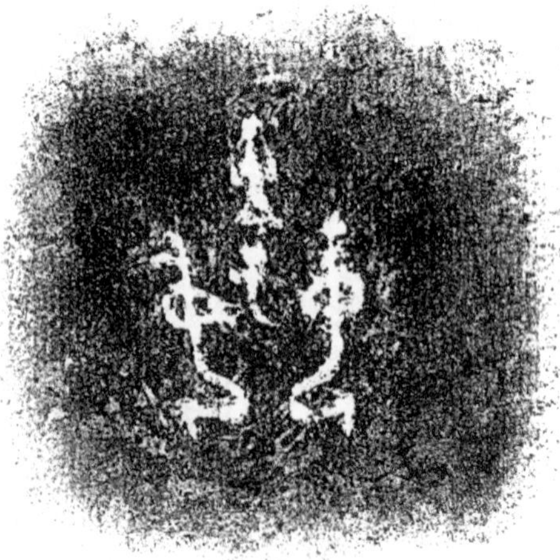

婦好

09863

婦好方彝

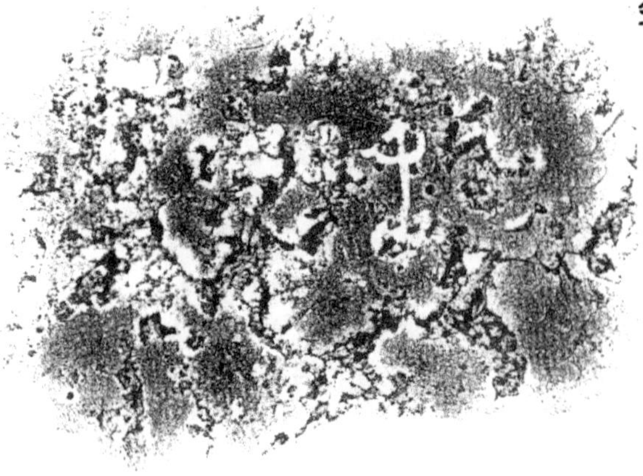

婦好

09864

子蝠方彝

子蝠

09865.1

子蝠

09865.2

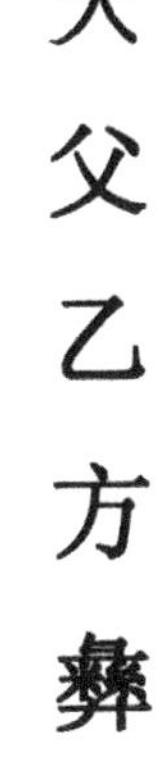

昃父乙方彝

(昃)父乙

09866.1

(昃)父乙

09866.2

[glyph]父庚方彝

[glyph]（[扌冋]）父庚

09867

[glyph][glyph][glyph]方彝

蚰峽耒

09869

北單戈方彝

戈北單

09868

子廠圖方彝

子廠圖

09870

聑日父乙方彝

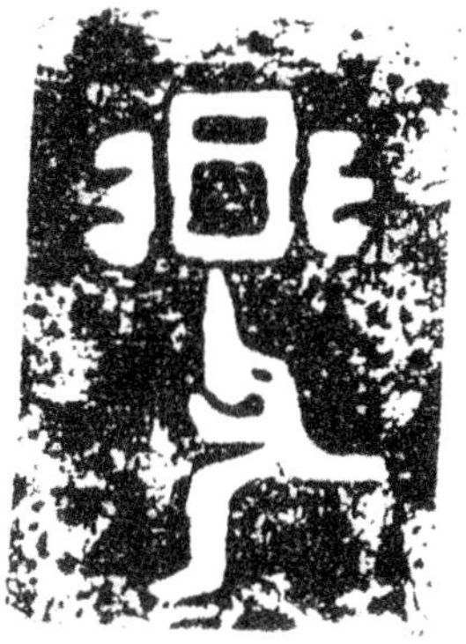

聑日父乙

09871

豖馬父丁方彝

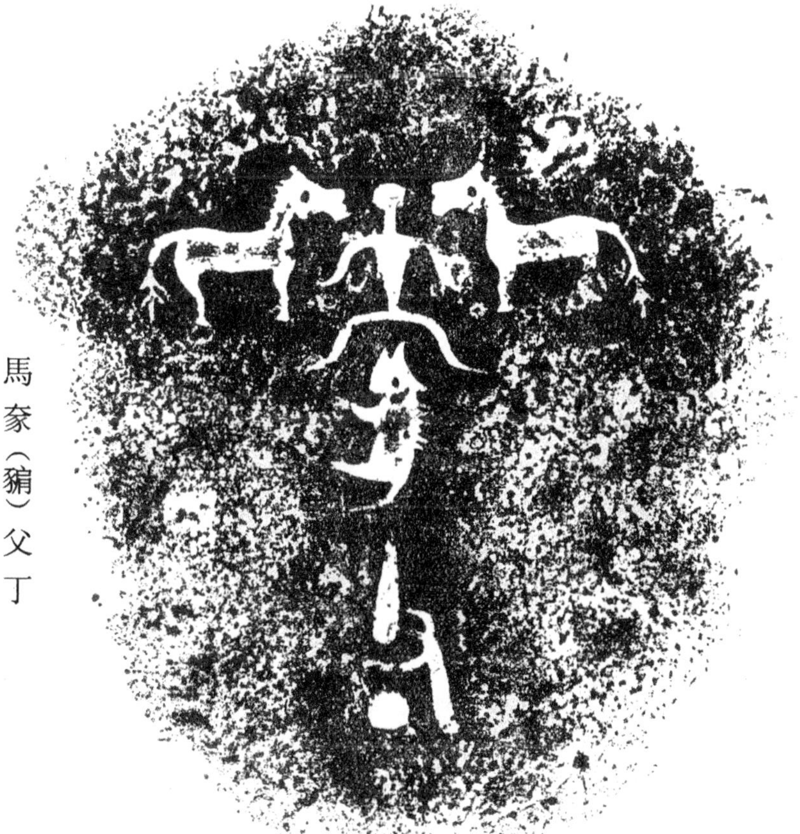

馬豖（豘）父丁

09872

母⿱宀丰朩帚方彝

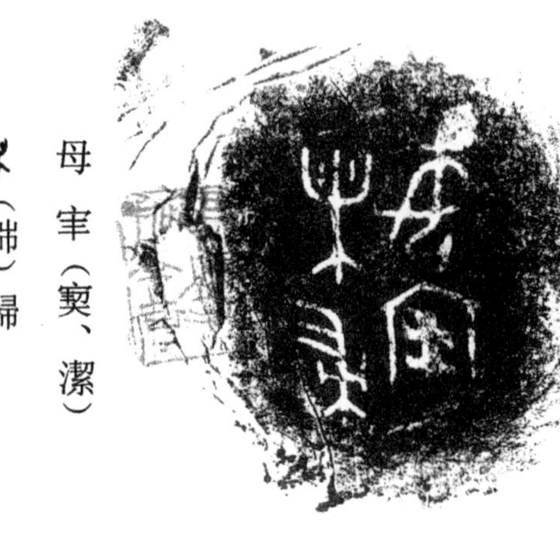

母⿱宀丰（寘、潔）朩（鉳）婦

09873.1

母⿱宀丰（寘、潔）朩（鉳）婦

09873.2

冉癸乙冉方彝

09874.1

冉癸，乙冉

09874.2

井叔方彝

井叔乍（作）旅彝

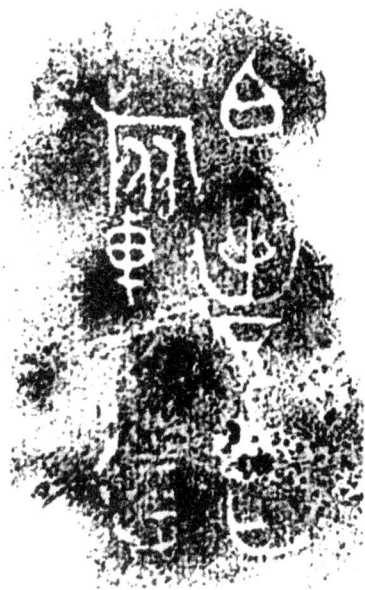

09875.1

井叔乍（作）旅彝

09875.2

伯豐方彝

伯豐乍（作）旅彝

09876.1

伯豐乍（作）旅彝

09876.2

册䀠且癸方彝

竹宔父戊方彝

册旻乍（作）彝，祖癸

09877

竹宔（鑄）父戊，告永

09878

𠦪宔父戊方彝

竹宔(鑄)父戊，告永

09879

熒子方彝

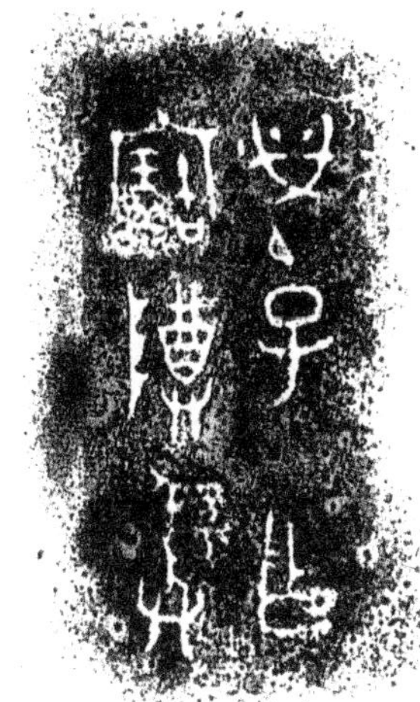

熒(榮)子乍(作)寶尊彝

09880.1

熒(榮)子乍(作)寶尊彝

09880.2

𤇾子方彝

𤇾（榮）子乍（作）
寶尊彝

09881.1

仲追父方彝

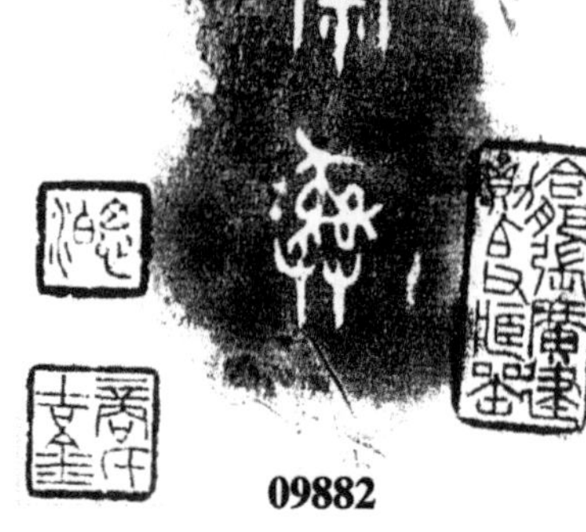

仲追父乍（作）宗彝

09882

皿天方彝蓋

𤇾（榮）子乍（作）
寶尊彝

09881.2

皿天全（玲）乍（作）
父己尊彝

09883

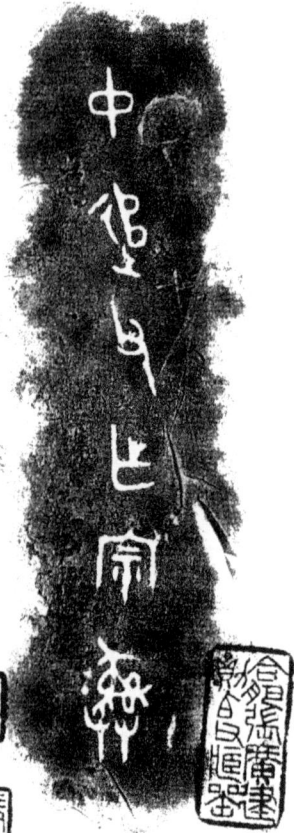

匽父辛方彝

匽(匽)乍(作)父辛
寶尊彝，𡴕

09884

匽父辛方彝

匽(匽)乍(作)父辛
寶尊彝，𡴕

09885.1

匽(匽)乍(作)父辛
寶尊彝，𡴕

09885.2

亞若癸方彝

受丁旅沚
亞若癸乙自(師)

09886.1

受丁旅沚
亞若癸乙自(師)

09886.2

亞若癸方彝

受丁旅沚
亞若癸乙自(師)

09887.1

受丁旅沚
亞若癸乙自(師)

09887.2

叔飽方彝

叔飽(貔)賜貝

于王姒(姒),用

乍(作)寶尊彝

09888.1

叔飽(貔)賜貝

于王姒(姒),用

乍(作)寶尊彝

09888.2

彊啟方彝

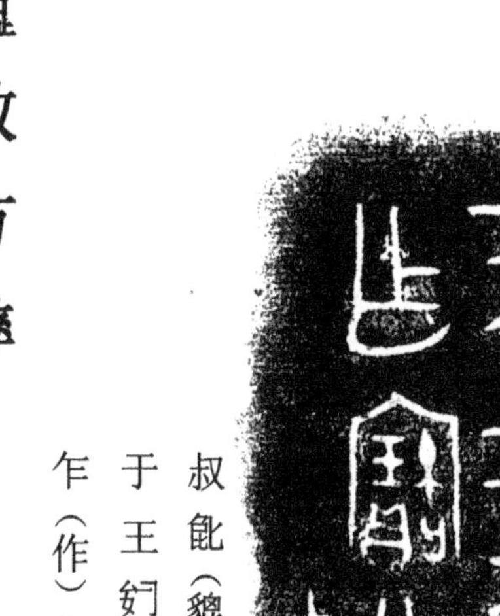

彊攺(肇)乍(作)父

庚尊彝,子子

孫孫其永寶

09889

迺父癸方彝蓋

癸未,王在圃,

雚(觀)京,王商(賞)

迺(趨)貝,用乍(作)

父癸寶尊

09890

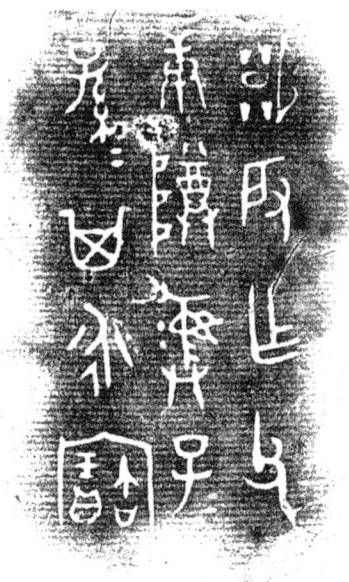

文考日己方彝

乍（作）文考日己寶
尊宗彝，其子子孫孫
邁（萬）年，永寶用，天

09891.1

乍（作）文考日己寶
尊宗彝，其子子孫孫
邁（萬）年，永寶用，天

09891.2

頙方彝

頙肇卿(佮)宁(貯)百生(姓)，揚，用乍(作)高文考父癸寶尊彝，用𩰫(𩱦、申)文考剌(烈)，余其萬年𢑚，孫子寶，爻

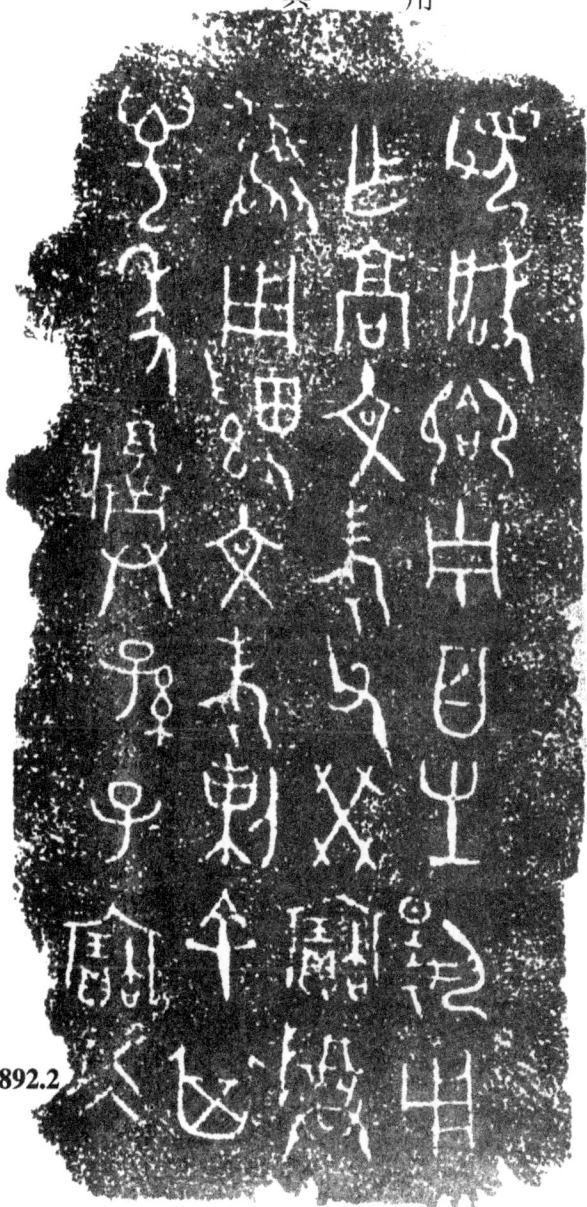

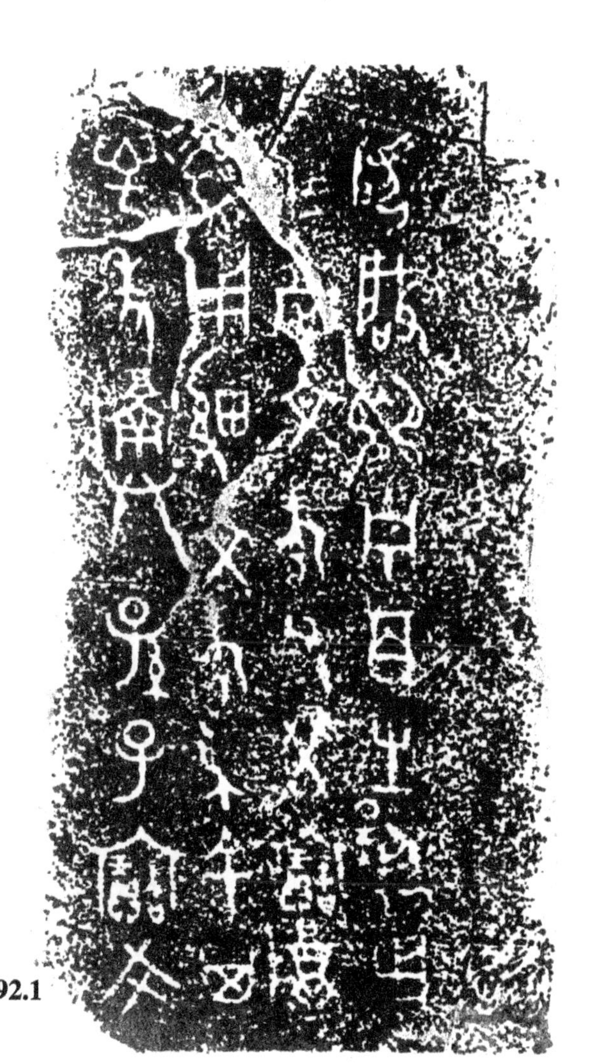

09892.1

頙肇卿(佮)宁(貯)百生(姓)，揚，用乍(作)高文考父癸寶尊彝，用𩰫(𩱦、申)文考剌(烈)，余其萬年𢑚，孫子寶，爻

09892.2

井侯方彝

在八月乙亥，辟井(邢)侯光厥正事(吏)，罰于麥宮，賜金，用乍(作)尊彝，用罰井(邢)侯出入遅(揚)令(命)，孫孫子子其永寶

09893.1

在八月乙亥，辟井(邢)侯光厥正事(吏)，罰于麥宮，賜金，用乍(作)尊彝，用罰井(邢)侯出入遅(揚)令(命)，孫孫子子其永寶

09893.2

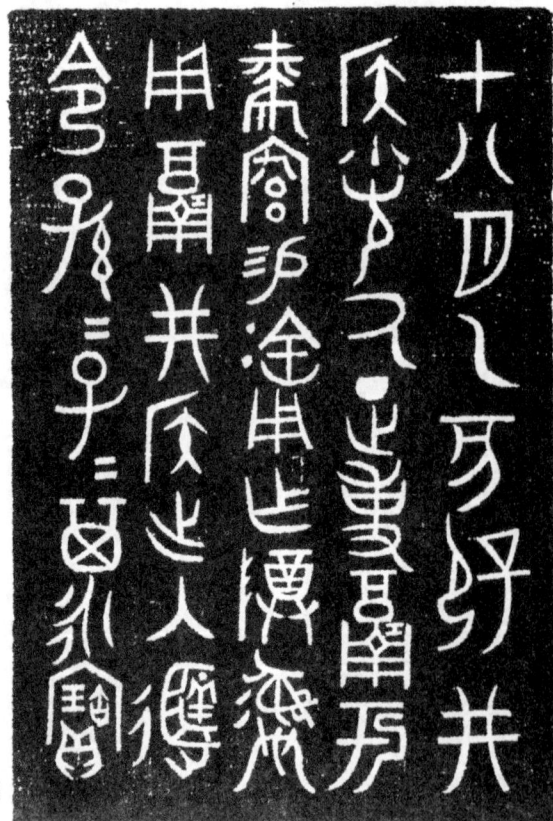

戍鈴方彝

己酉，戍鈴尊宜于
[illegible]（召），康[illegible][illegible]九律，
[illegible]商（賞）貝十朋、丏豚，用宔（鑄）
丁宗彝，在九月，唯王
十祀，[illegible]日，唯來東（東）

09894

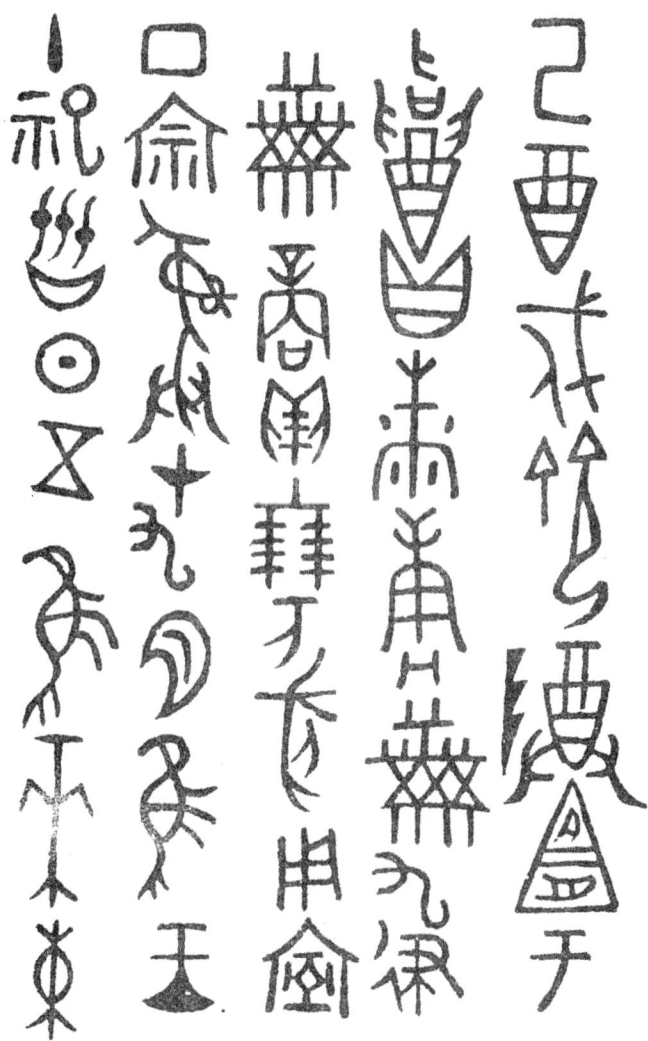

折方彝

唯五月，王在庐（斥），戊
子，令乍（作）册折兄（貺）聖
土于相侯，賜金，賜
臣，揚王休，唯王十
又九祀，用乍（作）父乙
尊，其永寶，木羊册

09895.1

唯五月，王在庐（斥），戊
子，令乍（作）册折兄（貺）聖
土于相侯，賜金，賜
臣，揚王休，唯王十
又九祀，用乍（作）父乙
尊，其永寶，木羊册

09895.2

齊生魯方彝蓋

唯八年十又二月，初吉丁亥，齊生（甥）魯肇貯（賈），休多贏，唯朕文考乙公永啟余魯，用乍（作）朕文考乙公寶尊彝，魯其萬年，子子孫孫永寶用

09896

師遽方彝

09897.1

唯正月既生霸丁酉，王在周康寢，鄉（饗）醴，師遽蔑曆，沓（侑）王，王乎宰利賜師遽瑚圭一、瞏（篆）章（璋）四，師遽拜䭫首，敢對揚天子不（丕）顯休，用乍（作）文祖它公寶尊彝，用匄萬年無疆，百世孫子永寶

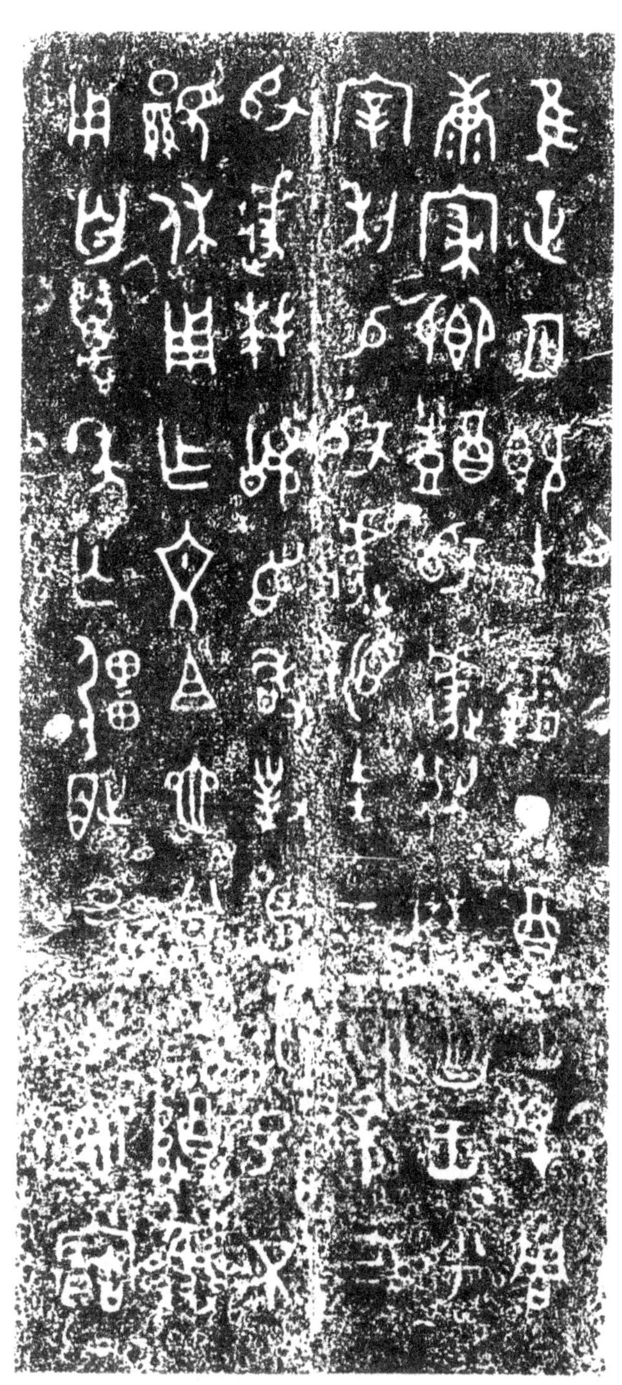

09897.2

唯正月既生霸丁酉，王在周
康寢，鄉（饗）醴，師遽蔑曆，晉（侑）王，王乎
宰利賜師遽琱圭一、環（瑑）章（璋）四，
師遽拜䭫首，敢對揚天子不（丕）
顯休，用乍（作）文祖它公寶尊彝，
用匄萬年無疆，百世孫子永寶

吳方彝蓋

唯二月初吉丁亥，王在周
成大室，旦，王各廟，宰朏右（佑）
乍（作）册吳，入門，立中廷，北
鄉（嚮），
王乎史戊册令（命）吳：𤔲旃眔
菽金，賜秬鬯一卣、玄衮衣、赤
舃、金車、𠦪（賁）圅朱虢（鞹）靳、虎
冟（冪）
熏（纁）裹、𠦪（賁）較（較）、畫轉、金
甬（筩）、馬四匹、
攸（鋚）勒，吳拜𩒨首，敢對揚王
休，用乍（作）青尹寶尊彝，吳其
世子孫永寶用，唯王二祀

09898A

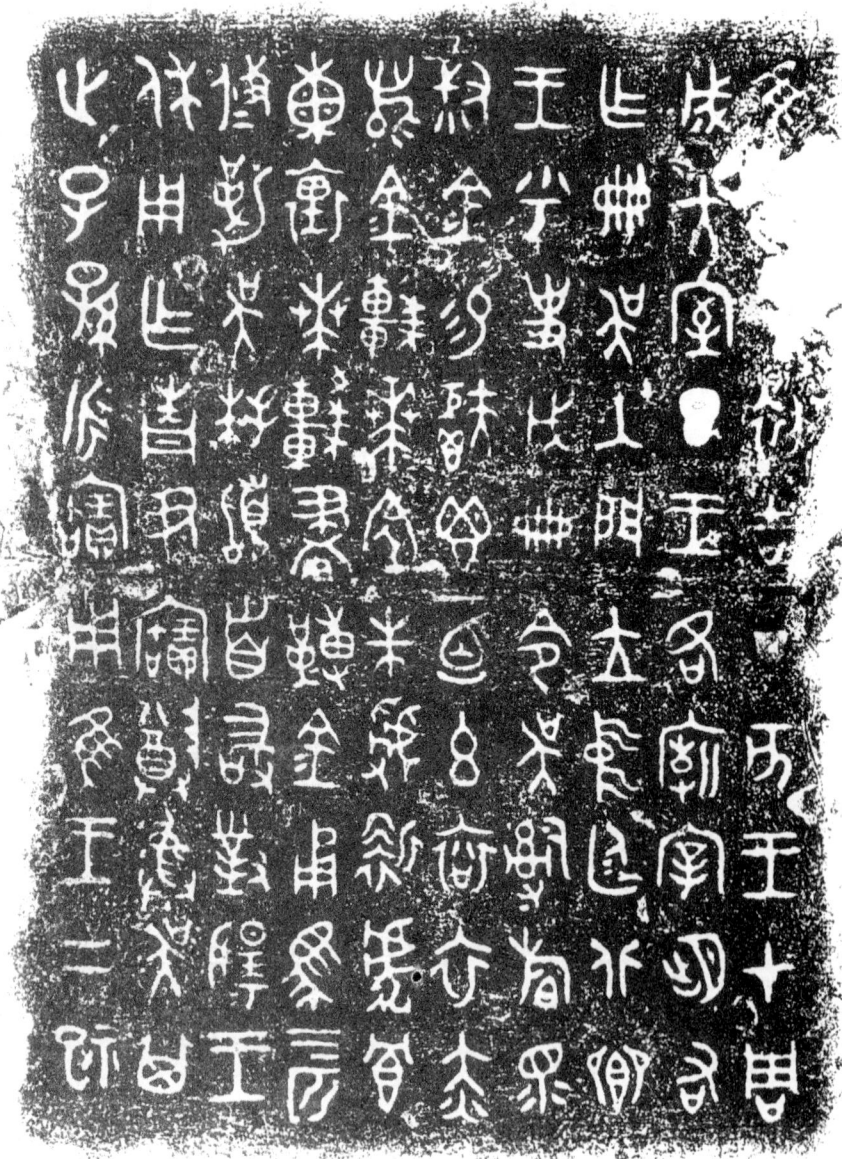

唯二月初吉丁亥，王在周
成大室，旦，王各廟，宰朏右（佑）
乍（作）册吳，入門，立中廷，北
鄉（嚮），
王乎史戊册令（命）吳：嗣旃眔
菽金，賜秬鬯一卣、玄衮衣、赤
舄、金車、𠦪（賁）圅朱虢（鞹）靳、虎
冟（冪）
熏（纁）裏、𠦪（賁）較（較）、畫轉、金
甬（筩）、馬四匹、
攸（鋚）勒，吳拜䭫首，敢對揚王
休，用乍（作）青尹寶尊彝，吳其
世子孫永寶用，唯王二祀

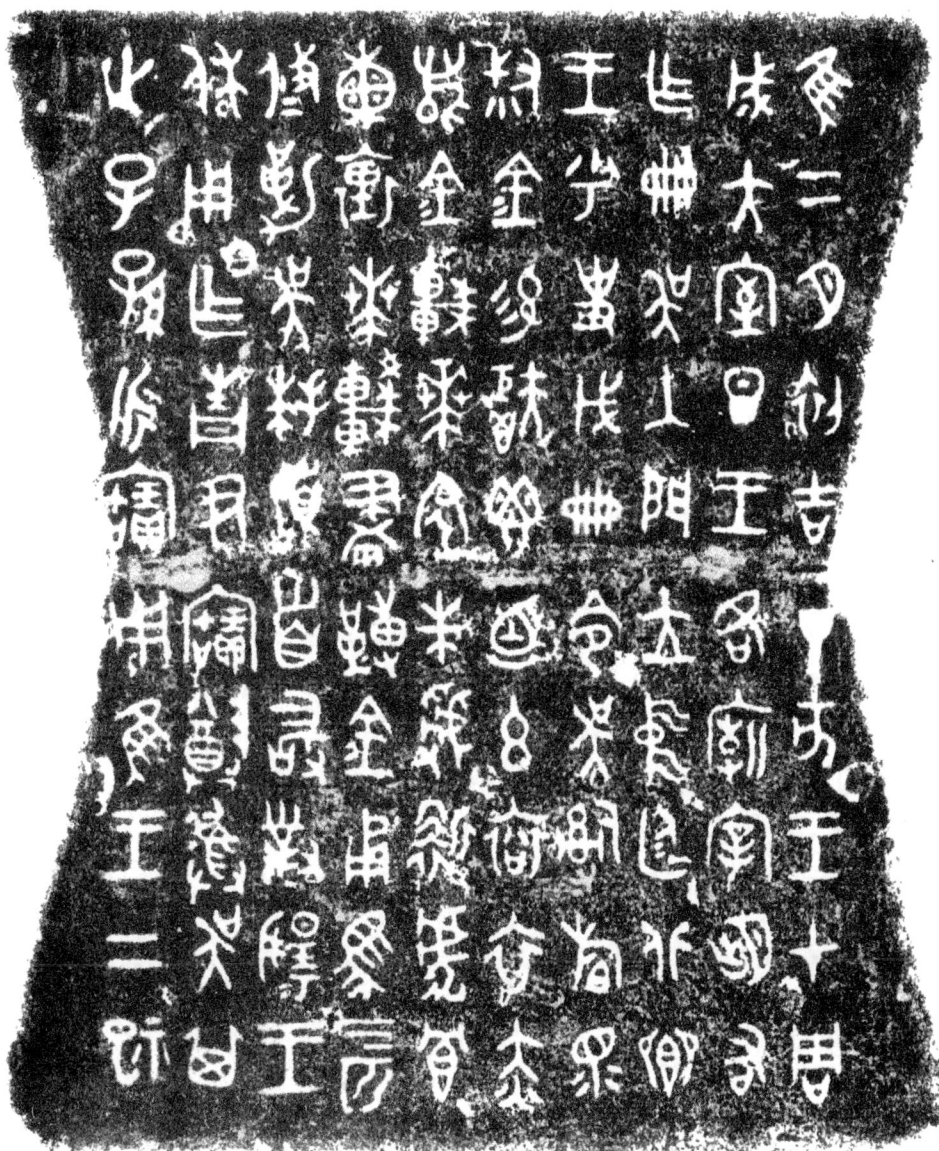

09898B

盠方彝

唯八月初吉，王各于周廟，穆公又（佑）盠，立于中廷，北鄉（嚮），王册令（命）尹，賜盠：赤巿、幽亢（衡）、攸（鋚）勒，曰：用𤔲六師王行、參有𤔲：𤔲土（徒）、𤔲馬、𤔲工（空），王令（命）盠曰：䵼（纘）𤔲六師眔八師埶（藝），盠拜䭫首，敢對揚王休，用乍（作）朕文祖益公寶尊彝，盠曰：天子不（丕）叚（遐）不（丕）其（基），萬年保我萬邦，盠敢拜䭫首曰：剌剌（烈烈）朕身，更（更）朕先寶事

09899.1

唯八月初吉，王各于周廟，穆公又（佑）盠，立于中廷，北鄉（嚮），王册令（命）尹，賜盠：赤巿、幽亢（衡）、攸（鋚）勒，曰：用嗣六師王行、參有嗣：嗣土（徒）、嗣馬、嗣工（空），王令（命）盠曰：耤（纘）嗣六師眔八師埶（藝），盠拜稽首，敢對揚王休，用乍（作）朕文祖益公寶尊彝，盠曰：天子不（丕）叚（遐）不（丕）其（基），萬年保我萬邦，盠敢拜稽首曰：剌剌（烈烈）朕身，逪（更）朕先寶事

09899.2

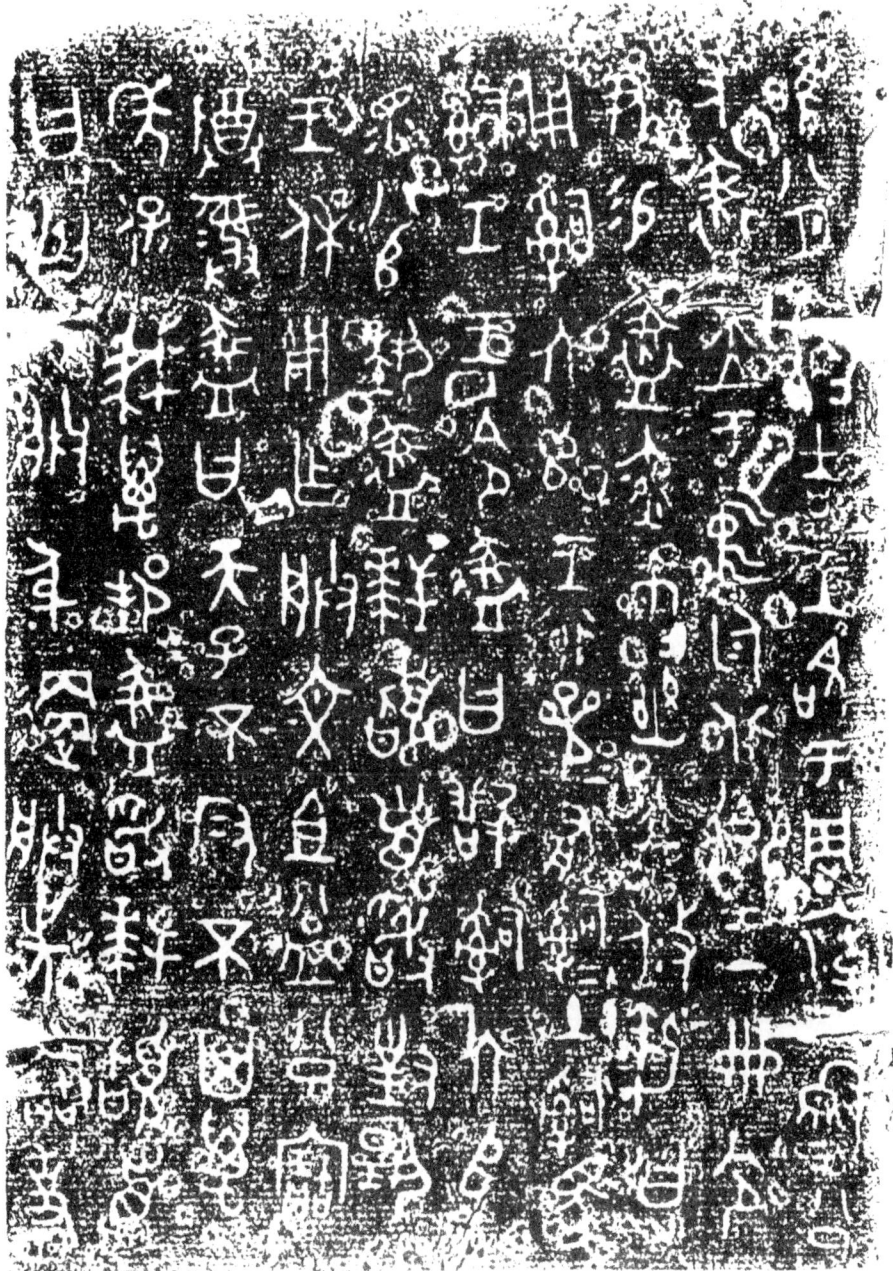

盠方彝

唯八月初吉，王各于周廟，穆公又（佑）盠，立于中廷，北鄉（嚮），王册令（命）尹，賜盠：赤巿、幽黄（衡）、攸（鋚）勒，曰：用司六師王行、參有司：司土（徒）、司馬、司工（空），王令（命）盠曰：𤔲（纘）司六師眔八師埶（藝），盠拜䭫首，敢對揚王休，用乍（作）朕文祖益公寶尊彝，盠曰：天子不（丕）叚（遐）不（丕）其（基），萬年保我萬邦，盠敢拜䭫首曰：剌剌（烈烈）朕身，更（更）朕先寶事

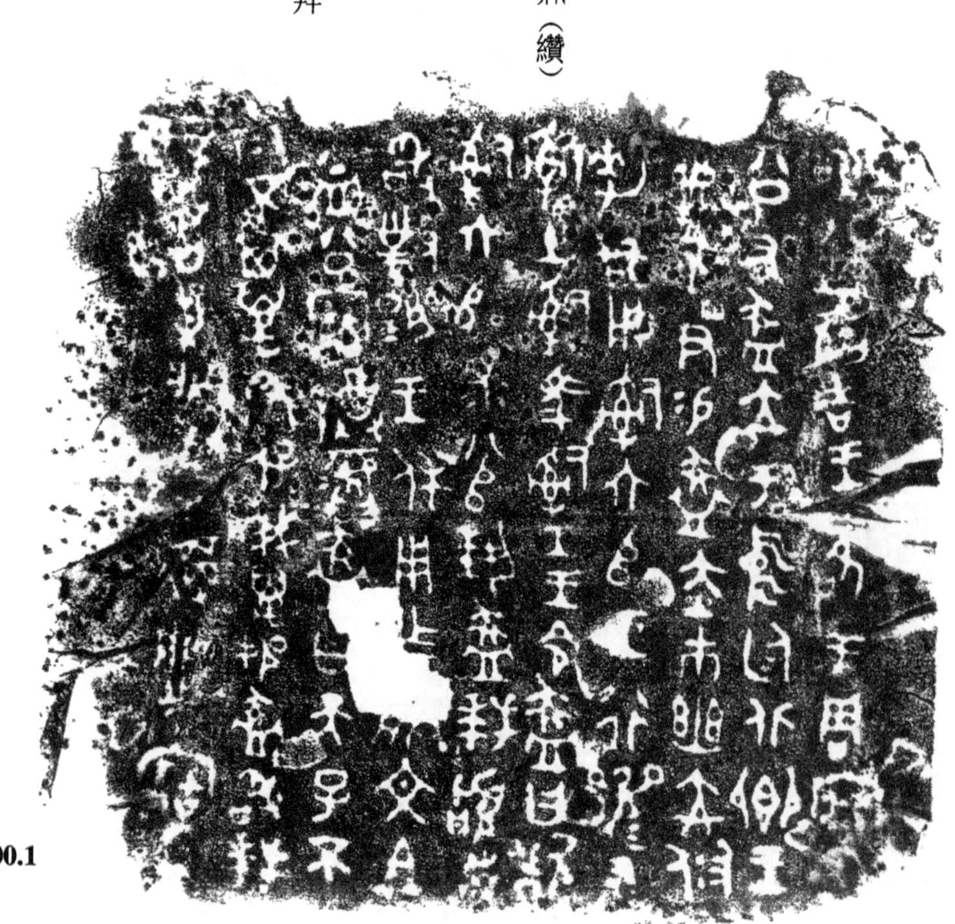

09900.1

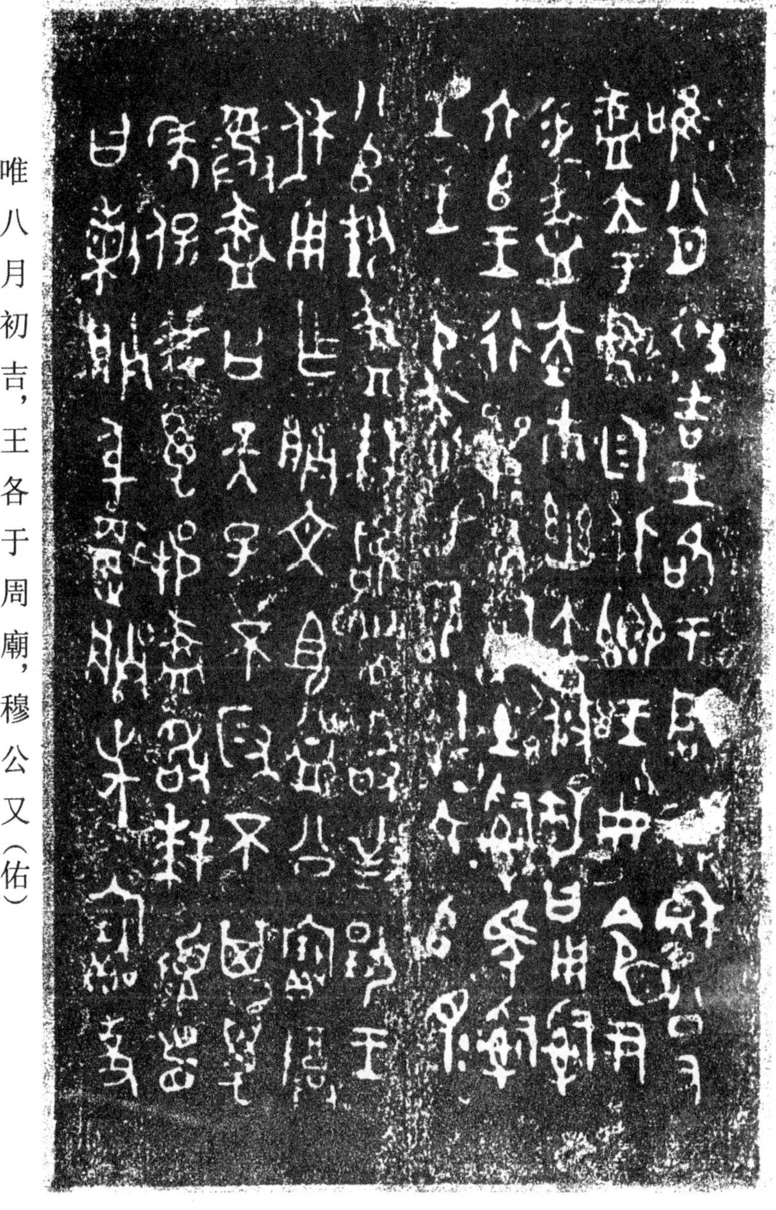

09900.2

唯八月初吉，王各于周廟，穆公又（佑）
盠，立于中廷，北鄉（嚮），王册令（命）尹，
賜盠：赤市、幽黄（衡）、攸（鋚）勒，曰：用𤔲
六師王行、參有𤔲：𤔲土（徒）、𤔲馬、𤔲
工（空），王令（命）盠曰：耦（纘）𤔲六師眔
八師執（藝），盠拜𩒨首，敢對揚王
休，用乍（作）朕文祖益公寶尊
彝，盠曰：天子不（丕）叚（遐）不（丕）其（基），萬
年保我萬邦，盠敢拜𩒨首
曰：剌剌（烈烈）朕身，逪（更）朕先寶事

矢令方彝

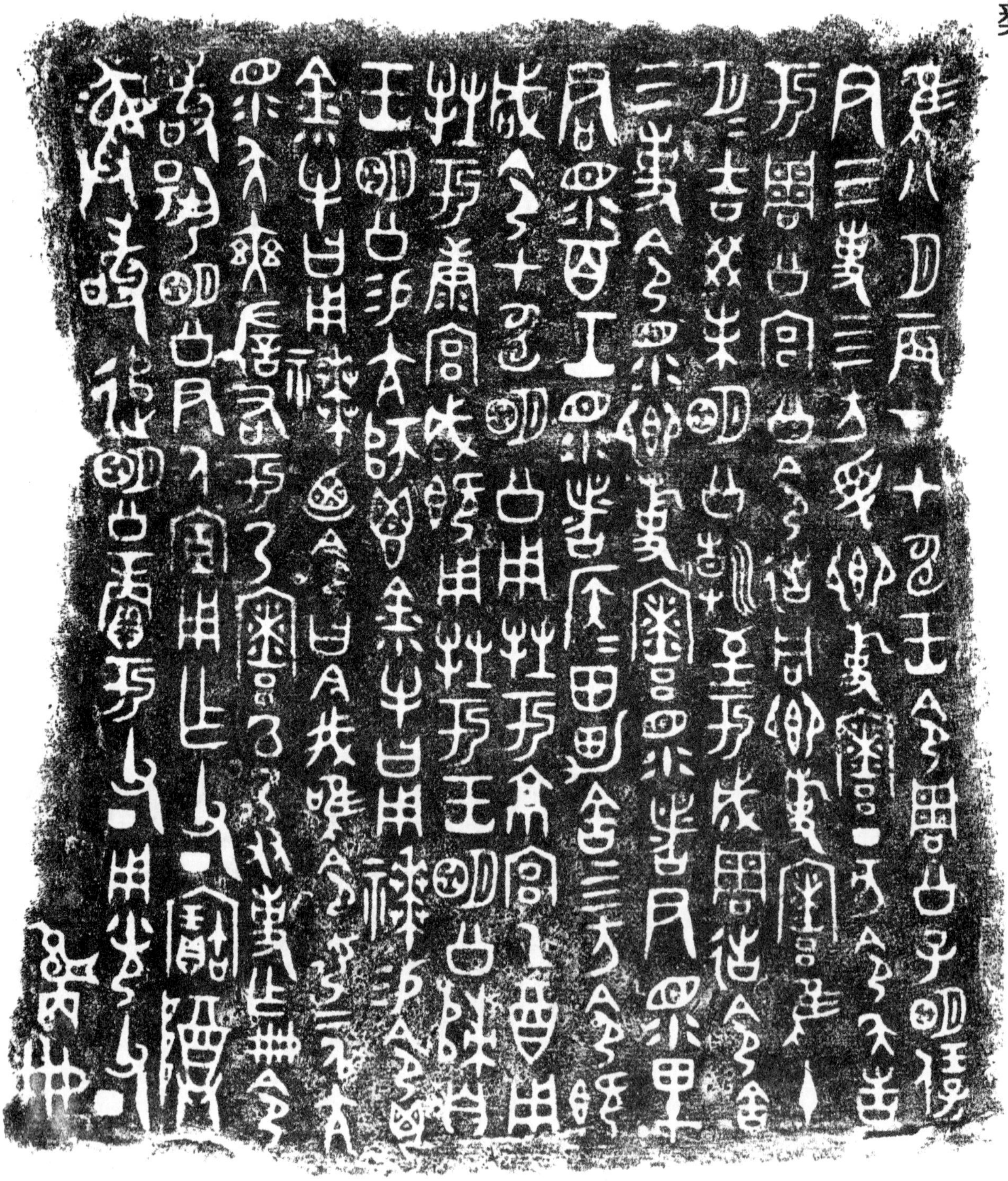

09901.1

09901.1 釋文

唯八月，辰在甲申，王令（命）周公子明保，
尹三事四方，受（授）卿事寮，丁亥，令夨告
于周公宮，公令𢓊同卿事寮，唯十
月月吉癸未，明公朝至于成周，𢓊令舍（捨）
三事令，眔卿事寮、眔者（諸）尹，眔里
君、眔百工，眔者（諸）侯：侯、田（甸）、男，舍（捨）四方令，既
咸令，甲申，明公用牲于京宮，乙酉，用
牲于康宮，咸既，用牲于王，明公歸自
王，明公賜亢師鬯、金、小牛，曰：用禱（祓），賜令鬯、
金、小牛曰：用禱（祓），廼令曰：今我唯令女（汝）二人亢
眔夨，爽（尚）⿸𠂇言（⿰言差、左）右于乃寮以乃友事，乍（作）册令
敢揚明公尹厥宔（貯），用乍（作）父丁寶尊
彝，敢追明公賞于父丁，用光父丁，
雋册

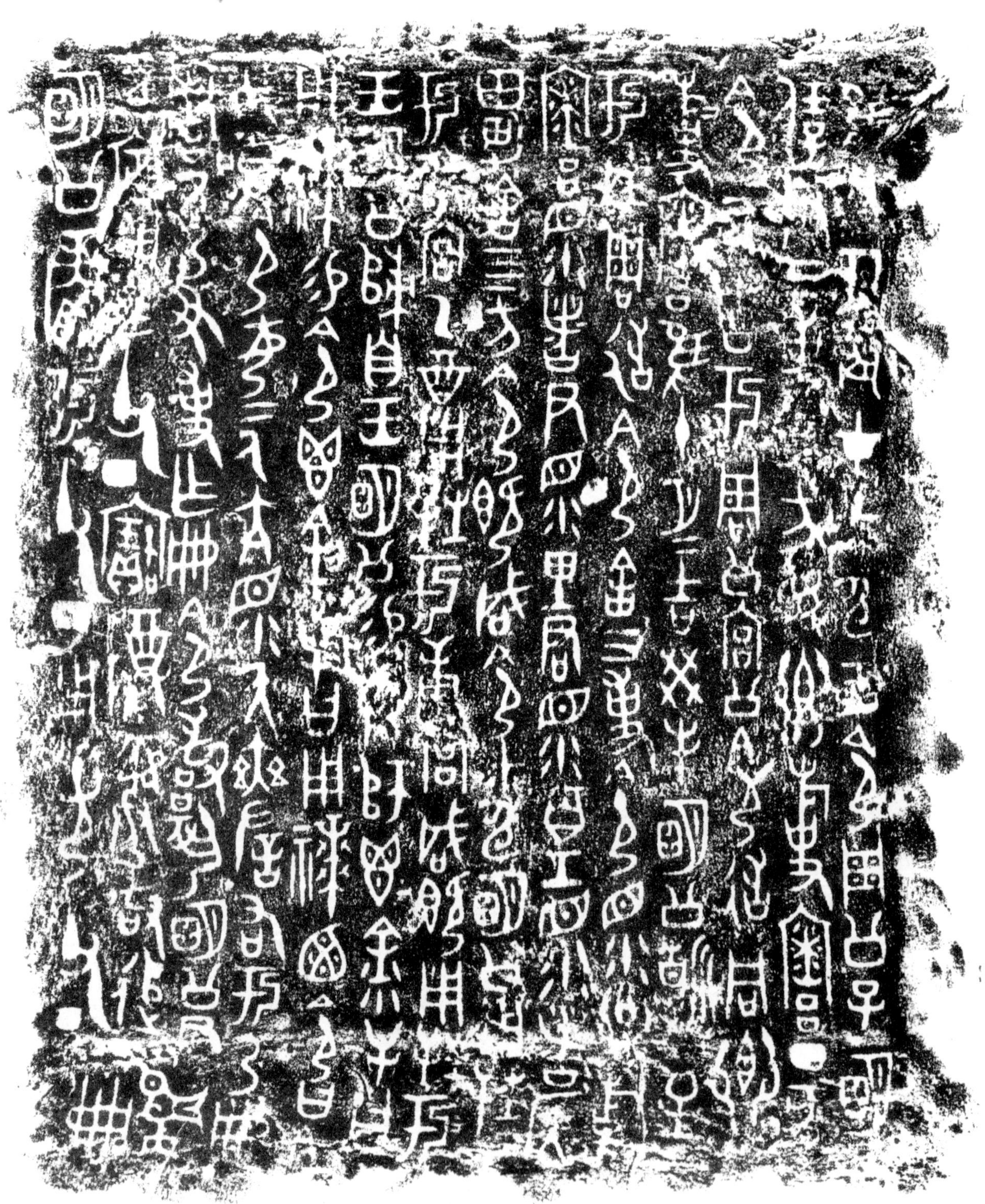

09901.2

09901.2 釋文

唯八月，辰在甲申，王令（命）周公子明保，尹三事四方，受（授）卿事寮，丁亥，令夨告于周公宮，公令𢓊同卿事寮，唯十月月吉癸未，明公朝至于成周，𢓊令舍（捨）三事令，眔卿事寮、眔者（諸）尹，眔里君、眔百工，眔者（諸）侯：侯、田（甸）、男，舍（捨）四方令，既咸令，甲申，明公用牲于京宮，乙酉，用牲于康宮，咸既，用牲于王，明公歸自王，明公賜亢師鬯、金、小牛，曰：用𥛃（祓），賜令鬯、金、小牛，曰：用𥛃（祓），迺令曰：今我唯令女（汝）二人亢眔夨，爽（尚）𢀜（差、左）右于乃寮以乃友事，乍（作）册令敢揚明公尹厥宁（貯），用乍（作）父丁寶尊彝，敢追明公賞于父丁，用光父丁，雋册

子

09902

子勺

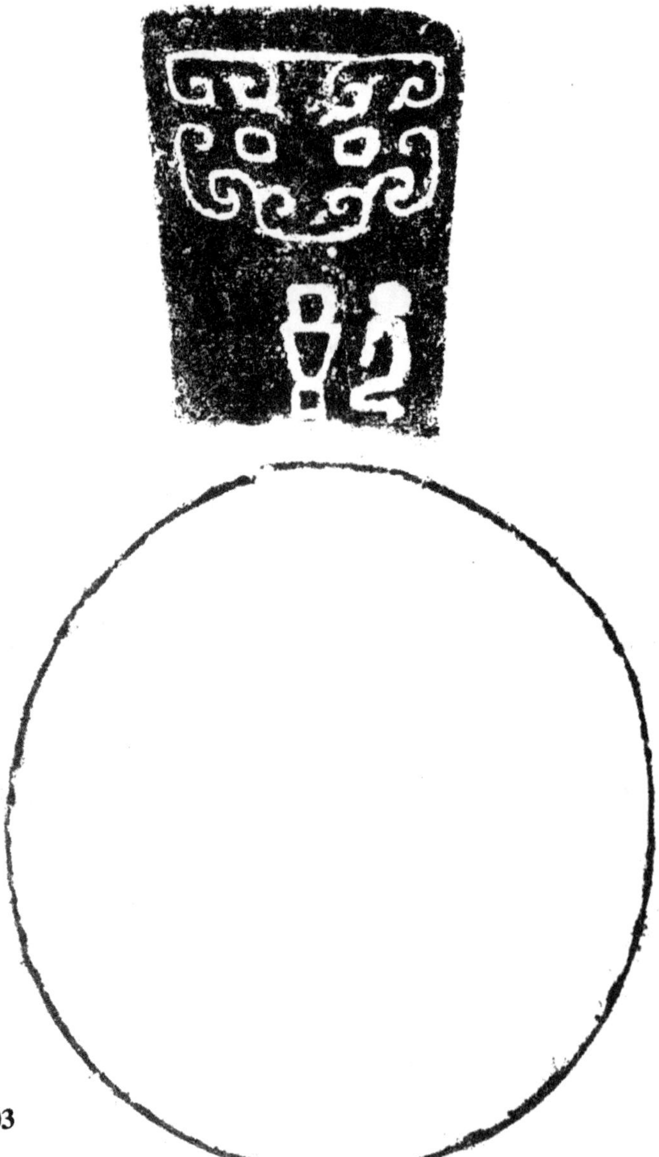

配

09903

配勺

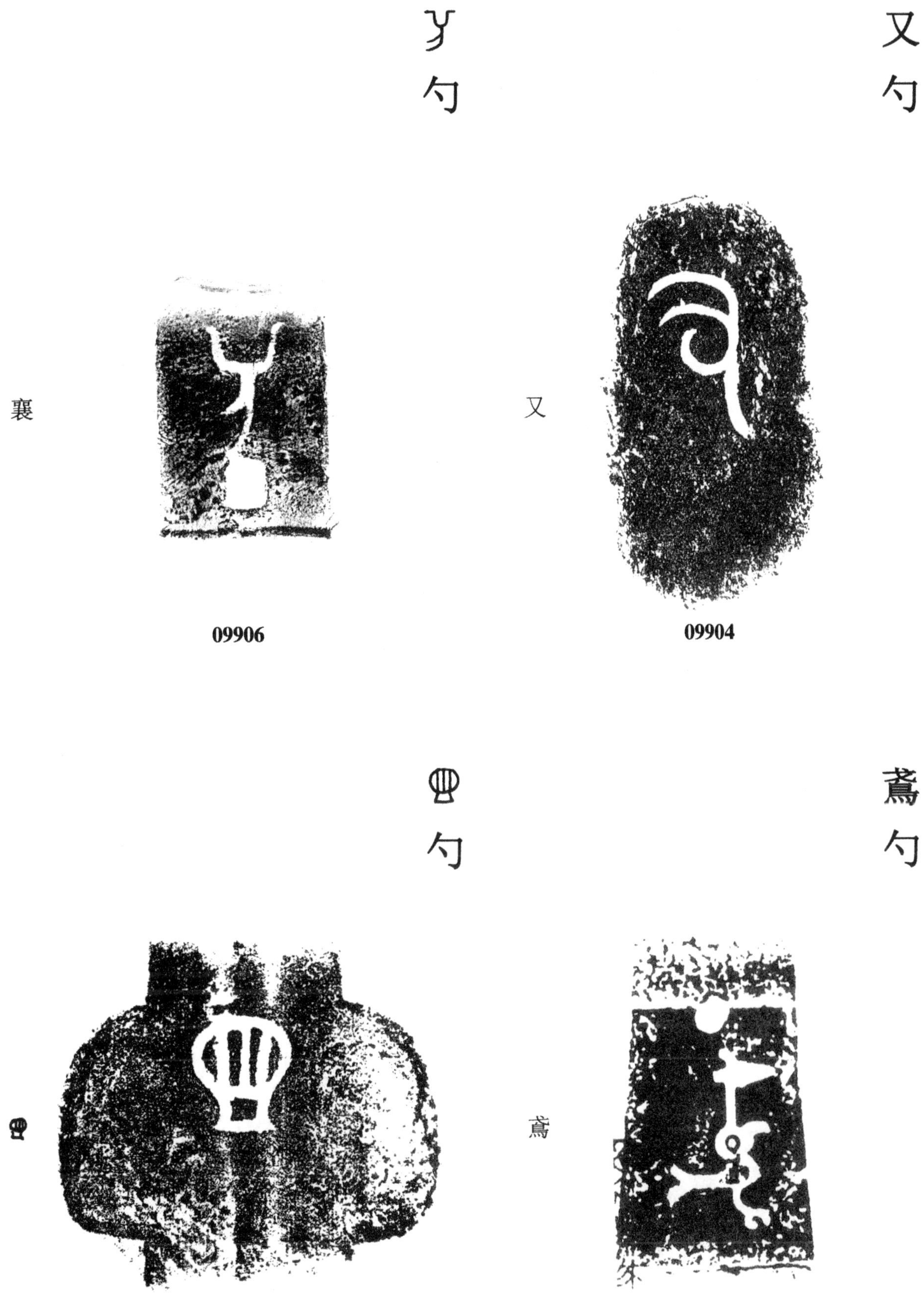

又勺

09904

裹

09906

鳶勺

09905

09907

亞屰勺

亞屰

09910

明勺

日日（日）

09908

亞舟勺

亞舟

09911

勺

囲

亞其勺

亞其

09912

勺

口（圍）册

09909

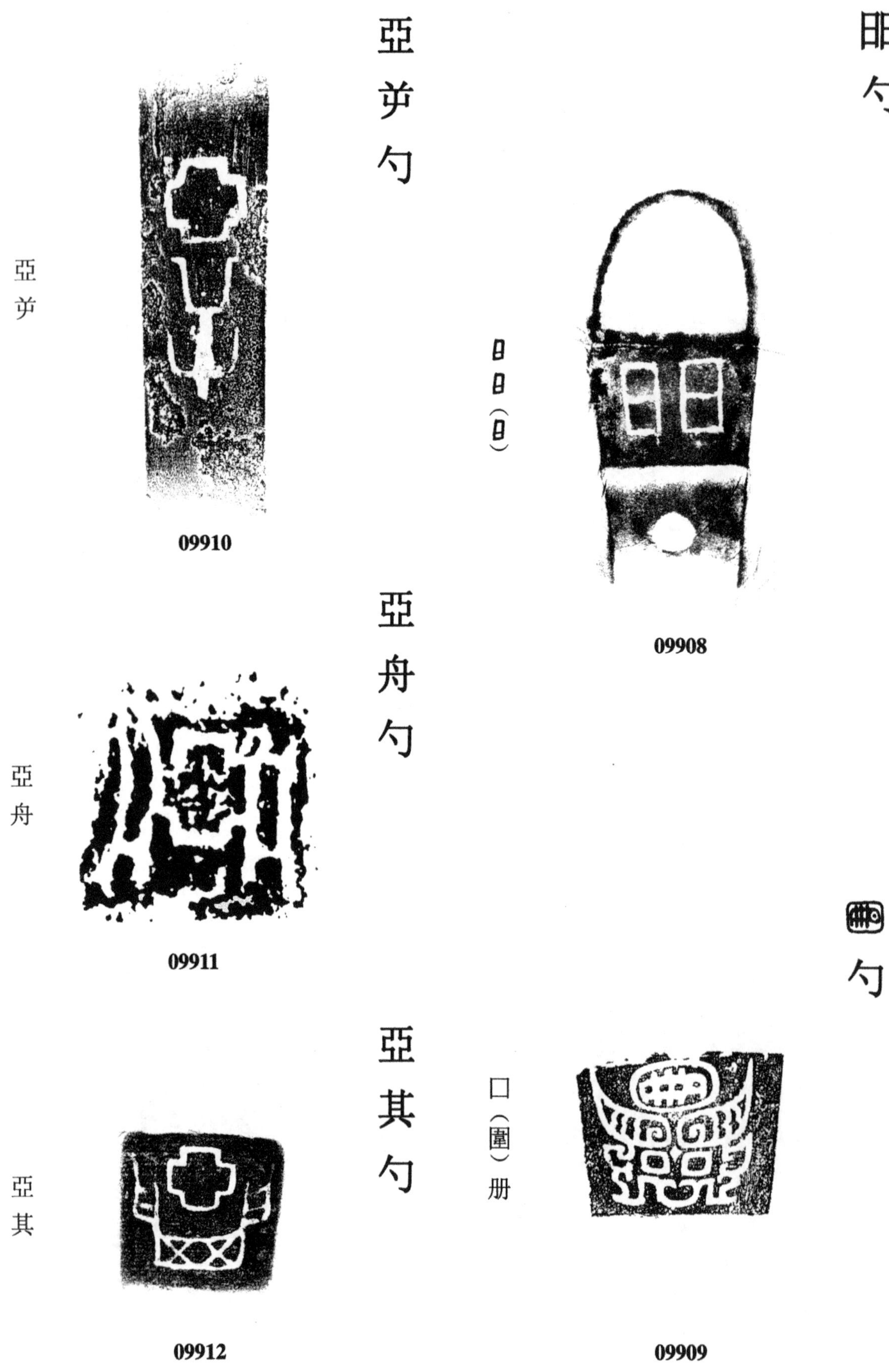

聑□勺

聑□

09913

責弘勺

責（贐）引

09915

龏子勺

龏子

09914

婦好勺

婦好

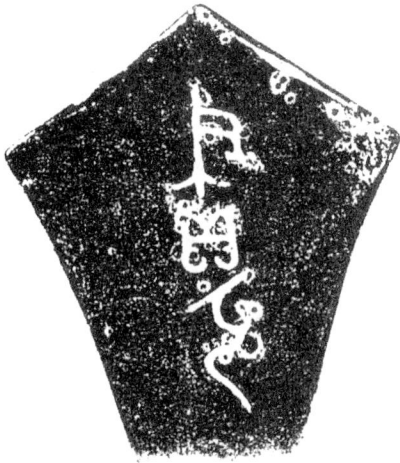

09916

婦好勺

婦好

09917

婦好勺

婦好

09918

婦好勺

婦好

09919

婦好勺

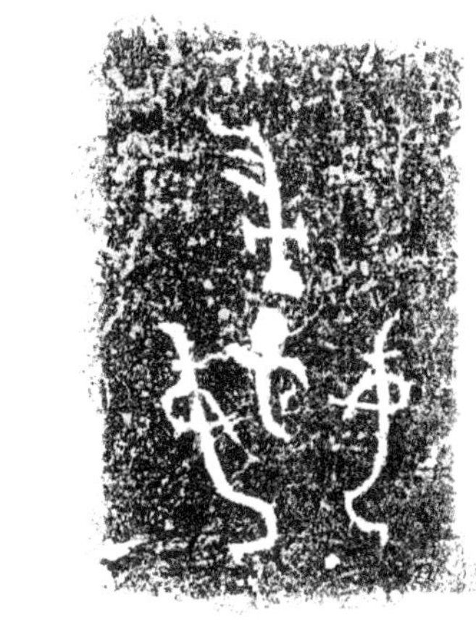

婦好

09920

婦好勺

婦好

09921

婦好勺

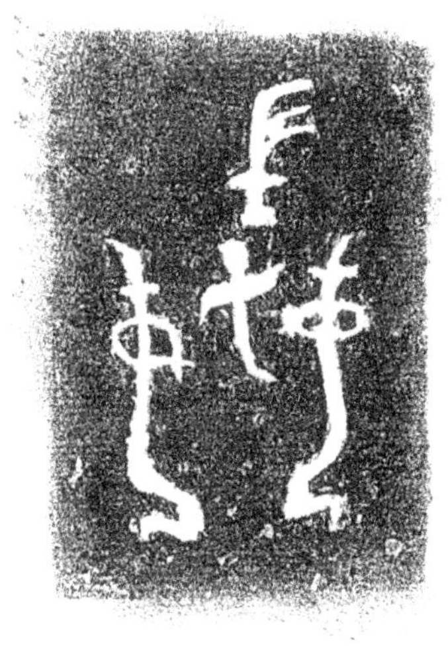

婦好

09922

婦好勺

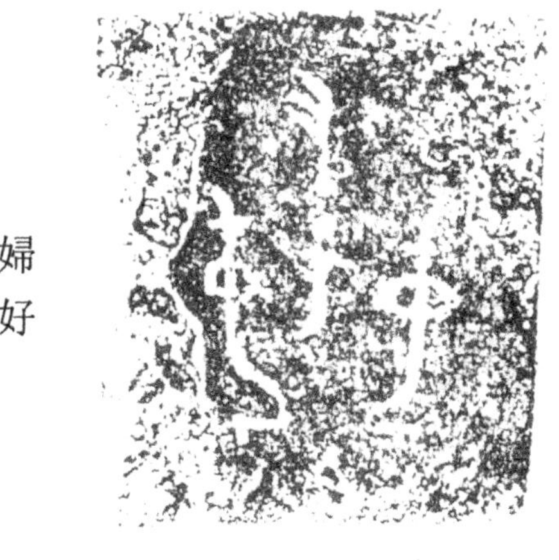

婦好

09923

左使車勺

09924A

09924B

左使車工蔡

左使車勺

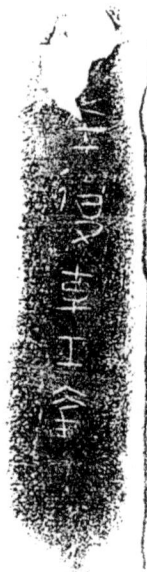

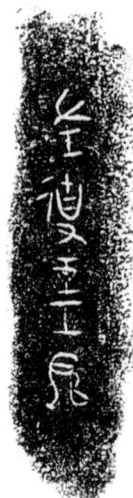

09925A

09925B

左使車工蔡

左使車勺

09926A

09926B

左使車工㬎

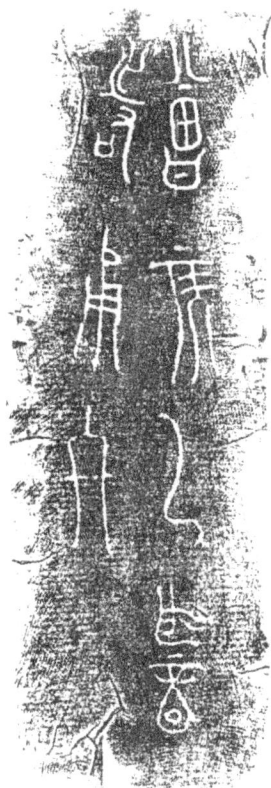

曾侯乙勺

曾侯乙詐(作)時(持)甬(用)冬(終)

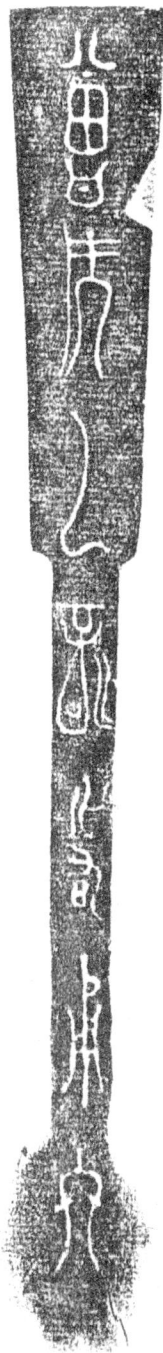

09927

曾侯乙勺

曾侯乙詐(作)時(持)甬(用)冬(終)

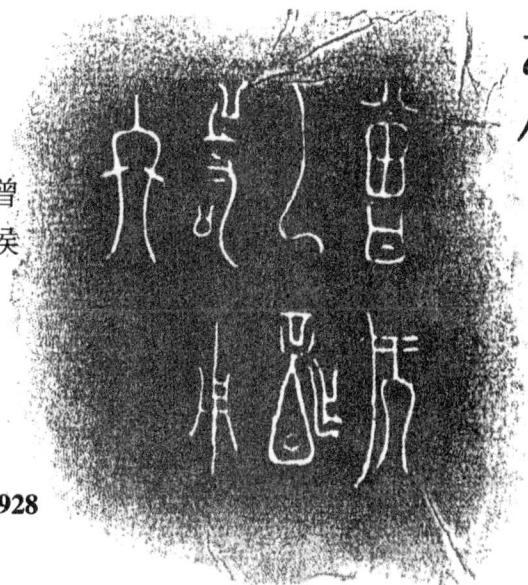

09928

曾侯乙勺

曾侯乙詐(作)時(持)甬(用)冬(終)

09929

曾侯乙勺

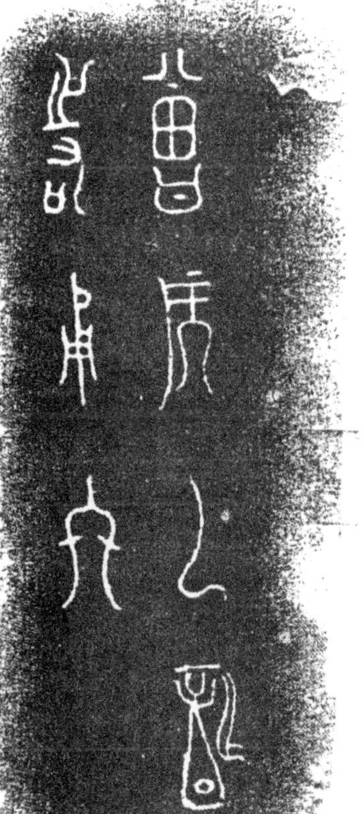

曾侯乙詐(作)時(持)甬(用)冬(終)

09930

秦苛膽勺

冶事（吏）秦、苛膽爲之

09931

秦苛膽勺

冶事（吏）秦、苛膽爲之

09932

十三年勺

十三苿，右使車工疥

09933A

09933B

十三年勺

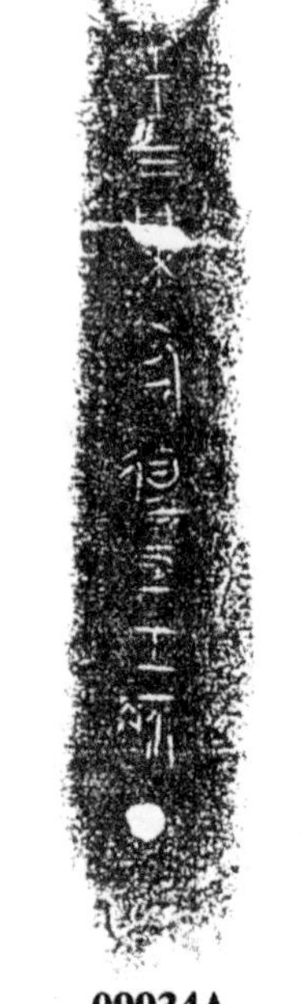

十三苿，右使車工疥

09934A

09934B

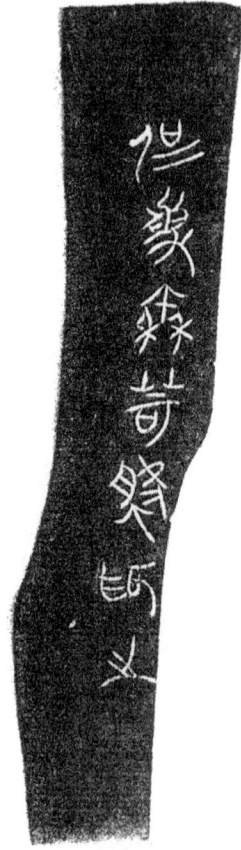

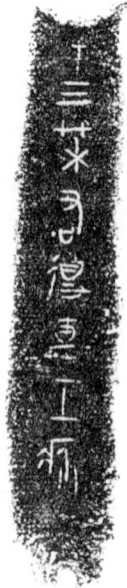

伯公父勺

伯公父乍（作）金爵，用獻用酌，用享用孝，

09935

伯公父勺

于朕皇考，用祈眉壽，子孫永寶用者

09936

甘斿子栝

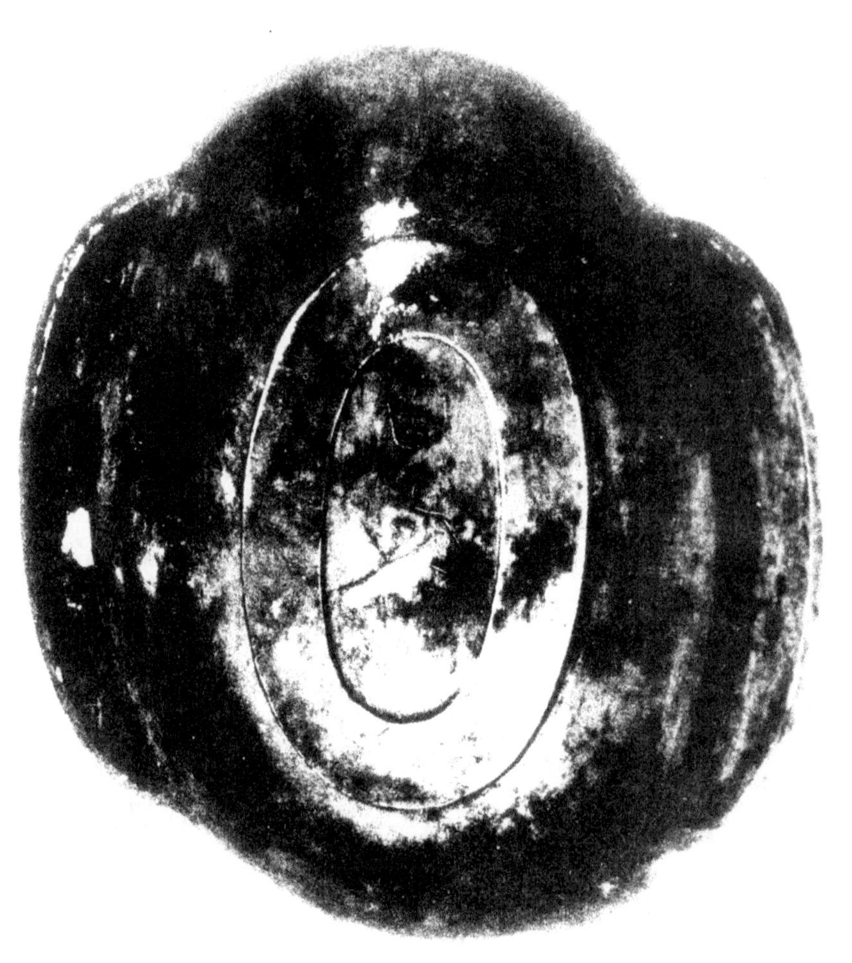

09937A

甘孝子

09937B

沃都栝

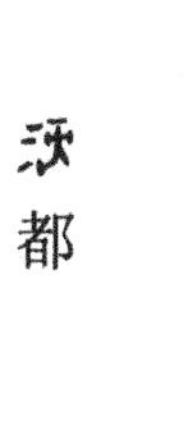

09938

脩武府栝

脩(修)武府

09939

冢十六栝

冢(重)十六偵(傎)

09940

瓿

樐

09941.1

瓿

㔽

09942

矦瓿

侯

09943

樐

09941.2

車瓿

車

09944

冉瓿

冉

09945

戈瓿

戈

09946

⿸广寿瓿

⿸广寿

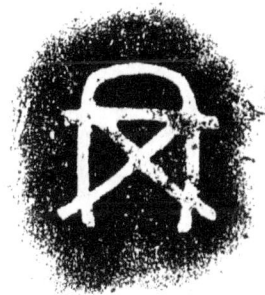

09947

亞吴瓿

亞疑

09948

戈□瓿

戈□（負）

09950

□興瓿

印（卬）興

09949

□龜瓿

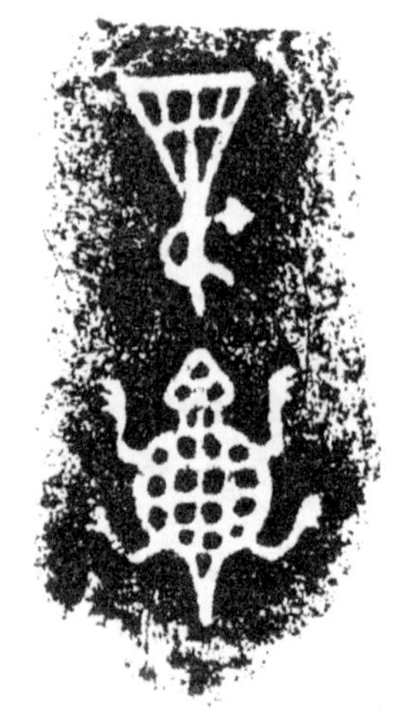

弔龜

09951

婦好瓿

婦好

09952

癸冄瓿

癸冉

09954

婦好瓿

婦好

09953

𢻮又瓿

又（右）𢻮

09955

亞□瓿

亞髻享

09956

□父戊瓿

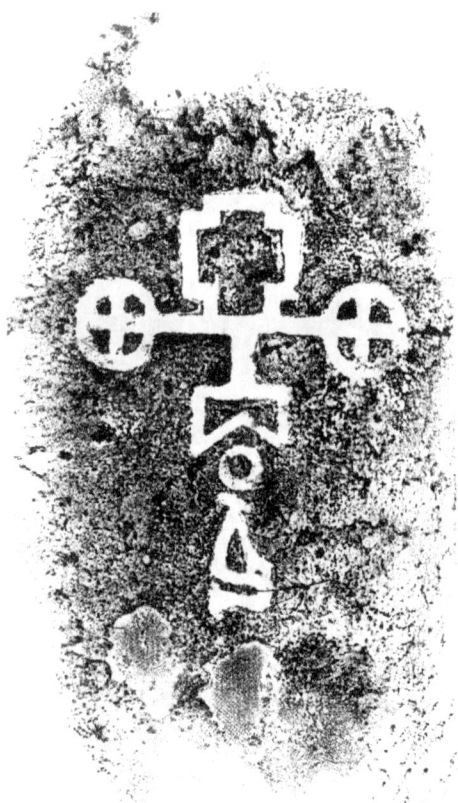

丩册父戊

09957

亞車邑瓿

亞車丙邑

09958

亞鳥𠬝鑐

䄠伯鑐

亞離𠂤

09959

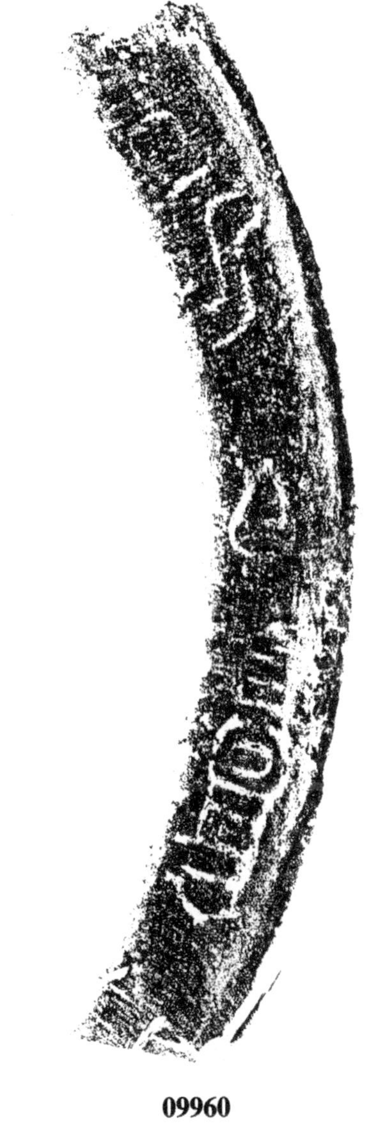

䄠伯墉

09960

曾伯文鐳

唯曾伯文自乍(作)厥歙(飲)鐳，用征行

09961

善夫吉父鑘

09962.1

善（膳）夫吉父
乍（作）旅鑘，其子子
孫孫永寶用

09962.2

善（膳）夫吉
父乍（作）旅鑘，
其子子孫孫
永寶用

黄君孟鐳

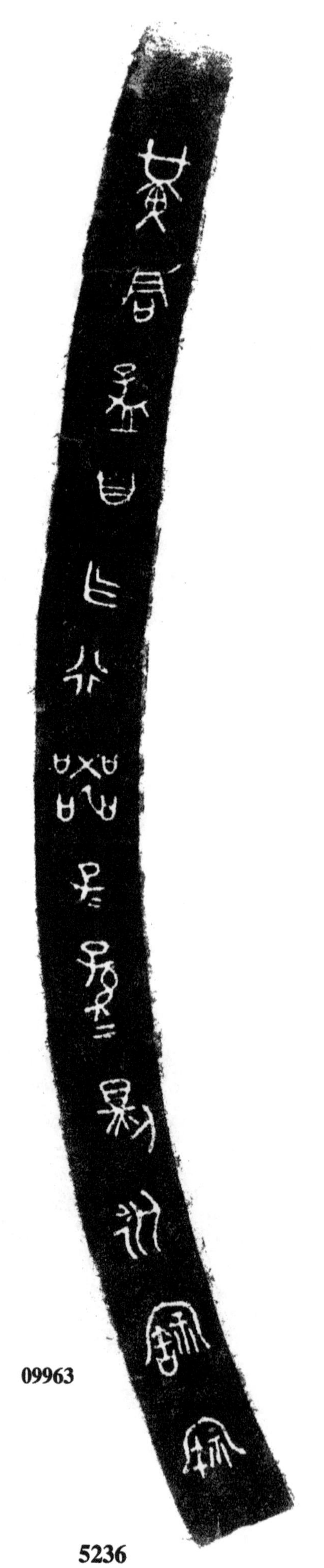

黄君孟自乍（作）行器，子子孫孫，則永寍（祜）𥛚（福）

09963

仲義父鑐

仲義父乍（作）旅鑐，其萬年，子子孫孫永寶用

09964.1

仲義父乍（作）旅鑐，其萬年，子子孫孫永寶用

09964.2

仲義父鑘

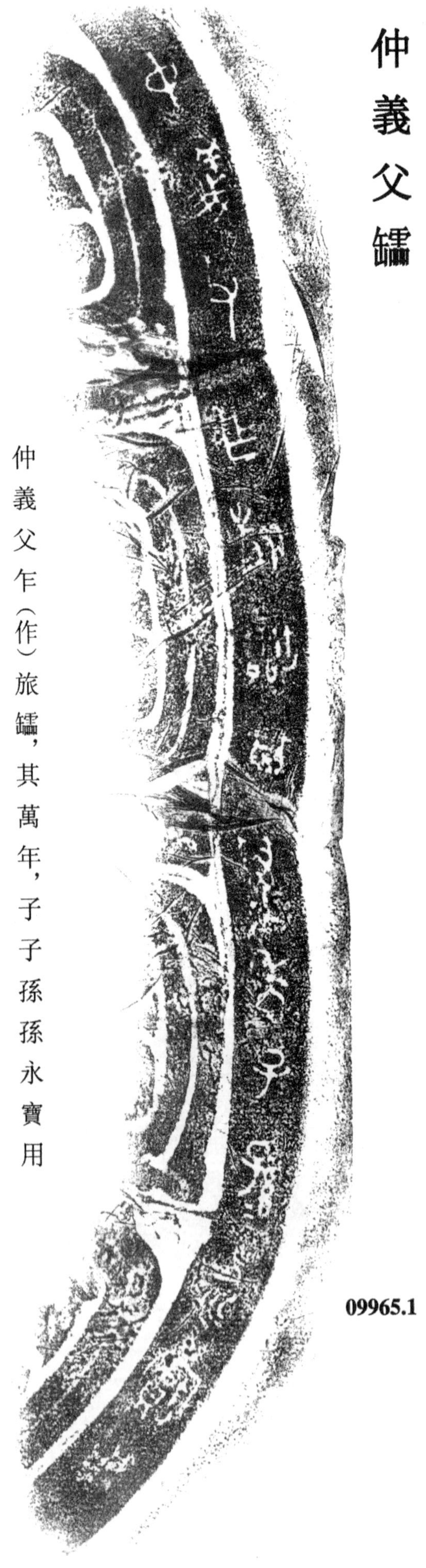

仲義父乍(作)旅鑘，其萬年，子子孫孫永寶用

09965.1

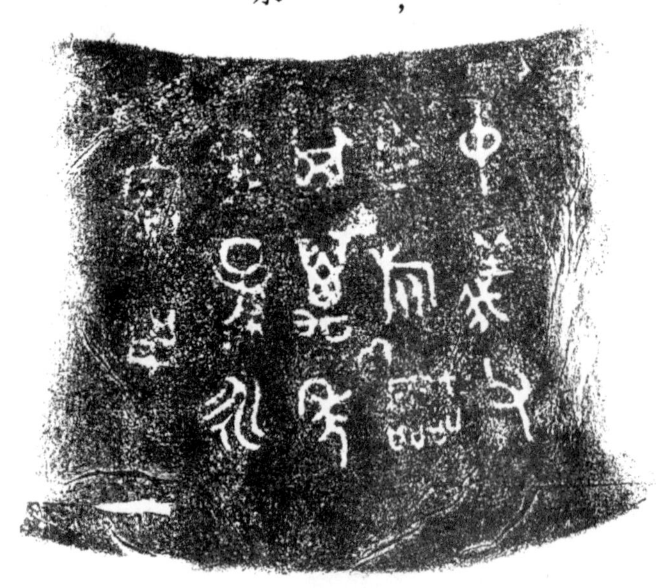

仲義父乍(作)旅鑘，其萬年，子子孫孫永寶用

09965.2

黄子𨱔

黄子乍（作）黄甫（夫）人孟乙

行器，則永祜（祜）𤔲（福），霝（𨱔）

09966

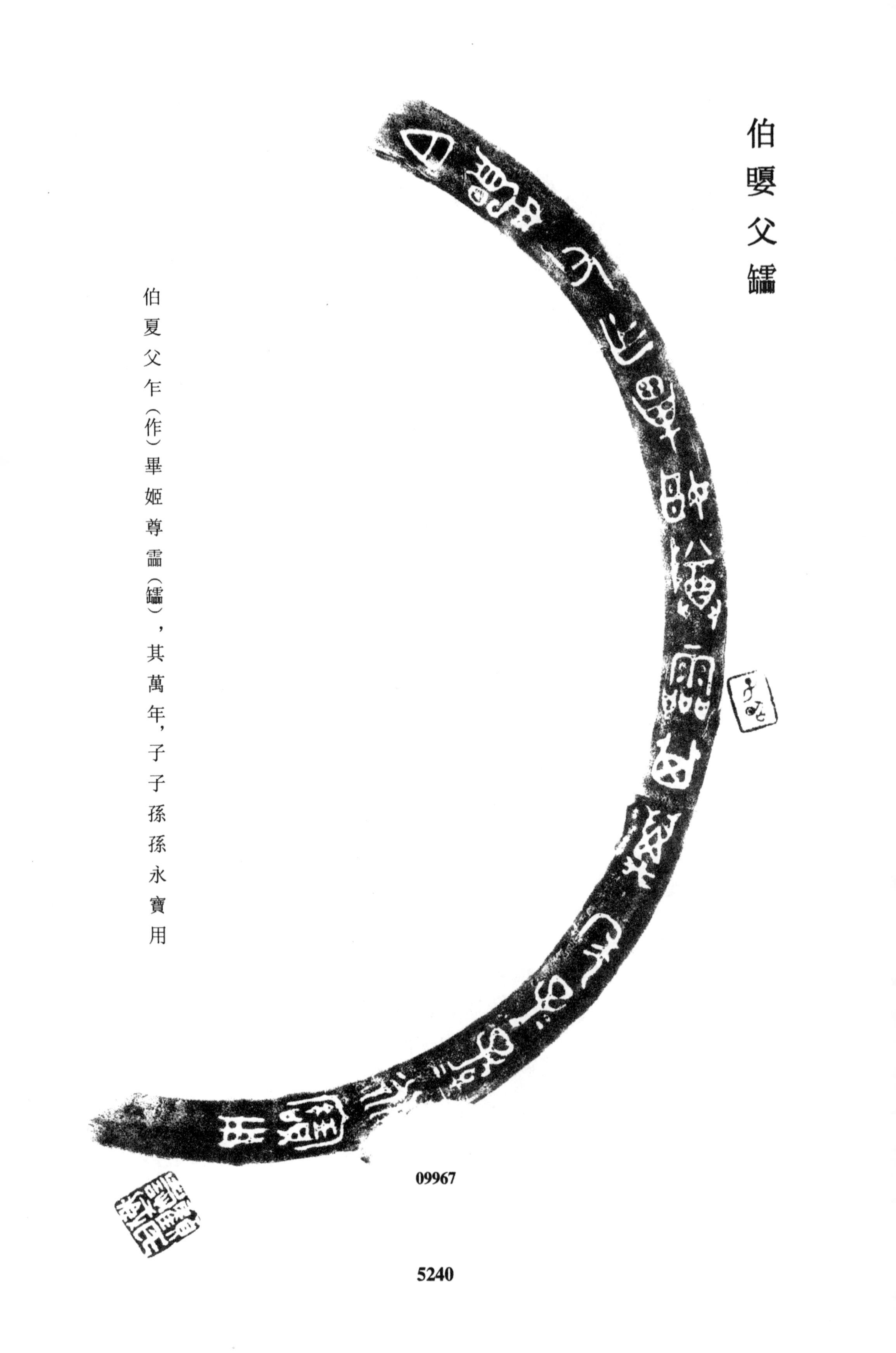

伯嬰父鑑

伯夏父乍(作)畢姬尊霝(鑑)，其萬年，子子孫孫永寶用

09967

伯夓父鐳

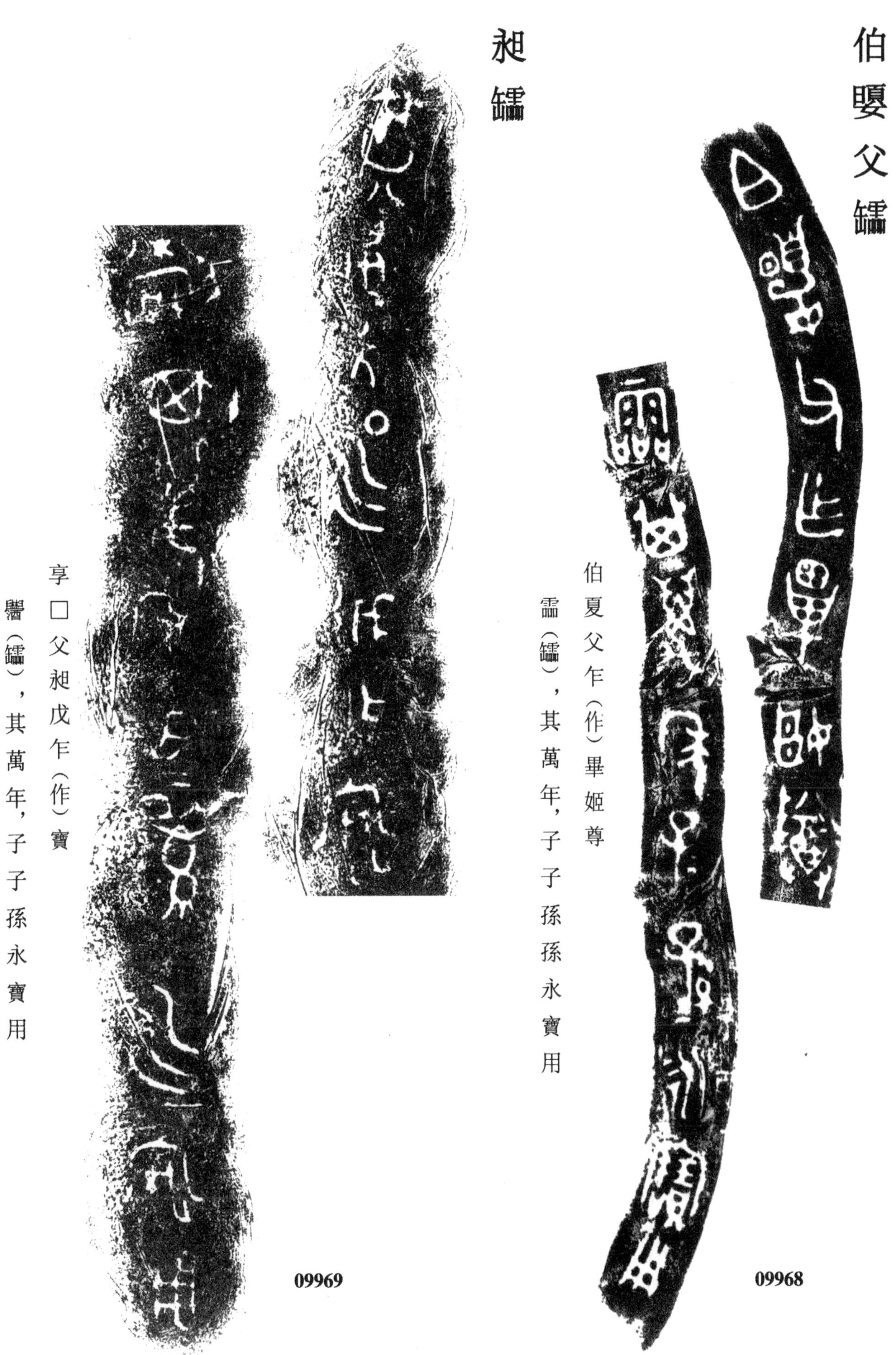

伯夏父乍（作）畢姬尊
霝（鐳），其萬年，子子孫孫永寶用

09968

昶鐳

享□父昶戊乍（作）寶
鐳（鐳），其萬年，子子孫永寶用

09969

袒鑐

享□父袒戊乍（作）寶

[illegible]（鑐），其萬年，子子孫孫，永寶用享

09970

番伯鐳

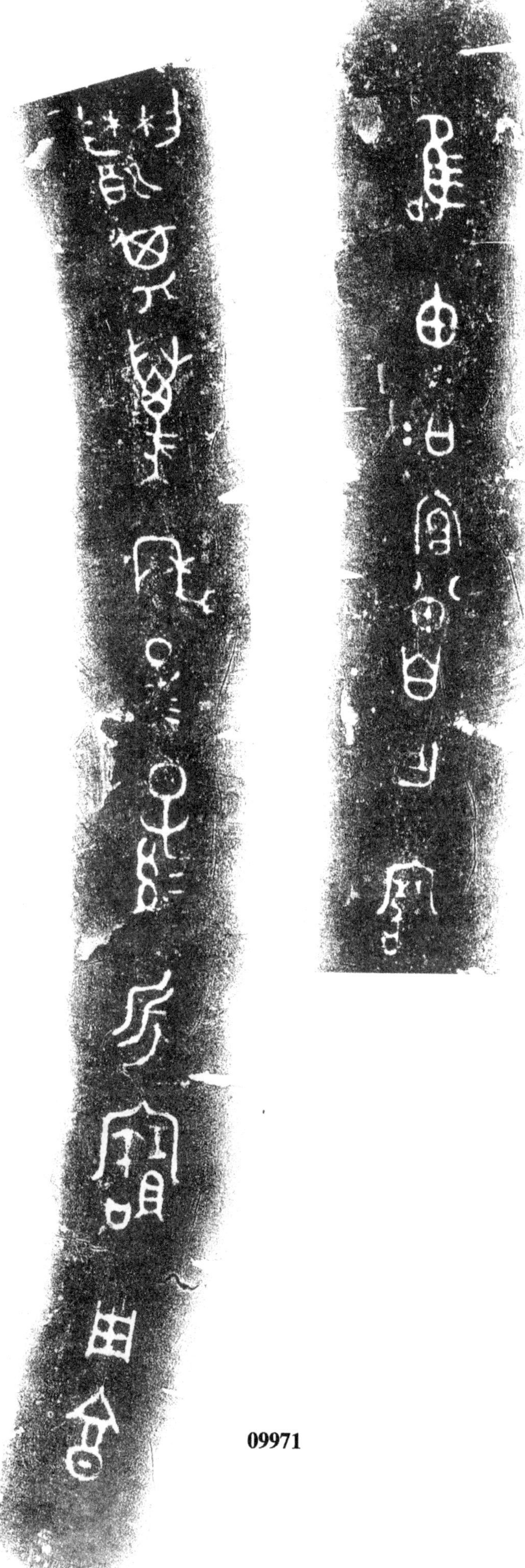

唯番伯官畄（曾）自乍（作）寶

醽（鐳），其萬年，子子孫孫，永寶用享

09971

由䀠鐳

唯東
䀠𦘠于
金，自
乍(作)寶
鼠(鐳)，其
萬年，子
孫永
寶用享

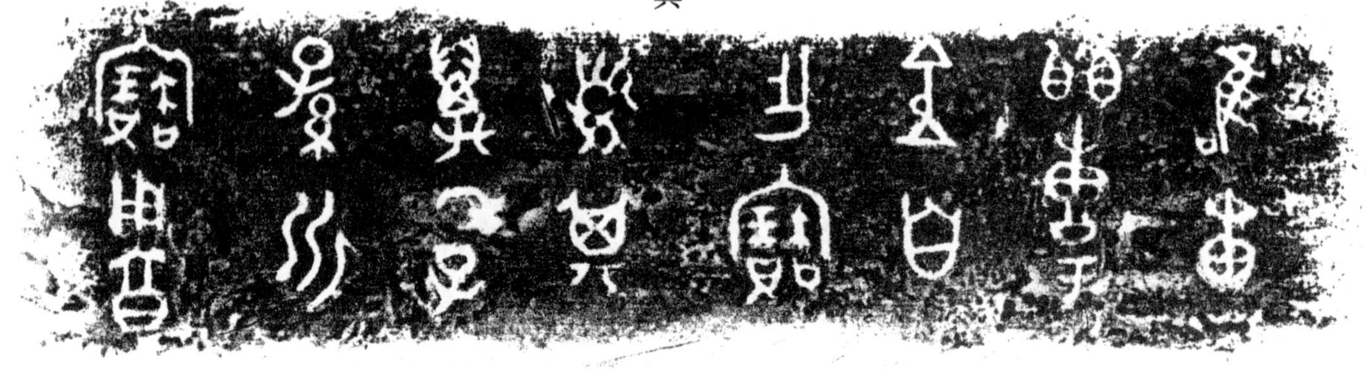

09972

鄭義伯鐳

奠(鄭)義伯乍(作)
步□鐳(鐳)，以夔
我奠(鄭)，逆造，我
用以皮沓丂，
我以薔獸，
用賜眉壽，
孫子彡永寶，

09973.1

奠（鄭）義伯乍（作）步□鐳（鐳），以行以川，我

奠（鄭）逆造，我用以皮沓[illegible]，我以嗇獸，

用賜眉壽，孫子[illegible]永寶

09973.2

伯亞臣鐳

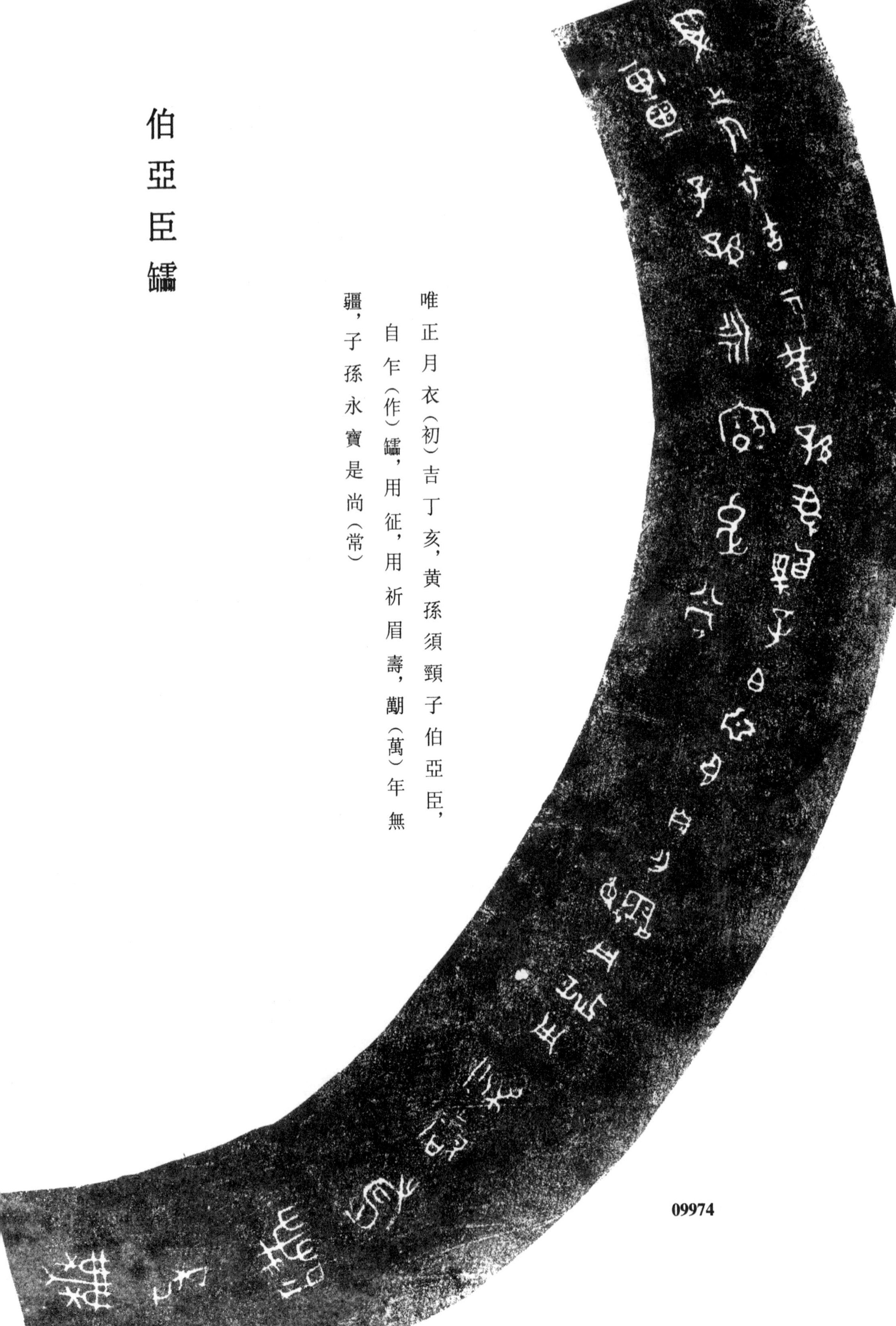

唯正月衣(初)吉丁亥，黄孫須頸子伯亞臣，自乍(作)鐳，用征，用祈眉壽，萬(萬)年無疆，子孫永寶是尚(常)

09974

塦璋鑘

09975.1A

09975.2A

09975.1-2B

唯歲，陳

王孟璋

五冬內（入）

年，戊伐

奠（鄭）辰，匽（燕）

昜、大乘几分（勝）

陳嬖（藏）邦

得錢之

再孤、獲，

立（涖）

事

廿二，重金絡襄（鑲），受一壴（瞉、斛）五⿰鳥寸

09975.3B

09975.3A

蔡侯瓶

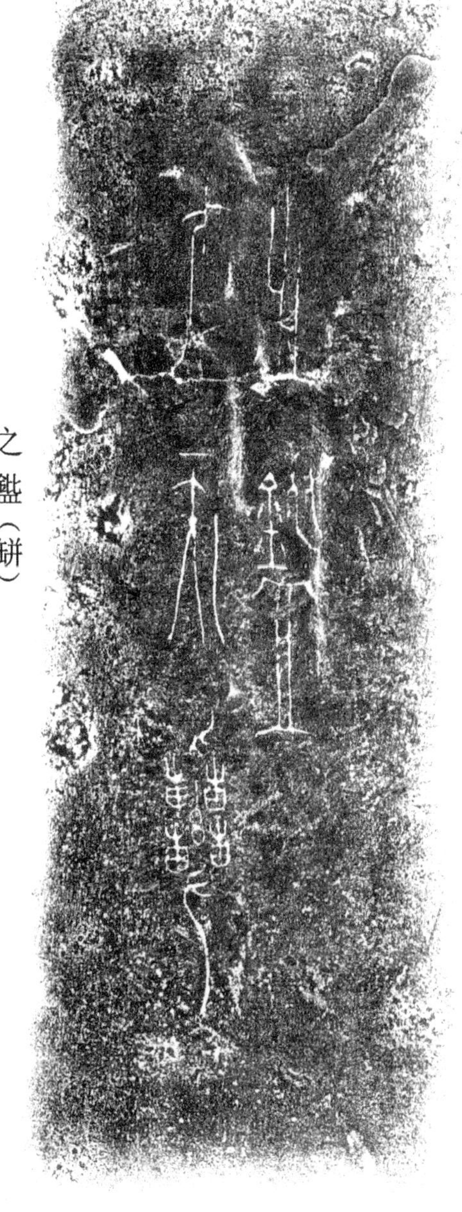

蔡侯𬶍（申）

之盤（缾）

09976

土匀瓶

土匀（軍），容四斗鉀（瓶）

09977

魏公瓶

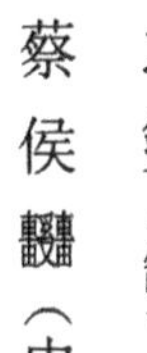

魏公

𢁲（缾），

三斗

二升，

取

09978

敶公孫⿰爿旨父瓶

敶（陳）公孫⿰爿旨父乍（作）旅⿰卣比（鉼），用祈眉壽，萬年無疆，永壽用之

09979

孟⿰𩫖攴瓶

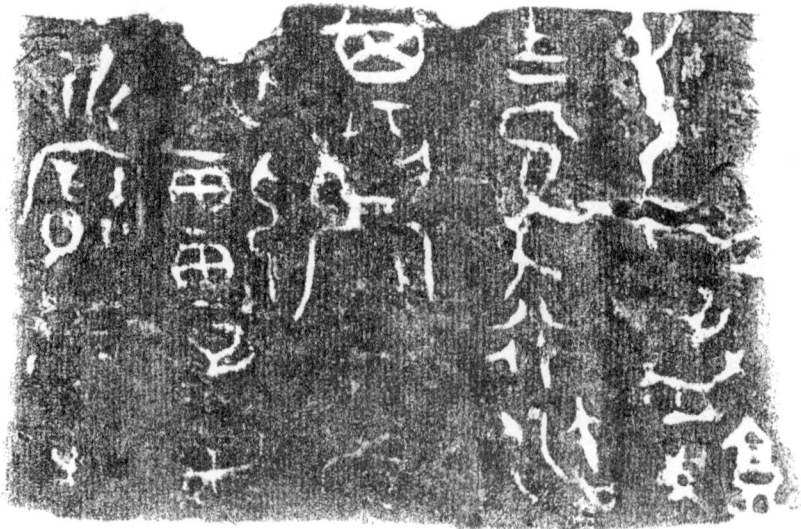

鄀□孟城乍（作）爲行鈚（鉼），其眉壽無疆，子孫永寶用之

09980

樂大嗣徒瓶

樂大嗣徒
子□之子
引，乍（作）旅瓰（缾），
其眉壽，子子
孫孫永寶用

09981

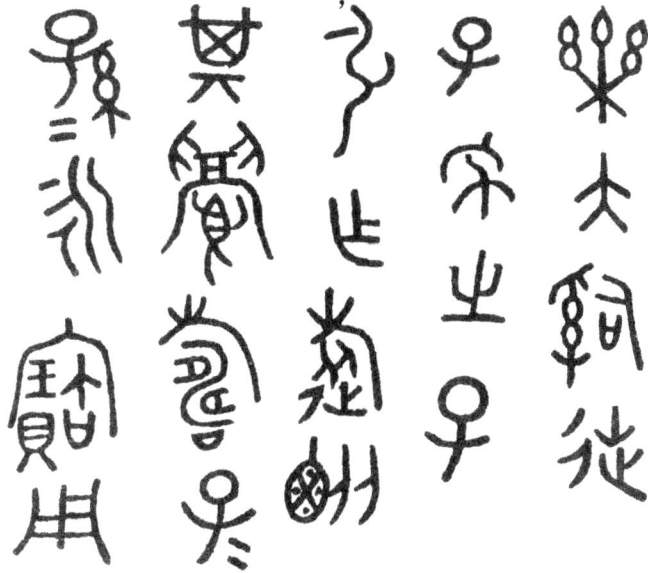

喪史實瓶

喪史實（賓）自
乍（作）鈚（缾），用征
用行，用祈
眉壽，萬
年無疆，
子子孫永
寶是尚

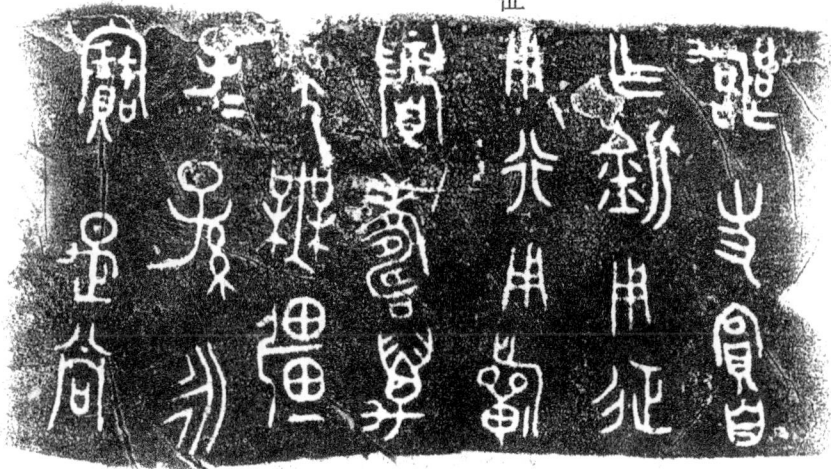

09982

共罐

09983

亞吴罐

09984

亞疑

婦好罐

09985

婦好

仲作旅罐蓋

09986

仲乍(作)旅罐

黃子罐

黃子乍(作)黃孟姬行器，則永祜寶(福)，霝(靈)冬(終)霝(靈)復(後)

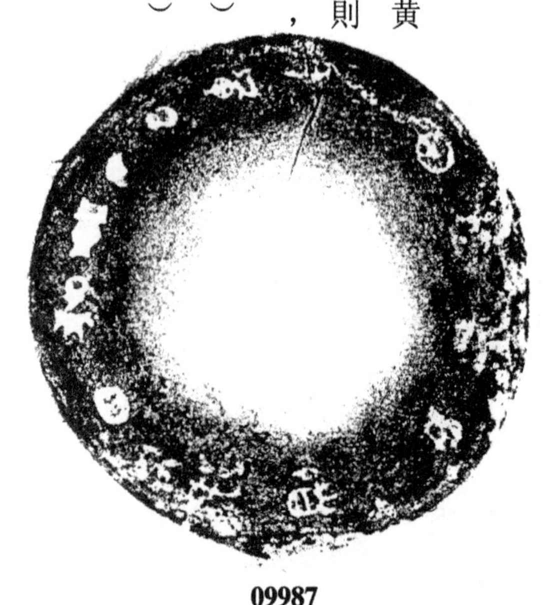

09987

倗缶

楚高缶

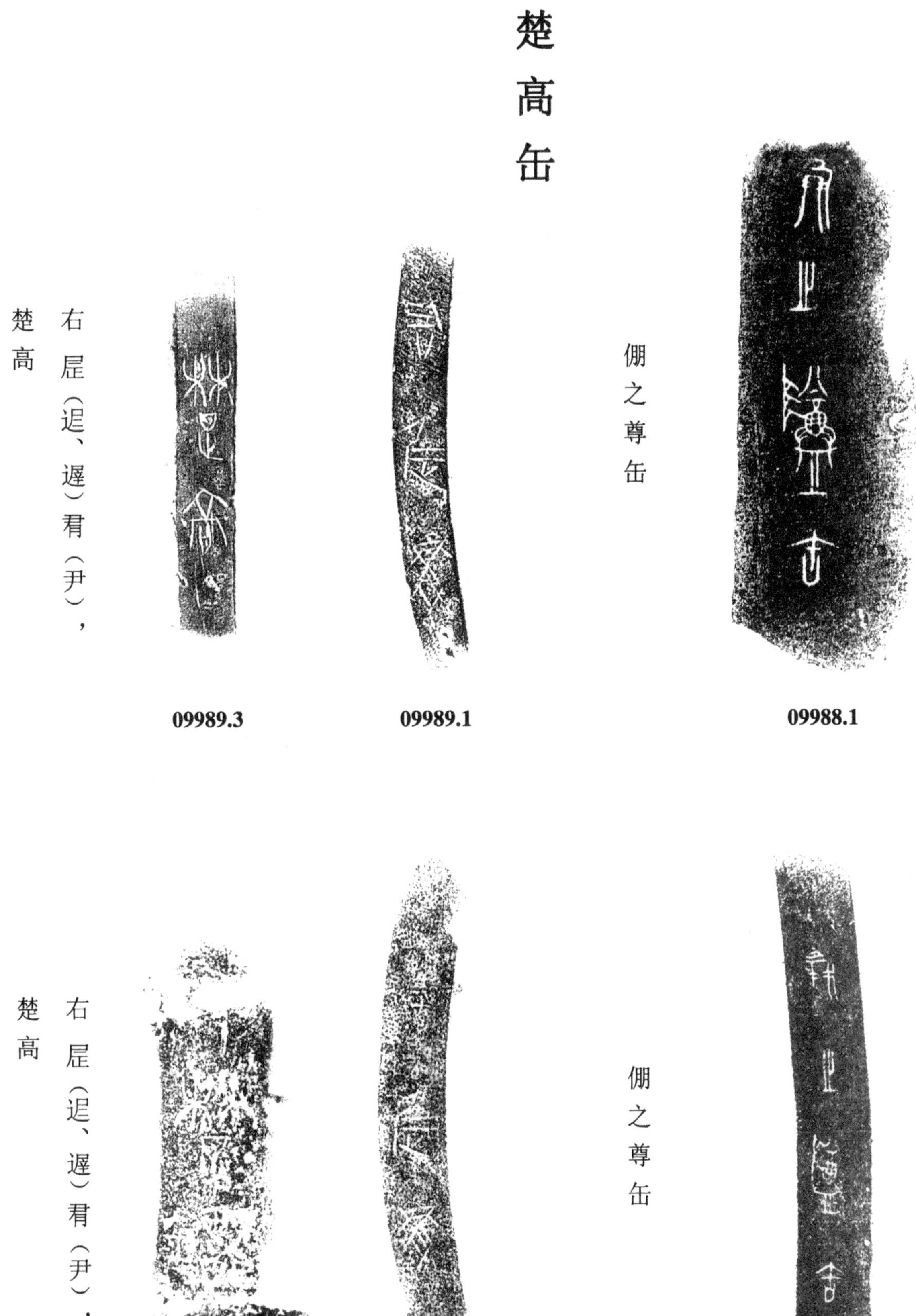

倗之尊缶

09988.1

09988.2

右屖（遅、遟）肙（尹），楚高

09989.1

09989.2

09989.3

09989.4

楚高缶

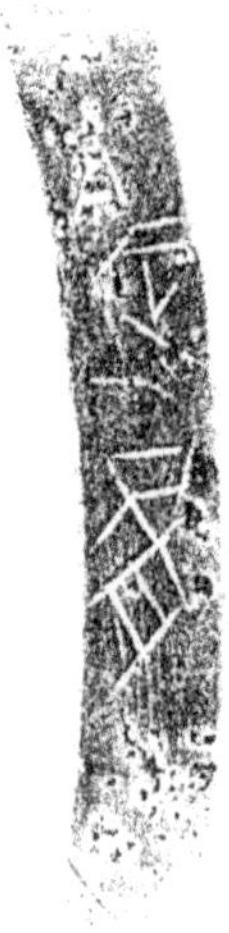

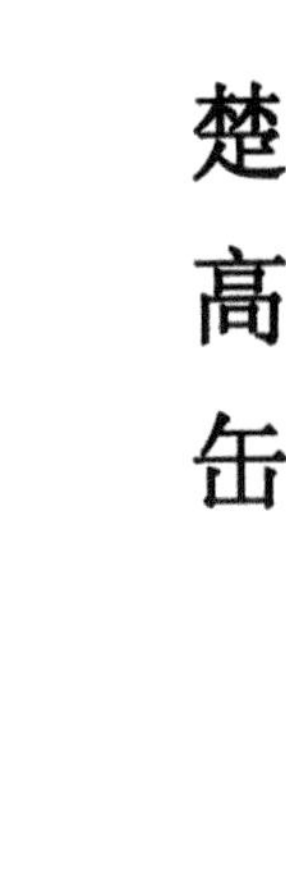
09990.1

09990.2

09990.3

屖（迡、遲）肙（尹），右屖（迡）肙（尹），楚高

蔡侯朱缶

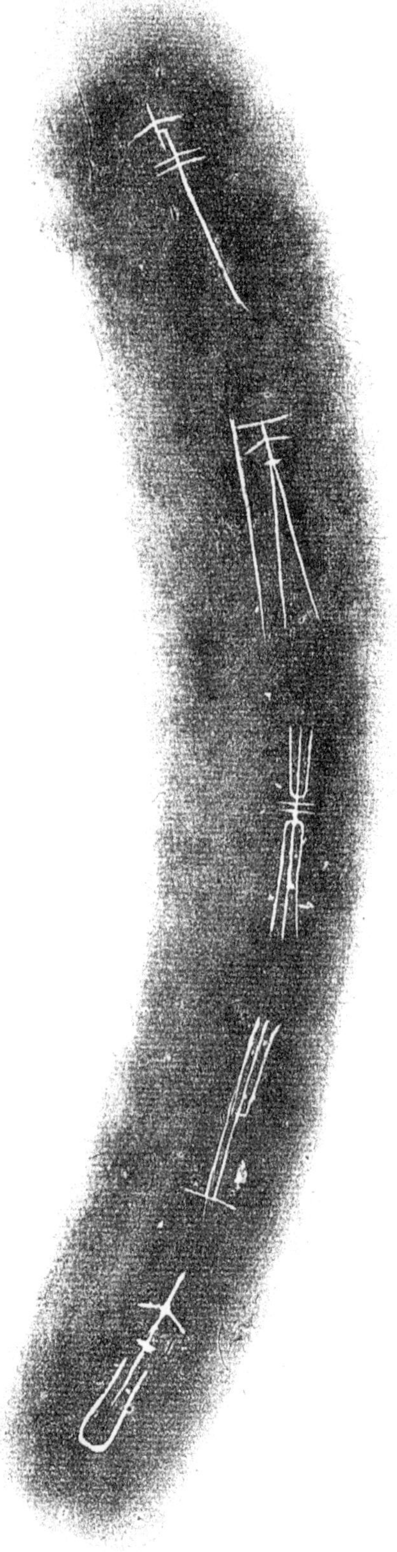

09991

蔡侯朱之缶

蔡侯䌷缶

蔡侯䌷（申）之盥缶

09992.1

蔡侯䌷（申）之盥缶

09992.2

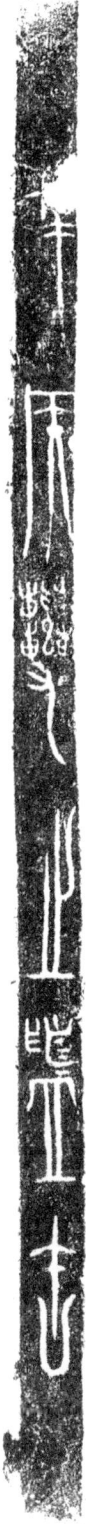

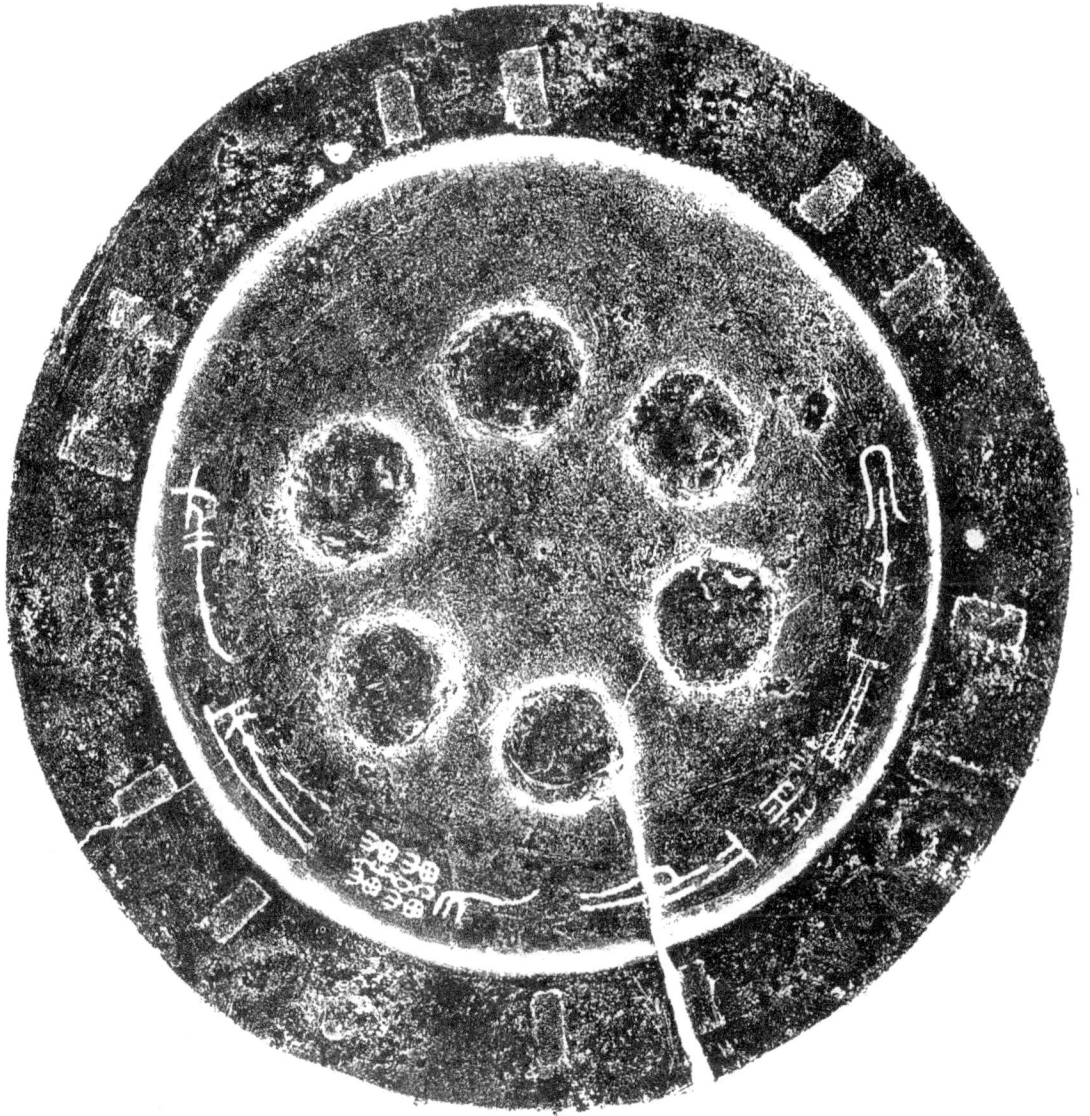

蔡侯𩔥缶

蔡侯𩔥（申）之尊缶

09993.2

蔡侯𩔥（申）之尊缶

09993.1

蔡侯⿲申糸申缶

蔡侯⿲申糸申（申）之尊缶

09994

𨛜子賓缶

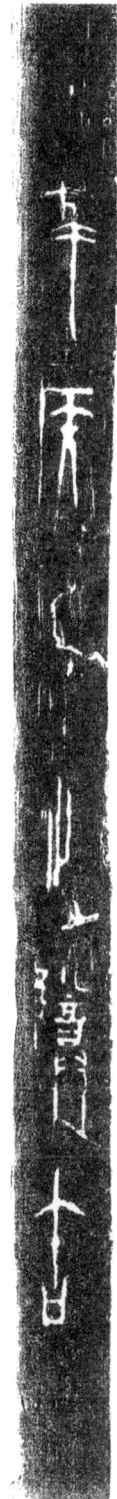

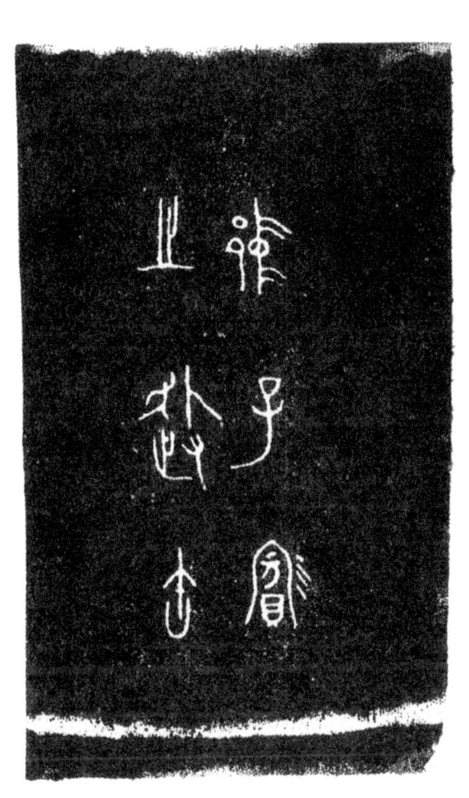

𨛜子⿰賓彡（鬙）之赴缶

09995

曾子缶

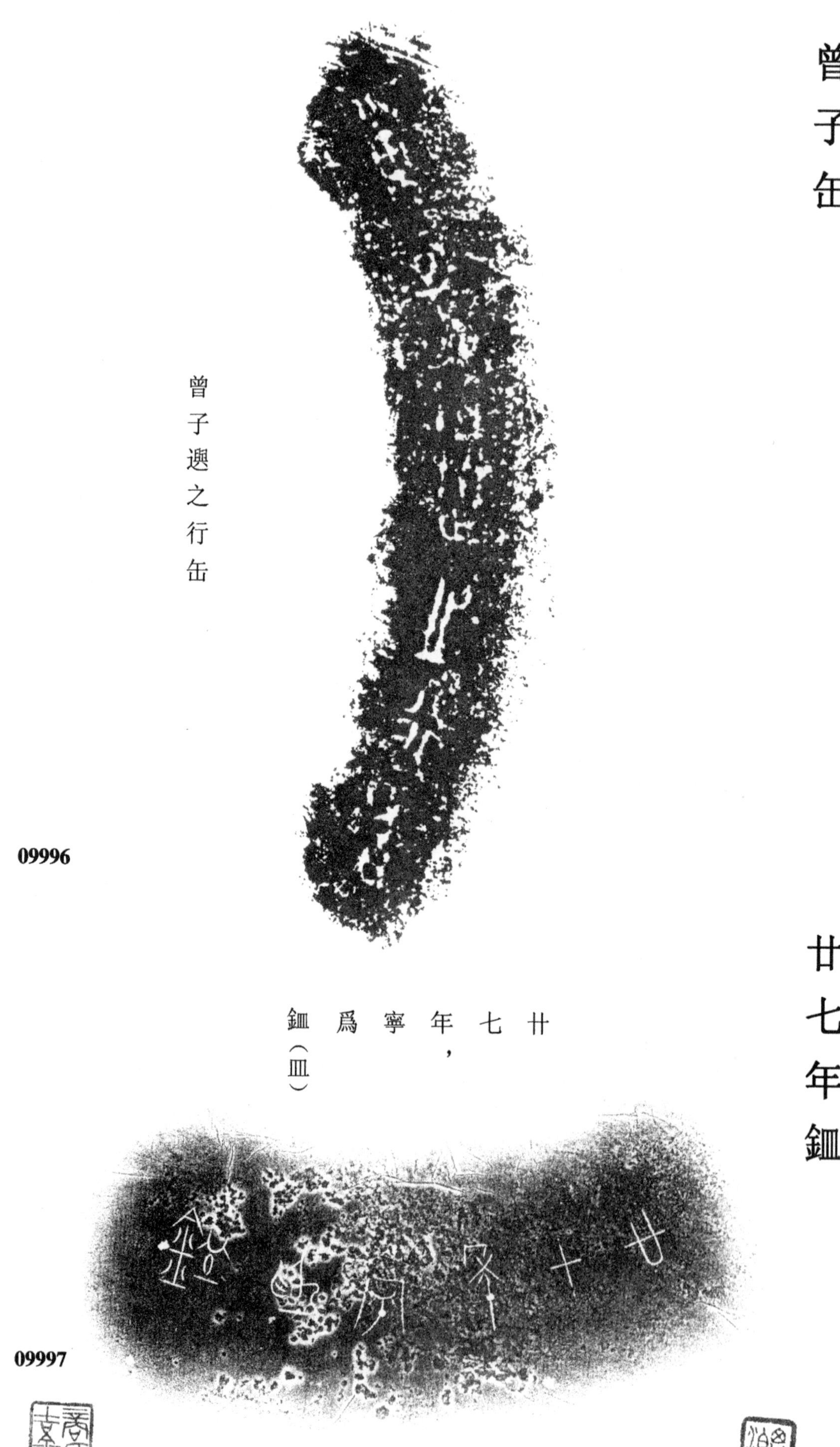

曾子遐之行缶

09996

廿七年鈿

廿七年，寧爲鈿（皿）

09997

曾侯乙缶

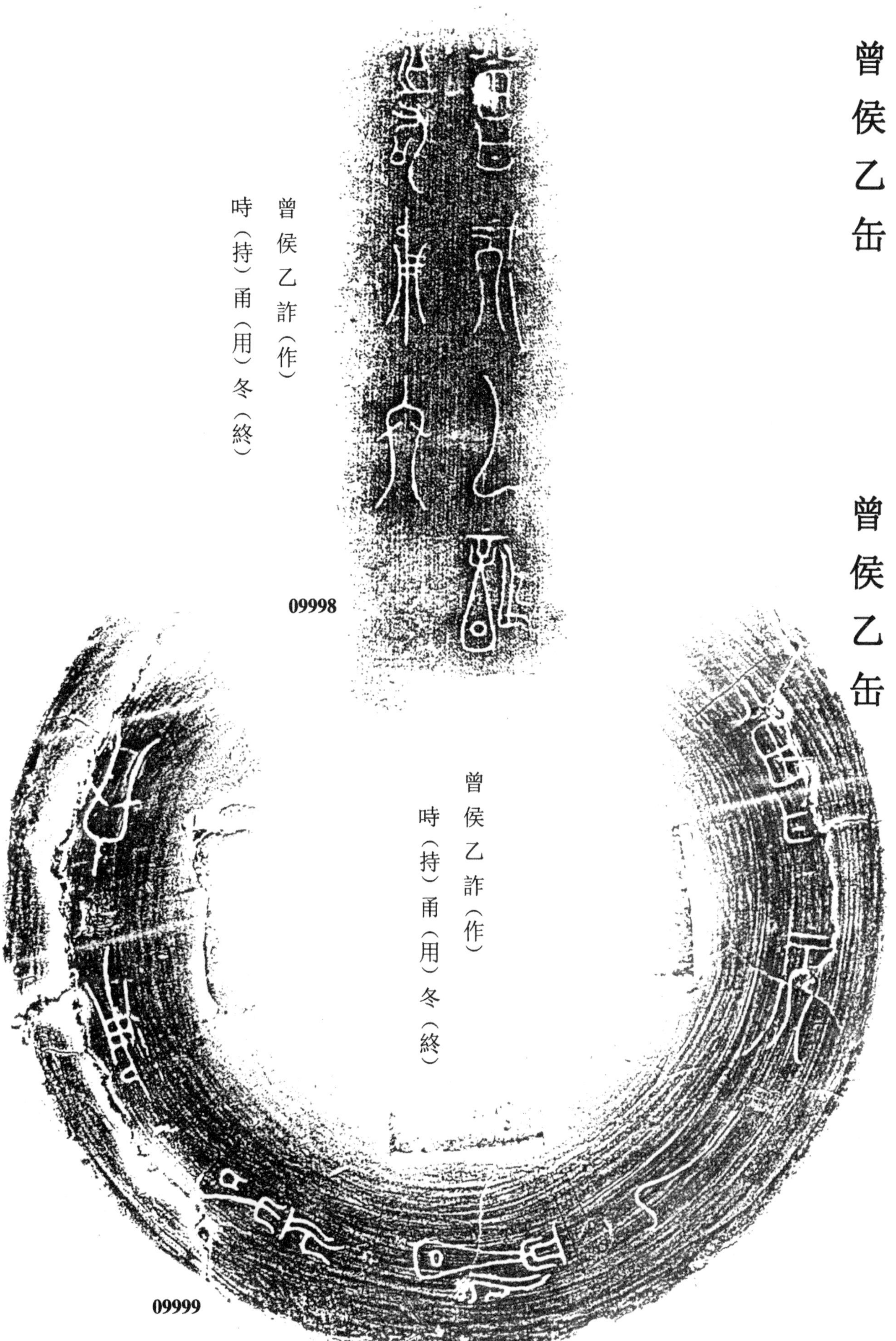
曾侯乙詐（作）
峙（持）甬（用）冬（終）
09998
曾侯乙詐（作）
峙（持）甬（用）冬（終）
09999

曾侯乙缶

曾侯乙冰缶

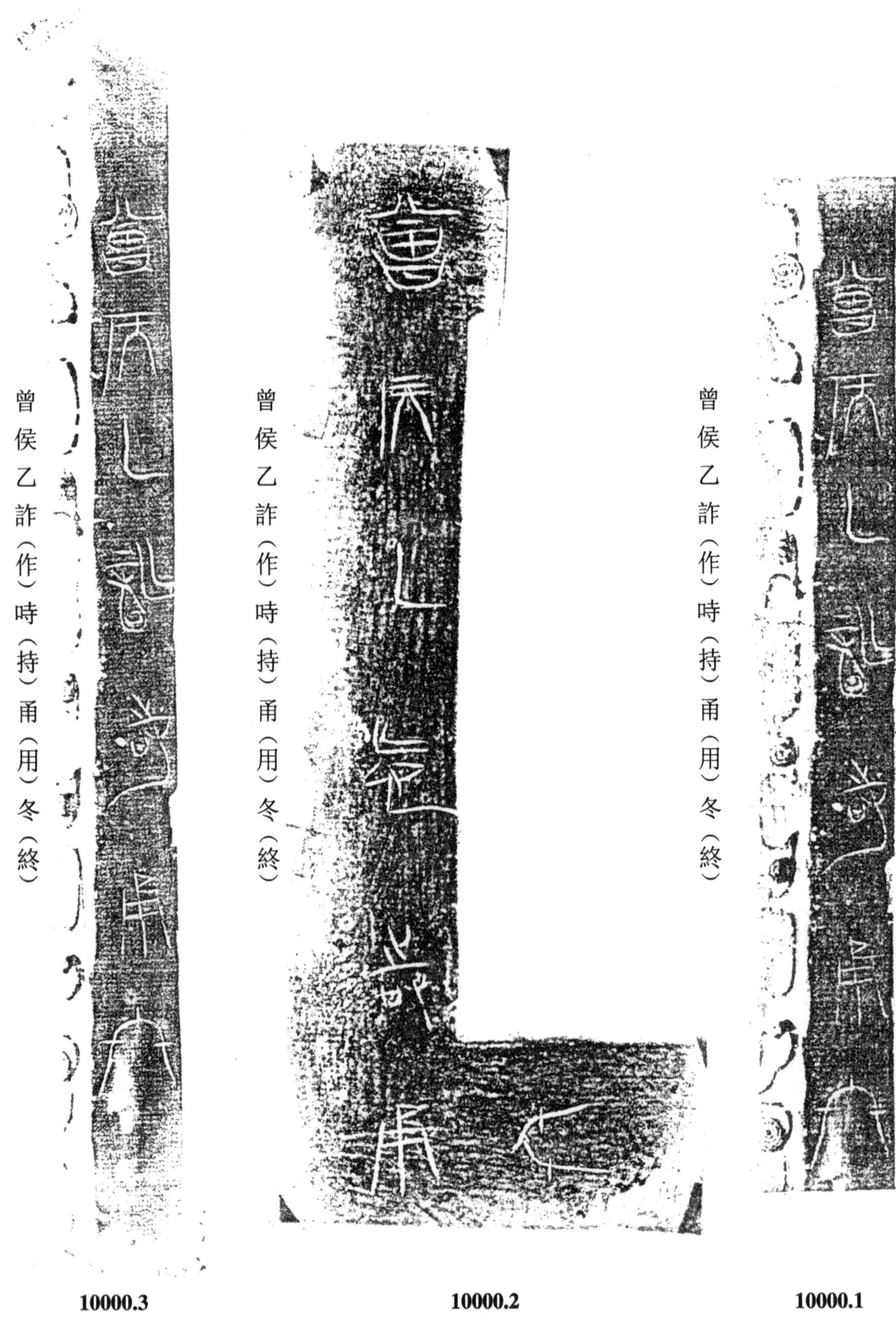

曾侯乙詐（作）時（持）甬（用）冬（終）

10000.1

曾侯乙詐（作）時（持）甬（用）冬（終）

10000.2

曾侯乙詐（作）時（持）甬（用）冬（終）

10000.3

蔡公子缶

蔡公子乍(作)姬安尊淄(缻)□

10001

鑄客缶

鑄客爲王句(后)六室爲之

10002

鑄客缶

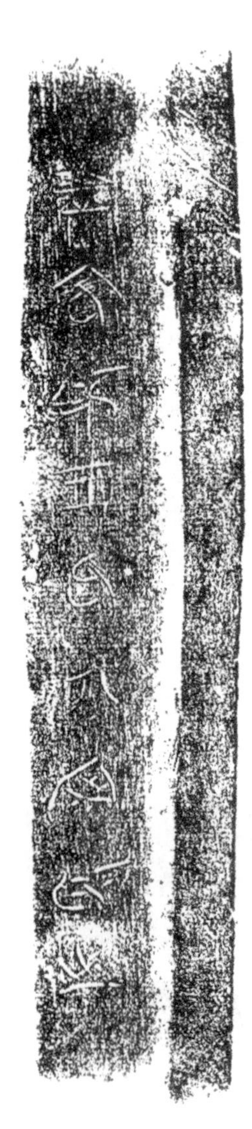

鑄客爲王句（后）六室爲之

10003.2

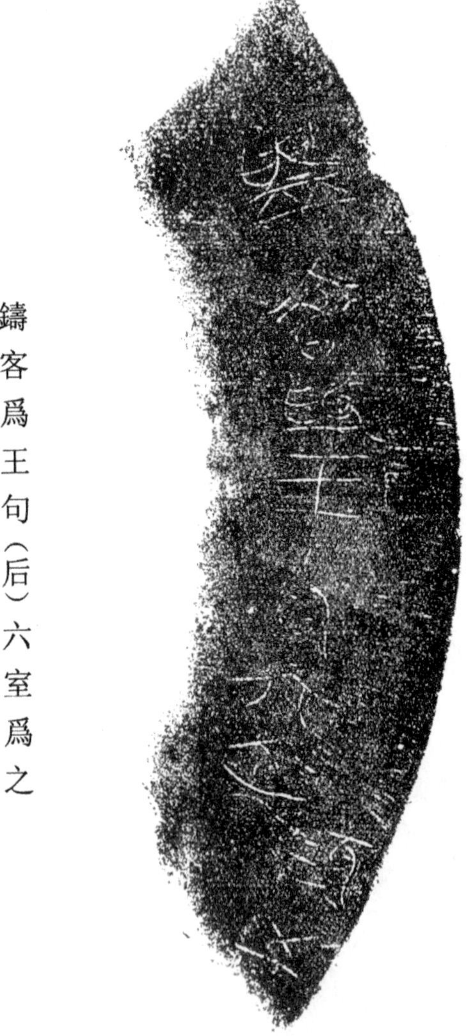

鑄客爲王句（后）六室爲之

10003.1

蔡侯𪔂缶

10004

蔡侯𪔂(申)乍(作)大孟姬賸(媵)盥缶

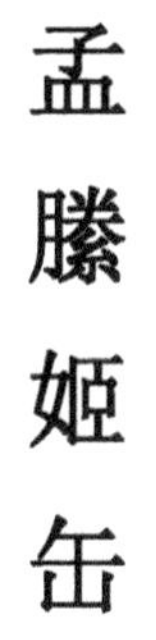

孟滕姬缶

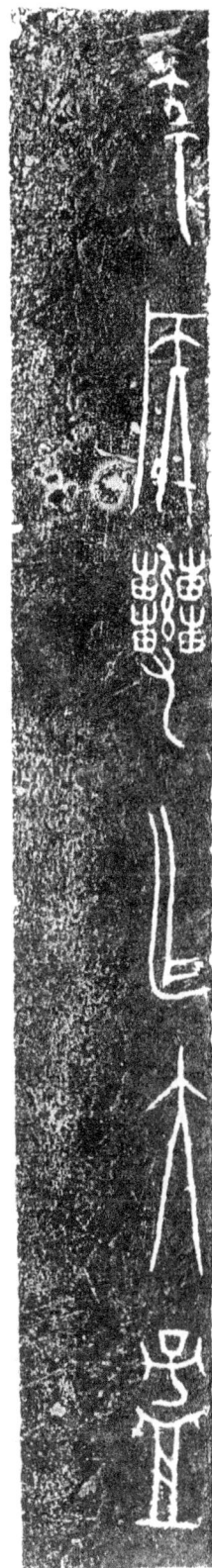

10005.1

10005.2

唯正月初吉丁亥，孟滕姬擇其吉金，自乍(作)浴缶，永保用之

邳伯缶

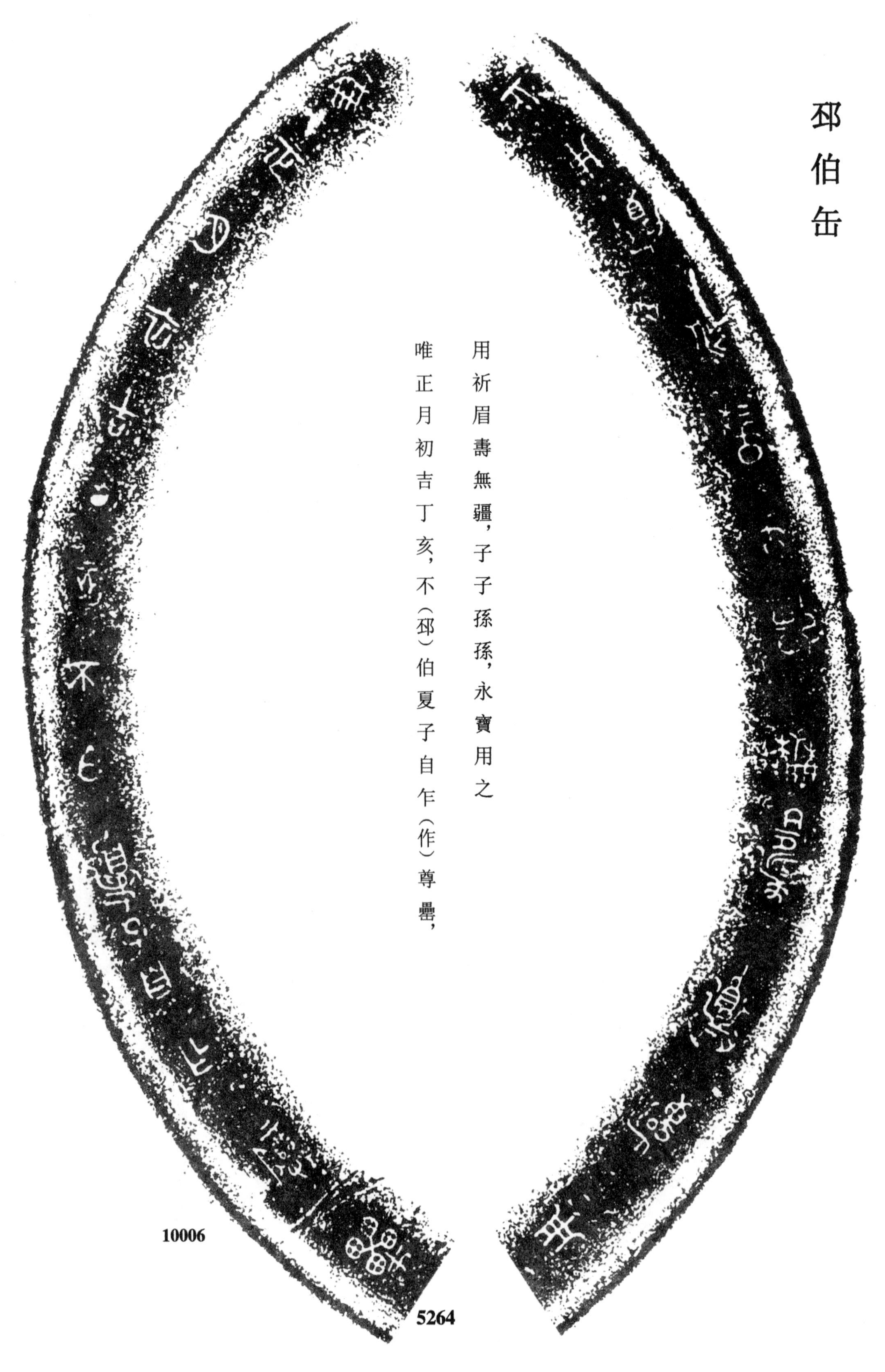

唯正月初吉丁亥，不（邳）伯夏子自乍（作）尊罍，
用祈眉壽無疆，子子孫孫，永寶用之

10006

5264

邳伯缶

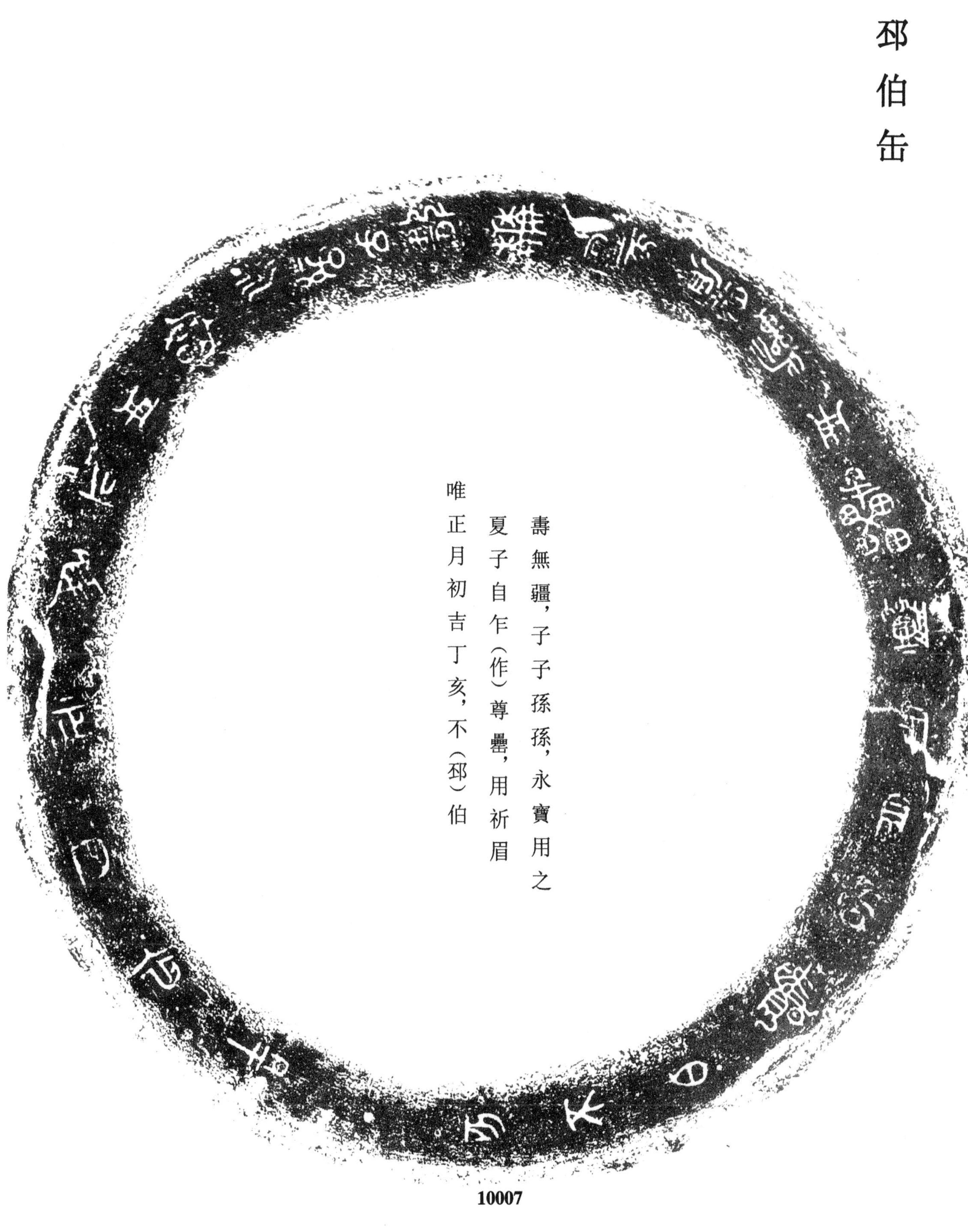

唯正月初吉丁亥，不（邳）伯

夏子自乍（作）尊罍，用祈眉

壽無疆，子子孫孫，永寶用之

10007

欒書缶

書之子孫，萬𡘂(世)是𡨠(寶)

皇祖，𧇁(吾)以旂(祈)眉壽，䜌(欒)

金，以𢼄(作)鑄𦉜(缶)，以祭我

余畜孫書也，擇其吉

元日己丑，

正月季春，

10008.1

10008.2A

10008.2B

銘文說明

〇八三一一～一〇〇〇八

爵角類

〇八三一一～〇九一〇五

〇八三一一　且乙爵
字數　三
時代　殷
著録　總集　三七二九
三代　一六・一・一
愙齋　二三・一七・二
殷存下　一七・一〇
小校　六・六〇・六
流傳　吳大澂舊藏
現藏　上海博物館
來源　考古研究所藏

〇八三一二　且乙爵
字數　三
時代　殷或西周早期
著録　總集　三七二六
三代　一六・一・二
續殷下　二二・五
冠斝中　三五
流傳　榮厚舊藏
現藏　北京故宮博物院
來源　考古研究所藏

〇八三一三　且乙爵
字數　三
時代　殷或西周早期
著録　總集　三七二八
三代　一六・一・三
貞松　一〇・一
來源　三代

〇八三一四　且乙爵
字數　三
時代　殷或西周早期
著録　總集　三七二七
彙編　九・一四八二b
現藏　澳大利亞某氏
來源　彙編

〇八三一五　豕且乙爵
字數　三
時代　殷或西周早期
著録　未見
現藏　北京故宮博物院
來源　考古研究所拓

〇八三一六　且乙爵
字數　三
時代　殷或西周早期
著録　未見
現藏　北京故宮博物院
來源　考古研究所拓

〇八三一七　且乙爵
字數　三
時代　殷或西周早期
著録　未見
現藏　北京故宮博物院
來源　考古研究所拓

〇八三一八　□且乙爵
字數　三
時代　殷或西周早期
著録　總集　三七三〇
貞續下　九・二
來源　貞續

〇八三一九　且丙爵
字數　二
時代　殷
著録　考古　一九八二年二期二一〇頁
圖二：三
出土　一九六七年湖北鄂城縣碧石村
現藏　鄂城縣博物館
來源　考古

〇八三二〇　且丙爵
字數　三
時代　西周早期
著録　總集　三七三二
陝青　三・一六六
出土　一九六三年陝西隴縣南村墓葬
現藏　隴縣文化館
來源　陝西出土商周青銅器編輯組提供

〇八三二一　且丙爵
字數　三
時代　殷或西周早期
著録　總集　三七三一
三代　一六・一・四
續殷下　二二・六
小校　六・三五・五
來源　考古研究所藏

〇八三二二　車且丁爵
字數　三
時代　殷或西周早期
著録　總集　三七三四
三代　一六・一・五
愙齋　二二・五・三
殷存下　九・一一
小校　六・三六・二
流傳　潘祖蔭舊藏
來源　三代

〇八三二三　亞且丁爵
字數　三
時代　殷或西周早期
著録　總集　三七三五
三代　一六・一・六
貞續下　九・四
小校　六・三六・三
現藏　北京故宮博物院
來源　考古研究所藏

〇八三二四　山且丁爵
字數　三
時代　殷或西周早期

著録 總集 三七三七
三代 一六・二・一
愙齋 一三・一三
殷存下 一〇・五
小校 六・三六・一
流傳 吴大澂得自西安
來源 三代

〇八三二五 □且爵
字數 三
時代 西周早期
著録 湖南輯刊 一・二二頁圖四：
二・三
出土 一九八一年湖南湘潭縣青山橋
老屋村窖藏
現藏 湖南省博物館
來源 湖南省博物館提供

〇八三二六 □且丁爵
字數 三
時代 殷或西周早期
著録 未見
現藏 北京故宮博物院
來源 考古研究所拓

〇八三二七 册且丁角
字數 三
時代 殷
著録 日精華 三・二一二
彙編 九・一四五四
綜覽・角 九
中藝 圖三四
流傳 日本東京程琦氏
現藏 日本東京出光美術館
來源 綜覽

〇八三二八 臤且丁爵
字數 三
時代 殷或西周早期
著録 續殷下 二一・八
現藏 北京故宮博物院
來源 考古研究所藏
備注 柱有僞刻銘一字

〇八三二九 戈且戊爵
字數 三
時代 殷或西周早期
著録 總集 三七三九
三代 一六・二・三
攈古 一・二・一七・四
綴遺 二〇・二三・二
續殷下 二二・一〇
現藏 上海博物館
來源 考古研究所藏

〇八三三〇 叙且戊爵
字數 三
時代 殷
著録 總集 三四一二
三代 一五・一八・三（缺柱上銘）
續殷下 八・一一
下六・九
現藏 北京故宮博物院
來源 考古研究所拓

〇八三三一 𢿢戊誂爵
字數 三
時代 西周早期
著録 總集 三九八一
三代 一六・二五・五
貞松 一〇・一四・四
善齋 七・三一
小校 六・六〇・三
續殷下 二二・一二
善彝 一五八
出土 傳河南洛陽
流傳 劉體智舊藏
現藏 北京故宮博物院
來源 考古研究所拓

〇八三三二 𢿢戊誂爵
字數 三
時代 西周早期
著録 總集 三九八二
三代 一六・二五・六
貞松 一〇・一四・三
善齋 七・三〇
續殷下 二二・一一
小校 六・二〇・二
出土 同〇八三三一
流傳 劉體智舊藏
來源 考古研究所藏

〇八三三三 □且己爵
字數 三
時代 殷或西周早期
著録 總集 三七四〇
三代 一六・二・四
綴遺 二一・一二・一
殷存下 一〇・九
小校 六・三六・七
流傳 丁彼農舊藏
來源 三代

〇八三三四 □且己爵
字數 三
時代 殷或西周早期
著録 總集 三七四一
三代 一六・二・五
愙齋 一三・一六・二
綴遺 二一・一一・二
殷存下 一〇・八
流傳 潘祖蔭舊藏
來源 考古研究所藏

〇八三三五 戈且己爵
字數 三
時代 西周早期
著録 總集 三七四四（三七四五）
美集録 R 五一
彙編 九・一五六二
現藏 美國舊金山亞洲藝術博物館（布
倫戴奇藏品）
來源 考古研究所藏陳夢家拓本

〇八三三六 叙且己爵
字數 三
時代 殷或西周早期
著録 總集 三七四二
三代 一六・二・六
貞續下 一〇・三
善齋 六・五〇
續殷上 六・一一，上九・四
小校 六・三六・五
流傳 劉體智舊藏
來源 三代

〇八三三七 □且己角
字數 三
時代 殷
著録 總集 四二一二
三代 一六・四三・一
懷米上 一八
攈古 一・三・一四
愙齋 二一・一七
綴遺 二六・一八・二
敬吾下 五六・一
貞續下 一一・一
殷存下 二三・一〇

小校 六・七九・七
流傳 曹秋舫舊藏
來源 考古研究所藏

〇八三三八 □且己爵
字數 三
時代 殷或西周早期
著録 總集 三七四三
三代 一六・二・七
貞補中 二五
流傳 原河南博物館舊藏
現藏 臺北「國立歷史博物館」
來源 三代

〇八三三九 □且己爵
字數 三
時代 西周早期
著録 善齋 六・五一
小校 六・三六・六
故圖下下 三五九
流傳 劉體智舊藏，後歸中央博物院
現藏 臺北故宮博物院
來源 善齋

〇八三四〇 □且己爵
字數 三
時代 西周早期
著録 未見
來源 考古研究所藏

〇八三四一 □且庚爵
字數 三
時代 殷或西周早期
著録 總集 三七四六
三代 一六・二・九
從古 一四・五
攈古 一・二・二五・三
窓齋 二二・一一・一
綴遺 二二・二〇・二
奇觚 七・一二・一
殷存下 一〇・七
簠齋 二爵 一一
小校 六・三七・一
流傳 陳介祺舊藏，後歸李蔭軒
現藏 上海博物館
來源 考古研究所藏

〇八三四二 □且庚爵
字數 三
時代 西周早期
著録 彙編 九・一四八二 a
來源 彙編

〇八三四三 子且辛爵
字數 三
時代 殷或西周早期
著録 總集 三七四七
三代 一六・二・一〇
現藏 旅順博物館
來源 考古研究所藏

〇八三四四 □且辛爵
字數 三
時代 殷
著録 未見
現藏 上海博物館
來源 上海博物館提供

〇八三四五 齊且辛爵
字數 三
時代 西周早期
著録 總集 三七四八
三代 一六・三・一
貞松 一〇・一・二
善齋 六・五三
續殷下 二三・二
小校 六・三七・二
流傳 劉體智舊藏
現藏 北京故宮博物院
來源 考古研究所拓

〇八三四六 苐且辛爵
字數 三
時代 西周早期
著録 總集 三七五二
學報（一九五四年）第八册圖版一三
陝圖 七
綜覽・爵 二五一
青全 五・八四
出土 一九五一年陝西長安縣普渡村墓葬
現藏 陝西省博物館
來源 考古學報編輯部檔案

〇八三四七 苐且辛爵
字數 三
時代 西周早期
著録 總集 三七五一
陝圖 八
出土 同〇八三四六
現藏 陝西省博物館
來源 考古學報編輯部檔案

〇八三四八 □且辛爵
字數 三
時代 西周早期
著録 總集 三七四九
三代 一六・三・二
貞續下 一一・二
小校 六・三七・三
來源 考古研究所藏

〇八三四九 戈且辛爵
字數 三
時代 殷或西周早期
著録 未見
現藏 北京故宮博物院
來源 考古研究所拓

〇八三五〇 木且辛爵
字數 三
時代 西周早期
著録 總集 三七五四
文叢 三・四五圖一七
出土 一九七〇年河南洛陽市東郊塔西村
現藏 洛陽市博物館
來源 考古研究所拓

〇八三五一 □且辛爵
字數 三
時代 殷
著録 未見
現藏 北京故宮博物院
來源 考古研究所拓

〇八三五二 □且辛爵
字數 三
時代 殷
著録 總集 三七五五(三九九六)
録遺 四四七
來源 考古研究所藏

〇八三五三 □且辛爵
字數 三
時代 殷
著録 總集 三七五〇
巖窟上 四二
出土 一九三一年河南安陽市
流傳 梁上椿舊藏
來源 巖窟

〇八三五四　日且壬爵
字數　三
時代　殷
著録　未見
現藏　北京故宮博物院
來源　考古研究所拓

〇八三五五　奴且壬爵
字數　三
時代　西周早期
著録　總集　四〇〇〇
　　錄遺　四四八
來源　錄遺

〇八三五六　山且壬爵
字數　三
時代　殷或西周早期
著録　總集　三七五三
　　三代　一六・三・三
　　綴遺　二〇・二六・一
　　殷存下　一〇・一〇
　　小校　六・三七・四
流傳　劉鶚舊藏
來源　考古研究所藏

〇八三五七　[illegible]且壬爵
字數　三
時代　西周早期
著録　總集　三七五六
　　陝青　三・一六八
出土　一九七三年陝西隴縣黃花峪墓葬
現藏　隴縣文化館
來源　陝西出土商周青銅器編輯組提供

〇八三五八　[illegible]且癸爵
字數　三
時代　殷或西周早期
著録　總集　三七五九
　　三代　一六・三・六
　　窓齋　二三・一四・二
　　綴遺　二一・二三・二
　　殷存下　一〇・一一
　　小校　六・三七・六
流傳　陳介祺、潘祖蔭舊藏
來源　考古研究所藏

〇八三五九　[illegible]且癸爵
字數　三
時代　殷或西周早期
著録　未見
現藏　上海博物館
來源　上海博物館提供

〇八三六〇　[illegible]且癸爵
字數　三
時代　殷
著録　未見
現藏　上海博物館
來源　上海博物館提供

〇八三六一　[illegible]且癸角
字數　三
時代　殷
著録　總集　四二一四
　　三代　一六・四三・二
　　清愛　一三
　　攈古　一・二・一四・四
　　綴遺　二六・二〇・二
　　敬吾下　六五・三
　　殷存下　一一・一
　　小校　六・三七・五
流傳　劉喜海舊藏
來源　考古研究所藏

〇八三六二　[illegible]且癸角
字數　三
時代　殷
著録　總集　四二一五
　　小校　六・七九・八
來源　考古研究所藏

〇八三六三　鳥且癸爵
字數　三
時代　殷
著録　考古　一九八五年九期八五四頁
　　圖四：三
出土　一九八一年甘肅慶陽縣溫泉西莊
　　韓家灘村墓葬
現藏　慶陽地區博物館
來源　考古

〇八三六四　[illegible]且癸爵
字數　三
時代　西周早期
著録　總集　四〇〇一
　　錄遺　四四九
現藏　北京故宮博物院
來源　考古研究所藏

〇八三六五　[illegible]且癸爵
字數　三
時代　殷或西周早期
著録　總集　三七五七
　　三代　一六・三・四
來源　三代

〇八三六六　[illegible]且癸爵
字數　三
時代　殷或西周早期
著録　總集　三七六〇
　　三代　一六・三・七
　　綴遺　二一・七・二
　　續殷下　二三・三
來源　三代

〇八三六七　□且癸爵
字數　三
時代　殷或西周早期
著録　總集　三七五八
　　三代　一六・三・五
　　積古　二・九・三
　　攈古　一・二・二五・二
　　殷存下　一〇・一二
流傳　阮元舊藏
來源　三代

〇八三六八　田父甲爵
字數　三
時代　殷
著録　總集　三七六一
　　三代　一六・三・八
　　貞松　一〇・一
　　董盦　五
出土　一九一八年山東長清縣崮山驛
來源　三代

〇八三六九　串父甲爵
字數　三
時代　殷
著録　總集　三七六四
　　三代　一六・三・九
　　綴遺　二一・一七・二
　　殷存下　一一・二
流傳　方濬益舊藏
來源　考古研究所藏

〇八三七〇　車父甲爵
字數　三
時代　殷
著録　總集　三七六三
　　貞松　一〇・二・一

善齋 六・五四
續殷下 二三・四
小校 六・三七・七
善彝 一五七
故圖下下 三六〇
綜覽・爵 二二五
酒器 一一八頁
流傳 劉體智舊藏
現藏 臺北故宮博物院
來源 考古研究所藏

〇八三七一 車父甲爵
字數 三
時代 殷或西周早期
著録 未見
現藏 北京故宮博物院
來源 考古研究所拓

〇八三七二 陸父甲角
字數 三
時代 殷或西周早期
著録 總集 四二一六
三代 一六・四三・三
窓齋 二一・一四・一
綴遺 二六・二三・二
殷存下 二二・七
小校 一六・四三・三
上海(二〇〇四) 一〇〇
現藏 上海博物館
來源 考古研究所藏

〇八三七三 萬父甲爵
字數 三
時代 殷
著録 未見
現藏 旅順博物館
來源 考古研究所拓

〇八三七四 啟父甲爵
字數 三
時代 殷
著録 未見
現藏 上海博物館
來源 上海博物館提供

〇八三七五 啟父甲爵
字數 三
時代 殷
著録 未見
現藏 上海博物館
來源 上海博物館提供

〇八三七六 天父乙爵
字數 三
時代 殷或西周早期
著録 未見
現藏 上海博物館
來源 上海博物館提供

〇八三七七 [illegible]父乙爵
字數 三
時代 殷
著録 總集 三七六五
三代 一六・三・一〇
來源 考古研究所藏

〇八三七八 [illegible]父乙爵
字數 三
時代 殷或西周早期
著録 總集 三七六六
三代 一六・三・一一
續殷下 二三・八
現藏 蘇州市博物館
來源 蘇州市博物館提供

〇八三七九 業父乙角
字數 三
時代 殷
著録 總集 四二一七
三代 一六・四三・四
貞續下 一八・四
來源 考古研究所藏

〇八三八〇 業父乙角
字數 三
時代 殷
著録 總集 四二一八
三代 一六・四三・五
綴遺 二六・一八・一
小校 六・八〇・四
流傳 金蘭坡舊藏
來源 三代

〇八三八一 業父乙角
字數 三
時代 殷
著録 綜覽・角 一六
現藏 法國巴黎某氏
來源 綜覽

〇八三八二 業父乙角
字數 三
時代 殷
著録 未見
現藏 北京故宮博物院
來源 考古研究所拓

〇八三八三 子父乙爵
字數 三
時代 殷
著録 總集 四二一九
三代 一六・四四・一
西甲 一二・一五
殷存下 一一・四
流傳 清宮舊藏
來源 三代

〇八三八四 [illegible]父乙爵
字數 三
時代 殷或西周早期
著録 總集 三七六七
三代 一六・四・一
貞續下 一二・一
小校 六・三九・二
現藏 北京故宮博物院
來源 考古研究所拓

〇八三八五 [illegible]父乙爵
字數 三
時代 西周早期
著録 總集 四〇二〇
巖窟上 四一
流傳 梁上椿舊藏
出土 一九三九年河南洛陽
來源 考古研究所藏

〇八三八六 [illegible]父乙爵
字數 三
時代 殷
著録 未見
現藏 北京故宮博物院
來源 考古研究所拓

〇八三八七 [illegible]父乙爵
字數 三
時代 西周早期
著録 總集 三七六八
美集録 R 四六三
彙編 八・一二六三
綜覽・爵 二二〇
現藏 美國夏威夷火奴魯魯美術學院
來源 考古研究所藏陳夢家拓本

〇八三八八 □父乙爵
字數 三
時代 西周早期
著録 總集 三七六九
美集録 R 四六四
現藏 美國夏威夷火奴魯魯美術學院
來源 考古研究所藏陳夢家拓本

〇八三八九 □父乙爵
字數 三
時代 殷或西周早期
著録 總集 三七七七
三代 一六・四・一〇
從古 六・一八
綴遺 二一・二二・一
小校 六・三九・一
流傳 張廷濟舊藏
來源 考古研究所藏

〇八三九〇 □父乙爵
字數 三
時代 殷
著録 總集 三七八〇
三代 一六・五・三
來源 三代

〇八三九一 □父乙爵
字數 三
時代 殷或西周早期
著録 總集 三七八三
三代 一六・五・四
攈古 一・二・一七・二
綴遺 二〇・二四・二
殷存下 一一・一〇
來源 三代

〇八三九二 □父乙爵
字數 三
時代 殷或西周早期
著録 總集 三七八四
三代 一六・五・五
殷存下 一一・九
來源 三代

〇八三九三 □父乙爵
字數 三
時代 西周早期
著録 總集 四〇二二
文物 一九七六年六期五九頁
圖二四
陝青 二・九六
綜覽・爵 二四四
出土 一九七五年陝西扶風縣白家村墓葬
現藏 扶風縣博物館
來源 扶風縣博物館提供

〇八三九四 臤父乙爵
字數 三
時代 殷或西周早期
著録 總集 四〇二六
彙編 九・一四一五
現藏 日本東京某氏
來源 彙編

〇八三九五 奄父乙爵
字數 三
時代 殷或西周早期
著録 窓齋 二三・一〇・四
陶齋 三・一五
小校 六・四一・一
續殷下 三三・九
流傳 李山農、端方舊藏
來源 考古研究所藏

〇八三九六 奄父乙角
字數 三
時代 殷
著録 總集 四二二九
三代 一六・四五・四
西甲 一二・一六
從古 一一・一六
續殷下 三三・八
小校 六・八〇・三
善齋 七・五九
雙古上 三三
善彝 一六二
巖窟上 二五
通考 四四三
綜覽・角 一九
出土 傳河南
流傳 清宮舊藏，後歸金蘭坡、劉體智、梁上椿、于省吾
來源 考古研究所藏
備注 西甲著録爲有蓋角，其他各書著録時蓋已失

〇八三九七 □父乙爵
字數 三
時代 殷或西周早期
著録 未見
現藏 北京故宫博物院
來源 考古研究所拓

〇八三九八 □父乙爵
字數 三
時代 殷或西周早期
著録 未見
現藏 中國歷史博物館
來源 考古研究所拓

〇八三九九 □父乙爵
字數 三
時代 殷
著録 未見
現藏 北京故宫博物院
來源 考古研究所拓

〇八四〇〇 魚父乙爵
字數 三
時代 殷或西周早期
著録 總集 三七九六
寶鼎(一九五二) 八八頁
彙編 九・一六四三
流傳 荷蘭萬孝臣氏舊藏
來源 彙編

〇八四〇一 魚父乙爵
字數 三
時代 殷或西周早期
著録 總集 四〇〇二
録遺 四五〇
來源 録遺

〇八四〇二 魚父乙爵
字數 三
時代 殷或西周早期
著録 未見
現藏 蘇州市博物館
來源 蘇州市博物館提供

〇八四〇三 魚父乙爵
字數 三
時代 殷或西周早期
著録 考古 一九八四年六期五一三頁
圖五(右)
出土 一九七五年湖北隨縣羊子山
現藏 隨州市博物館
來源 考古

〇八四〇四 亞父乙爵
字數 三

時代 西周早期
著録 總集 三七七四
三代 一六・四・七
愙齋 二三・一〇・三
綴遺 二二・一四・二
殷存下 一一・五
續殷下 二四・四
小校 六・四〇・三
流傳 李山農、金蘭坡舊藏
現藏 北京故宮博物院
來源 考古研究所拓

〇八四〇五 亞父乙爵
字數 三
時代 西周早期
著録 總集 三七七五
三代 一六・四・八
愙齋 二三・一〇・一
殷存下 一一・六
小校 六・四〇・一
流傳 李山農舊藏
來源 三代

〇八四〇六 亞父乙爵
字數 三
時代 殷
著録 總集 三七七六
三代 一六・四・九
陶齋 三・二〇
續殷下 二三・一一
小校 六・三九・六
流傳 端方舊藏
來源 考古研究所藏

〇八四〇七 戈父乙爵
字數 三
時代 殷
著録 未見
現藏 北京故宮博物院
來源 考古研究所拓

〇八四〇八 戈父乙爵
字數 三
時代 殷或西周早期
著録 總集 三七七〇
三代 一六・四・二
貞松 一〇・三・三
續殷下 四・四；下 一〇・四
流傳 容庚舊藏
來源 考古研究所藏

〇八四〇九 戈父乙爵
字數 三
時代 殷或西周早期
著録 總集 三七七一
三代 一六・四・三
來源 三代

〇八四一〇 戈父乙爵
字數 三
時代 殷
著録 總集 三七七二
三代 一六・四・四
續殷下 二三・七
來源 考古研究所藏

〇八四一一 戈父乙爵
字數 三
時代 殷
著録 總集 三七七三
三代 一六・四・五
綴遺 二〇・二四
殷存下 一一・三
小校 六・三八・五
來源 考古研究所藏

〇八四一二 [illegible]父乙爵
字數 三
時代 西周早期
著録 總集 三七九〇
三代 一六・六・四
貞松 一〇・三
故宮 三〇期
故圖下上 一八三
現藏 臺北故宮博物院
來源 考古研究所藏

〇八四一三 [illegible]父乙爵
字數 三
時代 殷
著録 總集 三七九一
三代 一六・六・五
續殷下 二三・九
現藏 北京故宮博物院
來源 考古研究所拓

〇八四一四 中父乙爵
字數 三
時代 殷或西周早期
著録 總集 三七七八
三代 一六・四・一一
續殷下 二三・一〇
來源 三代

〇八四一五 酉父乙爵
字數 三
時代 殷或西周早期
著録 總集 三七七九
三代 一六・五・一
貞續下 一一・四
小校 六・三八・二
流傳 李蔭軒舊藏
現藏 上海博物館
來源 考古研究所藏

〇八四一六 弜父乙爵
字數 三
時代 殷
著録 總集 三七八一
三代 一六・五・二
貞松 一〇・二・二
善齋 六・五六
小校 六・三九・四
流傳 劉體智舊藏
來源 考古研究所藏

〇八四一七 [illegible]父乙爵
字數 三
時代 殷或西周早期
著録 總集 三七八五
三代 一六・五・七
貞續下 一一・三
小校 六・三八・四
來源 三代

〇八四一八 [illegible]父乙爵
字數 三
時代 殷
著録 未見
現藏 上海博物館
來源 上海博物館提供

〇八四一九 [illegible]父乙爵
字數 三
時代 殷或西周早期
著録 總集 三七八二
三代 一六・五・八
貞松 一〇・二・四
善齋 六・五五
小校 六・三八・一
故圖下下 三六二

流傳 劉體智舊藏，後歸中央博物院
現藏 臺北故宮博物院
來源 考古研究所藏

〇八四二〇 鼎父乙爵
字數 三
時代 殷或西周早期
著録 未見
現藏 北京故宮博物院
來源 考古研究所拓

〇八四二一 □父乙爵
字數 三
時代 殷
著録 未見
現藏 上海博物館
來源 上海博物館提供

〇八四二二 □父乙爵
字數 三
時代 殷
著録 未見
現藏 上海博物館
來源 上海博物館提供

〇八四二三 □父乙爵
字數 三
時代 西周早期
著録 巖窟上 三五
彙編 九・一七四四
綜覽・爵 二一六
出土 一九四〇年河南洛陽
流傳 梁上椿舊藏
現藏 日本大阪某氏
來源 巖窟

〇八四二四 爵父乙爵
字數 三
時代 殷

著録 博古 一四・八
薛氏 三六・六
嘯堂 四三・一
來源 薛氏

〇八四二五 □父乙爵
字數 三
時代 殷或西周早期
著録 未見
現藏 上海博物館
來源 上海博物館提供

〇八四二六 □父乙爵
字數 三
時代 西周早期
著録 湖南輯刊 一・二二頁圖四：六・七
出土 一九八一年湖南湘潭縣青山橋老屋村窖藏
現藏 湖南省博物館
來源 湖南省博物館提供

〇八四二七 □父乙爵
字數 三
時代 殷
著録 總集 三七九四
三代 一六・六・七
貞松 一〇・三・四
續殷下 二三・六
來源 三代

〇八四二八 □父乙爵
字數 三
時代 殷或西周早期
著録 總集 三七八六
三代 一六・六・一
殷存下 一一・八
來源 三代

〇八四二九 未父乙爵
字數 三
時代 殷
著録 總集 三七八七
三代 一六・六・二
貞松 一〇・二・三
來源 三代

〇八四三〇 舟父乙爵
字數 三
時代 殷或西周早期
著録 未見
現藏 上海博物館
來源 上海博物館提供

〇八四三一 作父乙爵
字數 三
時代 西周早期
著録 總集 三七八八
三代 一六・六・三
貞補中 二五・三
流傳 原河南博物館舊藏
現藏 臺北國立歷史博物館
來源 三代

〇八四三二 作父乙爵
字數 三
時代 西周早期
著録 續殷下 二四・一
來源 考古研究所藏

〇八四三三 □父乙爵
字數 三
時代 殷或西周早期
著録 總集 三七九二
三代 一六・六・六
來源 考古研究所藏

〇八四三四 □父乙爵
字數 三
時代 殷
著録 總集 四〇七三
美集録 R二四九
綜覽・爵 一九一
流傳 美國霍布金斯舊藏
現藏 美國波士頓美術博物館
來源 考古研究所藏陳夢家拓本

〇八四三五 □父乙爵
字數 三
時代 殷
著録 總集 三七九三
美集録 R二〇八
現藏 美國哈佛大學福格美術博物館
來源 考古研究所藏陳夢家拓本

〇八四三六 □父丙爵
字數 三
時代 殷
著録 未見
現藏 北京故宮博物院
來源 考古研究所

〇八四三七 魚父丙爵
字數 三
時代 殷或西周早期
著録 總集 三七九七
三代 一六・六・八
筠清 一・一〇
從古 一四・一一
擴古 一・二・二四・四
窓齋 二三・一八・一
綴遺 二一・二・一
奇觚 七・一五・一
殷存下 一一・一二
簠齋 二爵二二

雙古上 三五
小校 六・四一・三
流傳 龔自珍、陳介祺、于省吾舊藏
來源 考古研究所藏

○八四三八 重父丙爵
字數 三
時代 殷
著録 總集 三七九八
三代 一六・六・九
攈古 一・二・六三・一
綴遺 二二・八・一
敬吾下 六〇・八
續殷下 二四・五
小校 六・四一・四
流傳 吴式芬舊藏
來源 考古研究所藏

○八四三九 鼎父丙爵
字數 三
時代 殷或西周早期
著録 總集 三七九五
三代 一六・七・二
貞松 一〇・三・一(誤作父乙)
續殷下 一二・八(缺柱銘)
小校 六・三七・八
流傳 溥倫舊藏
來源 考古研究所藏溥倫拓本

○八四四〇 □父丙爵
字數 三
時代 殷
著録 未見
現藏 上海博物館
來源 上海博物館提供

○八四四一 子父丁爵
字數 三
時代 殷或西周早期
著録 未見
現藏 上海博物館
來源 上海博物館提供

○八四四二 子父丁爵
字數 三
時代 殷
著録 總集 三八〇〇
三代 一六・七・三
貞松 一〇・五・二
貞圖中 三〇
流傳 羅振玉舊藏
來源 考古研究所藏

○八四四三 孓父丁爵
字數 三
時代 殷
著録 總集 三八〇一
三代 一六・七・四
筠清 一・一〇・二
從古 一四・八
攈古 一・二・六二・三
愙齋 二三・一六・二
綴遺 二一・一九・一
奇觚 七・一八・二
殷存下 一八・六
簠齋 二爵二四
雙古上 三六
小校 六・四三・二(又六・三八・六 重出)
流傳 陳介祺、于省吾舊藏
來源 考古研究所藏

○八四四四 □父丁爵
字數 三
時代 殷
著録 未見
現藏 北京故宮博物院
來源 考古研究所拓

○八四四五 □父丁爵
字數 三
時代 殷
著録 薛氏 三七・五
考古圖 五・三
出土 得于新鄭
流傳 宋代盧江李伯時舊藏
來源 薛氏

○八四四六 □父丁爵
字數 三
時代 殷或西周早期
著録 總集 三八四三
三代 一六・一一・六
貞松 一〇・五・三
來源 三代

○八四四七 □父丁爵
字數 三
時代 西周早期
著録 總集 三八〇二
三代 一六・七・五
貞松 一〇・六・三
善齋 六・六七
續殷下 二四・一〇
小校 六・四四・五
流傳 劉體智舊藏
來源 考古研究所藏

○八四四八 □父丁爵
字數 三
時代 殷
著録 總集 三八〇三
三代 一六・七・六
愙齋 二三・五・二
綴遺 二〇・二一・一
殷存下 一二・一
小校 六・四三・七
流傳 潘祖蔭舊藏
來源 考古研究所藏

○八四四九 □父丁爵
字數 三
時代 殷
著録 善齋 六・五九
小校 六・四三・六
續殷下 二五・四
流傳 劉體智舊藏
來源 小校

○八四五〇 旅父丁爵
字數 三
時代 殷或西周早期
著録 總集 三八三〇
彙編 九・一三一九
來源 彙編

○八四五一 豕父丁爵
字數 三
時代 殷
著録 總集 三八〇六(四一二四)
三代 一六・八・三
善齋 七・四〇
續殷下 二六・六
小校 六・六三・三
頌續 八六
通考 四二七
出土 傳河南洛陽
流傳 劉體智、容庚舊藏
現藏 廣州市博物館
來源 三代

〇八四五二　鄉父丁爵

字數　三
時代　殷
著録　文叢　五・一二三圖二
出土　一九七八年陝西長安縣河迪村墓葬
現藏　陝西省文物管理委員會
來源　文叢

〇八四五三　史父丁爵

字數　三
時代　殷
著録　未見
現藏　濟南市博物館
來源　考古研究所拓

〇八四五四　守父丁爵

字數　三
時代　殷
著録　博古　一四・二〇・一
薛氏　四・七・一
嘯堂　四四・五
來源　嘯堂

〇八四五五　[illegible]父丁爵

字數　三
時代　西周早期
著録　總集　三八二五
三代　一六・一〇・一
續殷下　二六・一
來源　考古研究所藏

〇八四五六　[illegible]父丁爵

字數　三
時代　西周早期
著録　未見
現藏　北京故宮博物院
來源　考古研究所拓

〇八四五七　[illegible]父丁爵

字數　三
時代　殷或西周早期
著録　攈古　一・二・一七・一
綴遺　二〇・三一・二
流傳　曹秋舫舊藏
來源　攈古

〇八四五八　[illegible]父丁爵

字數　三
時代　殷
著録　未見
現藏　北京故宮博物院
來源　考古研究所拓

〇八四五九　龜父丁爵

字數　三
時代　西周早期
著録　總集　四〇二四
學報　一九七七年二期一〇八頁
圖八：一
出土　一九六七年甘肅靈臺縣白草坡村墓葬
現藏　甘肅省博物館
來源　考古學報編輯部檔案

〇八四六〇　魚父丁爵

字數　三
時代　殷或西周早期
著録　總集　三八〇五
三代　一六・八・二
綴遺　二一・二
殷存下　一二・二
流傳　潘祖蔭舊藏
現藏　上海博物館
來源　考古研究所藏

〇八四六一　魚父丁爵

字數　三
時代　殷或西周早期
著録　總集　三八〇四
三代　一六・八・一
來源　考古研究所藏

〇八四六二　赤父丁爵

字數　三
時代　殷
著録　未見
現藏　遼寧省博物館
來源　考古研究所拓

〇八四六三　[illegible]父丁爵

字數　三
時代　殷或西周早期
著録　總集　三八〇七
三代　一六・八・四
貞松　一〇・六・一
現藏　旅順博物館
來源　考古研究所拓

〇八四六四　刿父丁爵

字數　三
時代　殷
著録　總集　三八一〇
三代　一六・八・五
陶續　二・八
夢郼上　四四
續殷下　二六・二
綜覽・爵　一五八
流傳　端方、羅振玉舊藏
來源　考古研究所藏

〇八四六五　戔父丁爵

字數　三
時代　殷
著録　總集　三八〇九
三代　一六・八・六
貞圖中　三二
流傳　羅振玉舊藏
現藏　上海博物館
來源　考古研究所藏

〇八四六六　叙父丁爵

字數　三
時代　殷或西周早期
著録　總集　三八一六
三代　一六・九・一
綴遺　二〇・二二・一
殷存下　一二・七
小校　六・四二九
流傳　潘祖蔭舊藏
來源　考古研究所藏

〇八四六七　戈父丁爵

字數　三
時代　殷
著録　總集　四〇〇三
録遺　四五一
現藏　北京故宮博物院
來源　考古研究所拓

〇八四六八　戈父丁爵

字數　三
時代　殷或西周早期
著録　未見
來源　考古研究所藏

〇八四六九　戈父丁爵

字數　三
時代　殷
著録　未見
現藏　北京故宮博物院
來源　考古研究所拓

〇八四七〇　戈父丁爵

字數 三
時代 殷或西周早期
著録 擄古 一・二・一八・一
筠清 一・一三・二
綴遺 二〇・二三・一
續殷下 二六・九
流傳 葉東卿舊藏
來源 續殷

〇八四七一 □父丁爵
字數 三
時代 殷
著録 總集 三八一三(三八一四)
三代 一六・九・三(又一六・九・四重出)
小校 六・四二・八
善齋 六・六一
續殷下 二四・七
流傳 劉體智舊藏
現藏 北京故宮博物院
來源 考古研究所拓

〇八四七二 □父丁爵
字數 三
時代 殷或西周早期
著録 彙編 八・一〇二九
出土 傳一九二七年前河南洛陽市
現藏 加拿大多倫多安大略博物館
來源 考古研究所藏陳夢家拓本

〇八四七三 □父丁爵
字數 三
時代 殷或西周早期
著録 未見
現藏 北京故宮博物院
來源 考古研究所拓

〇八四七四 皿父丁爵
字數 三
時代 殷或西周早期
著録 總集 三八一五
三代 一六・九・五
貞松 一〇・七・一
來源 三代

〇八四七五 皿父丁爵
字數 三
時代 殷或西周早期
著録 未見
現藏 旅順博物館
來源 考古研究所拓

〇八四七六 禾父丁爵
字數 三
時代 西周早期
著録 總集 三八一二
三代 一六・九・二
貞松 一〇・六・二
善齋 六・六六
續殷下 二五・一
小校 六・四三・五
流傳 劉體智舊藏
來源 三代

〇八四七七 木父丁爵
字數 三
時代 殷
著録 總集 三八三二(三八三三)
三代 一六・一〇・九
擄古 一・二・二六・四
恒軒下 七二
綴遺 二〇・二七・一
敬吾下 五二・三
殷存下 一二・六
小校 六・四三・一
續殷下 一五・七
流傳 吳大澂舊藏
來源 考古研究所藏

〇八四七八 苐父丁爵
字數 三
時代 西周早期
著録 總集 四〇二五
寶鷄 一三四頁圖一〇六・一
陝青 四・一三
綜覽・爵 一八七
出土 一九七六年陝西寶鷄市竹園溝墓葬(一九:二五一)
現藏 寶鷄市博物館
來源 考古編輯部檔案

〇八四七九 □父丁爵
字數 三
時代 西周早期
著録 未見
現藏 北京故宮博物院
來源 考古研究所拓

〇八四八〇 □父丁爵
字數 三
時代 殷
著録 總集 三八二二
三代 一六・九・八
貞松 一〇・四・三
小校 六・四四・七
流傳 徐乃昌舊藏
來源 三代

〇八四八一 □父丁爵
字數 三
時代 殷
著録 總集 三八一八
三代 一六・九・七
善齋 六・六〇
續殷下 二六・五
小校 六・四一・八
流傳 劉體智舊藏
現藏 北京故宮博物院
來源 考古研究所拓

〇八四八二 □父丁爵
字數 三
時代 西周早期
著録 總集 三八一七
三代 一六・九・六
愙齋 二二・一〇・四
綴遺 二一・一〇・二
奇觚 七・一八・一
殷存下 一二・八
小校 六・四二・二
流傳 陳介祺舊藏
來源 考古研究所藏陳介祺拓本

〇八四八三 □父丁爵
字數 三
時代 殷
著録 總集 三八一九
愙齋 二三・一六・三
續殷下 二六・四
小校 六・四一・七
來源 愙齋

〇八四八四 □父丁爵
字數 三
時代 西周早期
著録 總集 三八二〇
美集録 R 六五
流傳 美國紐約羅比爾氏舊藏
來源 考古研究所藏陳夢家拓本

〇八四八五 □父丁爵

字數 三
時代 西周早期
著録 總集 三八二二
文物 一九八一年一二期八八頁
圖二
出土 一九七九年陝西寶鷄縣強家莊
墓葬
現藏 寶鷄市博物館
來源 寶鷄市博物館提供

〇八四八六 [illegible]父丁爵
字數 三
時代 西周早期
著録 續殷下 五・一一（斝）、續殷下
一一・六（柱）
現藏 北京故宮博物院
來源 考古研究所拓

〇八四八七 [illegible]父丁爵
字數 三
時代 西周早期
著録 總集 三八四一
三代 一六・一一・五
貞松 一〇・六・四
善齋 六・六五
續殷下 二六・三
小校 六・四二・一
流傳 劉體智舊藏
來源 考古研究所藏

〇八四八八 [illegible]父丁爵
字數 三
時代 殷或西周早期
著録 小校 六・四一・五
現藏 北京故宮博物院
來源 考古研究所拓

〇八四八九 [illegible]父丁爵
字數 三
時代 殷或西周早期
著録 攈古 一・二・一八・四
綴遺 二〇・二九・一
續殷下 二五・六
來源 考古研究所藏

〇八四九〇 [illegible]父丁爵
字數 三
時代 殷
著録 博古 一四・二〇・二
續考 三・五
薛氏 三七・二
嘯堂 四四・六
來源 嘯堂

〇八四九一 [illegible]父丁爵
字數 三
時代 殷或西周早期
著録 總集 三八三九
三代 一六・一一・三
貞松 一〇・七・三
善齋 六・六四
續殷下 二五・七
小校 六・四二・四
流傳 劉體智舊藏
來源 考古研究所藏

〇八四九二 [illegible]父丁爵
字數 三
時代 殷或西周早期
著録 未見
現藏 北京故宮博物院
來源 考古研究所拓

〇八四九三 [illegible]父丁爵
字數 三
時代 西周早期
著録 總集 三八四〇
三代 一六・一一・四
貞松 一〇・七・二
善齋 六・六三
小校 六・四二・五
日精華 三・二三四
續殷下 二五・三（又二五・九
重出）
流傳 劉體智舊藏
現藏 日本京都藤井有鄰館
來源 考古研究所藏

〇八四九四 [illegible]父丁爵
字數 三
時代 西周早期
著録 善齋 六・六二
小校 六・四二・六
續殷下 一〇・一〇（斝）
流傳 劉體智舊藏
來源 考古研究所藏

〇八四九五 [illegible]父丁爵
字數 三
時代 殷或西周早期
著録 總集 三八三五
三代 一六・一一・一
綴遺 二一・一三・二
殷存下 二一・一〇
小校 六・四二・七
流傳 劉鶚舊藏
來源 考古研究所藏

〇八四九六 [illegible]父丁爵
字數 三
時代 西周早期
著録 總集 三八三八
美集録 R 二五六
流傳 美國布拉馬氏
來源 考古研究所藏陳夢家拓本
備注 此爲鉛爵

〇八四九七 系父丁爵
字數 三
時代 殷或西周早期
著録 續殷下 二四・一二
流傳 陳承裘舊藏
現藏 北京故宮博物院
來源 考古研究所拓

〇八四九八 [illegible]父丁爵
字數 三
時代 殷或西周早期
著録 彙編 九・一七六三
現藏 美國波士頓美術博物館
來源 北京圖書館藏

〇八四九九 [illegible]父丁爵
字數 三
時代 殷或西周早期
著録 總集 三八二四
三代 一六・一〇・二
貞續下 一二・三
小校 六・四四・四
來源 三代

〇八五〇〇 [illegible]父丁爵
字數 三
時代 殷
著録 總集 三八二六
三代 一六・一〇・五
殷存下 一二・九
來源 三代

〇八五〇一 [illegible]父丁爵
字數 三
時代 殷

著録 總集 三八二八
三代 一六・一〇・八
貞松 一〇・四・二
善齋 六・六九
續殷下 二五・一〇
小校 六・四三・八
善彝 一五二
故圖下下 三六六
綜覽・爵 二五八
流傳 劉體智舊藏
現藏 臺北故宮博物院
來源 考古研究所藏

〇八五〇二 □父丁爵

字數 三
時代 殷或西周早期
著録 總集 三八三四
三代 一六・一〇・一〇
殷存下 一二・五
小校 六・四四・二
流傳 潘祖蔭舊藏
來源 考古研究所藏

〇八五〇三 □父丁爵

字數 三
時代 殷
著録 總集 三八三三
三代 一六・一〇・一一
澂秋 四七
殷存下 一二・四
續殷下 二四・一一
小校 六・四四・三
流傳 陳承裘舊藏
現藏 北京故宮博物院
來源 考古研究所藏陳承裘拓本

〇八五〇四 □父丁爵

字數 三
時代 西周早期
著録 總集 三八四二
三代 一六・一一・二
愙齋 二三・一一・二
殷存下 一二・一一
小校六・四一・六
來源 考古研究所藏

〇八五〇五 □父丁爵

字數 三
時代 殷或西周早期
著録 未見
現藏 上海博物館
來源 上海博物館提供

〇八五〇六 車父丁爵

字數 三
時代 殷或西周早期
著録 總集 三八二七
三代 一六・一〇・六
貞松 一〇・四・一
續殷下 二四・九
來源 考古研究所藏

〇八五〇七 □父丁爵

字數 三
時代 殷或西周早期
著録 總集 三八二九
三代 一六・一〇・七
愙齋 二二・一八・二
綴遺 二一・一六・二
奇觚 七・一七・二
殷存下 一二・三
簠齋 二爵二三
小校 六・四四・六
日精華 三・二二六
流傳 陳介祺舊藏，後歸日本小川睦之輔
來源 考古研究所藏

〇八五〇八 □父丁爵

字數 三
時代 殷
著録 續殷下 二五・五
現藏 中國歷史博物館
來源 考古研究所拓

〇八五〇九 父丁彝爵

字數 三
時代 殷
著録 中原文物 一九八六年三期一一九頁圖二：一
現藏 安陽市博物館
來源 考古研究所拓

〇八五一〇 □父丁爵

字數 三
時代 殷或西周早期
著録 未見
來源 考古研究所藏

〇八五一一 □父丁爵

字數 三
時代 殷
著録 未見
現藏 英國某氏
來源 考古研究所藏陳夢家拓本

〇八五一二 作父丁爵

字數 三
時代 西周早期
著録 貞松 一〇・四・四
來源 貞松

〇八五一三 子父戊爵

字數 三
時代 西周早期
著録 總集 三八四四
三代 一六・一一・七
綴遺 二一・二〇・二
貞續下 一二・四
續殷下 二七・四
流傳 方濬益舊藏
現藏 北京故宮博物院
來源 考古研究所拓

〇八五一四 子父戊爵

字數 三
時代 西周早期
著録 總集 三八四五
三代 一六・一一・八
綴遺 二一・二一・一
殷存下 一三・七
流傳 潘祖蔭舊藏
現藏 北京故宮博物院
來源 考古研究所拓

〇八五一五 子父戊爵

字數 三
時代 西周早期
著録 未見
現藏 北京故宮博物院
來源 考古研究所拓

〇八五一六 子父戊爵

字數 三
時代 西周早期
著録 未見
現藏 北京故宮博物院
來源 考古研究所拓

〇八五一七 □父戊角

字數 三
時代 殷

著録 總集 四二二一
三代 一六・四四・六
攈古 一・三・一七・一
愙齋 二一・一七・二
綴遺 二六・一九・一
奇觚 六・六・二(誤作卣)
敬吾下 六五・二
殷存下 二三・一
小校 六・四六・二(又四・一九・七 誤作卣)
上海(二〇〇四) 九九
流傳 葉東卿、潘祖蔭舊藏
現藏 上海博物館
來源 考古研究所藏

〇八五一八 黿父戊角
字數 三
時代 殷
著録 總集 四二三〇
三代 一六・四五・三
金索金 一・二七
筠清 二・五三
攈古 一・一・二七・二
綴遺 二六・二〇・一
敬吾下 六五・四
小校 六・八〇・二(又六・一三・二重出)
流傳 葉東卿、潘祖蔭舊藏
現藏 上海博物館
來源 綴遺
備注 除綴遺外，各書均缺「父戊」二字

〇八五一九 宊父戊角
字數 三
時代 西周早期

著録 總集 四二二〇
三代 一六・四四・五
貞續 一〇・二四・一
續殷下 二七・一
尊古 三・九
綜覽・角 二〇
流傳 溥倫舊藏
來源 考古研究所藏

〇八五二〇 屰父戊爵
字數 三
時代 殷
著録 總集 四〇〇四
録遺 四五二
寧樂譜(一九六九) 八
現藏 日本奈良寧樂美術館
來源 録遺

〇八五二一 [illegible]父戊爵
字數 三
時代 殷
著録 總集 三八五一
三代 一六・一一・一〇
攈古 一・二・六三・三
綴遺 二一・二五・二
愙齋 二三・一二
殷存下 一三・六
小校 六・四六・一
流傳 袁理堂、李山農舊藏
來源 考古研究所藏

〇八五二二 吿父戊爵
字數 三
時代 殷
著録 總集 三八四八
三代 一六・一一・九
愙齋 二二・一一・二

綴遺 二一・一一・一
奇觚 七・二〇・一
殷存下 一三・四
小校 六・四五・四
流傳 陳介祺舊藏
來源 考古研究所藏

〇八五二三 叙父戊爵
字數 三
時代 殷或西周早期
著録 未見
現藏 北京故宮博物院
來源 考古研究所拓

〇八五二四 叙父戊爵
字數 三
時代 殷或西周早期
著録 未見
現藏 北京故宮博物院
來源 考古研究所拓

〇八五二五 [illegible]父戊爵
字數 三
時代 西周早期
著録 總集 三八五三
三代 一六・一二・四
貞續下 一三・一
小校 六・四五・六
現藏 北京故宮博物院
來源 考古研究所拓

〇八五二六 [illegible]父戊爵
字數 三
時代 殷或西周早期
著録 總集 三八五二
三代 一六・一一・一一
綴遺 二一・五・一
殷存下 一三・五

流傳 潘祖蔭舊藏
現藏 上海博物館
來源 考古研究所藏

〇八五二七 [illegible]父戊爵
字數 三
時代 殷
著録 總集 三八五〇
三代 一六・一二・一
長安 一・三六
愙齋 二三・一八・四
攈古 一・二・六三・四
綴遺 二一・六・一
奇觚 七・一九・一
殷存下 一三・八(又下一八・七重出)
簠齋 二爵二八
小校 六・四五・五
流傳 劉喜海、陳介祺舊藏
來源 考古研究所藏

〇八五二八 賁父戊爵
字數 三
時代 西周早期
著録 總集 三八五五
三代 一六・一二・三
綴遺 二一・三〇・二
攈古 一・二・六四・一
陶齋 三・九
續殷下 一一・一二(鋬)
流傳 端方舊藏
來源 考古研究所藏

〇八五二九 [illegible]父戊爵
字數 三
時代 殷
著録 總集 三八四七

彙編 八・一三五九
現藏 加拿大多倫多安大略博物館
來源 考古研究所藏陳夢家拓本

〇八五三〇 父戊口爵
字數 三
時代 西周早期
著録 博古 一四・一七
薛氏 三六・七
嘯堂 四四・三
來源 嘯堂

〇八五三一 [illegible]父戊角
字數 三
時代 殷
著録 金匱 一五七下
綜覽・角 八
出土 傳河南安陽
流傳 香港陳仁濤舊藏
來源 金匱

〇八五三二 [illegible]父戊爵
字數 三
時代 殷
著録 總集 三八五六
三代 一六・一二・六
恒軒下 七四
綴遺 二一・一〇・一
殷存下 一三・九
續殷下 二七・三
流傳 吳大澂舊藏
現藏 北京故宮博物院
來源 考古研究所拓

〇八五三三 [illegible]父戊爵
字數 三
時代 殷
著録 總集 三八四六
文物 一九八二年九期八四頁圖一
現藏 襄樊市文物管理處
來源 考古研究所拓

〇八五三四 爻父戊爵
字數 三
時代 西周早期
著録 未見
現藏 北京故宮博物院
來源 考古研究所拓

〇八五三五 [illegible]父戊爵
字數 三
時代 殷
著録 總集 三八五四
三代 一六・一二・五
綴遺 二〇・二〇・一
殷存下 一三・三
小校 六・四五・八
流傳 潘祖蔭舊藏
現藏 中國歷史博物館
來源 考古研究所藏

〇八五三六 子父己爵
字數 三
時代 殷
著録 未見
現藏 上海博物館
來源 上海博物館提供

〇八五三七 [illegible]父己爵
字數 三
時代 殷
著録 總集 三八五七
三代 一六・一二・七
積古 二・七・二
攈古 一・二・二二・三
綴遺 二一・一九・二
來源 考古研究所藏

〇八五三八 [illegible]父己爵
字數 三
時代 殷或西周早期
著録 總集 三八五八
三代 一六・一二・八
小校 六・四七・二
現藏 北京故宮博物院
來源 考古研究所拓

〇八五三九 㠱父己爵
字數 三
時代 殷
著録 總集 三八六二
三代 一六・一三・一
攈古 一・三・一八
愙齋 二二・二二・三
綴遺 二二・三・二
奇觚 七・二一・一
殷存下 二〇・六
簠齋 二爵五
小校 六・四九・七
綜覽・爵 一七九
流傳 陳介祺舊藏
來源 考古研究所藏陳介祺拓本

〇八五四〇 㠱父己爵
字數 三
時代 殷
著録 總集 三八六一
三代 一六・一三・二
陶齋 三・一六
續殷下 二八・一
小校 六・四九・六
獲古 二一
彙編 八・一一五三
流傳 端方舊藏
現藏 美國堪薩斯納爾遜美術陳列館
來源 考古研究所藏

〇八五四一 [illegible]父己爵
字數 三
時代 殷
著録 總集 三八六四
三代 一六・一三・三
貞補中 二六・一
續殷下 二八・四
十二雪 一六
流傳 羅振玉、孫壯舊藏
來源 考古研究所藏

〇八五四二 [illegible]父己爵
字數 三
時代 殷或西周早期
著録 總集 三八五九
三代 一六・一三・四
貞松 一〇・八・四
來源 三代

〇八五四三 [illegible]父己爵
字數 三
時代 殷或西周早期
著録 總集 三八八九
三代 一六・一六・六
貞松 一〇・八・三
來源 三代

〇八五四四 [illegible]父己爵
字數 三
時代 西周早期
著録 續殷下 二八・九
現藏 北京故宮博物院
來源 考古研究所拓

〇八五四五 若父己爵

字數 三
時代 殷或西周早期
著録 總集 三八七三
三代 一六・一四・六
來源 考古研究所拓

〇八五四六 □父己爵
字數 三
時代 殷
著録 冠斝中 三二
流傳 榮厚舊藏
來源 冠斝

〇八五四七 □父己爵
字數 三
時代 殷
著録 總集 三八六〇
三代 一六・一三・五
貞松 一〇・八・一
武英 一三二
續殷下 二七・五
小校 六・四七・四
來源 考古研究所藏
流傳 承德避暑山莊舊藏

〇八五四八 □父己爵
字數 三
時代 殷
著録 未見
現藏 北京故宮博物院
來源 考古研究所拓

〇八五四九 啟父己爵
字數 三
時代 西周早期
著録 未見
來源 考古研究所藏

〇八五五〇 □父己爵
字數 三
時代 殷
著録 貞松下 一三・三
續殷下 二七・一一
來源 考古研究所藏

〇八五五一 □父己爵
字數 三
時代 西周早期
著録 總集 三八七二
考古與文物 一九八二年二期一二頁
圖八：右
出土 一九八〇年陝西扶風縣法門寺李家村
現藏 周原扶風文物管理所
來源 周原博物館提供

〇八五五二 舌父己爵
字數 三
時代 殷
著録 總集 三八七八
三代 一六・一五・四
冠斝中 三三
流傳 榮厚舊藏
現藏 上海博物館
來源 三代

〇八五五三 舌父己爵
字數 三
時代 殷
著録 中原文物 一九八五年一期三〇頁
圖二：五〇
現藏 新鄉市博物館
來源 新鄉市博物館提供

〇八五五四 □父己爵
字數 三
時代 殷
著録 總集 三八八五
三代 一六・一六・二
攈古 一・二・二三
綴遺 二二・九・一
流傳 吳式芬舊藏
來源 考古研究所藏

〇八五五五 戈父己爵
字數 三
時代 殷或西周早期
著録 總集 三八七六
三代 一六・一五・一
從古 七・三二
攈古 一・二・一八・二
小校 六・四七・一
流傳 蔡鹿賓舊藏
來源 三代

〇八五五六 戈父己爵
字數 三
時代 殷或西周早期
著録 未見
現藏 上海博物館
來源 上海博物館提供

〇八五五七 戈父己爵
字數 三
時代 殷或西周早期
著録 總集 三八七七
三代 一六・一五・三
貞松 一〇・九・四
來源 三代

〇八五五八 戈父己爵
字數 三
時代 殷或西周早期
著録 未見
現藏 北京故宮博物院
來源 考古研究所拓

〇八五五九 戈父己爵
字數 三
時代 西周早期
著録 總集 三八七五
三代 一六・一五・二
貞松 一〇・九・三
善齋 七・二
續殷下 二八・七
小校 六・四六・八
流傳 劉體智舊藏
來源 考古研究所藏

〇八五六〇 戈父己爵
字數 三
時代 西周早期
著録 未見
出土 一九七一年河南洛陽市北窑村
現藏 洛陽市博物館
來源 考古編輯部檔案

〇八五六一 □父己爵
字數 三
時代 殷
著録 彙編 八・一三五六
綜覽・爵 一四四
現藏 日本某氏
來源 彙編

〇八五六二 舟父己爵
字數 三
時代 殷或西周早期
著録 薛氏 三八・一
來源 薛氏

〇八五六三 剢父己爵
字數 三
時代 殷

著録 總集 三八六五
三代 一六・一三・六
筠清 一・一五・二
攈古 一・二・六五・一
綴遺 二一・三・一
善齋 七・三
小校 六・四七・三
續殷下 二七・九
流傳 姚聖常、劉體智舊藏
來源 考古研究所藏

〇八五六四 萬父己爵
字數 三
時代 殷
著録 巖窟下 二七
綜覽・爵 一四八
出土 一九三九年河南安陽市
流傳 梁上椿舊藏
現藏 北京故宮博物院
來源 考古研究所拓

〇八五六五 萬父己爵
字數 三
時代 殷
著録 總集 三八六九
三代 一六・一三・七
續殷下 二七・六
來源 三代

〇八五六六 鼎父己爵
字數 三
時代 殷或西周早期
著録 未見
現藏 北京故宮博物院
來源 考古研究所拓

〇八五六七 □父己爵
字數 三
時代 殷或西周早期
著録 總集 三八八四
三代 一六・一六・一
積古 二・七・六
攈古 一・一・七・二
綴遺 一九・三一・一
殷存下 五・一
來源 三代

〇八五六八 □父己爵
字數 三
時代 西周早期
著録 未見
現藏 北京故宮博物院
來源 考古研究所拓

〇八五六九 □父己爵
字數 三
時代 殷
著録 未見
現藏 北京故宮博物院
來源 考古研究所拓

〇八五七〇 □父己爵
字數 三
時代 殷或西周早期
著録 總集 三八七〇
三代 一六・一四・三
殷存下 一三・一二
來源 三代

〇八五七一 □父己爵
字數 三
時代 殷
著録 考古 一九八二年二期二一〇頁
圖二：二
出土 一九七五年湖北鄂城縣沙窩公社
五家灣村
現藏 鄂城縣博物館
來源 考古

〇八五七二 □父己爵
字數 三
時代 殷
著録 總集 三八六七
三代 一六・一四・二
移林 二七
殷存下 一三・一〇
小校 六・四六・四
流傳 丁麟年舊藏
來源 三代

〇八五七三 □父己爵
字數 三
時代 西周早期
著録 總集 三八六六
三代 一六・一四・一
長安 一・三九
攈古 一・二・二三・四
愙齋 二三・一九・一
綴遺 二一・六・一（二一・六・
二重出）
奇觚 七・二〇・二
殷存下 一三・一一
簠齋 二爵二九
善齋 七・四
續殷下 二八・八
小校 六・四六・五
流傳 劉喜海、陳介祺、劉體智舊藏
來源 考古研究所藏

〇八五七四 □父己爵
字數 三
時代 西周早期
著録 琉璃河 一六八頁圖九九・二
出土 一九七三～一九七四北京琉璃河西周墓葬（M五〇：七）
現藏 首都博物館
來源 考古研究所拓

〇八五七五 □父己爵
字數 三
時代 殷或西周早期
著録 總集 三八八六
三代 一六・一六・三
筠清 一・二九・一
攈古 一・二・二七・三
愙齋 二三・二四・二
綴遺 二一・一四・一
奇觚 一八・六
殷存下 一四・二
小校 六・四六・六
流傳 葉東卿、潘祖蔭舊藏
來源 三代

〇八五七六 □父己爵
字數 三
時代 西周早期
著録 總集 三八六八
三代 一六・一四・四
貞松 一〇・八・二
善齋 七・五
小校 六・四七・五
通考 四一九
流傳 劉體智舊藏
來源 考古研究所藏

〇八五七七 □父己爵
字數 三
時代 殷
著録 總集 三八七一
三代 一六・一四・五

貞松 一〇・七・四
貞圖中 三二
流傳 羅振玉舊藏
來源 考古研究所藏

〇八五七八 □父己爵
字數 三
時代 殷
著録 總集 三八八〇
三代 一六・一五・五
貞松 一〇・九・二
善齋 七・一
續殷下 二七・七
小校 六・四六・七
流傳 劉體智舊藏
來源 考古研究所藏

〇八五七九 □父己爵
字數 三
時代 西周早期
著録 總集 三八七九
三代 一六・一五・六
貞續下 一三・二
歐精華 一・五九
美集録 R 一九四
現藏 美國波士頓美術博物館
來源 考古研究所藏陳夢家拓本

〇八五八〇 □父己爵
字數 三
時代 殷或西周早期
著録 總集 三八八一
三代 一六・一五・七
筠清 一・一六・一
攈古 一・二・二三・一
綴遺 二〇・三〇・一
殷存下 一四・一
來源 三代

〇八五八一 □父己爵
字數 三
時代 西周早期
著録 總集 三八八二
三代 一六・一五・八
貞松 一〇・九・一
小校 六・四九・三
流傳 徐乃昌舊藏
來源 三代

〇八五八二 □父己爵
字數 三
時代 殷或西周早期
著録 總集 三八八三
三代 一六・一五・九
窓齋 二三・一二・三
續殷下 二八・六
小校 六・四六・三
流傳 李山農舊藏
來源 三代

〇八五八三 父己册角
字數 三
時代 西周早期
著録 總集 四二二七
三代 一六・四四・七
貞松 一〇・二四・二
善齋 七・六一
續殷下 二八・三
小校 六・八一・四(又六・四九・二重出)
善彝 一六三
通考 四四五
故圖下下 三七七
綜覽・角 六
流傳 劉體智舊藏
現藏 臺北故宮博物院
來源 考古研究所藏

〇八五八四 子父庚爵
字數 三
時代 殷
著録 總集 三八九一
三代 一六・一六・八
攈古 一・二・一九・一
窓齋 二二・一五・四
綴遺 二一・二〇・一
奇觚 七・二一・二
殷存下 一四・五
簠齋 二爵三〇
雙吉上 四〇
尊古 三・四
流傳 陳介祺、于省吾舊藏
現藏 北京故宮博物院
來源 考古研究所拓

〇八五八五 □父庚爵
字數 三
時代 殷
著録 總集 三八九三
三代 一六・一六・九
窓齋 二三・一三・二
陶齋 三・一八
殷存下 一四・三
小校 六・五〇・一
夢郼上 四五
綜覽・爵 一七〇
流傳 李山農、端方、羅振玉舊藏
來源 考古研究所藏

〇八五八六 □父庚爵
字數 三
時代 殷
著録 總集 三八九四
三代 一六・一六・一〇
窓齋 二三・一三・三
殷存下 一四・四
小校 六・五〇・二
流傳 李山農舊藏
現藏 北京故宮博物院
來源 考古研究所拓

〇八五八七 □父庚爵
字數 三
時代 殷
著録 寧壽 一〇・二
流傳 清宮舊藏
來源 寧壽

〇八五八八 奄父庚爵
字數 三
時代 殷
著録 未見
現藏 北京故宮博物院
來源 考古研究所拓

〇八五八九 奄父庚角
字數 三
時代 殷
著録 上海(二〇〇四) 一〇一
現藏 上海博物館
來源 上海博物館提供

〇八五九〇 乙父庚爵
字數 三
時代 殷或西周早期
著録 小校 六・五〇・五
現藏 北京故宮博物院
來源 考古研究所拓

〇八五九一 □父庚爵

字數 三
時代 殷或西周早期
著録 總集 三八九二
三代 一六・一七・一
善齋 七・六
續殷下 六・二(柱)、下一二・一〇(鋬)
小校 六・四九・八
流傳 劉體智舊藏
來源 三代

〇八五九二 □父庚爵
字數 三
時代 殷
著録 總集 三八九五
三代 一六・一七・二
來源 三代

〇八五九三 子父辛爵
字數 三
時代 殷
著録 總集 三八九七
文叢 二・一五圖四
現藏 北京市文物研究所
來源 文叢

〇八五九四 子父辛爵
字數 三
時代 殷
著録 總集 三八九八
三代 一六・一七・三
貞松 一〇・一〇・三
善齋 七・七
續殷下 二九・一二
小校 六・五二・四
善彝 一五〇
故圖下下 三六九
綜覽・爵 一八二
流傳 劉體智舊藏
現藏 臺北故宮博物院
來源 考古研究所藏

〇八五九五 子父辛爵
字數 三
時代 殷或西周早期
著録 未見
現藏 中國歷史博物館
來源 考古研究所拓

〇八五九六 子父辛爵
字數 三
時代 殷或西周早期
著録 總集 三八九九
三代 一六・七・四
善齋 七・八
貞松 一〇・一〇・四
續殷下 二九・四
小校 六・五二・五
流傳 劉體智舊藏
來源 考古研究所藏

〇八五九七 囝父辛爵
字數 三
時代 殷
著録 總集 三九〇〇
三代 一六・一七・五
攈古下 二九
恒軒下 七五
愙齋 二二・八・四
綴遺 二一・一八・
殷存下 一四・九
小校 六・五二・六
流傳 潘祖蔭舊藏
來源 考古研究所藏

〇八五九八 大父辛爵
字數 三
時代 殷
著録 未見
現藏 北京故宮博物院
來源 考古研究所拓

〇八五九九 屰父辛爵
字數 三
時代 殷
著録 總集 四〇〇五
録遺 四五三
來源 録遺

〇八六〇〇 □父辛爵
字數 三
時代 殷
著録 鄴二上 三三
續殷下 二九・八
出土 河南安陽
來源 考古研究所藏

〇八六〇一 □父辛爵
字數 三
時代 殷
著録 學報 一九七九年一期八一頁圖五八：五
河南 一・二六〇
殷青 圖七七・一二
出土 一九七〇年河南安陽市殷墟西區墓葬(M一一二五：二)
現藏 考古研究所安陽工作站
來源 考古研究所拓

〇八六〇二 □父辛爵
字數 三
時代 殷
著録 薛氏 三八・二
來源 薛氏

〇八六〇三 □父辛爵
字數 三
時代 殷
著録 總集 三九〇四
三代 一六・一七・八
善齋 七・一五
續殷下 一三・四(柱)、下 三・二(鋬)
小校 六・五四・四
流傳 劉體智舊藏
來源 三代

〇八六〇四 □父辛爵
字數 三
時代 殷或西周早期
著録 總集 三九〇二
三代 一六・一七・六
貞松 一〇・一〇・一
小校 六・五二・七
流傳 劉體智舊藏
來源 考古研究所藏

〇八六〇五 □父辛爵
字數 三
時代 殷或西周早期
著録 未見
現藏 北京故宮博物院
來源 考古研究所拓

〇八六〇六 矢父辛爵
字數 三
時代 西周早期
著録 總集 四〇二七
文物 一九七七年八期一五頁圖五
出土 一九七六年河南襄縣丁營公社霍莊村

現藏 河南省博物館
來源 河南省博物館提供

〇八六〇七 㠱父辛爵
字數 三
時代 殷
著録 總集 四〇〇七
録遺 四五五
現藏 北京故宮博物院
來源 考古研究所拓

〇八六〇八 㠱父辛角
字數 三
時代 殷
著録 總集 四二二二
録遺 四七八
上海(二〇〇四) 九八
現藏 上海博物館
來源 録遺

〇八六〇九 責父辛爵
字數 三
時代 西周早期
著録 總集 三九一七
三代 一六・一九・二
窓齋 二二・二一・一
綴遺 二一・二八・二
殷存下 一五・三
小校 六・五三・四
流傳 潘祖蔭舊藏
來源 考古研究所藏

〇八六一〇 責父辛爵
字數 三
時代 西周早期
著録 總集 三九一八
三代 一六・一九・三
綴遺 二一・二九・一
殷存下 一五・一
流傳 潘祖蔭舊藏
來源 考古研究所藏

〇八六一一 責父辛爵
字數 三
時代 西周早期
著録 總集 三九一九
三代 一六・一九・四
窓齋 二二・九・一
綴遺 二一・二九・二
殷存下 一九・二
小校 六・五三・三
流傳 潘祖蔭舊藏
來源 考古研究所藏

〇八六一二 責父辛爵
字數 三
時代 西周早期
著録 綴遺 二一・三〇・一
攈古一・二・六七・三
小校 六・五三・二
流傳 吴式芬舊藏
來源 考古研究所藏

〇八六一三 臤父辛爵
字數 三
時代 殷或西周早期
著録 總集 三九三三
陝青 一・一七
現藏 陝西省博物館
來源 考古與文物編輯部提供

〇八六一四 及父辛爵
字數 三
時代 殷或西周早期
著録 總集 三九〇七
三代 一六・一七・一一
貞松 一〇・一一・二
善齋 七・一四
續殷下 二八・一〇
小校 六・五四・一
流傳 劉體智舊藏
現藏 北京故宮博物院
來源 考古研究所拓

〇八六一五 史父辛爵
字數 三
時代 殷
著録 總集 三九〇八
三代 一六・一八・一
清愛 二〇
攈古 一・二・二四・二
綴遺 二〇・二九・二
善齋 七・一三
續殷下 二九・一一
小校 六・五三・六
流傳 劉喜海、劉體智舊藏
來源 考古研究所藏

〇八六一六 興父辛爵
字數 三
時代 殷或西周早期
著録 總集 三九〇九
三代 一六・一八・九
積古 二・九・一
攈古 一・二・二〇・二
殷存下 一四・六
流傳 阮元舊藏
現藏 上海博物館
來源 上海博物館提供

〇八六一七 獸父辛爵
字數 三
時代 殷或西周早期
著録 攈古一・二・二〇・三
綴遺 二一・一・二
現藏 北京故宮博物院
來源 考古研究所拓

〇八六一八 黽父辛爵
字數 三
時代 殷或西周早期
著録 總集 三九二六
三代 一六・二〇・六
貞松 一〇・一一・三
善齋 七・一〇
續殷下 二九・二
小校 六・三二・三
流傳 劉體智舊藏
來源 考古研究所藏

〇八六一九 萬父辛爵
字數 三
時代 殷
著録 未見
現藏 北京故宮博物院
來源 考古研究所拓

〇八六二〇 㬎父辛爵
字數 三
時代 殷或西周早期
著録 總集 三九二二
三代 一六・二〇・二
攈古一・二・六五・三
綴遺 二一・一七・一
續殷下 二九・一〇
流傳 器見蘇州(綴遺)
現藏 上海博物館
來源 考古研究所藏

〇八六二一 赤父辛爵
字數 三

時代 殷
著録 總集 三九二〇
三代 一六・一九・五
貞松 一〇・一一・一
小校 六・五三・五
流傳 徐乃昌舊藏
來源 考古研究所藏

〇八六二二 朁父辛爵
字數 三
時代 西周早期
著録 未見
現藏 北京故宮博物院
來源 考古研究所拓

〇八六二三 酉父辛爵
字數 三
時代 殷或西周早期
著録 總集 三九一三
三代 一六・一八・七
從古 一四・一三
擴古 一・二・一九・四
愙齋 二三・一九・二
綴遺 二一・五・二
奇觚 七・二三・一
殷存下 一四・九
簠齋 二爵三
小校 六・五一・二
流傳 陳介祺舊藏
來源 考古研究所藏

〇八六二四 □父辛爵
字數 三
時代 西周早期
著録 總集 三六八七
考古 一九五九年四期一八八頁
圖三：一
出土 河南洛陽市東郊鐵路局鋼鐵廠墓葬
綜覽・爵 二〇〇
現藏 洛陽市文物工作隊
來源 考古研究所拓

〇八六二五 皿父辛爵
字數 三
時代 殷或西周早期
著録 擴古 一・二・二四・一
綴遺 二〇・一九・一
來源 擴古

〇八六二六 □父辛爵
字數 三
時代 殷
著録 總集 三九一六
三代 一六・一八・八
小校 六・五一・一
續殷下 二九・七
來源 三代

〇八六二七 畐父辛爵
字數 三
時代 殷
著録 總集 三九一二
三代 一六・一八・六
從古 三・一五
擴古 一・二・二〇・一
愙齋 二三・六・四
綴遺 二六・二三・一
清儀 一・四
續殷下 三〇・四
小校 六・五〇・六
流傳 張廷濟舊藏
現藏 北京故宮博物院
來源 考古研究所拓

〇八六二八 畐父辛爵
字數 三
時代 殷
著録 三代 一三・五一・六（誤作斝）
續殷下 三〇・三（下 六六・二）
上海（二〇〇四）八九
現藏 上海博物館
來源 考古研究所藏

〇八六二九 章父辛爵
字數 三
時代 西周早期
著録 總集 三九三三
陝青 三・一七四
出土 陝西汧陽
現藏 汧陽縣文化館
來源 陝西出土商周青銅器編輯組提供

〇八六三〇 中父辛爵
字數 三
時代 殷或西周早期
著録 總集 三九〇三
三代 一六・一八・二
愙齋 二三・一三・四
十二補 四
續殷下 三〇・一〇
小校 六・五四・三
流傳 李山農、張致和舊藏
現藏 北京故宮博物院
來源 考古研究所拓

〇八六三一 亞父辛爵
字數 三
時代 殷
著録 總集 三八九六
三代 一五・二三・五
續殷下 一四・四
現藏 遼寧省博物館
來源 考古研究所藏

〇八六三二 亞父辛爵
字數 三
時代 殷或西周早期
著録 未見
來源 考古研究所藏

〇八六三三 木父辛爵
字數 三
時代 殷或西周早期
著録 總集 三九〇一
三代 一六・一七・七
愙齋 二三・二〇・二
綴遺 二〇・二六・二
敬吾下 六三・八
殷存下 一四・一〇
小校 六・五三・七
流傳 吳大澂舊藏，後歸李蔭軒
現藏 上海博物館
來源 考古研究所藏

〇八六三四 □父辛爵
字數 三
時代 殷或西周早期
著録 總集 三九二七
三代 一六・二〇・五
貞松 一〇・一一・四
來源 三代

〇八六三五 □父辛爵
字數 三
時代 西周早期
著録 總集 三九二四
三代 一六・二〇・三
貞松 一〇・一二・一

善齋 七・一六
小校 六・五四・六
續殷下 八・四(鋬)、下 一四・一(柱)
流傳 劉體智舊藏
現藏 北京故宮博物院
來源 考古研究所藏

〇八六三六 □父辛爵
字數 三
時代 殷或西周早期
著録 總集 三九三〇
三代 一六・二〇・九
窓齋 二二・七・二
小校 六・五三・一
續殷下 二九・九
流傳 潘祖蔭、陳介祺、王錫棨舊藏
來源 考古研究所藏

〇八六三七 梡父辛爵
字數 三
時代 殷或西周早期
著録 未見
來源 考古研究所藏

〇八六三八 鼎父辛爵
字數 三
時代 殷或西周早期
著録 總集 三九一四
三代 一六・一八・三
窓齋 二三・二〇・一
殷存下 一五・六
小校 六・五二・八
流傳 吳大澂舊藏
現藏 北京故宮博物院
來源 考古研究所拓

〇八六三九 鼎父辛爵
字數 三
時代 殷或西周早期
著録 未見
現藏 北京故宮博物院
來源 考古研究所拓

〇八六四〇 鼎父辛爵
字數 三
時代 殷或西周早期
著録 總集 三九一五
三代 一六・一九・一
貞圖中 三三
續殷下 一二・一一(鋬)
流傳 羅振玉舊藏
來源 考古研究所藏

〇八六四一 册父辛爵
字數 三
時代 殷
著録 未見
現藏 北京故宮博物院
來源 考古研究所拓

〇八六四二 □父辛爵
字數 三
時代 殷或西周早期
著録 未見
現藏 北京故宮博物院
來源 考古研究所拓

〇八六四三 □父辛爵
字數 三
時代 殷或西周早期
著録 總集 三九一三
三代 一六・二〇・一
窓齋 二二・一八・三
綴遺 二一・一三・一
奇觚 七・二二・二
殷存下 一四・七
簠齋 二爵三二
小校 六・五四・二
流傳 陳介祺舊藏
來源 考古研究所藏

〇八六四四 □父辛爵
字數 三
時代 殷
著録 總集 三九一〇
三代 一六・一八・四
小校 六・五一・四
續殷下 三〇・八
現藏 北京故宮博物院
來源 考古研究所拓

〇八六四五 □父辛爵
字數 三
時代 殷
著録 總集 三九二五
三代 一六・二〇・四
貞松 一〇・一二・二
善齋 七・九
續殷下 三〇・九
小校 六・五一・七
流傳 劉體智舊藏
來源 考古研究所藏

〇八六四六 □父辛爵
字數 三
時代 殷或西周早期
著録 小校 六・五一・三
現藏 上海博物館
來源 上海博物館提供

〇八六四七 □父辛爵
字數 三
時代 殷或西周早期
著録 小校 六・五一・五
現藏 上海博物館
來源 考古研究所藏

〇八六四八 □父辛爵
字數 三
時代 殷或西周早期
著録 總集 三九一二
三代 一六・一八・五
來源 三代

〇八六四九 □父辛爵
字數 三
時代 西周早期
著録 總集 三九二八
三代 一六・二〇・八
綴遺 二一・七・一
殷存下 一五・四
續殷下 二九・五
來源 考古研究所藏

〇八六五〇 □父辛爵
字數 三
時代 殷
著録 總集 三九〇六
三代 一六・一七・一〇
貞松 一〇・一二・三
善齋 七・一二
續殷下 二九・一
小校 六・五二・二
流傳 劉體智舊藏
來源 考古研究所藏

〇八六五一 □父辛爵
字數 三
時代 殷或西周早期
著録 彙編 九・一四九一
現藏 新加坡國立博物館

來源 彙編

〇八六五二 □父辛爵

字數 三
時代 西周早期
著録 總集 三九〇五
三代 一六・一七・九
貞續下 一四・一
善齋 七・一一
續殷下 三〇・六
小校 六・五二・一
流傳 劉體智舊藏
現藏 北京故宮博物院
來源 考古研究所藏

〇八六五三 □父辛爵

字數 三
時代 西周早期
著録 小校 六・五一・八
續殷下 三〇・七
來源 考古研究所藏

〇八六五四 □父辛爵

字數 三
時代 殷或西周早期
著録 總集 三九二九
三代 一六・二〇・七
攈古 一・一・三〇・三
殷存下 一四・一一
敬吾下 五二・一
續殷下 一三・七(又一三・一〇重出)
小校 六・一九・二
流傳 吴式芬舊藏
現藏 上海博物館
來源 考古研究所藏

〇八六五五 □父辛爵

字數 三
時代 殷或西周早期
著録 未見
現藏 上海博物館
來源 上海博物館提供

〇八六五六 戈父辛爵

字數 三
時代 西周早期
著録 文物 一九八二年一二期五三頁
圖三：三
出土 一九八〇年湖北隨縣羊子山墓葬
現藏 隨州市博物館
來源 文物

〇八六五七 戈父辛爵

字數 三
時代 西周早期
著録 彙編 九・一五六一
薩克勒(西周)一〇四
現藏 美國華盛頓薩克勒美術館
來源 彙編

〇八六五八 永父辛爵

字數 三
時代 殷或西周早期
著録 總集 四〇〇六
録遺 四五四
小校 六・五四・五
來源 考古研究所藏

〇八六五九 作父辛爵

字數 三
時代 西周早期
著録 總集 三九三一
美集録 R 二八五
流傳 美國紐約侯希蘭氏
來源 考古研究所藏陳夢家拓本

〇八六六〇 作父辛爵

字數 三
時代 西周早期
著録 小校 六・五三・八
來源 考古研究所藏

〇八六六一 □父辛爵

字數 三
時代 殷或西周早期
著録 未見
現藏 北京故宮博物院
來源 考古研究所拓

〇八六六二 子父壬爵

字數 三
時代 殷
著録 博古 一四・二四・二
薛氏 三七・三
嘯堂 四五・三
來源 嘯堂

〇八六六三 木父壬爵

字數 三
時代 殷或西周早期
著録 攈古 一・二・二四・三
筠清 一・一七・二
綴遺 二〇・二七・二
小校 六・九・二(柱)
流傳 吴式芬舊藏
來源 考古研究所藏(柱)，(鋬)
攈古

〇八六六四 □父壬爵

字數 二
時代 西周早期
著録 未見
現藏 上海博物館
來源 上海博物館提供

〇八六六五 □父壬爵

字數 三
時代 西周早期
著録 總集 三九三四
三代 一六・二一・一
攀古下 三〇
恒軒下 七六
愙齋下 二二・二四・一
綴遺 二一・一五・二
殷存下 一五・七
小校 六・五五・二
流傳 潘祖蔭舊藏
現藏 北京故宮博物院
來源 考古研究所拓

〇八六六六 子父癸爵

字數 三
時代 殷
著録 積古 二・五・三
攈古 一・二・二〇・四
十六 一・一一
流傳 錢坫舊藏
來源 攈古

〇八六六七 子父癸爵

字數 三
時代 殷或西周早期
著録 總集 三九三八
三代 一六・二一・六
貞補中 二六・三
流傳 原河南博物館舊藏
現藏 臺北歷史博物館
來源 三代

〇八六六八 天父癸爵

字數 三
時代 殷或西周早期

著録 總集 三九三六
三代 一六・二一・三
愙齋 二二・一五・三
綴遺 二〇・二五・一
奇觚 七・二五・二
殷存下 一六・一一
簠齋 二爵三四
小校 六・五六・七
流傳 陳介祺舊藏
來源 考古研究所藏陳介祺拓本

〇八六六九 [illegible]父癸爵
字數 三
時代 西周早期
著録 彙編 八・一一一三
來源 彙編

〇八六七〇 [illegible]父癸爵
字數 三
時代 西周早期
著録 總集 三九六七
三代 一六・二四・三
來源 考古研究所藏

〇八六七一 [illegible]父癸爵
字數 三
時代 西周早期
著録 總集 三九七三
美集録 R 三一二
現藏 美國斯坦福大學美術陳列館
來源 考古研究所藏陳夢家拓本

〇八六七二 [illegible]父癸爵
字數 三
時代 殷或西周早期
著録 愙齋 二三・一五・二
來源 考古研究所藏

〇八六七三 㠱父癸爵
字數 三
時代 殷
著録 總集 三九六三
三代 一六・二三・九
録遺 四五八
貞松 一〇・一二・四
貞續下 一四・四
善齋 七・二八
續殷下 三一・二
小校 六・五八・二
流傳 劉體智舊藏
現藏 北京故宮博物院
來源 考古研究所拓

〇八六七四 㠱父癸爵
字數 三
時代 殷
著録 總集 三九六五
三代 一六・二四・一
恒軒下 七八
綴遺 二二・四・二
殷存下 二一・一
夢郼上 四七
流傳 吳大澂、羅振玉舊藏
來源 考古研究所藏

〇八六七五 㠱父癸爵
字數 三
時代 殷
著録 總集 三九六六
三代 一六・二四・二
貞補中 二七・一
海外吉 八三
泉屋 一・七五
泉屋博古 圖四二拓二六
現藏 日本京都泉屋博古館
來源 三代

〇八六七六 [illegible]父癸爵
字數 三
時代 殷
著録 總集 三九六二
三代 一六・二三・八
夢郼上 四八
綜覽・爵 二三七
流傳 羅振玉舊藏
來源 三代

〇八六七七 [illegible]父癸爵
字數 三
時代 殷或西周早期
著録 攈古一・二・二三・一
綴遺 二〇・三一・一
流傳 呂堯仙舊藏
來源 攈古

〇八六七八 [illegible]父癸爵
字數 三
時代 殷或西周早期
著録 總集 三九三七
三代 一六・二一・四
殷存下 一六・一二
來源 三代

〇八六七九 [illegible]父癸爵
字數 三
時代 西周早期
著録 總集 三九四〇
三代 一六・二一・五
貞松 一〇・一三・一
善齋 七・二〇
續殷下 三一・六
小校 六・五六・八
流傳 劉體智舊藏
來源 考古研究所藏

〇八六八〇 [illegible]父癸爵
字數 三
時代 殷或西周早期
著録 未見
來源 考古研究所藏

〇八六八一 [illegible]父癸爵
字數 三
時代 殷
著録 總集 四〇〇八
録遺 四五六
來源 考古研究所藏

〇八六八二 旅父癸爵
字數 三
時代 殷或西周早期
著録 未見
現藏 上海博物館
來源 上海博物館提供

〇八六八三 旅父癸爵
字數 三
時代 殷或西周早期
著録 未見
現藏 上海博物館
來源 上海博物館提供

〇八六八四 母父癸爵
字數 三
時代 殷或西周早期
著録 未見
現藏 上海博物館
來源 上海博物館提供

〇八六八五 [illegible]父癸爵
字數 三
時代 殷或西周早期
著録 總集 三九四六

三代 一六・二二・三
小校 六・五五・五
來源 考古研究所藏

〇八六八六 叙父癸爵

字數 三
時代 殷
著録 總集 三九五三
三代 一六・二二・八（又一五・二四・六重出）
貞續下 一五・三
善齋 七・二二
小校 六・五六・一
續殷下 六・一〇（柱），下一四・一一（鋬）
流傳 劉體智舊藏
來源 三代

〇八六八七 叙父癸爵

字數 三
時代 殷或西周早期
著録 未見
現藏 北京故宮博物院
來源 考古研究所拓

〇八六八八 未父癸爵

字數 三
時代 殷
著録 續殷下 一四・六（鋬）
現藏 北京故宮博物院
來源 考古研究所拓

〇八六八九 未父癸爵

字數 三
時代 殷
著録 未見
現藏 北京故宮博物院
來源 考古研究所拓

〇八六九〇 徙父癸爵

字數 三
時代 殷
著録 總集 四〇九八
三代 一六・三一・三
攈古 一・三・一九・三
窓齋 二三・一七・三
綴遺 二二・五・二
奇觚 七・二五・一
殷存下 一九・六
簠齋 二爵三三
小校 六・六五・三
流傳 陳介祺舊藏
來源 考古研究所藏

〇八六九一 丨父癸爵

字數 三
時代 西周早期
著録 總集 三九五一
三代 一六・二二・七
筠清 一・一八・一
攈古 一・二・二一・三
綴遺 二一・八・二
殷存下 一六・九
流傳 葉東卿舊藏
來源 三代

〇八六九二 獣父癸爵

字數 三
時代 西周早期
著録 總集 四〇九九
三代 一六・三一・四
從古 一四・一四・一
攈古 一・三・一七・三
窓齋 二三・一四・一
綴遺 二二・一〇・二

奇觚 七・二六・一
殷存下 一九・七
簠齋 二爵四
小校 六・六五・七
流傳 陳介祺舊藏
現藏 北京故宮博物院
來源 考古研究所藏

〇八六九三 竜父癸爵

字數 三
時代 殷
著録 總集 四〇九一
三代 一六・三〇・五
積古 二・七・三
攈古 一・二・六一・四
來源 三代

〇八六九四 鳥父癸爵

字數 三
時代 殷
著録 總集 三九四一
三代 一六・二一・八
西清 二三・二
窓齋 二三・一四・三
殷存下 一六・二
小校 六・五六・三
流傳 清宮舊藏
來源 三代

〇八六九五 鳥父癸爵

字數 三
時代 殷
著録 總集 三九四二
三代 一六・二一・九
長安 一・三七
攈古 一・二・二一・四
窓齋 二三・二〇・一

綴遺 二一・三・二
奇觚 七・二四・一
殷存下 一六・三
簠齋 二爵三六
善齋 七・二三
小校 六・五六・二
故圖下下 三七〇
商圖 二六
流傳 劉喜海、陳介祺、劉體智舊藏
現藏 臺北故宮博物院
來源 考古研究所藏

〇八六九六 集父癸爵

字數 三
時代 西周早期
著録 總集 三九四四
三代 一六・二一・一〇
筠清 一・一九・一
攈古 一・二・二一・二
窓齋 二三・一九・三
綴遺 二一・四・一
奇觚 七・二三・二
殷存下 一六・五
簠齋 二爵三七
小校 六・五六・六
巖窟上 四三
出土 陝西
流傳 李方赤、陳介祺舊藏
現藏 上海博物館
來源 考古研究所藏

〇八六九七 隻父癸爵

字數 三
時代 殷
著録 總集 三九四五
三代 一六・二二・一

窓齋 二二・一九・四
奇觚 七・二三・一
殷存下 一六・四
雙吉上 四一
小校 六・五六・三
尊古 三・五
流傳 陳介祺、于省吾舊藏
來源 考古研究所藏

〇八六九八 雔父癸爵

字數 三
時代 殷或西周早期
著録 總集 三九四三
三代 一六・二二・二
長安 一・三八
攈古 一・二・六六・一
窓齋 二二・二〇・二
綴遺 二一・四・二
奇觚 七・二四・二
敬吾下 六一
殷存下 一七・三
簠齋 二爵三五
小校 六・五六・四
流傳 劉喜海、陳介祺舊藏
來源 考古研究所藏

〇八六九九 戈父癸爵

字數 三
時代 殷
著録 總集 三九四八
小校 六・五五・八
善齋 七・二一
續殷下 三一・三
流傳 劉體智舊藏
來源 考古研究所藏

〇八七〇〇 戈父癸爵

字數 三
時代 殷
著録 總集 三九四七
三代 一六・二二・四
夢續 三〇
流傳 羅振玉舊藏
來源 考古研究所藏

〇八七〇一 矢父癸爵

字數 三
時代 殷或西周早期
著録 總集 三九四九
三代 一六・二二・五
綴遺 二〇・二二・二
殷存下 一五・一〇
來源 考古研究所藏

〇八七〇二 矢父癸爵

字數 三
時代 殷或西周早期
著録 總集 三九五〇
三代 一六・二二・六
來源 考古研究所藏

〇八七〇三 弓父癸爵

字數 三
時代 西周早期
著録 未見
現藏 北京故宮博物院
來源 考古研究所拓

〇八七〇四 □父癸爵

字數 三
時代 殷
著録 綜覽・爵 九九
來源 綜覽

〇八七〇五 □父癸爵

字數 三
時代 殷或西周早期
著録 總集 三九六〇
三代 一六・二三・五
貞松 一〇・一三・四
來源 三代

〇八七〇六 □父癸爵

字數 三
時代 殷或西周早期
著録 總集 三九六一
三代 一六・二三・六
貞松 一〇・一三・三
來源 三代

〇八七〇七 □父癸爵

字數 三
時代 殷或西周早期
著録 總集 三九六八
三代 一六・二四・四
貞補中 二六・四
流傳 「見之遼東估人手」（貞補）
來源 考古研究所藏

〇八七〇八 □父癸爵

字數 三
時代 殷
著録 綴遺 二〇・二八・一
流傳 金蘭坡舊藏
來源 綴遺

〇八七〇九 □父癸爵

字數 三
時代 西周早期
著録 河北 六七
出土 一九五八年河北臨城縣
來源 河北

〇八七一〇 □父癸爵

字數 三
時代 殷
著録 未見
現藏 上海博物館
來源 上海博物館提供

〇八七一一 木父癸爵

字數 三
時代 殷
著録 續殷下 三一・四
現藏 北京故宮博物院
來源 考古研究所拓

〇八七一二 □父癸爵

字數 三
時代 殷
著録 總集 三九七二
三代 一六・二四・八
殷存下 一六・八
小校 六・五七・八
流傳 劉鶚舊藏
來源 考古研究所藏

〇八七一三 □父癸爵

字數 三
時代 殷
著録 總集 三九六九
三代 一六・二四・七
窓齋 二三・一四・二
小校 六・五七・五
流傳 李山農舊藏
來源 考古研究所藏

〇八七一四 □父癸爵

字數 三
時代 殷
著録 總集 三九七一
三代 一六・二四・六
窓齋 二二・八・三

綴遺 二二・二二・二
陶齋 三・二二
殷存下 一六・一〇
夢郼上 四六
續殷下 三一・五
小校 六・五七・四
流傳 潘祖蔭、端方、羅振玉舊藏
來源 考古研究所藏

〇八七一五 □父癸爵
字數 三
時代 殷
著録 總集 三九七〇
三代 一六・二四・五
貞松 一〇・一三・二
續殷下 三二・一
善齋 七・二四
小校 六・五七・三
流傳 劉體智舊藏
來源 考古研究所藏

〇八七一六 弜父癸爵
字數 三
時代 西周早期
著録 總集 三九六四
三代 一六・二三・七
貞續下 一五・一
善齋 七・二五
續殷下 三一・一〇
小校 六・五七・六
流傳 劉體智舊藏
來源 三代

〇八七一七 □父癸爵
字數 三
時代 殷
著録 總集 三九五七
三代 一六・二三・一
綴遺 二一・五・一
殷存下 一六・七
小校 六・五五・六（又六・八一・六重出）
流傳 金蘭坡、劉鶚舊藏
來源 考古研究所藏

〇八七一八 □父癸爵
字數 三
時代 殷
著録 總集 三九五四
三代 一六・二二・一〇
寧壽 一〇・三
貞補中 二六・二
續殷下 三一・九
故宮 二八期
酒器 七二頁
禮器 一三三頁
流傳 清宮舊藏
現藏 臺北故宮博物院
來源 考古研究所藏

〇八七一九 □父癸爵
字數 三
時代 殷或西周早期
著録 總集 三九五二
三代 一六・二二・九
殷存下 一六・六
來源 三代

〇八七二〇 □父癸爵
字數 三
時代 西周早期
著録 總集 四〇〇九
録遺 四五七
現藏 上海博物館
來源 考古研究所藏

〇八七二一 □父癸爵
字數 三
時代 西周早期
著録 未見
現藏 上海博物館
來源 上海博物館提供

〇八七二二 □父癸爵
字數 三
時代 殷
著録 總集 三九七四
美集録 R 二一〇
續殷下 三二・三
綜覽・爵 一一七
現藏 美國華爾特美術陳列館
來源 考古研究所藏陳夢家拓本

〇八七二三 □父癸爵
字數 三
時代 殷
著録 總集 三九五六
文物 一九七七年四期六九頁
圖一三：一
出土 一九七五年山東膠縣西庵村墓葬
現藏 山東濰坊市博物館
來源 文物

〇八七二四 □父癸爵
字數 三
時代 殷
著録 總集 三九五八
三代 一六・二三・四
殷存下 一七・一
善齋 七・二六
續殷下 三一・一
小校 六・五七・七
流傳 劉鶚、劉體智舊藏
來源 考古研究所藏

〇八七二五 □父癸爵
字數 三
時代 殷
著録 未見
來源 考古研究所藏

〇八七二六 □父癸爵
字數 三
時代 殷
著録 總集 三九五五
三代 一六・二三・二
殷存下 一七・二
貞圖中 三四
續殷下 三〇・一一
流傳 羅振玉舊藏
來源 考古研究所藏

〇八七二七 □父癸爵
字數 三
時代 殷
著録 總集 三九五九
三代 一六・二三・三
小校 六・五五・七
來源 三代

〇八七二八 □父癸爵
字數 三
時代 殷或西周早期
著録 小校 六・五五・三
續殷下 三一・七
現藏 北京故宮博物院
來源 考古研究所拓

〇八七二九 □父癸爵
字數 三
時代 殷或西周早期

著録 未見
現藏 北京故宮博物院
來源 考古研究所拓

〇八七三〇 父癸□爵
字數 三
時代 殷
著録 復齋 九・一
來源 復齋

〇八七三一 □父□爵
字數 三
時代 殷
著録 總集 三八〇八
　美集録 R 五五
流傳 美國畢得威爾氏舊藏
來源 考古研究所藏陳夢家拓本

〇八七三二 □父□爵
字數 三
時代 殷
著録 未見
現藏 安陽市博物館
來源 安陽市博物館提供

〇八七三三 □父□爵
字數 三
時代 西周早期
著録 未見
現藏 遼寧省博物館
來源 考古研究所拓

〇八七三四 戈母乙爵
字數 三
時代 西周早期
著録 文物 一九五七年一一期六七頁
　圖四(右)
出土 一九五六年河南上蔡縣田莊村墓葬
來源 文參

〇八七三五 □匕乙爵
字數 三
時代 殷
著録 總集 三九七五
　三代 一六・二四・九
　攈古 一・二・二五・四
　綴遺 二〇・一八・二
　殷存下 一七・四
　續殷下 三三・五
流傳 吴式芬舊藏
來源 考古研究所藏

〇八七三六 並匕乙爵
字數 三
時代 殷
著録 未見
現藏 北京故宮博物院
來源 考古研究所拓

〇八七三七 匕丙▮爵
字數 三
時代 殷
著録 考古圖 五・五
　薛氏 三八・三
流傳 新平張舜民舊藏
來源 薛氏

〇八七三八 □母己爵
字數 三
時代 殷
著録 未見
現藏 上海博物館
來源 上海博物館提供

〇八七三九 □匕己爵
字數 三
時代 殷
著録 總集 三八六三(三九七六)
　三代 一六・二四・一〇
　愙齋 二三・一二・四
　陶齋 三・一七
　殷存下 一九・八
　小校 六・五八・四
　綜覽・爵 二〇九
　中國古代青銅器展觀 一八
流傳 李山農、端方舊藏
現藏 日本兵庫縣黑川古文化研究所
來源 考古研究所藏

〇八七四〇 黿母庚爵
字數 三
時代 殷
著録 總集 四一〇四
　三代 一六・三三・一
　貞松 一〇・一四・二
　小校 六・五八・五
流傳 徐乃昌舊藏
來源 三代

〇八七四一 □匕辛爵
字數 三
時代 西周早期
著録 總集 三九七八
　三代 一六・二五・一
　從古 六・一九
　綴遺 二〇・一六・二
　殷存下 一七・五
　小校 六・五九・一
流傳 張吉石舊藏
來源 三代

〇八七四二 □兄癸爵
字數 三
時代 西周早期
著録 總集 四〇一〇
　録遺 四六〇
來源 録遺

〇八七四三 司粤母爵
字數 三
時代 殷
著録 總集 四〇二九
　婦好墓 八一頁圖五四：七
　殷青 圖五〇・四
出土 一九七六年河南安陽市殷墟婦好墓(M五：六六一)
現藏 考古研究所安陽工作站
來源 考古研究所拓

〇八七四四 司粤母爵
字數 三
時代 殷
著録 總集 四〇二八(四〇三三)
　婦好墓 八一頁圖五四：一一
出土 同 〇八七四三(M五：六八六)
現藏 考古研究所安陽工作站
來源 考古研究所拓

〇八七四五 司粤母爵
字數 三
時代 殷
著録 總集 四〇三〇
　婦好墓 八一頁圖五四：八
出土 同 〇八七四三(M五：六五四)
現藏 考古研究所安陽工作站
來源 考古研究所拓

〇八七四六 司粤母爵
字數 三
時代 殷
著録 總集 四〇三一
　婦好墓 八一頁圖五四：九
出土 同 〇八七四三(M五：六七七)

現藏 考古研究所安陽工作站
來源 考古研究所拓

〇八七四七 司粤母爵
字數 三
時代 殷
著録 總集 四〇三六
婦好墓 八一頁圖五四：一四
出土 同〇八七四三（M五：六八一）
現藏 考古研究所安陽工作站
來源 考古研究所拓

〇八七四八 司粤母爵
字數 三
時代 殷
著録 總集 四〇三四
婦好墓 八一頁圖五四：一二
出土 同〇八七四三（M五：六八九）
現藏 考古研究所安陽工作站
來源 考古研究所拓

〇八七四九 司粤母爵
字數 三
時代 殷
著録 總集 四〇三五
婦好墓 八一頁圖五四：一三
出土 同〇八七四三（M五：六七八）
現藏 考古研究所安陽工作站
來源 考古研究所拓

〇八七五〇 司粤母爵
字數 三
時代 殷
著録 總集 四〇三三
婦好墓 八一頁圖 五四：一〇
出土 同〇八七四三（M五：六五八）
現藏 考古研究所安陽工作站
來源 考古研究所拓

〇八七五一 司粤母爵
字數 三
時代 殷
著録 未見
出土 同〇八七四三
現藏 考古研究所安陽工作站
來源 考古研究所拓

〇八七五二 □□妥爵
字數 三
時代 殷
著録 總集 三六九九
録遺 四三四
來源 録遺

〇八七五三 齊婛□爵
字數 三
時代 殷
著録 總集 三九八七
美集録 R 八一
流傳 美國紐約乃布氏
來源 考古研究所藏陳夢家拓本

〇八七五四 齊婛□爵
字數 三
時代 殷
著録 總集 三九八六
美集録 R 八二
彙編 九・一六二二
流傳 美國肖希舊藏
現藏 美國哈佛大學福格美術博物館
來源 美集録

〇八七五五 □□□爵
字數 三
時代 殷
著録 總集・補 一四
古器物研究專刊第二本圖版一
六
綜覽・爵 六五
出土 一九三六年河南安陽市郊小屯村
M二三八
現藏 歷史語言研究所
來源 古器物研究專刊第二本

〇八七五六 子□女爵
字數 三
時代 殷
著録 總集 三五六七
學報 一九八一年四期四九六頁
圖四：一二
出土 一九七七年河南安陽市小屯村
（M一八：六）
現藏 考古研究所安陽工作站
來源 考古研究所拓

〇八七五七 子□女爵
字數 三
時代 殷
著録 總集 三五六五
學報 一九八一年四期四九六頁
圖四：一〇
出土 同〇八七五六（M一八：五一）
現藏 考古研究所安陽工作站
來源 考古研究所拓

〇八七五八 子□女爵
字數 三
時代 殷
著録 總集 三五六六
學報 一九八一年四期四九六頁
圖四：一一
出土 同〇八七五六（M一八：五〇）
現藏 考古研究所安陽工作站
來源 考古研究所拓

〇八七五九 子□女爵
字數 三
時代 殷
著録 總集 三五六八
學報 一九八一年四期四九六頁
圖四：一三
殷虚 圖五八・七
青全 三・五
出土 同〇八七五六（M一八：一一）
現藏 考古研究所安陽工作站
來源 考古研究所拓

〇八七六〇 子□單爵
字數 三
時代 殷
著録 中原文物 一九八五年一期三〇頁
圖二：五二
現藏 河南新鄉市博物館
來源 新鄉市博物館提供

〇八七六一 子□□爵
字數 三
時代 殷
著録 總集 四〇一三
録遺 四六三
現藏 北京故宮博物院
來源 考古研究所拓

〇八七六二 □子□爵
字數 三
時代 殷
著録 考古 一九八六年二期一二〇頁
圖一七
出土 一九八二年河南安陽市苗圃北地
M五四
現藏 考古研究所安陽工作站
來源 考古研究所拓

〇八七六三　子□萬爵

字數　三
時代　殷
著録　未見
現藏　北京故宮博物院
來源　考古研究所拓

〇八七六四　子□萬爵

字數　三
時代　殷
著録　故青　三五
現藏　北京故宮博物院
來源　考古研究所拓

〇八七六五　子□鄉爵

字數　三
時代　殷
著録　中原文物　一九八五年一期三〇頁圖二：五四
現藏　河南新鄉市博物館
來源　新鄉市博物館

〇八七六六　子□□爵

字數　三
時代　殷或西周早期
著録　總集　三九八四
三代　一六・二五・八
貞松　一〇・一五・一
來源　考古研究所藏

〇八七六七　子亯(?)京爵

字數　三
時代　西周早期
著録　總集　三六〇〇
三代　一五・三五・三
筠清　一・三〇・一
攈古　一・二・二七・一
綴遺　一九・二七・二
續殷下　一六・一一
流傳　葉東卿舊藏
來源　三代

〇八七六八　子口□爵

字數　三
時代　殷或西周早期
著録　未見
現藏　上海博物館
來源　上海博物館提供

〇八七六九　□□保爵

字數　三
時代　殷
著録　新河南　一・二八四
出土　一九五七年河南安陽市高樓莊墓葬
現藏　河南省文物研究所
來源　考古編輯部檔案

〇八七七〇　□□保爵

字數　三
時代　殷
著録　總集　四〇四三
考古　一九六三年四期二一六頁圖五
綜覽・爵　九五
出土　同〇八七六九
現藏　河南省文物研究所
來源　考古編輯部檔案

〇八七七一　□亞□爵

字數　三
時代　殷
著録　總集　四〇四〇
文物　一九六四年四期四二頁圖二：五
出土　一九五七年山東長清縣興復河
現藏　山東省博物館
來源　考古研究所拓

〇八七七二　□亞□爵

字數　三
時代　殷
著録　總集　四〇四一
文物　一九六四年四期四二頁圖二：三
出土　同〇八七七一
現藏　山東省博物館
來源　考古研究所拓

〇八七七三　□亞□爵

字數　三
時代　殷
著録　總集　四〇四二
文物　一九六四年四期四二頁圖二：四
出土　同〇八七七一
現藏　山東省博物館
來源　考古研究所拓

〇八七七四　□亞□爵

字數　三
時代　殷
著録　總集　四〇三九
文物　一九六四年四期四二頁圖二：五
山東選　七一
出土　同〇八七七一
現藏　山東省博物館
來源　考古研究所拓

〇八七七五　亞父□爵

字數　三
時代　殷
著録　考古與文物　一九八六年五期一八頁圖六：二
出土　一九八二年陝西淳化縣夕陽鄉黑豆嘴村墓葬
現藏　淳化縣文化館
來源　考古與文物編輯部提供

〇八七七六　亞父□爵

字數　三
時代　殷
著録　總集　三七二四
録遺　四三九(銘倒)
現藏　北京故宮博物院
來源　考古研究所拓

〇八七七七　亞□□爵

字數　三
時代　殷
著録　總集　三七二三
録遺　四三八
來源　録遺

〇八七七八　亞女□爵

字數　三
時代　殷
著録　總集　三七二二
録遺　四二八
續殷下　一五・八
現藏　上海博物館
來源　考古研究所藏

〇八七七九　亞乙□爵

字數　三
時代　殷
著録　總集　三七一九
三代　一五・二六・五
攈古　一・二・一六・一
愙齋　二三・九・四
綴遺　一九・三〇・一

陶齋 •三一三
夢鄣上 四三
續殷下 二一•七
小校 六•二三•一
流傳 李山農、金蘭坡、端方、羅振玉舊藏
來源 考古研究所藏
現藏 北京故宮博物院

〇八七八〇 亞册舟爵
字數 三
時代 殷
著録 未見
來源 考古研究所拓
現藏 中國歷史博物館

〇八七八一 亞[?]爵
字數 三
時代 殷
著録 總集 四〇一九
頌續 九四
小校 六•三五•一
續殷下 二一•一
綜覽•爵 一六四
流傳 明義士、容庚舊藏
來源 考古研究所藏

〇八七八二 亞[?]舟爵
字數 三
時代 殷
著録 總集 三九九二
三代 一六•二六•三
積古 二•三•二
攈古 一•二•一五•四
續殷下 三二•九
山東存附 八•三
出土 「乾隆末年出土于壽張縣梁山」（山東存附）
流傳 黃小松舊藏
來源 三代

〇八七八三 亞[?]衎爵
字數 三
時代 殷
著録 總集 三七二〇
三代 一五•三三•六
十一契 一六
流傳 商承祚舊藏
來源 考古研究所藏

〇八七八四 亞[?]衎爵
字數 三
時代 殷
著録 總集 三七二一
三代 一五•三三•七
十二契 一七
續殷下 二一•六
綜覽•爵 二〇〇
流傳 商承祚舊藏
來源 考古研究所藏

〇八七八五 亞[?]爵
字數 三
時代 殷
著録 彙編 八•一〇八一
現藏 加拿大多倫多安大略博物館
來源 考古研究所藏陳夢家拓本

〇八七八六 亞[?]爵
字數 三
時代 殷
著録 未見
來源 考古研究所藏陳夢家拓本

〇八七八七 [?]亞[?]爵
字數 三
時代 殷
著録 總集 四一一二
三代 一六•三二•七
愙齋 二三•一七•三
續殷下 三二•八
小校 六•六六•四
流傳 吳大澂舊藏
現藏 蘇州市博物館
來源 考古研究所藏

〇八七八八 [?]亞[?]爵
字數 三
時代 殷
著録 鄴二上 二九
出土 河南安陽
現藏 北京故宮博物院
來源 考古研究所拓

〇八七八九 [?]乙爵
字數 三
時代 殷
著録 未見
現藏 上海博物館
來源 上海博物館提供

〇八七九〇 [?]丁[?]爵
字數 三
時代 殷
著録 總集 四〇一八
録遺 四六八
來源 録遺

〇八七九一 册丁酉爵
字數 三
時代 殷
著録 總集 四〇八四•二
三代 一六•二五•三
貞松 一〇•一五•二
現藏 上海博物館
來源 上海博物館提供

〇八七九二 嗣工丁爵
字數 三
時代 西周早期
著録 總集 三九七七
三代 一六•二五•四
貞補中 二七•二
續殷下 三三•六
小校 六•五九•四
頌續 九三
出土 傳河南濬縣
流傳 容庚舊藏
來源 考古研究所藏

〇八七九三 丁[?]爵
字數 三
時代 殷或西周早期
著録 總集 三六二一
三代 一五•三七•九
續殷下 三三•五
來源 三代

〇八七九四 丁[?]爵
字數 三
時代 殷或西周早期
著録 總集 三六二二
三代 六•一五•三七•一〇
續殷下 三三•四
來源 三代

〇八七九五 何[?]戊爵
字數 三
時代 殷
著録 總集 三六〇三
三代 一五•三五•六
貞續下 八•二

來源 三代

〇八七九六 羊己𢼊爵
字數 三
時代 殷
著録 總集 三九八三
三代 一六・二五・七
小校 六・二五・一
頌續 八二
巖窟上 三九
續殷下 二〇・七(銘倒，又續殷下 三二・一重出)
出土 傳一九四一年河南安陽市
流傳 梁上椿、容庚舊藏
現藏 北京故宮博物院
來源 考古研究所拓

〇八七九七 辛鄉宁爵
字數 三
時代 殷
著録 未見
現藏 北京故宮博物院
來源 考古研究所拓

〇八七九八 辛秉[illegible]爵
字數 三
時代 殷
著録 博古 一四・二九
薛氏 三七・四
嘯堂 四六・二
來源 嘯堂

〇八七九九 [illegible]辛爵
字數 三
時代 殷
著録 小校 六・五九・二
現藏 北京故宮博物院
來源 考古研究所拓

〇八八〇〇 日辛共爵
字數 三
時代 殷
著録 總集 三九九七
學報 一九七九年一期圖五八：一四
河南 一・二三九
殷虛 圖七三・五
青全 三・一〇
出土 一九六九年河南安陽市殷墟西區(M九〇七：二)
現藏 考古研究所安陽工作站
來源 考古研究所拓

〇八八〇一 [illegible][illegible][illegible]爵
字數 三
時代 殷
著録 未見
現藏 上海博物館
來源 上海博物館提供

〇八八〇二 [illegible]人貝爵
字數 三
時代 殷
著録 殷虛 圖七七：一〇
青全 三・一四
出土 一九七八年河南安陽市殷墟西區(M一五七二：二)
現藏 考古研究所安陽工作站
來源 考古研究所拓

〇八八〇三 [illegible]爵
字數 三
時代 殷或西周早期
著録 未見
現藏 上海博物館
來源 上海博物館提供

〇八八〇四 羊貝車爵
字數 三
時代 殷
著録 總集 四〇一四
録遺 四六四
來源 録遺

〇八八〇五 [illegible]爵
字數 三
時代 殷或西周早期
著録 總集 四〇一五
録遺 四六五
來源 録遺

〇八八〇六 北單戈爵
字數 三
時代 殷
著録 總集 三一六二
學報(一九五一年)第五册圖版四五：三
河南 一・二七二
綜覽・爵 四四
出土 一九五〇年河南安陽市武官村大墓E九
現藏 中國歷史博物館
來源 考古研究所拓

〇八八〇七 北單戈爵
字數 三
時代 殷
著録 總集 三六二三
三代 一五・三八・二
貞松 九・三九・一
來源 三代

〇八八〇八 西單𠥓爵
字數 三
時代 殷
著録 總集 三六三八
三代 一五・三九・二
貞松 九・三七・四
續殷下 八・一
流傳 溥倫舊藏
現藏 北京故宮博物院
來源 考古研究所拓

〇八八〇九 戈[illegible]𢆶爵
字數 三
時代 殷
著録 未見
現藏 北京故宮博物院
來源 考古研究所拓

〇八八一〇 [illegible]且[illegible]爵
字數 三
時代 殷或西周早期
著録 總集 四二一四
三代 一六・三二・八
貞松 一〇・一八・一
來源 三代

〇八八一一 [illegible]且[illegible]爵
字數 三
時代 殷或西周早期
著録 總集 三七三三(四一一三)
三代 一六・三二・九
窓齋 二三・二二・一
小校 六・六〇・七
流傳 吳大澂舊藏
來源 三代

〇八八一二 [illegible]且[illegible]爵
字數 三
時代 殷或西周早期
著録 博古 一四・一七
薛氏 三八・四

來源　嘯堂 四四・二

〇八八一三　[glyph]夫[glyph]爵

字數　三
時代　殷
著録　未見
現藏　河南安陽市博物館
來源　安陽市博物館提供

〇八八一四　[glyph]爵

字數　三
時代　殷
著録　録遺 四二四
　　　綜覽・爵 一二二
出土　傳河南安陽
來源　考古研究所藏

〇八八一五　[glyph]爵

字數　三
時代　殷
著録　美集録 R 二二四
流傳　美國華盛頓梅約舊藏
來源　考古研究所藏陳夢家摹本

〇八八一六　長隹壺爵

字數　三
時代　西周早期
著録　總集 三九九八
　　　三代 一八・一九・八
　　　貞續下 八・五
　　　海外吉 九〇
　　　白鶴撰 二〇
　　　通考 四三五
　　　綜覽・角 二五
現藏　日本神户白鶴美術館
來源　三代

〇八八一七　長隹壺爵

字數　三
時代　西周早期
著録　總集 三九九九
　　　三代 一八・二〇・一~二
　　　善齋 七・六二
　　　貞續下 八・三~四
　　　續殷上 六三・一三・下 二〇・
　　　一一
　　　善彝 一六一
　　　通考 四三六
　　　美集録 R 二五八
　　　歐精華 一・六四
流傳　劉體智舊藏
流傳　美國紐約穆爾氏舊藏
來源　考古研究所藏

〇八八一八　員作旅爵

字數　三
時代　西周早期
著録　故青 一六三
現藏　北京故宮博物院
來源　考古研究所拓

〇八八一九　員作旅爵

字數　三
時代　西周早期
著録　續殷下 三三・三
現藏　北京故宮博物院
來源　考古研究所拓

〇八八二〇　孟作旅爵

字數　三
時代　西周早期
著録　總集 四〇三七
　　　陝青 二・七八
　　　綜覽・爵 二五六
出土　一九七六年陝西扶風縣莊白一號
　　　窖藏
現藏　周原博物館
來源　周原博物館提供

〇八八二一　弓[glyph]羊爵

字數　三
時代　殷或西周早期
著録　總集 三三七六
　　　録遺 三九〇
現藏　北京故宮博物院
來源　考古研究所拓

〇八八二二　爵寶彝爵

字數　三
時代　西周早期
著録　總集 三九九四
　　　三代 一六・二六・五
　　　愙齋 二三・九・一
　　　陶齋 三・八
　　　續殷下 八・七
　　　小校 六・五九・七（柱）
　　　中國古代青銅器展觀 一九
流傳　李山農、端方舊藏
現藏　日本兵庫縣黑川古文化研究所
來源　考古研究所藏

〇八八二三　爵寶彝爵

字數　三
時代　西周早期
著録　未見
現藏　中國歷史博物館
來源　考古研究所拓

〇八八二四　仲作公爵

字數　三
時代　西周中期
著録　總集 四〇一七
　　　録遺 四六七
來源　録遺

〇八八二五　作乙公爵

字數　三
時代　西周早期
著録　總集 三九九一
　　　三代 一六・二六・一
　　　長安 一・三四
　　　攈古 一・二・一五・二
　　　愙齋 二三・一〇・三
　　　綴遺 二二・二六・二
　　　奇觚 七・二八・一
　　　周金 五・一二七・一
　　　簠齋 二爵 一七
　　　善齋 七・二九
　　　續殷下 三三・二
　　　小校 六・五九・三
流傳　劉喜海、陳介祺、劉體智舊藏
來源　考古研究所藏

〇八八二六　[glyph]子寶爵

字數　三
時代　西周早期
著録　小校 六・六六・二
　　　善齋 七・三三
流傳　劉體智舊藏
來源　考古研究所藏

〇八八二七　[glyph]子寶爵

字數　三
時代　西周早期
著録　小校 六・六六・三
　　　善齋 七・三四
流傳　劉體智舊藏
來源　考古研究所藏

〇八八二八　則作寶爵

字數　三

時代 西周中期
著録 總集 四〇二三
陝青 三・八二
出土 一九七六年陝西扶風縣雲塘村一〇號墓
現藏 周原博物館
來源 周原博物館提供

〇八八二九 右作彝爵
字數 三
時代 西周早期
著録 總集 三九九〇
三代 一六・二六・四
窓齋 二二・二三・四
綴遺 二二・二三・二
續殷下 三二・六
小校 六・五九・六
流傳 顧子嘉、陳朗亭舊藏
來源 考古研究所藏

〇八八三〇 [illegible]作彝爵
字數 三
時代 西周早期
著録 總集 三九九五
三代 一六・二七・二
雙吉上 四四
流傳 于省吾舊藏
來源 考古研究所藏于省吾拓本

〇八八三一 [illegible]作彝爵
字數 三
時代 西周早期
著録 未見
現藏 北京故宮博物院
來源 考古研究所拓

〇八八三二 夨作車爵
字數 三
時代 西周早期
著録 總集 三九八九
三代 一六・二六・二
貞松 一〇・一五・三
續殷下 五・九(鋬)、下 二一・八(柱)
流傳 馮恕、羅振玉舊藏
來源 考古研究所藏

〇八八三三 作從彝爵
字數 三
時代 西周早期
著録 未見
現藏 中國歷史博物館
來源 考古研究所拓

〇八八三四 唐子且乙爵
字數 四
時代 殷
著録 總集 四〇五七
三代 一六・二七・三
殷存下 一七・二
來源 三代

〇八八三五 唐子且乙爵
字數 四
時代 殷
著録 總集 四〇五八
三代 一六・二七・四
窓齋 二三・一九・三
綴遺 二二・二六・一
奇觚 七・二六・二
殷存下 一七・一
小校 六・六〇・五
流傳 吴大澂舊藏
來源 考古研究所藏

〇八八三六 唐子且乙爵
字數 四
時代 殷
著録 總集 四〇五九
三代 一六・二七・五
貞松 一〇・一五・四
現藏 北京故宮博物院
來源 考古研究所拓

〇八八三七 [illegible]且乙角
字數 四
時代 殷
著録 總集 四二二六
三代 一六・四五・一
貞松 一〇・二四・三
日精華 二・一一〇
綜覽・角 一〇
薩克勒(商) 二四
現藏 美國華盛頓薩克勒美術館
來源 三代

〇八八三八 [illegible]作且丁爵
字數 四
時代 殷或西周早期
著録 總集 四〇六一
三代 一六・二七・六
殷存下 一〇・六
現藏 北京故宮博物院
來源 考古研究所拓

〇八八三九 [illegible]旅且丁爵
字數 四
時代 殷或西周早期
著録 總集 三七三六
三代 一六・一・七
貞續下 九・三
小校 六・三六・四
上海(二〇〇四) 二四三
現藏 上海博物館
來源 上海博物館提供

〇八八四〇 爵[illegible]且丁爵
字數 四
時代 西周早期
著録 總集 三七三八
三代 一六・二・二
貞續下 一〇・一
小校 六・三五・六
現藏 上海博物館
來源 上海博物館提供
備注 各書均缺柱上銘

〇八八四一 [illegible]且戊爵
字數 四
時代 殷或西周早期
著録 未見
現藏 北京故宮博物院
來源 考古研究所拓

〇八八四二 [illegible]且己爵
字數 四
時代 殷或西周早期
著録 未見
現藏 北京故宮博物院
來源 考古研究所拓

〇八八四三 弓[illegible]且己爵
字數 四
時代 殷
著録 總集 四〇六二
三代 一六・二七・七
十二式 一二
續殷下 三三・七
冠斝中 三四
流傳 孫秋帆、榮厚舊藏
現藏 歷史語言研究所

來源 考古研究所藏

〇八八四四 亞[?]且己爵
字數 四
時代 殷或西周早期
著録 總集 四〇四九
三代 一六・二・八
貞續下 一〇・二
善齋 六・五二
續殷下 二三・一
小校 六・三六・八
流傳 劉體智舊藏
來源 三代

〇八八四五 [?]且己爵
字數 四
時代 西周早期
著録 總集 四二一五
録遺 四六九
來源 考古研究所藏

〇八八四六 [?]作且辛爵
字數 四
時代 殷或西周早期
著録 未見
現藏 上海博物館
來源 上海博物館提供

〇八八四七 且辛父己爵
字數 四
時代 殷或西周早期
著録 未見
來源 考古研究所藏

〇八八四八 □竹且癸角
字數 四
時代 西周早期
著録 總集 四二二八
三代 一六・四五・二
陶齋 一・一二
小校 六・八二・一
歐精華 一・六
通考 四四四
美集録 R一〇七
綜覽・角 一七
流傳 端方舊藏
現藏 美國紐約大都會美術博物館
來源 考古研究所藏

〇八八四九 [?]倗父甲爵
字數 四
時代 殷或西周早期
著録 擴古 一・三・二〇・三
綴遺 二二・六・一
流傳 文後山舊藏
現藏 北京故宮博物院
來源 考古研究所拓

〇八八五〇 亞獸父甲爵
字數 四
時代 殷
著録 總集 四〇四八
三代 一六・一二・二
現藏 加拿大多倫多安大略博物館
來源 考古研究所藏陳夢家拓本

〇八八五一 [?]册父甲爵
字數 四
時代 西周早期
著録 未見
現藏 北京故宮博物院
來源 考古研究所拓

〇八八五二 亞[?]父乙爵
字數 四
時代 殷
著録 總集 四〇四七
三代 一六・五・六
貞續下 一二・二
頌齋 一九
續殷下 二四・三
小校 六・四〇・四
故圖下下 三六一
綜覽・爵 一八一
酒器 七四頁
禮器 一四五頁
出土 傳河南安陽
流傳 容庚舊藏
現藏 臺北故宮博物院
來源 考古研究所藏

〇八八五三 亞[?]父乙爵
字數 四
時代 殷或西周早期
著録 續殷下 二三・一二
現藏 北京故宮博物院
來源 考古研究所拓

〇八八五四 亞[?]父乙爵
字數 四
時代 殷
著録 總集 四〇六五
三代 一六・二八・二
貞松 一〇・一六・三
善齋 六・五八
小校 六・四〇・二
頌續 九〇
流傳 劉體智、容庚舊藏
現藏 北京故宮博物院
來源 考古研究所拓

〇八八五五 亞[?]父乙爵
字數 四
時代 西周早期
著録 考古 一九八四年九期七八六頁
圖三：四
出土 一九六一年陝西長安縣張家坡村
M一〇六
現藏 考古研究所西安研究室
來源 考古研究所拓

〇八八五六 亞[?]父乙角
字數 四（蓋二器四）
時代 西周早期
著録 未見
出土 一九七七年陝西隴縣韋家莊
現藏 寶鷄市博物館
來源 寶鷄市博物館提供

〇八八五七 [?]父乙爻角
字數 四
時代 殷
著録 總集 四二三五
三代 一六・四六・三
愙齋 二一・一六・三
擴古 一・三・一五・一
綴遺 二六・二四・二
奇觚 六・二二・二
殷存下 二二・一
小校 六・八二・三
日精華 三・二二一
彙編 九・一七五九
綜覽・角 二二
流傳 陳介祺舊藏
流傳 日本京都小川睦之輔氏舊藏
來源 考古研究所藏陳介祺拓本

〇八八五八 亞聿父乙爵
字數 四
時代 殷
著録 巖窟上 四五

出土 一九四二年河南安陽市
流傳 梁上椿舊藏
來源 巖窟

〇八八五九 亞戈父乙爵
字數 四
時代 殷
著録 總集 四〇四五
三代 一六・四・六
攈古 一・二・六三・二
綴遺 二二・二四・一
殷存下 一一・七
來源 三代

〇八八六〇 亞口父乙爵
字數 四
時代 殷或西周早期
著録 未見
現藏 上海博物館
來源 上海博物館提供

〇八八六一 子刀父乙爵
字數 四
時代 殷
著録 總集 四〇六四
三代 一六・二八・一
窓齋 二三・一六・一
綴遺 二一・二三・二
奇觚 七・一四・一
殷存下 一八・二
簠齋 二爵一九
小校 六・六一・二
流傳 陳介祺舊藏
來源 考古研究所藏陳介祺拓本

〇八八六二 乎子父乙爵
字數 四
時代 西周早期
著録 未見
出土 一九八〇年山東滕縣莊裏西村
現藏 滕縣博物館
來源 考古研究所拓

〇八八六三 乎子父乙爵
字數 四
時代 西周早期
著録 未見
出土 同〇八八六二
現藏 滕縣博物館
來源 考古研究所拓

〇八八六四 大棘父乙爵
字數 四
時代 殷或西周早期
著録 積古 二・一〇・二
攈古 一・三・一九・二
來源 攈古

〇八八六五 庚豕父乙爵
字數 四
時代 殷
著録 殷虛 圖八八：五
出土 一九八二年河南安陽市小屯村墓葬（M1：二三）
現藏 考古研究所安陽工作站
來源 考古研究所拓

〇八八六六 獸□父乙爵
字數 四
時代 殷或西周早期
著録 未見
現藏 上海博物館
來源 上海博物館提供

〇八八六七 □獸父乙爵
字數 四
時代 殷
著録 總集 四〇六九
三代 一六・二八・七
貞松 一〇・一六・一
續殷下 三三・一一
現藏 南京大學考古與藝術博物館
來源 考古研究所藏

〇八八六八 □萬父乙爵
字數 四
時代 殷或西周早期
現藏 北京故宮博物院
來源 考古研究所拓

〇八八六九 □父乙爵
字數 四
時代 西周早期
著録 未見
現藏 北京故宮博物院
來源 考古研究所拓

〇八八七〇 □父父乙爵
字數 四
時代 殷
著録 未見
現藏 北京故宮博物院
來源 考古研究所拓

〇八八七一 秉□父乙爵
字數 四
時代 殷
著録 總集 四〇六七
三代 一六・二八・四
貞松 一〇・一六・二
來源 三代

〇八八七二 □倗父乙爵
字數 四
時代 殷或西周早期
著録 攈古 一・三・一八・三
綴遺 二一・七・一
流傳 葉東卿舊藏
來源 考古研究所藏

〇八八七三 □父乙爵
字數 四
時代 殷
著録 總集 四〇六六
三代 一六・二八・三
恒軒 七〇
綴遺 二一・二七・一
善齋 七・三六
續殷下 三三・一〇
小校 六・六一・三
流傳 吳大澂、徐乃昌、劉體智舊藏
來源 考古研究所藏

〇八八七四 陸册父乙角
字數 四
時代 殷
著録 總集 四二三一
三代 一六・四五・五
清愛 一二
筠清 一・九・一
攈古 一・二・六二・二
窓齋 二一・一六・四
綴遺 二六・二四・一
奇觚 六・二三・一
敬吾下 六五・五
殷存下 二三・八
雙吉上 四五
小校 六・六一・一
綜覽・角 二一
流傳 劉喜海、陳介祺、于省吾舊藏
來源 考古研究所藏

〇八八七五 □父乙爵

字數 四
時代 殷
著録 巖窟上 二八
綜覽・爵 九八
出土 一九四二年河南安陽
流傳 梁上椿舊藏
現藏 中國歷史博物館
來源 考古研究所藏

〇八八七六 旗作父乙爵

字數 四
時代 西周早期
著録 總集 四〇六三
三代 一六・二七・八
貞續下 一六・二
續殷下 三四・一
現藏 北京故宮博物院
來源 考古研究所拓

〇八八七七 僂作父乙爵

字數 四
時代 西周早期
著録 總集 四〇六八
三代 一六・二八・五
綴遺 二二・一一・一
殷存下 一八・五
小校 六・六一・五
流傳 潘祖蔭舊藏
來源 考古研究所藏
備注 綴遺多出鋬內二字

〇八八七八 □作父乙爵

字數 四
時代 西周早期
著録 總集 四〇七一
三代 一六・二八・六
長安 一・三三

攈古 一・二・六二・一
窓齋 二三・四・二
綴遺 二二・一二・二
奇觚 七・一四・二
殷存下 一八・四
簠齋 二爵二〇
小校 六・六二・一
流傳 劉喜海、陳介祺舊藏
來源 考古研究所藏

〇八八七九 □作父乙爵

字數 四
時代 西周早期
著録 未見
現藏 上海博物館
來源 上海博物館提供

〇八八八〇 鄉作父乙爵

字數 四
時代 殷
著録 總集 四〇七〇
三代 一六・二八・八
窓齋 二三・三・二
綴遺 二二・一八・二
殷存下 一八・三
小校 六・六二・二
流傳 潘祖蔭舊藏
現藏 北京故宮博物院
來源 考古研究所拓

〇八八八一 作父乙彝爵

字數 四
時代 西周早期
著録 總集 四〇七二
三代 一六・二八・九
貞松 一〇・一六・四
善齋 七・三五

續殷下 三四・二
小校 六・六二・三
流傳 劉體智舊藏
來源 考古研究所藏

〇八八八二 亞醜父丙角

字數 四（蓋器同銘）
時代 殷
著録 總集 四一一五
三代 一八・二〇・三～四
西清 二六・四七
窓齋 二三・九・四
貞補中 二九・一～二
續殷下 六九・一～二（下二四・六重出）
尊古 三・一
善齋 七・六〇
小校 六・八〇・五～六
殷存下 二二・六
通考 四三二
故圖下 三七六
綜覽・爵 二六九
流傳 清宮、溥倫、劉體智舊藏
現藏 臺北故宮博物院
來源 考古研究所藏

〇八八八三 廙册父丙爵

字數 四
時代 殷或西周早期
著録 總集 四一四〇
三代 一六・三四・三
貞續下 一七・四
善齋 七・四八
小校 六・六七・七
上海（二〇〇四）二四五
流傳 劉體智舊藏

現藏 上海博物館
來源 三代

〇八八八四 西單父丙爵

字數 四
時代 殷
著録 總集 三七九九
三代 一六・七・一
從古 一四・一二・一
攈古 一・二・六二・四
窓齋 二三・一七・四
綴遺 二一・八・一
奇觚 七・一五・二
殷存下 一一・一
簠齋 二爵二
小校 六・四一・二
流傳 陳介祺舊藏
來源 考古研究所藏

〇八八八五 ⿰臣由作父丙爵

字數 四
時代 西周早期
著録 金匱 一七・二二（一六二頁）
綜覽・爵 二七一
流傳 香港陳仁濤舊藏
出土 河南洛陽
來源 金匱

〇八八八六 ⿰臣由作父丙爵

字數 四
時代 西周早期
著録 金匱 一七・二三（一六二頁）
流傳 香港陳仁濤舊藏
出土 河南洛陽
來源 金匱

〇八八八七 亞屰父丁爵

字數 四

時代 殷或西周早期
著録 總集 三四〇〇
三代 一五・一七・三(缺「父丁」二字)
善齋 六・七〇
小校 六・四五・三
流傳 劉體智舊藏
來源 善齋

〇八八八八 亞魚父丁爵
字數 四
時代 殷
著録 考古 一九八六年八期七〇八頁
圖六：五
出土 一九八四年河南安陽市殷墟西區M一七一三
現藏 考古研究所安陽工作站
來源 考古研究所拓

〇八八八九 亞魚父丁爵
字數 四
時代 殷
著録 考古 一九八六年八期七〇八頁
圖六：六
出土 同〇八八八八
現藏 考古研究所安陽工作站
來源 考古研究所拓

〇八八九〇 亞[?]父丁爵
字數 四
時代 殷
著録 總集 四〇五〇
三代 一六・一〇・三
西清 二三・一
殷存下 二〇・三
流傳 清宮舊藏
來源 三代

〇八八九一 亞弜父丁角
字數 四
時代 殷或西周早期
著録 總集 四二一三
三代 一六・四四・二
貞松 一〇・二三・六
小校 六・八一・二
安徽金石 一・三八・二
流傳 安徽歙縣程氏舊藏
來源 考古研究所藏
備注 小校、安徽金石有蓋銘，疑僞刻，不用

〇八八九二 亞弜父丁角
字數 四
時代 殷或西周早期
著録 總集 四二一四
三代 一六・四四・三
來源 三代

〇八八九三 亞旋父丁角蓋
字數 四
時代 西周早期
著録 總集 四二一五
三代 一六・四四・四
夢郼上 五〇
殷存下 二二・九
續殷下 三八・二
小校 六・八一・三
流傳 劉鶚、羅振玉舊藏
現藏 旅順博物館
來源 考古研究所拓

〇八八九四 亞獏父丁角
字數 四
時代 殷
著録 總集 四〇七九
美集録 R 一四六d
綜覽・角 一四
中藝 圖三五
現藏 日本東京出光美術館
來源 綜覽

〇八八九五 亞獏父丁爵
字數 四
時代 殷
著録 綜覽・爵 一七六
來源 綜覽

〇八八九六 [?]父丁爵
字數 四
時代 殷
著録 未見
現藏 北京故宮博物院
來源 考古研究所拓

〇八八九七 [?]旅父丁爵
字數 四
時代 西周早期
著録 未見
來源 考古研究所藏

〇八八九八 己並父丁爵
字數 四
時代 殷
著録 中原文物 一九八五年一期三〇頁
圖二：一三
河南 一・三三〇
出土 傳一九五二年河南安陽市
現藏 河南新鄉市博物館
來源 新鄉市博物館提供

〇八八九九 己並父丁爵
字數 四
時代 殷
著録 中原文物 一九八五年一期二〇九頁圖二：四五
現藏 河南新鄉市博物館
來源 新鄉市博物館提供

〇八九〇〇 己並父丁爵
字數 四
時代 殷
著録 中原文物 一九八五年一期三〇頁
圖二：四六
現藏 河南新鄉市博物館
來源 新鄉市博物館提供

〇八九〇一 戈[?]父丁爵
字數 四
時代 殷或西周早期
著録 總集 四一〇一
三代 一六・三一・六
攈古 一・二・六五・二
綴遺 二〇・一七・二
殷存下 一〇・一
流傳 吳式芬舊藏
現藏 遼寧省博物館
來源 考古研究所拓

〇八九〇二 尹舟父丁爵
字數 四
時代 殷
著録 總集 三八一一
三代 一六・八・八
貞松 一〇・五・一
善齋 六・六八
續殷下 二五・二
小校 六・四三・三
故圖下下 三六四
流傳 劉體智舊藏
現藏 臺北故宮博物院
來源 三代

〇八九〇三　田告父丁爵
字數　四
時代　西周早期
著録　未見
現藏　北京故宮博物院
來源　考古研究所拓

〇八九〇四　射獸父丁爵
字數　四
時代　殷
著録　總集　三八二三
三代　一六・一〇・四
陶齋　三・一九
續殷下　二五・一二
小校　六・四三・四
綜覽・爵　一七一
流傳　端方舊藏
現藏　日本兵庫縣黑川古文化研究所
來源　考古研究所藏

〇八九〇五　赤米父丁爵
字數　四
時代　西周早期
著録　陝青　四・一六四
出土　一九七二年陝西盩厔縣竹峪村
現藏　咸陽地區文物管理委員會
來源　陝西出土商周青銅器編輯組提供

〇八九〇六　□父丁爵
字數　四
時代　西周早期
著録　總集　四〇七五
三代　一六・二九・一
頌齋　二二
貞補中　二五・四
續殷下　二六・七
通考　四二六
小校　六・六三・二
故圖下下　三六五
綜覽・爵　二二五
流傳　容庚舊藏
現藏　臺北故宮博物院
來源　考古研究所藏

〇八九〇七　冎册父丁爵
字數　四
時代　殷或西周早期
著録　總集　四〇七四
三代　一六・二九・二
綴遺　二一・二一・二
貞續下　一七・一
來源　考古研究所藏

〇八九〇八　朿册父丁爵
字數　四
時代　西周早期
著録　總集　四〇七六
三代　一六・二九・三
貞松　一〇・一七・一
善齋　七・三七
續殷下　三四・三
小校　六・六二・六
美集録　R　二四八
流傳　劉體智舊藏
現藏　美國紐約奧爾勃來特美術陳列館
來源　考古研究所藏陳夢家拓本

〇八九〇九　困册父丁爵
字數　四
時代　殷或西周早期
著録　總集　四〇七八
三代　一六・二九・五
貞續下　一六・四
來源　三代

〇八九一〇　壬册父丁爵
字數　四
時代　殷或西周早期
著録　總集　四一一六
録遺　四七〇
來源　録遺

〇八九一一　壬册父丁爵
字數　四
時代　殷或西周早期
著録　小校　六・六二・五
來源　考古研究所藏

〇八九一二　册劦父丁角
字數　四
時代　西周早期
著録　總集　四二二三
文物　一九七二年一二期八頁
圖一〇
學報　一九七七年二期一〇八頁
圖八：二
綜覽・角　一八
青全　六・一八五
出土　一九六七年甘肅靈臺縣白草坡村
墓葬
現藏　甘肅省博物館
來源　考古學報編輯部檔案

〇八九一三　□册父丁爵
字數　四
時代　殷或西周早期
著録　未見
現藏　北京故宮博物院
來源　考古研究所拓

〇八九一四　宁戈父丁爵
字數　四
時代　殷或西周早期
著録　總集　四〇四六
三代　一六・八・七
筠清　一・一四
攈古　一・二・一八・三
綴遺　二一・二五・一
殷存下　一三・一
續殷下　二六・一〇
流傳　葉東卿舊藏
來源　三代

〇八九一五　□庚父丁爵
字數　四
時代　殷
著録　總集　四〇三八
文物　一九七四年一期七七頁
圖四
出土　一九七三年山東鄒縣小西韋村
現藏　鄒縣文物保管所
來源　考古研究所拓

〇八九一六　癲作父丁爵
字數　四
時代　西周中期
著録　總集　四一二六
銘文選　二六六乙
文物　一九七八年三期一七頁
圖三三
陝青　二・四二
出土　一九七六年陝西扶風縣莊白村一號窖藏
現藏　周原扶風文物管理所
來源　周原扶風文物管理所提供

〇八九一七　癲作父丁爵
字數　四
時代　西周中期

著録 總集 四一二七
陝青 二・四三
綜覽・爵 二六一
出土 同 〇八九一六
現藏 周原扶風文物管理所
來源 周原扶風文物管理所提供

〇八九一八 □矢父戊爵
字數 四
時代 殷或西周早期
著録 總集 四〇八〇
三代 一六・二九・六
綴遺 二一・二六・一
流傳 陳朗亭舊藏
來源 考古研究所藏

〇八九一九 □矢父戊爵
字數 四
時代 殷或西周早期
著録 總集 四〇八一
三代 一六・二九・七
積古 二・九・二
愙齋 二二・九・二
從古 一・七
攈古 一・二・六六・二
小校 六・六三・六
流傳 張廷濟、潘祖蔭舊藏
現藏 上海博物館
來源 上海博物館提供

〇八九二〇 □矢父戊爵
字數 四
時代 殷或西周早期
著録 未見
來源 考古研究所藏

〇八九二一 車犬父戊爵
字數 四
時代 西周早期
著録 未見
現藏 上海博物館
來源 上海博物館提供

〇八九二二 車犬父戊爵
字數 四
時代 西周早期
著録 未見
現藏 上海博物館
來源 上海博物館提供

〇八九二三 □作父戊角
字數 四
時代 殷
著録 金匱一五七頁上
流傳 香港陳仁濤舊藏
出土 傳河南安陽
來源 金匱

〇八九二四 加作父戊爵
字數 四
時代 西周早期
著録 總集 四〇八二
三代 一六・二九・八
綴遺 二二・一五・一
殷存下 一八・八
小校 六・六三・六
出土 關中
流傳 吳大澂舊藏
來源 考古研究所藏

〇八九二五 加作父戊爵
字數 四
時代 西周早期
著録 總集 四〇八三
三代 一六・二九・九
綴遺 二二・一五・二
殷存下 一八・九
小校 六・六四・一
出土 同 〇八九二四
流傳 吳大澂舊藏
來源 考古研究所藏

〇八九二六 亞址父己爵
字數 四
時代 殷或西周早期
著録 總集 四〇五五
三代 一六・一六・五
愙齋 二三・一二・二
殷存下 一九・一
小校 六・四九・五
流傳 李山農舊藏
來源 三代

〇八九二七 亞□父己角
字數 四
時代 殷
著録 日精華 三・二一三
彙編 八・一〇七二
綜覽・角 一一
流傳 日本長尾美術館舊藏
來源 彙編

〇八九二八 亞若父己爵
字數 四
時代 殷或西周早期
著録 總集 三八七四
三代 一六・一四・七
來源 考古研究所藏

〇八九二九 □父己爵
字數 四
時代 殷
著録 復齋 八・三
積古 二・六
攈古 一・三・二〇・一
來源 復齋

〇八九三〇 □父己爵
字數 四
時代 殷
著録 未見
現藏 北京故宮博物院
來源 考古研究所拓

〇八九三一 □旅父己爵
字數 四
時代 殷或西周早期
著録 未見
現藏 北京故宮博物院
來源 考古研究所拓

〇八九三二 □旅父己爵
字數 四
時代 西周早期
著録 攈古 一・二・二三・一
長安 一・三五
綴遺 二〇・二五
賽爾諾什 二七
流傳 劉喜海舊藏
現藏 法國巴黎賽爾諾什博物館
來源 攈古

〇八九三三 尹舟父己爵
字數 四
時代 殷
著録 總集 三八八七
三代 一六・一六・四
殷存下 一八・一〇
澂秋 四八
小校 六・四七・六
流傳 陳承裘舊藏
現藏 北京故宮博物院

來源 考古研究所藏陳承裘拓本

〇八九三四 北□父己爵
字數 四
時代 西周早期
著録 文叢 三・三六頁圖五
出土 一九六一年鶴壁市龐村墓葬
現藏 河南省博物館
來源 河南省博物館提供

〇八九三五 守册父己爵
字數 四
時代 西周早期
著録 總集 四〇八四・一
三代 一六・三〇・一
積古 二・五・五
攈古 一・二・六四・四
小校 六・七二・二
流傳 王少呂舊藏
現藏 上海博物館
來源 上海博物館提供

〇八九三六 守册父己爵
字數 四
時代 西周早期
著録 綴遺 二二・三・一
來源 考古研究所藏

〇八九三七 □單父己爵
字數 四
時代 殷
著録 未見
現藏 中國歷史博物館
來源 考古研究所拓

〇八九三八 □倗父己爵
字數 四
時代 殷或西周早期
著録 總集 四〇八五
善齋 七・四二
續殷下 三四・七
小校 六・六四・二
善彝 一五四
故圖下下 三六八
流傳 劉體智舊藏，後歸中央博物院
現藏 臺北故宮博物院
來源 考古研究所藏

〇八九三九 弓□父庚爵
字數 四
時代 殷或西周早期
著録 總集 四〇八六
三代 一六・三〇・二
十二式 一三
續殷下 三四・九
流傳 孫秋帆舊藏
來源 考古研究所藏

〇八九四〇 □囗父庚爵
字數 四
時代 殷或西周早期
著録 未見
現藏 北京故宮博物院
來源 考古研究所拓

〇八九四一 亞□父辛爵
字數 四
時代 西周早期
著録 總集 四〇五二
三代 一六・一九・七
貞續下 一四・二
善齋 七・一八
續殷下 三〇・二
小校 六・五五・一
流傳 劉體智舊藏
現藏 上海博物館
來源 考古研究所藏

〇八九四二 亞□父辛爵
字數 四
時代 西周早期
著録 總集 四〇五一
三代 一六・一九・八
貞續下 一四・三
善齋 七・一七
續殷下 三〇・一
小校 六・五四・七
流傳 劉體智舊藏
現藏 上海博物館
來源 考古研究所藏

〇八九四三 亞□父辛爵
字數 四
時代 殷
著録 總集 四〇五三
三代 一六・一九・六
綴遺 二二・一・二
殷存下 一五・二
流傳 丁小農舊藏
來源 考古研究所藏

〇八九四四 大□父辛爵
字數 四
時代 西周早期
著録 總集 四〇八九
美集録 R 一九三
流傳 美國紐約何姆斯氏舊藏
來源 考古研究所藏陳夢家拓本

〇八九四五 □□父辛爵
字數 四
時代 殷或西周早期
著録 續殷下 一三・五（柱）
現藏 北京故宮博物院
來源 考古研究所拓

〇八九四六 子□父辛爵
字數 四
時代 西周早期
著録 總集 四〇八八
三代 一六・三〇・三
綴遺 二二・九・二
貞續下 一六・三
續殷下 三五・二
流傳 方濬益舊藏
來源 考古研究所藏

〇八九四七 □册父辛爵
字數 四
時代 西周早期
著録 未見
現藏 上海博物館
來源 上海博物館提供

〇八九四八 □册父辛爵
字數 四
時代 西周早期
著録 未見
現藏 上海博物館
來源 上海博物館提供

〇八九四九 □□父辛爵
字數 四
時代 殷或西周早期
著録 未見
來源 考古研究所藏

〇八九五〇 □□父辛爵
字數 四
時代 殷或西周早期
著録 未見
來源 考古研究所藏

〇八九五一 □興父辛爵

字數 四
時代 殷
著録 癡盦 二七
綜覽・爵 一六二
流傳 李泰棻舊藏
來源 癡盦

〇八九五二　盧作父辛爵
字數 四
時代 西周早期
著録 總集 四一二八
陝青 三・四二
綜覽・爵 一九〇
出土 一九七二年陝西扶風縣劉家村墓葬
現藏 陝西省文物管理委員會
來源 陝西出土商周青銅器編輯組提供

〇八九五三　亞獸父壬爵
字數 四
時代 殷
著録 總集 四〇五六
三代 一六・二一・二
殷存下 一五・八
來源 考古研究所藏

〇八九五四　刀子父壬爵
字數 四
時代 殷
著録 總集 四一一八
録遺 四七二
現藏 旅順博物館
來源 考古研究所拓

〇八九五五　亞□父癸爵
字數 四
時代 西周早期
著録 總集 四〇五四

巖窟上 四四
貞續下 一五・二
善齋 七・二七
小校 六・五八・一
頌續 八五
續殷下 三一・四
出土 一九三一年河南安陽
流傳 梁上椿、劉體智、容庚舊藏
來源 考古研究所藏

〇八九五六　大𣗥父癸爵
字數 四
時代 殷
著録 總集 四〇九二
三代 一六・三〇・六
貞松 一〇・一七・四
續殷下 三五・五
來源 考古研究所藏

〇八九五七　何龠父癸爵
字數 四
時代 殷
著録 未見
現藏 北京故宮博物院
來源 考古研究所拓

〇八九五八　何龠父癸爵
字數 四
時代 殷
著録 故青 三四
現藏 北京故宮博物院
來源 考古研究所拓

〇八九五九　何龠父癸爵
字數 四
時代 殷
著録 小校 六・六五・二
現藏 北京故宮博物院

來源 考古研究所拓

〇八九六〇　禾子父癸爵
字數 四
時代 西周早期
著録 總集 四一〇九
寶鷄 一五二頁圖一一八・五
出土 一九八〇年陝西寶鷄市竹園溝村墓葬(M四：六)
現藏 寶鷄市博物館
來源 寶鷄市博物館提供

〇八九六一　□子父癸爵
字數 四
時代 殷
著録 未見
現藏 上海博物館
來源 上海博物館提供

〇八九六二　北酉父癸爵
字數 四
時代 殷
著録 總集 三九三九
三代 一六・二一・七
續殷下 三一・一二
現藏 北京故宮博物院
來源 考古研究所拓

〇八九六三　鄉宁父癸爵
字數 四
時代 殷
著録 總集 四〇九〇
三代 一六・三〇・四
貞松 一〇・一四・一
美集録 R 三七
流傳 周鴻孫舊藏
現藏 美國紐約魏格氏
來源 三代

〇八九六四　屰目父癸爵
字數 四
時代 西周早期
著録 總集 四〇九四
三代 一六・三〇・七
積古 二・八・三
攈古 一・二・六六・三
殷存下 一九・三
來源 三代

〇八九六五　屰目父癸爵
字數 四
時代 西周早期
著録 總集 四〇九三
三代 一六・三一・二
筠清 一・一八・二
從古 八・二
攈古 一・二・六六・四
愙齋 二三・一四・四
陶齋 三・一一
殷存下 一九・五
小校 六・六五・一
流傳 瞿穎山、徐問渠、端方、李山農舊藏
來源 考古研究所藏

〇八九六六　屰目父癸爵
字數 四
時代 西周早期
著録 總集 四〇九五
三代 一六・三一・一
殷存下 一九・四
流傳 吳大澂舊藏
來源 三代

〇八九六七　尹舟父癸爵
字數 四

時代 殷
著録 總集 四一一九
録遺 四七三
來源 録遺

〇八九六八 [illegible]父癸爵
字數 四
時代 殷
著録 總集 四一〇〇
三代 一六・三一・五
十二貯 二五
續殷下 三五・四
流傳 王辰舊藏
來源 考古研究所藏

〇八九六九 [illegible]旅父癸爵
字數 四
時代 殷或西周早期
著録 未見
現藏 上海博物館
來源 上海博物館提供

〇八九七〇 [illegible]父癸爵
字數 四
時代 殷
著録 未見
現藏 上海博物館
來源 上海博物館提供

〇八九七一 [illegible]父癸爵
字數 四
時代 西周早期
著録 考古 一九八四年五期四一四頁
圖一一：三～四
出土 一九八一～一九八三年北京琉璃河西周墓（M一〇四三：二九）
現藏 考古研究所
來源 考古

〇八九七二 庚[illegible]父癸爵
字數 四
時代 殷
著録 總集 四〇九七
三代 一六・三〇・九
陶齋 三・一四
小校 六・六五・四
流傳 端方舊藏
來源 考古研究所藏

〇八九七三 [illegible]倗父癸爵
字數 四
時代 殷或西周早期
著録 總集 四一〇二
三代 一六・三一・七
從古 五・六
愙齋 二二・六・三
綴遺 二二・六・二
敬吾下 六三・二
續殷下 三五・六
小校 六・六五・五
流傳 張廷濟舊藏
來源 考古研究所藏

〇八九七四 □册父癸爵
字數 四
時代 西周早期
著録 總集 四一四九
三代 一六・三五・六
貞松 一〇・一九・一
善齋 七・五〇
續殷下 三一・八
小校 六・六八・六
頌續 八九
流傳 劉體智、容庚舊藏
現藏 廣州市博物館
來源 考古研究所

〇八九七五 □册父癸爵
字數 四
時代 西周早期
著録 總集 四一五〇
三代 一六・三五・七
貞松 一〇・一九・二
善齋 七・四九
小校 六・六八・五
頌續 八八
流傳 劉體智、容庚舊藏
現藏 廣州市博物館
來源 考古研究所藏

〇八九七六 伯作父癸爵
字數 四
時代 西周早期
著録 總集 四〇九六
三代 一六・三〇・八
貞松 一〇・一七・三
來源 考古研究所藏

〇八九七七 [illegible]逐母癸爵
字數 四
時代 殷
著録 總集 四一〇三
三代 一六・三一・八
續殷下 三五・七
現藏 上海博物館
來源 考古研究所藏

〇八九七八 舌作妣丁爵
字數 四
時代 西周早期
著録 總集 四一一二
録遺 四七五
現藏 北京故宮博物院
來源 考古研究所拓

〇八九七九 舌作妣丁爵
字數 四
時代 西周早期
著録 總集 四一一〇
録遺 四七四
來源 考古研究所藏

〇八九八〇 [illegible]作[illegible]女角
字數 四
時代 西周早期
著録 貞松 一〇・二四・四
續殷下 三八・六
現藏 北京故宮博物院
來源 考古研究所拓

〇八九八一 亞□兄丁爵
字數 四
時代 殷或西周早期
著録 塞利格曼 Fig 五
彙編 八・一〇八七
現藏 英國倫敦不列顛博物館
來源 不列顛博物館提供

〇八九八二 聑[illegible]婦姝爵
字數 四
時代 殷
著録 總集 四一一三
文物 一九八七年五期九五頁圖七
河南 一・三五一
出土 一九五二年河南輝縣褚邱
現藏 新鄉市博物館
來源 新鄉市博物館提供

〇八九八三 聑[illegible]婦姝爵
字數 四
時代 殷
著録 總集 四一一一

文物 一九七八年五期九五頁圖六
河南 一・三五〇
綜覽・爵 一六八
出土 同〇八九八二
現藏 新鄉市博物館
來源 新鄉市博物館提供

〇八九八四 耳[illegible]婦[illegible]角
字數 四（蓋四、鋬二）
時代 殷
著録 總集 四二三二
文物 一九七八年五期圖版七：一
河南 一・三四九
辭典 一七二
綜覽・爵 二六四
青全 四・五四
出土 同〇八九八二
現藏 新鄉市博物館
來源 新鄉市博物館提供

〇八九八五 [illegible]作寶爵
字數 四
時代 西周早期
著録 總集 四二〇八
三代 一六・三二・三
從古 一一・一五
綴遺 二一・二八・一
巖窟上 四〇
出土 傳一九四一年河南安陽
流傳 梁上椿舊藏
來源 考古研究所藏

〇八九八六 [illegible]馬作彝爵
字數 四
時代 西周早期
著録 總集 四二〇五
三代 一六・三二・四

貞補中 二七・三
現藏 上海博物館
來源 上海博物館提供

〇八九八七 子[illegible]乙酉爵
字數 四
時代 殷
著録 總集 四二一〇
三代 一六・三三・五
從古 一四・四
攈古 一・二・六七・二
愙齋 二三・一五・一
綴遺 二一・二三・一
奇觚 七・二
殷存下 一九・九
簠齋 二爵一〇
小校 六・六六・六
流傳 陳介祺舊藏
來源 考古研究所藏

〇八九八八 [illegible]作[illegible]子爵
字數 四
時代 殷
著録 博古 一四・二四・一
薛氏 三八・五
嘯堂 四五・二
來源 嘯堂

〇八九八九 戈㗊作[illegible]爵
字數 四
時代 西周早期
著録 未見
來源 考古研究所藏

〇八九九〇 戈㗊作[illegible]爵
字數 四
時代 西周早期
著録 總集 四二〇七
三代 一六・三三・二
恒軒下 八〇
愙齋 二三・一八・四
綴遺 二一・二四・二
殷存下 一七・八
續殷下 三三・一〇（鋬）；下四・三（柱）
小校 六・六六・一
出土 「得自關中三原」（愙齋）
流傳 吳大澂舊藏
來源 考古研究所藏吳大澂拓本

〇八九九一 過伯作彝爵
字數 四
時代 西周早期
著録 總集 四二一一
三代 一六・三三・六
愙齋 二三・二三・三
貞松 九・三八
續殷下 三五・八
小校 四・六六・五
流傳 潘祖蔭舊藏
來源 三代

〇八九九二 [illegible]且乙爵
字數 五
時代 西周早期
著録 總集 四二二九
三代 一六・三三・一
十二鏡 八
小校 六・六六・七
綜覽・爵 二一二
流傳 張效彬舊藏
來源 考古研究所藏

〇八九九三 [illegible]且丁父乙爵
字數 五
時代 殷
著録 總集 四二三三
三代 一六・三三・二
綴遺 二二・五・一
殷存下 一九・一〇
來源 三代

〇八九九四 臣辰[illegible]父乙爵
字數 五
時代 西周早期
著録 總集 四二三五
三代 一六・三三・五
貞松 一〇・一八・三
善齋 七・四六
小校 六・六七・五
善彝 一五六
通考 四三九
故圖下下 三七二
綜覽・爵 二二一
酒器 一一六頁
出土 河南洛陽馬坡
流傳 劉體智舊藏
現藏 臺北故宮博物院
來源 考古研究所藏

〇八九九五 臣辰[illegible]父乙爵
字數 五
時代 西周早期
著録 總集 四二三三
三代 一六・三三・六
貞續下 一七・三
小校 六・六七・四
出土 同〇八九九四
流傳 劉體智舊藏
現藏 上海博物館
來源 三代

〇八九九六　臣辰□父乙爵
字數　五
時代　西周早期
著録　總集　四一三四
三代　一六・三三・七
貞續下　一七・二
小校　六・六七・三
出土　同〇八九九四
流傳　劉體智舊藏
現藏　上海博物館
來源　考古研究所藏

〇八九九七　臣辰□父乙爵
字數　五
時代　西周早期
著録　總集　四一三六
三代　一六・三三・八
貞松　一〇・一八・二
善齋　七・四七
小校　六・六七・六
出土　同〇八九九四
流傳　劉體智舊藏
來源　考古研究所藏

〇八九九八　臣父乙爵
字數　五
時代　西周早期
著録　總集　四一三七
三代　一六・三三・九
貞松　一〇・一八・四
善齋　七・四五
小校　六・六七・二
善彝　一六〇
流傳　劉體智舊藏
現藏　北京故宮博物院
來源　考古研究所拓

〇八九九九　臣父乙爵
字數　五
時代　西周早期
著録　總集　四一三八
三代　一六・三四・一
綴遺　二三・一九・一
殷存下　二〇・一
小校　六・六七・一
流傳　潘祖蔭舊藏
現藏　中國歷史博物館
來源　考古研究所拓

〇九〇〇〇　亞矣父乙爵
字數　五
時代　西周早期
著録　總集　四一三〇
三代　一六・三三・三
攈古下　三一
恒軒　七一
窓齋　二三・二三・二
綴遺　二三・二三・二
殷存下　二〇・二
小校　六・六六・八
出土　河南洛陽馬坡
流傳　潘祖蔭舊藏
現藏　上海博物館
來源　考古研究所藏

〇九〇〇一　亞矣父乙爵
字數　五
時代　西周早期
著録　總集　四一三一
三代　一六・三三・四
窓齋　二二・七・一
奇觚　七・一〇
殷存下　一八・一
小校　六・六一・四（又六・三四・七重出）
流傳　李佐賢舊藏
來源　考古研究所藏李竹朋拓本

〇九〇〇二　亞矣父乙爵
字數　五
時代　西周早期
著録　未見
現藏　上海博物館
來源　上海博物館提供

〇九〇〇三　執父乙爵
字數　五
時代　殷或西周早期
著録　未見
現藏　北京故宮博物院
來源　考古研究所拓

〇九〇〇四　作父乙爵
字數　五
時代　西周早期
著録　未見
現藏　中國歷史博物館
來源　考古研究所拓

〇九〇〇五　弓□羊父丁爵
字數　五
時代　西周早期
著録　總集　四〇七七
三代　一六・二九・四
貞松　一〇・一七・二
善齋　七・三八
續殷下　二六・八
小校　六・四五・一
頌續　八四
綜覽・爵　二三二
流傳　劉體智、容庚舊藏
現藏　廣州市博物館
來源　考古研究所藏

〇九〇〇六　羊□獸父丁爵
字數　五
時代　殷或西周早期
著録　總集　四一三九
三代　一六・三四・二
筠清　一・一三・一
攈古　一・三・二〇・四
綴遺　二一・一三・一
殷存下　二〇・四
流傳　葉東卿舊藏
來源　三代

〇九〇〇七　亞父丁爵
字數　五
時代　西周早期
著録　復齋　七・二
積古　二・六
攈古　一・三・二〇
來源　復齋

〇九〇〇八　亞共父丁角
字數　五（蓋器同銘）
時代　殷
著録　總集　四二三四
三代　一六・四六・一～二
筠清　一・二六
攈古　一・三・一四・一～二
綴遺　二六・二二・二～一
續殷下　三八・三（蓋）、下　二四・〇八（器）
小校　六・八五・六
尊古　三・八
彙編　八・一〇六七
通考　四四七

流傳 潘仕成舊藏
現藏 美國舊金山亞洲藝術博物館（布倫戴奇藏品）
來源 考古研究所藏

〇九〇〇九 戈父丁爵

字數 五
時代 西周早期
著録 總集 四一四一
三代 一六・三四・四
冠斝中 三六
流傳 榮厚舊藏
現藏 北京故宮博物院
來源 考古研究所拓

〇九〇一〇 亞向父戊爵

字數 五
時代 殷或西周早期
著録 總集 四一一七
録遺 四七一
現藏 北京故宮博物院
來源 考古研究所拓

〇九〇一一 亞吕父戊爵

字數 五
時代 西周早期
著録 善齋 七・四一
小校 六・六三・四
流傳 劉體智舊藏
來源 考古研究所藏

〇九〇一二 舟父戊爵

字數 五
時代 殷或西周早期
著録 總集 四一四二
三代 一六・三四・五
金索金 一・一七・一
從古 一四・一五
窓齋 一三・二・二
擴古 一・三・一六・二
綴遺 二一・一六・一
殷存下 二〇・五
簠齋 二爵六
雙吉上 三八
小校 六・六八・一
山東存附 一五・四
通考 四二〇
綜覽・爵 一八二
出土 「山東長山縣人耕地得兩爵一卣一鬲，售于歷城市肆」（金索）
流傳 謝龍門、陳介祺、于省吾舊藏
現藏 北京故宮博物院
來源 考古研究所藏

〇九〇一三 舟父戊爵

字數 五
時代 殷或西周早期
著録 總集 四一四三
三代 一六・三五・一
金索金 一・一七・二
從古 一四・一六
窓齋 一三・二・一
擴古 一・三・一六・一
綴遺 二一・一六・二
奇觚 七・一九・二
簠齋 二爵七
小校 六・六七・八
雙吉上 三九
山東存附 一五・三
通考 四二一
出土 同〇九〇一二
流傳 謝龍門、陳介祺、于省吾舊藏
現藏 北京故宮博物院
來源 考古研究所藏

〇九〇一四 啓宁父戊爵

字數 五
時代 殷
著録 總集 四一六五
録遺 四七六
來源 考古研究所藏

〇九〇一五 亚圣父己爵

字數 五
時代 殷
著録 總集 四一六六
文物 一九五七年一一期六七頁圖四右
出土 一九五六年河南上蔡縣田莊村
現藏 河南省博物館
來源 河南省博物館提供

〇九〇一六 亞夭父辛爵

字數 五
時代 殷或西周早期
著録 弗里爾（一九六七）一四五頁
彙編 七・八二三
現藏 美國西雅圖美術博物館
來源 彙編

〇九〇一七 守宮父辛爵

字數 五
時代 西周早期
著録 小校 六・六八・三
故青 一二六
現藏 北京故宮博物院
來源 考古研究所拓

〇九〇一八 守宮父辛爵

字數 五
時代 西周早期
著録 小校 六・六八・四
續殷下 三五・八
來源 考古研究所藏

〇九〇一九 弓夰羊父辛爵

字數 五
時代 殷或西周早期
著録 未見
來源 考古研究所藏

〇九〇二〇 歸父辛爵

字數 五
時代 西周早期
著録 文物 一九八六年一期一五頁圖三九
出土 一九八一年陝西長安縣斗門鎮花園村墓葬
現藏 陝西省文物管理委員會
來源 陝西省文物管理委員會提供

〇九〇二一 作父辛爵

字數 五
時代 殷或西周早期
著録 總集 四一四五
三代 一六・三五・三
貞補中 二七・四
流傳 河南博物館舊藏
來源 三代

〇九〇二二 子工父癸爵

字數 五
時代 殷
著録 總集 四一五二
復齋 三〇・一
積古 五・一六・一
擴古 一・三・一五・四
綴遺 二一・九・一
奇觚 一八・五
流傳 「器在今秘書省」（復齋）

來源 復齋

〇九〇二三 [illegible]父癸爵

字數 五
時代 殷
著録 總集 四一四八
三代 一六・三五・五
來源 考古研究所藏

〇九〇二四 㪥父癸爵

字數 五
時代 西周早期
著録 總集 三九二二（四一五一）
考古與文物 一九八四年一期
五五頁圖二：三
陝青 三・一八〇
出土 一九六八年陝西鳳翔縣丁家河
現藏 寶鷄市博物館
來源 寶鷄市博物館提供

〇九〇二五 □父癸爵

字數 五
時代 西周早期
著録 總集 四一四七
愙齋 二二・二一・二
綴遺 二二・二一・一
殷存下 二〇・八
小校 六・六八・七
流傳 潘祖蔭舊藏
來源 考古研究所藏

〇九〇二六 □父癸爵

字數 五
時代 西周早期
著録 總集 四一四六
三代 一六・三五・四
貞續下 一八・一
現藏 北京故宮博物院

來源 考古研究所拓

〇九〇二七 妊爵

字數 五
時代 西周早期
著録 未見
出土 一九八一年山東滕縣莊裏西村
現藏 滕縣博物館
來源 考古研究所拓

〇九〇二八 妊爵

字數 五
時代 西周早期
著録 未見
出土 同〇九〇二七
現藏 滕縣博物館
來源 考古研究所拓

〇九〇二九 龜婦爵

字數 五
時代 殷或西周早期
著録 總集 四一五七
三代 一六・三六・六
愙齋 二三・二〇・三
奇觚 七・二九・二
周金 五・一二三・三
續殷下 三六・三（又下六三・八；下六三・一〇重出）
小校六・六九・八
流傳 吳大澂舊藏
來源 三代

〇九〇三〇 龜婦爵

字數 五
時代 殷或西周早期
著録 總集 四一五八
三代 一六・三六・七
愙齋 二三・二〇・四
周金 五・一二三・四
續殷下 三六・四（又下六三・九重出）
小校 六・六九・七
流傳 吳大澂舊藏
來源 三代

〇九〇三一 立爵

字數 五
時代 西周早期
著録 總集 四一六三
三代 一六・三七・四
貞松 一〇・一九・四
小校 六・六九・三
流傳 劉體智舊藏
來源 三代

〇九〇三二 ⿱罒耳爵

字數 五
時代 西周早期
著録 總集 四一五三
三代 一六・三六・一
攈古 一・三・一八・二
愙齋 二三・三・二
綴遺 二二・二八・二
奇觚 七・二八・二
周金 五・一二五・三
簠齋 二爵二
小校 六・六九・二
流傳 陳介祺舊藏
現藏 北京故宮博物院
來源 考古研究所藏

〇九〇三三 剛爵

字數 五
時代 西周早期
著録 三代 一六・三六・四
愙齋 二三・二一・三
周金 五・一二五・四
續殷下 三六・二
小校 六・六九・四
流傳 吳大澂舊藏
現藏 北京故宮博物院
來源 考古研究所拓

〇九〇三四 癸叜爵

字數 五
時代 殷
著録 總集 四一四四
三代 一六・三五・二
攈古 一・三・一七・二
愙齋 二三・四・一
綴遺 二二・一八・一
奇觚 七・三〇・一
殷存下 二〇・七
簠齋 二爵三
小校 六・六八・二
流傳 陳介祺舊藏
來源 考古研究所藏

〇九〇三五 伯[illegible]爵

字數 五
時代 西周早期
著録 總集 四一五四
三代 一六・三六・二
筠清 二・四八
攈古 一・三・一五・二
綴遺 二二・二五・二
奇觚 七・二九
周金 五・一二六・一
小校 六・六九・五
流傳 潘祖蔭舊藏
現藏 上海博物館

來源 上海博物館提供

〇九〇三六 伯□爵

字數 五
時代 西周早期
著録 總集 四一五五
三代 一六・三六・三
貞松 一〇・二〇・一
來源 考古研究所藏

〇九〇三七 叔□爵

字數 五
時代 西周早期
著録 未見
現藏 北京故宮博物院
來源 考古研究所拓

〇九〇三八 □隻爵

字數 五
時代 西周早期
著録 總集 四一六一
三代 一六・三七・三
愙齋 二三・二一・四
攈古 一・三・四四・二
綴遺 二二・二五・一
續殷上 四三・八
小校 六・六九・六
流傳 潘祖蔭舊藏
現藏 北京故宮博物院
來源 考古研究所拓

〇九〇三九 □苜爵

字數 五
時代 西周早期
著録 總集 四一六〇
三代 一六・三七・二
現藏 旅順博物館
來源 考古研究所拓

〇九〇四〇 □父爵

字數 五
時代 西周早期
著録 總集 四一五九
三代 一六・三六・五
愙齋 二三・一八・三
攈古 一・三・一五・三
綴遺 二二・二四・一
周金 五・一二五・一
殷存下 二一・二
小校 六・六九・一
流傳 吳大澂舊藏
來源 考古研究所藏

〇九〇四一 史舀爵

字數 五
時代 西周早期
著録 總集 四一六四
美集録 R 三七三
綜覽・爵 一八五
流傳 美國紐約盧芹齋舊藏
來源 美集録

〇九〇四二 作丮隮彝角

字數 五（器二、蓋五）
時代 殷
著録 西清 二六・四四
流傳 清宮舊藏
來源 西清

〇九〇四三 剢且乙爵

字數 六
時代 西周早期
著録 總集 四一六七
三代 一六・三七・五
貞續下 一八・三
小校 六・七〇・一
現藏 北京故宮博物院
來源 考古研究所拓

〇九〇四四 剢且乙爵

字數 六
時代 西周早期
著録 總集 四一六八
三代 一六・三七・六
貞續下 一八・二
小校 六・七〇・二
現藏 北京故宮博物院
來源 考古研究所拓

〇九〇四五 □且丁爵

字數 六
時代 西周早期
著録 總集 四一七〇
三代 一六・三七・七
攈古下 二六
恒軒下 七三
筠清 二・五一
愙齋 二三・三・一
攈古 一・三・四八・二
綴遺 二二・二一・二
奇觚 七・一一・二
周金 五・一二四・三
殷存下 二一・四
小校 六・七〇・三
流傳 潘祖蔭舊藏，後歸李蔭軒
現藏 上海博物館
來源 考古研究所藏

〇九〇四六 遣且辛爵

字數 六
時代 西周早期
著録 總集 四一七一
三代 一六・三七・八
長安 一・三二
愙齋 二三・三・四
攈古 一・三・四八・一
綴遺 二二・二一・一
奇觚 七・二九・三
周金 五・一二四・四
殷存下 二一・三
小校 六・七〇・四
簠齋 二爵四五
流傳 劉喜海、陳介祺舊藏
來源 考古研究所藏

〇九〇四七 □庚且辛爵

字數 六
時代 西周早期
著録 總集 四一七二
三代 一六・三八・一
貞松 一〇・二〇・二
善齋 七・五一
續殷下 三六・一
小校 六・七〇・五
善彝 一五三
流傳 劉體智舊藏
現藏 北京故宮博物院
來源 考古研究所拓

〇九〇四八 雁事父乙爵

字數 六
時代 西周早期
著録 文物 一九八四年一二期三〇頁
圖三：四
出土 一九八二年河南平頂山市郊滍陽
鎮西門外
現藏 平頂山市文物管理委員會
來源 平頂山市文物管理委員會提供

〇九〇四九 子册父乙爵

字數　六
時代　殷
著録　冠斝中　三七
流傳　榮厚舊藏
來源　冠斝

○九○五○　貝隹易父乙爵
字數　六
時代　殷
著録　總集　四一八三
三代　一六・三九・三～四
從古　七・一二
攈古　二・一・六・四
綴遺　二二・一四・一～二
敬吾下　六一・一～二
續殷下　一九・一
小校　六・七一・一～二
流傳　夏睫巢舊藏
來源　考古研究所藏

○九○五一　貝隹易父乙爵
字數　六
時代　殷
著録　總集　四一八四
三代　一六・三九・五～六
綴遺　二二・一四・二
貞補中　二八・一～二
十二舊　五
流傳　方若舊藏
來源　三代

○九○五二　作甫丁爵
字數　六
時代　西周早期
著録　總集　四一六九
三代　一六・三八・二
殷存下　二一・五
現藏　旅順博物館
來源　考古研究所拓

○九○五三　獸父戊爵
字數　六
時代　西周早期
著録　總集　四一七三
三代　一六・三八・三
十六　二・一七
積古　五・一六・二
攈古　一・三・四七・三
奇觚　一八・六
殷存下　二一・六
小校　六・七一・二
流傳　錢坫、潘祖蔭舊藏
現藏　上海博物館
來源　考古研究所藏

○九○五四　獸父戊爵
字數　六
時代　西周早期
著録　總集　四一七四
三代　一六・三八・四
綴遺　二二・二○・二
貞松　一○・二○・三
小校　六・七一・四
流傳　潘祖蔭舊藏
來源　考古研究所藏

○九○五五　糸子刀父己爵
字數　六
時代　殷
著録　懷履光（一九五六）九九頁圖七
現藏　加拿大多倫多安大略博物館
來源　考古研究所藏陳夢家拓本

○九○五六　[illegible]父庚爵
字數　六
時代　殷
著録　未見
出土　一九八三年河南安陽市大司空村墓葬
現藏　考古研究所安陽工作站
來源　考古研究所拓

○九○五七　[illegible]父庚爵
字數　六
時代　殷
著録　未見
出土　同○九○五六
現藏　考古研究所安陽工作站
來源　考古研究所拓

○九○五八　[illegible]徃父庚爵
字數　六
時代　西周早期
著録　總集　四一八五
三代　一六・三九・七
金索金　一・一六
愙齋　二三・二一・一
殷存下　二一・七
小校　六・七一・四
流傳　馮雲鵬、吳大澂舊藏
來源　考古研究所藏

○九○五九　[illegible]父庚爵
字數　六
時代　西周早期
著録　總集　四一七五
三代　一六・三八・五
積古　五・一六・四
攈古　一・三・四七・四
周金　五・一二四・二
殷存下　二二・一
流傳　阮元舊藏
來源　考古研究所藏

○九○六○　木羊册父辛爵
字數　六
時代　西周中期
著録　總集　四○八七
陝青　二・二三
綜覽・爵　二五三
青全　五・八八
辭典　五三七
吉鑄　一二
出土　一九七六年陝西扶風縣莊白村一號窖藏
現藏　周原博物館
來源　周原博物館提供

○九○六一　[illegible]父辛爵
字數　六
時代　西周早期
著録　未見
出土　一九八七年陝西長安縣張家坡墓葬
現藏　考古研究所西安研究室
來源　考古研究所拓

○九○六二　𠊻父癸爵
字數　六
時代　西周早期
著録　未見
現藏　中國歷史博物館
來源　考古研究所拓

○九○六三　史迷角
字數　六（蓋器同銘）
時代　西周早期
著録　總集　四二三七
文物　一九七二年六期二五頁圖二
陝青　一・一五六

綜覽・角 一五
美全 四・一五〇
青全 五・九三
出土 一九六六年陝西岐山縣賀家村
現藏 陝西省博物館
來源 陝西省博物館提供

〇九〇六四 册弜且乙角

字數 七（鋬二、器五）
時代 殷
著録 博古 一六・一六
薛氏 一一〇・一
嘯堂 五一・一～二
來源 嘯堂

〇九〇六五 效且戊爵

字數 七
時代 西周早期
著録 總集 四一八七
陝青 三・七八
出土 一九七六年陝西扶風縣雲塘村 M一三
現藏 周原博物館
來源 周原博物館提供

〇九〇六六 盠且己爵

字數 七
時代 西周早期
著録 總集 四一八一
三代 一六・三九・一
貞補中 二八・三
續殷下 三六・八
來源 考古研究所藏

〇九〇六七 牆父乙爵

字數 七
時代 西周中期
著録 總集 四一九〇
陝青 二・二五
銘文選 二二六
出土 一九七六年陝西扶風縣莊白村一號窖藏
現藏 周原博物館
來源 周原博物館提供

〇九〇六八 牆父乙爵

字數 七
時代 西周中期
著録 總集 四一九一
文物 一九七六年三期一七頁圖三〇
陝青 二・二六
青全 五・八九
吉鑄 一四
出土 同〇九〇六七
現藏 周原博物館
來源 周原博物館提供

〇九〇六九 作父乙爵

字數 七
時代 西周早期
著録 未見
現藏 中國歷史博物館
來源 考古研究所拓

〇九〇七〇 瘨父丁爵

字數 七
時代 西周中期
著録 總集 四一八九
文物 一九七八年三期一〇頁圖一二
陝青 二・四一
銘文選 二六六甲
綜覽・爵 二六〇
吉鑄 一八
出土 一九七六年陝西扶風縣莊白村一號窖藏
現藏 周原博物館
來源 周原博物館提供

〇九〇七一 小車父丁爵

字數 七
時代 西周早期
著録 總集 四一六二
三代 一六・三七・一
貞松 一〇・一九・三
日精華 三・二三五
綜覽・爵 二二八
現藏 日本京都藤井有鄰館
來源 三代

〇九〇七二 [illegible]册父丁爵

字數 七
時代 殷
著録 總集 四一九四
三代 一六・四〇・三
貞補中 二八・四
續殷下 三三・一
尊古 三・三
現藏 北京故宮博物院
來源 考古研究所拓

〇九〇七三 [illegible]作父己爵

字數 七
時代 西周早期
著録 未見
現藏 上海博物館
來源 上海博物館提供

〇九〇七四 [illegible]衔天父庚爵

字數 七
時代 殷
著録 未見
現藏 北京故宮博物院
來源 考古研究所拓

〇九〇七五 亞㠱矦母癸爵

字數 七
時代 西周早期
著録 巖窟上 四六
出土 一九四一年河南安陽
流傳 梁上椿舊藏
現藏 北京故宮博物院
來源 考古研究所拓

〇九〇七六 攸作上父爵

字數 七
時代 西周早期
著録 總集 四一八六
録遺 四七七
善齋 七・五二
小校 六・七三・一
流傳 劉體智舊藏
來源 録遺

〇九〇七七 作[illegible]父爵

字數 七
時代 西周早期
著録 總集 四一八八
三代 一六・三九・八
清愛 二〇
攈古下 三三
恒軒 八二
攈古 二・一・二五
愙齋 二二・二一・三
綴遺 二二・二二・二
敬吾下 六一・三
周金 五・一二四・一
續殷下 三六・九
流傳 劉喜海、潘祖蔭舊藏

來源 考古研究所藏

〇九〇七八 [illegible]父丁角

字數 八
時代 西周早期
著録 博古 一四・六
薛氏 三九・一
嘯堂 四七・四
來源 嘯堂

〇九〇七九 達父己爵

字數 八
時代 西周早期
著録 續殷下 三六・七
來源 考古研究所藏

〇九〇八〇 豐父辛爵

字數 八
時代 西周中期
著録 總集 四一七八
陝青 二・二〇
出土 一九七六年陝西扶風縣莊白村一號窖藏
現藏 周原博物館
來源 陝青

〇九〇八一 豐父辛爵

字數 八
時代 西周中期
著録 總集 四一七九
文物 一九七八年三期一七頁圖三二
陝青 二・二一
吉鑄 一一
出土 同〇九〇八〇
現藏 周原博物館
來源 周原博物館提供

〇九〇八二 豐父辛爵

字數 八
時代 西周中期
著録 總集 四一八〇
陝青 二・二二
出土 同〇九〇八〇
現藏 周原博物館
來源 陝青

〇九〇八三 [illegible]大父辛爵

字數 八
時代 西周早期
著録 總集 四一九五
三代 一六・四〇・四
貞松 一〇・二一・一
續殷下 三七・一
現藏 北京故宮博物院
來源 考古研究所拓

〇九〇八四 友𢦏父癸爵

字數 八
時代 殷
著録 總集 四一七六
三代 一六・三八・六
十二貯 二二
續殷下 三六・五
流傳 王辰舊藏
現藏 北京故宮博物院
來源 考古研究所拓

〇九〇八五 友𢦏父癸爵

字數 八
時代 殷
著録 總集 四一七七
三代 一六・三八・七
十二貯 二〇
續殷下 三六・六
通考 四一七
流傳 王辰舊藏
現藏 北京故宮博物院
來源 考古研究所拓

〇九〇八六 美爵

字數 八
時代 西周早期
著録 總集 四一九二
三代 一六・四〇・一
攈古 二・一・二四・四
窓齋 二二・二・二
周金 五・一二三・一
小校 六・七三・三
日精華 三・二三六 (A)
流傳 曹秋舫、陳介祺舊藏，後歸日本小川睦之輔
來源 考古研究所藏

〇九〇八七 美爵

字數 八
時代 西周早期
著録 總集 四一九三
三代 一六・四〇・二
窓齋 二二・二・一
綴遺 二二・二七・一
周金 五・一二三・二
小校 六・七三・二
日精華 三・二三六 (B)
流傳 陳介祺舊藏，後歸日本小川睦之輔
來源 考古研究所藏

〇九〇八八 子[illegible]父乙爵

字數 九（器，蓋同銘）
時代 殷
著録 總集 四九二二
三代 一八・二〇・六～七
積古 五・二〇・一～二
窓齋 二一・一一・一～二
攈古 二・一・三五・三～四
綴遺 二二・二九・二～三
殷存下 三二・一～二
小校 五・四三
周金 五・七一・一～二
通考 四三〇
布倫戴奇 一三九頁 Fig 二五
彙編 六・五一四
青全 三・二九
流傳 阮元、潘祖蔭舊藏
現藏 美國舊金山亞洲藝術博物館（布倫戴奇藏品）
來源 考古研究所藏潘祖蔭拓本

〇九〇八九 穌父辛爵

字數 九
時代 西周早期
著録 總集 四一九九
三代 一六・四〇・六
攈古 二・一・三五
窓齋 六・三
綴遺 四・八
奇觚 五・一六
周金 五・一二
善齋 七・五三
小校 六・七六・一
故青 一一七
流傳 劉體智舊藏
現藏 北京故宮博物院
來源 考古研究所拓

〇九〇九〇 者姛爵

字數 九
時代 殷

著録 總集 四一九七
三代 一六・四〇・五
從古 二・一二
清儀 一・二七
筠清 一・一九・二
古文審 四・二〇
攈古 二・一・六八
窓齋 二一・一八
綴遺 二四・三〇
腊稿 四三
周金 五・一二三
獨笑 二・一一
續殷下 三八・八
小校 六・七三・四
歐精華 一・六三
綜覽・爵 一七五
出土 河南
流傳 張廷濟舊藏，後歸美國底特律市某私人
來源 三代

〇九〇九一 索諆爵

字數 九
時代 西周早期
著録 總集 四二三八
三代 一六・四六・五
窓齋 二一・一七・三
綴遺 二六・二六・一
周金 五・一一九・二
殷存下 二三・二
小校 六・八二・四
上海 四二
辭典 五三二
上海(二〇〇四) 二四七
流傳 潘祖蔭舊藏
現藏 上海博物館
來源 考古研究所藏

〇九〇九二 婦闟爵

字數 九（蓋器同銘）
時代 殷
著録 總集 四九二四
三代 一八・二一・一~二
從古 一四・三六・一~二
攈古 二・一・七〇・二~二・一・七一・一
窓齋 二一・一〇・三~四
綴遺 二三・三〇・一~二
奇觚 六・二六・一~二
周金 五・七〇・一~二
簠齋 二觥一
小校 五・四四・一~二
弗里爾(一九六七) 五八頁PL二七
綜覽・爵 二六七
流傳 陳介祺舊藏
現藏 美國弗里爾美術陳列館
來源 考古研究所藏
備注 此器各書均誤爲兕觥

〇九〇九三 婦闟爵

字數 九
時代 殷
著録 日精華 三・二三〇
彙編 六・四七七
綜覽・爵 二六六
中藝 圖二九拓二二
流傳 日本東京鹽原又策氏舊藏
現藏 日本東京出光美術館
來源 出光美術館提供

〇九〇九四 朢父甲爵

字數 一〇
時代 西周早期
著録 總集 四一九八
三代 一六・四〇・七
窓齋 二三・二三・一
綴遺 二三・二三・一
周金 五・一二一・二
殷存下 二三・二
續殷下 三七・二
小校 六・七六・二
流傳 潘祖蔭舊藏
現藏 上海博物館
來源 上海博物館提供

〇九〇九五 呂仲僕爵

字數 一〇
時代 西周早期
著録 總集 四二〇〇
三代 一六・四〇・八
周金 五補
貞松 一〇・二二・二
綜覽・爵 二三八
書道 六一
現藏 日本東京書道博物館
來源 三代

〇九〇九六 魯侯爵

字數 一〇
時代 西周早期
著録 總集 四二〇二
三代 一六・四六・六
積古 七・一二・三
從古 一二・四
攈古 二・一・四九・四
綴遺 二六・二八・二
奇觚 一八・八・一
敬吾下 五六・四
周金 五・一一八・二
癡盦 二・二五
小校 六・八二・五
大系 二二五・一
山東存魯 一・二
通考 四四二
銘文選 五四
故青 一二五
流傳 郭承勳、方維祺、李泰棻舊藏
現藏 北京故宫博物院
來源 考古研究所拓

〇九〇九七 盟□鑰𡌲爵

字數 一一
時代 西周早期
著録 總集 四二〇一
三代 一六・四一・一
貞松 一〇・二二・一
現藏 日本京都泉屋博古館
來源 三代

〇九〇九八 姛[illegible]爵

字數 一二
時代 殷
著録 彙編 六・四三六
綜覽・爵 二一四
現藏 日本東京書道博物館
來源 彙編

〇九〇九九 征作父辛角

字數 一三
時代 西周早期
著録 總集 四二四〇
三代 一六・四六・七
筠清 五・六・一
攈古 二・一・八〇・二

窓齋 二一・一八・一
綴遺 二六・二五
敬吾下 六三・一
周金 五・一一八・一
續殷下 三八・七
小校 六・八三・一
上海(二〇〇四) 二四八

流傳 葉東卿、潘祖蔭舊藏
現藏 上海博物館
來源 上海博物館提供

〇九一〇〇 戟作父癸角

字數 一三
時代 殷
著録 總集 四二三九
三代 一六・四七・一
殷存下 二三・三
流傳 潘祖蔭舊藏
現藏 上海博物館
來源 考古研究所藏潘祖蔭拓本

〇九一〇一 亯魚爵

字數 一四
時代 殷
著録 考古 一九八六年八期七〇八頁
圖六：三~四
青全 三・一六
出土 一九八四年河南安陽市殷墟西區
M一七一三
現藏 考古研究所安陽工作站
來源 考古研究所拓

〇九一〇二 [illegible]亞作父癸角

字數 一六（蓋器同銘）
時代 殷
著録 總集 四二四一
三代 一六・四七・二~四

筠清 二・五一・二~三
攈古 二・二・二六・一~二
窓齋 二一・一 六・一~二
綴遺 二六・二七・一~二
敬吾下 六六・一~三
殷存下 二三・三~二三・四~五
續殷下 一
小校 六・八三・二~四
弗里爾(一九六七) PL二六
綜覽・角 七
銘文選 一五
青全 三・三二
流傳 孫星衍、葉東卿、潘祖蔭舊藏
現藏 美國華盛頓弗里爾美術館
來源 考古研究所藏

〇九一〇三 御正良爵

字數 二〇
時代 西周早期
著録 總集 四二〇三
三代 一六・四一・二
貞松 一〇・二二・二
善齋 七・五五
小校 六・七七・四
善彝 一五五
尊古 三・六
安徽金石 一・三七
雙古上 三二
山東存附 八・一
通考 四四一
綜覽・爵 二〇七
銘文選 三九
流傳 劉體智、于省吾舊藏
現藏 中國歷史博物館
來源 考古研究所藏

〇九一〇四 盂爵

字數 二一
時代 西周早期
著録 總集 四二〇四
三代 一六・四一・三
攈古 二・三・三
窓齋 二二・三・一
綴遺 二二・二九・一
奇觚 七・三 〇・二
周金 五・一二
簠齋 二爵一
小校 六・七七・二
日精華 三・二二七
斷代 三三
綜覽・爵 二二四
銘文選 六四
流傳 王味雪、陳介祺、毛叔美舊藏，
後歸日本京都小川睦之輔
來源 考古研究所藏陳介祺拓本

〇九一〇五 宰椃角

字數 三一（鋬二・口三〇）
時代 殷
著録 總集 四二四二
三代 一六・四八・一~二
十六 一・九・一
積古 二・一六・二~三
從古 一四・二四・一~二
攈古 二・三・八〇・二~三
窓齋 二一・一五・一~二
奇觚 六・二三・一~二
敬吾下 五四・二~三
殷存下 二三・六；下九・一〇
小校 六・八三・五~六
海外吉 九一

泉屋 二・八六
通考 四四六
綜覽・角 五
銘文選 七
青全 三・三三
泉屋博古 圖五〇拓一二・五一
流傳 錢坫、阮元、陳介祺舊藏
現藏 日本京都泉屋博古館
來源 考古研究所藏

斝類

〇九一〇六~〇九二四九

〇九一〇六 [illegible]斝

字數 一
時代 殷
著録 總集 四二四九
美集録 R 一六七
皮斯柏 一一
綜覽・斝 七八
現藏 美國米里阿波里斯美術館(皮斯柏藏品)
來源 考古研究所藏

〇九一〇七 [illegible]斝

字數 一
時代 殷
著録 總集 四二四八
三代 一三・四七・五
來源 三代

〇九一〇八 [illegible]斝

字數 一

時代 殷
著録 總集 四二四七
三代 一三・四七・二
長安 一・三〇
綴遺 二四・二二・二
殷存下 三〇・六
美集録 R 一七五
流傳 劉喜海舊藏
現藏 美國火奴魯美術學院
來源 考古研究所藏

〇九一〇九 [glyph]斝
字數 一
時代 殷或西周早期
著録 總集 四二四五
三代 一三・四七・三
來源 三代

〇九一一〇 [glyph]斝
字數 一
時代 殷
著録 古器物研究專刊 第三本插圖一六
綜覽・斝 六七
出土 一九三五年安陽侯家莊西北崗
一四〇〇號大墓
現藏 歷史語言研究所
來源 古器物研究專刊第三本
備注 銘文係用鈷六〇透視顯現

〇九一一一 [glyph]斝
字數 一
時代 殷
著録 總集 四二五〇
三代 一三・四七・七
愙齋 二一・一二・三
綴遺 二四・二七・二
小校 六・八四・二

流傳 潘祖蔭舊藏
來源 考古研究所藏

〇九一一二 [glyph]斝
字數 一
時代 殷
著録 總集 四二五五
録遺 二八〇
彙編 八・一二六五
現藏 澳大利亞國立維多利亞美術館
來源 録遺

〇九一一三 奚斝
字數 一
時代 殷
著録 總集 四二四六
三代 一三・四七・四
現藏 旅順博物館
來源 考古研究所拓

〇九一一四 匿斝
字數 一
時代 殷
著録 總集 四二五六
録遺 二八二
美集録 R 四五七・四八八
綜覽・斝 三八
薩克勒(商) 九
流傳 美國甘浦斯舊藏
現藏 美國華盛頓薩克勒美術館
來源 考古研究所藏

〇九一一五 匿斝
字數 一
時代 殷
著録 考古 一九八六年九期八三五頁
現藏 北京清華大學圖書館
來源 考古研究所拓

〇九一一六 何斝
字數 一
時代 殷
著録 總集 四二五九
録遺 二八五
現藏 北京故宮博物院
來源 考古研究所拓

〇九一一七 何斝
字數 一
時代 殷
著録 懷履光(一九五六) 八三頁
流傳 傳安陽郭家灣北地
現藏 加拿大多倫多安大略博物館
來源 考古研究所藏

〇九一一八 [glyph]斝
字數 一
時代 殷
著録 總集 四二五一
三代 一三・四七・八
愙齋 七・一四・二
綴遺 二四・二三・一
希古 五・一八・二
小校 七・五四・四
上海(二〇〇四) 一三〇
流傳 潘祖蔭舊藏
現藏 上海博物館
來源 考古研究所藏

〇九一一九 並斝
字數 一
時代 殷
著録 總集 四二四四
三代 一三・四七・一
綴遺 二四・二三・二
殷存下 三〇・七

流傳 潘祖蔭舊藏
來源 考古研究所藏

〇九一二〇 北斝
字數 一
時代 殷
著録 總集 四二六一
美集録 R 一七八
綜覽・斝 七一
來源 考古研究所藏

〇九一二一 [glyph]斝
字數 一
時代 殷
著録 總集 四二六〇(四二七六)
美集録 R 一七四
彙編 八・一三〇五
綜覽・斝 六八
現藏 美國舊金山亞洲藝術博物館(布倫戴奇藏品)
來源 考古研究所藏

〇九一二二 臣斝
字數 一
時代 殷
著録 綜覽・斝 五六
現藏 瑞典斯德哥爾摩遠東古物館
來源 綜覽

〇九一二三 叟斝
字數 一
時代 殷
著録 總集 四二五四(四二八七)
美集録 R 二二六
彙編 九・一四一八
現藏 美國波士頓美術博物館
來源 考古研究所藏

〇九一二四 聿斝

字數 一
時代 殷
著録 總集 四二六三
三代 一三・四八・二
現藏 遼寧省博物館
來源 考古研究所拓

〇九一二五 史斝
字數 一
時代 殷
著録 未見
現藏 北京故宮博物院
來源 考古研究所拓

〇九一二六 [illegible]斝
字數 一
時代 殷
著録 總集 四二七三
日精華 三・二四三
中銅 九八頁
出光 三九五頁
中藝 圖三八右拓二九b
出土 傳安陽殷墟大墓
流傳 神户廣海 二三 郎氏舊藏
現藏 日本東京出光美術館
來源 彙編

〇九一二七 其斝
字數 一
時代 殷
著録 總集 四三〇四
婦好墓 八四頁圖五六：一〇
殷青 圖五一・一
出土 一九七六年河南安陽市殷墟婦好墓(M五：八六一)
現藏 考古研究所安陽工作站
來源 考古研究所拓

〇九一二八 興斝
字數 一
時代 殷
著録 總集 四二六七
美集録 R 六
皮斯柏 一二
綜覽・斝 八〇
現藏 美國米里阿波里斯美術館(皮斯柏藏品)
來源 考古研究所藏

〇九一二九 興斝
字數 一
時代 殷
著録 薩克勒(商)七
現藏 美國紐約薩克勒氏
來源 薩克勒

〇九一三〇 [illegible]斝
字數 一
時代 殷
著録 彙編 九・一四〇〇
薩克勒(商) 五
現藏 美國紐約薩克勒氏
來源 薩克勒

〇九一三一 [illegible]斝
字數 一
時代 殷
著録 西清 二三・七
流傳 清宮舊藏
來源 西清

〇九一三二 [illegible]斝
字數 一
時代 殷
著録 總集 四二七二
中原文物 一九八五年一期三〇頁
圖二：一四
河南 一・三二九
青全 三・四五
出土 一九五二年河南安陽
現藏 新鄉市博物館
來源 新鄉市博物館提供

〇九一三三 徙斝
字數 一
時代 殷
著録 總集 四二七五
文物 一九七五年二期八九頁圖三
河南 一・三三八
綜覽・斝 九三
美全 四・六二
辭典 一八四
青全 四・九九
出土 一九六八年河南溫縣小南張村
現藏 河南省博物館
來源 河南省博物館提供

〇九一三四 奄斝
字數 一
時代 殷
著録 綴遺 二四・二四・一
沃森 七〇頁圖五：九
來源 沃森

〇九一三五 鳥斝
字數 一
時代 殷
著録 總集 四二六二
三代 一三・四八・一
續殷下 六四・七
來源 三代

〇九一三六 雋斝
字數 一
時代 殷
著録 總集 四二六五
録遺 二七九
現藏 中國歷史博物館
來源 考古研究所拓

〇九一三七 [illegible]斝
字數 一
時代 殷
著録 日精華 三・二四〇
彙編 九・一六一五
現藏 日本奈良寧樂美術館
來源 彙編

〇九一三八 [illegible]斝
字數 一
時代 殷
著録 布倫戴奇 Fig 一〇五
彙編 九・一六二四
現藏 美國舊金山亞洲藝術博物館(布倫戴奇藏品)
來源 布倫戴奇

〇九一三九 [illegible]斝
字數 一
時代 殷
著録 彙編 九・一五一五
薩克勒(商) 八
現藏 美國華盛頓薩克勒美術館
來源 薩克勒

〇九一四〇 戈斝
字數 一
時代 殷
著録 中原文物 一九八五年一期三〇頁
圖二：二四
出土 一九五二年河南輝縣褚邱村
現藏 新鄉市博物館

來源　新鄉市博物館提供

〇九一四一　□斝

字數　一

時代　殷

著録　總集　四二六九

美集録　R　四五八

洛爾(一九六八)一七七頁　No. 三二

綜覽・斝　八二

流傳　美國布恰德氏舊藏

現藏　美國奥爾勃來特美術陳列館

來源　考古研究所藏

〇九一四二　□斝

字數　一

時代　殷

著録　總集　四二六八

日精華　三・二四一

彙編　九・一五七七

綜覽・斝　四〇

出土　傳安陽出土

流傳　日本京都川合定治郎舊藏

來源　彙編

〇九一四三　亞斝

字數　一

時代　殷

著録　殷虚　圖六二：二

青全　三・四九

出土　一九八〇年河南安陽市大司空村(M五三九：三五)

現藏　考古研究所安陽工作站

來源　考古研究所拓

〇九一四四　□斝

字數　一

時代　殷

著録　鄴三上　三五

鐃齋　一九

綜覽・斝　六三

出土　傳河南安陽

現藏　德國科隆東洋博物館

來源　鄴三

〇九一四五　□斝

字數　一

時代　殷

著録　總集　四二七〇

美集録　R　四五九

綜覽・斝　五三

流傳　美國羅比爾氏舊藏

來源　考古研究所藏

〇九一四六　亩斝

字數　一

時代　殷

著録　總集　四二五八

録遺　二八四

美集録　R　一八七

柏景寒　一四八・一

綜覽・斝　九〇

現藏　美國芝加哥美術館

來源　考古研究所藏

〇九一四七　冊方斝

字數　一

時代　殷

著録　總集　四八九四

辭典　一九〇

故青　三七

現藏　北京故宮博物院

來源　考古研究所拓

〇九一四八　□斝

字數　一

時代　殷

著録　總集　四二六六

美集録　R　二二

綜覽・斝　三七

流傳　美國魏格氏舊藏

來源　考古研究所藏

〇九一四九　□斝

字數　一

時代　殷

著録　中原文物　一九八五年一期三〇頁

圖二：三一

現藏　新鄉市博物館

來源　新鄉市博物館提供

〇九一五〇　串斝

字數　一

時代　殷

著録　總集　四二五二

三代　一三・四八・四

西清　二三・五

續殷下　六四・六

流傳　清宮舊藏

現藏　北京故宮博物院

來源　考古研究所拓

〇九一五一　□斝

字數　一

時代　殷

著録　總集　四二五七

録遺　二八三

彙編　九・一五七〇

流傳　美國布倫戴奇氏舊藏

來源　録遺

〇九一五二　戊斝

字數　一

時代　殷

著録　總集　四二四三

三代　一一・三・八

續殷上　四・一〇

美集録　R　二三三

歐精華　一・六六

弗里爾(一九六七)二二四頁

綜覽・斝　四六

現藏　美國華盛頓弗里爾美術博物館

來源　考古研究所藏

備注　三代、續殷皆誤作鼎

〇九一五三　戊斝

字數　一

時代　殷

著録　北圖　一六七

來源　北京圖書館藏

〇九一五四　癸斝

字數　一

時代　殷

著録　薛氏　四二・一

來源　薛氏

〇九一五五　□斝

字數　一

時代　殷

著録　總集　四二六四

三代　一三・四八・三

現藏　遼寧省博物館

來源　考古研究所拓

〇九一五六　亞矣斝

字數　二

時代　殷

著録　總集　四二八〇

三代　一三・四七・六

澂秋　四三

貞松　八・三三・二

薩克勒(商)　六

流傳 陳承裘舊藏
現藏 美國華盛頓薩克勒美術館
來源 考古研究所藏

〇九一五七 亞矣罍
字數 二
時代 殷
著録 總集 四二八一
青山莊 九
彙編 八·一〇三六
綜覽·罍 六二
流傳 傳安陽侯家莊西北崗大墓
現藏 日本東京根津美術館
來源 青山莊

〇九一五八 亞矣罍
字數 二
時代 殷
著録 布倫戴奇 Fig 二六
現藏 美國舊金山亞洲藝術博物館(布倫戴奇藏品)
來源 布倫戴奇
出土 傳河南安陽武官北地(青全)
青全 三·四六

〇九一五九 亞醜罍
字數 二
時代 殷
著録 寧壽 一〇·六
故青 八四
現藏 北京故宮博物院
來源 考古研究所拓

〇九一六〇 亞酉罍
字數 二
時代 殷
著録 總集 四二八二
録遺 二八一

現藏 北京故宮博物院
來源 考古研究所拓

〇九一六一 亞殻罍
字數 二
時代 殷
著録 總集 四二七八
美集録 R 一四五
彙編 八·一〇六四
現藏 美國哈佛大學福格美術博物館
來源 考古研究所藏

〇九一六二 亞□罍
字數 二
時代 殷
著録 總集 四三三一
三代 一三·五二·六
續殷下 六四·四
彙編 八·一〇九六
現藏 美國波士頓美術館
來源 考古研究所藏

〇九一六三 亞其罍
字數 二
時代 殷
著録 總集 四三〇五
婦好墓 八四頁圖五六：一二
出土 一九七六年河南安陽市殷墟婦好墓(M五：一一九七)
現藏 考古研究所安陽工作站
來源 考古研究所拓

〇九一六四 亞獏罍
字數 二
時代 殷
著録 總集 四三三五
巖窟上 二四
出土 一九四〇年河南安陽

流傳 梁上椿舊藏
來源 巖窟

〇九一六五 且戊罍
字數 二
時代 殷
著録 西甲 一一·一二
流傳 清宮舊藏
來源 西甲

〇九一六六 且己罍
字數 二
時代 殷
著録 未見
流傳 河南武陟縣寧郭鄉揀選
現藏 武陟縣博物館
來源 考古研究所拓

〇九一六七 父乙罍
字數 二
時代 殷
著録 未見
現藏 北京故宮博物院
來源 考古研究所拓

〇九一六八 父己罍
字數 二
時代 殷
著録 總集 四二七七
學報 一九七九年一期圖六〇：一
河南 一·二〇五
殷虛 圖七三·一〇
綜覽·罍 九四
青全 三·五〇
出土 一九七四年河南安陽市殷墟西區(M一九八：六)
現藏 考古研究所安陽工作站
來源 考古研究所拓

〇九一六九 父庚罍
字數 二
時代 殷
著録 總集 四二八四
三代 一三·四八·七
現藏 旅順博物館
來源 考古研究所拓

〇九一七〇 父辛罍
字數 二
時代 殷
著録 薛氏 四二·三
出土 「政和丙申歲(一一一六)，北海縣民道經臨朐，見岸圮，得之」
來源 薛氏

〇九一七一 父癸罍
字數 二
時代 殷
著録 總集 四二八三
三代 一三·四八·六
綴遺 二四·二五·一
殷存下 三〇·八
流傳 潘祖蔭、方濬益舊藏
現藏 上海博物館
來源 考古研究所藏

〇九一七二 子蝠罍
字數 二(蓋器同銘)
時代 殷
著録 布倫戴奇 一三九頁 Fig 二八
彙編 八·一二一〇
現藏 美國舊金山亞洲藝術博物館(布倫戴奇藏品)
來源 彙編

〇九一七三 子□罍
字數 二

時代 殷
著録 總集 四二九二
三代 一三・四九・六

〇九一七四 子漁斝
字數 二
時代 殷
著録 總集 四二九三
學報 一九八一年四期四九六頁
圖四：八
殷虛 圖五八・一
青全 三・四八
出土 一九七六年河南安陽市小屯村(M一八：一七)
現藏 考古研究所安陽工作站
來源 考古研究所拓

〇九一七五 冀𠘧斝
字數 二
時代 殷
著録 總集 四三三〇
三代 一三・五二・二
貞松 八・三六・二
續殷下 六四・二
故宮 一二期
故圖下上 一八〇
禮器 一五九頁
流傳 清宮舊藏
現藏 臺北故宮博物院
來源 考古研究所藏

〇九一七六 冀戲斝
字數 二
時代 殷
著録 文物 一九八二年九期四〇頁
圖二四
出土 傳山東費縣
流傳 一九八一年北京文物研究所從廢銅中揀選
現藏 北京市文物研究所
來源 考古研究所拓

〇九一七七 女亞斝
字數 二
時代 殷
著録 綜覽・斝 七二
出土 傳河南安陽
來源 綜覽

〇九一七八 婦好斝
字數 二
時代 殷
著録 總集 四三〇一
婦好墓 七二頁圖四七：二
綜覽・斝 六六
殷虛 圖四六・三
出土 一九七六年河南安陽市殷墟婦好墓(M五：七五二)
現藏 考古研究所安陽工作站
來源 考古研究所拓

〇九一七九 婦好斝
字數 二
時代 殷
著録 總集 四二九九
婦好墓 七二頁圖四七：三
美全 四・四〇
辭典 一八九
青全 三・五五
出土 同〇九一七八(M五：八五五)
現藏 中國歷史博物館(考古研究所寄陳)
來源 考古研究所拓

〇九一八〇 婦好斝
字數 二
時代 殷
著録 總集 四二八六
婦好墓 七二頁圖四七：一
出土 同〇九一七八(M五：八五四)
現藏 河南省博物館(考古研究所借陳)
來源 考古研究所拓

〇九一八一 婦好斝
字數 二
時代 殷
著録 總集 四三〇〇
婦好墓 七二頁圖四七：八
綜覽・斝 六五
出土 同〇九一七八(M五：七五一)
現藏 考古研究所安陽工作站
來源 考古研究所拓

〇九一八二 酋乙斝
字數 二
時代 殷
著録 總集 四二八九
彙編 九・一六〇四
現藏 美國達謀學院
來源 彙編

〇九一八三 酋乙斝
字數 二
時代 殷
著録 總集 四二九〇
彙編 九・一六〇五
綜覽・斝 二一
現藏 美國聖路易市美術博物館
來源 彙編

〇九一八四 酋乙斝
字數 二(蓋器同銘)
時代 殷
著録 總集 四二八八
三代 一三・四九・一～二
貞松 八・三三・三～四
希古 五・一八・三～四
山東存附 一六・三～四
小校 二・九・一～二
出土 傳山東
流傳 日本齋藤氏舊藏
來源 考古研究所藏

〇九一八五 [illegible]乙斝
字數 二
時代 殷
著録 總集 四二八六
三代 一三・四八・八
從古 一四・二三・二
攈古 一一・四五・四
窓齋 二一・一二・二
綴遺 二四・二八・一
奇觚 七・三一・一
敬吾下 五八・二
殷存下 三〇・九
簠齋 二斝二
小校 六・八四・四
蔭軒 一・三
流傳 陳介祺舊藏，後歸李蔭軒
現藏 上海博物館
來源 考古研究所藏

〇九一八六 乙魚斝
字數 二
時代 殷
著録 總集 四二九四
彙編 九・一六四一
現藏 美國米里阿波里斯美術館(皮斯柏藏品)

來源　彙編

○九一八七　庚戈斝

字數　二
時代　殷
著録　未見
現藏　北京故宮博物院
來源　考古研究所拓

○九一八八　辛□斝

字數　二
時代　殷
著録　薛氏　四二・二
來源　薛氏

○九一八九　□斝

字數　二
時代　殷
著録　懷履光（一九五六）　九九頁圖四
出土　傳河南安陽市郭家灣北地
現藏　加拿大多倫多安大略博物館
來源　考古研究所藏

○九一九〇　□田斝

字數　二
時代　殷
著録　總集　四二八五
三代　一三・四九・四
殷存下　三〇・一〇
澂秋　四四
日精華　三・二四二
綜覽・斝　六四
流傳　陳承裘舊藏
現藏　日本京都藤井有鄰館
來源　考古研究所藏

○九一九一　□斝

字數　二
時代　西周早期
著録　總集　四二八四
三代　一三・四九・三
陶齋　一・九
續殷下　六四・一
小校　六・八四・六
美集録　R　一六八
歐精華　一・八
出土　光緒辛丑（一九〇一）陝西寶鷄鬥鷄臺
流傳　端方舊藏
現藏　美國紐約大都會美術博物館
來源　考古研究所藏

○九一九二　隹□斝

字數　二
時代　西周早期
著録　總集　四二九一
三代　一三・四九・五
來源　三代

○九一九三　□龜斝

字數　二
時代　殷
著録　總集　四二九六
三代　一三・四九・八
來源　三代

○九一九四　□斝

字數　二
時代　西周早期
著録　總集　四二九五
三代　一三・四九・七
續殷下　六六・一
十二居　二八
綜覽・斝　九七
流傳　周季木舊藏
現藏　旅順博物館
來源　考古研究所拓

○九一九五　鄉宁斝

字數　二
時代　殷
著録　總集　四二七九
美集録　R　三一
弗里爾（一九六七）一三七頁
綜覽・斝　七九
青全　三・五九
出土　傳河南安陽（青全）
現藏　美國華盛頓弗里爾美術博物館
來源　考古研究所藏

○九一九六　買車斝

字數　二
時代　殷
著録　未見
現藏　北京故宮博物院
來源　考古研究所拓

○九一九七　車□斝

字數　二
時代　殷
著録　總集　四二九八
美集録　R　四五六
彙編　九・一五九八
現藏　美國堪薩斯納爾遜美術陳列館
來源　考古研究所藏

○九一九八　□册斝

字數　二
時代　殷
著録　未見
現藏　北京故宮博物院
來源　考古研究所拓

○九一九九　□册斝

字數　二
時代　殷
著録　未見
現藏　北京故宮博物院
來源　考古研究所拓

○九二〇〇　西單斝

字數　二
時代　殷
著録　總集　四二五三
三代　一三・四八・五
貞松　八・三三・一
希古　五・一八・一
善齋　七・六三
小校　六・八四・三
續殷下　六四・三
善彝　一六七
通考　四五九
綜覽・斝　七四
流傳　劉體智舊藏
現藏　中國歷史博物館
來源　考古研究所藏

○九二〇一　爻且丁斝

字數　三
時代　殷
著録　總集　四三〇八
三代　一三・五〇・四
從古　七・一八・一
攈古　一・二・四一・四
綴遺　二四・二四・二
敬吾下　五六・二

續殷下 六五・二
小校 六・八四・七
流傳 瞿穎山舊藏
來源 三代

〇九二〇二 □且丁斝
字數 三
時代 殷
著録 總集 四三〇七
三代 一三・五〇・三
貞松 八・三四・一
續殷下 六五・一
現藏 上海博物館
來源 考古研究所藏

〇九二〇三 丫且己斝
字數 三
時代 殷
著録 總集 四三〇六
三代 一三・五〇・五
貞松 八・三四・二
善齋 七・六四
續殷下 六五・三
小校 六・八五・一
流傳 劉體智舊藏
現藏 中國歷史博物館
來源 考古研究所拓

〇九二〇四 [大/豕]父甲斝
字數 三
時代 殷
著録 總集 四三〇九
三代 一三・五〇・六
綴遺 二三・二八・一
貞松 八・三四・五
來源 考古研究所藏

〇九二〇五 田父甲斝
字數 三（蓋器同銘）
時代 殷
著録 總集 四三一〇
三代 一三・五〇・七～八
貞松 八・三四・三～四
董盦 四
日精華 三・二四七
彙編 九・一七〇〇
綜覽・斝 一〇六
出土 傳一九一八年山東長清
流傳 日本大阪齋藤悦藏氏舊藏
來源 三代

〇九二〇六 □父乙斝
字數 三
時代 西周早期
著録 總集 四三一三
美集録 R 二〇三
流傳 美國魯本斯氏舊藏
來源 考古研究所藏

〇九二〇七 □父乙斝
字數 三
時代 西周早期
著録 總集 四二九七
三代 一三・五〇・二
續殷下 六五・五
現藏 北京故宮博物院
來源 考古研究所拓

〇九二〇八 □父乙斝
字數 三
時代 殷
著録 總集 四三一一
三代 一三・五一・一
綴遺 二四・二五・二
貞松 八・三五・一
續殷下 六五・四
小校 六・八五・二
綜覽・斝 九八
中藝 圖三九拓三〇
流傳 徐乃昌舊藏
現藏 日本東京出光美術館
來源 考古研究所藏

〇九二〇九 奄父乙斝
字數 三
時代 殷
著録 總集 四三二六
三代 一三・五二・三
西清 二三・一〇
愙齋 二一・一一・三
綴遺 二四・二六・一
殷存下 三一・一（又上一六・五重出）
小校 六・八五・三
上海（二〇〇四）一三五
流傳 清宮舊藏，後歸潘祖蔭
現藏 上海博物館
來源 考古研究所藏

〇九二一〇 山父乙斝
字數 三
時代 殷
著録 總集 四三二二
三代 一三・五一・二
殷存下 三〇・一
現藏 北京故宮博物院
來源 考古研究所藏

〇九二一一 作父乙斝
字數 三
時代 西周早期
著録 未見
現藏 上海博物館
來源 上海博物館提供

〇九二一二 單父丁斝
字數 三
時代 殷
著録 西甲 一一・一一
流傳 清宮舊藏
來源 西甲

〇九二一三 聿父戊斝
字數 三
時代 殷
著録 總集 四三一五
三代 一三・五一・四
寧壽 一〇・七
貞補中 一三・二
故宮 二一冊
流傳 清宮舊藏
現藏 北京故宮博物院
來源 考古研究所拓

〇九二一四 保父己斝
字數 三
時代 殷
著録 總集 四三一四
三代 一三・五一・五
貞松 八・三五・三
續殷下 六五・七
來源 考古研究所藏

〇九二一五 □父己斝
字數 三
時代 殷
著録 薛氏 四二・六
來源 薛氏

〇九二一六 □父辛斝
字數 三

時代　殷
著録　薛氏　四二・四
出土　「政和丙申歲(一一一六)北海縣民道經臨朐，見岸圮得之」
來源　薛氏

〇九二一七　[illegible]父辛斝
字數　三
時代　殷
著録　薛氏　四二・五
出土　同〇九二一六
來源　薛氏

〇九二一八　𦘒父辛斝
字數　三
時代　西周早期
著録　總集　四三二四
　　　文物　一九七二年一二期八頁圖一一
　　　學報　一九七七年二期一〇八頁圖八：一〇
　　　綜覽・斝　一〇七
出土　一九六七年甘肅靈臺縣白草坡村
現藏　甘肅省博物館
來源　考古學報編輯部檔案

〇九二一九　𦍩父癸斝
字數　三
時代　殷
著録　總集　四三一九
　　　三代　一三・五一・八
　　　綴遺　二四・二六・二
　　　奇觚　七・三二・二
　　　殷存下　三一・二
流傳　丁筱農舊藏
來源　三代

〇九二二〇　[illegible]父癸斝
字數　三
時代　殷
著録　總集　四三一六
　　　三代　一三・五一・七
　　　西乙　一一・三
　　　寶蘊　一一四
　　　貞松　八・三五・四
　　　續殷下　六五・八
　　　通考　四六二
　　　故圖下下　三五一
　　　綜覽・斝　九九
流傳　瀋陽故宮舊藏
現藏　臺北故宮博物院
來源　考古研究所藏

〇九二二一　W父口斝
字數　三
時代　殷
著録　總集　四三一七
　　　三代　一三・五二・一
　　　西乙　一一・四
　　　寶蘊　一一五
　　　貞松　八・三六・一
　　　續殷下　六五・六
　　　故圖下下　三五二
　　　酒器　一二六頁
　　　商圖　四四
流傳　瀋陽故宮舊藏
現藏　臺北故宮博物院
來源　考古研究所藏
備注　父下爲「丁」字

〇九二二二　司[illegible]母斝
字數　三
時代　殷
著録　總集　四三二二
　　　婦好墓　五八頁圖三八：八
出土　一九七六年河南安陽市殷墟婦好墓(M五：八六〇)
現藏　考古研究所安陽工作站
來源　考古研究所拓

〇九二二三　司[illegible]母斝
字數　三
時代　殷
著録　總集　四三二三
　　　婦好墓　五八頁圖三八：七
　　　辭典　一八七
　　　青全　三・四〇～四一
出土　同〇九二二二(M五：八五七)
現藏　考古研究所安陽工作站
來源　考古研究所拓

〇九二二四　子束泉斝
字數　二
時代　殷
著録　婦好墓　六〇頁圖三九：六
出土　同〇九二二二(M五：三一七)
現藏　考古研究所安陽工作站
來源　考古研究所拓

〇九二二五　亞𢀛街斝
字數　三
時代　殷
著録　總集　四三〇三
　　　三代　一三・五〇・一
　　　一二契　一三
　　　續殷下　六四・一〇
　　　綜覽・斝　一〇二
流傳　商承祚舊藏
現藏　旅順博物館
來源　考古研究所拓

〇九二二六　詎[illegible]斝
字數　三
時代　殷
著録　未見
現藏　北京故宮博物院
來源　考古研究所拓

〇九二二七　匕田丫斝
字數　三
時代　殷
著録　總集　四三二一
　　　賸稿　四四
　　　綜覽・斝　八七
出土　河南安陽市薛家莊
現藏　浙江省博物館
來源　賸稿

〇九二二八　亞弜父丁斝
字數　四
時代　殷
著録　總集　四三二七
　　　三代　一三・五一・三
　　　貞松　八・三五・二
　　　小校　六・八一・一
來源　三代

〇九二二九　矢宁父丁斝
字數　四
時代　西周早期
著録　博古　一五・九
　　　薛氏　一〇九・四
　　　嘯堂　四八・一
來源　嘯堂

〇九二三〇　西單父丁斝
字數　四
時代　殷
著録　綜覽・斝　一〇〇
來源　綜覽

〇九二三一 [glyph]作父戊斝
字數 四
時代 殷
著録 總集 四三三三
録遺 二八七
現藏 北京故宮博物院
來源 考古研究所拓

〇九二三二 山[glyph]父辛斝
字數 四
時代 殷
著録 未見
現藏 北京故宮博物院
來源 考古研究所拓

〇九二三三 何父癸斝
字數 四
時代 殷
著録 總集 四三二九
三代 一三・五二・四
貞松 八・三六・三
流傳 清宮舊藏
來源 三代

〇九二三四 亞[glyph]馬豢斝
字數 四
時代 殷
著録 荷、比 一七頁
彙編 八・一〇二〇
綜覽・斝 五〇
現藏 荷蘭某氏
來源 綜覽

〇九二三五 [glyph]作彝斝
字數 四
時代 殷
著録 總集 五五五〇
三代 一一・四一・三
殷存下 三一・六
來源 考古研究所藏
備注 此器三代誤作罍，今據考古所藏全形拓訂正

〇九二三六 聳作尊彝斝
字數 四
時代 西周早期
著録 未見
出土 一九七一年河南洛陽市北窑村墓葬
現藏 洛陽博物館
來源 考古編輯部檔案

〇九二三七 光作從彝斝
字數 四
時代 殷
著録 總集 四三三〇
三代 一三・五二・五
貞續中 二四・一
來源 三代

〇九二三八 辛亞鳥[glyph]斝
字數 五
時代 殷
著録 總集 四三三二
録遺 二八六
北圖 一六八
來源 考古研究所藏

〇九二三九 冓斝
字數 五
時代 西周早期
著録 總集 四三三四
三代 一三・五二・七
貞松 八・三六・四
雙吉上 三一
希古 三・二一・一
流傳 王錫棨、于省吾舊藏
來源 考古研究所藏

〇九二四〇 [glyph]父丁斝
字數 六
時代 殷或西周早期
著録 未見
現藏 上海博物館
來源 上海博物館提供

〇九二四一 [glyph]父丁斝
字數 六
時代 西周早期
著録 總集 四三三五
三代 一三・五二・八
貞補中 一四・一
尊古 三・一二
冠斝上 三八
綜覽・斝 一〇五
流傳 榮厚舊藏
來源 考古研究所藏

〇九二四二 宁狽父丁斝
字數 六
時代 西周早期
著録 總集 四三三六
三代 一三・五三・一
從古 一四・二三・一
擄古 二・一・一七・四
愙齋 二一・一二・一
綴遺 二四・二七・一
奇觚 七・三一・二
敬吾下 五八・三
殷存下 三一・四
簠齋 一斝一
小校 六・八五・八
雙吉上 三〇
流傳 陳介祺、于省吾舊藏
現藏 北京故宮博物院
來源 考古研究所拓

〇九二四三 黽作婦姑斝
字數 六
時代 殷或西周早期
著録 總集 四三三九
三代 一三・五三・四
貞松 八・三七・一
希古 五・一九・一
流傳 潘祖蔭舊藏
來源 三代

〇九二四四 □作康公斝
字數 七
時代 西周早期
著録 學報 一九五六年一期九四頁圖六
出土 傳一九三三年河南濬縣
來源 考古研究所藏

〇九二四五 亞眞矦母癸斝
字數 七
時代 西周早期
著録 鄴三上 三六
録遺 二八八
上海(二〇〇四) 二五三
現藏 上海博物館
來源 考古研究所藏

〇九二四六 婦闆日癸斝
字數 一〇
時代 殷
著録 總集 四三四二
三代 一三・五三・五
周金 五・三〇・一
貞續中 二四・二
小校 四・七八・三

來源 三代

〇九二四七 婦闖日癸斝

字數 一〇
時代 殷
著録 善齋 六・六八
小校 六・八七・三
現藏 南京市博物館
來源 考古研究所拓

〇九二四八 折斝

字數 一〇（蓋、器同銘）
時代 西周早期
著録 總集 四三四一
文物 一九七八年三期九頁圖八
（蓋銘未著録）
綜覽・斝 一〇四
青全 五・九四
辭典 五四〇
吉鑄 四
出土 一九七六年陝西扶風縣莊白村窖藏
現藏 周原博物館
來源 周原博物館提供

〇九二四九 小臣邑斝

字數 二六
時代 殷
著録 總集 四三四三
三代 一三・五三・六
陶齋 三・三二
續殷下 六六・五
小校 六・八七・三
十二貯 一二
山東存紀 七・二
冠斝上 三九
通考 四六三
彙編 五・二五三
銘文選 一一
綜覽・斝 八五
青全 三・五三
流傳 端方、王辰、榮厚舊藏
現藏 美國聖路易市美術博物館
來源 考古研究所藏

觥類

〇九二五〇～〇九三〇三

〇九二五〇 [illegible]觥

字數 一
時代 殷
著録 薩克勒（一九八七）一六八頁
Fig 八・二
現藏 美國印第安那波里斯美術博物館
來源 薩克勒

〇九二五一 婦觥

字數 一（蓋器同銘）
時代 殷
著録 總集 四八九七
美集録 R 二七
盧氏（一九四〇）圖版一三：一七
綜覽・匜 四〇
流傳 盧芹齋舊藏
來源 考古研究所藏

〇九二五二 [illegible]觥

字數 一
時代 西周早期
著録 總集 四八九六
美集録 R 二七八 ab
歐精華 二・一四七
通考 六八二
彙編 九・一七三三
綜覽・匜 四四
出土 傳一九二六年河南
現藏 美國紐約大都會美術博物館
來源 考古研究所藏

〇九二五三 亞若觥蓋

字數 二
時代 殷
著録 總集 六七九五
三代 一七・二二・四
攈古 一・一・四四・三
愙齋 一六・一九・二
小校 九・五五・二
流傳 葉東卿舊藏
現藏 北京故宮博物院
來源 考古研究所拓

〇九二五四 [illegible]觥

字數 二
時代 殷
著録 總集 四八九九
美集録 R 二〇一 b
彙編 九・一七四一
現藏 美國哈佛大學福格美術博物館
來源 考古研究所藏

〇九二五五 [illegible]觥

字數 二
時代 殷
著録 西清 三二・一三
流傳 清宮舊藏
來源 西清

〇九二五六 丁貯觥

字數 二
時代 殷
著録 西清 三二・三
流傳 清宮舊藏
來源 西清

〇九二五七 告田觥

字數 二
時代 殷
著録 歐精華 二・一四七
綜覽・匜 二二
歐遺 九五
出土 陝西寶鷄戴家灣
現藏 丹麥哥本哈根國立民族學博物館
來源 綜覽

〇九二五八 矢宁觥

字數 二
時代 殷
著録 柯爾（一九三九）三八頁Fig 一二
通考 六七六
彙編 九・一五八〇
綜覽・匜 二九
流傳 英國柯爾舊藏
來源 綜覽

〇九二五九 [illegible]旅觥

字數 一
時代 殷
著録 總集 四八九八
美集録 R 一五五 ab
皮斯柏 三一
彙編 八・一三一七
綜覽・匜 二
現藏 美國米里阿波里斯博物馆（皮斯柏藏品）
來源 考古研究所藏

〇九二六〇　婦好觚
字數　二
時代　殷
著録　總集　四九〇一
婦好墓　圖三四：七
青全　三・一五一～一五三
辭典　一六一
出土　一九七六年河南安陽市殷墟婦好墓(M五：八〇二)
現藏　考古研究所
來源　考古研究所拓

〇九二六一　婦好觚
字數　二
時代　殷
著録　總集　四九〇〇
婦好墓　圖三四：八
殷青　圖四六・六
出土　同〇九二六〇(M五：七七九)
現藏　河南省博物館(考古研究所借陳)
來源　考古研究所拓

〇九二六二　[illegible]觚
字數　二(蓋器同銘)
時代　殷
著録　總集　四九〇三
美集録　R　一九五　ab
彙編　九・一五八五
銅玉　圖五二頁 FigM
綜覽・觚　七
青全　四・八二
現藏　美國華盛頓弗里爾美術博物館
來源　考古研究所藏

〇九二六三　[illegible]己觚
字數　二(蓋器同銘)
時代　殷
著録　總集　四九〇二
美集録　R　六二　ab
彙編　九・一四九二
現藏　帝國哈佛大學福格美術博物館
來源　考古研究所藏

〇九二六四　庚[illegible]觚蓋
字數　二
時代　殷
著録　未見
現藏　北京故宮博物院
來源　考古研究所拓

〇九二六五　癸萬觚
字數　二
時代　殷
著録　總集　四九〇六
美集録　R　二〇〇b
彙編　九・一六六〇
來源　考古研究所藏

〇九二六六　羊父甲觚
字數　三(蓋器同銘)
時代　殷
著録　綜覽・觚　三四
流傳　陳仁濤舊藏
來源　綜覽

〇九二六七　黿父乙觚
字數　三(蓋器同銘)
時代　殷
著録　總集　六八〇一
三代　一七・二四・一～二
小校　九・五五・四
薩克勒(西周)　一一八
現藏　美國華盛頓薩克勒美術館
來源　三代

〇九二六八　[illegible]父乙觚
字數　三(蓋器同銘)
時代　殷
著録　總集　四九〇五
上海　一五
彙編　八・一一一一
綜覽・觚　三八
辭典　一六五
青全　四・八四～八六
上海(二〇〇四)　一六四
現藏　上海博物館
來源　上海博物館提供

〇九二六九　冀父乙觚
字數　三(蓋器同銘)
時代　殷
著録　西甲　一四・三三
流傳　清宮舊藏
來源　西甲

〇九二七〇　冀父乙觚
字數　三
時代　殷
著録　總集　六七九六
三代　一七・二三・三
貞松　一〇・三一
殷存下　三四・七
續殷下　七六・一
流傳　潘祖蔭舊藏
來源　續殷

〇九二七一　山父乙觚
字數　三
時代　殷
著録　西清　三二・一〇
流傳　清宮
來源　西清

〇九二七二　[illegible]父乙觚
時代　殷
著録　鏡齋　二・一六
綜覽・觚　三五
流傳　德國艾克氏舊藏
現藏　德國科隆東洋博物館
來源　綜覽

〇九二七三　光父乙觚
字數　三
時代　西周早期
著録　布倫戴奇 Fig 三〇
彙編　八・一一五五
現藏　美國舊金山亞洲藝術博物館(布倫戴奇藏品)
來源　布倫戴奇

〇九二七四　父丁障觚
字數　三
時代　西周早期
著録　總集　六七九七
三代　一七・二三・四
來源　三代

〇九二七五　天父丁觚
字數　三
時代　西周早期
著録　續考　二・八
流傳　王師文得于太原孟縣
來源　續考

〇九二七六　竟父戊觚
字數　三(蓋器同銘)
時代　殷
著録　總集　四九一〇
三代　一七・二三・五～六
貞松　一〇・三一
小校　九・五六・一
美集録　R　八四

通 六七六
布倫戴奇 Fig 三二
彙編 八・一二八三
綜覽・匜 三七
流傳 徐乃昌舊藏
現藏 美國舊金山亞洲藝術博物館（布倫戴奇藏品）
來源 三代

〇九二七七 □父庚觥

字數 三
時代 西周早期
著録 總集 四九〇四
美集録 R 一八九
歐精華 二・一四八
綜覽・匜 四二
出土 傳一九二八年河南
現藏 美國紐約大都會美術博物館
來源 考古研究所藏

〇九二七八 戉父辛觥

字數 三
時代 殷或西周早期
著録 總集 六七九九
三代 一七・二三・七
來源 三代

〇九二七九 龜父癸觥

字數 三
時代 殷
著録 總集 六八〇二
三代 一七・二四・三
積古 二・二三
從古 一・二〇
攈古 一・二・八二・三
殷存上 一六・八
流傳 阮元舊藏

來源 考古研究所藏

〇九二八〇 司母辛觥

字數 三（蓋器同銘）
時代 殷
著録 總集 四九〇八
婦好墓 三七頁圖二五：五～六
綜覽・匜 九
歷博 三四
殷青 圖四三・二～三
美全 四・四三
辭典 一六二
出土 一九七六年河南安陽市殷墟婦好墓（M五：八〇三）
現藏 中國歷史博物館（考古研究所寄陳）
來源 考古研究所拓

〇九二八一 司母辛觥

字數 三（蓋器同銘）
時代 殷
著録 總集
婦好墓 三七頁圖二五：三～四
青全 三・一四九
出土 同〇九二八〇（M五：二六三）
現藏 河南省博物館（考古研究所借陳）
來源 考古研究所拓

〇九二八二 王子耶觥

字數 三
時代 西周早期
著録 綴遺 一四・三・一
來源 綴遺

〇九二八三 册劦冈觥

字數 三（蓋器同銘）
時代 殷
著録 總集 四九〇九
三代 一七・二三・一～二

筠清 四・五一・一～二
攈古 一・一・四三・四～三
愙齋 一六・一八・二～一九・一
綴遺 一四・一・二～三
奇觚 八・二九・二～一
殷存下 三四・五～六
小校 九・五五・三～四
上海（二〇〇四）一六六
流傳 葉東卿、潘祖蔭舊藏
現藏 上海博物館
來源 考古研究所藏

〇九二八四 □文父丁觥

字數 四
時代 殷
著録 總集 四九一一
三代 一一・一四・五～六
從古 一一・九・一～二
攈古 一・三・六二
愙齋 一三・二一・三～四
綴遺 一四・二・一～二
續殷上 五六・七～六
小校 五・一四・一～二
日精華 三・二六三
彙編 八・一一五〇
薩克勒（西周）一一七
流傳 郭承勳、日本藤田德次郎舊藏，後歸美國普林斯頓大學美術博物館（卡特氏藏品）
現藏 美國華盛頓薩克勒美術館
來源 考古研究所藏
備注 本書〇五七三三、〇五七三四三代誤收爲尊，今據圖像訂正

〇九二八五 爵才父癸觥

字數 四

時代 西周早期
著録 博古 二〇・二九
薛氏 一一三・四
嘯堂 七一・三
來源 嘯堂

〇九二八六 殷作寶彝觥

字數 四
時代 西周早期
著録 博古 二〇・二五
薛氏 四七・一～二
嘯堂 七一・一～二
來源 嘯堂

〇九二八七 王之女叙觥

字數 四（蓋器同銘）
時代 西周早期
著録 西清 三二・九
流傳 清宮舊藏
來源 西清

〇九二八八 責弘觥

字數 五（蓋器同銘）
時代 西周早期
著録 總集 四九一四
三代 一七・二四・五～六
陶齋 三・三五
周金 五・七一・三～四
續殷下 七六・三～四
小校 九・五六・五～六
上海 一六
彙編 七・七七八
綜覽・匜 三九
辭典 五二六
青全 五・九九
上海（二〇〇四）二七七
流傳 端方舊藏

現藏　上海博物館
來源　上海博物館提供

〇九二八九　[illegible]父丁觶
字數　六（蓋器同銘）
時代　西周早期
著録　總集　四九一三
三代　一一・二一・二
殷存上　二四・一，上　三六・九
美集録　R 三二八 ab
彙編　七・六九四
流傳　陳介祺、吳大澂舊藏
現藏　美國哈佛大學福格博物館
來源　考古研究所藏

〇九二九〇　[illegible]父辛觶
字數　六
時代　西周早期
著録　總集　四九一五
三代　一八・二〇・五
西清　三二・一四
故宮　三九期
通考　六七八
故圖下上　一六六
綜覽・匜　四六
流傳　清宮舊藏
現藏　臺北故宮博物院
來源　考古研究所藏

〇九二九一　作母戊觶蓋
字數　六
時代　殷
著録　總集　四九一六
考古　一九七八年一期七二頁圖二
河南　一・三七七
出土　一九七五年河南林縣下莊
現藏　林縣文化館

來源　考古編輯部檔案

〇九二九二　[illegible]父辛觶
字數　八（蓋器同銘）
時代　西周早期
著録　總集　四九一八
三代　一七・二六・三～四
筠清　四・四七・一～二
攈古　二・一・二九・二～三
窓齋　一六・二八・一～二
綴遺　一四・五・一～二
奇觚　五・八
敬吾下　二八・二～三
殷存下　三四・九～三五・一
彙編　六・五六六
綜覽・匜　四〇
流傳　素夢蟾、潘祖蔭舊藏
現藏　美國華盛頓弗里爾美術博物館
來源　考古研究所藏

〇九二九三　[illegible]觶
字數　八（蓋器同銘）
時代　西周早期
著録　總集　四九一七
日精華　三・二六五
彙編　六・五六五
綜覽・匜　三二
泉屋博古　圖一〇八拓四六
現藏　日本京都泉屋博古館
來源　日精華

〇九二九四　者女觶
字數　九（蓋器同銘）
時代　殷
著録　總集　四九一九
三代　一七・二七・一～二
積古　七・二四・一～二
攈古　二・一・七六・二～三
窓齋　一六・二七・二～三
綴遺　一四・四・一～二
奇觚　一八・二七・一～二
陶齋　三・三四・一
周金　五・七三・一～二
續殷下　七七・一～二
小校　九・五七・三～四
通考　四三八
流傳　潘祖蔭、端方舊藏
來源　考古研究所藏
備注　〇〇九一七誤收爲甗，重出

〇九二九五　者女觶
字數　九（蓋器同銘）
時代　殷
著録　總集　四九二〇
三代　一七・二六・六～七
攈古　二・一・七五・二～
七六・一
綴遺　一二・二一・一～二
周金　五・七二・一～二
小校　九・五八・一
日精華　三・二六二
銅玉　圖八一頁Fig 七一D
彙編　六・五六七
綜覽・匜　三三
中藝　圖七七拓六二
流傳　吳式芬舊藏
現藏　日本東京出光美術館
來源　考古研究所藏

〇九二九六　[illegible]父乙觶
字數　一〇（蓋器同銘）
時代　西周早期
著録　總集　六八二〇
三代　一七・二八・一～二
筠清　四・四六
攈古　二・一・四二・三～四
綴遺　一四・四・三～四
奇觚　八・三四・二
小校　五・二七・二
來源　考古研究所藏

〇九二九七　守宮觶
字數　一〇（蓋器同銘）
時代　西周早期
著録　總集　四九二三
倫敦　Pl. 八(二五三)
通考　六八五
綜覽・匜　四一
青全　五・一〇六
出土　傳河南出土
現藏　英國費滋威廉博物館
來源　綜覽

〇九二九八　仲子觶
字數　一二（蓋、器同銘）
時代　殷或西周早期
著録　總集　四九二五
三代　一八・二一・三～四
續殷下　六九・五～六
日精華　三・二六四
布倫戴奇　Fig 三一
彙編　六・四四三
綜覽・匜　三六
青全　五・一〇〇
流傳　日本原富太郎氏舊藏
現藏　美國舊金山亞洲藝術博物館（布倫戴奇藏品）
來源　考古研究所藏

〇九二九九　般觶

字數 一四
時代 西周早期
著録 西清 三二・一一
流傳 清宮舊藏
來源 西清

〇九三〇〇 ⿰土犬駿觥蓋
字數 一六
時代 西周早期
著録 總集 四九二六
文物 一九七二年七期一一頁圖七
陝青 三・九五
辭典 五三〇
出土 一九六六年陝西扶風縣上康村
現藏 扶風縣博物館
來源 扶風縣博物館提供

〇九三〇一 、文嫊己觥
字數 一八
時代 殷
著録 博古 二〇・三四
薛氏 一一五・二
嘯堂 七二・一
來源 嘯堂

〇九三〇二 文考日己觥
字數 一八（又重文二，蓋器同銘）
時代 西周中期
著録 總集 四九二七
考古 一九六三年八期四一四頁
圖二：一
陝青 二・一二二
綜覽・匜 四五
辭典 五二八
青全 五・一〇七～一〇八
出土 一九六三年陝西扶風縣齊家村窖藏
現藏 陝西省博物館
來源 考古編輯部檔案

〇九三〇三 作册折觥
字數 四二（蓋器同銘）
時代 西周早期
著録 總集 四九二八
文物 一九七八年三期一〇頁
圖一〇
陝青 二・一四
銘文選 八九
綜覽・匜 四三
美全 四・一五三
辭典 五二七
青全 五・一〇二～一〇四
吉鑄 六
出土 一九七六年陝西扶風縣莊白村一號窖藏
現藏 周原博物館
來源 周原博物館提供

盉類

〇九三〇四～〇九四五六

〇九三〇四 [illegible]盉
字數 一
時代 殷
著録 青山莊 三四
現藏 日本東京根津美術館
來源 青山莊

〇九三〇五 [illegible]盉
字數 一（蓋器同銘）
時代 殷
著録 總集 四三四五
三代 一四・一・一～二
寧壽 一二・四二
貞松 八・三七・三～四
續殷下 七〇・二～三
故宮 二七期
藝展 六六
通考 四七三
故圖下上 一七五
綜覽・盉 一九
流傳 清宮舊藏
現藏 臺北故宮博物院
來源 考古研究所藏

〇九三〇六 [illegible]盉
字數 一
時代 殷
著録 洛爾（一九六八）Fig 一一
現藏 美國紐約洛爾氏
來源 洛爾

〇九三〇七 [illegible]盉
字數 一
時代 殷
著録 考古圖 二・八
薛氏 四五・四
出土 「得于京兆」（考古圖）
流傳 河南文潞公舊藏
來源 考古圖

〇九三〇八 [illegible]盉
字數 一
時代 西周晚期
著録 總集 四三五一
考古 一九六三年八期四一五頁
圖二：三
斷代 一九九
陝青 二・一二五
綜覽・盉 八四
青全 五・一一六
辭典 五二四
出土 一九六三年陝西扶風縣齊家村窖藏
現藏 陝西省博物館
來源 考古編輯部檔案

〇九三〇九 [illegible]盉
字數 一
時代 西周早期
著録 綜覽・盉 六一
現藏 英國倫敦不列顛博物館
來源 綜覽

〇九三一〇 黽盉
字數 一（蓋器同銘）
時代 殷
著録 總集 四三五五
三代 一四・一・九～一〇
貞松 八・三八・四～五
武英 一二五
小校 四・七一・六
故圖下下 三四四
流傳 承德避暑山莊舊藏，後歸中央博物院
現藏 臺北故宮博物院
來源 考古研究所藏

〇九三一一 魚盉
字數 一（蓋器同銘）
時代 殷或西周早期
著録 未見
現藏 中國歷史博物館
來源 考古研究所拓

〇九三一二 [illegible]盉

字數 一（蓋器同銘）
時代 殷
著録 西清 三一・四四
流傳 清宮舊藏
來源 西清

〇九三一三 □盉
字數 一
時代 殷
著録 上海（二〇〇四）二八四
現藏 上海博物館
來源 上海博物館提供

〇九三一四 □盉
字數 一（蓋器同銘）
時代 西周早期
著録 塞利格曼 四四頁 Fig 三
沃森 七〇頁 Fig 七
彙編 九・一五一四
現藏 英國不列顛博物館（塞利格曼藏品）
來源 薩克勒

〇九三一五 左盉
字數 一
時代 殷
著録 總集 四三五二
青山莊 二
日精華 一・一
綜覽・盉 一四
青全 三・一四二
出土 安陽侯家莊西北崗一〇〇一號大墓
現藏 日本東京根津美術館
來源 青山莊

〇九三一六 中盉
字數 一
時代 殷
著録 青山莊 五
綜覽・盉 一二
青全 三・一四一
出土 安陽侯家莊西北崗大墓
現藏 日本東京根津美術館
來源 青山莊

〇九三一七 右盉
字數 一
時代 殷
著録 青山莊 七
日精華 一・二
綜覽・盉 一三
青全 三・一四三
出土 安陽侯家莊西北崗大墓
現藏 日本東京根津美術館
來源 青山莊

〇九三一八 甲盉
字數 一
時代 殷
著録 未見
現藏 上海博物館
來源 上海博物館提供

〇九三一九 □盉
字數 一
時代 殷
著録 總集 四三四九
三代 一四・一・七
貞續中 二四・三
來源 三代

〇九三二〇 □盉
字數 一（蓋器同銘）
時代 西周早期
著録 總集 四三四八
三代 一四・一・五～六
流傳 李蔭軒舊藏
現藏 上海博物館
來源 三代

〇九三二一 □盉
字數 一
時代 殷或西周早期
著録 總集 四三四七
三代 一四・一・四
移林 二〇
來源 三代

〇九三二二 □盉
字數 一
時代 殷
著録 總集 四三四六
三代 一四・一・三
西乙 一四・二五
寶蘊 八八
貞松 八・三七・二
續殷下 七〇・一
通考 四六六
故圖下下 三四二
綜覽・盉 三二
商圖 三四
流傳 瀋陽故宮舊藏，後歸中央博物院
現藏 臺北故宮博物院
來源 考古研究所藏
備注 蓋銘僞刻

〇九三二三 亞醜盉
字數 一
時代 殷
著録 總集 四三五四
三代 一四・一・八
綴遺 一四・一九・一
敬吾下 二七・三
殷存 三二・三
小校 九・四四・五
流傳 金蘭坡舊藏
來源 考古研究所藏

〇九三二四 亞醜盉
字數 二（蓋器同銘）
時代 殷
著録 總集 四三五三
小校 九・四四・七～八
貞松 八・三八・一～二
善齋 九・二二・一～二
續殷下 七〇・四～五
流傳 劉體智舊藏
來源 考古研究所藏

〇九三二五 亞獸盉
字數 二
時代 殷
著録 未見
現藏 北京故宮博物院
來源 考古研究所拓

〇九三二六 亞□盉
字數 二（蓋器同銘）
時代 殷
著録 總集 四三六三
文物 一九六四年四期四九頁
圖二～三
綜覽・盉 二五
現藏 中國歷史博物館
來源 考古研究所拓

〇九三二七 □戲盉
字數 二
時代 殷
著録 文物 一九八二年九期四二頁
圖三六

出土 傳山東費縣
流傳 一九八一年北京文物研究所從廢銅中揀選出
來源 考古研究所拓
現藏 北京市文物研究所

○九三二八 ◆單盉
字數 二
時代 西周中期
著録 總集 四三五〇
考古與文物 一九八〇年四期二二頁圖二一：四
陝青 三・八五
出土 一九五八年陝西扶風縣雲塘村
現藏 扶風縣博物館
來源 扶風縣博物館提供

○九三二九 [illegible]乙盉
字數 二
時代 西周早期
著録 日精華 三・二四九
彙編 九・一四七六
綜覽・盉 三二
現藏 日本京都藤井有隣館
來源 綜覽

○九三三〇 [illegible]盉
字數 二（蓋器同銘）
時代 殷
著録 總集 四三六一
録遺 二八九・一～二
彙編 九・一四六八
現藏 美國舊金山亞洲藝術博物館（布倫戴奇藏品）
來源 録遺

○九三三一 魚從盉
字數 二
時代 西周早期
著録 總集 四三五七
三代 一四・二・四
貞續中 二四・四
善齋 九・二三
小校 九・四五・三
頌續 五五
通考 四六八
綜覽・盉 四七
流傳 劉體智、容庚舊藏
現藏 北京故宮博物院
來源 考古研究所拓

○九三三二 子蝠盉
字數 二
時代 殷
著録 總集 四三五六
三代 一四・二・一
西清 三一・四二
美集録 R 四七〇
綜覽・盉 一八
流傳 清宮舊藏，後歸美國紐約羅比爾氏
來源 三代

○九三三三 婦好盉
字數 二
時代 殷
著録 總集 四三六〇
婦好墓 圖四七：七
綜覽・盉 一一
殷虚 圖四六・五
青全 三・一三九～一四〇
出土 一九七六年河南安陽殷墟婦好墓（M五：八五九）
現藏 考古研究所
來源 考古研究所拓

○九三三四 婦好盉
字數 二
時代 殷
著録 總集 四三五八
婦好墓 圖四七：四
綜覽・盉 一〇
出土 同〇九三三三（M五：八三七）
現藏 考古研究所
來源 考古研究所拓

○九三三五 婦好盉
字數 二
時代 殷
著録 總集 四三五九
婦好墓 圖四七：五
河南 一・一六〇
綜覽・盉 八
出土 同〇九三三三（M五：七九八）
現藏 考古研究所
來源 考古研究所拓

○九三三六 作且辛盉
字數 三（蓋器同銘）
時代 西周早期
著録 綜覽・盉 四九
現藏 英國倫敦不列顛博物館
來源 綜覽

○九三三七 子且辛盉
字數 三
時代 西周早期
著録 總集 四三六五
歐精華 二・一四一
猷氏 五六
通考 四七四
彙編 八・一二三八
綜覽・盉 二七
現藏 英國倫敦不列顛博物館
來源 不列顛博物館提供

○九三三八 子父乙盉
字數 三（蓋器同銘）
時代 殷或西周早期
著録 總集 四三六九
三代 一四・二・五～六
陶齋 一・七・一
續殷下 七〇・七～八
小校 九・四五・五～六
美集録 R 一一〇 ab
彙編 八・一二二二
綜覽・盉 三五
流傳 端方舊藏
現藏 美國紐約大都會美術博物館
來源 考古研究所藏

○九三三九 子父乙盉
字數 三
時代 殷或西周早期
著録 蘇黎世 五四
現藏 瑞士蘇黎世博物館
來源 蘇黎世

○九三四〇 子父乙盉
字數 三（蓋器同銘）
時代 殷或西周早期
著録 總集 四三六七
彙編 八・一二二三
現藏 新加坡國立博物館
來源 彙編

○九三四一 子父乙盉
字數 三（蓋器同銘）
時代 殷或西周早期
著録 總集 四三六八

來源 彙編 八・一二二四

○九三四二 黿父乙盉

字數 三（蓋器同銘）
時代 殷或西周早期
著録 西甲 一四・二三
流傳 清宮舊藏
現藏 北京故宮博物院
來源 考古研究所拓

○九三四三 □父乙盉

字數 三（蓋器同銘）
時代 殷或西周早期
著録 總集 四三七〇
三代 一四・三・一～二
西甲 一四・二四
殷存下 一三・二
貞松 八・三九・一～二
美集録 R 二三七ab
布倫戴奇 Fig 二九
彙編 八・一一七九
綜覽・盉 二一
流傳 清宮舊藏，後歸王錫棨
現藏 美國舊金山亞洲藝術博物館（布倫戴奇藏品）
來源 考古研究所藏

○九三四四 □父乙盉

字數 三（蓋器同銘）
時代 殷
著録 總集 四三七二
彙編 九・一二九六
現藏 美國聖路易市美術博物館
來源 彙編

○九三四五 □父乙盉

字數 三（蓋器同銘）
時代 西周早期
著録 總集 四三七三
三代 一四・三・三～四
殷存上 三一・二～三
貞松 八・三九・三～四
海外吉 一一九
泉屋 二・九九
通考 四七一
彙編 九・一四九三
綜覽・盉 三八
泉屋博古 圖五四拓二一
現藏 日本京都泉屋博古館
來源 三代

○九三四六 □父乙盉

字數 三（蓋器同銘）
時代 殷
著録 總集 四三七一
彙編 九・一七四五
現藏 美國舊金山亞洲藝術博物館（布倫戴奇藏品）
來源 彙編

○九三四七 父乙□盉

字數 三（蓋器同銘）
時代 西周早期
著録 總集 四三七六
三代 一四・三・五～六
長安 一・二七
攈古 一・二・三八・二～三
小校 九・四五・七～八
流傳 劉喜海舊藏
來源 三代

○九三四八 父乙飤盉

字數 三
時代 西周早期
著録 總集 四三七五
善齋 九・二四
善彝 一〇九
續殷下 七〇・九
通考 四七二
小校 九・四六・一
綜覽・盉 三七
流傳 劉體智舊藏
現藏 臺北故宮博物院
來源 考古研究所藏

○九三四九 子父丁盉

字數 三（蓋器同銘）
時代 殷
著録 總集 四三七九
三代 一四・四・八～九
西乙 一四・二四
寶蘊 八九
貞松 八・四〇・二～三
續殷下 七〇・一〇～一一
通考 四六五
故圖下下 三四三
綜覽・盉 三三
酒器 一五六頁
流傳 清宮舊藏
現藏 臺北故宮博物院
來源 考古研究所藏

○九三五〇 □父丁盉

字數 三
時代 殷或西周早期
著録 總集 四三七四
三代 一四・四・一
續殷下 七二・一（又上五三・七重出）
現藏 北京故宮博物院
來源 考古研究所拓
備注 三代一四・四・二乃僞刻，不録

○九三五一 □父丁盉

字數 三（蓋器同銘）
時代 殷
著録 未見
現藏 北京故宮博物院
來源 考古研究所拓

○九三五二 □父丁盉

字數 三
時代 殷
著録 總集 四三七七
三代 一四・四・五
善齋 九・二五
貞續中 二五・二
續殷下 七二・三
小校 九・四六・二
流傳 劉體智舊藏
來源 三代

○九三五三 □父丁盉

字數 三（蓋器同銘）
時代 西周早期
著録 博古 一九・三〇
薛氏 四六・四～五
來源 薛氏

○九三五四 黿父戊盉

字數 三（蓋器同銘）
時代 殷
著録 總集 四三九七
三代 一四・六・五～六
積古 一・一七・三～四
攈古 一・二・六九
窓齋 一四・二二・三～四
奇觚 一七・三

殷存上 二三・一
續殷下 七二・四～五
小校 九・四六・四～五
現藏 北京故宮博物院
來源 考古研究所拓

○九三五五 戈父戊盉

字數 三
時代 西周早期
著録 總集 四三八八・一
高家堡 一二三頁圖一八・四
陝青 四・一四四
綜覽・盉 四一
出土 一九七一年陝西涇陽縣高家堡墓葬(M一：九)
現藏 陝西省博物館
來源 陝青

○九三五六 酓父戊盉

字數 三
時代 殷或西周早期
著録 總集 四三八二
三代 一四・五・一
筠清 四・四五
攈古 一之二・三八・一
綴遺 一四・二四・一
殷存下 三二・七
小校 九・四六・三
流傳 劉喜海舊藏
來源 三代

○九三五七 酓父戊盉

字數 三
時代 殷或西周早期
著録 彙編 九・一六〇七
現藏 美國波士頓美術博物館
來源 考古研究所藏

○九三五八 □父己盉

字數 三
時代 西周早期
著録 總集 四三八一
陝青 三・一五八
綜覽・盉 二四
出土 一九七七年陝西隴縣韋家莊墓葬
現藏 寶鷄市博物館
來源 寶鷄市博物館提供

○九三五九 黽父癸盉

字數 三
時代 殷
著録 綴遺 一四・二一
小校 九・四六・七
流傳 潘祖蔭舊藏
來源 考古研究所藏

○九三六〇 □父癸盉

字數 三
時代 殷
著録 博古 一九・三二
薛氏 四六・六
來源 薛氏

○九三六一 史父癸盉

字數 三(蓋器同銘)
時代 西周早期
著録 總集 四三八九
美集録 R.四四三a、R二六〇b
皮斯柏 四二
彙編 八・一三三三
綜覽・盉 三九
現藏 美國米里阿波里斯博物馆(皮斯柏藏品)
來源 考古研究所藏

○九三六二 爵父癸盉

字數 三(蓋器同銘)
時代 西周早期
著録 未見
現藏 北京故宮博物院
來源 考古研究所拓

○九三六三 □父癸盉

字數 三
時代 殷或西周早期
著録 總集 四三八六(四三八七)
美集録 R二五五b
彙編 九・一五〇九
現藏 美國哈佛大學福格美術博物馆
來源 考古研究所藏

○九三六四 □父癸盉

字數 三
時代 西周早期
著録 總集 四三九三
三代 一四・五・六
寧壽 一二・三九
貞續中 二五・三
故圖下上 一七四
流傳 清宮舊藏
現藏 臺北故宮博物院
來源 考古研究所藏

○九三六五 □父癸盉

字數 三(蓋器同銘)
時代 殷
著録 西甲 一四・二五
流傳 清宮舊藏
來源 西甲

○九三六六 亞醜母盉

字數 三(蓋三器一)
時代 殷
著録 總集 四三六四
三代 一四・二・二～三
綴遺 一四・二〇・一～二
殷存下 三二・四～五
小校 九・四四・四；九・四四・六(又五・七・二重出)
流傳 潘祖蔭舊藏，後歸李蔭軒
現藏 上海博物館
來源 考古研究所藏

○九三六七 員作盉

字數 三(蓋器同銘)
時代 西周早期
著録 總集 四三九一
三代 一四・五・一〇
貞續中 一五・四
録遺 二九一・一～二
來源 録遺

○九三六八 □作彝盉

字數 三
時代 西周早期
著録 總集 四三九四
三代 一四・五・七
善齋 九・二六
貞松 八・四一・二
小校 九・四七・一
流傳 劉體智舊藏
現藏 北京故宮博物院
來源 考古研究所拓

○九三六九 伯彭作盉

字數 三
時代 西周早期
著録 總集 四三九二
三代 一四・五・一一
續殷下 七一・四
來源 考古研究所藏

○九三七〇　葡□父乙盉
字數　四（蓋器同銘）
時代　殷
著錄　總集　四三九八
三代　一四・六・一～二
奇觚　五・四・二
貞補中　一四・四～五
善齋　九・二七
續殷下　七一・七～八
小校　九・四七・四～五
流傳　羅振玉、劉體智舊藏
來源　考古研究所藏

○九三七一　亞□父乙盉
字數　四（蓋器同銘）
時代　西周早期
著錄　琉璃河　一九四頁圖一一一B
出土　一九七五年北京房山縣琉璃河西周墓（M二五一：一）
現藏　首都博物館
來源　考古研究所拓

○九三七二　□父乙盉
字數　四（蓋一器三）
時代　西周早期
著錄　彙編　八・一一二五
寧樂譜　一〇
綜覽・盉　三〇
現藏　日本奈良寧樂美術館
來源　綜覽

○九三七三　亞□父丁盉
字數　四
時代　殷
著錄　總集　四三八〇
三代　一四・四・一〇
綴遺　一四・一九・二
貞續中　二五・一
續殷下　七〇・一二
小校　三・五三・五
日精華　三・二五二
彙編　八・一〇〇九
來源　考古研究所藏

○九三七四　亞獏父丁盉
字數　四（蓋器同銘）
時代　殷
著錄　綜覽・盉　二九
現藏　英國倫敦不列顛博物館
來源　不列顛博物館提供

○九三七五　亞得父丁盉
字數　四（蓋器同銘）
時代　殷
著錄　未見
現藏　英國倫敦不列顛博物館
來源　考古研究所藏

○九三七六　戈宁父丁盉
字數　四（蓋器同銘）
時代　殷
著錄　總集　四三七八
三代　一四・四・六～七
寧壽　一二・四一
貞松　八・三九・五～八・四〇・一
續殷下　七一・一～二
藝展　六五
故宮　一〇期
故圖下上　一七三
綜覽・盉　三六
禮器　一六五頁
現藏　臺北故宮博物院
來源　考古研究所藏

○九三七七　□册父丁盉
字數　四（蓋器同銘）
時代　殷
著錄　故宮五十　一四八
現藏　北京故宮博物院
來源　考古研究所拓

○九三七八　亞□父己盉
字數　四（蓋器同銘）
時代　殷
著錄　總集　四三八三
三代　一四・五・二～三
綴遺　一四・二一・一～二
殷存下　三二・八～九
小校　六・四九・四
來源　三代

○九三七九　亞□父辛盉
字數　四
時代　殷
著錄　總集　四三八五
三代　一四・五・五
從古　一六・六
攈古　一・二・八一・二
愙齋　一四・二四・二
綴遺　一四・二〇・三
奇觚　六・三三・一
殷存下　三二・一〇（又上九・
三重出）
簠齋　三盉二
小校　九・四六・七
流傳　陳介祺舊藏
現藏　北京故宮博物院
來源　考古研究所拓

○九三八〇　臣辰□册盉
字數　四
時代　西周早期
著錄　總集　四三九五
懷履光（一九五六）　P 一四〇・二
彙編　九・一四三一
綜覽・盉　六五
出土　傳一九二九年河南洛陽馬坡
流傳　懷履光舊藏
現藏　加拿大多倫多安大略博物館
來源　考古研究所藏

○九三八一　戈□作□盉
字數　四（蓋器同銘）
時代　西周早期
著錄　總集　四四〇〇
三代　一四・六・七～八
貞松　八・四一・三～四
續殷下　七二・八～九
十二尊　一七
尊古　三・一三
通考　四六七
流傳　溥倫、黃濬舊藏
來源　考古研究所藏

○九三八二　□作宗彝盉
字數　四
時代　西周早期
著錄　總集　四三九六
美集錄　R 三〇一a
彙編　七・八二五
現藏　美國舊金山亞洲藝術博物館（布倫戴奇藏品）
來源　考古研究所藏

○九三八三　□作從彝盉
字數　四
時代　西周早期
著錄　總集　四四〇一
三代　一四・七・三

貞松 八・四一・五
貞圖上 四六
續殷下 七三・三
流傳 羅振玉舊藏
來源 考古研究所藏

○九三八四 作□從彝盉
字數 四（蓋器同銘）
時代 西周早期
著録 山東精萃 一〇六
山東藏品 四四
流傳 原山東省圖書館舊藏
現藏 山東省博物館
來源 王獻唐先生提供

○九三八五 此作寶彝盉
字數 四（蓋器同銘）
時代 西周早期
著録 總集 四三九九
三代 一四・七・一～二
貞補中 一五
善齋 九・二八
續殷下 七二・一〇
小校 九・四八・三～四
山東存附 一六
流傳 劉體智舊藏
現藏 北京故宮博物院
來源 考古研究所藏

○九三八六 □般盉
字數 四
時代 西周早期
著録 未見
現藏 上海博物館
來源 上海博物館提供

○九三八七 子◆父甲盉
字數 五（蓋器同銘）
時代 殷
著録 總集 四四〇四
三代 一四・七・四
積古 二・二一・三
筠清 二・一〇～一一
攈古 一・三・三三
從古 九・三
綴遺 一・三・二～三
敬吾下 二七
續殷下 七一・五～六
流傳 瞿穎山舊藏
來源 考古研究所藏

○九三八八 宁未父乙盉
字數 五（蓋器同銘）
時代 西周早期
著録 總集 四四〇五
三代 一四・七・五～六
窓齋 一四・二三・一～二
綴遺 一四・二三・三～四
奇觚 六・三二・二～三
殷存下 三二・一～二
小校 九・四八・七～八
流傳 潘祖蔭舊藏
現藏 上海博物館
來源 蓋銘考古研究所藏，器銘上海博物館提供

○九三八九 北單戈父丁盉
字數 五
時代 殷
著録 薛氏 一九・六
續考 四・八
流傳 趙承規舊藏
來源 薛氏

○九三九〇 咎子父戊盉
字數 五（蓋器同銘）
時代 西周早期
著録 總集 四四〇七
三代 一四・七・七～八
善齋 九・三〇
續殷下 七三・一～二
小校 九・四九・一～二
頌續 五四
綜覽・盉 四八
流傳 劉體智、容庚舊藏
來源 考古研究所藏

○九三九一 咎子父戊盉
字數 五（蓋器同銘）
時代 西周早期
著録 總集 四四〇八
冠斝 補五
綜覽・盉 四六
流傳 榮厚舊藏
來源 冠斝

○九三九二 臣辰父癸盉
字數 五
時代 西周早期
著録 總集 四四〇六
三代 一四・八・一
善齋 九・三四
貞續中 二六
小校 九・四九・三
故圖下下 三四六
綜覽・盉 四四
酒器 一五八頁
流傳 劉體智舊藏
現藏 臺北故宮博物院
來源 考古研究所藏

○九三九三 作公丹鎣
字數 五
時代 西周早期
著録 總集 四四〇九
三代 一四・八・六
貞松 八・四二・三
武英 一二六
小校 九・四九・三
故圖下下 三四五
流傳 承德避暑山莊舊藏，後歸中央博物院
現藏 臺北故宮博物院
來源 考古研究所藏

○九三九四 亞夫盉
字數 五（蓋二器三）
時代 殷或西周早期
著録 總集 四三九〇
三代 一四・五・八～九
貞補中 一四・二～三
來源 考古研究所藏

○九三九五 卿父盉
字數 五（蓋器同銘）
時代 殷或西周中期
著録 總集 四四〇一（蓋）
文物 一九七六年六期五九頁
圖二六・二七
陝青 二・一〇八
銘文選 一一六
辭典 五二二
出土 一九七五年陝西扶風縣莊白村
現藏 扶風縣博物館
來源 扶風縣博物館提供

○九三九六 單光盉
字數 五（蓋器同銘）
時代 西周早期

著録　考古圖 四・一二
博古 一九・三三
薛氏 一五三・一～二
流傳　廬江李伯時舊藏
來源　考古圖

〇九三九七　公盉

字數　五
時代　西周早期
著録　文物 一九八六年一期一五頁
圖三六
青全 五・一〇九
辭典 五一九
出土　一九八一年陝西長安縣斗門鎮花園村M一七
現藏　陝西省文物管理委員會
來源　陝西省文物管理委員會提供

〇九三九八　伯矩盉

字數　五
時代　西周早期
著録　未見
來源　考古研究所藏

〇九三九九　伯春盉

字數　五
時代　西周中期
著録　總集 四四一二
三代 一四・八・五
二百 三・八
兩罍 七・一六～一七
愙齋 一四・二三・一
綴遺 一四・二八・二
周金 五・六七・一
小校 九・四八・六
美集録 R 三七四
流傳　吳雲、費念慈、程洪溥、徐乃昌舊藏
來源　考古研究所藏

〇九四〇〇　伯定盉

字數　五（蓋器同銘）
時代　西周中期
著録　總集 四四一一
三代 一四・八・二
西清 三一・三八
貞松 八・四二・一～二
故宮 四期
通考 四七九
故圖下上 一七八
周録 七八
流傳　清宮舊藏
現藏　臺北故宮博物院
來源　考古研究所藏

〇九四〇一　師轉鎣

字數　五（蓋器同銘）
時代　西周中期
著録　韋森 Pl 五；Pl 三〇
綜覽・盉 五〇
出土　傳河南濬縣
現藏　瑞典韋森氏
來源　考古研究所藏

〇九四〇二　鄉父乙盉

字數　六
時代　殷
著録　總集 四四一四
三代 一四・八・七
綴遺 一四・二四・二
殷存下 三三・一
流傳　潘祖蔭舊藏
來源　三代

〇九四〇三　亞鳥父丁盉

字數　六（蓋器同銘）
時代　殷
著録　總集 四四〇三
三代 一四・六・三～四
積古 二・二一・一～二
攈古 一・三・六一
陶齋 三・三三
續殷下 七一・九～一〇
小校 九・四八・一～二
故青 七四
流傳　梁山舟、馮恕舊藏
現藏　北京故宮博物院
來源　考古研究所拓

〇九四〇四　戈祉父丁盉

字數　六（蓋器同銘）
時代　殷
著録　總集 四四一五
三代 一四・八・八～九
攈古 二・一・一四・三～四
綴遺 一四・二三・三～四
愙齋 一四・二一・四～五
奇觚 六・三三・一～二
殷存下 三三・二～三
簠齋 三盉一
海外吉 一一八
小校 九・四 九・七～八
泉屋 二・九八
日精華 二・九八
通考 四七〇
彙編 七・六八一
綜覽・盉 二三
泉屋博古 圖五三拓四一
流傳　陳介祺舊藏
現藏　日本京都泉屋博古館
來源　考古研究所藏

〇九四〇五　中父丁盉

字數　六（蓋六器五）
時代　殷或西周早期
著録　總集 四四一六
三代 一四・九・一～二
從古 七・二三
攈古 一・三・六一・三～四
綴遺 一四・二三・一～二
小校 九・五〇・五～六（又七・二四・二重出）
流傳　夏睫巢舊藏
來源　考古研究所藏

〇九四〇六　僕父己盉

字數　六
時代　西周早期
著録　總集 四四一二
文物 一九七二年一二期八頁
圖一六
學報 一九七七年二期一〇八頁
圖八・一二
綜覽・盉 四三
青全 六・一八六
辭典 五一七
出土　一九六七年甘肅靈臺縣白草坡村墓葬
現藏　甘肅省博物館
來源　考古學報編輯部檔案

〇九四〇七　吳盉

字數　六
時代　西周早期
著録　總集 四四一三
三代 一四・八・四
續殷下 七二・一二

來源　三代

○九四○八　魯侯盉蓋

字數　六
時代　西周中期
著録　總集　四七五四
三代　六・三七・三
綴遺　一八・二八・一
周金　三・一一五・二
貞補上　二二・一
小校　九・五○・二
銘文選　三三九
現藏　旅順博物館
來源　考古研究所拓

○九四○九　𩵦伯鎣

字數　六（蓋器同銘）
時代　西周中期
著録　銘文選　三六○
陝青　四・六一
寶鷄　三○八頁圖二二五・一～二
青全　六・一六七
辭典　五六七
出土　一九七五年陝西寶鷄市茹家莊墓葬（M一乙：一八）
現藏　寶鷄市博物館
來源　寶鷄市博物館提供

○九四一○　仲自父盉

字數　六
時代　西周中期
著録　總集　四四一九
西清　三二・三九
流傳　清宮舊藏
來源　西清

○九四一一　𢿢王盉

字數　六
時代　西周中期
著録　總集　四四一七
三代　一四・九・三
長安　一・二八
攀古上　四八
恒軒　九二
擿古　一・三・六○・四
綴遺　一四・二七・一
周金　五・六五・三
小校　九・五○・四
彙編　七・六八二
流傳　劉喜海、潘祖蔭舊藏
現藏　美國舊金山亞洲藝術博物館（布倫戴奇藏品）
來源　考古研究所藏

○九四一二　伯矩盉蓋

字數　六
時代　西周早期
著録　總集　四四一八・一A
三代　一四・九・四
西清　三一・三七
綴遺　一四・二五・二
奇觚　六・三三・三
周金　五・六六・二
小校　九・五○・三（又四・四一・六重出）
流傳　清宮舊藏，後歸丁彥臣
來源　考古研究所藏

○九四一三　伯寶盉

字數　六
時代　西周晚期
著録　總集　四四二○
三代　一四・九・五
愙齋　一四・二三・三
周金　五・六六・一
小校　九・四九・六
雙吉上　二九
綜覽・盉　六四
出土　「出于易州」（雙吉）
流傳　陳介祺舊藏
現藏　北京故宮博物院
來源　考古研究所拓

○九四一四　㶏伯盉

字數　六（蓋六鋬三）
時代　西周早期
著録　總集　四四二三
學報　一九七七年二期一○八頁圖八：七、一五
綜覽・盉　三四
出土　一九六七年甘肅靈臺縣白草坡村墓葬
現藏　甘肅省博物館
來源　考古學報編輯部檔案

○九四一五　亞[illegible]盉

字數　七
時代　殷
著録　總集　四四二二
美集録　R　九八
彙編　七・六八三
綜覽・盉　一七
現藏　美國紐約大都會美術博物館
來源　考古研究所藏

○九四一六　[illegible]父盉

字數　七
時代　西周中期
著録　總集　四四二六
來源　考古研究所藏猗文閣拓本

○九四一七　伯[illegible]盉

字數　七
時代　西周早期
著録　未見
現藏　遼寧省博物館
來源　考古研究所拓

○九四一八　伯[illegible]盉蓋

字數　七
時代　西周早期
著録　總集　四四二四
録遺　二九二
現藏　北京故宮博物院
來源　考古研究所拓

○九四一九　季嬴霝德盉

字數　七
時代　西周中期
著録　總集　四四二五
美集録　R　三九○
彙編　六・六○五
綜覽・盉　五三
現藏　美國紐約大都會美術博物館
來源　考古研究所藏

○九四二○　鑄客盉

字數　七（蓋器同銘）
時代　戰國晚期
著録　故青　三一七
出土　安徽壽縣李三孤堆楚墓
流傳　葉恭綽舊藏
現藏　北京故宮博物院
來源　考古研究所拓

○九四二一　[illegible]父乙盉

字數　八
時代　殷
著録　總集　四四二七

三代 一四・九・六
綴遺 一四・二五・一
殷存下 三三・三
續殷下七三・六
小校 九・五一・二(又四・七六・七重出)
流傳 潘祖蔭舊藏
現藏 北京故宮博物院
來源 考古研究所拓

〇九四二二 𥄉父乙盨
字數 八(蓋器同銘)
時代 殷
著録 總集 四四二八
西清 三一・三三
流傳 清宮舊藏
來源 西清

〇九四二三 □作父戊盨
字數 八
時代 西周早期
著録 寧壽 一二・四〇
流傳 清宮舊藏
來源 寧壽

〇九四二四 𩵦遂盨
字數 八(蓋器同銘)
時代 西周早期
著録 總集 四四二九
美集録 R三一四
彙編 六・五五二
綜覽・盨 四五
現藏 美國紐約大都會美術博物館
來源 考古研究所藏

〇九四二五 伯百父鎣
字數 八
時代 西周中期
著録 總集 四四三〇
學報 一九六二年一期圖版二四：一
張家坡 圖版一六下
斷代 一五〇
綜覽・盨 七一
青全 五・一一七
現藏 陝西省博物館
來源 考古研究所拓

〇九四二六 楚叔之孫途盨
字數 八
時代 春秋晚期
著録 文物 一九八四年五期一七頁圖五
辭典 七三〇
出土 一九八〇年江蘇吴縣楓橋公社何山M一
現藏 吴縣文物管理委員會
來源 考古研究所拓

〇九四二七 伯𨾊盨
字數 九(蓋九器三)
時代 西周中期
著録 未見
現藏 北京故宮博物院
來源 考古研究所拓

〇九四二八 𢦏盨
字數 九
時代 西周早期
著録 周金 五・一二・四
現藏 南京大學考古與藝術博物館
來源 考古研究所拓
備注 此器周金稱尊，本書〇五九四一已收爲尊，今據器形訂正

〇九四二九 𣎵父盨
字數 九(又重文一、蓋器同銘)
時代 西周中期
著録 故青 一七四
現藏 北京故宮博物院
來源 考古研究所拓

〇九四三〇 伯寏盨
字數 一〇(蓋器同銘)
時代 西周早期
著録 總集 四四三一
三代 一四・九・七～八
從古 一一・三一
擴古 二・一・五五
綴遺 一四・二〇・一～二
周金 五・六三～六四
殷存下 三三・五～六
善齋 九・三一
小校 九・五二・一～二
頌續 五六
山東存附 七・三～四
通考 四七七
斷代 七一
彙編 六・四八〇・一～二
銘文選 七七
出土 傳山東梁山
流傳 鍾養田、李宗岱、丁樹楨、溥倫、劉體智、容庚舊藏
來源 考古研究所藏

〇九四三一 甲盨
字數 一一(蓋器同銘)
時代 西周早期
著録 總集 四四三三
三代 一四・一〇・一～二
西清 三一・三六
擴古 二・一・六三
周金 五・六三・二
小校 九・五一・三～四
美集録 R三四四a、b
綜覽・盨 五一
流傳 清宮舊藏，後歸奕誌
現藏 美國賀貴氏
來源 考古研究所藏

〇九四三二 飤子盨
字數 一二
時代 西周中期
著録 總集 四四三四
三代 一四・一〇・三
貞續中 二六・二
來源 三代

〇九四三三 遣盨
字數 一二
時代 西周早期
著録 三代 一〇・三〇・六
美集録 R五一九
彙編 六・四三七
薩克勒(西周) 一一五
現藏 美國華盛頓薩克勒美術館
來源 考古研究所藏

〇九四三四 𩁹君盨
字數 存一二
時代 西周中期
著録 總集 四四三五(〇九八〇)
三代 一四・一〇・四
擴古 二・二・二〇
綴遺 一四・三三
周金 五・六二・二(又二・五四・二重出)
彙編 六・四五四
流傳 吴式芬舊藏
來源 三代

〇九四三五　伯衛父盉
字數　一三（又重文二）
時代　西周早期
著録　總集　四四三九
善齋　九・三二
小校　九・五三
善彝　一〇八
通考　四八四
故圖下下　三四七
綜覽・盉　五六
周録　七九
流傳　劉體智舊藏，後歸中央博物院
現藏　臺北故宮博物院
來源　考古研究所藏

〇九四三六　才盉
字數　一四（蓋器同銘）
時代　西周中期
著録　總集　四四三六
三代　一四・一〇・五～六
日精華　三・二五三
綜覽・盉　五五
流傳　日本廣池二三郎舊藏
來源　三代

〇九四三七　伯庸父盉
字數　一四
時代　西周中期
著録　總集　四四四〇
學報　一九六二年一期圖版
二四：二
張家坡　圖版一四上
斷代　一五〇
綜覽・盉　八〇
青全　五・一一五
出土　一九六一年陝西長安縣張家坡村
窖藏
現藏　陝西省博物館
來源　考古研究所拓

〇九四三八　王盉
字數　一四
時代　西周晚期
著録　總集　四四三七
文物　一九七七年八期五頁圖一一
綜覽・盉　八三
出土　一九七六年陝西臨潼縣靈口村窖
藏
現藏　臨潼縣博物館
來源　考古研究所拓

〇九四三九　亞㠱侯父乙盉
字數　一五（蓋器同銘）
時代　西周早期
著録　總集　四四三八
三代　一四・一〇・七～八
愙齋　一六・一九・三～一六・
二〇・一
綴遺　一四・二六・三～四
周金　五・六九・三～二
殷存下　三三・七～八
小校　九・五二・四～五（又五・
三三・一重出）
銘文選　五〇
蔭軒　一・一二
上海（二〇〇四）二八一
流傳　潘祖蔭舊藏，後歸李蔭軒
現藏　上海博物館
來源　考古研究所藏

〇九四四〇　伯角父盉
字數　一五（又重文二）
時代　西周中期
著録　攈古　二・二・五四・一
筠清　四・三九
奇觚　一八・二三
綴遺　一四・三〇・二
流傳　張子絜舊藏
來源　攈古

〇九四四一　白王盉
字數　一五（又重文二）
時代　西周中期
著録　考古圖　五・二〇
薛氏　一五三・三
流傳　「河南文潞公得于京兆」
來源　薛氏

〇九四四二　毳盉
字數　一六
時代　西周晚期
著録　貞續中　二六
來源　考古研究所

〇九四四三　季良父盉
字數　一六（又重文二）
時代　西周晚期
著録　總集　四四四二
三代　一四・一一・一
西清　三一・三五
恒軒下　九三
愙齋　一四・二三・一
綴遺　一四・二九・一
周金　五・二六・一
小校　九・五三・二
布倫戴奇　Fig 六一
彙編　五・三三〇
綜覽・盉　七二
流傳　清宮舊藏，後歸吳大澂
現藏　美國舊金山亞洲藝術博物館（布倫
戴奇藏品）
來源　考古研究所藏

〇九四四四　季老或盉
字數　一六（又重文二）
時代　西周中期
著録　總集　七九九〇
録遺　六一六
綜覽・盉　六二
現藏　英國倫敦不列顛博物館
來源　録遺

〇九四四五　黄子盉
字數　一六
時代　春秋早期
著録　考古　一九八四年四期三一九頁
圖二〇：六
青全　七・八九
辭典　七二六
出土　河南光山縣寶相寺上崗磚瓦廠墓
葬
現藏　信陽地區文物管理委員會
來源　考古編輯部檔案

〇九四四六　嘉仲盉
字數　一七（又重文二）
時代　戰國早期
著録　博古　一九・三七
薛氏　一五四
來源　薛氏

〇九四四七　王仲皇父盉
字數　一七（又重文二）
時代　西周晚期
著録　總集　四四四三
三代　一四・一一・二～三
攈古　二・二・七五・三～四
綴遺　一四・三二・一～二

周金　五・六一・三~四
流傳　葉東卿、潘祖蔭舊藏
現藏　北京故宮博物院
來源　考古研究所拓
備注　或以爲僞

〇九四四八　十一年盉

字數　一九（又合文二）
時代　戰國晚期
著録　中山王墓　四〇七頁圖一六七・一~四
文字編　一二三頁
青全　九・一六〇
出土　一九七七年河北平山縣中山王墓（M一　東庫　一七）
現藏　河北省文物研究所
來源　河北省文物研究所提供

〇九四四九　卅五年盉

字數　二〇
時代　戰國
著録　總集　四四四一
彙編　五・三〇二
現藏　美國舊金山亞洲藝術博物館（布倫戴奇藏品）
來源　彙編
備注　或以爲僞

〇九四五〇　十二年盉

字數　二一（又合文二）
時代　戰國晚期
著録　中山王墓　四〇七頁圖一六七・五~六
文字編　一二三頁
出土　同〇九四四八（M一　東庫　一六）
現藏　河北省文物研究所
來源　河北省文物研究所提供

〇九四五一　麥盉

字數　三〇
時代　西周早期
著録　總集　四四四六
三代　一四・一一・四~五
西清　三一・三一
綴遺　一四・二九・二
貞松　八・四二~四三
希古　五・一九
周金　五・六一・一
小校　九・五四・一~二
泉屋　二・一〇一
海外吉　一二一
大系　二一
通考　四七八
彙編　四・二二一
銘文選　七〇
綜覽・盉　七七
泉屋博古　圖五六拓五三
流傳　清宮舊藏，後歸李山農
現藏　日本京都泉屋博古館
來源　三代

〇九四五二　長陵盉

字數　四一
時代　戰國晚期
著録　總集　四四四五・一~五
文物　一九七二年六期二四頁圖九
流傳　一九六六年上海博物館收集品
現藏　上海博物館
來源　上海博物館提供
備注　一蓋；二、三、四腹；五足；六底「長陵」二字爲西漢刻銘，應正名爲「少府盉」

〇九四五三　義盉蓋

字數　四九（又重文二、合文一）
時代　西周中期
著録　考古　一九八六年一一期九七八頁圖一：三
出土　陝西長安縣灃西大原村　M三〇四
現藏　考古研究所
來源　考古研究所拓

〇九四五四　士上盉

字數　五四（蓋五〇器四）
時代　西周早期
著録　總集　四四四七
三代　一四・一二・二
貞松　八・四三
小校　九・五四・三
大系　一五
善齋　九・三三
善彝　一〇七
通考　四七六
美集録　R　三〇五 ab
彙編　四・一三五
銘文選　一一九
綜覽・盉　四二
青全　五・一一〇
出土　傳一九二九年河南洛陽市馬坡
流傳　劉體智舊藏
現藏　美國華盛頓弗里爾美術博物館
來源　考古研究所藏

〇九四五五　長甶盉

字數　五四（又重文二）
時代　西周中期
著録　總集　四四四八
文物　一九五五年二期一二八頁
學報　一九五七年一期七九頁
圖二：六
五省　二八
陝圖　三一頁圖三六
斷代　一〇三
銘文選　一六三
歷博　五三
綜覽・盉　六〇
辭典　五二〇
青全　五・一一一
出土　一九五四年陝西長安縣斗門鎮普渡村墓葬
現藏　中國歷史博物館
來源　考古研究所拓

〇九四五六　裘衛盉

字數　一一八（又合文二、重文一二）
時代　西周中期
著録　總集　四四四九
文物　一九七六年五期三七頁圖一四
陝青　一・一七二
銘文選　一九三
綜覽・盉　七九
美全　四・二二〇
辭典　五二一
青全　五・一一二
吉鑄　三八
出土　一九七五年陝西岐山縣董家村一號窖藏
現藏　岐山縣博物館
來源　岐山縣博物館提供

○九四五七～○九七三五

壺類

○九四五七 □壺
字數 一
時代 殷或西周早期
著録 青全 三·八九
上海(二○○四) 一四八
現藏 上海博物館
來源 上海博物館提供

○九四五八 先壺
字數 一
時代 殷
著録 總集 五五九九
貞松 七·二二·三
希古 五·四·二
續殷上 六三·二
來源 三代

○九四五九 嬰壺
字數 一
時代 殷
著録 未見
現藏 北京故宮博物院
來源 考古研究所拓

○九四六○ 嬰壺
字數 一
時代 殷
著録 未見
現藏 上海博物館
來源 上海博物館提供

○九四六一 耳壺
字數 一
時代 殷
著録 總集 五六○七
録遺 二一八
來源 録遺

○九四六二 □壺
字數 一
時代 殷
著録 總集 五六○五
録遺 二一六
來源 録遺

○九四六三 □壺
字數 一
時代 殷
著録 總集 五六○六
録遺 二一七
綜覽·壺 三○
出土 一九三五年安陽市侯家莊西北崗一七○八號墓
現藏 歷史語言研究所
來源 録遺

○九四六四 □壺
字數 一
時代 殷
著録 文物 一九八六年八期七五頁圖一四
現藏 安陽市博物館
來源 考古研究所拓

○九四六五 興壺
字數 一
時代 殷
著録 總集 五六○九
録遺 二二○
美集録 R五
綜覽·壺 二三
來源 考古研究所藏

○九四六六 興壺
字數 一
時代 殷
著録 總集 五六○八
録遺 二一九
美集録 R七
來源 考古研究所藏

○九四六七 □壺
字數 一
時代 殷
著録 總集 五六○○
三代 一二·一·四
續殷上 六三·一
來源 考古研究所藏

○九四六八 赫壺
字數 一
時代 殷
著録 未見
現藏 北京故宮博物院
來源 考古研究所拓

○九四六九 秝壺
字數 一
時代 西周中期
著録 考古與文物 一九八四年一期六六頁圖一：一
出土 一九六七年陝西長安縣馬王村窖藏
現藏 長安縣文化館
來源 文物

○九四七○ 秝壺
字數 一
時代 西周中期
著録 考古與文物 一九八四年一期六六頁圖一：二
出土 同○九四六九
現藏 長安縣文化館
來源 文物

○九四七一 □壺
字數 一
時代 殷
著録 總集 五六○四
美集録 R四七八
彙編 九·一四九五
綜覽·壺 三三
現藏 美國博特蘭美術博物館
來源 考古研究所藏

○九四七二 戈壺
字數 一
時代 殷
著録 彙編 九·一五二九
綜覽·壺 三二
現藏 美國普林斯頓大學美術博物館(卡特氏藏品)
來源 彙編

○九四七三 弓壺
字數 一
時代 殷或西周早期
著録 博古 一二·九·二
薛氏 三二·二
嘯堂 四一·二
來源 嘯堂

○九四七四 □壺
字數 一
時代 殷
著録 總集 五五九八
故青 七二
流傳 德人楊寧史舊藏

現藏 北京故宮博物院
來源 考古研究所藏

○九四七五 爻壺
字數 一
時代 殷
著録 未見
現藏 北京故宮博物院
來源 考古研究所拓

○九四七六 褱壺
字數 一
時代 戰國晚期
著録 武英 一五三
流傳 承德避暑山莊舊藏
來源 武英

○九四七七 媵方壺
字數 一
時代 戰國晚期
著録 文物 一九七八年三期八九頁圖二・三
出土 一九七七年北京永定門外砂子口墓葬
現藏 首都博物館
來源 考古研究所拓

○九四七八 亞□壺
字數 二
時代 殷
著録 總集 五六一四
三代 一二・一・八
綴遺 五・一三・二
貞松 七・二三・二
續殷上 六三・七
小校 四・七一・九
彙編 八・一〇五五
流傳 盛昱舊藏
來源 考古研究所藏

○九四七九 亞弜壺
字數 二
時代 殷
著録 總集 五六一〇
三代 一二・一・六
來源 三代

○九四八〇 □旅壺
字數 二
時代 殷
著録 總集 五六〇一
美集録 R 一五八
布倫戴奇 Fig 一七
彙編 八・一三二八
現藏 美國舊金山亞洲藝術博物館(布倫戴奇藏品)
來源 布倫戴奇

○九四八一 鄉宁壺
字數 二
時代 殷
著録 總集 五六一二
三代 一二・一・五
貞松 七・二一・四
善齋 四・四二
續殷上 六三・三
小校 四・七一・一
善彝 一〇一
通考 七一一
銅玉 Fig 八〇 F
綜覽・壺 二四
流傳 劉體智舊藏
來源 考古研究所藏

○九四八二 鄉宁壺
字數 二
時代 殷
著録 總集 五六一一
日精華 一・三二
綜覽・壺 四三
青全 三・九〇
現藏 日本神户白鶴美術館
來源 綜覽

○九四八三 宁卄壺
字數 二
時代 西周早期
著録 總集 五六〇三
三代 一二・一・三
西清 一〇・一五
現藏 北京故宮博物院
來源 考古研究所拓

○九四八四 丁□壺
字數 二
時代 殷
著録 綜覽・壺 三二
現藏 日本東京松岡美術館
來源 綜覽

○九四八五 子龍壺
字數 二
時代 殷
著録 未見
現藏 英國某地
來源 考古研究所藏

○九四八六 婦好壺
字數 二
時代 殷
著録 總集 五六二〇
婦好墓 圖三四：九
殷青 圖四七・七
青全 三・八八
出土 一九七六年河南安陽市殷墟婦好墓(M五：八六三)
現藏 考古研究所
來源 考古研究所拓

○九四八七 婦好壺
字數 二
時代 殷
著録 總集 五六一九
婦好墓 圖三四：六
綜覽・壺 一九
美全 四・三七
辭典 一〇五
出土 同〇九四八六(M五：七九五)
現藏 考古研究所
來源 考古研究所拓

○九四八八 心守壺
字數 二
時代 殷
著録 總集 五六一七
文叢 一・一五九頁圖八下
出土 一九七六年河北藁城縣前西關遺址
現藏 河北石家莊地區文物保管所
來源 文叢

○九四八九 天□壺
字數 二
時代 殷
著録 未見
現藏 上海博物館
來源 上海博物館提供

○九四九〇 史旅壺
字數 二
時代 殷
著録 未見

現藏　上海博物館
來源　上海博物館提供

○九四九一　盟商壺

字數　二
時代　殷
著録　未見
現藏　上海博物館
來源　上海博物館提供

○九四九二　叔姜壺

字數　存二
時代　西周中期
著録　總集　五六二五
　三代　一二・二・五
來源　三代

○九四九三　父己壺

字數　二
時代　殷
著録　西清　一九・一
流傳　清宮舊藏
來源　西清

○九四九四　之壺

字數　二
時代　春秋晚期
著録　考古　一九八二年二期一四三頁
　圖三：六
出土　一九七五年湖北隨縣均川劉家崖
現藏　隨州市博物館
來源　考古編輯部檔案

○九四九五　李瘣壺

字數　二
時代　戰國晚期
著録　總集　五六一五
　雙吉上　二八
　通考　七七二

流傳　于省吾舊藏
現藏　北京故宮博物院
來源　考古研究所拓

○九四九六　公朱方壺

字數　二
時代　戰國晚期
著録　總集　五六一六
　美集録　R　四三二
　歐精華　三・二〇四
現藏　美國波士頓美術博物館
來源　考古研究所藏

○九四九七　□壺

字數　二
時代　戰國
著録　總集　五六一八
　三代　一二・二・四
　武英　一二三
　貞續中　一一・一
　通考　九一五
流傳　承德避暑山莊舊藏
現藏　臺北故宮博物院
來源　考古研究所藏

○九四九八　五斗方壺

字數　二
時代　戰國
著録　沃森　PL　五八
現藏　英國牛津東方美術博物館
來源　考古研究所藏

○九四九九　左冶壺蓋

字數　二
時代　戰國早期
著録　總集　五六二二
　文物　一九八二年三期九一頁
　圖五

出土　一九六六年河北容城縣晾馬臺西
　北陽村
現藏　容城縣文物保管所
來源　文物

○九五〇〇　子父乙壺

字數　三
時代　殷或西周早期
著録　總集　五六三〇
　三代　一二・二・七
　貞補上　三六・一
　故宮　三三期
　故圖下上　一四二
　禮器　三七七頁
現藏　臺北故宮博物院
來源　考古研究所藏

○九五〇一　□父乙壺

字數　三
時代　西周早期
著録　總集　五六二四
　寶鷄　一五一頁圖一一七・一～二
　辭典　四六三
出土　一九八〇年陝西寶鷄市郊竹園溝
　墓葬（M四：八）
現藏　寶鷄市博物館
來源　寶鷄市博物館提供

○九五〇二　史父丁壺蓋

字數　三
時代　西周早期
著録　未見
現藏　北京故宮博物院
來源　考古研究所拓

○九五〇三　□父丁壺

字數　三
時代　西周早期
著録　總集　五六三四
　美集録　R　二六三
　歐精華　二・一三七
　通考　七〇四
　彙編　九・一六五〇
　綜覽・壺　五七
現藏　美國波士頓美術博物館
來源　考古研究所藏

○九五〇四　西父己壺

字數　三
時代　殷或西周早期
著録　總集　五六三五
　三代　一二・三・三
來源　三代

○九五〇五　□父辛壺

字數　三
時代　殷
著録　總集　五六三六
　三代　一二・三・四
　攈古　一・二・三九・二
　綴遺　一三・一・一
來源　三代

○九五〇六　魚父癸壺

字數　三
時代　殷或西周早期
著録　總集　五六三三
　三代　一二・三・五
　攈古下　二〇
　恒軒上　五二
　愙齋　一三・二〇・二
　綴遺　一三・二・一
　殷存上　二七・三
　小校　五・一一・四
流傳　潘祖蔭舊藏

現藏　上海博物館
來源　考古研究所藏

○九五○七　㠱兄辛壺
字數　三（蓋器同銘）
時代　殷
著録　未見
現藏　上海博物館
來源　上海博物館提供

○九五○八　北單戈壺
字數　三
時代　殷
著録　總集　五六二三
日精華　一・三三
彙編　八・一三一三
綜覽・壺　二○
中藝　圖七八拓六三 a
出土　傳河南安陽
流傳　日本淺野楳吉舊藏
現藏　日本東京出光美術館
來源　彙編

○九五○九　婦好正壺
字數　三（蓋器同銘）
時代　殷
著録　總集　五二八○，六六○一
日精華　二・一一八
録遺　二五六・一～二
彙編　八・一一九四
綜覽・壺　一八
流傳　日本東京程琦氏舊藏
來源　録遺

○九五一○　司㚸母方壺
字數　三
時代　殷
著録　婦好墓　圖三八・五
河南　一・一五一
殷青　圖五○・三
美全　四・三八
出土　一九七六年河南安陽市殷墟婦好墓（M五：八○七）
現藏　考古研究所
來源　考古研究所拓

○九五一一　司㚸母方壺
字數　三
時代　殷
著録　總集　五六二七（五六二八）
婦好墓　圖三八・六
歷博　三三
綜覽・方壺　一
青全　三・九三～九四
辭典　一○六
出土　同○九五一○（M五：七九四）
現藏　中國歷史博物館（考古研究所寄陳）
來源　考古研究所拓

○九五一二　叔作寶壺
字數　三（蓋器同銘）
時代　西周早期
著録　猷氏　Fig 二七
綜覽・壺　五八
現藏　英國倫敦不列顛博物館
來源　英國不列顛博物館提供

○九五一三　公鑄壺
字數　三
時代　春秋中期
著録　文物　一九八四年九期五頁
圖七左
山東精萃　一二二
青全　九・七五
出土　一九七七年山東沂水縣劉家店子村墓葬
現藏　山東省文物考古研究所
來源　文物

○九五一四　公子土斧壺
字數　三（又合文一）
時代　戰國
著録　總集　五六五一
三代　一二・五・六
十二尊　一一
通考　七七○
流傳　黃濬舊藏
現藏　歷史語言研究所
來源　考古研究所藏

○九五一五　下官壺
字數　三
時代　戰國晚期
著録　三代　一八・一九・二
窓齋　二五・四・二
綴遺　二八・一四
來源　三代

○九五一六　害府子壺
字數　三（又合文一）
時代　戰國
著録　尊古　二・三三
現藏　北京故宮博物院
來源　考古研究所拓

○九五一七　上白羽壺
字數　三
時代　戰國晚期
著録　總集　五六四二
文物　一九八○年九期一七頁
圖五
出土　一九七八年河南泌陽縣官莊村墓葬
現藏　駐馬店地區文物管理委員會
來源　文物

○九五一八　才作壺
字數　三（蓋器同銘）
時代　西周中期
著録　總集　五六三八
三代　一二・一三・六～七
貞圖上　四一
通考　七一四
綜覽・壺　六九
流傳　羅振玉舊藏
來源　考古研究所藏

○九五一九　作旅壺
字數　三
時代　西周早期
著録　總集　五六四○
日精華　三・二九○
白鶴撰　二一
綜覽・壺　五六
出土　傳河南洛陽
現藏　日本神户白鶴美術館
來源　白鶴撰

○九五二○　作旅彝壺
字數　三
時代　西周早期
著録　總集　五六三九
三代　一二・四・一
窓齋　一四・九・一
小校　四・七二・五
來源　三代

○九五二一　作從彝壺
字數　三
時代　西周早期
著録　總集　五六三七

三代 一二・三・八
貞松 七・二三・四
小校 四・七二・六
流傳 劉體智舊藏
來源 三代

○九五二二 宁戈父乙壺蓋
字數 四
時代 西周早期
著録 總集 五六三二
三代 一二・三・二
西清 八・一七
窓齋 一三・三
綴遺 一三・四
敬吾上 四四・六
殷存上 二七・二
小校 四・七二・一
流傳 清宮舊藏，後歸金蘭坡
來源 考古研究所藏

○九五二三 宁戈父乙壺蓋
字數 四
時代 西周早期
著録 未見
現藏 北京故宮博物院
來源 考古研究所拓

○九五二四 □父丁壺
字數 四
時代 殷
著録 總集 五六五五
録遺 二二一
來源 録遺

○九五二五 辰作父己壺
字數 四
時代 西周早期
著録 總集 五六四三
三代 一二・四・二
貞松 七・二四・一
十二式 一一
續殷上 六四・三
小校 四・七二・七
流傳 孫政舊藏
現藏 旅順博物館
來源 考古研究所拓

○九五二六 臣辰□册壺
字數 四（蓋器同銘）
時代 西周早期
著録 總集 五六六五
三代 一二・六・五～六
貞松 七・二六・一～二
小校 四・七六・一～二
流傳 劉體智舊藏
來源 三代

○九五二七 考母壺
字數 四（蓋器同銘）
時代 西周早期
著録 總集 五六五九
北窑 二一八頁圖一一六・一～二
綜覽・壺 六八
出土 一九六四年河南洛陽市龐家溝西周墓（M四一〇：四）
現藏 洛陽博物館
來源 考古研究所拓

○九五二八 伯作寶壺
字數 四（蓋器同銘）
時代 西周中期
著録 總集 五六五八（五六五七・二）
學報 一九六二年一期圖一三右下
張家坡 圖版二六：一・二
斷代 一五〇
出土 一九六一年陝西長安縣張家坡窖藏
綜覽・壺 六六
現藏 考古研究所
來源 考古研究所拓

○九五二九 伯作寶壺
字數 四
時代 西周中期
著録 總集 五六五七・一
學報 一九六二年一期圖一三右上
出土 同〇九五二八
現藏 考古研究所
來源 考古研究所拓

○九五三〇 叓从作壺
字數 四
時代 西周早期
著録 總集 五六五四
美集録 R 三七五
歐精華 二・一三九
現藏 美國克里夫蘭美術博物館
來源 考古研究所藏

○九五三一 □作寶彝壺
字數 四（蓋器同銘）
時代 西周早期
著録 總集 五六五二
積古 二・一・三～二
攈古 一・三・三四
續殷上 六四・六～七
泉屋 四三
海外吉 一〇五
通考 七一五
彙編 七・八四七
泉屋博古 圖一二〇拓三三
現藏 日本京都泉屋博古館
拓片 泉屋

○九五三二 □作寶彝壺
字數 四
時代 西周早期
著録 總集 五六四八
三代 一二・五・三
西清 一九・一三
貞松 七・二五・二
續殷上 六四・五
流傳 清宮舊藏，後歸王錫棨
來源 考古研究所藏

○九五三三 夾作彝壺
字數 四（蓋器同銘）
時代 西周早期
著録 總集 五六四五
三代 一二・四・七～八
善齋 四・四五
貞續中 一一・三～四
續殷上 六四・一～二
小校 四・七三・一～二
流傳 劉體智舊藏
來源 三代

○九五三四 員作旅壺
字數 四（蓋器同銘）
時代 西周早期
著録 總集 五六四一
三代 一二・四・三～四
貞松 七・二四・三～四
續殷上 六四・八～九
善齋 四・四四
小校 四・七四・一～二
流傳 劉體智舊藏
來源 考古研究所藏

○九五三五 皆作隮壺
字數 四（蓋器同銘）

時代 西周中期
著録 總集 五六四四
三代 一二・四・五～六
綴遺 一三・四
周金 五・五九
希古 五・五・一
貞松 七・二四・四～二五・一
小校 四・七三・三～四
歐精華 二・一三三
通考 七一九
彙編 七・八四六
流傳 潘祖蔭舊藏
現藏 德國柏林國立博物館東洋美術部
來源 考古研究所藏

○九五三六 □作寶壺
字數 四
時代 西周中期
著録 總集 五六四六
三代 一二・五・一
貞松 七・二四・二
希古 五・四・三
小校 四・七四・四
流傳 潘祖蔭舊藏，後歸李蔭軒
現藏 上海博物館
來源 考古研究所藏

○九五三七 趙君壺
字數 四
時代 戰國
著録 總集 五六五〇
三代 一二・五・五
貞松 七・二五・四
小校 四・七四・五
武英 九〇
故圖下下 三二九

流傳 承德避暑山莊舊藏，後歸中央博物院
現藏 臺北故宮博物院
來源 考古研究所藏

○九五三八 左庌子壺
字數 四（又合文一）
時代 戰國
著録 未見
現藏 上海博物館
來源 上海博物館提供

○九五三九 左庌子壺
字數 四（又合文一）
時代 戰國
著録 未見
現藏 上海博物館
來源 上海博物館提供

○九五四〇 己庌子壺
字數 四（又合文一）
時代 戰國
著録 未見
現藏 北京故宮博物院
來源 考古研究所拓

○九五四一 己庌子壺
字數 四（又合文一）
時代 戰國
著録 未見
現藏 北京故宮博物院
來源 考古研究所拓

○九五四二 □君壺
字數 四
時代 戰國
著録 總集 五六五三
三代 一二・六・一
貞補上 三六・二

善齋 四・四六
小校 四・七四・六
故圖下下 二九〇
流傳 劉體智舊藏，後歸中央博物院
現藏 臺北故宮博物院
來源 考古研究所藏

○九五四三 徝宮右自壺
字數 四
時代 戰國
著録 未見
出土 傳河南洛陽
來源 考古研究所藏

○九五四四 亞䊷壺
字數 五
時代 殷
著録 西清 一八・一
來源 西清

○九五四五 亞□壺
字數 五
時代 西周早期
著録 總集 五六四九
三代 一二・五・四
陶齋 三・四
續殷上 六四・四
小校 四・七四・三
流傳 端方舊藏
來源 三代

○九五四六 冊劦□父丁壺
字數 五
時代 西周早期
著録 總集 五六六〇
文物 一九七六年六期六五頁
圖二三
陝青 三・三三

出土 一九七五年陝西扶風縣召李村M一
綜覽・卣 二九
現藏 扶風縣博物館
來源 陝青
備注 〇五一五八誤爲卣，重出

○九五四七 工冊天父己壺
字數 五
時代 殷
著録 西清 八・九
流傳 清宮舊藏
來源 西清

○九五四八 作父己壺
字數 五
時代 西周早期
著録 西清 八・二三
流傳 清宮舊藏
來源 西清

○九五四九 □冊父庚壺
字數 五
時代 殷或西周早期
著録 通考 六〇七
辭典 四六七
上海（二〇〇四）三四四
現藏 上海博物館
來源 上海博物館提供

○九五五〇 □壺
字數 五
時代 殷
著録 録遺 二〇〇
現藏 北京故宮博物院
來源 考古研究所拓

○九五五一 王七祀壺蓋
字數 五
時代 西周早期

著録 總集 五六七四
希古 五・五・二
彙編 七・七八一
流傳 陳承裘舊藏
來源 彙編

○九五五二 天姬壺
字數 五
時代 西周中期
著録 總集 五六六八
三代 一二・七・二
攈古上 二四
恒軒上 五三
窓齋 一四・二〇・二
綴遺 一三・五
周金 五・五九・一
小校 四・七四・八
通考 七三一
流傳 潘祖蔭舊藏
現藏 北京故宮博物院
來源 考古研究所拓

○九五五三 梢侯壺
字數 五
時代 西周中期
著録 總集 五六七一
西甲 八・四五
録遺 二二三
流傳 清宮舊藏
來源 録遺

○九五五四 五伯壺蓋
字數 五
時代 西周早期
著録 總集 五六六四
三代 一二・六・七
現藏 北京故宮博物院

來源 考古研究所拓

○九五五五 [illegible]媯壺
字數 五
時代 西周中期
著録 總集 五六六三
三代 一二・六・四
現藏 北京故宮博物院
來源 考古研究所拓

○九五五六 [illegible]妊壺
字數 五（蓋器同銘）
時代 西周晚期
著録 總集 五六六七
三代 一二・七・一（蓋）
積古 五・九・三～四
攈古 一・三・三三・三～四
周金 五・五七・一～二
小校 四・七五・一～二
冠斝中 一
通考 七一六
綜覽・壺 五四
燕園 六二
流傳 榮厚舊藏
現藏 北京大學賽克勒考古與藝術博物館
來源 考古研究所藏

○九五五七 [illegible]姬壺
字數 五
時代 西周早期
著録 博古 一二・一二
薛氏 三二・四
嘯堂 四二・一
來源 嘯堂

○九五五八 雉子嬰壺
字數 五
時代 戰國早期

著録 總集 五六七〇
筠清 二・二三
攈古 一・三・二四
善齋 四・四七・一
小校 四・七五・四
故圖下下 二八九
流傳 劉體智舊藏
現藏 臺北故宮博物院
來源 考古研究所藏

○九五五九 子媎迖子壺
字數 五
時代 戰國
著録 總集 五六六九
三代 一二・七・三
懷米下 三〇
攈古 一・三・三五
綴遺 一三・三一
敬吾下 三〇・一
周金 五・五八・一
小校 四・七五・五
流傳 曹秋舫舊藏，後歸李蔭軒
現藏 上海博物館
來源 考古研究所藏

○九五六〇 子媎迖子壺
字數 五
時代 戰國
著録 未見
來源 考古研究所藏

○九五六一 左使車工壺
字數 五
時代 戰國早期
著録 中山王墓 四三〇頁圖一八五・五～六
文字編 一二七頁

出土 一九七七年河北平山縣中山王墓（M一 西庫 一九）
現藏 河北省文物研究所
來源 河北省文物研究所提供

○九五六二 左使車工壺
字數 五
時代 戰國晚期
著録 中山王墓 四二九頁圖一八四・五～六
文字編 一二七頁
出土 同○九五六一（M一 西庫 一八）
現藏 河北省文物研究所
來源 河北省文物研究所提供

○九五六三 右冶尹壺
字數 五
時代 戰國早期
著録 總集 五七〇一
文物 一九八二年三期九一頁圖二～四
出土 一九六六年河北容城縣晾馬臺西北陽村
現藏 容城縣文化館
來源 文物
備注 一蓋；二口沿；三腹

○九五六四 恒作且辛壺
字數 六
時代 西周早期
著録 總集 五六八〇
録遺 二二四
來源 録遺

○九五六五 亞文父乙壺
字數 六
時代 殷
著録 未見

現藏　上海博物館
來源　上海博物館提供

〇九五六六　[illegible]父乙壺

字數　存六
時代　殷
著録　總集　五六八四
　三代　一二・八・四
　貞補上　三六・三
　小校　四・七六・八
流傳　潘祖蔭舊藏
來源　三代

〇九五六七　伯矩壺

字數　六
時代　西周早期
著録　總集　五六七六
　三代　一三・一七・五（蓋）、八（器）
　西清　八・三二
　貞松　八・二一・一（蓋）、四（器）
　希古　五・一〇・二（蓋）、一一・一（器）
　周金　五・一四・一～二
　小校　五・二三・一～二
　歐精華　二・一三四
　美集録　R 三〇二
　弗里爾（一九六七）　四一六頁
　彙編　七・七一一
　綜覽・壺　四四
流傳　清宮舊藏，後歸李山農
現藏　美國華盛頓弗里爾美術博物館
來源　三代

〇九五六八　伯矩壺

字數　六
時代　西周早期
著録　總集　五六七七
　三代　一一・二二・五
　綴遺　一八・一一・一
　貞松　七・一一・三
　希古　五・二・四
　周金　五・一五・二
　小校　五・二二・八（又　七・二九・三）
　彙編　七・七一二
　綜覽・壺　四五
流傳　陳朗亭、顧壽康、徐乃昌舊藏
來源　三代
備注　〇五八四六誤爲尊，現據綜覽器形訂正

〇九五六九　伯侄方壺

字數　六
時代　西周晚期
著録　總集　五六九〇
　二百　三・五
　兩罍　三・一七
　綴遺　一三・七・一
流傳　吳雲舊藏
來源　兩罍

〇九五七〇　伯濼父壺

字數　六
時代　西周晚期
著録　總集　五六七九
　三代　一二・七・七
　貞續中　一二・一
　十二貯　一一
流傳　王辰舊藏
現藏　北京故宮博物院
來源　考古研究所藏

〇九五七一　孟[illegible]父壺

字數　六
時代　西周中期
著録　總集　五六八三
　三代　一二・八・一
　西清　一九・一六
　貞松　七・二六・三
　希古　五・五・五
　貞圖上　四二
　通考　七一八
　綜覽・壺　六七
流傳　王蘭畦、羅振玉舊藏
現藏　中國歷史博物館
來源　考古研究所藏

〇九五七二　[illegible]仲多壺

字數　六
時代　西周晚期
著録　總集　五六七八
　三代　一二・七・六
　恒軒上　五四
　綴遺　一三・八
　奇觚　六・二八・一
　周金　五・五六・二
　小校　四・七六・四
流傳　費念慈、吳大澂舊藏
來源　考古研究所藏

〇九五七三　蔡侯方壺

字數　六
時代　春秋晚期
著録　總集　五六八八
　蔡侯墓　圖版三四：一
　銘文選　五九五
　青全　七・七四
　辭典　七〇三
出土　一九五五年安徽壽縣西門内蔡侯墓
現藏　安徽省博物館
來源　考古研究所藏

〇九五七四　蔡侯方壺

字數　六
時代　春秋晚期
著録　總集　五六八九
　蔡侯墓　圖版三四：二
　徽銅　六六
出土　一九五五年安徽壽縣西門内蔡侯墓
現藏　安徽省博物館
來源　考古研究所藏

〇九五七五　鄭右□方壺

字數　六
時代　戰國晚期
著録　總集　五六八二
　三代　一二・八・二～三
　貞松　七・二七・二
　貞圖上　四三
流傳　羅振玉舊藏
來源　考古研究所藏

〇九五七六　[illegible]作父己壺

字數　七
時代　殷
著録　總集　五六八五
　三代　一二・八・五
　貞續中　一二・二
來源　三代

〇九五七七　叡作父辛壺

字數　七
時代　西周早期
著録　總集　五六九六
　三代　一二・九・三
　恒軒上　四八

窓齋 一三・一六・一
綴遺 一八・一・二
殷存上 二五・二
小校 五・二五・六
流傳 吳大澂舊藏
現藏 上海博物館
來源 考古研究所藏

〇九五七八 □父壺
字數 七
時代 西周早期
著録 總集 五六九一
三代 一二・八・六
二百 一・一〇
兩罍 二・二一
窓齋 一四・八・五
綴遺 一三・二・二
殷存上 二七・五
小校 四・七六・五
流傳 吳雲舊藏
來源 三代

〇九五七九 魯侯壺
字數 七
時代 西周晚期
著録 總集 五六九四
三代 一二・八・七
攈古 二・一・一五・一
周金 五・五六・一
小校 四・七六・六
山東存魯 二・一
來源 考古研究所藏

〇九五八〇 鑄大□壺
字數 七
時代 戰國早期
著録 總集 五六九三
美集録 R 四八四
彙編 六・六三三
現藏 美國堪薩斯納爾遜美術陳列館
來源 考古研究所藏

〇九五八一 曾侯乙壺
字數 七
時代 戰國早期
著録 曾侯乙墓 二三二頁圖一二一・二
美全 五・八三
青全 一〇・一二七
出土 一九七八年湖北隨縣曾侯乙墓（C・一八二）
現藏 湖北省博物館
來源 湖北省博物館提供

〇九五八二 曾侯乙壺
字數 七
時代 戰國早期
著録 曾侯乙墓 二一九頁圖一一八・三
青全 一〇・一二六
出土 同〇九五八一（C・一三二）
現藏 湖北省博物館
來源 湖北省博物館提供
備注 此器爲聯禁大壺中的一件，另一件C一三三本書未收

〇九五八三 韓氏私官方壺
字數 七
時代 戰國晚期
著録 未見
現藏 北京故宮博物院
來源 考古研究所拓

〇九五八四 鬼作父丙壺
字數 八
時代 西周中期
著録 總集 五六九八
録遺 二二五
彙編 六・六三二
來源 考古研究所藏

〇九五八五 內伯壺
字數 八（蓋器同銘）
時代 西周中期
著録 總集 五六九五
三代 一二・九・一～二
陶齋 三・一
周金 五・五五・一～二
海外吉 一〇六
通考 七二六
小校 四・七七・一～二
日精華 四・二九六
彙編 六・五七六
銘文選 三五三
流傳 端方、日本細川氏舊藏
來源 考古研究所藏

〇九五八六 㠱侯壺
字數 八（蓋器同銘）
時代 西周晚期
著録 未見
流傳 北京故宮博物院舊藏
現藏 中國歷史博物館
來源 考古研究所拓

〇九五八七 㠱侯壺
字數 八（蓋器同銘）
時代 西周晚期
著録 總集 五七〇二
彙編 六・五七七
現藏 美國舊金山亞洲藝術博物館（布倫戴奇藏品）
來源 考古研究所藏

〇九五八八 右走馬嘉壺
字數 八
時代 春秋早期
著録 總集 五六九七
三代 一二・九・四
貞松 七・二七・三
周金 五・五五・三
小校 四・七七・二
現藏 蘇州市博物館
來源 蘇州市博物館提供

〇九五八九 [illegible]客之官壺
字數 八
時代 戰國晚期
著録 總集 五七〇〇
録遺 二二七・一～三
現藏 北京故宮博物院
來源 考古研究所藏

〇九五九〇 徝宮左自方壺
字數 八
時代 戰國
著録 未見
出土 傳洛陽金村
來源 考古研究所藏

〇九五九一 徝宮左自方壺
字數 八
時代 戰國
著録 總集 五七四二
三代 一二・一六・一～二
小校 四・八四・二
善齋 二八・八
流傳 劉體智舊藏
來源 三代

〇九五九二 奪作父丁壺

字數 九
時代 西周早期
著録 日精華 四・二八九
白鶴撰 二二
綜覽・壺 五五
現藏 日本神户白鶴美術館
來源 白鶴撰

〇九五九三 奪作父丁壺
字數 九（蓋器同銘）
時代 西周早期
著録 總集 五六九九
録遺 二二六・一～二
來源 考古研究所藏

〇九五九四 歸娊進壺
字數 九（蓋器同銘）
時代 西周早期
著録 文物 一九八六年一期一四頁圖
三二・三三
斷代 二一
青全 五・一二三
出土 一九八〇年陝西長安縣花園村墓
葬（M一七：三八）
現藏 陝西省文物管理委員會
來源 陝西省文物管理委員會提供

〇九五九五 歸娊進壺
字數 九
時代 西周早期
著録 文物 一九八六年一期一三頁
圖二九・三〇
出土 同〇九五九四
現藏 陝西省文物管理委員會
（M一七：四三）
來源 陝西省文物管理委員會提供

〇九五九六 内公壺
字數 九
時代 西周晚期
著録 總集 五七〇三
三代 一二・九・五
窓齋 一四・一五・一
綴遺 一三・一八・二
周金 五・五三・二
小校 四・七八・一
現藏 北京故宮博物院
來源 考古研究所拓

〇九五九七 内公壺
字數 九
時代 西周晚期
著録 總集 五七〇四
三代 一二・九・六
西清 一九・四
貞松 七・二八・一
故宮 七期
藝展 四六
通考 七二七
故圖下上 一四六
周録 一一七
流傳 清宮舊藏
現藏 臺北故宮博物院
來源 考古研究所藏
備注 史語所人士稱：「細驗本器疑爲仿
鑄，銘文亦爲僞刻」

〇九五九八 内公壺
字數 九
時代 西周晚期
著録 總集 五七〇五
三代 一二・九・七
西清 一九・五
銘文選 九〇七
故青 二〇四
現藏 北京故宮博物院
來源 考古研究所拓

〇九五九九 伯魚父壺
字數 九（蓋器同銘）
時代 西周晚期
著録 總集 五七〇九
美集録 R 四〇九ab
録遺 二二九
皮斯柏 四四
彙編 六・五二四
綜覽・壺 八五
現藏 美國米里阿波里斯美術館（皮斯柏
藏品）
來源 考古研究所藏

〇九六〇〇 伯魯父壺
字數 九（蓋器同銘）
時代 西周晚期
著録 未見
流傳 「此器見于巴黎」（美集録 A
七〇五）
來源 考古研究所藏陳夢家拓本

〇九六〇一 賓車父壺
字數 九（蓋器同銘）
時代 西周晚期
著録 總集 五七一一
文物 一九七七年八期五頁圖
九：一三
綜覽・壺 九〇
出土 一九七六年陝西臨潼縣零口村
現藏 臨潼縣博物館
來源 考古研究所拓
備注 〇九六〇一、〇九六〇二兩個壺的
器、蓋，後被互易，因而本書次第
與原簡報不同

〇九六〇二 賓車父壺
字數 九（蓋器同銘）
時代 西周晚期
著録 總集 五七一〇
文物 一九七七年八期五頁圖
一〇：一二
出土 同〇九六〇一
現藏 臨潼縣博物館
來源 考古研究所拓

〇九六〇三 子叔壺
字數 九（蓋器同銘）
時代 春秋早期
著録 總集 五七〇七
三代 一二・一〇・四～五
貞補上 三六・四～三七・一
日精華 四・二九八
彙編 六・五二三
綜覽・壺 一〇三
流傳 日本大阪江口治郎舊藏
來源 三代

〇九六〇四 子叔壺
字數 九
時代 西周早期
著録 總集 五七〇六
録遺 二二八
現藏 旅順博物館
來源 考古研究所拓

〇九六〇五 雍工壺
字數 九
時代 戰國晚期
著録 考古與文物 一九八三年六期
四頁圖二
現藏 咸陽市博物館

來源 考古研究所拓、摹

〇九六〇六 繳窓君扁壺

字數 九
時代 戰國
著録 三代 一八・一五・一～三
攈古 二・一・四四・二～四
窓齋 一四・二二・一～三
綴遺 二六・一六
奇觚 一一・一〇・二～四
周金 五・三五・一～三
簠齋 二鉼一
小校 九・一〇一・一
尊古 二・三九・二
通考 九一八
青全 七・一四五
流傳 陳介祺舊藏
現藏 中國歷史博物館
來源 考古研究所藏
備注 歷博此壺照片，與尊古同，而與冠斝異，但冠斝拓片並無不同，似冠斝圖像有誤

〇九六〇七 永用析涅壺

字數 九
時代 戰國
著録 文物 一九八四年六期二五頁圖八
山西精華 六三
山西珍品 一六二
出土 一九八一年山西文水縣上賢村
現藏 山西省博物館
來源 文物

〇九六〇八 伯山父壺蓋

字數 一〇
時代 西周中期
著録 總集 五七一二
筠清 三・五・一
攈古 二・一・五〇・二
綴遺 一三・三・一
奇觚 一七・五・三
周金 五・五二・二
現藏 浙江省博物館
來源 考古研究所拓

〇九六〇九 成伯邦父壺

字數 一〇
時代 西周晚期
著録 總集 五七一四
小校 四・七八・五
善齋 四・四八
流傳 劉體智舊藏
現藏 歷史語言研究所
來源 善齋

〇九六一〇 呂季姜壺

字數 一一（又合文二，器蓋同銘）
時代 西周晚期
著録 文物 一九八二年一〇期四三頁圖左
出土 一九四三年陝西長安縣西南「鎬京故墟」
來源 文物

〇九六一一 呂季姜壺

字數 一一（又重文二器蓋同銘）
時代 西周晚期
著録 文物 一九八二年一〇期四三頁圖右
出土 同〇九六一〇
來源 文物

〇九六一二 大作父乙壺

字數 一一（又重文二）
時代 西周中期
著録 積古 五・一四・三
攈古 二・一・八四
奇觚 一八・一〇
來源 攈古

〇九六一三 伯多壺

字數 一一
時代 西周晚期
著録 總集 五七一五
三代 一二・一〇・三
西清 一九・九
綴遺 一三・一七・一
貞松 七・二八・二
希古 五・六・一
小校 四・七九・二
上海(二〇〇四) 四一三
流傳 潘祖蔭舊藏
現藏 上海博物館
來源 考古研究所藏

〇九六一四 孟上父壺

字數 一一（蓋一器一〇）
時代 西周晚期
著録 總集 五七一三
三代 一二・一一・一～二
綴遺 一三・一二・一
奇觚 六・二八・二
周金 五・五三・一
殷存上 二七・一
小校 四・七八・四；五・一・三
彙編 六・四八七
流傳 潘祖蔭舊藏
來源 考古研究所藏

〇九六一五 戌伯㠱生壺

字數 一一
時代 西周晚期
著録 總集 五七一六
三代 一二・一一・三
貞松 七・二八・三
善齋 四・四九・一
小校 四・七九・一
巖窟上 六四
出土 河南
流傳 劉體智、王辰、梁上椿舊藏
現藏 北京故宮博物院
來源 考古研究所拓

〇九六一六 春成侯壺

字數 一一
時代 戰國
著録 總集 五七一七
三代 一八・一九・三
貞松 一一・九・一
貞圖中 四〇
通考 七七一
流傳 羅振玉舊藏
來源 三代

〇九六一七 重金扁壺

字數 一一
時代 戰國
著録 三代 一一・四三・二
陶齋 五・一
周金 五・三〇
小校 四・七〇・二
流傳 端方舊藏
現藏 美國某地
來源 三代

〇九六一八甲 亯壺

字數 一二（又重文二，蓋器同銘）
時代 西周中期
著録 總集 五七三四
文物 一九六六年一期五七頁圖二、圖五

出土　一九五五年河南泌陽前梁河村
現藏　河南省博物館
來源　河南省博物館提供

〇九六一八乙　[illegible]壺
字數　一二（又重文二）
時代　西周中期
著録　青全　六・一〇四
　　　辭典　四七三
出土　同甲
現藏　河南省博物館
來源　河南省博物館提供
備注　此拓後到，列于〇九六一八號之後，以甲、乙區別之

〇九六一九　伯庶父壺
字數　一二（蓋器同銘）
時代　西周晚期
著録　總集　五七二二
　　　三代　一二・一一・四～五
　　　西甲　八・四〇
　　　貞補上　三七・二～三
　　　故宮　一三期
　　　藝展　四九
　　　通考　七二二
　　　故圖下上　一四五
　　　綜覽・壺　八三
　　　周録　一一四
現藏　臺北故宮博物院
來源　考古研究所藏

〇九六二〇　伯㵾父壺蓋
字數　一二
時代　西周晚期
著録　未見
現藏　上海博物館
來源　上海博物館提供

〇九六二一　成周邦父壺
字數　一二
時代　西周晚期
著録　人文雜誌　一九八三年四期封三：二
出土　一九八二年陝西汧陽縣崔家頭村
現藏　寶鷄市博物館
來源　寶鷄市博物館提供

〇九六二二　鄧孟壺蓋
字數　一二（又重文二）
時代　西周早期
著録　總集　五七三二
　　　三代　一二・一三・五
　　　綴遺　一四・一七・二
　　　陶齋　三・三・一
　　　周金　五・四七・二
　　　小校　四・八二・二
　　　夢續　二五
　　　銘文選　七六九
流傳　端方、羅振玉舊藏
現藏　旅順博物館
來源　考古研究所藏

〇九六二三　王伯姜壺
字數　一二
時代　西周晚期
著録　總集　五七二三
　　　三代　一二・一一・六
　　　周金　五・五二・一
　　　小校　四・七九・三
　　　陶續　二・六・一
　　　布倫戴奇　Fig　五七
流傳　端方舊藏
現藏　美國舊金山亞洲藝術博物館（布倫戴奇藏品）
來源　考古研究所藏

〇九六二四　王伯姜壺
字數　一二
時代　西周晚期
著録　總集　五七二四
　　　美集録　R　四一二
　　　彙編　六・四四六
　　　綜覽・壺　九六
　　　青全　五・一四五
現藏　美國舊金山亞洲藝術博物館（布倫戴奇藏品）
來源　考古研究所藏

〇九六二五　遙叔壺
字數　一二
時代　春秋晚期
著録　總集　五七一九
　　　考古　一九八二年二期一四五頁圖六：三
出土　一九八〇年湖北隨縣均川劉家崖後山包墓葬
現藏　隨州市博物館
來源　考古研究所拓

〇九六二六　遙叔壺
字數　一二
時代　春秋晚期
著録　總集　五七二〇
　　　考古　一九八二年二期一四五頁圖六：四
出土　同〇九六二五
現藏　隨州市博物館
來源　考古研究所拓

〇九六二七　□侯壺
字數　存一二
時代　西周中期
著録　總集　五七二一
　　　三代　一二・一二・一
　　　貞松　七・二九・一
　　　武英　一〇五
　　　小校　四・八〇・一
　　　藝展　四八
　　　故圖下下　二八三
　　　通考　七三三
　　　綜覽・壺　九五
　　　酒器　一七〇頁
　　　周録　七六
流傳　承德避暑山莊舊藏
現藏　臺北故宮博物院
來源　考古研究所藏

〇九六二八　曾仲斿父方壺
字數　一二（蓋器同銘）
時代　春秋早期
著録　總集　五七一八・一
　　　文物　一九七二年一期圖版六
　　　銘文選　六八九
　　　綜覽・壺　九七
　　　青全　一〇・一〇四～一〇五
出土　一九六九年湖北京山蘇家壠
現藏　湖北省博物館
來源　湖北省博物館提供

〇九六二九　曾仲斿父方壺
字數　一二
時代　春秋早期
著録　總集　五七一八・二
　　　辭典　六九二
出土　同〇九六二八
現藏　湖北省博物館
來源　湖北省博物館提供

〇九六三〇　呂王壺

字數 一三
時代 西周晚期
著録 總集 五七二五
三代 一二・一二・二
窓齋 一四・一六・一
周金 五・五一・二
小校 四・八〇・二
銘文選 五〇三
來源 考古研究所藏

〇九六三一 鄭楙叔賓父壺

字數 一三（又重文二）
時代 西周晚期
著録 總集 五七三九
三代 一二・一五・一
攈古下 二二
恒軒上 五五
窓齋 一四・一四・一
綴遺 一三・一八・一
周金 五・五〇・二
小校 四・八三・一
大系 二〇三
流傳 潘祖蔭舊藏
來源 考古研究所藏

〇九六三二 己侯壺

字數 一三
時代 西周晚期
著録 文物 一九八三年一二期八頁圖三
銘文選 三四九
辭典 四七四
山東精萃 一一四
青全 六・八七
出土 一九七四年山東萊陽縣中荆公社
前河前村
現藏 煙臺市博物館
來源 煙臺市博物館提供

〇九六三三 陳侯壺

字數 一三
時代 春秋早期（蓋器同銘）
著録 總集 五七二九・二（器）
文物 一九七二年五期一〇頁
圖一八（器）
銘文選 五七八
出土 一九六三年山東肥城縣小王莊
現藏 山東省博物館
來源 考古研究所拓

〇九六三四 陳侯壺

字數 一三（蓋器同銘）
時代 春秋早期
著録 總集 五七二九・一（蓋）
文物 一九七二年五期一〇頁
圖一九（蓋）
綜覽・壺 九九
山東藏品 五四
山東精萃 一二六
辭典 六九一
青全 六・九八
出土 同〇九六三三
現藏 山東省博物館
來源 考古研究所拓

〇九六三五 眉𦓔壺

字數 一三（又重文二）
時代 西周晚期
著録 總集 五七三八
青山莊 二九
彙編 五・三九一
現藏 日本東京根津美術館
來源 青山莊

〇九六三六 黃君孟壺

字數 一三（又重文二）
時代 春秋早期
著録 考古 一九八四年四期三二一頁
圖一二：三
青全 七・八四
出土 一九八三年河南光山縣寶相寺上
官崗磚瓦廠
現藏 信陽地區文物管理委員會
來源 考古編輯部檔案

〇九六三七 樊夫人龍嬴壺

字數 一三
時代 春秋早期
著録 總集 五七二八
文物 一九八一年一期一三頁圖
一五
辭典 六九四
出土 一九七八年河南信陽平橋南山嘴
現藏 信陽地區文物管理委員會
來源 信陽地區文物管理委員會提供

〇九六三八 華母壺

字數 一三
時代 春秋早期
著録 總集 五七二六
録遺 二三〇
現藏 北京清華大學圖書館
來源 考古研究所拓

〇九六三九 邛君婦龢壺

字數 一三（又重文一）
時代 春秋
著録 總集 五七三一
三代 一二・一一・三；一一～四
筠清 四・四四
攈古 二・一・七五
綴遺 一三・二〇
奇觚 一八・九・二
大系 一八七
銘文選 六三二
來源 三代

〇九六四〇 東周左𠂤壺

字數 一三
時代 戰國
著録 總集 五七二九
三代 一二・一二・三
善齋 四・五〇
小校 四・七九・四
故圖下下 二八四
流傳 劉體智舊藏，後歸中央博物院
現藏 臺北故宮博物院
來源 考古研究所藏

〇九六四一 𩰫寇良父壺

字數 一四（又重文二）
時代 西周晚期
著録 總集 五七四〇
三代 一二・一五・二
懷米 二・一七
筠清 四・四二・一
攈古 二・二・一九
綴遺 一三・一一・二
奇觚 一八・一一・二
周金 五・五一・一
小校 四・八三・二
上海（二〇〇四） 四六二
流傳 曹秋舫、潘祖蔭舊藏
現藏 上海博物館
來源 考古研究所藏

〇九六四二 仲南父壺

字數 一四（又重文二）
時代 西周晚期

著録 總集 五七四四
文物 一九七六年五期四一頁
圖二一
陝青 一・一七七
綜覽・壺 八四
出土 一九七五年陝西岐山縣董家村窖藏
現藏 岐山縣博物館
來源 岐山縣博物館提供

〇九六四三 仲南父壺

字數 一四（又重文二、蓋器同銘）
時代 西周晚期
著録 總集 五七四五
陝青 一・一七八
出土 同〇九六四二
現藏 岐山縣博物館
來源 岐山縣博物館提供

〇九六四四 内大子白壺蓋

字數 一四
時代 西周晚期
著録 西甲 八・四一
西拾 一七
流傳 清宮舊藏
來源 西拾

〇九六四五 内大子白壺

字數 一四（蓋器同銘）
時代 西周晚期
著録 總集 五七三五
三代 一二・一三・七～一四・一
貞松 七・二九・二～三〇・一
武英 一〇三・一～二
通考 七二八
小校 四・八一・一～二
故圖下下 二八二

彙編 五・四〇六
綜覽・壺 九三
銘文選 五一五
周録 一一八
流傳 承德避暑山莊舊藏
現藏 臺北故宮博物院
來源 考古研究所藏

〇九六四六 保侃母壺

字數 一四（蓋器同銘）
時代 西周晚期
著録 總集 五七三〇
三代 一二・一二・四
貞松 七・三〇・二
録遺 二三一・一～二
故青 一三八
現藏 北京故宮博物院
來源 考古研究所拓

〇九六四七 徝宮左自方壺

字數 一四（又合文一）
時代 戰國
著録 未見
出土 洛陽金村
現藏 旅順博物館
來源 考古研究所拓

〇九六四八 四升訇客方壺

字數 一四
時代 戰國
著録 故青 三一三
出土 同〇九六四七
現藏 北京故宮博物院
來源 考古研究所拓

〇九六四九 四升訇客方壺

字數 一四（又合文一）
時代 戰國

著録 總集 五七三七
三代 一二・一四・三～四
一二 尊 一三
尊古 二・三四・一
通考 七七八
出土 同〇九六四七
流傳 黄濬舊藏
來源 考古研究所藏

〇九六五〇 四升訇客方壺

字數 一四（又合文一）
時代 戰國
著録 日精華 五・三九九
金村 一七
戰國式 一一七
出土 同〇九六四七
現藏 日本京都大學人文科學研究所
來源 戰國式

〇九六五一 矩叔壺

字數 一五（又重文二）
時代 西周晚期
著録 總集 五七五〇
三代 一二・一七・三
攈古 二・二・五五・一
澂秋 三一
流傳 陳承裘舊藏
現藏 北京故宮博物院
來源 考古研究所拓

〇九六五二 矩叔壺

字數 一五（又重文二）
時代 西周晚期
著録 總集 五七四九
三代 一二・一七・二
攈古 二・二・五四・四
澂秋 三〇

小校 四・八五・四
銘文選 三八〇
流傳 陳承裘舊藏
現藏 北京故宮博物院
來源 考古研究所拓

〇九六五三 史僕壺

字數 一五（又重文二）
時代 西周晚期
著録 總集 五七四六
三代 一二・一六・四
攈古 二・二・五四・三
窓齋 一四・一四・二
綴遺 一三・一〇・二
周金 五・四九・三
小校 四・八五・二（四・八五・三重出）
流傳 葉東卿舊藏
來源 考古研究所藏

〇九六五四 史僕壺蓋

字數 一五（又重文二）
時代 西周晚期
著録 總集 五七四七
三代 一二・一七・一
積古 五・一四・二
兩罍 七・七
攈古 二・二・五四・二
奇觚 一八・一〇・三
周金 五・四九・二
流傳 阮元、吳雲舊藏
現藏 南京博物院
來源 考古研究所拓

〇九六五五 虢季氏子組壺

字數 一五（又重文二）
時代 西周晚期

著　録　總集　五七四八
三代　一二・一六・三
兩罍　七・五・一
愙齋　一四・一〇・一
綴遺　一三・一九・一
雙王　一七
周金　五・五〇・一
小校　四・八五・一
通考　七二九
流傳　吴雲、李眉生、鄒安舊藏
現藏　美國某地
來源　考古研究所藏

〇九六五六　伯公父壺蓋
字數　一五（又重文二）
時代　西周晚期
著録　總集　五七五一
文物　一九七八年一一期九頁圖一四
陝青　三・九二
銘文選　三〇三
出土　一九七六年陝西扶風縣雲塘村窖藏
現藏　周原博物館
來源　周原博物館提供

〇九六五七　侯母壺
字數　一五（蓋器同銘）
時代　春秋早期
著録　曲阜魯國故城　一四七頁圖九三：四・五
辭典　四七二
青全　六・六九～七〇
出土　山東曲阜魯故城（M四八：一六）
現藏　曲阜縣文物管理委員會
來源　曲阜縣文物管理委員會提供

〇九六五八　⿰奚阝季壺
字數　一五（蓋一三器一五）
時代　春秋早期
著録　青全　七・六九
出土　一九七五年河南羅山縣高店村
現藏　信陽地區文物管理委員會
來源　信陽地區文物管理委員會提供

〇九六五九　齊良壺
字數　一五
時代　春秋早期
著録　總集　五七四三
三代　一二・一四・五
綴遺　一八・四
貞松　七・三一・一
山東存齊　二四・一
來源　考古研究所藏

〇九六六〇　往宮左自方壺
字數　一五（又合文一）
時代　戰國
著録　總集　五七四一
三代　一二・一五・三～五
善齋　二八・六
小校　四・八四・一～三
流傳　劉體智舊藏
來源　三代

〇九六六一　大師小子師望壺
字數　一六（又重文二、合文一）
時代　西周中期
著録　總集　五七五三
三代　一二・一七・四
愙齋　一四・一七・一
綴遺　一三・一一・一
周金　五・四七・一
小校　四・八六・一
雙古上　二〇
銘文選　二一四
綜覽・壺　九四
流傳　于省吾舊藏
現藏　英國倫敦不列顛博物館
來源　考古研究所藏

〇九六六二　交君子⿻大爻壺
字數　一六
時代　西周晚期
著録　善齋　四・五一
小校　四・八三・三
善彝　一〇二
通考　七一七
彙編　五・三七四
流傳　劉體智舊藏
來源　考古研究所藏

〇九六六三　黄子壺
字數　一六
時代　春秋早期
著録　考古　一九八四年四期圖二〇：三
美全　五・一四～一五
青全　七・八五
辭典　六九五
出土　一九八三年河南光山縣寶相寺上官崗磚瓦廠墓葬
現藏　信陽地區文物管理委員會
來源　考古編輯部

〇九六六四　黄子壺
字數　一六
時代　春秋早期
著録　未見
出土　同〇九六六三
現藏　信陽地區文物管理委員會
來源　考古編輯部檔案

〇九六六五　十四年方壺
字數　一六
時代　戰國晚期
著録　中山王墓　四二四頁圖一八〇・四～七
文字編　一二三頁
出土　一九七七年河北平山縣中山王墓（M一　東庫　一一）
現藏　河北省文物研究所
來源　河北省文物研究所提供

〇九六六六　十四年方壺
字數　一六
時代　戰國晚期
著録　中山王墓　四二四頁圖一八〇・一～三
文字編　一二三頁
出土　同〇九六六五（M一　東庫　一〇）
現藏　河北省文物研究所
來源　河北省文物研究所提供

〇九六六七　中伯壺蓋
字數　一七（又重文二）
時代　西周中期
著録　總集　五七五七
三代　一二・一八・二
從古　一三・二七
攈古　二之二・七七・二
愙齋　一四・一八・一
綴遺　一三・一〇・一
奇觚　六・二九
敬吾下　三二
周金　五・四八・一
簠齋　二壺一
小校　四・八六・三
流傳　陳介祺舊藏

來源 考古研究所藏

〇九六六八 中伯壺

字數 一七（又重文二）
時代 西周中期
著錄 總集 五七五六
三代 一二・一八・一
攗古 二・二・七七・一
綴遺 一三・九・一
周金 五・四八・二
小校 四・八六・四
彙編 五・三一八
綜覽・壺 五一
薩克勒（西周） 九五
現藏 美國華盛頓薩克勒美術館
來源 考古研究所藏

〇九六六九 棶氏車父壺

字數 一七（又重文二）
時代 西周中期
著錄 總集 五七五五
文物 一九七二年六期三三頁圖九
陝青 三・一二四
銘文選 五三〇 乙
出土 一九六〇年陝西扶風縣莊白召陳村
現藏 陝西省博物館
來源 陝西省博物館提供

〇九六七〇 番壺

字數 存一七（又重文二）
時代 西周晚期
著錄 窸齋 一四・一五・二
綴遺 一三・一二・二
敬吾下 二九・一
周金 五・四六・二
小校 四・八六・二
流傳 葉東卿舊藏
來源 考古研究所藏

〇九六七一 兮熬壺

字數 一七（又重文二）蓋器同銘
時代 西周晚期
著錄 總集 五七六一
筠清 四・四二・二～四三・一
攗古 二・二・七六・一～二
奇觚 一八・一一
流傳 素夢蟾舊藏
來源 攗古

〇九六七二 仲自父壺

字數 一七
時代 西周晚期
著錄 總集 五七三六
三代 一二・一四・二
西清 一九・二一
貞補上 三八
流傳 清宮舊藏
來源 考古研究所藏

〇九六七三 寺工師初壺

字數 一七
時代 戰國
著錄 考古與文物 一九八三年六期五頁圖五
現藏 咸陽市博物館
來源 考古研究所拓、摹

〇九六七四 十年右使壺

字數 一八（又重文三）
時代 戰國晚期
著錄 中山王墓 四〇六頁圖一六六・三～四
文字編 一二八頁
出土 一九七七年河北平山縣中山王墓（M一 西庫 一六）
現藏 河北省文物研究所
來源 河北省文物研究所提供

〇九六七五 十三年壺

字數 一八
時代 戰國晚期
著錄 中山王墓 四一〇頁圖一六九・三～四
文字編 一二八頁
出土 同〇九六七四（M一 西庫 二〇）
現藏 河北省文物研究所
來源 河北省文物研究所提供

〇九六七六 殷句壺

字數 一九（又重文二）
時代 西周中期
著錄 總集 五七六三
三代 一二・一八・四
貞松 七・三二
武英 九九
小校 四・八八・一
藝展 四七
通考 七三〇
故圖下下 二八一
彙編 五・三一九
綜覽・壺 四七
酒器 一六二頁
周錄 七七
流傳 承德避暑山莊舊藏，後歸中央博物院
現藏 臺北故宮博物院
來源 考古研究所藏

〇九六七七 黽壺蓋

字數 存一九
時代 西周晚期
著錄 總集 五七六〇
考古 一九六三年一二期六八一頁圖三
斷代 末二六
現藏 湖南省博物館
來源 考古編輯部檔案

〇九六七八 趙孟庎壺

字數 一九
時代 春秋晚期
著錄 總集 五七五九
賸稿 二〇
柯爾 一二
通考 七四三
甲骨學 一二期一六九頁圖五
銘文選 八八八
出土 傳河南輝縣
流傳 英國柯爾兄弟舊藏
現藏 英國倫敦不列顛博物館
來源 考古研究所藏

〇九六七九 趙孟庎壺

字數 一九
時代 春秋晚期
著錄 甲骨學 一二期一六九頁圖六
出土 同〇九六七八
流傳 英國柯爾兄弟舊藏
現藏 英國倫敦不列顛博物館
來源 英國倫敦不列顛博物館提供

〇九六八〇 匹君壺

字數 一九
時代 春秋
著錄 總集 五七五八
三代 一二・一八・三
西清 一九・一〇
故宮 二七期

通考 七四九
故圖下上 一五〇
彙編 五・三二〇
流傳 清宮舊藏
現藏 臺北故宮博物院
來源 考古研究所拓

〇九六八一 復公仲壺
字數 一九
時代 春秋晚期
著録 未見
現藏 中國歷史博物館
來源 考古研究所拓

〇九六八二 屌氏扁壺
字數 一九
時代 戰國
著録 總集 五七五四
文物 一九六四年七期一三頁圖二
上海(二〇〇四) 六二〇
現藏 上海博物館
來源 上海博物館提供

〇九六八三 十年扁壺
字數 一九
時代 戰國晚期
著録 中山王墓 四〇三頁圖一六五・一～二
文字編 一二三頁
出土 一九七七年河北平山縣中山王墓(M一 西庫 一五)
現藏 河北省文物研究所
來源 河北省文物研究所提供

〇九六八四 十一年壺
字數 一九(又重文二)
時代 戰國晚期
著録 中山王墓 四〇七頁圖一六七・一～二
文字編 一二八頁
出土 同〇九六八三(M一 西庫 一七)
現藏 河北省文物研究所
來源 河北省文物研究所提供

〇九六八五 十二年扁壺
字數 一九(又合文二)
時代 戰國晚期
著録 中山王墓 四〇九頁圖一六八・二～三
文字編 一二三頁
出土 同〇九六八三(M一 東庫 一四)
現藏 河北省文物研究所
來源 河北省文物研究所提供

〇九六八六 十三年壺
字數 一九(又合文一)
時代 戰國晚期
著録 中山王墓 四〇九頁圖一六八・六～七
文字編 一二二頁
出土 同〇九六八三(M一 東庫 七)
現藏 河北省文物研究所
來源 河北省文物研究所提供

〇九六八七 杞伯每亡壺蓋
字數 一九(又重文二)
時代 春秋早期
著録 總集 五七六四
三代 一二・一九・一～二
筠清 三・三～四・一
從古 八・一二・一～二
綴遺 二五・六・二～七・一
擴古 二・三・七・一～二
敬吾下 三一・二
周金 五・四五・三
大系 二三四下
小校 四・八七・二
山東存杞 六・一
流傳 瞿世瑛舊藏
來源 考古研究所藏

〇九六八八 杞伯每亡壺
字數 二〇(又重文二)
時代 春秋早期
著録 總集 五七六五
三代 一二・一九・三
愙齋 一四・一二・二
周金 五・四六・一
善齋 四・五二
小校 四・八七・一
大系 二三四上
山東存杞 六・二
銘文選 八〇三
蔭軒 一・四九
青全 九・八三
上海(二〇〇四) 四〇一
流傳 李宗岱、盛昱、劉體智舊藏
現藏 上海博物館
來源 考古研究所藏

〇九六八九 呂行壺
字數 二一
時代 西周早期
著録 總集 五七六二
西清 一九・八
大系 一一・三
銘文選 八三
流傳 清宮舊藏
來源 西清

〇九六九〇 周豢壺
字數 二一(又重文二、蓋器同銘)
時代 西周中期
著録 總集 五七六六
三代 一二・二〇・一
西甲 五・二二・一
積古 五・一一・一～二
擴古 二・三・六・一～二
奇觚 一八・一二・二
周金 五・四五・一
小校 四・八八・二
故宮 二五期
藝展 五〇
通考 七二三
故圖下上 一四七
彙編 五・二七七
綜覽・壺 五二
周録 七四
流傳 清宮舊藏
現藏 臺北故宮博物院
來源 考古研究所藏

〇九六九一 周豢壺
字數 二一(又重文二、蓋器同銘)
時代 西周中期
著録 總集 五七六七
三代 一二・二〇・三～四
西清 一九・一一
愙齋 一四・一六・二
綴遺 一三・六・一
奇觚 六・三〇・一
周金 五・四五・二
貞補上 三八・二～三九・一
希古 五・六・三
善齋 四・五三
小校 四・八八・三
流傳 清宮舊藏，後歸丁彥臣、劉體智

來源 考古研究所藏

〇九六九二 三年壺
字數 二二(又合文二)
時代 戰國晚期
著録 中山王墓 四一〇頁圖一六九・一~二
文字編 一二三頁
出土 一九七七年河北平山縣中山王墓(M一 東庫 八)
現藏 河北省文物研究所
來源 河北省文物研究所提供

〇九六九三 十三年壺
字數 二一(又合文二)
時代 戰國晚期
著録 中山王墓 四〇九頁圖一六八・四~五
文字編 九六、一一八頁
銘文選 八八二
出土 同〇九六九二(M一 東庫 六)
現藏 河北省文物研究所
來源 河北省文物研究所提供
備注 此爲〇九七三四圈足銘文

〇九六九四 虞嗣寇壺
字數 二一(又重文二)器蓋同銘
時代 西周晚期
著録 總集 五七六八
三代 一二・二一・一~二
愙齋 一四・九・三
攈古 二・三・三〇~三一
綴遺 一三・一三・二~一四・一
周金 五・四三・一~四四・二
小校 四・八九・二~九〇・一
大系 二八五
流傳 吴式芬、丁麟年舊藏
現藏 北京故宮博物院(蓋)
來源 蓋考古研究所拓、器考古研究所藏

〇九六九五 虞嗣寇壺
字數 二二(又重文二、蓋器同銘)
時代 西周晚期
著録 總集 五七六九
三代 一二・二二・一~二
攈古 二・三・三二~三三
周金 五・四四・一~四三・二
小校 四・八九・一~九〇・二
大系 二八六
流傳 吴式芬、丁麟年舊藏
現藏 北京故宮博物院(蓋)
來源 考古研究所藏

〇九六九六 虞侯政壺
字數 二二(又重文二)
時代 春秋
著録 文物 一九八〇年一期四六頁圖二
銘文選 五〇八
辭典 四七五
山西精華 五四
山西珍品 九四
出土 一九七九年山西省文物商店收購
現藏 山西省博物館
來源 考古研究所藏

〇九六九七 楸車父壺
字數 二五(又重文二)
時代 西周晚期
著録 總集 五七七四
文物 一九七二年六期三三頁圖八
陝青 三・一二三
銘文選 五三〇甲
綜覽・壺 七四
辭典 七四一
青全 五・一四七
出土 一九六〇年陝西扶風縣莊白召陳村
現藏 陝西省博物館
來源 陝西省博物館提供

〇九六九八 宗婦鄁嬰壺
字數 二五(蓋器同銘)
時代 春秋早期
著録 總集 五七七〇
三代 一二・二三・一~二
愙齋 一四・一八・二~一九・一
綴遺 一三・一五
周金 五・四一・一~二
小校 四・九一・一~二
大系 一五四・一~二
銘文選 九一五(器)
現藏 南京博物院
來源 考古研究所藏

〇九六九九 宗婦鄁嬰壺
字數 二五(蓋器同銘)
時代 春秋早期
著録 總集 五七七一
三代 一二・二三・三~四
愙齋 一四・一九・二~二〇・一
綴遺 一三・一六・一~二
周金 五・四二・一~二
小校 四・九一・三~四
大系 一五四・三~四
銘文選 九一五(蓋)
現藏 南京博物院
來源 考古研究所藏

〇九七〇〇 塦喜壺
字數 二五
時代 戰國早期(齊悼公)
著録 總集 五七七三
文物 一九六一年二期四五頁
銘文選 八五二
青全 九・二六
山西精華 五三
山西珍品 一三七
現藏 山東省博物館
來源 考古研究所藏

〇九七〇一 蔡公子壺
字數 二七(又重文二)
時代 西周晚期
著録 總集 五七七五
三代 一二・二四・四
故青 二〇三
流傳 馮恕舊藏
現藏 北京故宮博物院
來源 考古研究所拓

〇九七〇二 □伯壺蓋
字數 二八
時代 西周中期
著録 未見
出土 一九八四年陝西灃西
現藏 考古研究所
來源 考古研究所拓

〇九七〇三 陳璋方壺
字數 二九
時代 戰國中期
著録 總集 五七七二
三代 一二・二四・一~三
歐精華 三・二一三
山東存齊 二二・三~五
通考 七七四
美集録 R 四三三h

大系 二六一
彙編 四・二二五
銘文選 八六五
青全 九・一二一
流傳 陳介祺舊藏
現藏 美國費城賓省大學博物館
來源 考古研究所藏

○九七○四 眞公壺

字數 二九
時代 春秋
著録 總集 五七七六
薛氏 一一六・二
大系 二三六・一
銘文選 八七一
來源 薛氏

○九七○五 番匊生壺

字數 三○（又重文二）
時代 西周中期
著録 總集 五七七八
三代 一二・二四・五
貞松 七・三三・一
希古 五・七
小校 四・九二・一
尊古 二・三○
大系 一三○
通考 七二○
布倫戴奇 Fig 五六
彙編 四・二一七
綜覽・壺 七七
銘文選 三○九
流傳 黄濬舊藏
現藏 美國舊金山亞洲藝術博物館（布倫戴奇藏品）
來源 考古研究所藏

○九七○六 孫叔師父壺

字數 三○（又重文二）
時代 春秋
著録 總集 五七七七
青山莊 三九
日精華 四・三○一
斷代 未二四
彙編 四・二一六
青全 七・一○
現藏 日本東京根津美術館
來源 青山莊

○九七○七 安邑下官壺

字數 三○
時代 戰國晚期
著録 總集 五七七九（七八七八）
文物 一九七五年六期七二頁圖五・六
度量衡 附録二
美全 五・一二三
出土 陝西咸陽塔兒坡
現藏 咸陽市博物館
來源 度量衡

○九七○八 冶仲考父壺

字數 三五（又重文二）
時代 春秋早期
著録 考古圖 四・五三・二
博古 一二・一四・二
薛氏 一○八・二
嘯堂 四一・三
斷代 未二五
流傳 郭伯時舊藏
來源 嘯堂

○九七○九 公子土折壺

字數 三七（又重文二）
時代 春秋晚期
著録 總集 五七八○
文物 一九七二年五期圖版 五：二
銘文選 八五一
辭典 六九九
青全 九・二五
山東精萃 一二三
山東藏品 六五
出土 一九六三年山東臨朐縣楊善村
現藏 山東省博物館
來源 考古研究所拓

○九七一○ 曾姬無卹壺

字數 三九
時代 戰國早期
著録 總集 五七八一
三代 一二・二五・一
善齋 四・五六
小校 四・九二・二
善彝 一○五
通考 七七四
大系 一八一・一
故圖下下 二八六左
彙編 四・一六八
銘文選 七○○
酒器 二○二頁
出土 一九三二年安徽壽縣朱家集李三孤堆
流傳 劉體智舊藏，後歸中央博物院
現藏 臺北故宮博物院
來源 考古研究所藏

○九七一一 曾姬無卹壺

字數 三九
時代 戰國早期
著録 總集 五七八二
三代 一二・二五・二
善齋 四・五四
小校 四・九二・三
善彝 一○四
大系 一八一・二
故圖下下 二八六右
彙編 四・一六九
酒器 二○○頁
出土 同○九七一○
流傳 劉體智舊藏，後歸中央博物院
現藏 臺北故宮博物院
來源 三代

○九七一二 曾伯陭壺

字數 三九（又重文二、蓋器同銘）
時代 春秋早期
著録 總集 五七八三
三代 一二・二六・一～一二・二七・二
貞松 七・三二・二～三三
故宮 五期
藝展 四五
通考 七二一
山東存曾 三～四
大系 二○八
故圖下上 一四四
銘文選 四七五
綜覽・壺 一○五
周録 一一五
流傳 清宮舊藏
現藏 臺北故宮博物院
來源 考古研究所藏

○九七一三 殳季良父壺

字數 四○（又重文二）
時代 西周晚期

著録 總集 五七八六
三代 一二・二八・二
筠清 四・四一・一~二
攈古 三・一・一七・一~二
愙齋 一四・一三・一
綴遺 一三・一四・二
奇觚 一八・一三・二
周金 五・四〇・二
小校 四・九三・二
上海(二〇〇四) 三四五
流傳 素夢蟾、潘祖蔭舊藏
現藏 上海博物館
來源 考古研究所藏

〇九七一四 史懋壺

字數 四一
時代 西周中期
著録 總集 五七八五
三代 一二・二八・一
從古 一・六・一
攈古 三・一・一八
愙齋 一四・一三・二
綴遺 一三・七・二
周金 五・四〇
小校 四・九三・一
大系 八〇・三
銘文選 二二七
上海(二〇〇四) 三四三
現藏 上海博物館
來源 考古研究所藏

〇九七一五 杕氏壺

字數 四一
時代 春秋晚期
著録 總集 五七八四
三代 一二・二七・三~五
貞松 七・三四
歐精華 三・二〇七
大系 二六六
通考 七六九
銘文選 八七二
現藏 德國柏林國立博物館東洋美術部
來源 三代(拓)、貞松(摹)

〇九七一六 㳄其壺

字數 四三(又重文二) 蓋八 器三七
時代 西周晚期
著録 總集 五七八七
陝圖 七〇
彙編 四・一七八
銘文選 四〇一
青全 五・一四八
出土 解放前陝西岐山縣任家村
現藏 陝西省博物館
來源 陝西省博物館提供

〇九七一七 㳄其壺

字數 四三(又重文二)蓋八 器三七
時代 西周晚期
著録 總集 五七八八
美集録 R 四八五
斷代 一九一
布倫戴奇 Fig 五九
彙編 四・一七七
出土 同〇九七一六
流傳 盧芹齋舊藏
現藏 美國舊金山亞洲藝術博物館(布倫戴奇藏品)
來源 考古研究所藏陳夢家拓本

〇九七一八 觟史𡩜壺

字數 四四(又重文二)
時代 西周晚期
著録 未見
出土 陝西藍田縣栗峪村
現藏 藍田縣博物館
來源 陝西省考古研究所提供

〇九七一九 令狐君嗣子壺

字數 四六(又重文三)
時代 戰國早期
著録 總集 五七九〇
三代 一二・二九・一~三
大系 二七八
謄稿 二一
彙編 四・一四七
青全 八・七三
出土 洛陽金村
現藏 加拿大多倫多安大略博物館
來源 三代

〇九七二〇 令狐君嗣子壺

字數 四六(又重文三)
時代 戰國早期
著録 總集 五七八九
三代 一二・二八・三~五
美集録 R 四三〇
彙編 四・一四八
歷博 七一
美全 五・六七
青全 八・七三
出土 同〇九七一九
流傳 原在美國紐約盧芹齋，一九四八年歸清華大學文物館
現藏 中國歷史博物館
來源 考古研究所藏陳夢家收集拓本照片

〇九七二一 幾父壺

字數 五五(又重文二)
時代 西周中期
著録 總集 五七九三
齊家村 三
斷代 一七二
陝青 二・一三四
綜覽・壺 七八
辭典 四六六
出土 一九六〇年陝西扶風縣齊家村
現藏 陝西省博物館
來源 陝西省博物館提供

〇九七二二 幾父壺

字數 五五(又重文二)
時代 西周中期
著録 總集 五七九四
齊家村 四
陝青 二・一三五
文物 一九六一年七期六〇頁
銘文選 二七七
青全 五・一三八
出土 同〇九七二一
現藏 陝西省博物館
來源 陝青

〇九七二三 十三年𤼈壺

字數 五六(蓋器同銘)
時代 西周中期
著録 總集 五七九一
文物 一九七八年三期一〇頁
圖一三
陝青 二・三〇
銘文選 二九二
青全 五・一四〇
吉鑄 二〇
出土 一九七六年陝西扶風縣莊白村一

號窨藏
現藏 周原博物館
來源 周原博物館提供
備注 青全、吉鑄二書中，〇九七二三、
〇九七二四兩個壺器、蓋互易

〇九七二四 十三年瘐壺
字數 五六（蓋器同銘）
時代 西周中期
著録 總集 五七九二
陝青 二・二九
綜覽・壺 八二
青全 五・一四〇
辭典 四六九
出土 同〇九七二三
現藏 周原博物館
來源 周原博物館提供

〇九七二五 伯克壺
字數 五六（又重文二）
時代 西周晚期
著録 總集 五七九五
考古圖 四・四〇
博古 六・三二
薛氏 一〇三
嘯堂 二五・三
大系 九三・一
斷代 二〇九
銘文選 二九八
出土 「得于岐山」（考古圖）
流傳 王仲至舊藏
來源 嘯堂

〇九七二六 三年瘐壺
字數 六〇
時代 西周中期
著録 總集 五七九七
文物 一九七八年三期一一頁
圖一六
陝青 二・三二
銘文選 二五六
綜覽・壺 八一
美全 四・二一七
辭典 四六八
青全 五・一四四
吉鑄 一九
出土 一九七六年陝西扶風縣莊白村一
號窨藏
現藏 周原博物館
來源 周原博物館提供

〇九七二七 三年瘐壺
字數 六〇
時代 西周中期
著録 總集 五七九六
陝青 二・三三
出土 同〇九七二六
現藏 周原博物館
來源 周原博物館提供

〇九七二八 曶壺蓋
字數 一〇〇（又重文二）
時代 西周中期
著録 總集 五七九八
三代 一二・二九・四～五
貞補上 三九・二～四〇・一～二
小校 四・九四・二
善齋 五・五七
尊古 二・三二
善彝 一〇三
通考 七二五
大系 八四
故圖下下 二七八
彙編 三・四五
銘文選 二九六
酒器 一六四頁
周録 七五
流傳 劉體智舊藏
現藏 臺北故宮博物院
來源 考古研究所藏

〇九七二九 洹子孟姜壺
字數 存約一三五
時代 春秋晚期
著録 總集 五八〇一
三代 一二・三三・一～二
兩罍 四・二・一～四・三・二
筠清 二・二四・二～二六・一
愙齋 一四・二・一～三・一
從古 一〇・一七・一～二〇・二
攈古 三・三・二三・一～
二四・二
周金 五・三七・一
綴遺 一三・二三・一～二三・一
小校 四・一〇〇・一～二
大系 二五六
彙編 二・二四
銘文選 八五〇 乙
流傳 阮元、吳雲舊藏
現藏 中國歷史博物館
來源 考古研究所藏

〇九七三〇 洹子孟姜壺
字數 一四三
時代 春秋晚期
著録 總集 五八〇二
三代 一二・三四・一～二～
三五・一
兩罍 五・二・一～五・三・一
筠清 二・三七・一～三九・一
懷米下 一六
從古 一〇・二五・一～二八・一
愙齋 一四・四・二～五・二
攈古 三・三・二六・一～
二七・一
綴遺 一三・二七・一～二八・二
周金 五・三六・一
奇觚 一八・一六・二～一七・二
彙編 二・二三
上海 七五
小校 四・一〇一・一～二
大系 二五五
銘文選 八五〇 甲
青全 九・二三
辭典 七〇〇
上海(二〇〇四) 五一二
流傳 吳雲、曹秋舫舊藏
現藏 上海博物館
來源 考古研究所藏

〇九七三一 頌壺
字數 一四九（又重文二）
時代 西周晚期
著録 總集 五七九九
三代 一二・三〇・一～一二・
三一・二
貞松 七・三四・三～三七・二
小校 四・九八～九九
武英 八八・二～九一
通考 七二四
大系 五七
故圖下下 二八〇
綜覽・壺 八八
銘文選 四三六

酒器 一六六～一六九頁
青全 五・一五一
周録 一一六
流傳 承德避暑山莊舊藏
現藏 臺北故宮博物院
來源 考古研究所藏

○九七三二　頌壺蓋

字數 一四九（又重文一）
時代 西周晚期
著録 總集 五八〇〇
三代 一二・三二・一～二
攈古 三・三・一・一～三・一
從古 一一・二二・一～一四・一
積古 五・一二・一～一四・二
愙齋 四・一〇・二～一二
奇觚 一八・一四・二～一六・一
周金 五・三九・一～四
小校 四・九七
大系 五六
銘文選 四三六
流傳 趙之琛、錢水西、莫遠湖舊藏
來源 考古研究所舊藏

○九七三三　庚壺

字數 存一七〇字（又重文二）
時代 春秋晚期
著録 總集 五八〇四
西甲 一六・九
録遺 二三二・一～二
大系 二五〇
通考 七五〇
故圖下上 一五一
故宮季刊 一六卷三期
銘文選 八四九
酒器 二〇六頁
青全 九・一二
流傳 清宮舊藏
現藏 臺北故宮博物院
來源 拓片考古研究所藏，摹本採自張光遠春秋晚期齊莊公時庚壺考一文（故宮季刊一六・三）

○九七三四　𡢁蚉壺

字數 一九九（又重文五）
時代 戰國晚期
著録 總集 五八〇三
中山王墓 二八四～二八八頁圖一六二、一六三
文字編 九三～九六、一一五～一一八頁
銘文選 八八二
青全 九・一五六
鳥篆 一四五
出土 一九七七年河北平山縣中山王墓（M一 東庫 六）
現藏 河北省文物研究所
來源 拓片河北省文物研究所提供，摹本張守中作
備注 〇九六九三爲此器圈足館文

○九七三五　中山王𠭯方壺

字數 四四七（又重文二）
時代 戰國晚期
著録 總集 五八〇五
中山王墓 三七一頁圖一六〇・一六一
文字編 八九～九二、一一一～一一四頁
銘文選 八八一
美全 五・九八
青全 九・一五四
鳥篆 一四四
出土 同〇九七三四（M一 西庫 一五）
現藏 河北省文物研究所
來源 拓片河北省文物研究所提供，摹本張守中作

罍類

〇九七三六～〇九八二七

○九七三六　並罍

字數 一
時代 殷
著録 未見
現藏 北京故宮博物院
來源 考古研究所拓

○九七三七　𦍞罍

字數 一
時代 西周早期
著録 西清 一二・四
流傳 清宮舊藏
來源 西清

○九七三八　母罍

字數 一
時代 殷
著録 總集 五五一八
日精華 一・二二
白鶴撰 一四
綜覽・罍 一八
現藏 日本神户白鶴美術館
來源 白鶴撰

○九七三九　何罍

字數 一
時代 殷
著録 懷履光（一九五六）八三頁四
出土 傳河南安陽郭家灣北地
流傳 懷履光舊藏
現藏 加拿大多倫多安大略博物館
來源 考古研究所藏

○九七四〇　史方罍

字數 一
時代 西周早期
著録 總集 五五二二
文物 一九七七年一二期二九頁圖一九
綜覽・罍 五二
出土 一九七四年遼寧喀左縣山灣子窖藏
現藏 朝陽地區博物館
來源 文物

○九七四一　[illegible]罍

字數 一
時代 殷
著録 總集 五五一九
録遺 二〇七
來源 録遺

○九七四二　得罍

字數 一（蓋器同銘）
時代 殷
著録 總集 五五一二
三代 一一・三九・一～二
貞松 七・二一・一～二
希古 五・八・一
小校 四・六九・一
出土 傳河南洛陽
來源 考古研究所藏

○九七四三　□罍
字數　一
時代　殷
著録　寧樂譜　五
　綜覽·罍　一五
現藏　日本奈良寧樂美術館
來源　綜覽

○九七四四　□罍
字數　一
時代　殷
著録　未見
現藏　北京故宫博物院
來源　考古研究所拓

○九七四五　□罍
字數　一
時代　殷
著録　未見
現藏　北京故宫博物院
來源　考古研究所拓

○九七四六　□罍
字數　一
時代　殷
著録　未見
現藏　北京故宫博物院
來源　考古研究所拓

○九七四七　鳶罍
字數　一
時代　殷
著録　總集　五五一二
　美集録　R 四八〇
出土　傳河南安陽
現藏　美國紐約納爾遜美術陳列館（布恰德藏品）
來源　考古研究所藏

○九七四八　□罍
字數　一
時代　殷
著録　青全　三·八四
　上海（二〇〇四）一六八
現藏　上海博物館
來源　考古研究所拓

○九七四九　□罍
字數　一
時代　殷
著録　總集　五五一四
　三代　一一·三九·三
　鄴二上　三七
　通考　七九八
來源　三代

○九七五〇　貯罍
字數　一
時代　殷
著録　未見
現藏　北京故宫博物院
來源　考古研究所拓

○九七五一　□罍
字數　一
時代　殷
著録　未見
現藏　北京故宫博物院
來源　考古研究所拓

○九七五二　戈罍
字數　一
時代　殷
著録　總集　五五一五
　三代　一一·三九·七
　窓齋　一三·六·一
　殷存上　一九·四
　續殷下　六七·一
　小校　五·一一·五
來源　三代

○九七五三　戈罍
字數　一
時代　殷
著録　未見
來源　考古研究所藏

○九七五四　戈罍
字數　一
時代　西周早期
著録　綜覽·罍　六〇
現藏　日本奈良寧樂美術館
來源　綜覽

○九七五五　戈罍
字數　一（兩耳内同銘）
時代　殷
著録　未見
現藏　北京故宫博物院
來源　考古研究所拓

○九七五六　□罍
字數　一
時代　殷
著録　總集　五五一六
　三代　一一·三九·八
　攈古　一·一·一三·一
　綴遺　二六·三
流傳　瞿中溶舊藏
現藏　上海博物館
來源　考古研究所藏

○九七五七　□罍
字數　一
時代　西周早期
著録　總集　五五二〇
　文物　一九七四年一一期八九頁
　圖二三
　陝青　三·九六
出土　一九七二年陝西扶風縣北橋村
現藏　扶風縣博物館
來源　扶風縣博物館提供

○九七五八　未罍
字數　一
時代　西周中期
著録　考古與文物　一九八四年一期六六頁
　圖一：三
出土　一九六七年陝西長安縣馬王村窖藏
現藏　長安縣文化館
來源　考古與文物

○九七五九　周罍
字數　一
時代　西周早期
著録　陝青　四·三九
出土　一九七〇年陝西寶鷄市茹家莊
現藏　寶鷄市博物館
來源　陝青

○九七六〇　□罍
字數　一（蓋器同銘）
時代　西周早期
著録　總集　五五二三
　美集録　R 二八三 ab
　歐精華　四七
　綜覽·罍　三八
現藏　美國聖路易市美術博物館
來源　考古研究所藏

○九七六一　亞矣罍
字數　二
時代　殷或西周早期

著録 總集 五五二九
三代 一一・四〇・二
貞松 七・二二
出土 傳河南洛陽
來源 考古研究所藏

〇九七六二 亞矣罍
字數 二（兩耳同銘）
時代 殷
著録 總集 五五三〇
三代 一一・三・七～八
冠斝上 三二
流傳 榮厚舊藏
來源 三代

〇九七六三 亞醜罍
字數 二
時代 殷
著録 總集 五五二六
三代 一一・四・一
懷米上 八
攈古 一・二・六九・四
綴遺 二六・一
敬吾上 四二・一
殷存上 二〇・一二
小校 五・三・六
流傳 曹秋舫舊藏
來源 三代

〇九七六四 亞醜罍
字數 二
時代 殷
著録 善彝一〇六
續殷下 七六・三
綜覽・罍 三二
流傳 劉體智舊藏
來源 考古研究所藏

〇九七六五 亞醜罍
字數 二（蓋器同銘）
時代 殷
著録 總集 五五二四
日精華 一・一九
録遺 二〇八・一～二
彙編 八・一〇〇五
綜覽・罍 三四
中藝 圖八二拓六四
現藏 日本東京出光美術館
來源 考古研究所藏

〇九七六六 亞醜罍
字數 二
時代 殷
著録 山東精萃 一〇五
現藏 山東濟南市博物館
來源 考古研究所拓

〇九七六七 亞醜罍
字數 二（蓋器同銘）
時代 殷
著録 總集 五五二五
三代 一一・三九・四～五
西清 一二・六
澂秋 二九
貞松 七・二・三～四
美集録 R 一三六
皮斯柏 四〇
綜覽・罍 四
流傳 清宮舊藏、後歸陳承裘
現藏 美國米里阿波里斯博物館（皮斯柏藏品）
來源 考古研究所藏

〇九七六八 亞旁罍
字數 二
時代 西周早期
著録 總集 五五三二
三代 一二・一・九
續殷上 六三・八
歐精華 二・一三〇
美集録 R 一三〇
流傳 英國塞利格曼、美國盧芹齋舊藏
來源 考古研究所藏

〇九七六九 亞止罍
字數 二
時代 殷
著録 考古圖 四・四四
薛氏 三三・一
出土 「聞此器在洹水之濱亶甲墓傍得之」（考古圖）
流傳 李伯時舊藏
來源 考古圖

〇九七七〇 冀戲罍
字數 二
時代 殷
著録 文物 一九八二年九期四二頁圖三五
出土 傳一九八一年山東費縣
流傳 一九八一年北京文物工作隊從廢銅中揀選出
現藏 北京市文物研究所
來源 文物

〇九七七一 登屰罍
字數 二
時代 殷
著録 青全 四・一一二
出土 遼寧喀左縣小波汰溝
現藏 遼寧省博物館
來源 考古研究所拓

〇九七七二 戟又罍
字數 二
時代 殷
著録 青山莊 一二
日精華 一・一三
倫敦 PL 一五・二四〇
彙編 八・一三六六
綜覽・罍 八
現藏 日本東京根津美術館
來源 青山莊

〇九七七三 責甲罍
字數 二
時代 西周早期
著録 總集 五五四七
文物 一九六三年三期四五頁圖二：六
陝青 一・一三二
辭典 一一三
出土 陝西武功縣游鳳鎮浮沱村
現藏 武功縣文化館
來源 陝西出土商周青銅器編輯組提供

〇九七七四 □方罍
字數 二
時代 殷
著録 總集 五五二八
日精華 一・一五
彙編 八・一三五一
流傳 Earl Monse 氏舊藏
現藏 香港思源堂
來源 彙編

〇九七七五 □得罍
字數 二（蓋器同銘）
時代 殷
著録 總集 五五三四

日精華 一・一六
白鶴撰 一三
彙編 八・一三七四
綜覽・罍 一〇
來源 白鶴撰
現藏 日本神户白鶴美術館

〇九七七六 車□罍
字數 二
時代 殷
著録 總集 五五三七・二
録遺 二〇九・一
現藏 北京故宫博物院
來源 考古研究所拓
備注 録遺器銘僞，不録

〇九七七七 田告罍
字數 二
時代 西周早期
著録 總集 五五三三
三代 一一・四〇・四
貞松 七・二一・四
續殷下 六七・五
旅順 二七
現藏 旅順博物館
來源 考古研究所拓

〇九七七八 父癸罍
字數 二
時代 西周早期
著録 西拾 一四
綜覽・罍 五一
流傳 清宫舊藏
來源 西拾

〇九七七九 癸丁罍
字數 二
時代 殷
著録 總集 五五三一
三代 一一・四〇・三
綴遺 二六・三・二
陶續下 七
周金 五・三二・二
殷存下 三一・五
海外吉 三六
泉屋續 一七二
通考 七九一
日精華 一・二五
綜覽・罍 三一
泉屋博古 圖一一六拓一四
流傳 端方、潘祖蔭舊藏
現藏 日本京都泉屋博古館
來源 考古研究所藏

〇九七八〇 母鼓罍
字數 二（蓋器同銘）
時代 殷
著録 北窑 八八頁圖四八A・D
綜續・罍 二二
辭典 一二二
美全 四・一六三
青全 五・一七七
出土 一九六四年河南洛陽市北窑西周墓（M六：一）
現藏 洛陽市文物工作隊
來源 考古研究所拓

〇九七八一 婦好方罍
字數 二
時代 殷
著録 總集 五五三六
婦好墓 圖三五：四～五
殷青 圖四七・二、八
出土 一九七六年河南安陽市殷墟婦好墓（M五：八六六）
現藏 考古研究所
來源 考古研究所拓

〇九七八二 婦好方罍
字數 二
時代 殷
著録 總集 五五三五
婦好墓 圖三五：七～八
綜覽・罍 五
出土 同〇九七八一（M五：八五六）
現藏 考古研究所
來源 考古研究所拓

〇九七八三 户姦罍
字數 二
時代 殷
著録 總集 五五四一
美集録 R 四八三
録遺 四一九
綜覽・罍形小壺 一
流傳 美國紐約杜克氏舊藏
來源 考古研究所藏

〇九七八四 子□罍
字數 二
時代 西周早期
著録 懷履光（一九五六） 四〇頁五～六
綜覽・罍形小壺 三
現藏 加拿大多倫多安大略博物館
來源 懷履光

〇九七八五 田父甲罍
字數 二
時代 殷
著録 總集 五五四〇
三代 一一・四〇・五～六
貞續中 一〇・一～二
來源 三代

〇九七八六 □父乙罍
字數 三
時代 殷或西周早期
著録 總集 五五四二
三代 一一・四〇・七
續殷下 六七・六
來源 三代

〇九七八七 □父丁罍
字數 三
時代 西周早期
著録 總集 五五四三
三代 一一・四〇・八
貞續中 一〇・三
海外吉 三七
續殷下 六七・七
尊古 二・二七
泉屋續 一七三
通考 七九二
日精華 一・二三
綜覽・罍 二七
泉屋博古 圖一一五拓一三
現藏 日本京都泉屋博古館
來源 三代

〇九七八八 □父己罍
字數 三
時代 殷
著録 總集 五五四四
三代 一一・四一・一
貞續中 一〇
續殷下 六七・八
流傳 馮恕舊藏
現藏 北京故宫博物院

來源 考古研究所拓

〇九七八九 𠬝父己罍

字數 三
時代 西周早期
著録 未見
現藏 首都師範大學歷史博物館
來源 考古研究所拓

〇九七九〇 [illegible]又罍

字數 三
時代 殷或西周早期
著録 三代 一一・一三・四
窓齋 一三・二四・二
綴遺 一七・一一・一
奇觚 五・二
續殷上 五〇・三
小校 五・三・一
現藏 上海博物館
來源 上海博物館提供
備注 此器各家著録均稱尊，本書〇五六九六亦誤收尊類，現據上博器形訂正

〇九七九一 魚罍

字數 存三字
時代 西周早期
著録 未見
出土 一九五五年遼寧喀左縣小轉山
流傳 河北省博物館舊藏
現藏 遼寧省博物館
來源 考古研究所拓

〇九七九二 畓見册罍

字數 三
時代 殷
著録 總集 五五四六
録遺 二一三

現藏 北京故宮博物院
來源 考古研究所拓

〇九七九三 亞[illegible]罍

字數 四
時代 殷
著録 總集 五五五四
三代 一一・八・三
懷米上 九
攈古 一・三・二一・三
綴遺 二六・二・一
敬吾上 四二・二
續殷上 五五・九
小校 五・一三・二
上海 一三
彙編 八・一〇一六
綜覽・罍 二五
青全 四・一一三
辭典 一二〇
上海(二〇〇四) 一六九
現藏 上海博物館
來源 考古研究所藏

〇九七九四 亞矣玄婦罍

字數 四（蓋二、兩耳各二）
時代 殷
著録 總集 五五五二
三代 一一・二・一~三
西清 一九・一四
陶續下 五
續殷上 六三・一一~一二
小校 四・七三・五~七
通考 七八八
日精華 一・二〇
彙編 九・一六七四
綜覽・罍 一一

流傳 清宮舊藏，後歸端方
現藏 日本兵庫縣黑川古文化研究所
來源 考古研究所藏

〇九七九五 [illegible]倗父乙方罍

字數 四
時代 殷或西周早期
著録 總集 五五四九
文叢 二・一三頁圖六
陝青 三・一八
綜覽・罍 二六
辭典 四八〇
出土 一九六一年陝西扶風縣張黄村
現藏 陝西省博物館
來源 陝青

〇九七九六 豕馬父乙罍

字數 四
時代 殷
著録 總集 五五三九
録遺 二一一
彙編 八・一一七三
現藏 日本奈良寧樂美術館
來源 録遺

〇九七九七 豕馬父丁罍

字數 四
時代 殷
著録 總集 五五四五
日精華 一・二七
録遺 二一二
彙編 八・一一七四
綜覽・罍 二〇
出土 傳河南安陽殷墟
現藏 日本奈良寧樂美術館
來源 録遺

〇九七九八 子天父丁罍

字數 四
時代 殷
著録 未見
現藏 上海博物館
來源 上海博物館提供

〇九七九九 川子父丁罍

字數 四（兩耳各二）
時代 殷
著録 未見
現藏 河南武陟縣博物館
來源 考古研究所拓

〇九八〇〇 何[illegible]父癸罍

字數 四
時代 西周早期
著録 總集 五五五一
三代 一一・四一・二
貞松 七・二二・二
善齋 三・四一
續殷下 六七・九
小校 四・七二・八
流傳 劉體智舊藏
來源 考古研究所藏

〇九八〇一 考母作[illegible]罍

字數 四
時代 西周早期
著録 北窑 二一三頁圖一一二・三
出土 一九六四年河南洛陽北窑西周墓（M四一〇：五）
現藏 洛陽市文物工作隊
來源 考古研究所拓

〇九八〇二 竟作彝罍

字數 四
時代 西周早期
著録 總集 五五五五

錄遺 二二四
來源 考古研究所藏

○九八○三 作員從彝罍
字數 四（蓋器同銘）
時代 西周早期
著錄 未見
現藏 上海博物館
來源 上海博物館提供

○九八○四 作員從彝罍
字數 四（蓋器同銘）
時代 西周早期
著錄 未見
現藏 北京故宮博物院
來源 考古研究所拓

○九八○五 作且戊罍
字數 五
時代 西周早期
著錄 未見
現藏 上海博物館
來源 上海博物館提供

○九八○六 [illegible]且辛罍
字數 五
時代 殷
著錄 總集 五五五七
文物 一九六四年四期四五頁
圖一○
綜覽·罍 一六
山東藏品 三七
出土 一九五七年山東長清縣興復河
現藏 山東省博物館
來源 文物

○九八○七 𢦏父丁罍
字數 五
時代 殷
著錄 總集 五五五六
三代 一一·四一·四
殷存下 三一·七
來源 考古研究所藏

○九八○八 朋父庚罍
字數 五
時代 殷或西周早期
著錄 未見
出土 遼寧朝陽地區小波汰溝墓葬
現藏 朝陽地區博物館
來源 朝陽地區博物館提供

○九八○九 大史罍
字數 五
時代 西周早期
著錄 三代 一一·一九·八
懷米下 一○
攈古 一·三·二四·一
愙齋 一三·一七·二
綴遺 二六·八·一
周金 五·一九
小校 五·一八·七
流傳 曹秋舫、潘季玉舊藏
來源 考古研究所藏

○九八一○ [illegible]父丁罍
字數 六
時代 西周早期
著錄 總集 五五五九
考古 一九七三年四期二二六頁
圖三：三
美全 四·八○
出土 一九七三年遼寧喀左縣北洞村
現藏 喀左縣博物館
來源 考古編輯部檔案

○九八一一 [illegible]父丁罍
字數 六（蓋器同銘）
時代 西周早期
著錄 總集 五五六○
上海 四一
彙編 七·七一○
綜覽·罍 四一
辭典 四七八
青全 五·一七八
上海(二○○四)、二七八
現藏 上海博物館
來源 上海博物館提供

○九八一二 [illegible]父己罍
字數 六
時代 殷或西周早期
著錄 總集 五五六二
尊古 二·二九
歐精華 一·四六
通考 七八四
來源 尊古

○九八一三 伯罍
字數 六
時代 西周早期
著錄 總集 五五六一
日精華 一·二六
彙編 七·七○九
現藏 日本東京長尾美術館
來源 彙編

○九八一四 冉父丁罍
字數 七
時代 西周早期
著錄 總集 五五六三
三代 一一·四一·五
來源 考古研究所藏

○九八一五 中父乙罍
字數 八（蓋器同銘）
時代 西周早期
著錄 總集 五五六五
三代 一一·四一·六～七
綴遺 二六·五·一～二
奇觚 六·三○·二
續殷下 六八·三
貞補上 三四·三；三四·一
來源 考古研究所藏

○九八一六 陵父日乙罍
字數 九
時代 西周早期
著錄 總集 五五六四
文物 一九七八年三期一○頁
圖一一
陝青 二·五
綜覽·罍 五六
辭典 四八五
出土 一九七六年陝西扶風縣莊白村窖藏
現藏 扶風縣博物館
來源 扶風縣博物館提供

○九八一七 趞父戊罍
字數 九
時代 西周早期
著錄 總集 ○九二六
三代 三·一七·三
愙齋 六·一三
周金 五·三一·三
小校 二·四九·五
出土 傳陝西某地
流傳 沈衛舊藏
來源 考古研究所藏

○九八一八 者姛罍

字數 九（蓋器同銘）
時代 殷
著録 總集 五五六八
三代 一一・四二・一～二
綜覽・罍 三五
美全 四・一二六
辭典 一一九
故青 八一
現藏 北京故宮博物院
來源 考古研究所拓

〇九八一九 者姛罍
字數 九
時代 殷
著録 總集 五五六九
三代 一一・四二・三
來源 三代

〇九八二〇 婦闖罍蓋
字數 一〇
時代 殷
著録 總集 五五七五・二
三代 五・八・七
周金 五・三〇・二
小校 四・七八・一
殷存上 九・一一
現藏 廣東省博物館
來源 三代
備注 各書誤作甗，現據廣東省博物館藏品訂正

〇九八二一 王罍
字數 一一
時代 殷
著録 三代 一一・三〇・四
懷米上 七
筠清 二・一八

攈古 二・二・二七・一
綴遺 二六・六
小校 五・三一・三
薩克勒（西周） 九四
流傳 曹秋舫舊藏
現藏 美國華盛頓薩克勒美術館
來源 考古研究所藏

〇九八二二 蘇罍
字數 一二（又重文二）
時代 西周早期
著録 總集 五五七八
學報 一九五七年一期七九頁
圖二：一
五省 圖版三三
陝圖 三七頁圖四一
綜覽・罍 五三
出土 一九五四年陝西長安縣普渡村墓葬
現藏 陝西省博物館
來源 考古研究所藏

〇九八二三 乃孫罍
字數 一七
時代 西周早期
著録 總集 五五七九
故青 五二
現藏 北京故宮博物院
來源 考古研究所拓

〇九八二四 淊御事罍
字數 一七（又重文二）
時代 西周中期
著録 陶齋 三・七
小校 四・七〇・三
通考 七九四
綜覽・罍 六一

故青 一七三
流傳 馮恕舊藏
現藏 北京故宮博物院
來源 考古研究所拓

〇九八二五 淊御事罍
字數 一七（又重文二）
時代 西周中期
著録 總集 五五八〇
三代 一一・四三・三
綴遺 二六・九・二
周金 五・二六・一
流傳 潘祖蔭舊藏
來源 考古研究所藏

〇九八二六 對罍
字數 二三（又重文二）
時代 西周中期
著録 總集 五五八二
陝青 三・一八九
考古與文物 一九八四年一期五五
頁圖二：二
綜覽・罍 五四
青全 五・一八二
辭典 四八六
出土 一九七三年陝西省鳳翔縣勸讀村
現藏 鳳翔縣雍城文物管理所
來源 陝青

〇九八二七 季姛罍蓋
字數 二四（又重文二、又合文一）
時代 西周中期
著録 未見
現藏 中國歷史博物館
來源 考古研究所拓

方彝類

〇九八二八～〇九九〇一

〇九八二八 [illegible]方彝
字數 一
時代 殷
著録 總集 四九三六
録遺 五〇四
沃森 七〇頁一三
綜覽・方彝 一八
現藏 英國倫敦不列顛博物館
來源 考古研究所藏

〇九八二九 [illegible]方彝
字數 一
時代 殷
著録 未見
現藏 中國歷史博物館
來源 考古研究所拓

〇九八三〇 並方彝
字數 一
時代 殷
著録 總集 四九三二
三代 六・一・一
白鶴 二〇
通考 五九五
綜覽・方彝 八
現藏 日本神户白鶴美術館
來源 三代

〇九八三一 又方彝
字數 一
時代 殷

著録 總集 補五
古器物研究專刊 第五本
綜覽・方彝 三二
青全 三・六四
出土 一九三五年安陽侯家莊西北岡
一〇二二號大墓
現藏 歷史語言研究所
來源 古器物研究專刊

〇九八三二 聿方彝
字數 一 蓋器同銘
時代 殷
著録 總集 四九三三
美集録 R 二二一 ab
出土 傳一九四二年河南安陽
流傳 美國紐約康恩氏舊藏
來源 考古研究所藏

〇九八三三 史方彝
字數 一
時代 殷
著録 總集 四九二九
日精華 四・二七六
白鶴撰 一〇
綜覽・方彝 一二
青全 四・七三
現藏 日本神戶白鶴美術館
來源 白鶴撰
備注 缺器銘，白鶴撰、青全有之

〇九八三四 目方彝
字數 一
時代 殷
著録 總集 四九三九
弗里爾 P二〇四
彙編 九・一四一四
綜覽・方彝 七
現藏 美國華盛頓弗里爾美術博物館
來源 弗里爾

〇九八三五 耳方彝
字數 一 蓋器同銘
時代 殷
著録 綜覽・方彝 三三
來源 綜覽

〇九八三六 鳶方彝
字數 一
時代 殷
著録 韋森 PL一四，一五
彙編 九・一六八一
綜覽・方彝 二四
歐遺 四一
現藏 瑞典斯德哥爾摩遠東古物館（韋森氏藏品）
來源 綜覽
備注 原缺器銘，歐遺有之

〇九八三七 鼎方彝
字數 一
時代 殷
著録 總集 四九三二
上海 一四
銅器選 一八
綜覽・方彝 二六
青全 四・七二
辭典 一四四
上海（二〇〇四） 一六〇
現藏 上海博物館
來源 上海

〇九八三八 車方彝
字數 一 蓋器同銘
時代 殷
著録 總集 四九三七
巖窟上 二〇
録遺 五〇五・一～二
現藏 北京故宮博物院
來源 考古研究所拓

〇九八三九 杒方彝
字數 一
時代 殷
著録 未見
現藏 北京故宮博物院
來源 考古研究所拓

〇九八四〇 戈方彝
字數 一
時代 殷
著録 總集 一六八九
三代 六・二・一〇
現藏 旅順博物館
來源 考古研究所拓

〇九八四一 戈方彝
字數 一 蓋器同銘
時代 殷
著録 薩克勒（商） 七九
現藏 美國華盛頓薩克勒美術館
來源 薩克勒（商）

〇九八四二 叔方彝
字數 一 蓋器同銘
時代 西周早期
著録 西甲 六・三二
故圖下上 一一九
禮器 四二五頁
流傳 清宮舊藏
現藏 臺北故宮博物院
來源 故圖

〇九八四三 [illegible]方彝
字數 一
時代 殷
著録 總集 四九三五
鐃齋 二
録遺 五〇三
綜覽・方彝 三四
青全 三・六九
流傳 德國艾克氏舊藏
現藏 德國科隆東洋博物館
來源 録遺

〇九八四四 [illegible]方彝
字數 一 蓋器同銘
時代 殷
著録 總集 四九三四
贖稿 圖三四
歐精華 一・四四
通考 五九九
美集録 R 二七七 ab
綜覽・方彝 四八
流傳 美國紐約何母斯舊藏
現藏 美國紐約大都會美術博物館
來源 考古研究所藏

〇九八四五 亞矣方彝
字數 二 蓋器同銘
時代 殷
著録 總集 四九四三
三代 一一・三・五～六
殷存上 二一・一～二
小校 五・四・一～二
美集録 R 一四〇
流傳 潘祖蔭舊藏
現藏 加拿大多倫多安大略博物館
來源 三代

〇九八四六 亞舟方彝
字數 二

時代 殷
著録 沃森 七〇頁一五
來源 沃森

〇九八四七 亞啟方彝
字數 二
時代 殷
著録 總集 四九五一
婦好墓 圖三七・一～二
河南 一・一四五
綜覽・方彝 九
辭典 一四三
出土 一九七六年河南安陽殷墟婦好墓
(M五：八二三)
現藏 中國歷史博物館(考古研究所寄陳)
來源 考古研究所拓

〇九八四八 亞醜方彝
字數 二 蓋器同銘
時代 殷
著録 總集 四九四四
三代 六・六・八
弗里爾(一九六七)二二〇頁
彙編 八・一〇〇四
綜覽・方彝 三九
現藏 美國華盛頓弗里爾美術博物館
來源 (蓋)弗里爾；(器)三代

〇九八四九 亞醜方彝
字數 二
時代 殷
著録 西清 一四・二
流傳 清宮舊藏
來源 西清

〇九八五〇 亞醜方彝
字數 二
時代 殷
著録 總集 四九四五
三代 六・六・九
西清 一四・三
貞松 四・二六・四
故宮 三一期
通考 五九六
故圖下上 一一八
禮器 五四九頁
流傳 清宮舊藏
現藏 臺北故宮博物院
來源 考古研究所藏

〇九八五一 亞獸方彝
字數 二 蓋器同銘
時代 殷
著録 綜覽・方彝 一七
薩克勒(商) 七八
青全 四・七五
現藏 美國華盛頓薩克勒美術館
來源 薩克勒(商)

〇九八五二 亞義方彝
字數 二
時代 殷
著録 故青 六九
流傳 頤和園舊藏
現藏 北京故宮博物院
來源 考古研究所拓

〇九八五三 亞又方彝
字數 二
時代 殷
著録 總集 四九四六
三代 六・九・六
鄴初上 一五
續殷上 三六・四
柯爾 四二頁
通考 五九二
綜覽・方彝 二七
流傳 英國柯爾氏舊藏
來源 三代

〇九八五四 亞屰方彝
字數 二
時代 殷
著録 總集 四九四一
鄴二上 一二
使華 八
通考 五九三
綜覽・方彝 一三
出土 傳河南安陽
流傳 德國陶德曼氏舊藏
來源 使華

〇九八五五 [illegible]方彝
字數 二
時代 殷
著録 總集 四九四七
猷氏 Fig 二二
通考 五九七
綜覽・方彝 三二
流傳 英國猷氏舊藏
來源 猷氏

〇九八五六 鄉宁方彝
字數 二
時代 殷
著録 日精華 四・二七七
綜覽・方彝 一
青全 三・六七
流傳 日本神户白鶴美術館舊藏
現藏 美國舊金山亞洲藝術博物館(布倫戴奇藏品)
來源 日精華

〇九八五七 鄉宁方彝
字數 二
時代 殷
著録 總集 四九三九
美集録 R 三三
皮斯柏 三九
綜覽・方彝 一一
現藏 美國米里阿波里斯美術館(皮斯柏藏品)
來源 考古研究所藏

〇九八五八 鄉宁方彝
字數 二 蓋器同銘
時代 殷
著録 總集 四九四〇
鄴三上 二一
綜覽・方彝 六
現藏 美國舊金山亞洲藝術博物館(布倫戴奇藏品)
來源 鄴三

〇九八五九 㢊辰方彝
字數 二 蓋器同銘
時代 西周早期
著録 西清 一四・一九
流傳 清宮舊藏
來源 西清

〇九八六〇 角丁方彝
字數 二
時代 殷
著録 薛氏 一八・二
來源 薛氏

〇九八六一 婦好方彝
字數 二
時代 殷
著録 總集 四九五〇

婦好墓 圖三四・三
綜覽・方彝 一五
殷青 圖四七・一
出土 一九七六年河南安陽殷墟婦好墓
(M五：八四九)
現藏 考古研究所
來録 考古研究所拓
備注 此器無蓋

〇九八六二 婦好方彝
字數 二
時代 殷
著録 總集 四九四八
婦好墓 圖三四・一
河南 一・一四四
殷虚 圖四六・七
歷博 三一
綜覽・方彝 一三
美全 四・三三~三四
青全 三・六〇~六二
辭典 一四二
出土 同〇九八六一(M五：七九一)
現藏 中國歷史博物館(考古研究所寄陳)
來源 考古研究所拓

〇九八六三 婦好方彝
字數 二
時代 殷
著録 總集 四九四九
婦好墓 圖三四・二
殷虚 圖四六・一
綜覽・方彝 一〇
青全 三・六三
出土 同〇九八六一(M五：八二五)
現藏 考古研究所
來源 考古研究所拓

〇九八六四 婦好方彝
字數 二
時代 殷
著録 未見
出土 同〇九八六一(M五：八二八)
現藏 考古研究所
來源 考古研究所拓

〇九八六五 子蝠方彝
字數 二 蓋器同銘
時代 殷
著録 總集 四九四二
三代 一一・五・一~二
窓齋 一三・一九・四
殷存上 二一・四~五
小校 五・五・五~六
美集録 R 一二二
銅玉 Fig 八一 c
綜覽・方彝 三五
青全 四・七一
流傳 潘祖蔭舊藏
現藏 美國哈佛大學福格美術館
來源 考古研究所藏

〇九八六六 □父乙方彝
字數 三 蓋器同銘
時代 西周早期
著録 總集 四九五三
彙編 八・一一二八
綜覽・方彝 三六
現藏 美國聖路易市美術博物館
來源 彙編

〇九八六七 □父庚方彝
字數 三
時代 殷
著録 上海(二〇〇四) 一六二

現藏 上海博物館
來源 上海博物館提供

〇九八六八 北單戈方彝
字數 三
時代 殷
著録 薩克勒(商) 七七
現藏 美國華盛頓薩克勒美術館
來源 薩克勒(商)

〇九八六九 □□□方彝
字數 三
時代 殷
著録 總集 四九五五
美集録 R 一二七
歐精華 一・四二
流傳 美國紐約穆爾氏舊藏
來源 考古研究所藏

〇九八七〇 子廞圖方彝
字數 三
時代 西周早期
著録 故圖下下 二四一
酒器 一〇八頁
現藏 臺北故宮博物院
來源 故圖

〇九八七一 耶日父乙方彝
字數 四
時代 殷
著録 鄴二上 一一
通考 五九四
來源 鄴二

〇九八七二 豕馬父丁方彝
字數 四
時代 殷
著録 總集 四九五二
録遺 五〇六

來源 録遺

〇九八七三 母□帚方彝
字數 四 蓋器同銘
時代 殷
著録 總集 四九五八(四九五九)
三代 一一・一六・二
筠清 二・二三・一~二
擴古 一・二・七六・一~二
窓齋 一三・一五・一~二
綴遺 一七・二〇・二~三
殷存上 二三・三
續殷上 五七・三~四
小校 五・一五・五~六
敬吾下 三八
周金 三補
綜覽・方彝 二八
現藏 美國紐約索思比公司
來源 (蓋)考古研究所藏；(器)綜覽

〇九八七四 □癸乙□方彝
字數 四
時代 殷
著録 鄴三上 二二
綜覽・方彝 二
來源 鄴三

〇九八七五 井叔方彝
字數 五 蓋器同銘
時代 西周中期
著録 張家坡墓地 一五五頁圖一一五・
二~三
出土 陝西長安縣張家坡墓葬(M一七〇：
五四)
現藏 考古研究所
來源 考古研究所拓

〇九八七六 伯豐方彝

字數 五 蓋器同銘
時代 西周早期
著錄 總集 四九五六
美集錄 R 三二二、三二三
流傳 美國紐約伏克氏
來源 考古研究所藏

〇九八七七 册䀠且癸方彝
字數 六
時代 殷
著錄 未見
現藏 上海博物館
來源 上海博物館提供

〇九八七八 亼宁父戊方彝
字數 六
時代 殷
著錄 總集 四九六二
錄遺 五〇七
上海(二〇〇四) 一五九
現藏 上海博物館
拓片 上海博物館提供

〇九八七九 亼宁父戊方彝
字數 六
時代 殷
著錄 總集 四九六三
錄遺 五〇八
現藏 上海博物館
來源 上海博物館提供

〇九八八〇 戈子方彝
字數 六 蓋器同銘
時代 西周中期
著錄 總集 四九六一
三代 六・三六・四(器)
海外銅 二六
美集錄 R 三三二
倫敦 二四七頁PL 五上右
柏景寒 一五一頁下
出土 傳河南洛陽
流傳 美國柏景寒氏舊藏
現藏 美國芝加哥美術館
來源 考古研究所藏

〇九八八一 戈子方彝
字數 六 蓋器同銘
時代 西周中期
著錄 青山莊 一八
銅玉 一〇五頁 Fig 七一A
綜覽・方彝 四二
現藏 日本東京根津美術館
來源 青山莊

〇九八八二 仲追父方彝
字數 六
時代 西周中期
著錄 總集 四九六〇
三代 六・三五・八
貞松 四・四二・四
流傳 張廣建舊藏
來源 考古研究所藏

〇九八八三 □方彝蓋
字數 八
時代 殷
著錄 湖南文物圖錄 六
湖南省博物館 一九
綜覽・方彝 三八
辭典 一四六
出土 一九二二年湖南桃源縣漆家河
現藏 湖南省博物館
來源 湖南省博物館提供

〇九八八四 匽父辛方彝
字數 八
時代 西周中期
著錄 總集 四九六六
三代 六・四一・五
懷米上 一一
攈古 二・一・二五・三
綴遺 一七・二四・一
流傳 曹秋舫舊藏
來源 三代

〇九八八五 匽父辛方彝
字數 八
時代 西周中期
著錄 總集 四九六五
三代 六・四一・三～四
長安 一・一三
攈古 二・一・二五・四～二
六・一
愙齋 一九・一六・二～三
綴遺 一七・二四・二～三
殷存上 二五・六～七
小校 五・二五・七～八
泉屋 一・二七
海外吉 九六
通考 六〇二
日精華 四・二八一
泉屋博古 圖一〇五拓四二
現藏 日本京都泉屋博古館
來源 考古研究所藏

〇九八八六 亞若癸方彝
字數 一〇 蓋器同銘
時代 殷
著錄 蘇黎世 Fig 二四
彙編 八・一〇二八
綜覽・方彝 二九
萃賞 一八
流傳 瑞士蘇黎世瑞列堡博物館舊藏
現藏 香港思源堂
來源 蘇黎世

〇九八八七 亞若癸方彝
字數 一〇 蓋器同銘
時代 殷
著錄 總集 四九六四
三代 一一・二六・四～五
西清 一三・四
愙齋 一三・三・三；一三・
四・二
綴遺 一六・八
續殷上 五九・四；五九・六
小校 五・二 九・五～六
美集錄 R 一三七ab
流傳 潘祖蔭舊藏
現藏 美國舊金山亞洲藝術博物館(布
倫戴奇藏品)
來源 考古研究所藏

〇九八八八 叔□方彝
字數 一二 蓋器同銘
時代 西周早期
著錄 總集 四九六七
文物 一九六二年一期五六頁
斷代 未二一
文叢 三・四五頁圖一八
辭典 五一〇
青全 五・一三三
出土 洛陽馬坡
現藏 洛陽市博物館
來源 考古研究所拓

〇九八八九 □啟方彝
字數 一二(又重文二)
時代 西周早期

著録 總集 四九六八
録遺 五〇九
布倫戴奇 Fig 四六

現藏 美國舊金山亞洲藝術博物館(布倫戴奇藏品)

來源 考古研究所藏

〇九八九〇 [illegible]父癸方彝蓋

字數 一七

時代 殷

著録 總集 四九七一
三代 一一・三二・四
從古 六・一三
攈古 二・二・六一・二
窓齋 一三・一三
綴遺 一七・二七
敬吾上 四六
周金 五・九・一
小校 五・三四・四
上海(二〇〇四)二八

流傳 張廷濟舊藏

來源 考古研究所藏

〇九八九一 文考日己方彝

字數 一八(又重文二)蓋器同銘

時代 西周中期

著録 總集 四九七三
考古 一九六三年八期四一四頁圖二・二
陝青 二・一二〇
綜覽・方彝 四四
青全 五・一三五
辭典 五一四

出土 一九六三年陝西扶風縣齊家村窖藏

現藏 扶風縣博物館

來源 考古編輯部檔案

〇九八九二 [illegible]方彝

字數 三二 蓋器同銘

時代 西周早期

著録 總集 四九七四
美集録 R 二八四(器)
録遺 五一〇・一~二
綜覽・方壺 八
銘文選 一四四

現藏 美國波士頓博物館

來源 考古研究所藏

〇九八九三 井侯方彝

字數 三五(又重文二)蓋器同銘

時代 西周早期

著録 總集 四九七五
西清 一三・一〇
大系 二〇
銘文選 六九

流傳 清宮舊藏

來源 西清

〇九八九四 戉鈴方彝

字數 三七(又合文二)

時代 殷

著録 博古圖 八・一五
薛氏 二二・二
嘯堂 二八

來源 嘯堂

〇九八九五 折方彝

字數 四二 蓋器同銘

時代 西周早期

著録 總集 四九七六
陝青 二・一六
綜覽・方彝 四三
銘文選 九一

辭典 五一一
青全 五・一三〇
吉鑄 五

出土 一九七六年陝西扶風縣莊白村一號窖藏

現藏 周原扶風文物管理所

來源 周原扶風文物管理所提供

〇九八九六 齊生魯方彝蓋

字數 四六(又重文二)

時代 西周中期

著録 考古與文物 一九八四年五期一二頁圖五・一

出土 一九八一年陝西岐山縣流龍嘴村

現藏 岐山縣博物館

來源 考古與文物編輯部提供

〇九八九七 師遽方彝

字數 六六 蓋器同銘

時代 西周中期

著録 總集 四九七七
三代 一一・三七・二~三
窓齋 一三・九
綴遺 一八・二四
周金 三・一〇三・一~二
大系 七〇
通考 六〇四
小校 五・三九・三
上海 五八
斷代 一一五
銘文選 一九七
綜覽・方彝 四六
辭典 五一二
青全 五・一三三
上海(二〇〇四)三五一

流傳 丁燮柔舊藏

現藏 上海博物館

來源 考古研究所藏

〇九八九八 吳方彝蓋

字數 一〇一(又合文一)

時代 西周中期

著録 三代 六・五六・一
積古 五・三四
攈古 三・二・二〇
窓齋 一三・八
綴遺 一八・二九
奇觚 五・一九・一(又一七・一六・一重出)
周金 三・一〇一・一
大系 五八
通考 六〇五
小校 七・五一・二
斷代 一一四
銘文選 二四六
蔭軒 一・二二
辭典 五一五
上海(二〇〇四)三五二

流傳 葉志詵、潘祖蔭舊藏，後歸李蔭軒

現藏 上海博物館

來源 A、上海博物館提供；B、三代

〇九八九九 盠方彝

字數 一〇六(又合文一)蓋器同銘

時代 西周中期

著録 總集 四九七九
學報 一九五七年二期圖版六~七
陝圖 五四
斷代 一二二

陝青 三・一九六
銘文選 三一三
歷博 五四
美全 四・二二二
辭典 五一三
出土 一九五六年陝西郿縣李村窖藏
現藏 中國歷史博物館
來源 陝青

〇九九〇〇 盠方彝

字數 一〇六（又合文一）蓋器同銘
時代 西周中期
著録 總集 四九八〇
學報 一九五七年二期圖版四
陝圖 五五
陝青 三・一九七
銘文選 三一三乙
綜覽・方彝 四七
青全 五・一三四
出土 同〇九八九九
現藏 陝西省博物館
來源 考古學報編輯部檔案

〇九九〇一 矢令方彝

字數 一八五（又重文二）蓋器同銘
時代 西周早期
著録 總集 四九八一
三代 六・五六・二〜五七
貞松 四・四九〜五一
大系 二〜三
小校 七・五三
賸稿 三六 甲乙
通考 六〇三
歐精華 一・一〇〜一一
美集録 R 三一五（蓋）
斷代 一九

銅玉 一〇四頁 Fig 五一
弗里爾（一九六七）Fig 二二
銘文選 九五
美全 四・一六一
青全 五・一三一
出土 傳一九二九年河南洛陽馬坡
現藏 美國華盛頓弗里爾美術博物館
來源 考古研究所藏

勺類

〇九九〇二〜〇九九三六

〇九九〇二 子勺

字數 一
時代 殷
著録 懷履光（一九五六）四〇頁圖七
綜覽・勺 四
出土 傳河南安陽大司空村
流傳 懷履光購于開封
現藏 加拿大多倫多安大略博物館
來源 懷履光（一九五六）

〇九九〇三 □勺

字數 一
時代 殷
著録 總集 七八六二
三代 一八・二六・四
貞圖中 四四
小校 九・九九・一
綜覽・勺 二
流傳 羅振玉舊藏
來源 三代

〇九九〇四 又勺

字數 一
時代 殷
著録 總集 六六四四
古器物研究專刊 第五本圖版四
録遺 五二三
綜覽・勺 六
出土 一九三五年安陽侯家莊西北岡
一四〇〇號大墓
現藏 歷史語言研究所
來源 録遺

〇九九〇五 鳶勺

字數 一
時代 殷
著録 總集 六六四二
巖窟上 六五
綜覽・勺 三
流傳 梁上椿舊藏
來源 巖窟

〇九九〇六 □勺

字數 一
時代 殷
著録 未見
現藏 中國歷史博物館
來源 考古研究所拓

〇九九〇七 □勺

字數 一
時代 殷
著録 總集 六六四五
録遺 五二四
來源 録遺

〇九九〇八 □勺

字數 一
時代 殷
著録 故青 七三
現藏 北京故宮博物院
來源 考古研究所拓

〇九九〇九 □勺

字數 二
時代 殷或西周早期
著録 未見
現藏 上海博物館
來源 上海博物館提供

〇九九一〇 亞屰勺

字數 二
時代 殷
著録 總集 六六四六
三代 一八・二七・四
十二契 二九
續殷下 七八・三
雙吉上 五〇
通考 八一八
綜覽・斗 八
出土 傳河南安陽
流傳 商承祚、于省吾舊藏
來源 考古研究所藏

〇九九一一 亞舟勺

字數 二
時代 殷
著録 總集 六六五六
鐃齋（一九四四）一五
綜覽・斗 二三
歐遺 五四
流傳 德國艾克氏舊藏
現藏 德國科隆東洋博物館
來源 鐃齋

〇九九一二 亞其勺

字數 二
時代 殷

著録 未見
現藏 北京故宮博物院
來源 考古研究所拓

〇九九一三 聑日勺
字數 二
時代 殷
著録 總集 六六四一
三代 一八・二七・三
鄴初上 三二
頌續 九六
衡齋上 七
通考 八一九
綜覽・斗 一八
流傳 梁上椿、容庚舊藏
來源 三代

〇九九一四 龏子勺
字數 二
時代 殷
著録 總集 六六四七
録遺 五二五
來源 録遺

〇九九一五 責弘勺
字數 二
時代 西周早期
著録 總集 四九一四・三
三代 一七・二四・七
續殷下 七六
上海 一六
彙編 一三四三
現藏 上海博物館
來源 上海博物館提供

〇九九一六 婦好勺
字數 二
時代 殷
著録 總集 六六四八
婦好墓 圖六〇・一
河南 一・一七〇 下左
綜覽・斗 四
出土 一九七六年河南安陽殷墟婦好墓(M五：七四四)
現藏 考古研究所
來源 考古研究所拓

〇九九一七 婦好勺
字數 二
時代 殷
著録 總集 六六五三
婦好墓 圖六〇・二
殷青 圖四九・六
出土 同〇九九一六(M五：七四五)
現藏 考古研究所
來源 考古研究所拓

〇九九一八 婦好勺
字數 二
時代 殷
著録 總集 六六四九
婦好墓 圖六〇・三
出土 同〇九九一六(M五：七四三)
現藏 考古研究所
來源 考古研究所拓

〇九九一九 婦好勺
字數 二
時代 殷
著録 總集 六六五〇
婦好墓 圖六〇・四
出土 同〇九九一六(M五：七四七)
現藏 考古研究所
來源 考古研究所拓

〇九九二〇 婦好勺
字數 二
時代 殷
著録 總集 六六五一
婦好墓 圖六〇・五
出土 同〇九九一六(M五：七四九)
現藏 考古研究所
來源 考古研究所拓

〇九九二一 婦好勺
字數 二
時代 殷
著録 總集 六六五四
婦好墓 圖六〇・六
出土 同〇九九一六(M五：七四八)
現藏 考古研究所
來源 考古研究所拓

〇九九二二 婦好勺
字數 二
時代 殷
著録 總集 六六五二
婦好墓 圖六〇・七
殷青 圖四九・七
出土 同〇九九一六(M五：七四二)
現藏 考古研究所
來源 考古研究所拓

〇九九二三 婦好勺
字數 二
時代 殷
著録 總集 六六五五
婦好墓 圖六〇・八
河南 一・一七〇 右
綜覽・斗 五
出土 同〇九九一六(M五：七四六)
現藏 考古研究所
來源 考古研究所拓

〇九九二四 左使車勺
字數 五
時代 戰國晚期
著録 中山王墓 四三一頁圖一八六・九～一〇
出土 一九七七年河北平山縣中山王墓(M一 西庫 三二)
現藏 河北省文物研究所
來源 河北省文物研究所提供

〇九九二五 左使車勺
字數 五
時代 戰國晚期
著録 中山王墓 四三一頁圖一八六・七～八
文字編 一二九頁
出土 同〇九九二四(M一 西庫 三〇)
現藏 河北省文物研究所
來源 河北省文物研究所提供

〇九九二六 左使車勺
字數 五
時代 戰國晚期
著録 中山王墓 四二九頁圖一八四・七～八
文字編 一二九頁
出土 同〇九九二四(M一 西庫 三一)
現藏 河北省文物研究所
來源 河北省文物研究所提供
備注 文字編作「西庫 三三」

〇九九二七 曾侯乙勺
字數 七
時代 戰國早期
著録 曾侯乙墓 二二六頁圖一一五・一
出土 一九七八年湖北隨縣曾侯乙墓(C・一八三)

現藏 湖北省博物館
來源 湖北省博物館提供

〇九九二八 曾侯乙勺

字數 七
時代 戰國早期
著録 曾侯乙墓 二二五頁圖一一四・一
出土 同〇九九二七(C・一七二)
現藏 湖北省博物館
來源 湖北省博物館提供

〇九九二九 曾侯乙勺

字數 七
時代 戰國早期
著録 曾侯乙墓 二三五頁圖一三二・二
出土 同〇九九二七(C・一三八)
現藏 湖北省博物館
來源 湖北省博物館提供

〇九九三〇 曾侯乙勺

字數 七
時代 戰國早期
著録 曾侯乙墓 二四五頁圖一四二・一
青全 一〇・一七四
出土 同〇九九二七(C・一七〇)
現藏 湖北省博物館
來源 湖北省博物館提供
備注 曾侯乙墓稱「斗」

〇九九三一 秦苛䣄勺

字數 七
時代 戰國晚期
著録 總集 六六五七
三代 一八・二七・五
十二尊 二七
通考 八八五
小校 九・九九・五
楚器 二
銘文選 六六七乙
出土 一九三三年安徽壽縣朱家集墓葬
流傳 原北平圖書館舊藏
現藏 中國歷史博物館
來源 考古研究所拓

〇九九三二 秦苛䣄勺

字數 七
時代 戰國晚期
著録 總集 六六五八
三代 一八・二七・六
雙吉上 五
十二尊 二八
大系 一八四
小校 九・九九・四
頌續 九七
出土 同〇九九三一
流傳 于省吾、容庚、原北平圖書館舊藏
現藏 中國歷史博物館
來源 考古研究所拓

〇九九三三 十三年勺

字數 八
時代 戰國晚期
著録 中山王墓 四一〇頁圖一六九・五～六
文字編 一二九頁
出土 一九七七年河北平山縣中山王墓(M一 西庫 三三)
現藏 河北省文物研究所
來源 河北省文物研究所提供
備注 文字編作「西庫 三一」

〇九九三四 十三年勺

字數 八
時代 戰國晚期
著録 中山王墓 四一〇頁圖一六九・七～八
出土 同〇九九三三(M一 西庫 三四)
現藏 河北省文物研究所
來源 河北省文物研究所提供

〇九九三五 伯公父勺

字數 一四
時代 西周晚期
著録 總集 六六六三・一
文物 一九七八年一一期九頁
圖一三右
陝青 三・九三右
銘文選 三〇四甲
綜覽・瓚 三
青全 五・九二
辭典 五三八
出土 一九七六年陝西扶風縣雲塘村窖藏
現藏 周原博物館
來源 周原博物館提供
備注 自名爲「瓚」

〇九九三六 伯公父勺

字數 一四
時代 西周晚期
著録 總集 六六六三・二
文物 一九七八年一一期九頁
圖十三左
陝青 三・九三左
銘文選 三〇四乙
青全 五・九二
辭典 五三八
出土 同〇九九三五
現藏 周原博物館
來源 周原博物館提供
備注 此二器，或稱「瓚」，或稱「爵」。
銘文連讀，共二八字

桮類

〇九九三七～〇九九四〇

〇九九三七 甘斿子桮

字數 二（又合文一）
時代 戰國晚期
著録 總集 六六三六 A
海外吉 圖一二六
周漢遺寶 圖四三
通考 八〇一
出土 傳河南洛陽
流傳 日本東京細川護立氏舊藏
來源 海外吉

〇九九三八 沃都桮(洛都杯)

字數 二
時代 戰國晚期
著録 總集 六六三七
録遺 五二六
現藏 中國歷史博物館
來源 考古研究所拓

〇九九三九 脩武府桮

字數 三耳、底同銘
時代 戰國晚期
著録 總集 六六三八
文物 一九七五年六期七四頁
圖一一
辭典 一〇一二
出土 陝西咸陽塔兒坡

現藏 咸陽市博物館
來源 考古研究所拓

〇九九四〇 冢十六栖
字數 四
時代 戰國晚期
著錄 總集 六六三九
三代 一八・二六・三
陶齋 五・三・一
小校 九・一〇三・四
流傳 端方舊藏
來源 考古研究所藏

瓿類

〇九九四一～〇九九五八

〇九九四一 [glyph]瓿
字數 一 蓋器同銘
時代 殷
著錄 總集 五五八七
錄遺 五一五・一～二
現藏 北京故宮博物院
來源 考古研究所拓

〇九九四二 [glyph]瓿
字數 一
時代 殷
著錄 學報 一九七九年一期八三頁
圖六〇・一一
殷青 圖七三・一五
綜覽・有肩尊 一九
出土 一九六九～一九七七年河南安陽
殷墟西區墓葬（M三五五：五）
現藏 考古研究所安陽工作站
來源 考古研究所拓

〇九九四三 医瓿
字數 一
時代 殷
著錄 總集 五五八五
三代 一八・一九・四
鄴初上 三〇
綜覽・瓿 四二
來源 三代

〇九九四四 車瓿
字數 一
時代 殷
著錄 未見
現藏 北京故宮博物院
來源 考古研究所拓

〇九九四五 [glyph]瓿
字數 一
時代 殷
著錄 上海(一〇〇四) 一七九
現藏 上海博物館
來源 上海博物館提供

〇九九四六 戈瓿
字數 一
時代 殷
著錄 總集 五五八八
布倫戴奇 Fig 一三
彙編 九・一五三五
現藏 美國舊金山亞洲藝術博物館（布倫戴奇藏品）
來源 布倫戴奇

〇九九四七 [glyph]瓿
字數 一
時代 殷
著錄 總集 五五八六
考古 一九七六年一期九三頁
圖五・六
陝青 一・一二三
綜覽・瓿 三〇
出土 一九七三年陝西岐山縣賀家村一號墓
現藏 陝西省博物館
來源 考古編輯部檔案

〇九九四八 亞吴瓿
字數 二
時代 殷
著錄 青山莊 一一
日精華 一・五
出土 傳安陽侯家莊西北岡大墓
現藏 日本東京根津美術館
來源 青山莊

〇九九四九 [glyph]興瓿
字數 二
時代 殷
著錄 總集 五五九〇
三代 一八・一九・五
雙吉上 一二
綜覽・有肩尊 一八
出土 傳河南安陽
流傳 于省吾舊藏
來源 考古研究所藏

〇九九五〇 戈[glyph]瓿
字數 二
時代 殷
著錄 學報 一九七九年一期八三頁
圖六〇・七
綜覽・瓿 三二
出土 一九六九～一九七七年河南安陽
殷墟西區墓葬（M六一三：四）
現藏 考古研究所安陽工作站
來源 考古研究所拓

〇九九五一 [glyph]龜瓿
字數 二
時代 殷
著錄 癡庵 一三
綜覽・有肩尊 一四
流傳 李泰棻舊藏
來源 癡庵

〇九九五二 婦好瓿
字數 二
時代 殷
著錄 總集 五五九一
婦好墓 圖三五・二
殷虛 圖四七・三
綜覽・瓿 二九
出土 一九七六年河南安陽殷墟婦好墓（M五：八三〇）
現藏 考古研究所
來源 考古研究所拓

〇九九五三 婦好瓿
字數 二
時代 殷
著錄 總集 五五九二
婦好墓 圖三五・三
青全 三・七三
出土 同〇九九五二（M五：七九六）
現藏 中國歷史博物館（考古研究所寄陳）
來源 考古研究所拓

〇九九五四 癸[glyph]瓿
字數 二
時代 殷
著錄 未見

現藏　北京故宮博物院
來源　考古研究所拓

○九九五五　戣又瓿
字數　二
時代　殷
著録　總集　五五九三
美集録 R 五〇〇
賽爾諾什　一五四頁
現藏　法國巴黎賽爾諾什博物館
來源　考古研究所藏陳夢家拓本

○九九五六　亞[illegible]瓿
字數　三
時代　殷
著録　總集　五五九四
三代　一八・一九・六
冠斝中　四
流傳　榮厚舊藏
來源　三代

○九九五七　[illegible]父戊瓿
字數　三
時代　殷
著録　總集　五五九六
録遺　五一八
故宮五十　八六
現藏　北京故宮博物院
來源　考古研究所拓

○九九五八　亞車邑瓿
字數　三
時代　殷
著録　總集　五五三八
録遺　二一〇
現藏　中國歷史博物館
來源　考古研究所拓

鑘類

○九九五九～○九九七五

○九九五九　亞鳥[illegible]鑘
字數　三
時代　春秋
著録　總集　五五二七
三代　一一・三九・六
貞松　九・一六・一
善齋　四・三九
續殷下　六七・二
小校　四・六九・五
頌續　四九
綜覽・罍　七二
流傳　劉體智、容庚舊藏
來源　續殷

○九九六〇　䢅伯鑘
字數　三
時代　西周晚期
著録　總集　五五四八
考古　一九六五年七期三七一頁
圖一・一
出土　一九六四年河南桐柏縣月河鄉左莊
現藏　桐柏縣文化館
來源　考古編輯部檔案

○九九六一　曾伯文鑘
字數　一二
時代　春秋早期
著録　總集　五五一一
文物　一九七三年五期二二頁
圖三
銘文選　四七二
青全　六・一一〇
辭典　七一九
出土　一九七〇～一九七二年湖北隨縣熊家老灣
現藏　湖北省博物館
來源　考古研究所拓

○九九六二　善夫吉父鑘
字數　一三（又重文二）蓋器同銘
時代　西周晚期
著録　古文字研究（十）二六三頁圖〇九・二～三
流傳　程潛舊藏
來源　古文字研究（十）

○九九六三　黄君孟鑘
字數　一三（又重文二）
時代　春秋早期
著録　考古　一九八四年四期三二一頁
圖一二・四
青全　七・八六
辭典　七二〇
出土　一九八三年河南光山縣寶相寺上官崗墓葬
現藏　信陽地區文物管理委員會
來源　考古編輯部檔案

○九九六四　仲義父鑘
字數　一四（又重文二）蓋器同銘
時代　西周晚期
著録　總集　五八一二
三代　一八・一五・五～七
周金　五・二八・一
貞松　一一・六・一～二
小校　九・一〇〇・六
上海　五九
斷代　一七六
彙編　五・三七〇
綜覽・罍　六二
上海（二〇〇四）三五三
青全　五・一八三
出土　陝西扶風法門寺任村
流傳　潘祖蔭舊藏
現藏　上海博物館
來源　上海博物館提供

○九九六五　仲義父鑘
字數　一四（又重文二）蓋器同銘
時代　西周晚期
著録　總集　五八一三
三代　一八・一六・一～三
綴遺　二六・一五・一～二
周金　五・二九・一～二
貞松　一一・六・四～七・一
小校　九・一〇〇・四～五
美全　四・二二九
青全　五・一八三
上海（二〇〇四）三五三
流傳　潘祖蔭舊藏
現藏　上海博物館
來源　考古研究所藏

○九九六六　黄子鑘
字數　一五
時代　春秋早期
著録　考古　一九八四年四期三二〇頁
圖一一・四
青全　七・八七～八八
辭典　七二二
出土　一九八三年河南光山縣寶相寺上官崗墓葬
現藏　信陽地區文物管理委員會
來源　考古編輯部檔案

○九九六七　伯㬮父鑘
字數　一六（又重文二）
時代　西周晚期
著録　總集　五八一五
三代　一八・一六・六～七
積古　四・二五
攈古　二・二・五八
流傳　錢塘馬履泰舊藏
來源　三代
備注　積古誤爲鼎

○九九六八　伯㬮父鑘
字數　一六（又重文二）
時代　西周晚期
著録　總集　五八一四
三代　一八・一六・四～五
綴遺　二六・一三
周金　五・二七
貞松　一一・七
上海（二〇〇四）四一四
蔭軒　一・四五
流傳　顧子嘉、鄒安舊藏，後歸李蔭軒
來源　三代

○九九六九　袒鑘
字數　一六（又重文一）
時代　西周晚期
著録　總集　七九三〇
三代　一八・二二・一～二
貞松　一一・五
希古　四・一七
蔭軒　二・二八
出土　「近與袒中無龍鬲等同出土」（貞松）
流傳　李蔭軒舊藏
現藏　上海博物館
來源　三代

○九九七〇　袒鑘
字數　一六（又重文一）
時代　西周晚期
著録　總集　七九三一
三代　一八・二二・三～四
貞松　一一・五・二
希古　四・一八
出土　同○九九六九
流傳　李蔭軒舊藏
現藏　上海博物館
來源　三代

○九九七一　番伯鑘
字數　一八（又重文二）
時代　西周晚期
著録　周金　五・二五
上海（二〇〇四）四六四
現藏　上海博物館
來源　考古研究所藏

○九九七二　[illegible]鑘
字數　一九
時代　西周晚期
著録　總集　五九八一
三代　一一・四三・四
彙編　五・三一七
通考　九〇二
流傳　清宮舊藏
來源　考古研究所藏

○九九七三　鄭義伯鑘
字數　二九　器與口沿同銘
時代　春秋早期
著録　總集　五八一六
文物　一九六六年五期七一頁
故青　二二三
現藏　北京故宮博物院
來源　考古研究所拓

○九九七四　伯亞臣鑘
字數　三四
時代　春秋
著録　文物　一九八〇年一期四七頁圖二
銘文選　六二八
出土　一九七五年河南潢川縣在油岡鄉修築磨磐山水庫大壩時發現
現藏　信陽地區文物管理委員會
來源　信陽地區文物管理委員會提供

○九九七五　陳璋鑘
字數　四〇
時代　戰國中期
著録　考古　一九八八年三期二五八頁圖一・二五九頁圖二
青全　九・一二一～一二三
出土　一九八二年江蘇淮陰盱眙縣穆店鄉
現藏　南京博物院
來源　考古編輯部檔案
備注　一、二圈足；三口沿

瓶類

○九九七六～○九九八二

○九九七六　蔡侯瓶
字數　五
時代　春秋晚期
著録　總集　五八〇六
蔡侯墓　圖版三三・三
五省　圖版五三・一
出土　一九五五年安徽壽縣蔡侯墓
現藏　安徽省博物館
來源　考古研究所編輯室檔案

○九九七七　土勻瓶
字數　六
時代　戰國晚期
著録　總集　五八六一
文物　一九八一年八期八八頁圖二
山西精華　六七
山西珍品　一六八
現藏　山西省博物館
來源　文物

○九九七八　魏公瓶
字數　八
時代　戰國
著録　銘文選　八九八
故青　三〇八
現藏　北京故宮博物院
來源　考古研究所拓

○九九七九　敶公孫[illegible]父瓶
字數　二〇
時代　春秋中期
著録　山西出土文物　六五
銘文選　五八二
青全　八・六〇
山西珍品　八四
出土　一九七四年山西聞喜縣上郭村
現藏　山西省博物館
來源　考古研究所藏

○九九八〇　孟𢾭瓶
字數　存二〇（又重文二）
時代　春秋
著録　總集　五八〇八
三代　一八・一四・三

寧壽 三・一八
故宮 一四期
藝展 六一
通考 八〇一
故圖下上 一六三
綜覽・鈚 一
酒器 一九八頁
流傳 清宮舊藏
現藏 臺北故宮博物院
來源 考古研究所藏

〇九九八一 欒大嗣徒瓶

字數 二〇（又重文二）
時代 春秋晚期
著録 總集 五八〇九
考古圖 四・三〇
博古 一〇・三七
薛氏 一〇七
嘯堂 三九
流傳 開封劉伯玉舊藏
來源 嘯堂

〇九九八二 喪史賓瓶

字數 二四（又重文二）
時代 戰國晚期
著録 總集 五八一〇
三代 一八・一四・二
積古 五・一五・一
攈古 二・三・三九・一
奇觚 一八・一九・一
周金 五・三四・一
小校 九・一〇一・四
流傳 阮元、吴式芬舊藏
來源 考古研究所藏

罐類

〇九九八三～〇九九八七

〇九九八三 共罐

字數 一
時代 殷
著録 總集 七九二四
學報 一九七九年一期八一頁
圖五八・一八
殷虚 圖七七・六
綜覽・雜 一二
美全 四・六〇
青全 三・一八〇
辭典 二二四
出土 河南安陽殷墟西區（M一五二）
現藏 考古研究所安陽工作站
來源 考古研究所拓

〇九九八四 亞矣罐

字數 二
時代 殷
著録 總集 七九五〇
三代 一八・二六・二
現藏 旅順博物館
來源 考古研究所拓

〇九九八五 婦好罐

字數 二
時代 殷
著録 總集 七九二五
婦好墓 圖六二・四
殷虚 圖四九・五
出土 一九七六年河南安陽殷墟婦好墓（M五：八五二）
現藏 考古研究所
來源 考古研究所拓

〇九九八六 仲作旅罐蓋

字數 四
時代 西周中期
著録 總集 七九二八
三代 一八・一九・七
貞圖中 三八
通考 九一二
流傳 羅振玉舊藏
現藏 旅順博物館
來源 考古研究所拓

〇九九八七 黄子罐

字數 一六
時代 春秋早期
著録 考古 一九八四年四期三三〇頁
圖二一・一
出土 一九八三年河南光山縣寶相寺上官崗磚瓦廠墓葬
現藏 信陽地區文物管理委員會
來源 信陽地區文物管理委員會提供

缶類

〇九九八八～一〇〇〇八

〇九九八八 倗缶

字數 四
時代 春秋晚期
著録 總集 五八一八
考古 一九八一年二期一二二頁
圖三・三
辭典 七一四
出土 一九七八年河南淅川縣下寺墓葬（M一：五四）
現藏 河南省文物研究所
來源 考古編輯部檔案

〇九九八九 楚高缶

字數 五
時代 戰國早期
著録 總集 五五六六
山東選 圖一一四
青全 一〇・六七
山東藏品 七一
山東精萃 一三一
出土 一九五四年山東泰安縣東更道村
現藏 山東省博物館
來源 考古研究所拓
備注 一、二 蓋銘，三口沿銘，四耳銘

〇九九九〇 楚高缶

字數 五
時代 戰國早期
著録 總集 五五六七
山東選 圖一一五
青全 一〇・六七
出土 同〇九九八九
現藏 山東省博物館
來源 考古研究所拓
備注 一蓋銘，二口沿銘，三耳銘

〇九九九一 蔡侯朱缶

字數 五
時代 春秋中期
著録 總集 五八一九
文物 一九六二年一一期五八頁
銘文選 五九七
美全 五・三二～三三

青全 七・七三
辭典 七一三
出土 一九五八年湖北宜城縣安樂坨墓葬
現藏 湖北省博物館
來源 考古研究所拓

〇九九九二 蔡侯𩕢缶

字數 六 蓋、口沿同銘
時代 春秋晚期
著録 總集 五八二二
學報 一九五六年二期
蔡侯墓 圖版三四・六～三五・一
五省 圖版四八
徽銅 六八
青全 七・七一
辭典 七一一
出土 一九五五年安徽壽縣西門内蔡侯墓
現藏 安徽省博物館
來源 考古研究所編輯室檔案

〇九九九三 蔡侯𩕢缶

字數 六 蓋、口沿同銘
時代 春秋晚期
著録 總集 五八二〇
學報 一九五六年二期
蔡侯墓 圖版三四・五（口沿）
五省 圖版四九・一（蓋）
徽銅 六七
青全 七・七二
出土 一九五五年安徽壽縣西門内蔡侯墓
現藏 安徽省博物館
來源 考古研究所編輯室檔案

〇九九九四 蔡侯𩕢缶

字數 六
時代 春秋晚期
著録 總集 五八二一
學報 一九五六年二期九五頁
蔡侯墓 圖版三四・四
五省 圖版四九・二
出土 一九五五年安徽壽縣西門内蔡侯墓
現藏 安徽省博物館
來源 考古研究所編輯室檔案

〇九九九五 邨子賓缶

字數 六
時代 春秋
著録 江漢考古 一九八五年三期六一頁
出土 一九八三年湖北穀城縣禹山廟嘴
現藏 湖北穀城縣博物館
來源 湖北穀城縣博物館提供

〇九九九六 曾子缶

字數 六
時代 春秋晚期
著録 周金 五・三二・一
來源 周金

〇九九九七 廿七年鈚

字數 六
時代 戰國晚期
著録 總集 五八二七
三代 一八・一五・四
貞松 一一・八
寶蘊 九五
通考 九〇八
故圖下下 二六二
流傳 瀋陽故宮舊藏
現藏 臺北故宮博物院
來源 考古研究所藏

〇九九九八 曾侯乙缶

字數 七
時代 戰國早期
著録 曾侯乙墓 二一九頁圖一一九・二
青全 一〇・一三四～一三五
辭典 八八三
出土 一九七八年湖北隨縣曾侯乙墓（N・五）
現藏 湖北省博物館
來源 湖北省博物館提供
備注 大型尊缶出土二件，此其一

〇九九九九 曾侯乙缶

字數 七
時代 戰國早期
著録 曾侯乙墓 二四〇頁圖一三七・一
青全 一〇・一三六
辭典 八八四
出土 同〇九九九八（C・一八九）
現藏 湖北省博物館
來源 湖北省博物館提供
備注 盥缶出土四件，此其一

一〇〇〇〇 曾侯乙冰缶

字數 七
時代 戰國早期
著録 曾侯乙墓 二二七頁圖一二六・一～三
青全 一〇・一三〇～一三三
辭典 九〇七
出土 同〇九九九八（C・一四一）
現藏 湖北省博物館
來源 湖北省博物館提供
備注 此爲冰鑑缶

一〇〇〇一 蔡公子缶

字數 九
時代 戰國早期
著録 江漢考古 一九八五年一期一五頁
出土 一九七二年湖北襄陽縣蔡坡墓葬
現藏 湖北省博物館
來源 湖北省博物館提供

一〇〇〇二 鑄客缶

字數 九
時代 戰國晚期
著録 總集 五五七一
三代 一一・四三・一
十二尊 二三
小校 四・七〇・一
通考 八〇四
楚器 一
故青 三二六
出土 一九三三年安徽壽縣朱家集
流傳 原北平圖書館舊藏
現藏 北京故宮博物院
來源 考古研究所拓

一〇〇〇三 鑄客缶

字數 九 蓋器同銘
時代 戰國晚期
著録 總集 五五七二
録遺 二一五・一～二
出土 同一〇〇〇二
來源 録遺

一〇〇〇四 蔡侯𩕢缶

字數 一〇
時代 春秋晚期
著録 總集 五八二三
學報 一九五六年二期九五頁
蔡侯墓 圖版三六・一
歷博 六七
辭典 七一二
青全 七・七〇

出土 一九五五年安徽壽縣西門内蔡侯墓
流傳 安徽省博物館舊藏
現藏 中國歷史博物館
來源 考古編輯部檔案

一〇〇五 孟縢姬缶

字數 二二
時代 春秋晚期
著録 總集 五八二四
考古 一九八一年二期一二二頁圖三・五
下寺 六九頁圖五八・四
出土 一九七八年河南淅川縣下寺墓葬(M一：六〇)
現藏 河南省文物研究所
來源 考古編輯部檔案
備注 考古所載簡報作M一：七二七

一〇〇六 邳伯缶

字數 二七(又重文二)
時代 戰國早期
著録 總集 五五八三
學報 一九六三年二期六〇頁圖一
銘文選 六〇五
山東藏品 七〇
出土 一九五四年山東嶧縣
現藏 山東省博物館
來源 學報

一〇〇七 邳伯缶

字數 二七(又重文二)
時代 戰國早期
著録 總集 五五八四
學報 一九六三年二期六一頁圖二
出土 同一〇〇六
現藏 山東省博物館
來源 學報

一〇〇八 欒書缶

字數 四八
時代 戰國早期
著録 總集 五八二五
録遺 五一四・一～三
通考 八〇三
銘文選 八八六
歷博 六二
美全 五・一二
青全 八・六三
辭典 七一〇
流傳 容庚舊藏
現藏 中國歷史博物館
來源 一・二A 録遺；
一・二B 考古研究所藏